INDOGERMANISCHE BIBLIOTHEK
Begründet von H. Hirt und W. Streitberg
Fortgeführt von H. Krahe

Herausgegeben von
Alfred Bammesberger und
Thomas Lindner

DRITTE REIHE
Untersuchungen

JÜRGEN UDOLPH

Namen – Zeugen der Geschichte

Herausgegeben von
KIRSTIN CASEMIR
UWE OHAINSKI

Universitätsverlag
WINTER
Heidelberg

Bibliografische Information der Deutschen Nationalbibliothek

Die Deutsche Nationalbibliothek verzeichnet diese Publikation
in der Deutschen Nationalbibliografie;
detaillierte bibliografische Daten sind im Internet
über *http://dnb.d-nb.de* abrufbar.

UMSCHLAGBILD

Ortsnamenübertragungen im Zuge der deutschen Ostsiedlung (S. 407f.)

ISBN 978-3-8253-6771-8

Dieses Werk einschließlich aller seiner Teile ist urheberrechtlich geschützt.
Jede Verwertung außerhalb der engen Grenzen des Urheberrechtsgesetzes
ist ohne Zustimmung des Verlages unzulässig und strafbar. Das gilt insbesondere
für Vervielfältigungen, Übersetzungen, Mikroverfilmungen und die Einspeicherung
und Verarbeitung in elektronischen Systemen.

© 2023 Universitätsverlag Winter GmbH Heidelberg
Imprimé en Allemagne · Printed in Germany
Druck: Memminger MedienCentrum, 87700 Memmingen

Gedruckt auf umweltfreundlichem, chlorfrei gebleichtem
und alterungsbeständigem Papier.

Den Verlag erreichen Sie im Internet unter:
www.winter-verlag.de

Vorwort der Herausgeber

Der 2018 erschienene Band *The Connecting Link – Familiennamen als Bindeglied zwischen Wissenschaften und Gesellschaft* befasste sich anlässlich des 75. Geburtstages von Jürgen Udolph mit einem der Forschungsschwerpunkte des Jubilars, den Familiennamen nämlich. Eigentlich sollte zeitgleich ein weiterer Band erscheinen, der die anderen onymischen Forschungsbereiche, die Gewässer- und vor allem die Ortsnamen behandelt. Aus verschiedenen Gründen konnte das Vorhaben erst jetzt realisiert werden, so dass der Band nun eine Gabe zum 80. Geburtstag von Jürgen Udolph ist. Danken möchten wir den Kollegen und Kolleginnen der Forschungsstelle „Ortsnamen zwischen Rhein und Elbe" der Niedersächsischen Akademie der Wissenschaften zu Göttingen Michael Flöer, Claudia Maria Korsmeier und Birgit Meineke, die an der ursprünglich geplanten Fassung Korrektur gelesen haben.

Wie der Band zu den Familiennamen kann auch dieser Band nur einen sehr kleinen Ausschnitt aus der breiten Publikationstätigkeit des Jubilars bieten, denn sein Veröffentlichungsverzeichnis umfasst bislang nahezu 500 Titel, darunter zahlreiche Monographien wie die mehr als 1000 Seiten dicken *Namenkundlichen Studien zum Germanenproblem*. Ist bereits das Publikationsverzeichnis beeindruckend zu nennen, ist es doch nur ein Teil der regen Forschungstätigkeit Jürgen Udolphs, denn hinzu kommen zahllose von ihm beantwortete Anfragen zu Orts- und Familiennamen sowie Radio- und Fernsehsendungen und Vorträge, nicht zu vergessen seine Herausgebertätigkeit des Westfälischen und des Niedersächsischen Ortsnamenbuches. Jedes dieser Manuskripte wird von ihm kritisch, aber stets wohlwollend durchgearbeitet, so dass die Bearbeiterinnen und Bearbeiter von seinem Wissensfundus profitieren können.

Welche Beiträge aber wählt man aus der Vielzahl der Publikationen aus? Die Herausgeber haben sich entschieden, den mit diesem Band zu Ehrenden an der Auswahl zu beteiligen. Die hier versammelten Beiträge decken wenigstens ansatzweise die Breite seines Forschungsgebietes ab, indem drei Aufsätze das Slavische behandeln, das der erste Forschungsschwerpunkt Jürgen Udolphs war. Es folgen sechs Aufsätze zu Ortsnamen vorwiegend des germanischen Raumes, der ihn erst später, dann aber bis heute andauernd beschäftigte. Diesen wiederum folgen drei Beiträge, die die Alteuropäische Hydronymie oder die Beziehungen des Baltischen und/oder Slavischen zum Germanischen beinhalten. Den Abschluss bilden zwei Aufsätze eher populärer Natur, die, wie nicht wenige der anderen hier versammelten Beiträge, gleichzeitig zeigen, welcher Stellenwert der Onomastik als „Hilfswissenschaft" zukommt – auch das ein Verdienst Jürgen Udolphs, der Namenforschung nicht nur um ihrer selbst willen viele Jahrzehnte betrieben hat, sondern sie für andere Wissenschaftszweige nutzbar machte und immer wieder zeigen konnte, dass die Namenkunde mit (fast) allem zusammenhängt.

Die hier gebotenen Aufsätze wurden nicht in unveränderter Form neu abgedruckt. Vielmehr hat der Autor für diese Publikation seine Beiträge durchgesehen, korrigiert, vor allem aber aktualisiert und neuere Forschungsergebnisse eingearbeitet. Dafür gebührt ihm unser herzlichster Dank. Verbunden mit dem Wunsch, dass Jürgen Udolph auch in den kommenden Jahren weiterhin so rege forschen und publizieren möge, danken wir ihm insbesondere für mehr als 30 Jahre wissenschaftlichen Austausches auf dem Gebiet der Namenkunde, der jederzeit (im wahrsten Sinne des Wortes) möglich war und ist. Das Wesentliche für ihn ist eine möglichst fundierte Namendeutung. Nie hat er an einer von ihm einmal vorgenommenen Deutung festgehalten, wenn ein anderer Vorschlag überzeugender war. Für diese Kollegialität und Uneitelkeit wie auch sein nie ermüdendes Interesse an den Namen sind wir, die Herausgeber dieses Bandes, von Herzen dankbar.

Januar 2023

Inhaltsverzeichnis

VORWORT DER HERAUSGEBER	5
ABKÜRZUNGSVERZEICHNIS	9
I EINLEITUNG	11
Zu neuen Ufern – Namenforschung heute und morgen	13
II DER SLAVISCHE BEREICH	23
Die Landnahme der Ostslaven im Lichte der Namenforschung	25
„Handel" und „Verkehr" in slavischen Ortsnamen	43
Heimat und Ausbreitung slawischer Stämme aus namenkundlicher Sicht	89
III ORTSNAMEN	123
Die Ortsnamen auf *-ithi*	125
Die Landnahme Englands durch germanische Stämme im Lichte der Ortsnamen	183
Nordisches in deutschen Ortsnamen	225
Ortsnamen und Siedlungsgeschichte in Ostfalen	237
Suffixbildungen in alten Ortsnamen Nord- und Mitteldeutschlands	259
Der Name *Schlesien*	299
IV BALTISCH, SLAVISCH UND INDOGERMANISCH	317
Die Bedeutung des Baltischen für die niedersächsische Ortsnamenforschung	319
Alteuropäische Hydronymie und urslavische Gewässernamen	335
Baltisch, Slavisch, Germanisch – Kontakte und Beziehungen aus der Sicht der Onomastik	375
V POPULÄRE DARSTELLUNGEN	405
Zogen die Hamelner Aussiedler nach Mähren? Die Rattenfängersage aus namenkundlicher Sicht	407
Woher hat der Riesling seinen Namen?	463

Abkürzungsverzeichnis

A.	Abschrift	Gf.	Grundform
abulg.	altbulgarisch	GN(N)	Gewässername(n)
adän.	altdänisch	got.	gotisch
adj.	adjektivisch	GW	Grundwort
ae.	altenglisch	hdt.	hochdeutsch
afries.	altfriesisch	hisp.	hispanisch
ags.	angelsächsisch	idg.	indogermanisch
ahd.	althochdeutsch	ital.	italienisch
aind.	altindisch	Jh.	Jahrhundert
air.	altirisch	jüt.	jütisch
aisl.	altisländisch	K.	Kopie
aksl.	altkirchenslavisch	kärntn.	kärntnerisch
alem.	alemannisch	kaschub.	kaschubisch
alit.	altlitauisch	kelt.	keltisch
alteurop.	alteuropäisch	kirgis.	kirgisisch
altukr.	altukrainisch	kymr.	kymrisch
anord.	altnordisch	lat.	lateinisch
apoln.	altpolnisch	lett.	lettisch
apreuß.	altpreußisch	lit.	litauisch
asä.	altsächsisch	mgriech.	mittelgriechisch
aserb.	altserbisch	mhd.	mittelhochdeutsch
atschech.	alttschechisch	mir.	mittelirisch
bair.	bairisch	mlat.	mittellateinisch
balkanlat.	balkanlateinisch	mnd.	mittelniederdeutsch
balt.	baltisch	mndl.	mittelniederländisch
bulg.	bulgarisch	mnl.	mittelniederländisch
BN(N)	Bergname(n)	mongol.	mongolisch
BW	Bestimmungswort	mpers.	mittelpersisch
čech.	tschechisch	mua.	mundartlich
dän.	dänisch	ndän.	neudänisch
drav.-polab.	draväno-polabisch	ndl.	niederländisch
dt.	deutsch	ndt.	niederdeutsch
dial.	dialektal	nisl.	neuisländisch
engl.	englisch	nnd.	neuniederdeutsch
F.	Fälschung	nnl.	neuniederländisch
fär.	färöisch	nnorw.	neunorwegisch
finn.	finnisch	nord.	nordisch
fläm.	flämisch	nordfries.	nordfriesisch
FlN(N)	Flussname(n)	nordgerm.	nordgermanisch
FlurN(N)	Flurname(n)	norw.	norwegisch
frz.	französisch	npers.	neupersisch
Gen.	Genitiv	nso.	niedersorbisch
germ.	germanisch	O.	Original

o. D.	ohne Datum	swf.	starkes Femininum
ON(N)	Ortsname(n)	stV.	starkes Verb
oso.	obersorbisch	tirol.	tirolerisch
ostfäl.	ostfälisch	tschech.	tschechisch
OT	Ortsteil	türk.	türkisch
PN(N)	Personenname(n)	uigr.	uigurisch
polab.	polabisch	ukr.	ukrainisch
poln.	polnisch	ung.	ungarisch
pow.	powiat.	urslav.	urslavisch
russ.	russisch	Var.	Variante
schwed.	schwedisch	vorgerm.	vorgermanisch
schwzdt.	schweizerdeutsch	westfäl.	westfälisch
schweizer.	schweizerisch	westfries.	westfriesisch
skr.	serbokroatisch	westgerm.	westgermanisch
slav.	slavisch	Wg.	Wüstung
slov.	slovenisch	WgN(N)	Wüstungsname(n)
slvk.	slovakisch	wruss.	weißrussisch
SN(N)	Siedlungsname(n)	westslav.	westslavisch
steir.	steirisch	Wz.	Wurzel
stm.	starkes Maskulinum		

I
Einleitung

Zu neuen Ufern – Namenforschung heute und morgen (Teil 2)

Vor etwas mehr als 15 Jahren verfasste ich den Beitrag „Zu neuen Ufern – Namenforschung heute und morgen", in dem ich eine Bestandsaufnahme und einen Ausblick in die Zukunft gab[1]. Da diese Zukunft nun entweder selbst Vergangenheit oder Gegenwart ist und sich im Bereich der Namenforschung seitdem wieder viel getan hat, ist aus meiner Sicht eine Aktualisierung geboten. Ich gebe den damals veröffentlichten Text in den wesentlichen Teilen wieder und ergänze oder ändere besonders den damaligen Blick in die Zukunft aus der heutigen Sicht. Ich muss nicht besonders betonen, dass die folgenden Ausführungen aus einem subjektiven und sehr persönlichen Blickwinkel geschrieben worden sind. Mit Sicherheit werde ich manches nicht erwähnen und übergehen, was anderen Experten auf diesem Gebiet wichtig und wichtiger erscheinen dürfte.

1   Einleitung – Bestandsaufnahme

Der Blick in die Zukunft erfordert eine, wenn auch nur kurze Beschreibung der Gegenwart. Ich gehe dabei vor allem vom nord- und mitteldeutschen Raum aus und beschränke mich auf das Feld der Gewässer-, Orts-, Vor-, Flur- und Familiennamen.

a. Die Untersuchung von **Gewässernamen** erfordert langjährige Forschungen. Es geht dabei vor allem um die Einbindung der Namen in schon erkannte Zusammenhänge. Das vermisst man gerade auch bei neuen Forschungen, in denen zumeist neue oder überarbeitete Etymologien vorgelegt werden, ohne dass das gesamte schon erforschte und publizierte Material erfasst und berücksichtigt worden wäre. In hohem Maße hilfreich ist dagegen eine umfassende Aufarbeitung der Gewässernamen des deutschen Sprachgebiets, die A. Greule vorgelegt hat[2]. Es enthält Deutungen und Erklärungen für ca. 6.000 Namen des (ehemaligen und jetzigen) deutschen Sprachgebiets und ist daher die Grundlage für weitere Untersuchungen, die sich zukünftig natürlich vor allem um die strittigen Namen, weniger um die leicht durchschaubaren, drehen wird[3].

Gewässer- und Flussnamen interessieren die Öffentlichkeit nicht in demselben Maße wie Familiennamen oder Siedlungsnamen, zumeist nur dann, wenn diese in Ortsnamen vorliegen, die ihrerseits die Basis für Familiennamen abgeben.

---

[1]   J. Udolph: *Zu neuen Ufern – Namenforschung heute und morgen*, in: *Namenforschung morgen: Ideen, Perspektiven, Visionen*, Hamburg 2005, S. 173–182.
[2]   A. Greule: *Deutsches Gewässernamenbuch*, Berlin/Boston 2014.
[3]   In einer ausführlichen Besprechung dieses wichtigen Buches habe ich die Einzelheiten näher erläutert: J. Udolph: *Rezension zu: A. Greule, Deutsches Gewässernamenbuch, Berlin/Boston 2014*, in: *Beiträge zur Namenforschung: Neue Folge* 52 (2017), S. 81–105.

b. **Ortsnamen** im Sinne von Siedlungsnamen haben in den letzten Jahren steigendes Interesse erfahren und sind erfreulicherweise auch in die staatliche Förderung aufgenommen worden. Das in diesem Bereich wichtigste und umfassendste Projekt ist das 2004 beantragte und 2005 bewilligte Vorhaben der Göttinger Akademie der Wissenschaften, das im Rahmen des bundesdeutschen Akademienprogramms unter meiner Leitung und der seit 2008 eingesetzten Arbeitsstellenleiterin K. Casemir durchgeführt wird. Es ist auf ca. 25 Jahre angesetzt, besitzt eine Arbeitsstelle in Münster (fünf Mitarbeiter/innen) und hat die Aufgabe, unter dem Titel: „Ortsnamen zwischen Rhein und Elbe – Onomastik im europäischen Raum" das gesamte Material der Orts- und Wüstungsnamen der Länder Westfalen, Bremen und Niedersachsen aufzuarbeiten. Der ursprünglich bewilligte Antrag, auch Sachsen-Anhalt einzubeziehen, musste 2009 leider wegen einer Verkürzung der zunächst bewilligten Laufzeit aufgegeben werden. Das Projekt besteht aus den beiden Teilbereichen *Westfälisches Ortsnamenbuch* und *Niedersächsisches Ortsnamenbuch*, von denen das erste in Kürze vollständig bearbeitet sein wird.

Mein durch die Berufung auf die Professur für Onomastik in Leipzig im Jahr 2000 und den dadurch entstehenden engen Kontakt mit Hans Walther (†2015) entstandener Wunsch, dessen umfassende Vorarbeiten zu einem Ortsnamenbuch Thüringens zu veröffentlichen, scheiterte. Da auch Versuche von anderer Seite nach meinem Wissen nicht glückten, entschloss ich mich zu einem vielleicht ungewöhnlichen Schritt: bei MDR Thüringen hatte ich seit 2005 eine Sendung, die zunächst den Familiennamen und deren Erklärung galt und die zu einer ständigen Einrichtung des Senders wurde. Da die Hörer auch immer wieder nach der Herkunft und Bedeutung der Ortsnamen des Landes fragten, entschloss sich die Sendeleitung nach meinem Vorschlag, die Erklärung der Ortsnamen genauer auszuarbeiten und diese in einer gesonderten Datei im Internet zur allgemeinen Einsicht zu veröffentlichen. Jede Woche wird das *Thüringer Ortsnamen-Register* durch 2 bis 3 Ortsnamen ergänzt; es findet sich im Netz unter folgender Adresse: http://www.mdr.de/mdr-thueringen/ortsnamen_register_udolph100.html. Dieses Vorhaben ist allerdings vor zwei Jahren von Seiten des Senders eingestellt worden, die bisher in dem Register behandelten Namen werden nach und nach aus dem Bestand entfernt werden. Um die schon bearbeiteten Ortsnamen weiterhin zugänglich zu machen, haben wir alle bisher bearbeiteten Namen an anderer Stelle zugänglich gemacht (https://www.prof-udolph.com/das-thueringer-ortsnamen-register/).

c. Das Interesse der Menschen an **Vornamen** ist ungebrochen. Gelegentlich übersteigt die Nachfrage die Kapazitäten der Namenberatung in Leipzig, die vor allem durch G. Rodríguez bearbeitet wurde. Ihr Tod im Januar 2022 reißt eine große Lücke, die nur schwer zu füllen sein wird. So wird man sich wohl vor allem an die Gesellschaft für deutsche Sprache in Wiesbaden wenden (müssen), die eine intensive Sprachberatung pflegt. Auch das 2011 gegründete Zentrum für Namenforschung, das ich leite, erreichen Anfragen zu Vornamen, wobei natürlich die Frage, ob ein Vorname vergeben werden kann oder nicht, im Vordergrund steht. Aber durch diese Anfragen stellt sich nicht selten weiteres Interesse an den Namen, vor allem an den Familiennamen, ein.

d. **Flurnamen** verblassen in einer verstädterten Welt, jedoch finden immer wieder auch Studierende den Weg zu ihnen. Nicht selten sind es die Namen des Heimatortes, die das Interesse wecken. Die wichtigsten Unternehmungen und Publikationen auf diesem Ge-

biet sind für Hessen[4], Westfalen[5], Thüringen[6] und Niedersachsen[7] erstellt worden, wobei ich wertvolle Studien für Schleswig-Holstein[8] und Sachsen-Anhalt[9] nicht übergehen möchte.
e. Den größten Aufschwung hat seit etwa 1990 die Nachfrage nach der Bedeutung des eigenen **Familiennamen**s genommen. Den entscheidenden Anteil daran hatte ein Radiosender in Berlin. Durch eine Zeitungsmeldung, die sich auf meinen Beitrag *Zogen die Hamelner Aussiedler nach Mähren? Die Rattenfängersage aus namenkundlicher Sicht* bezog[10], kam es zu einem Interview mit mir und in dessen Folge zum Vorschlag des Senders, in einer täglichen Sendung Fragen der Bedeutung und Herkunft der Familiennamen zu behandeln. Die Reaktion war sehr groß. Sie schlug sich auch in zahlreichen, z. T. sehr ausführlichen Berichten in allen Bereichen der Medien (Tages-, Wochen- und Sonntagszeitungen, Rundfunk, Fernsehen) nieder. Besonders stark war die Resonanz in den Jahren 2004ff. Das lag an zwei Dingen: Auf Anraten eines Verlages erschien 2005 das Buch *Professor Udolphs Buch der Namen*, für das ich das Material lieferte und auf dem aufbauend der inzwischen überaus bekannte Schriftsteller Sebastian Fitzek in publizistisch äußerst geschickter Weise den Text erstellte. Das Buch erreichte – zu meiner größten Überraschung – sogar die Bestsellerlisten der Republik. Dieser Erfolg führte dazu, dass auch das Fernsehen auf das Thema „Familiennamen" aufmerksam wurde. Nach längerer Vorbereitung wurde am 9. März 2006 im ZDF die Sendung *Deutschland – Deine Namen* mit der Moderation von Johannes B. Kerner (Dauer: 90 Minuten) ausgestrahlt, ergänzt und verstärkt noch durch die sich wenig später anschließende Talk-Sendung *Johannes B. Kerner*. Ca. 6 Millionen Zuschauer sahen die erste Sendung, fast 3 Millionen die zweite. Die gewaltige Resonanz konnte man schon am selben Tag ablesen: Wenige Wochen zuvor hatte der Potsdamer Informatiker Mario Fraust sein Programm *Geogen.de*, mit dem man auf der Basis einer Telefon-CD mit ca. 35 Millionen Eintragungen Kartierungen aller Familiennamen in Deutschland erstellen konnte, ins Internet gestellt. Am Abend der Fernsehsendungen wollten 250.000 Nutzer eine Karte ihres Namens erstellen. Der Server brach zusammen.

Besonders erfreulich waren weitere Reaktionen: So erreichten die Namenberatung der Universität Leipzig im Laufe der nächsten Tage ca. 6.000 Nachfragen nach Herkunft und Bedeutung von Familiennamen. Hatten wir damals Auskünfte zumeist unentgeltlich erteilt, war das nun nicht mehr möglich. Wir entschlossen uns, mehr als ein halbes Dutzend

---

[4] *Hessischer Flurnamenatlas*, hg. von H. Ramge, Darmstadt 1987; *Südhessisches Flurnamenbuch*, hg. von H. Ramge, Darmstadt 2002.
[5] G. Müller: *Westfälischer Flurnamenatlas*, Lfg. 1–5, Bielefeld 2000–2012.
[6] Den aktuellen Stand geben mehrere Beiträge in einem auf einer Konferenz in Jena basierenden Sammelband wieder: B. Aehnlich, E. Meineke (Hg.): *Namen und Kulturlandschaften*, Leipzig 2015 (= Onomastica Lipsiensia. Leipziger Untersuchungen zur Namenforschung 10). Inzwischen ist die Digitalisierung und Aufbereitung der Belegsammlung des Thüringischen Flurnamenarchivs weit vorangeschritten, s. https://projekte.thulb.uni-jena.de/flurnamen/projekt/allgemeines.html#thulb-ps-header.
[7] U. Scheuermann: *Flurnamenforschung*, Melle 1995; U. Scheuermann, *Flurnamensammlung und Flurnamenforschung in Niedersachsen*, Bielefeld 2011.
[8] K. Falkson: *Die Flurnamen des Kirchspiels Büsum (Dithmarschen)*, Neumünster 2000.
[9] C. Zschieschang: *'Das Land tuget gar nichts'. Slaven und Deutsche zwischen Elbe und Dübener Heide aus namenkundlicher Sicht*, Leipzig 2004.
[10] In: *Niedersächsisches Jahrbuch für Landesgeschichte* 69 (1997), S. 125–183.

junger Namenforscher und -forscherinnen mit der Bearbeitung der Nachfragen zu betrauen. Dabei gingen und gehen Forschung und Beratung Hand in Hand. Die Resonanz auf die TV-Sendungen führte auch zu einer verstärkten Nachfrage im Rundfunk. Regelmäßige Sendungen wurden und werden (teils immer noch) durch zahlreiche Radiosender ausgestrahlt, u. a. bei Antenne Brandenburg, Wien 88,6, Welle Nord, hr4, MDR I Radio Sachsen, WDR 5, SWR 1 – Rheinland-Pfalz, NDR I Niedersachsen, MDR Thüringen, Antenne Bayern und Radio Eins. Die Welle erreichte auch süddeutsche Sender, in denen – soweit mir bekannt – Namenforscher aus Mainz, Saarbrücken und Freiburg die Sendungen gestalteten. Auch startete der MDR eine Fernsehreihe „Namen auf der Spur", die durch K. Hengst und mich gestaltet wurde.

Zudem hat auch die Familiennamenforschung außerhalb Leipzigs eine wichtige Unterstützung erfahren. Mit Genugtuung darf festgehalten werden, dass die langjährigen Versuche und Forschungen von K. Kunze (Freiburg i. B.) und D. Nübling (Mainz), die sich vor allem um die Bildung, Streuung, Verbreitung und Deutung der Familiennamen drehen[11], in der Bewilligung von DFG-Geldern für die Erstellung eines *Deutschen Familiennamen-Atlasses,* ihre verdiente Anerkennung gefunden haben. Im Zusammenhang damit erschien ferner: *Kleiner Familiennamenatlas für Rheinland-Pfalz und Saarland.* Aber damit noch nicht genug: In einem weiteren Großprojekt mit dem Titel *Digitales Familiennamenwörterbuch Deutschlands*, das in Zusammenarbeit mit der Technischen Universität Darmstadt und der Universität Mainz von der Mainzer Akademie der Wissenschaften und der Literatur getragen wird, sollen möglichst alle in Deutschland vorkommenden Familiennamen – unter Einbeziehung der fremdsprachigen Namen – lexikographisch erfasst, kartiert und (unter Berücksichtigung des erst seit Kurzem bestehenden Wissens um die geographische Verbreitung der Namen) etymologisiert werden. Das Projekt soll voraussichtlich bis zum Jahr 2035 laufen, bis Ende 2021 sind bereits fast 6.000 Familiennamen online gestellt worden. Selbstverständlich werden auch diese Projekte zu einem weiter ansteigenden Interesse an den Familiennamen, ihrer Herkunft und Bedeutung, führen. Wer hätte an eine derartige Resonanz noch vor ca. 20 Jahren gedacht?

Soweit in Auszügen meine heutige Bestandsaufnahme. Dieser folgt mein Blick in die Zukunft, die ich vor ca. 15 Jahren als recht positiv beschrieben habe. In einigen Bereichen sind meine Hoffnungen übererfüllt worden, aber es gibt auch Negatives zu konstatieren.

Meine folgenden Bemerkungen enthalten Ideen und Wünsche, die z. T. vielleicht verwirklicht werden können, aber natürlich auch Vorstellungen und Wünsche, deren Verwirklichung völlig offen ist. Aber vielleicht sollte auch hier das Wort gelten, dass man Unmögliches anstreben muss, um das Mögliche zu erreichen. Dabei muss ich natürlich angesichts meines fortgeschrittenen Lebensalters darauf verweisen, dass die folgenden Hoffnungen und Wünsche nur noch in sehr geringem Maße mit meiner Person verbunden sind.

---

[11] K. Kunze: *dtv-Atlas Namenkunde. Vor- und Familiennamen im deutschen Sprachgebiet*, München ⁴2003; K. Kunze, R. Kunze: *Computergestützte Familiennamen-Geographie*, in: *Beiträge zur Namenforschung. Neue Folge* 38 (2003), S. 121–224 (mit 57 Verbreitungskarten); *Deutscher Familiennamenatlas*, Bd. 1–6, Berlin 2009–2017.

2 Möglichkeiten, Perspektiven, Visionen – Namenforschung morgen

Ich folge in diesem Abschnitt der Gliederung der Bestandsaufnahme.

a. Die Untersuchung der **Gewässernamen** ist seit 2005 in einer schwierigen Phase. Das von der Mainzer Akademie der Wissenschaften betreute Vorhaben „Archiv für Gewässernamen Deutschlands" mit seiner Arbeitsstelle in Göttingen und den beiden für die Hydronymie überaus wichtigen Reihen *Hydronymia Germaniae* und *Hydronymia Europaea* hat das Ende der Förderungsphase erreicht und ist ausgelaufen, obwohl noch nicht alles bearbeitet worden ist. Die Karteien, Buch- und Kartenbestände konnten immerhin in den Bestand des Ortsnamenprojektes „Ortsnamen zwischen Rhein und Elbe – Onomastik im europäischen Raum" der Akademie der Wissenschaften zu Göttingen, Arbeitsstelle Münster, überführt werden. Ferner ist mit dem *Deutschen Gewässernamenbuch* von A. Greule[12] ein Werk erschienen, mit dem der Gewässernamenforschung in Mitteleuropa eine gute Grundlage für die weitere Bearbeitung der Hydronyme besitzt. In welchen Bereichen nach meiner Einschätzung nachgebessert werden müsste, habe ich in einer ausführlichen Besprechung zu zeigen versucht.[13]

Allerdings haben die heftigen Attacken, die seit der Aufdeckung und Bearbeitung der von H. Krahe so genannten[14] und von W. P. Schmid weiterentwickelten[15] *Alteuropäischen Hydronymie* schon früh einsetzten, immer noch nicht ihr Ende erreicht. Ich sehe in der Erkenntnis, dass die ältesten Gewässernamen keiner indogermanischen Einzelsprache zugeordnet werden können, sondern einer älteren Schicht – oder mit W. P. Schmid besser – einem älteren Netz zugerechnet werden müssen[16], nach wie vor den entscheidenden Fortschritt in der Hydronymie. Letzteres ist deshalb überzeugender, weil die Zuweisung zu einer Schicht immer nach einer, zumindest relativen, Datierung verlangt. Diese sei aber bei voreinzelsprachlichen Namen, bei denen man indogermanische Herkunft annehme, nicht möglich. Das ist eine Feststellung, die in der heutigen Diskussion um die Gewässernamen zu Unrecht nicht berücksichtigt wird.

Früher und jetzt liest man immer wieder, die Theorie sei überholungsbedürftig[17], im Ganzen nicht überzeugend[18] oder durch Vorindogermanisches zu ersetzen[19]. Besonders

---

[12] Berlin/Boston 2014.
[13] J. Udolph: *Rezension zu A. Greule, Deutsches Gewässernamenbuch*, in: *Beiträge zur Namenforschung: Neue Folge* 52 (2017), S. 81–105.
[14] H. Krahe: *Unsere ältesten Flußnamen*, Wiesbaden 1964; H. Krahe, Aufsatzreihe: *Alteuropäische Flussnamen*, in: *Beiträge zur Namenforschung* 1–16 (1949/50–1965).
[15] Viel zu wenig beachtet, auch in der aktuellen Diskussion: W. P. Schmid: *Linguisticae Scientiae Collectanea. Ausgewählte Schriften*, Berlin 1994.
[16] Ebd., S. 417f., 427.
[17] G. Schramm: *Ein erstarrtes Konzept der Flußnamenphilologie. Alteuropa*, in: *Namn och Bygd* 89 (2001), S. 5–20; dagegen J. Udolph: *Zur Kritik am Konzept der alteuropäischen Hydronymie*, in: *Namenkundliche Informationen* 83/84 (2003), S. 21–39, erneute Entgegnung durch G. Schramm: *Südliche Zuflüsse von Ost- und Nordsee. Suffixe als Zeugen im Streit um Alteuropa*, in: *Suffixbildungen in alten Ortsnamen. Akten eines internationalen Symposiums in Uppsala 14.–16. Mai 2004*, hg. von Th. Andersson und E. Nyman, Uppsala 2004, S. 129–135.
[18] Aus skandinavischer Sicht des Öfteren betont von Th. Andersson, etwa in den Beiträgen *Alteuropäische Hydronymie aus nordischer Sicht*, in: *Namenkundliche Informationen* 30 (1977), S. 18–35; ders., *Norden och det forna Europa*, in: *Namn och Bygd* 60 (1972), S. 5–52; ders.,

heftige Kritik wird in letzter Zeit von H. Bichlmeier in zahlreichen Beiträgen geübt[20], wobei es vor allem darum geht, die „veralteten" indogermanischen Ansätze durch moderne, vor allem laryngalistisch gestaltete Grundformen zu ersetzen. Inwieweit diese neuen Versuche überzeugen, wird die Diskussion zeigen. Allerdings ist auf ein erhebliches Manko dieser Ansätze hinzuweisen: Zum einen zeigen die Versuche, dass das europaweit zur Verfügung stehende Gewässernamenmaterial nicht ausgeschöpft worden bzw. unerkannt geblieben ist, wodurch Fehldeutungen – etwa als keltisch, romanisch oder venetisch – von vornherein zu erwarten waren.[21] Zum anderen enthalten die neuen Beiträge wenig überzeugende Bedeutungsinhalte und komplizierte Konstruktionen. Und noch etwas ist bedeutsam: Die Grundformen weichen in ihrer Bildung nicht selten von den Voraussetzungen ab, die die Indogermanistik für allein richtig ansieht: So tritt etwa -r- als Suffix keineswegs nur bei Schwundstufen auf, sondern auch bei Vollstufen; ferner erscheinen Suffixe, die im indogermanischen Wortbestand nicht vorhanden zu sein scheinen und Ähnliches mehr.

Und nach wie vor gilt das nun schon 150 Jahre alte Wort von R. Ferguson[22], wonach für Gewässernamen Folgendes zutrifft: „They were indeed for the most part simple appellatives, being most commonly nothing than words signifying water." Allein für das Ukrainische haben wir mit M. Jurkowskis Sammlung *Ukraińska terminologia hydrograficzna* (1971), ein Werk, das ca. 6.000 Appellativa vereint, die mit dem Wasser zu tun haben. Es ist daher alles andere als überzeugend, dass in den Gewässernamen in letzter Zeit Bedeutungen wie „sich (zusammenfügen)", „Grund, Boden, Bretterwand", „(er)nähren", „bedrängen, zusetzen", „Weg, Reise" u. a. m. vermutet werden.

Es ist gerade der große Verdienst von H. Krahe und W. P. Schmid gewesen, den Blick zu weiten und zu erkennen, dass Gewässernamen nur dann richtig und sinnvoll erklärt werden können, wenn die Basis durch intensive Sammlung gelegt worden ist. Versuche, die das unterlassen und nur auf die Etymologie einzelner Namen abheben, sind von vornherein zum Scheitern verurteilt. Das gilt natürlich auch für den Bereich der Ortsnamen (= Siedlungsnamen), etwa im Germanischen oder Slavischen. Letzteres zeigt sich gerade auch in der gut voranschreitenden Bearbeitung der westfälischen und niedersächsischen Ortsnamen. Ob ich meinen Entschluss, die Gewässernamen dieses Gebiets umfassend zu behandeln und dabei zu zeigen, dass nur eine europaweite Einbettung sinnvoll sein kann, in die Wirklichkeit umsetzen kann, wird die Zukunft zeigen.

Zur Geschichte der Theorie einer alteuropäischen Hydronymie, in: *Probleme der Namenbildung, Rekonstruktion von Eigennamen und der ihnen zugrundeliegenden Appellative,* hg. von Th. Andersson, Uppsala 1988, S. 59–90; aus polnischer Sicht von Z. Babik: *Najstarsza warstwa nazewnicza na ziemiach polskich*, Kraków 2001.

[19] Th. Vennemann: *Europa Vasconica – Europa Semitica*, Berlin 2003. Zu diesen Thesen ist die ausführliche Stellungnahme mehrerer Sprachwissenschaftler und Namenforscher zu vergleichen, die ich herausgeben konnte: J. Udolph (Hrsg.): *Europa Vasconica – Europa Semitica? Kritische Beiträge zur Frage nach dem baskischen und semitischen Substrat in Europa*, Hamburg 2013.

[20] Immer wieder aktuell ergänzt auf der Internetseite http://www.indogerm.uni-halle.de/personal/harald_bichlmeier/#anchor2313622.

[21] Ich hoffe, durch die Veröffentlichung meiner umfangreichen Sammlung von europäischen Gewässer-, Orts- und Flurnamen unter dem Titel *Nomina Geographica Europae* (s. https://adw-verwaltung.uni-goettingen.de/ortsnamen/images_lightbox.php) die Materialbasis für weitere Untersuchungen erweitern zu können.

[22] *The River-Names of Europe*, London 1862, S. 5.

b. Die 2004 von mir noch als „Traum" bezeichnete umfassende Untersuchung der **Ortsnamen** fast eines Viertels der Bundesrepublik Deutschland ist, wie ich oben schon kurz beschrieb, seit 2005 Wirklichkeit. Gemeint ist das von der Akademie der Wissenschaften zu Göttingen betreute Projekt „Ortsnamen zwischen Rhein und Elbe – Onomastik im europäischen Raum" mit einer Arbeitsstelle in Münster, das unter der Leitung von K. Casemir bis Ende 2029 die Ortsnamen Bremens, Niedersachsens und Westfalens flächendeckend zu bearbeiten hat. Sachsen-Anhalt musste aus Kürzungs- und Zeitgründen leider ausgeklammert werden.

Damit wird ein Gebiet bearbeitet, das für Kernfragen nicht nur der deutschen Ortsnamenforschung von höchster Bedeutung ist. Es strahlt weit darüber hinaus, denn es geht auch um die Beziehungen zu England (Besiedlung der britischen Hauptinsel durch westgermanische Stämme im Lichte der Ortsnamen), zu Skandinavien (Überprüfung der durch Gustaf Kossinna in die Forschung eingebrachten nordischen Heimatthese, die immer noch eine große Rolle in der Forschung, aber auch in der Öffentlichkeit spielt) und Abgrenzung des ursprünglich slavischen Siedlungsgebietes in Niedersachsen, letztlich also auch um die Siedlungsgeschichte Mitteleuropas.

Allein dieses Projekt ist ein Lebenswerk der daran beteiligten Personen und natürlich auch der Leiter. Bis 2023 werden erschienen sein: vom Niedersächsischen Ortsnamenbuch 13 Bände (Kreise und Städte Hannover, Osterode, Wolfenbüttel, Salzgitter, Göttingen, Northeim, Holzminden, Helmstedt, Wolfsburg, Peine, Goslar, Gifhorn, Celle, Oldenburg und Delmenhorst), vom Westfälischen Ortsnamenbuch 20 (Soest, Lippe, Münster, Warendorf, Herford, Bielefeld, Hochsauerlandkreis, Minden, Lübbecke, Olpe, Höxter, Coesfeld, Märkischer Kreis, Paderborn, Märkischer Kreis, Steinfurt, Ennepe-Ruhr-Kreis, Unna, Dortmund, Borken, Recklinghausen, Gütersloh, Siegen-Wittgenstein). Für Westfalen ist damit spätestens 2023 mit einer flächendeckenden Aufarbeitung zu rechnen.

Ein weiterer Fortschritt ist der von M. Niemeyer unter Mitwirkung von zahlreichen, auch jüngeren Namenforschern herausgegebene Band *Deutsches Ortsnamenbuch* (Berlin/Boston 2012). Allerdings und leider vermisst man darin wie so oft bei Sammelbänden zahlreiche Namen von Orten, die man gern behandelt sehen möchte. Nachdem schon vor Jahren auch der „Neue Förstemann" gescheitert ist, bleibt für die deutsche Ortsnamenforschung wohl nur der Weg zu Bearbeitungen von einzelnen Bundesländern, wie sie zum Glück für Schleswig-Holstein, Brandenburg und Berlin, Sachsen, die Pfalz und Teilen Süddeutschlands (vor allem L. Reichardts Ortsnamenbände sind zu erwähnen) vorliegen. Für Bayern ist auf die vielfältigen Studien von W.-A. Frhr. von Reitzenstein zu verweisen, für Franken jetzt auch auf die Arbeiten von J. Andraschke.[23] Zu meinem Versuch, Thüringen wenigstens in groben Zügen aufzuarbeiten, habe ich mich oben schon geäußert.

Ich hielt und halte es für wichtig, durch die Medien auf die Namen, deren Erforschung und Bedeutung hinzuweisen. Seit Beginn des Projektes der Göttinger Akademie sind sowohl der Westdeutsche wie der Norddeutsche Rundfunk auf das Forschungsvorhaben aufmerksam geworden. In Niedersachsen führte dieses gleich zu einer Serie von Beiträgen, da der Sender eine „Sommertour" durch das Land unternahm, uns nach der Bedeutung der Ortsnamen fragte, dieses aufzeichnete und dann zwei Wochen lang täg-

---

[23] Z. B. *Die germanisch-frühdeutschen Ortsnamen des Regnitz- und Obermaingebietes*, Haßfurt 2016.

lich aus der Namenforschung berichtete. Die Fernsehserie „Namen auf der Spur" des MDR besaß eine Vorreiterrolle für eine dauerhafte Sendung, ist inzwischen aber wieder eingestellt.

Zwar wecken Familiennamen (dazu s. unten) noch mehr Aufmerksamkeit. Aber auch die Ortsnamen sind über die vergangenen Jahre immer wieder von den Medien, meist Radio und Zeitungen, in den Blick gekommen. Die meisten Interviews werden von der Münsteraner Arbeitsstelle beantwortet. Daneben ist es ebenso wichtig, dass auch die Menschen vor Ort – Heimatpfleger und Interessierte –, aber auch Studierende mit der Ortsnamenforschung in Kontakt kommen. Die Leiterin der Münsteraner Arbeitsstelle K. Casemir bietet z. B. fast regelmäßig Vorträge und Seminare für Interessierte an, vor allem auch an der Westfälischen Wilhelms-Universität Münster für Studierende der Germanistik. Bei nicht wenigen führt die Begeisterung für die Namen dazu, dass sie Abschlussarbeiten zu den unterschiedlichsten Themen verfassten und verfassen.

c. Das Interesse an den **Vornamen** ist fast gleichbleibend hoch. Die Anlässe, sich damit zu beschäftigen, sind im Wesentlichen die folgenden:
 1. die Suche nach einem Vornamen für ein neugeborenes Kind;
 2. die Entscheidung eines Gerichtes, die Vergabe eines außergewöhnlichen Vornamens zu gestatten oder zu untersagen;
 3. die Vergabe eines außergewöhnlichen Vornamens bei Prominenten (etwa *Jadon Gil* bei Steffi Graf und Andre Agassi);
 4. die jährlichen „Hitlisten" der in Deutschland meistvergebenen Vornamen, die von der Gesellschaft für deutsche Sprache in Wiesbaden und Knud Bielefeld erhoben und publiziert werden.

Durch Antworten auf Fragen, die im Zusammenhang mit Vornamen immer wieder gestellt werden, wird auch bei Journalisten und Interessierten nach meiner Erfahrung das Interesse an anderen Namenarten, vor allem an den geographischen Namen, geweckt. Auch dieses ist ein Weg, den Elfenbeinturm der „reinen" Wissenschaft aufzubrechen und den Menschen zu zeigen, dass die Forschung an und über die Namen auch ihr Interesse finden kann.

Die Vornamenberatung wird hoffentlich auch zukünftig noch – trotz des Todes von G. Rodriguez – ein wichtiger Zweig der Namenberatungsstelle an der Universität Leipzig sein, die in Zusammenarbeit mit der Deutschen Gesellschaft für Namenforschung betrieben wird. Allerdings ist in diesem Zusammenhang auf den betrüblichen Umstand hinzuweisen, dass die einzige Professur für Onomastik, die seit 1995 an der Universität Leipzig angesiedelt war, nach einem äußerst unerfreulichen Prozess, auf den ich hier nicht detailliert eingehen möchte, trotz heftiger Proteste von vielen Seiten letztlich doch gestrichen worden ist. Das hatte ich bei meiner Sicht der Dinge aus dem Jahre 2005 nicht erwartet und auch nicht sehen können. Ein kleiner Trost ist es, dass Dietlind Kremer als Leiterin der Namenberatungsstelle innerhalb eines Wahlmoduls die Onomastik im Lehrbetrieb der Universität Leipzig weiter betreiben kann. Und wie schon im ersten Jahrzehnt dieses Jahrhunderts beobachtet werden konnte, ist der Andrang zu diesen Lehrveranstaltungen enorm. Sollte sich nicht vielleicht doch noch einmal eine Universität in Deutschland dazu entschließen können, erneut eine Professur für Namenforschung einzurichten und damit dem Interesse der Menschen Rechnung tragen? Wie ich eingangs sagte, sind Träume ja erlaubt …

d. Dem hohen Stand der hessischen, thüringischen[24] und westfälischen **Flurnamen**forschung[25] wird man wohl in naher oder ferner Zukunft nichts Gleichwertiges entgegensetzen können, auch wenn auf die wertvolle Untersuchung von C. Zschieschang[26] zu verweisen ist. Intensiv wird nach meiner Kenntnis vor allem in Thüringen an den Flurnamen gearbeitet, worauf ich oben schon hingewiesen habe. Nähere Einzelheiten kann man auf den Internetseiten des Instituts für Germanistische Sprachwissenschaft an der Universität Jena und dem Heimatbund Thüringen einsehen.

e. Die größte Resonanz in der Bevölkerung erreichen nach wie vor die **Familiennamen**, genauer: die Frage nach Herkunft und Bedeutung interessiert die Menschen. Sie möchten wissen, warum sie so heißen, wie sie heißen.

Die bisher wichtigste Publikation auf diesem Gebiet ist nach meiner Einschätzung der schon genannte und jetzt abgeschlossene *Deutsche Familiennamenatlas*, hg. von K. Kunze und D. Nübling. Im gleichen Atemzug muss das ebenfalls schon erwähnte *Digitale Familiennamenwörterbuch Deutschlands* erwähnt werden, das damit begonnen hat, die ersten behandelten Familiennamen ins Internet zu stellen. Es wird ein Standardwerk werden und die erste Anlaufstelle für an ihrem Namen interessierte Menschen sein.

Dazu werden auch weiterhin Radiosendungen beitragen, die ich zurzeit bei Antenne Brandenburg, MDR I Radio Sachsen, MDR Thüringen und SWR 1 – Rheinland-Pfalz gestalten darf. Die Nachfrage ist ungebrochen. So lagen am Ende des Jahres 2022 beim SWR-Sender ca. 16.000 Anfragen vor …

Etwas nachgelassen hat das Interesse im Fernsehen. Nur ab und zu werden nach meinen Beobachtungen Mitarbeiter der Namenberatungsstelle in Leipzig, der Mainzer Namenforschung und des Zentrums für Namenforschung zu Sendungen über Familiennamen eingeladen. Nach meiner Einschätzung haben die Sender die breite Wirkung entsprechender Ausstrahlungen noch nicht richtig erkannt. Eine gewisse Regelmäßigkeit strebt jetzt allerdings die Sendung „MDR um Vier" an.

Etwas stärker ist die Resonanz im Internet. Nach anfänglichem Zögern habe ich auf Anraten von jüngeren Mitarbeitern und auch meiner eigenen Kinder den Betrieb einer Facebook-Seite aufgenommen.[27] Inzwischen bin ich von den Reaktionen, die bei den fast 7.000 Nutzern der Seite zu erkennen ist, doch sehr angetan und bemühe mich, täglich etwas zu einem Namen oder allgemein zu der Namenforschung zu schreiben. Dadurch entstehen neue Kontakte und ich werde auch auf mir unbekannte Hinweise aufmerksam gemacht. Auch Korrekturen zu Deutungen von Familiennamen habe ich erfahren – das bleibt nicht aus, vor allem dann nicht, wenn genealogische Erkenntnisse vorliegen, die mir unbekannt sind.

---

[24] Vgl. oben mit Anm. 6.
[25] *Hessischer Flurnamenatlas*, hg. von H. Ramge, Darmstadt 1987; *Südhessisches Flurnamenbuch*, hg. von H. Ramge, Darmstadt 2002; G. Müller: *Westfälischer Flurnamenatlas*, Lfg. 1–3, Bielefeld 2000–2003; für Norddeutschland auch von Bedeutung: U. Scheuermann: *Flurnamenforschung*, Melle 1995; K. Falkson: *Die Flurnamen des Kirchspiels Büsum (Dithmarschen)*, Neumünster 2000.
[26] C. Zschieschang: *'Das Land tuget gar nichts'. Slaven und Deutsche zwischen Elbe und Dübener Heide aus namenkundlicher Sicht*, Leipzig 2003.
[27] https://www.facebook.com/Prof-Udolph-Zentrum-für-Namenforschung-287202467972641/.

Für die Zukunft bleiben viele Wünsche offen, die erst durch – hoffentlich – wachsende staatliche und private Unterstützung onomastischer Tätigkeiten, vielleicht auch durch Stiftungen, erfüllt werden könnten:
1. Aufarbeitung aller Ortsnamen Deutschlands, wobei das Konzept eines „Neuen Förstemanns" angesichts der Größe der Aufgabe wohl nicht entworfen werden sollte. Ich würde eine weitere Bearbeitung im Bereich der einzelnen Bundesländer für sinnvoller halten. Größere Lücken sehe ich noch in Mecklenburg-Vorpommern, Sachsen-Anhalt, Hessen[28], im Rheinland und Saarland, in Rheinland-Pfalz, Baden-Württemberg und Bayern.
2. Aufarbeitung der noch bestehenden Lücken der Hydronymia Germaniae und Neubewertung der Konzeption der alteuropäischen Hydronymie.
3. Möglichst flächendeckende Intensivierung der Flurnamensammlungen und -bearbeitungen.

Das mag genügen. Für einen Namenkundler, der seinen 80. Geburtstag feiert, übersteigt das hier skizzierte die tatsächlichen Umsetzungsmöglichkeiten um das Vielfache. Aber wie heißt es so schön: Träume, Wünsche und Visionen sind erlaubt. Außerdem hat sich gezeigt, dass in den letzten reichlich 15 Jahren seit meiner ersten Niederschrift etliches umgesetzt werden konnte und einiges für die nähere Zukunft zu erwarten ist.

---

[28] Eine große Arbeit hat D. Ascher mit ihrer Untersuchung *Die Ortsnamen des Landkreises Fulda*, Freiburg 2020 vorgelegt. Sehr bedauert habe ich den Tod von Werner Guth, der wichtige Beiträge zu hessischen und anderen Ortsnamen publiziert hat.

II
Slavischer Bereich

Die Landnahme der Ostslaven im Lichte der Namenforschung[*]

Der anhand einer Untersuchung von geographischen Namen, vor allem der Gewässernamen, vorgenommene Versuch, von sprachwissenschaftlicher Seite aus zur Frage nach den ältesten Wohnsitzen der Slaven beizutragen,[1] führte unter anderem auch zu Ergebnissen, die für die Ausbreitung der frühen Ostslaven von Bedeutung zu sein scheinen.[2] Die von uns vorgenommene Untersuchung lässt vor allem die Bedeutung der Pripjet'-Sümpfe in einem neuen Licht erscheinen: Sie kommen als Ausgangspunkt der slavischen Wanderungen kaum in Betracht,[3] sondern haben vielmehr in entscheidender Weise dazu beigetragen, dass die Siedlungsbewegung der frühen Ostslaven gespalten wurde, denn die Namenverbreitungen machen es mehr als einmal deutlich, dass die Sümpfe sowohl westlich wie auch östlich umgangen wurden. Die weitere Ausbreitung der Ostslaven soll im Folgenden im Zentrum des Interesses stehen. Natürlich ist die Expansion der Ostslaven mit der Frage nach den ältesten Wohnsitzen der Slaven eng verbunden; wir werden auf diesen Zusammenhang auch notgedrungen eingehen müssen; sie soll uns hier jedoch nur am Rande beschäftigen.

Mit der Frage, auf welchen Wegen die späteren Weißrussen und Russen in ihre Wohnsitze gelangten (für die Ukrainer rechnet man anscheinend nicht mit starken Wanderungsbewegungen), hat man sich schon verschiedentlich beschäftigt. Historiker, Archäologen und Sprachwissenschaftler haben versucht, zur Lösung dieser Frage beizutragen. Aus einer (keineswegs repräsentativen) Durchsicht von Arbeiten, die sich mit der Landnahme der Ostslaven befasst haben, sollen einige Meinungen im Folgenden wiedergegeben werden. G. Stökl[4] weist nach einer Analyse der Angaben der „Povest' vremennych let" darauf hin, dass „das Ergebnis einer Ausbreitung nach Norden, Osten und Süden" wahrscheinlich ist und stellt zugleich die Frage: „Warum haben sich die Slaven nach Norden und Osten und nicht die Balten nach Süden und die Finnen nach Westen ausgebreitet?" V. Kiparsky[5] meinte zur Ausbreitung der Ostslaven:

> [Sie] konnten sich vermutlich von der slavischen Urheimat aus, die sich etwa zwischen den Karpaten, den Rokytno-Sümpfen und dem mittleren Lauf des Dnepr befand, nicht südwärts ausbreiten, [...]

---

[*] Erstmals erschienen in: *Jahrbücher für Geschichte Osteuropas* 29 (1981), S. 321–336.
[1] J. Udolph: *Studien zu slavischen Gewässernamen und Gewässerbezeichnungen. Ein Beitrag zur Frage nach der Urheimat der Slaven*, Heidelberg 1979 (= *Beiträge zur Namenforschung. Neue Folge. Beiheft* 17).
[2] Udolph, Studien, S. 624–625 (Ausbreitung der Ostslaven).
[3] Vgl. auch W. P. Schmid: *Urheimat und Ausbreitung der Slawen*, in: *Zeitschrift für Ostforschung* 28 (1979), S. 405–415, hier S. 409.
[4] G. Stökl: *Russische Geschichte von den Anfängen bis zur Gegenwart*, Stuttgart ²1965 (= *Kröners Taschenbuchausgabe* 244), S. 23.
[5] V. Kiparsky: *Russische historische Grammatik*, Bd. 1, Heidelberg 1963, S. 13.

zogen wohl daher dnepraufwärts und dürften etwa im 6.–7. Jh., wie prähistorische Funde nahelegen, das nordrussische Seengebiet erreicht haben, wo sie auf die Vorfahren der heutigen Ostseefinnen stießen [...] Etwas später schwenkten die Ostslaven westwärts ein und stießen wohl irgendwo an der oberen Düna auf die Vorfahren der heutigen Litauer und Letten, [...].

Eine detaillierte Untersuchung zu den uns hier beschäftigenden Fragen hat J. Prinz vorgelegt.[6] Wie wir im Folgenden darlegen zu können hoffen, kann die Heranziehung von Namentypen, die einerseits im Slavischen verhältnismäßig altertümliche Elemente, andererseits verhältnismäßig junge Erscheinungen darstellen, vor allem durch ihre kontrastive Darstellung dazu beitragen, die Ergebnisse von J. Prinz zu präzisieren und den Verlauf der ostslavischen Expansion deutlicher herauszuarbeiten. Mit dieser Frage hat sich auch C. Goehrke auseinandergesetzt.[7] Als *„Ausgangspunkt der Wanderung"* sieht er „die fruchtbare *Waldsteppen- und Laubwaldzone* nördlich und nordöstlich der Karpaten, möglicherweise bis hin zum mittleren Dnepr" an. „Von hier aus rückten die Ostslaven etwa seit dem 8. Jh. n. Chr. nordwärts in die *Mischwaldzone* hinein [...]"[8]. Von Wichtigkeit ist seine Bemerkung: „Siedlungen und Kulturland waren allerdings ungleichmäßig verteilt; sie bevorzugten die Lage auf dem Hochufer von Flüssen und Bächen, sparten die trockeneren Wasserscheiden weitgehend, die Sumpf- und Sandgebiete völlig aus."[9] Als Gebiete der weiteren Aufsiedlung (13.–15. Jh.) nennt C. Goehrke Karelien, das Becken von Suchona, Nördlicher Dvina und Vaga, „Vjatka läßt sich mit Sicherheit erst zu dieser Zeit als am weitesten nach Osten in die Tajga hinein vorgeschobene ostslavische Siedlungsinsel nachweisen"[10]. Zusammenfassend meint C. Goehrke: „Geographische Gegebenheiten haben die russische Geschichte also nicht determiniert. Aber sie bildeten zu jeder Zeit das räumliche Glacis, an das sich die spezifische historische Entwicklung in der einen oder anderen Richtung anpassen mußte."[11]

---

[6] J. Prinz: *Versuch einer orientierenden Bestimmung von Namenräumen im frühostslavischen Bereich*, Heidelberg 1969 (= *Beiträge zur Namenforschung. Neue Folge. Beiheft* 5); vgl. auch ders.: *Der Moskauer Staat und die Namengebung. Der Einfluß der politischen Expansion des Moskauer Staates mit seiner Sprachnorm und seiner geistigen und sozialen Struktur auf die großrussische Namengebung*, in: *Onoma* 22 (1978), S. 208–219; zur ersteren Arbeit vgl. auch die Rezension von K. H. Schmidt in: *Beiträge zur Namenforschung. Neue Folge* 6 (1971), S. 88–89.

[7] C. Goerhke: *Die geographischen Gegebenheiten Rußlands in ihrem historischen Beziehungsgeflecht [mit 5 Karten]*, in: *Handbuch der Geschichte Rußlands*, Bd. 1, hg. von M. Hellmann, K. Zernack, G. Schramm, Stuttgart 1976, S. 8–72; vgl. die Rezension von H. Jäger in: *Jahrbücher für Geschichte Osteuropas. Neue Folge* 26 (1978), S. 410–411.

[8] Goehrke, Die geographischen Gegebenheiten, S. 47. Einen slavischen Vorstoß nach Norden nimmt auch R. Werner an (*Die Frühzeit Osteuropas*, in: *Handbuch der Geschichte Rußlands*, Bd. 1, S. 122–198, hier S. 182).

[9] Goehrke, Die geographischen Gegebenheiten, S. 48.

[10] Ebd.; vgl. auch ders.; *Groß-Novgorod und Pskov/Pleskau*, in: *Handbuch der Geschichte Rußlands*, Bd. 1, S. 431–483, hier S. 449.

[11] Goehrke, Die geographischen Gegebenheiten, S. 72.

H. Rüß geht in seinem Beitrag „Das Reich von Kiev"[12] ebenfalls auf Fragen der ostslavischen Siedlungsgeschichte ein und weist auf eine Reihe von noch offenen Problemen hin. Er äußert in diesem Zusammenhang Verständnis dafür, „warum die Frage, wann es überhaupt zur Herausbildung eines besonderen ostslavischen Zweiges der großen slavischen Völkerfamilie gekommen ist, welches das Kerngebiet der Ostslaven beziehungsweise der Ausgangspunkt ihrer Expansion war, bisher [...] zu keiner allgemein akzeptierten Antwort geführt hat"[13]. Seiner Ansicht nach erfolgte „die slavische Besiedlung des osteuropäischen Raumes [...] zu verschiedenen Zeiten, etappenweise und aus verschiedenen Richtungen"[14]. Als einigermaßen sicher kann man aber annehmen, dass „das rechtsseitige mittlere Dneprgebiet ältester Ausgangspunkt der weiteren slavischen Expansion nach Norden, Osten und Süden gewesen ist", wobei Unklarheit darüber besteht, „ob östlich des Dnepr vor dem 8. Jh. slavische Siedlungen bestanden haben"[15]. Unter Umständen kann die Namenforschung sowohl bei dieser Frage zur Klärung beitragen, wie auch bei dem Problem, ob ein Teil der Ostslaven aus dem Westen, d. h. dem Westslavischen, gekommen ist. H. Rüß meint in Verbindung mit der Bemerkung der „Povest' vremennych let", daß die Radimičen und Vjatičen „von den Ljachen", also von Westen gekommen seien: „[...] das mittlere Dneprgebiet ist möglicherweise nicht als der einzige Ausgangspunkt der ostslavischen Landnahme anzusehen".[16] Auf dieses Problem werden wir nach der Zusammenstellung des Namenmaterials zurückkommen müssen.

In einem weiteren Beitrag hat C. Goehrke zur Frage der slavischen Besiedlung der Gebiete um Novgorod und Pleskau/Pskov geäußert:

> Spätestens vom 8. Jh. an darf man im Bereich des Ilmenseebeckens und des Flußnetzes der Velikaja mit dem Eindringen slavischer Kolonisten in die baltischen beziehungsweise finno-ugrischen Siedlungsräume rechnen. Aus welcher Richtung diese von der Erzählung der vergangenen Jahre als *Slovene* zusammengefaßten Siedler kamen – ob vom Dnepr [...] oder aus dem Gebiet der Ostseeslaven [...] – ist noch strittig.[17]

Aus sprachwissenschaftlicher Sicht hat sich vor allem M. Vasmer mit der Frage der ostslavischen Landnahme befasst[18]. An für unsere Frage wichtigen Äußerungen zitiere ich:

> Längs dem oberen Dnjepr und den ihm nahekommenden Flußläufen des Ilmeń-Beckens erfolgte der Durchbruch der Ostslaven auf Novgorod zu, bereits vor Beginn der russischen geschichtlichen Überlieferung [...] Um die Mitte des 11. Jahr-

---

[12] H. Rüß: *Das Reich von Kiev*, in: *Handbuch der Geschichte Rußlands*, Bd. 1, S. 199–429.
[13] Ebd., S. 240.
[14] Ebd., S. 242.
[15] Ebd., S. 243.
[16] Ebd., S. 245.
[17] Goehrke, Groß-Novgorod und Pskov/Pleskau, S. 438.
[18] M. Vasmer: *Schriften zur slavischen Altertumskunde und Namenkunde*, Bde. 1–2, Berlin, Wiesbaden 1971, speziell in seinem Aufsatz: *Die russische Kolonisation im Spiegel der Sprache*, ebd., Bd. 2, S. 776–785 (= *Veröffentlichungen der Abt. für slavische Sprachen und Literaturen des Osteuropa-Instituts an der FU Berlin* 38).

hunderts hatte die russische Kolonisation sich der Gebiete an der oberen Wolga bis über Jaroslavl' hinaus östlich und südlich davon bis gegen Murom bemächtigt.[19]

M. Vasmer wies auch schon darauf hin, in welcher Weise und mit welcher Methode die Sprachwissenschaft zu Fragen der Besiedlungsgeschichte beitragen kann: „Vor allem kann eine ausführliche Berücksichtigung des russischen Wortschatzes und Namengutes in großem Umfange den Verlauf der nordgroßrussischen Kolonisation im Nordosten und in Sibirien beleuchten"[20], und noch konkreter: „Eine genauere Untersuchung wortgeographischer Verschiedenheiten in der topographischen Nomenklatur ist geeignet, den Anteil der einzelnen Landschaften der Kerngebiete an der russischen Kolonisation zu klären."[21]

Wenn dieses nach Meinung von M. Vasmer für die nordgroßrussische Kolonisation als möglich erscheint, erhebt sich die Frage, ob nicht mit einer entsprechenden Anwendung auch die Loslösung der späteren Ostslaven von den älteren Siedlungsgebieten der Slaven und ihre Wanderungsbewegungen in die neuen Sitze näher beschrieben werden könnten. Die Voraussetzungen für eine derartige Untersuchung hat M. Vasmer selbst in entscheidender Weise durch die Inangriffnahme von Sammlungen der ostslavischen Gewässer- und Ortsnamen[22] geschaffen; die daraus entstandenen Bücher sind die Hauptquelle, mit Hilfe derer die hier angeschnittenen Fragen einer Lösung nähergeführt werden können.

Prinzip und Methode unseres vorliegenden Versuches sind an anderer Stelle an zahlreichen slavischen Gewässerbezeichnungen bereits deutlich gemacht worden[23]; an dieser Stelle soll nur in Kürze auf die meines Erachtens wesentlichsten Punkte nochmal hingewiesen werden. Die entscheidende Frage ist die, ob es möglich ist, mit Hilfe einer bestimmten Auswahl von geographischen Namen und ihrer Kartierung im slavischen Bereich Gebiete herauszuarbeiten, von denen man mit einiger Bestimmtheit sagen kann, dass die einen in älterer Zeit, die anderen dagegen in jüngerer Zeit von der ostslavischen Besiedlung erfasst wurden. Die entscheidende Rolle fällt dabei den Namen und ihrer Verbreitung zu, denn eine Gegenüberstellung der zugrunde liegenden Wörter (Appellativa) erbringt nur bescheidene Erkenntnisse, z. B. die, dass ein Wort nur im Westslavischen vorhanden ist, dem Ostslavischen aber fehlt. Erweitert man jedoch den Blick in Richtung auf die Namen, so wird rasch deutlich, dass dort, in dem „Friedhof der Appellativa", altes slavisches Wortgut noch nachweisbar ist, das aus dem lebendigen Wortschatz z. T. völlig verschwunden ist. In dieser Hinsicht ist die Entdeckung, dass es im Bereich nördlich der Karpaten geographische Namen gibt, die nur mit Hilfe von südslavischen Appellativa gedeutet werden können, eine der Hauptstützen für unsere Annahme, dass diese Namen demnach aus einer slavischen Sprache stammen müssen, die das Süd-

---

[19] Ebd., S. 778.
[20] Ebd., S. 780.
[21] Ebd., S. 779.
[22] M. Vasmer: *Wörterbuch der russischen Gewässernamen*, bearb. von U. Bach, W. Eisold, H. Jachnow, A. Kernd'l, R. Richhardt, Bd. 1–5 und Nachtrag, Berlin, Wiesbaden 1961–1973 (= *Veröffentlichungen der Abt. für slavische Sprachen und Literaturen des Osteuropa-Instituts an der FU Berlin* 22); *Russisches Geographisches Namenbuch*, begr. von M. Vasmer, hg. von H. Bräuer, Bd. 1–11 und Kartenband, Wiesbaden 1964–1989.
[23] Udolph, Studien.

slavische noch mit einschloss, d. h. aus dem Gemein- oder Urslavischen selbst, und die es daher erlauben, die ältesten Wohnsitze der Slaven an den Nordhang der Karpaten etwa zwischen Zakopane und der Bukovina zu verlegen.

In ähnlicher Weise soll nun im Folgenden versucht werden, Appellativa, die dem Ostslavischen in seiner Gesamtheit oder in Teilen heute fehlen, Wörtern gegenüberzustellen, die dem frühen Ostslavischen noch bekannt gewesen sind, und – als wichtigen weiteren Schritt – ihre Verbreitung im Namenmaterial zu erfassen, zu kartieren und die Ergebnisse zu interpretieren. Wir beschränken uns dabei im Wesentlichen auf das ostslavische Sprachgebiet, bei einigen Fällen musste allerdings das polnische Sprachgebiet in seinen östlichen Teilen in die Kartierung mit aufgenommen werden, wobei in diesem Bereich aber keine Vollständigkeit angestrebt wird und die Belege fast durchweg dem *Słownik Geograficzny* entnommen sind. Es soll dabei nur in Ansätzen demonstriert werden, dass das Polnische in den Namen Anteil an der Verbreitung hat; Interpretationen der innerpolnischen Verhältnisse erfordern eine eingehendere Behandlung, die hier nicht geleistet werden kann. Nach Abschluss der Kartierung werden wir auf die eingangs zitierten Äußerungen zur Frage der Landnahme der Ostslaven, soweit das Namenmaterial und seine Verbreitung dazu beitragen, zurückkommen und in einer zweiten Karte die mutmaßliche Expansion der Ostslaven nachzuzeichnen versuchen.

Aus zahlreichen Fällen, die für unsere Fragen von Bedeutung sein können, wurden folgende Paare ausgewählt: *vьsь 'Dorf' (noch heute lebendig im West- und Südslavischen) – russ. *derevnja*; *potokъ 'Bach' (in fast allen slavischen Sprachen noch bekannt, im Russischen häufig nur noch in übertragener Bedeutung als *potok reči* 'Redefluss' usw.) – rus. *ručej* 'Bach'; und aus der Rodungsterminologie *korč-* gegenüber *gaŕ* und *dor*, Bezeichnungen für Brand-, Stock- und Baumrodung, wobei die Letzteren im Hinblick auf anzulegende Siedlungen von nicht geringem Interesse sind.

1. *vьsь – derevnja*

Ein urslavisches *vьsь findet (meist in der Bedeutung 'Dorf') seine Fortsetzer in sloven. *vàs*, tschech., slovak. *ves*, poln. *wieś*, obersorb. *wjes*, niedersorb. *wjas*. Im Ostslavischen ist es nur noch im Altrussischen als *vьsь sowie in russischen Dialekten (um Smolensk und Novgorod) als *vëska* und *vescá* und im Altukrainischen als *vjesь* nachweisbar[24]. Es besteht dennoch kein Zweifel daran, dass wir es bei diesem Wort mit einem alten Erbwort innerhalb des Slavischen zu tun haben, denn die außerslavischen Entsprechungen wie lett. *vìesis*, altind. *viç-*, griech. *οἶκος*, latein. *vīcus* usw. weisen in Übereinstimmung mit dem Slavischen auf einen indogermanischen Ansatz *u̯eik'-* mit weiteren Ablautstufen (z. B. im Slavischen)[25]; ausführlich hat sich W. P. Schmid mit den Bezeichnungen für *Bauer* und *Dorf* im Slavischen beschäftigt und ist auch auf das Verhältnis *veś – de-*

---

[24] I. I. Sreznevskij: *Materialy dlja slovarja drevnerusskogo jazyka po pis'mennym pamjatnikam*, Bde. 1–3., Skt.-Peterburg 1893–1912, Nachdruck Graz 1955–1956, hier Bd. 1, Sp. 473; *Slovar' russkich narodnych govorov*, Bd. 4, Moskva, Leningrad 1969, S. 183, 190; *Slovnyk staroukraïnśkoï movy XIV–XV st. u dvoch tomach*, Kyïv 1977–1978, hier Bd. 1, S. 170.

[25] J. Pokorny: *Indogermanisches etymologisches Wörterbuch*, Bd. 1, Bern, München 1959, S. 1131; M. Vasmer: *Russisches etymologisches Wörterbuch*, Bde. 1–3, Heidelberg 1953–1958, hier Bd. 1, S. 193.

revnja – selo im Ostslavischen eingegangen[26]. Unter anderem ergab sich dabei, dass russ. *derevnja* mit hoher Wahrscheinlichkeit als baltisches Lehnwort anzusehen ist. Unsere in diesem Zusammenhang durchgeführte Kartierung[27] ist ergänzungsbedürftig und soll im Folgenden komplettiert und der Verbreitung derjenigen Namen, die slav. *vьsь enthalten, gegenübergestellt werden. Dass auch im ostslavischen Siedlungsgebiet Namen nachweisbar sind, die es enthalten, ist schon länger bekannt, wie das folgende Zitat von A. I. Lebedeva[28] deutlich macht: „V drugich russkich govorach, v tom čisle i pskovskich, teper' éto slovo ne zasvidetel'stvovano, no toponimičeskoe ego primenenie pokazyvaet, čto ono prežde upotrebljalos'." Da es sich bei *veś* also um ein (vom slavischen Standpunkt aus gesehen) altes Wort handelt, wird von Interesse sein, in welchen Bereichen des ostslavischen Siedlungsgebietes sich davon abgeleitete Namen nachweisen lassen. Von vornherein darf man damit rechnen, dass sich das westlich anschließende polnische Sprachgebiet als an der Namenverbreitung beteiligt zeigt, denn im Polnischen ist das Appellativum gut bezeugt und noch lebendig.

In die diesem Aufsatz beigegebene Karte 1 wurden die folgenden Namen aufgenommen: *Veska, Vëska, Veska Novaja*[29], *Veski, Veski Malye, Veski Poreckie*[30], *Veś Zolotaja, Veś Novaja, Veś Russkaja, Wieś Średnia, Veś Staraja, Veś Černaja, Vesy, Vesy Gornye, Vesy Pol'nye, Vesy Starye, Veś, Veś Velikaja, Veliko-Veś, Veś za ruč'em*[31]. Unberücksichtigt blieben Namen wie *Vesnino, Vesniny* u. a. m., einige der *Veś*-Namen im ostslavischen Siedlungsgebiet enthalten den Namen der *Vepsen*, russ. *Veś*, beziehungsweise die altrussische (identische) Bezeichnung für ein finno-ugrisches Volk[32]; des Weiteren wurden Gewässernamen ausgeklammert, da bei ihnen nicht immer sicher zu entscheiden ist, ob das uns hier interessierende slavische 'Dorf'-Wort oder aber ein im indogermanisch-alteuropäischen Gewässernamenbestand weit verbreitetes *ueis-/uis-* 'fließen' zugrunde liegt[33].

Aus dem polnischen und angrenzenden Bereich wurden den Angaben des *Słownik Geograficzny* entsprechend kartiert[34]: *Nowa Wieś, Nowawieś, Nowa wieska, Nowa Wioska, Starawieś* und *Stara Wieś*.

---

[26] W. P. Schmid: *Sprachwissenschaftliche Bemerkungen zu den Wörtern für* Bauer *und* Dorf *im Slavischen*, in: *Das Dorf der Eisenzeit und des frühen Mittelalters. Siedlungsform – wirtschaftliche Funktion – soziale Struktur*, hg. von H. Jankuhn, R. Schützeichel und F. Schwind, Göttingen 1977, S. 41–61 (= Abhandlungen der Akademie der Wissenschaften in Göttingen. Philologisch-historische Klasse. 3. Folge 101).

[27] Ebd., S. 53.

[28] A. I. Lebedeva: *Značenie toponimiki dlja istoričeskoj dialektologii (po materialam toponimiki Pskovskoj oblasti)*, in: *Učenye zapiski Leningradskogo Gosudarstvennogo universiteta* 267 (1960), S. 163–184, hier S. 177.

[29] V. A. Žučkevič: *Kratkij toponimičeskij slovar' Belorussii*, Minsk 1974, S. 49; I. Ja. Jaškin: *Belaruskija heahrafičnyja nazvy. Tapahrafija. Hidralohija*, Minsk 1971, S. 34; Russisches Geographisches Namenbuch, Bd. 2, S. 79.

[30] Russisches Geographisches Namenbuch, Bd. 2, S. 79; vgl. auch M. Vasmer: *Schriften zur slavischen Altertumskunde und Namenkunde*, Bd. 1, S. 350, 356.

[31] Russisches Geographisches Namenbuch, Bd. 2, S. 80–81.

[32] Vgl. Vasmer, Russisches etymologisches Wörterbuch, Bd. 1, S. 193; ders.: Schriften, Bd. 1, S. 290.

[33] Vgl. H. Krahe: *Unsere ältesten Flußnamen*, Wiesbaden 1964, S. 50–51.

[34] *Słownik Geograficzny Królestwa Polskiego i innych krajów słowiańskich*, Bde. 1–15, Warszawa 1880–1902, hier Bd. 7, S. 197–213 und Bd. 11, S. 225–230.

Die Landnahme der Ostslaven

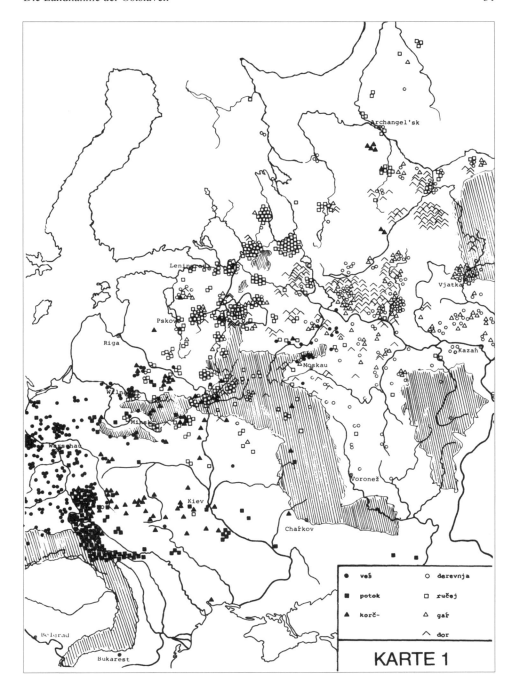

KARTE 1

Die Verbreitung der Namen (siehe Karte 1, ausgefüllte schwarze Kreise) zeigt, dass die Namen in Polen (wie erwartet) häufig sind. Daneben gibt es jedoch Namen, deren geographische Lage zum Nachdenken anregt: einerseits die Ausbreitung der Namen in die Ukraine hinein (häufig nahe der polnischen Grenze, aber auch in Podolien und in der nordöstlichen Ukraine), andererseits die nicht geringe Zahl von Namen im litauisch-weißrussischen Grenzgebiet und schließlich eine mit den übrigen Namen nicht in unmittelbarer Beziehung stehende Namengruppe nördlich von Moskau. Die zwei isoliert liegenden Namen östlich von Leningrad beruhen sicher auf der Völkerbezeichnung *Veś* und enthalten nicht das uns hier interessierende altslavische Wort für 'Dorf'. Die Kartierung macht – zusammenfassend gesagt – deutlich, dass innerhalb des ostslavischen Siedlungsgebietes (nur das soll uns hier beschäftigen) die Namen vor allem in den dem Westslavischen benachbarten Gebieten zu belegen sind. Ob man daraus jedoch folgern sollte, es handele sich um westslavische Einflüsse innerhalb des ostslavischen Siedlungsgebietes, erscheint mir nicht sicher; man wird vor einer Beantwortung dieser Frage weitere derartige Fälle überprüfen müssen. Überhaupt ist es angebracht, aus der Verbreitung von Namen, die zu nur einem Appellativum gestellt werden können, keine allzu weit reichenden Schlussfolgerungen zu ziehen. Wir können allerdings schon bei einem flüchtigen Blick auf die Karte erkennen, dass die hier behandelten Namen in ihrer Verbreitung sich zum Teil mit weiteren Typen decken; Weiteres wird nach der Kartierung des gesamten Namenmaterials erörtert werden müssen. Nur auf eines sei noch hingewiesen: Die Namen, denen ein altererbtes slavisches Appellativum zugrunde liegt, sind nördlich, westlich, südlich und östlich der Pripjeť-Sümpfe greifbar; jedoch fehlen sie in dem Sumpfgebiet selbst. Dass dieses keine Einzelerscheinung ist, wurde von uns schon an anderer Stelle betont, die hier vorliegende Kartierung bestätigt jedoch erneut, dass das Gebiet der Pripjeť-Sümpfe im Namenmaterial an altertümlichen slavischen Bildungen keinen Anteil hat.

Im Gegensatz zu slavisch *vьsь besitzt russisch *derevnja* 'Dorf', dialektal auch 'Ackerland' (auch altrussisch zunächst in dieser Bedeutung auftretend), weder Entsprechungen in den verwandten slavischen Sprachen[35] noch außerslavische Verwandte, so dass schon sehr früh der Verdacht einer Entlehnung aufkam[36], für die sich jetzt auch W. P. Schmid[37] ausgesprochen hat. Wenn sich dieser Verdacht bewahrheiten soll, wird man sich fragen müssen, welcher Art die Verbreitung der zu russ. *derevnja* gestellten Namen ist. Die von uns vorgenommene Kartierung zeigt, dass gegenüber den zu *vьsь gehörenden Namen eine völlig andere Verbreitung konstatiert werden kann, die einer Kommentierung bedarf.

In Karte 1 wurden die folgenden Namen aufgenommen: *Derevenec, Derevenka, Derevenkin* (eher zu einem Personennamen zu stellen?), *Derevenskaja, Derevenskoe, Derevencevo* (zu einem Personennamen?), *Derevencej* (Personenname als Grundlage?), *Dereveńka, Dereveńka Gogarskaja, Dereveńka Novaja, Dereveńki, Dereveńščiki, Novo-Dereveńščina, Derevni, Derevni Velikie, Derevnino, Derevnica, Derevnišča (na Meze), Derevnišči, Derevnja, Derewnja,* poln. *Derewnia*.[38]

---

[35] Polnisch *derewnia* 'Dorf' ist aus dem Ostslavischen entlehnt, siehe Vasmer, Russisches etymologisches Wörterbuch, Bd. 1, S. 342.
[36] Ebd., S. 341–342 mit älterer Literatur.
[37] Schmid, Sprachwissenschaftliche Bemerkungen.
[38] Russisches Geographisches Namenbuch, Bd. 2, S. 714–718.

Die Verbreitung der Namen zeigt, dass ihr Areal sich mit dem von *vьsь nicht deckt. *Derevnja*-Namen treten in größerer Anzahl nördlich der *Vьsь-Zone auf, sie stellen somit, vom ostslavischen Standpunkt aus gesehen, einen wesentlich jüngeren Typus dar. In ihrer Verbreitung zeigen sie, dass nach Erreichen der Westlichen Düna zunächst die nördlicher gelegenen Gebiete (Ilmensee, Pskov/Pleskau) betroffen sind, im weiteren Verlauf lässt sich eine Zunahme der Namen in östlicher Richtung erkennen (Vologda, Kostroma), die sich bis Kazań, Vjatka und Perm' fortsetzt. *Derevnja*-Namen fehlen in den slavischen Altsiedelgebieten (Ukraine, südliches Polen, auch in großen Teilen Weißrusslands), wodurch der Verdacht, es könne sich bei russ. *derevnja* um ein baltisches Lehnwort handeln, nur noch bestätigt wird. Zweifel an dieser Annahme hat nun J. Prinz geäußert und gemeint:

> Der von Vasmer angenommene Zusammenhang mit *dirva* 'Acker', *dirvonas* 'Brache' und verwandten baltischen Formen ist nicht nur aus lautlichen Gründen zweifelhaft; so ist *derevnja* dem weißrussischen Gebiet, also dem Hauptbereich des baltischen Substrats, nicht eigen.[39]

Auch in dieser Frage empfiehlt es sich, die Namen stärker zu berücksichtigen. Betrachtet man nämlich unter diesem Gesichtspunkt die Verbreitung der zu *derevnja* gehörenden Namen, so wird deutlich, dass (von Süden ausgehend) erste deutliche Spuren im nördlichen, nordöstlichen und nordwestlichen Weißrussland (Disna, Polock, Vitebsk, Orša) sowie im angrenzenden litauischen Gebiet nicht zu übersehen sind. Auf die weitere Ausbreitung der Namen in Richtung Norden wurde schon hingewiesen. Daraus kann man meines Erachtens nur folgern: Das Wort wurde von den nach Norden vorstoßenden frühen Ostslaven aus dem Baltischen entlehnt, verdrängte unter anderem das alte 'Dorf'-Wort *vьsь und wurde, nach einer gewissen „Inkubationszeit", später von den weiter vordringenden Ostslaven zur Namengebung verwendet. Dass sich die Hauptmasse der hierzu gehörenden Namen nicht im baltischen Bereich, sondern nördlich und nordöstlich davon befindet, überrascht also nicht, sondern erweist nur, dass es eine Siedlungsbewegung der slavischen Bevölkerung gegeben hat, die von Süden nach Norden fortschreitend das baltische Gebiet durchzogen hat. Nachdem sich das entlehnte Appellativum innerhalb des Ostslavischen weit genug verbreitet hatte, wurde es dann, als das für das Russische typische Wort für zunächst 'Acker', dann 'Siedlung, Dorf' (neben *selo*), in der Namengebung produktiv, die bis in jüngere Zeit anhielt, wie die Namenhäufungen um Vjatka, Kazań und Perm' deutlich zeigen. Es besteht daher meines Erachtens kein Grund, daran zu zweifeln, dass *derevnja* entlehnt worden ist; als Quelle kommt dafür wohl nur das Baltische in Betracht.

Wir haben gesehen, dass sich mit Hilfe von ausgewählten, unterschiedlich alten Wörtern und durch ihre Kartierung Wesentliches über die Expansion der Ostslaven sagen lässt; an zwei weiteren Fällen möchte ich aufzeigen, dass das Ergebnis der Untersuchung des Paares *derevnja* – *vьsь kein zufälliges ist, sondern durch weitere Parallelen gestützt werden kann.

---

[39] Prinz, Der Moskauer Staat und die Namengebung, S. 211.

2. *potok – ručej*

Während in zahlreichen slavischen Sprachen als typisches Wort für Bach *potok* gilt, ist in weiten Bereichen des Russischen dafür heute *ručej* gebräuchlich. Beide Appellativa wurden von uns bei der Untersuchung der slavischen Gewässerbezeichnungen und der davon abgeleiteten Namen bereits behandelt,[40] dabei wurde bereits ein bemerkenswerter Kontrast festgestellt, der uns auch hier beschäftigen wird. Von besonderer Bedeutung für die ostslavische Expansion wird jedoch die weitere Verbreitung derjenigen Namen sein, die zu *ručej* zu stellen sind.

Die in Karte 1 aufgenommenen, *potok* enthaltenden Namen sowie ihre Ableitungen und ihre Kartierung sind von uns bereits in der in Anmerkung 1 genannten Arbeit zusammengestellt worden. Für die uns hier interessierenden Fragen reicht es aus, die auf ostslavischem und polnischem Gebiet, östlich von Weichsel und San verbreiteten Namen in die Karte aufzunehmen.[41] Sie zeigen (schwarze Quadrate) eine deutliche Konzentration in Galizien am Nordhang der Karpaten und von dort ausgehende Streuungen in Ostpolen bis hinauf in das litauisch-weißrussische Grenzgebiet, überschreiten die Westliche Düna jedoch nicht mehr; andererseits gibt es, von Galizien ausgehend, eine deutliche Ausbreitung nach Podolien und an den unteren Dnepr hin, der an verschiedenen Stellen auch überschritten wird.

Wie man auf der Karte unschwer erkennt, decken sich **vьsь* und *potok* in ihren Namenverbreitungen nicht unerheblich. Die Rolle der Pripjeť-Sümpfe entspricht der bei **vьsь*: in den Sümpfen selbst nur geringe Frequenz, dafür deutliche Häufungen im Süden, Westen und Osten.

Setzt man diesem altslavischen 'Bach'-Wort nun das russische *ručéj*, *rúčej*, *ručáj* (schon altruss. *ručai*, *ručii*, *ručei*[42]) entgegen, so erkennt man bald, dass die Verbreitung der Namen wiederum stark differiert. Das Namenmaterial wurde bereits an anderer Stelle geboten,[43] wobei festgestellt werden konnte, dass von zahlreichen Ortsnamen, die russ. *ručej* enthalten, bis auf wenige Ausnahmen eine ungefähre Linie Wilna – Smolensk – Kaluga nach Süden hin nicht überschritten wird. Die jetzt vorliegende Kartierung (siehe Karte 1; schwarze, nicht ausgefüllte Quadrate) ergibt ein aufschlussreiches Bild. Von Süden nach Norden zu betrachten, setzen die Namen am Ostrand des Pripjeť-Gebietes ein, erreichen erste auffällige Konzentrationen im nördlichen Weißrussland; mit einer zweiten Kette von Häufungen fallen die Gebiete um Pskov/Pleskau, Staraja Russa und östlich des Ilmensees auf. Eine weitere überdurchschnittliche Namenverbreitung tritt bei Leningrad, am Ladoga- und am Onega-See auf und reicht mit letzten Ausläufern bis Archangeľsk. Neben dieser, einen Raum von Kiev bis Archangeľsk umfassenden Verbreitung nehmen sich einzelne Ausläufer, z. B. östlich und nördlich von Moskau, im Bereich der oberen Wolga und bei Vjatka und Perḿ, nur bescheiden aus. Die Hauptzone der zu *ručej* gehörenden Namen weist eine eindeutige Süd-Nord-Richtung auf und gibt meines Erachtens Spuren der frühen ostslavischen Wanderungsbewegung zu erkennen. Im Gegensatz zu *derevnja*, dessen Träger nach Erreichen des Gebietes um den Ilmensee vor allem ostwärts schwenkten, zeigen die *Ručej*-Namen eine deutliche Nordrichtung. Zu weiteren Interpre-

---

[40] Udolph, Studien, S. 244–251 mit Karte 25 und S. 258–261 mit Karte 27.
[41] Das vollständige Material mit Kartierung bietet Udolph, Studien, S. 244–251.
[42] Sreznevskij, Materialy, Bd. 3, Sp. 199.
[43] Udolph, Studien, S. 258–261.

tationen wird nach der Zusammenstellung und Kartierung unseres letzten Falles zurückzukommen sein.

3.   *korč-, gaŕ, dor*

Bei diesen Lexemen handelt es sich um Bezeichnungen aus der Rodungsterminologie; ihre genauere Untersuchung kann bei der Frage nach einer Siedlungsexpansion, ihrer Richtung und Stärke mit Sicherheit wichtige Auskünfte geben. Es gibt im Ostslavischen noch weitere Termini, die in diesem Zusammenhang eine Untersuchung verdienten, z. B. *novina, ljada/ljado, laz* u. a. m. Da es uns hier um die Frage der ostslavischen Wanderungsbewegungen geht, haben wir einem älteren Terminus (*korč-*) zwei jüngere (*gaŕ, dor*) gegenübergestellt. Die kontrastive Betrachtungsweise wird uns erneut zeigen, dass eine ältere Rodebezeichnung aus dem lebendigen Wortschatz allmählich verschwindet und jüngeren Bezeichnungen Platz macht.

Ein bisher nicht geklärtes Etymon (was im Allgemeinen für eher höheres als jüngeres Alter spricht) liegt in russ. *korčevá*, ukr. *korčívka*, wruss. *karčavánne* 'Rodung, Rodeland' vor; Entsprechungen finden sich im Polnischen, Polabischen, Serbokroatischen und Slovenischen,[44] es ist also ein Terminus, der keineswegs auf das Ostslavische beschränkt ist, und auch aus diesem Grund ist von vornherein mit relativ hohem Alter des Appellativs zu rechnen.

Unter Berücksichtigung von Akanje und Einfluss von poln. *karcz, karczowisko* im ostslavisch-polnischen Grenzgebiet lassen sich aus dem ukrainischen, weißrussischen und russischen Gebiet eine ganze Reihe von Namen nachweisen. Kartiert wurden: *Karč, Karčev, Karčevataja Predmest'e, Karčevatka, Karčevacha, Karčevka, Karčevo, Karčevskaja, Karčevščina, Karči, Karčišče*[45] (Unsicheres wurde beiseitegelassen), *Korč, Korčanka, Korčany, Korčev, Korčeva, Korčevatka, Korčevaja, Korčevo, Korčevskaja, Korčove, Korčenka, Korčenki, Korči, Korčiv, Korčíve, Korčik, Korčyki, Korčin, Korčinskaja, Korčinskij, Korčinskoe, Korčica, Korčicy Boľšie* bzw. *Malye, Korčišče, Korčovka, Korčuve, Korčunok*.[46]

Die Verbreitung (siehe Karte 1, schwarze Dreiecke) zeigt, dass dieser Rodungsterminus in der Namengebung in einem Bereich Verwendung fand, der dem älteren Ostslavischen zugerechnet werden kann: Galizien, Wolhynien, Podolien, Weißrussland. Nur in wenigen Exemplaren wird die Westliche Düna überschritten, letzte Ausläufer scheinen Namen bei Staraja Russa und Gdov zu sein. Vereinzelte Belege bei Archangel'sk, an der Suchona und bei Moskau liegen sehr isoliert und machen eher den Eindruck einer Namenübertragung. Erneut zeigt sich die Lücke im Pripjeť-Gebiet, daneben sind auch die verbindenden Namen zwischen Polen und dem nördlichen Weißrussland von Bedeutung, worauf noch zurückzukommen ist. Die nun folgende Konfrontation mit zwei anderen Rodungstermini lässt erneut erkennen, dass hier zu verschiedenen Zeiten von verschiedenen Bezeichnungen Gebrauch gemacht wurde.

---

[44] P. Nitsche: *Die geographische Terminologie des Polnischen*, Köln, Graz 1964, S. 153 (= *Slawistische Forschungen* 4); F. Bezlaj: *Krčevine*, in: *Slavistična revija* 8 (1955), S. 1–23, hier S. 5–6.

[45] Russisches Geographisches Namenbuch, Bd. 4, S. 90–91.

[46] Ebd., S. 436–440. Nicht kartiert wurde *Kerč'*; zur Diskussion s. Vasmer, Russisches etymologisches Wörterbuch, Bd. 1, S. 552 und V. A. Nikonov: *Kratkij toponimičeskij slovar'*, Moskva 1966, S. 188–189.

Als dehnstufige Bildung zu slav. *gorěti* 'brennen' fasst man das in dieser Form nur im Russischen belegte Appellativum *gaŕ* 'Brandgeruch, gerodete Stelle im Wald, Verbrennung' auf.[47] Dabei ist zu beachten, dass innerhalb des Russischen die Bedeutung 'Rodung, gerodete Stelle im Wald' zum Teil bereits schon wieder veraltet oder nur dialektal belegt ist, wir es bei den hierzu gehörenden Namen innerhalb des Russischen daher mit teilweise alten Elementen zu tun haben. Es wird darauf zu achten sein, ob die Kartierung der hierzu zu stellenden Namen dem entspricht oder widerspricht.

In Karte 1 (nicht ausgefüllte Dreiecke) wurden folgende Namen aufgenommen: *Gareva, Garevaja, Garevka, Garevo, Garevoj, Garevskaja, Garevskij, Garevskoj, Garevčata, Garevčina, Garevy, Gari, Garišča, Garišče, Gary, Gaŕ.*

Die Verbreitung der Namen entspricht in etwa den Erwartungen: erste Belege (von Süden aus gesehen) im nördlichen Weißrussland, leichte Zunahme im Gebiet um Peipus- und Ilmensee, im weiteren Verlauf kaum Ausstrahlungen nach Norden, aber stärkere Zunahme im östlicheren Bereich (um Vologda) bis hin zu hoher Produktivität um Kazań, Vjatka und vor allem Perm. Die Verbreitung zeigt große Ähnlichkeit mit der der zu *derevnja* gestellten Namen.

Als letzter Fall eines Rodungsterminus soll ein Beispiel aus der Stock- bzw. Baumrodung angeführt werden. In einer Bedeutung 'Neubruch, Rodeland' lässt sich im Russischen ein Appellativum *dor* nachweisen, das ablautend zu *drat', deru* 'reißen' gestellt werden kann.[48] Als Rodungsterminus ist *dor* auf das Russische beschränkt, in ähnlicher, aber anderer Bedeutung ('Wiese im Wald') erscheint es im Weißrussischen.[49] Vom Standpunkt des Appellativums aus (Ablaut!) können Namen, die *dor* enthalten, auch in den (ost)slavischen Altsiedelgebieten erwartet werden. Die Kartierung der Namen wird zeigen, ob diese Erwartung bestätigt wird.

In Karte 1 wurden (mit einem Symbol ^ wiedergegeben) die folgenden Namen aufgenommen: *Dor* (mit verschiedenen Bestimmungswörtern), *Dorina, Dorino, Dorinskaja, Dorincy, Doricha, Doriči, Doriščí, Dorka, Dorki, Dornaja, Dorova, Dorovatka, Dorovatovo, Dorovaja, Dorovina, Dorovoe, Dorovskaja, Dorovskij, Dorovskoe, Dorovskoj, Dorok, Dorskoe, Dory.*

Der Blick auf die Karte lässt sofort die starke Produktivität des Appellativums in der Namengebung um Vologda erkennen. Dieses Zentrum wurde offenbar von Südwesten her erreicht, wie zwar nur wenige, aber in ihrer Verbreitung recht eindeutig wirkende Namen zu zeigen scheinen. Wenig ausgeprägt ist in diesem Fall der Bereich Novgorod, Peipus-, Ilmen-, Onega- und Ladogasee. Von dem Namenzentrum um Vologda gehen deutliche Ausläufer nach Nordosten suchonaaufwärts in das Unža- und Vetluga-Gebiet hinein. Für den Bereich Weißrusslands und der Ukraine lässt sich sagen, dass dort, wo die *Korč*-Namen aufhören, die *Dor*-Zone beginnt. Die Verbreitung der *Dor*-Namen macht zudem wahrscheinlich, dass, anders als bei *ručej* und *derevnja*, eine direkte Beziehung zwischen den Bereichen am Oberlauf des Dnepr und denen am Quellgebiet und Oberlauf der Wolga besteht, d. h. der sich sonst abzeichnende Wanderungsweg über Ilmensee und dann erst ostwärts findet im vorliegenden Fall keine Bestätigung.

---

[47] Vasmer, Russisches etymologisches Wörterbuch, Bd. 1, S. 261.
[48] Ebd., S. 363.
[49] Jaškin, Belaruskija heahrafičnyja nazvy, S. 60.

Die Landnahme der Ostslaven

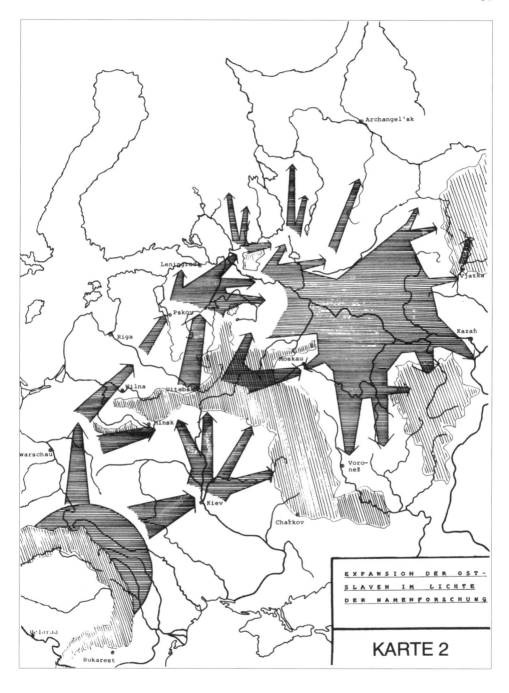

Wir sind am Ende unseres Materials und seiner Kartierung. Es muss an dieser Stelle betont werden, dass die von uns behandelten Fälle durch zahlreiche weitere ergänzt werden könnten; das Bild würde sich jedoch nicht wesentlich ändern. Ich halte das vorgebrachte Material daher für ausreichend, um mit seiner Hilfe die wesentlichsten Züge der Landnahme durch die Ostslaven im Lichte der Namenforschung nachzuzeichnen. Wir gehen dabei, der Hauptstoßrichtung der ostslavischen Expansion folgend, von Süden nach Norden vor.

Versucht man, die Ergebnisse dieser Untersuchung graphisch zu erfassen, so ergibt sich etwa folgendes Bild (siehe Karte 2): Ausgangspunkt der ostslavischen Expansion sind die slavischen Altsiedelgebiete in der südwestlichen Ukraine sowie Südostpolens. Eine entscheidende Rolle bei der ersten Phase der ostslavischen Landnahme spielen Steppe und Sümpfe: Beide werden gemieden. Wir treffen uns in diesem Punkt vonseiten der Namenforschung völlig mit den Ansichten C. Goehrkes (vgl. Anmerkung 9). So findet nach Auskunft der Namen eine Besiedlung des Bereiches südlich des Mischwaldes zunächst nicht statt, wie die von uns zusammengetragenen slavischen Namen recht deutlich zeigen.[50] In gleicher Weise werden die Pripjeť-Sümpfe, wie schon mehrfach betont, umgangen. Durch die westliche Umgehung der Sümpfe, die sicher zu einer Zeit erfolgte, als es noch keine starken sprachlichen Unterschiede zwischen West- und Ostslaven gab, kommt es nördlich der Pripjeť-Sümpfe zu der Erscheinung, die eventuell noch dem Verfasser der „Povesť vremennych let" (vielleicht durch sagenhafte Überlieferung) bekannt war: dass nämlich ein Teil der ostslavischen Stämme von den Ljachen, also aus dem Westen, gekommen sei. Insofern können wir auch H. Rüß zustimmen, wenn er erwogen hat, ob nicht die Besiedlung des osteuropäischen Raumes aus verschiedenen Richtungen erfolgt ist. Die Namen bestätigen, wie wir auch schon in unserer Untersuchung der slavischen Gewässerbezeichnungen und Gewässernamen zeigen konnten,[51] dass in einer frühen Phase der Besiedlung durch die Ostslaven einerseits nach der östlichen Umgehung der Pripjeť-Sümpfe die weitere Besiedlung dnepraufwärts erfolgte, andererseits nach der Umgehung der Sümpfe im Westen der Vorstoß in Anlehnung an die Ausläufer des westrussischen Landrückens erfolgte und so für einen Beobachter der Eindruck entstehen musste, dass eine Besiedlung von Westen erfolgt sei. Die Namen allerdings, auf Grund derer sich dieser Zweig der frühen ostslavischen Expansion herausarbeiten lässt, sind gut gemeinslavische Elemente (zumindest in ihrer älteren Schicht) und enthalten keine ausgeprägten Westslavismen. In jedem Falle ist es überraschend, dass es die schon mehrfach erwähnte Passage in der „Povesť vremennych let" gibt und dass sich damit Namenverbreitungen und daraus herausgearbeitete Wanderungsbewegungen in etwa in Deckung bringen lassen.

Wie eingangs ebenfalls zitiert, hatte H. Rüß die Frage gestellt, ob es im 8. Jh. schon slavische Siedlungen östlich des Dnjepr gegeben habe. Ich würde meinen, dass man vom Standpunkt der Namenforschung aus (auch wenn diese für die Frage der Datierung nur unter Vorbehalt herangezogen werden kann) diese Frage doch bejahen kann. In Frage kommt dabei meines Erachtens das Gebiet nördlich der Südgrenze des Mischwaldes mit einer östlichen Grenzzone im Bereich des mittelrussischen Höhenrückens, also etwa das Gebiet um Sumy, Kursk, Orel, Brjansk, Novgorod-Seversk, Černigov. Auch die im vor-

---

[50] Vgl. Udolph, Studien, S. 322 (Karte 40).
[51] Ebd., S. 622 (Karte 118).

Die Landnahme der Ostslaven 39

liegenden Beitrag behandelten Namen zeigen ja nördlich von Kiev sowohl westlich wie östlich des Dnepr eine fast gleich starke Streuung.

Wenden wir uns der ostslavischen Expansion nach Umgehung der Pripjeť-Sümpfe zu, so wird, meist in Anlehnung an Hänge von Hügeln und kleineren Bergen, der Bereich der nordweißrussischen Hügelketten von verschiedenen Wanderungsbewegungen, die nicht immer genau herausgearbeitet werden können, erreicht. Deutlicher lässt sich erkennen, dass es eine zwar nicht sehr starke, aber dennoch unzweifelhaft rekonstruierbare Verbindung zwischen oberem Dnepr, Oberer Desna und dem Oberlauf der Wolga sowie dem Gebiet um Moskau herum gegeben hat. Anders ist zum Beispiel die Verbreitung der zu *dor* gehörenden Namen nicht erklärbar. Es muss allerdings betont werden, dass nach Auskunft der Namen die Expansion vom Dnepr-Knie (etwa bei Orša und Smolensk) in Richtung Norden (Ilmensee) wesentlich deutlicher, kräftiger und mit Hilfe mehrerer Beispiele gezeichnet werden kann.

Nach dem Überschreiten der Westlichen Düna weisen die Namen auf zwei zunächst unabhängig voneinander verlaufende Vorstöße hin: einen westlicheren, von Wilna, Vilejka und den umgebenden Gebieten aus über Dünaburg in die Bereiche östlich des Peipussees bei Pskov/Pleskau und Gdov sowie einen östlicheren etwa aus dem Gebiet von Vitebsk, Smolensk, Orša dünaaufwärts und lovaťabwärts zum Ilmensee. Im Bereich zwischen Peipus- und Ilmensee scheint es zu einer Berührung und/oder Vermischung beider Vorstöße gekommen zu sein, so dass auf die von C. Goehrke aufgeworfene Frage, ob die *Slovene* um Novgorod und Pskov aus Richtung Dnepr oder von den Ostseeslaven gekommen sind, nicht mit letzter Sicherheit eine genaue Antwort gegeben werden kann. An direkte Beziehungen zu den Ostseeslaven wird man allerdings kaum denken können, eher erscheint es möglich, dass die frühen Ostslaven auf ihren von uns skizzierten verschiedenen Wanderungsbewegungen (einerseits mehr westlich, andererseits mehr östlich orientiert) bereits eine dialektale Differenzierung in ihrer Sprache erfahren haben, die im Bereich zwischen Peipus- und Ilmensee spürbar wurde, die letzten Endes aber wohl auf Grund der nun beginnenden gemeinsamen Entwicklung, zu der wir gleich kommen werden, in gewisser Weise wieder beseitigt wurde. Aber dies sind zurzeit noch hypothetische Überlegungen, die durch weitere Materialsammlungen abgedeckt werden müssten. Die Besiedlung des Gebietes zwischen Peipus- und Ilmensee durch die Ostslaven erfolgte, soweit darf man wohl nach dem gegenwärtigen Stand gehen, von Süden aus, einerseits aus einem Gebiet um die mittlere Westliche Düna, andererseits von dem Bereich des Unterlaufes dieses Flusses heraus.

In diesem Bereich müssen die Ostslaven, nachdem sie den baltischen Siedlungsbereich durchstoßen hatten (dessen Nordgrenze allerdings noch nicht klar herausgearbeitet ist), mit finnougrischen Völkern in Kontakt gekommen sein.[52] Dass es urslavisch-finnougrische Kontakte nicht gegeben hat, ist durch die vor einiger Zeit erschienene Arbeit von A. Plöger[53] erneut deutlich geworden. Wenn V. Kiparsky (vgl. oben) der Ansicht ist, dass erst nach dem Erreichen der nordrussischen Seenplatte bzw. nach Überschreiten der Westlichen Düna Slaven mit Balten in Berührung kamen, so sprechen die Namen eine andere Sprache. Da es kaum noch strittig ist, dass das gesamte weißrussische Gebiet ein balti-

---

[52] Vgl. die oben wiedergegebene Ansicht von V. Kiparsky.
[53] A. Plöger: *Die russischen Lehnwörter der finnischen Schriftsprache*, Wiesbaden 1973 (= *Veröffentlichungen der Societas Uralo-Altaica* 8).

sches Substrat besitzt, so muss es zu slavisch-baltischen Kontakten weit eher, wahrscheinlich schon südlich des Pripjet', gekommen sein.

Verfolgen wir die weitere Ausbreitung der Ostslaven nach Erreichen von Peipus- und Ilmensee, so wird an Hand der kartierten Namen deutlich, dass sich der weitere Vorstoß in verschiedener Richtung fortsetzt. Einerseits erweisen die Namen eine nordwärts gerichtete Bewegung nach Karelien, zwischen Ladoga- und Onega-See hindurch, zum anderen werden Namenhäufungen nördlich und südlich von Vologda erkennbar, die sich verstärken und das mittlere Wolga-Gebiet zu einem Zentrum ostslavischer Siedlungstätigkeit werden lassen.

Vom breiten Becken der mittleren Wolga aus scheint die ostslavische Expansion, deren Träger man unter Umständen schon wird als Russen bezeichnen können, in die verschiedensten Richtungen weiter vorangetrieben worden zu sein. In Übereinstimmung mit den eingangs wiedergegebenen Ansichten von C. Goehrke ist eine deutliche Einwanderung in die Flussgebiete von Suchona, Nördlicher Düna und Vaga zu erkennen, deren weiterer Verlauf mit Hilfe anderer Appellativa und deren Auftreten im Namenmaterial sicherlich verfolgt werden könnte. Zum anderen geht die Expansion wolgaabwärts weiter, zweigt in einem nordöstlichen Ausläufer durch das Flusssystem von Unža und Vetluga zum Bereich der oberen Vjatka ab, der Hauptstrom richtet sich weiter ostwärts kamaaufwärts und folgt diesem Flusslauf bis etwa Čerdyń. Vom Mittellauf der Kama geht ein Abstecher in das Flussgebiet der Belaja hinein, erreicht Ufa. Die von C. Goehrke erwähnte weit in die Tajga hinein vorgeschobene ostslavische Siedlungsinsel Vjatka lassen die Namen deutlich erkennen.

Wenden wir uns nochmals dem Verlauf der ostslavischen Besiedlung im Gebiet der mittleren Wolga zu. Die Verbreitung der Namen zeigt, dass die Besiedlung in Richtung Süden offenbar in Anlehnung an von Süden her in die Wolga einmündende Nebenflüsse erfolgte. Das betrifft (von West nach Ost forschreitend) den Bereich der Oka, von wo aus Vorstöße entlang den Flussläufen von Kljaźma, Cna, Mokša und schließlich auch Don erkennbar sind, weiterhin Sura und schließlich den Verlauf der Wolga selbst, indem die Namen eine Ausbreitung südlich von Kazań wahrscheinlich machen.

Wir haben versucht, die hier geschilderte Ausbreitung auf Karte 2 in großen Zügen wiederzugeben. Dabei bin ich mir bewusst, dass an einzelnen Stellen sicher manches an Hand weiterer Materialsammlungen und Kartierungen wird korrigiert werden müssen. Die Hauptlinien der ostslavischen Expansion und Landnahme scheinen mir jedoch schon jetzt deutlich erkennbar zu sein. Es sind dies meines Erachtens:

1. Umgehen der Pripjet'-Sümpfe,
2. nach Erreichen der weißrussischen Hügelketten nordwärts gerichtete Wanderung zum Peipus- und Ilmensee,
3. nördlich des Ilmensees Trennung der Siedlungsbewegung, zum einen in Richtung Norden (Karelien), zum anderen in Richtung Osten (Wolgaoberlauf mit Msta- und Mologa-Gebiet),
4. Fortsetzung der ostwärts gerichteten Siedlungsbewegung entlang der Wolga,
5. Aufgliederung der Expansion nach Norden, Osten und Süden, meist in Anlehnung an den Verlauf von Gewässern.

Wir sind am Ende unseres Versuchs, mit Hilfe der Namenforschung einen Beitrag zur Frage nach der Landnahme der Ostslaven zu leisten. Es kann nicht bestritten werden, dass manche Probleme, die im Verlaufe dieser Untersuchung zur Sprache kamen, nicht gelöst werden konnten. Als eines der Hauptprobleme, das noch erörtert werden müsste, darf die Frage gelten, von welchem Gebiet aus die Moskauer Gegend erreicht wurde; als mögliche Antworten können im Augenblick nur gegeben werden: von Nordosten oder Süden. Die Kartierung der Namen erlaubt jedoch zurzeit noch keine weiteren Aussagen, mit großer Wahrscheinlichkeit wird diese Frage an Hand weiterer Untersuchungen, die andere, vielleicht jüngere Appellativa berücksichtigen, einer Lösung näher gerückt werden.

Die von uns skizzierte mutmaßliche Landnahme durch die Ostslaven mit ihrem Ausgangspunkt in der Ukraine, der nordwärts gerichteten Wanderung zum Ilmensee, dem Schwenk nach Osten und schließlich nach Süden, oka- und kljaźmaaufwärts, entspricht allerdings – und hierin liegt vielleicht einer der überraschendsten Effekte – der Entwicklung ostslavischer Machtzentren in hohem Maße. Am Anfang der ostslavischen Geschichte steht Kiev. Nach dem Zerfall dieses staatlichen und kulturellen Zentrums erstarken die nordrussischen Fürstentümer mit Novgorod an der Spitze, bis schließlich Moskau die Vorherrschaft über die ostslavischen Fürstentümer erringen kann.

Die Betrachtung der Verbreitung der Namen führt immer wieder zu der Schlussfolgerung, dass die Bedeutung des mittelrussischen Landrückens für die frühe Geschichte der Ostslaven nicht gering einzuschätzen ist. Durch seinen Verlauf wurde die Expansion der Ostslaven nach Norden gelenkt, nach Erreichen der Valdaj-Höhen bietet sich der Vorstoß nach Osten an, von wo aus dann eine Ausbreitung nach den verschiedensten Richtungen möglich wird. Dabei ist zu beachten, dass das Gebiet der Litauer, Letten und Esten die ostslavische Expansion nicht umfasst zu haben scheint[54] und dass diese nicht ohne Druck von außen vor sich gegangen sein mag. Das allerdings sind Fragen und Probleme, auf die die Namenforschung nur bedingt eingehen kann, zumal die dazu auch notwendigen materiellen Vorbereitungen in hohem Maße erst noch geleistet werden müssen. Weitere Fortschritte werden sich daher vielleicht erst aus einem intensiven interdisziplinären Gespräch zwischen Historikern, Archäologen und Sprachwissenschaftlern, das viel Zeit in Anspruch nehmen wird, ergeben können.

Versuche wie der hier wiederabgedruckte hängen in entscheidendem Maße von der Qualität und Quantität der kartierten Namen ab. Grundlage der Kartierungen sind Sammlungen, die ich seit ca. 50 Jahren unternommen habe. Kernstück ist dabei eine Zettelsammlung, die seit einiger Zeit im Internet frei verfügbar ist. Sie steht auf den Seiten der Akademie der Wissenschaften zu Göttingen unter dem Titel *Nomina Geographica Europaea. Bibliographische Sammlung zu europäischen Orts- Flur- und Gewässernamen* von Prof. Dr. Jürgen Udolph, Göttingen. Die URL lautet: https://adw-verwaltung.uni-goettingen.de/ortsnamen/images_lightbox.php. Eine Beschreibung der Datei und Hinweise zu ihrer Nutzung habe ich hier gegeben: J. Udolph: *Eine neue bibliographische Sammlung zu europäischen Orts-, Flur- und Gewässernamen – Hinweise zur Benutzung*, in: *Onomastica* 65/1 (2021), S. 83–98.

Die Ergebnisse dieser Untersuchung sind seit der Erstveröffentlichung durch weitere und andere Beiträge gestützt und erhärtet worden. Zu nennen sind hier:

---

[54] Genaueres kann man zurzeit nicht sagen, da die Vasmerschen Sammlungen diesen Bereich ausgespart haben.

J. Udolph: *Alteuropäische Hydronymie und urslavische Gewässernamen*, in: *Onomastica* 42 (1997), S. 21–70.

J. Udolph: *Ortsnamen und Wanderungen der Völker*, in: *Namenkundliche Informationen* 89/90 (2006), S. 109–130.

J. Udolph: *Baltisch, Slavisch, Germanisch – Kontakte und Beziehungen aus der Sicht der Onomastik*, in: *Early Germanic Languages in Contact*, hg. von J. O. Askedal, H. F. Nielsen in Zusammenarbeit mit E. W. Hansen, A. Holsting, F. T. Stubkjær, Amsterdam – Philadelphia 2015, S. 39–74.

In jüngsten Beiträgen seit etwa 2015 ist versucht worden, die Siedlung und Wanderung von Völkern aus namenkundlicher Sicht in Verbindung mit der Bodenkunde und deren Bedeutung für frühe und späte Siedlungen zu beleuchten. Für Osteuropa sind in dieser Hinsicht die folgenden Beiträge von Bedeutung:

J. Udolph: *Heimat und Ausbreitung slawischer Stämme aus namenkundlicher Sicht*, in: *Die frühen Slawen – von der Expansion zu gentes und nationes*, Teilbd. 1: *Beiträge zum Schwerpunktthema*, hg. von F. Biermann, T. Kersting, A. Klammt, Langenweißbach 2016, S. 27–51.

J. Udolph: *Heimat und Ausbreitung indogermanischer Stämme im Lichte der Namenforschung*, in: *Acta Linguistica Lithuanica* 76 (2017), S. 173–249.

„Handel" und „Verkehr" in slavischen Ortsnamen[*]

Wenn ein Sprachwissenschaftler versucht, zu Fragen, die mit Handel und Verkehr in vor- und frühgeschichtlicher Zeit zusammenhängen, auf Grund seiner Möglichkeiten und Erkenntnisse etwas beizutragen, so stößt er bald an Grenzen, die in seiner Disziplin selbst liegen. Aus diesem Grund habe ich es vorgezogen, die beiden Begriffe *Handel* und *Verkehr* in der Ankündigung dieses Beitrages mit Anführungszeichen zu versehen: im Namenmaterial lassen sich nämlich direkte Zeugen für Handel und Verkehr im slavischen Bereich nur bedingt nachweisen, manches ergibt sich erst aus der Kombination verschiedener Namen und Namengruppen, bei fast allen herangezogenen Namen bleiben darüber hinaus Zweifel bestehen, ob die Interpretation als ein Zeugnis früher Handels- und Verkehrsbeziehungen wirklich richtig ist. Die Schwierigkeiten habe ich versucht, dadurch ein wenig zu umgehen, dass nach einer kurzen Behandlung des slavischen Wortes, das dem Bereich des Handels oder Verkehrs zugeordnet werden kann, eine möglichst vollständige Zusammenstellung des Namenmaterials folgt. Aus der Verbreitung der Namen lassen sich, wie mir scheint, einige wichtige Erkenntnisse gewinnen, die bei der Erörterung der Handels- und Verkehrstermini des Slavischen sonst verlorengehen würden. Die Verbreitungskarten stellen daher das Kernstück meines Versuchs dar.

Wenn man sich die slavischen Entsprechungen des deutschen Wortes *Handel* näher betrachtet, so fällt schon bald der relativ hohe Anteil der Entlehnungen aus anderen Sprachen auf. Sicher darf man dieses Faktum als ein Ergebnis von Handelsbeziehungen zwischen Slaven und Nichtslaven betrachten, von größerem Interesse, so meine ich, wird es aber sein, sich die Verbreitung der Namen anzusehen und diese dann mit derjenigen des so oft als Entlehnung aufgefassten slavischen Wortes für 'Markt, Marktplatz', russ. *torg* usw., zu vergleichen. Wir werden dann sehen können, dass dieser Vergleich zu neuen Erkenntnissen führen kann. Ich möchte meinen Beitrag mit den offensichtlich aus nichtslavischen Sprachen entlehnten slavischen Wörtern für 'Handel, Markt usw.' beginnen.

A. Entlehnte Termini

1. Aus dem Deutschen in das Westslavische ist das Wort *Handel* selbst eingedrungen, man vgl. poln. *handel, -dlu* 'Handel, Handlung', *handelek* 'kleines Geschäft', *handlarz, handlarka* 'Händler, Händlerin', *handlować* 'Handelsschule'. Nach Sławski I, S. 400 ist es im Polnischen seit dem 16. Jahrhundert belegt, aus dem Polnischen gelangte es dann in das Ukrainische als *handel*, später *hendel* 'Handeln, Schachern' (mit sekundärem -*e*-,

---

[*] Erstmals erschienen in: *Untersuchungen zu Handel und Verkehr der vor- und frühgeschichtlichen Zeit in Mittel- und Nordeuropa*, Teil IV: *Der Handel der Karolinger- und Wikingerzeit. Bericht über die Kolloquien der Kommission für die Altertumskunde Mittel- und Nordeuropas in den Jahren 1980 bis 1983*, hg. von Klaus Düwel, Herbert Jankuhn, Harald Siems, Dieter Timpe (= *Abhandlungen der Akademie der Wissenschaften zu Göttingen. Philologisch-Historische Klasse. 3. Folge* 156), Göttingen 1987, S. 570–615.

als Ergebnis einer Assimilation) und ins Weißrussische als *handel*. Auch das Sorbische kennt Entsprechungen, man vgl. nso., oso. *handel* 'Handel', *handlować* 'handeln' (s. Schuster-Šewc I, S. 262), ebenso das Tschechische als *handl* 'Handel, Tausch', *handlíř* 'Händler' (Machek, S. 160) sowie das Slovakische als *handel* 'Handel, Tausch', *handlovať* 'handeln, Handel treiben', im älteren Slovakischen hat *handel* auch die Bedeutung 'Bergwerk' (vgl. Machek, a. a. O. und Blanár 1961, passim).

An der Entlehnung aus dem Deutschen bestehen keine Zweifel. Sieht man sich nun im Namenbestand des Slavischen um, so wird man enttäuscht: Nur in Tschechien und der Slovakei lassen sich einige wenige Namen heranziehen. Es sind dies: *Handal-Buština* bzw. *Buštinský Handal*, ung. *Handalbustyaháza* (Chromec, S. 153), *Handlová* (Chromec, S. 153; Majtán, S. 130), *Handlovy Dvory*, auch *Dvory Handlovy*, dt. *Handelsdorf* (Chromec, S. 153; Hosák/Šrámek I, S. 208). Das geringe Material erlaubt keine weitreichenden Schlussfolgerungen, auffällig ist allenfalls die Tatsache, dass das polnische Sprachgebiet offenbar keine Namen kennt, obwohl das Wort selbst zweifellos über das Polnische in das Ukrainische und Weißrussische gelangte. Ertragreicher ist die Durchsicht eines slavischen Wortes, das ebenfalls aus dem Deutschen entlehnt ist und zu dem wir jetzt übergehen wollen.

2. Oso. *klamy* (Pluraletantum) 'Kramladen, Laden' gehört mit nso. *kšamy* 'dass.'(s. Schuster-Šewc II, S. 544) zu poln. *kram* 'Kramladen, Krambude, Trödlerladen', 'Kram, Zeug, Trödel, Habseligkeiten' usw., *kramarz, kramarka* 'Krämer, Krämerin', schon altpolnisch belegt (s. Sławski III, S. 56) in der Bedeutung 'Verkaufsgegenstand', aus dem sich 'Haufen von Kleinigkeiten, Gerümpel' entwickelte. Man ist sich im Großen und Ganzen darüber einig, dass aus dem Polnischen das Wort in weiter östlich gelegene Sprachen geriet (vgl. Sławski, a. a. O.; Vasmer, REW I, S. 655; Schuster-Šewc, a. a. O.), etwa ukr. *kram* 'Kram, Kramladen', *kramnycja* 'Kramladen', altukr. *kramarje, kramnye reči* 'Kurzwaren' (Slovnyk staroukr. I, S. 510), russ. dial. *kram* 'Ware, kleiner Laden' usw. (SRNG XI, S. 166–167), wruss. *krama, kroma* 'Kram, Laden', lit. *krõmas* 'dass.'. An eher unmittelbare Entlehnung aus dem Deutschen muss man bei drav.-polab. *krom* 'Kram, Kramladen' (Polański II, S. 297) und tschech., slvk. *krám* 'kleiner Laden, Verkaufsstand, Gerümpel, Plunder' (s. Machek, S. 289) denken, aus dem Slovakischen wiederum ist ung. *krámál* 'Basar, Gemischtwarenhandlung' entlehnt (s. Kniezsa II, S. 678). Im Südslavischen ist nur skr. dial. (čakavisch) *krama* 'Gemischtwaren', *stara krama* 'Trödel' bekannt (Schuster-Šewc II, S. 544).

Die Quelle liegt in dt. *Kram*, mhd. *krām*, mndl. *crāme, craem* 'ausgespanntes Tuch, Zeltdecke, Bedachung eines Kramstandes, Handelsgeschäft, Ware' vor (Kluge/Mitzka, S. 399–400, Schuster-Šewc II, S. 544), woraus auch spätaltnordisch, schwedisch, dänisch *kram* 'Waren (minderen Werts), die in offener Bude verkauft werden' entlehnt ist. Als ursprüngliche Bedeutung sehen Kluge/Mitzka, a. a. O. 'Zeltdach, das der reisende Kaufmann über seinen Wagen spannt' an. Die verschiedentlich geäußerte Vermutung, dass die deutsche Bezeichnung aus dem Slavischen entlehnt sei (s. Berneker I, S. 397 und 606 mit Literatur), hatte schon M. Vasmer (REW I, S. 655) skeptisch beurteilt. Gedacht wurde dabei an aksl. *chramъ* 'Haus', auch 'Tempel', dessen Entsprechungen im Slavischen weit verbreitet sind, man nimmt heute jedoch eher Urverwandtschaft als Entlehnung an (s. z. B. ESSJ VIII, S. 74–76). Die Annahme einer Entlehnung von slav. *kram* 'Kram, Kramladen' aus dem Deutschen kann daher m. E. weiterhin akzeptiert werden.

Wir gehen nun zum Namenbestand über. Mit einiger Wahrscheinlichkeit können die folgenden Toponyme zu dem hier diskutierten slavischen Appellativum gestellt werden: *Klamorcki*, FlN im Kreis Bautzen (Alexander I, S. 127), *Krám*, ON in der Slovakei (Majtán, S. 47; Chromec, S. 291), *Kramarfalva*, 1366 *Kramarfalua*, skr. *Kramarovci*, ON in Slovenien (Kázmér, S. 218; Imenik Jugoslav., S. 214; Lubaś 1971, S. 26), *Kram*, ON in Jugoslavien (Imenik Jugoslav., S. 217), *Kramari*, ON in Jugoslavien (Imenik Jugoslav., S. 214), *Kramaričino*, FlN bei Rijeka (Ekl, S. 269), *Kramarzewo*, dt. *Kraemarsdorf*, ON in Ostpreußen, dort auch ON *Kramarka*, dt. *Krammen* (SG IV, S. 608; Rospond 1951, S. 143, G. Leyding[-Mielecki] I, S. 97), *Kramarka*, ONN und FlNN in der Sowjetunion und Polen (SG IV, S. 608; RGN IV, S. 508; AGG 5 III; Bayger, S. 29), *Kramarovščina/ Kramarovščyna*, ONN in der Sowjetunion (RGN IV, S. 508; Korepanova S. 45–46), *Kramarskagóra*, BNN in Westpolen (Kozierowski, BNTAP I, S. 347), *Kramary*, 1313 *in Vico institorum*, ON bei Posen (Kozierowski, a. a. O.), *Kramarzewo*, ON in Nordostpolen (SG IV, S. 608), *Kramarzówka*, auch ukr. *Kramarivka*, ONN in Polen (SG IV, S. 608; Pawłowski II, S. 48; Hołub-Pacewiczowa, S. 372; JFM, S. 158), *Kramarzyny*, dt. *Kremerbruch*, ON in Nordpolen, oder auch ON *Kramarzynki*, dt. *Kremerbrucher Mühle* (SG IV, S. 608; Rospond 1951, S. 143), *Kramer Selo*, ON in Jugoslavien (Imenik Jugoslav., S. 214), *Kramnik*, ONN in Polen und in der UdSSR (SG IV, S. 608; RGN IV, S. 508; SG XV, S. 2, 155), *Kramnica*, BN nahe der poln.-slvk. Grenze (STM, S. 24), *Kramniszki*, lit. *Kramniškių km.*, russ. *Krasiniški* (!), ON bei Wilna (RGN IV, S. 513; SG IV, S. 608), *Kramniszki*, ON bei Oszmiany (RGN IV, S. 508), *Kramno*, ON in Weißrussland (Žučkevič, S. 180), *Kramovik*, ON in Jugoslavien (Imenik Jugoslav., S. 214), *Krámský*, ON in Böhmen (Chromec, S. 291) und schließlich *Krámy*, *Kramy*, ON in Polen und Böhmen (SG XV, S. 156; Chromec, S. 291; Profous II, S. 366).

Aus verschiedenen Gründen bleiben die folgenden Namen fern: *Kramnitowa* (SG IV, S. 608; RGN IV, S. 508), *Klameńca*, *Klameržka* (Hoffmann, S. 32; Rostok, S. 8), *Kramarenkov*, *Kramarenkova*, *Kramarev*, *Kramareva*, *Kramarevka/Kramarzówka/Kramarivka*, *Kramarevy* (RGN IV, S. 508), *Kramaka* (Rieger/Wolnicz-Pawłowska, S. 73), *Kromerowo/ Kramarowo*, dt. *Krömersdorf* (SG IV, S. 693), *Kramarskij*, *Kramarskoe*, *Kraminino*, *Kramino* (RGN IV, S. 508), *Kramków*, *Kramkowa*, *Kramkowizna*, *Kramkówka* usw. (SG IV, S. 608; RGN IV, S. 508), *Kramovščina* (RGN IV, S. 508), *Kramry Dwór*, dt. *Kramershof* (SG IV, S. 609; Rospond 1951, S. 143, heute *Kramrowo*, s. Górnowicz 1980, S. 82), *Kramsk*, ON im pow. Konin (SG IV, S. 609: ein reiches Dorf, wo Märkte abgehalten werden, jedoch nicht zu *kram* zu stellen, sondern zu **krępa*, s. Nazwy miejscowe Polski V, S. 277). Die fern gehaltenen Namen beruhen in erster Linie auf Personennamen, die zu *kram* zu stellen sind, also etwa dem deutschen *Krämer* entsprechen. Da in diesen Fällen jedoch schon zweifelhaft ist, ob der Träger des entsprechenden Namens auch noch die dem Namen zugrunde liegende Tätigkeit ausübt, mussten die hierzu gehörenden Ortsnamen fernbleiben. Für den bulg. Bereich ist noch eine Anmerkung zu machen: Namen wie *Kramarci*, die auf den ersten Blick wie die oben genannten polnischen gebildet zu sein scheinen, scheiden aus, da ihnen bulg. *kramar(in)* 'Führer, Fürst' zugrunde liegt, das seinerseits eine Bedeutungsentwicklung durchgemacht hat, die es von der Handelssphäre so weit entfernt hat, dass man die hierzu gebildeten Ortsnamen für die uns interessierenden Fragen kaum berücksichtigen kann.

Der Blick auf die Karte 1 zeigt uns, dass die zu *kram* gehörenden Namen doch ein relativ weites Gebiet umfassen, sie reichen von der Oberlausitz bis zur östlichen Ukraine und von Litauen bis nach Serbien. Es scheinen sich dabei drei Gebiete herauszuheben: Südpolen, die östliche Ukraine und ein etwas größeres, lockerer verbundenes im ostpreußisch-baltischen Bereich. Wichtiger als diese relativen Konzentrationen ist jedoch etwas anderes: Die Orte scheinen eine Lage zu bevorzugen, die schon in einem anderen Zusammenhang (vgl. Udolph, Studien, S. 624) für die Slaven von Bedeutung war: Sie liegen in relativer Nähe zu Hügel- und Berghängen, während andere, mehr eben und flach ausgestaltete Territorien von den Namen anscheinend (eine Ausnahme: die Gegend um Posen) nicht in gleicher Weise betroffen werden. Wir sollten diese Erscheinung im Auge behalten, da sie an anderer Stelle erneut zu diskutieren sein wird.

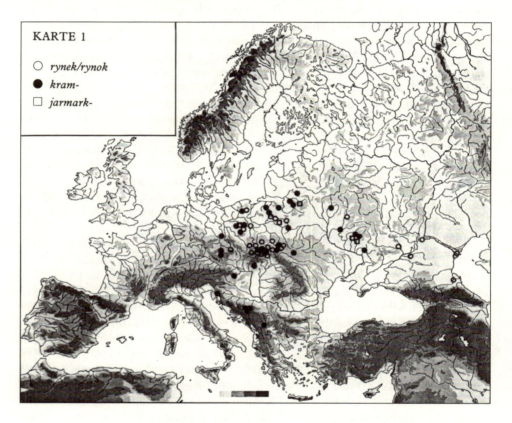

3. Ein weiteres unzweifelhaft dem Deutschen entlehntes slavisches Wort liegt in oso. *hermank* 'Jahrmarkt', nso. *jarmank, jermank, jermark, jormark, mark* 'dass.' (Schuster-Šewc I, S. 277, wo auch zum Lautlichen Stellung genommen wird) vor, man vgl. weiterhin poln. *jarmark* 'meist einmal im Jahr zu einer bestimmten Zeit stattfindender Markt', älter auch *jormark, jermark, jermak*, seit dem 15. Jahrhundert belegt (s. Sławski I, S. 502–503, Słownik Staropolski III, S. 116). Einen Lichtblick auf das Verhältnis von poln. *jarmark* und *tark* wirft das Sprichwort *po jarmarku zly targ* 'nach dem Jahrmarkt folgt ein schlechter Wochenmarkt' (Linde II, S. 237). An weiteren Entsprechungen lassen sich anführen: tschech. *jarmark*, schon atschech. *jarmark* 'Markt' (Gebauer I, S. 601), slvk. *jarmek, jarmok* 'dass.' (Machek, S. 216), aus dem Polnischen dürften stammen: russ.

jarmarka, ukr. *jarmrok*, wruss. *jarmolka* und lit. *jarmarkas* (Sławski I, S. 502). An der Entlehnung aus dt. *Jahrmarkt* bestehen keine Zweifel.

Der Blick in die Namen erbringt nur wenige Belege: *Jarmarki*, ON bei Wilejka (SG III, S. 449), *Jarmarczkowe*, FlN in der Nähe von Posen (WNP, S. 87), *Jarmarkowszczyzna*, ON in Ostpolen (Kondratiuk, S. 76; SG XI, S. 2, 6; Safarewiczowa, S. 41, allerdings ist Herkunft von einem PN nicht ausgeschlossen), *Jarmarka* und *Jarmarki* im ehemaligen Gouv. Tula bzw. im Kr. Kursk (RGN X, S. 551) und *Jarmarčicha*, 2 GNN (!) im ehemaligen Gouv. Poltava (WdrG V, S. 381).

Die wenigen Namen (vgl. Karte 1) erlauben keine großen Schlussfolgerungen, allerdings ist eine gewisse Nähe zu den *kram*-Namen nicht zu übersehen. Wir werden eine zusammenfassende Diskussion nach weiteren aus dem Deutschen entlehnten Handels- und Markttermini und der Kartierung der ihnen zugrunde liegenden Ortsnamen zu geben versuchen.

4. "In Städten des deutschen Ostens wird der Marktplatz *der Ring* genannt" (Bach II, S. 1, 413). Zwar ist man sich im Großen und Ganzen einig, dass das deutsche Wort die Quelle für eine Gruppe von westslavischen Entsprechungen ist, jedoch hat die Tatsache, dass es sich bei diesen Marktplätzen meist um viereckige (und nicht kreisförmige) Anlagen handelt, schon lange die Aufmerksamkeit auf sich gezogen. Zunächst soll jedoch eine Zusammenstellung der slavischen Entsprechungen folgen: poln. *rynek, ryneczek* 'Marktplatz' (Linde V, S. 177), apoln. (seit 1400) *rynek* 'Handelsplatz im Zentrum der Stadt' (Słownik Staropolski VIII, S. 64), aber auch 'Kampfplatz' (Goerlitz, S. 9), kaschub. *rënk* 'Handelsplatz im Zentrum der Stadt, Markt' (Sychta IV, S. 321), nso. *rynk* 'Ring, Marktplatz' (Mucke II, S. 358), oso. *rynk, rynčk* 'Reihe, Zeile' (Jakubaš, S. 318), tschech. *rynk, ryneček* 'Ring, kleiner Ring, Ringplatz, kleiner Ringplatz', wruss. *rynak* 'offener Platz, auf dem mit Waren gehandelt wird' (Jaškin, S. 169), ukr. *rynok* 'Ringplatz, Markt, Handelsplatz, Handelsort' (Kuzela/Rudnyćkyj, S. 972), russ. *rynok* 'Markt, Marktplatz' (Vasmer, REW II, S. 557).

Der Widerspruch zwischen den Bedeutungen 'Ring' und 'viereckiger Platz' ist neben anderen vor allem von T. Goerlitz, M. Hellmich und W. Havers diskutiert worden. T. Goerlitz resümiert nach Vorstellung zahlreicher Namen:

> Die Übersicht des Vorkommens von Ring für Markt läßt zur Gewißheit werden, daß diese Bezeichnung, die in Altdeutschland fehlt, im wieder eingedeutschten Gebiet geschaffen worden ist, und zwar nicht im Bezirke der norddeutschen und der süddeutschen, sondern allein in dem der mitteldeutschen Kolonisation (S. 10)

und schließt mit den Worten

> Der Breslauer Ring teilt nach alledem die allgemeine Bedeutung von Ring: Er ist der auf allen Seiten durch Häuser eingefaßte zentrale Hauptmarkt der deutschen Stadtanlage (S. 15).

W. Havers referiert Auskünfte von M. Geßmann, der meinte:

> Das slawische Wort pol. *rynek*, čech. *rynk* ist ein Lehnwort aus dem germ. *hrink*, [...] Lautlich entspricht es genau dem deutschen Wort, wenn man die phonologi-

schen und phonetischen Eigentümlichkeiten des Slawischen in Rechnung zieht. Das *h* mußte ausfallen, da es im Deutschen einen Hauchlaut repräsentierte, den das Slavische nicht kennt [...] (Havers, S. 20).

Die weiteren Überlegungen M. Geßmanns gehen dann dahin, von Germanen abgehaltene Versammlungen, die in Ringform durchgeführt wurden, den Slaven bekannt werden zu lassen, die dann „das Wort in Unkenntnis seiner Grundbedeutung 'Kreis' etwa in der Bedeutung 'Menschenansammlung, Versammlung an einer umschlossenen Stelle', was sich später zur Bedeutung des Ortsmarktes entwickeln konnte", übernommen haben (Havers, S. 21). Die deutschen Kolonisten hätten es dann von den Slaven wieder rückentlehnt. M. Geßmanns Überlegungen basieren jedoch auf einem schwerwiegenden Fehler: Die Annahme nämlich, ein mit *h* anlautendes germanisches Wort würde im Slavischen bei der Entlehnung dieses *h* verlieren, ist nicht haltbar, man vgl. slav. *chiža, chyža* 'Hütte, Haus' und germ. *hūs*, slav. *chlěbъ* und got. *hlaifs* 'Brot', slav. **chǫdogъ* in russ. *chudožnik* 'Künstler' usw. und got. **handags* 'geschickt' zu *handus* 'Hand' u. a. m. (vgl. auch Vondrák I, S. 348). Daraus folgt: Wenn das slav. *rynk, rynek, rynok* aus dem Germanischen entlehnt sein soll (und daran ist kaum zu zweifeln), dann musste dieses zu einer Zeit erfolgen, als der Abfall des anlautenden *h* bereits im Germanischen bzw. Deutschen vollzogen war. Daraus ergibt sich, dass die Slaven das Wort nicht früher als etwa 900 nach Christus entlehnt haben können, da der Schwund des anlautenden *h* vor Konsonanten für das Althochdeutsche für das 9. Jahrhundert angesetzt werden kann (vgl. Braune/Eggers, S. 145). An frühgermanisch-slavische Kontakte ist daher in diesem Fall der Entlehnung nicht zu denken, sie muss in eine spätere Periode datiert werden. Hierzu gibt es einige interessante Hinweise: „Ring = Gerichtsplatz ist für das Oberdeutsche schon im Jahre 1294 belegt" (Havers, S. 31), „Der Raum innerhalb des Gatters heißt Viehring oder Kuhring. Entsprechend wird die durch Seile eingeschlossene Stätte für den Boxkampf allgemein Boxring genannt" (ebd., S. 34), „In der Stadt bedeutet Ring den 'rings' von Häuserfronten als Wänden umgebenen Platz. Ein ganz oder teilweise freiliegender Vieh- oder Roßmarkt erhält nicht den Namen Ring" (ebd., S. 34–35) und schließlich aus slavischer Sicht: „Für den offenen Feldmarkt verwendete man weiter das einheimische Wort *Targ*, čech. *trh*" (ebd., S. 21).

Man darf daher m. E. die schon oben zitierte Annahme von T. Goerlitz, dass 'Ring' im ostdeutschen Kolonialgebiet in erster Linie einen von allen Seiten von Häusern umgebenen Platz bezeichnete, als sehr wahrscheinlich zutreffend betrachten. Wir können nun die Frage der Herkunft und Etymologie verlassen und uns den Namen zuwenden.

Bei der Kartierung der zu slav. *rynek, rynk, rynok* gehörenden Namen haben wir nur solche herangezogen, bei denen einigermaßen sicher ist, dass die Namengeber Slaven waren, fern bleiben also die deutschen *Ring*-Namen, z. B. in Prag, Eger, Aussig, Leitmeritz, Karlsbad, Reichenberg, Brünn, Iglau, Olmütz, Breslau, Görlitz, Dresden, Schandau, Guben, Frankfurt/Oder usw. Eine saubere Trennung ist natürlich nicht immer möglich, so werden unter den folgenden Namen sicher einige sein, die auf ursprünglich deutsche Benennungen zurückgehen. An mutmaßlich slavischen Namen lassen sich anführen: *Rynek*, zahlreiche ONN im westslawischen Sprachgebiet (Kozierowski, BNTSW, S. 104; BNTZŚW II, S. 266; Adámek, S. 79; Bąk I, S. 43 und 57; SG X, S. 103; Pawłowski I, S. 91 und II, S. 106; Breza, S. 103; Toponimia Kielc, S. 214), *Rynok* (RGN VIII, S. 17), *Rynka* (SG X, S. 104), *Rynki* (SG X, S. 104 und XV, S. 2, 566 [dort allerdings die Bemerkung: „w dok.

Rymki", vgl. jedoch Žučkevič, S. 311], Kozierowski, BNTZŚW II, S. 266; RGN VIII, S. 17; AGG 5 VII). Nicht kartiert wurden: *Rynków* (Kęsikowa, S. 126), *Rynkowo* (Kozierowski, BNTZŚW II, S. 266; vgl. auch SG X, S. 104–5 und XV, S. 2, 566) sowie *Rinkovec*, ON in Jugoslavien (Imenik Jugoslav., S. 341), die alle der Herkunft von PNN verdächtig sind.

Betrachten wir uns die Verbreitung der Namen (s. Karte 1), so fällt sofort ins Auge, dass sie – bis auf eine Ausnahme – sich in Gebieten befinden, die auch sonst bei aus dem Germanischen bzw. Deutschen entlehnten Termini aufgefallen waren: Südpolen, die Gegend um Posen, Nordostpolen. Die Ausnahme bildet dieses Mal der Bereich des unteren Don und der unteren Wolga, und dieses in auffälliger Weise. Bei der weiteren Behandlung von slavischen Markttermini werden wir jedoch sehen können, dass dieser Bereich weitere Namen aufweist, der Versuch einer Deutung wird daran anschließend unternommen werden. Zuvor soll jedoch noch ein weiterer aus dem Westen entlehnter Terminus behandelt werden.

5. In allen slavischen Sprachen sind Reflexe eines offenbar aus dem Germanischen entlehnten Terminus nachweisbar, gemeint ist die Sippe um russ. *kupit'*, *kuplju* 'kaufe' mit den Entsprechungen: ukr. *kupyty*, wruss. *kupic'*, aksl. *kupl'ǫ*, *kupiti*, bulg. *kupja*, skr. *kupiti*, *kupim*, slov. *kupiti*, tschech. *koupiti*, slvk. *kupit*, poln. *kupić*, *kupię*, oso. *kupić*, nso. *kupiś* (s. etwa Vasmer, REW I, S. 696). An weiteren wichtigen slavischen Verwandten nenne ich aksl., russ., ukr., bulg., skr., slov., poln., oso., nso., tschech. *kupьcь*, *kupec*, *kupac*, *kupiec*, *kupc* 'Kaufmann' und aksl., russ., ukr., bulg., skr., tschech., slvk., poln., oso. *kuplja*, *koupě*, *kupa*, *kupia*, *kupъ* 'Kauf'. Als Quelle wird im Allgemeinen got. *kaupōn* 'Handel treiben' oder ein nicht belgtes *kaupjan*, das aus altengl. *cypan* gewonnen werden kann, angenommen. Aus dieser Quelle stammen nach Vasmer, a. a. O., aus apreuß. *kāupiskan* (Akk. f.) 'Handel' und finn. *kauppa* 'Handel, Geschäft, Kauf'.

Im Gegensatz zu allen bisher behandelten Entlehnunen muss slav. *kupiti* usw. einer älteren Schicht zugerechnet werden, denn

1. ist das Südslavische einschließlich des Altkirchenslavischen an der Verbreitung beteiligt;
2. die slavischen Entsprechungen zeigen, dass ein für das Ur- oder Gemeinslavische anzusetzender Lautwandel *-au- > -u- eingetreten ist,
3. diejenigen slavischen Sprachen, die nach *-p-* ein epenthetisches *-l-* entstehen lassen, besitzen es auch in diesem Fall (dem einer Entlehnung aus dem Germanischen).

Daraus folgt, dass die Übernahme aus dem Germanischen vom slavischen Standpunkt aus in einer relativ frühen Periode vonstattengegangen sein muss. Ich verzichte im Folgenden darauf, nun sämtliche slavische Entsprechungen dieser Sippe anzuführen, von größerer Bedeutung wird es sein, ob sie in slavischen Toponymen auftritt und welche Verbreitung diese besitzt.

Versucht man allerdings, die hier genannte slavische Sippe im Namenmaterial nachzuweisen, so erheben sich einige Schwierigkeiten, die im Folgenden kurz dargestellt werden sollen. Unser Handelsterminus wird gekreuzt von anderen slavischen Appellativen, die lautlich ähnlich oder sogar gleich sind und ebenfalls in der Namengebung Verwendung fanden. Es sind dieses: slav. *kup-* in russ. *kupa* 'Haufen, Menge', oso., nso. *kupa* 'Hügel' u. a. m. einerseits, weiterhin slav. *kǫp-* in russ. *kupat'* 'baden, schwemmen' und in anderen slavischen Sprachen, die eine Entwicklung *kǫp- > kup-* durchgemacht haben und schließlich *kǫp-* in russ. *kupina* 'Gebüsch, Strauß, Flussinsel' und weiteren Sprachen.

Bei den beiden letzten Gruppen ist allerdings eine Trennung in denjenigen slavischen Sprachen, die keine Entwicklung von $*_{Q} > u$ kennen, sehr gut möglich, so z. B. im Polnischen, was noch von besonderer Bedeutung sein wird. Unter Beachtung dieser Schwierigkeiten kann man die folgenden Namen zu dem hier in Rede stehenden slavischen Handelswort stellen:

Koupě, ON in Böhmen (Profous II, S. 340–341), *Kupařovice*, ON in Mähren (Chromec, S. 306; Hosák/Šrámek I, S. 478), *Kupec*, ONN in der UdSSR (RGN IV, S. 685), *Kupitz*, Hofname in Österreich (s. Feinig, S. 294), *Kupcy*, ON in der UDSSR (RGN IV, S. 689; SG IV, S. 883), *Kupceva, Kupcevo, Kupcowe, Kupcovo, Kupčaja, Kupče, Kupčeli, Kupčeneeva, Kupčiči, Kupčik, Kupčino, Kupčiny, Kupczýnsky, Kupčincy/Kupczýnce, Kupčinki, Kupčinino, Kupčineckij, Kupčinovka, Kupčinskaja Gar'*, ONN in Polen und in der UdSSR (RGN IV, S. 689; SG IV, S. 883–884; SG XV, S. 2, 196; Žučkevič, S. 190), *Kupeckij Ostrov, Kupeckoe, Kupeč* (?), *Kupečeskij, Kupicka Sloboda, Kupičev, Kuplja*, ONN in der UdSSR (RGN IV, S. 685–687), *Kupovata, Kupovatica, Kupovato/Kupowate*, ONN im poln.-wruss. Grenzgebiet (RGN IV, S. 687; SG XV, S. 2, 197), *Kupiczwola/Kupičvolja, Kupczwola*, ONN in der Ukraine (SG IV, S. 885; AGG 4 XI; RGN IV, S. 686), *Kupidvor*, ON in der UdSSR (RGN IV, S. 685).

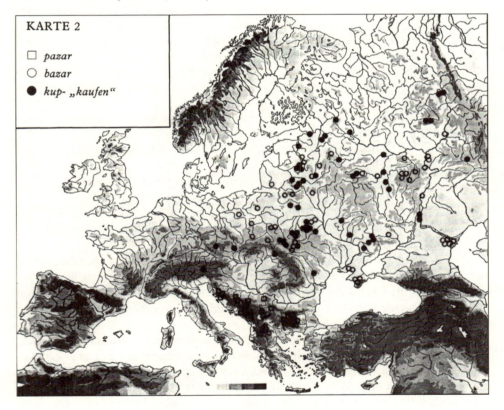

KARTE 2
□ *pazar*
○ *bazar*
● *kup-* „kaufen"

Wenn wir uns die Verbreitung der eben genannten Namen betrachten (vgl. Karte 2), so fällt sofort auf, dass das polnische Sprachgebiet an den Namen keinen Anteil hat. Das ist umso verwunderlicher, als es bei dem hier behandelten Wort ja offenbar um ein germanisches Lehnwort im Slavischen geht. Zum anderen wurde schon darauf hingewiesen, dass innerhalb des Polnischen eine Abgrenzung von anderen, lautlich ähnlichen Appellativen, die in der Namengebung verwendet wurden, möglich ist, da zwei der konkurrierenden Sippen einen Nasalvokal enthalten, der im Polnischen nicht zu -u- wurde, sondern (unter den bekannten Bedingungen) als Nasalvokal erhalten blieb. Die Verbreitung der Namen zeigt darüber hinaus an weiteren Auffälligkeiten: eine relative Konzentration in der Ukraine, auch im Bereich des unteren Dnjepr, weiterhin in Nordwestrussland. Besonders interessant ist die Verbreitung der Namen, wenn man sie mit derjenigen anderer ostslavischer Appellativa bzw. davon abgeleiteter Namen vergleicht (s. Karte 3). Auf Grund der Untersuchung verschiedener ostslavischer Appellativa und Namen, die wir an anderer Stelle vorgenommen hatten (vgl. Udolph, Landnahme), hatte sich ergeben, dass man bei der Erschließung des osteuropäischen Raumes durch die Ostslaven von einer Siedlungsbewegung ausgehen darf, die, von der Ukraine ausgehend, nach Norden gerichtet war, bis sie nach Erreichen der Valdaj-Höhen ostwärts schwenkte.

Vergleichen wir damit die Verbreitung der zu *kupit'* usw. gehörenden Namen, so ist die Parallelität nicht zu übersehen. Man wird daher m. E. kaum daran vorbeigehen dürfen, die hier auftretenden Namen als Zeugen der ostslavischen Besiedlung auffassen zu können.

Als eine weitere Auffälligkeit muss konstatiert werden, dass auch der südslavische Bereich von den Namen fast vollständig ausgespart wird, und das verwundert umso mehr, als das Altkirchenslavische ja im appellativischen Bereich an der Verbreitung mit sicheren Belegen Anteil hat. Wir müssen allerdings darauf hinweisen, dass dieses auch bei den anderen, bisher behandelten Lehnwörtern aus der Handelssphäre der Fall war: Das Südslavische muss z. T. andere Handelsbezeichnungen verwendet haben, die aus dem Germanischen und Deutschen eingedrungenen Termini sind offensichtlich im Südslavischen nicht recht heimisch oder von anderen verdrängt worden. Ein kurzer Blick in das Südslavische soll hier angeschlossen werden.

6. Das Serbokroatische kennt ein Wort *roba* in der Bedeutung 'Ware, Kleid'. Dieses ist aus dem Italienischen, wo es als *roba* 'Gewand' bekannt ist, entlehnt, die Quelle des italienischen Wortes jedoch ist wiederum das Deutsche: Zugrunde liegt die althochdeutsche Form *roub*, unser heutiges Wort *Raub*. Die Durchsicht des südslavischen Namenmaterials erbrachte jedoch keinen sicheren Beleg, den man hierzu stellen könnte, auf eine Kartierung konnte daher verzichtet werden.

7. Ebenfalls aus dem Italienischen ist entlehnt skr. *pijaca* 'Markt' (vgl. Skok II, S. 672), offensichtlich aus ital. *piazzo* 'Platz, Marktplatz'. Jedoch lassen sich auch zu diesem Terminus keine sicheren Namenanschlüsse finden.

8. Weitaus ergiebiger ist die Ausbeute, wenn man sich den Entlehnungen aus dem Türkischen zuwendet. An erster Stelle ist hier zu nennen skr. *pàzār* 'Markt, Marktplatz', *pazarni dan* 'Markttag' und bulg. *pazar* 'Markt, Marktplatz, Marktort'. Das anlautende *p-* wird der Vermittlung des Türkischen zugeschrieben (vgl. Mladenov, S. 407; Skok II, S. 625), das seinerseits das Wort aus dem Persischen (*bāzār*, mpers. *vāčar*) entlehnt hat (Vasmer REW I, S. 39; BER I, S. 26; Räsänen 1969, S. 66). Die übrigen slavischen Sprachen kennen die Variante mit anlautendem *b-*: poln. *bazar* 'Markt, Marktplatz, besonders im Lager' (Linde I, S. 66), tschech., slvk. *bazar, bazár*, russ. *bazar* 1. 'wohltätige Veranstaltung, Verkauf zu wohltätigem Zweck' (in dieser Bedeutung aus dem Westen ent-

lehnt), 2. 'Jahrmarkt, Markt' (Vasmer, REW I, S. 39), wruss. *bazar* 'Handelsort, Handelstag' (Jaškin, S. 18–19), ukr. *bazar* 'dass.', seit 1499 belegt (Rudnyćkyj, EDUL I, S. 52), slov. *bazar*.

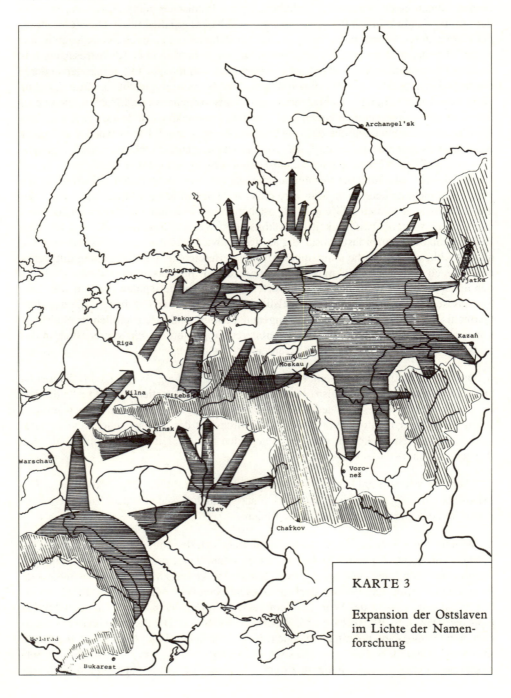

KARTE 3

Expansion der Ostslaven im Lichte der Namenforschung

Die Anlautvarianz zeigt sich auch im Namenmaterial. Wir beginnen mit den *pazar*-Namen, die auf das Südslavische beschränkt sind. Kartiert wurden: *Pazar* (ARj IX, S. 718), *Novi Pazar* (Imenik Jugoslav., S. 277), *Bit pazar* (Zaimov, Pirdopsko 116), *Pazar jolu* (Salambašev, S. 146), *Pazara* (ebd.), *Pazarja* (Kovačev, Trojansko, S. 188), *Pazarnica* (Pjanka, S. 418), *Pazarnice* (ARj IX, S. 720), *Pazarište* (ARj IX, S. 719), *Pazarišće* (Hirc, S. 186), *Elšiškoto pazarište* (Zaimov, Panagjursko, S. 103), *Pazardžik* (Spisŭk, S. 46 und 94; ARj IX, S. 719), *Pazakono* (Pjanka, S. 418), *Pazarić* (Imenik Jugoslav., S. 295), *Pazarlecko* (Christov, S. 267), *Pazarilika* (ARj IX, S. 719), *Pazarsko Patiče* (Pjanka, S. 418), *Pazarska machalo* (Salambašev, S. 146), *Pazardžiški pŭt* (Zaimov, Panagjursko, S. 142), *Pazarskia pat* (Zaimov, Pirdopsko, S. 225). Es muss allerdings darauf hingewiesen werden, dass die sprachliche Zugehörigkeit der Namengeber nicht immer einwandfrei festzustellen ist, bei einigen der genannten Namen werden eher türkisch Sprechende die Urheber sein. Aus dem ostslavischen Sprachraum lassen sich nur zwei Namen heranziehen, die hierher gehören könnten. Beide wurden jedoch nicht kartiert. Der ON *Pazarevo* (RGN VI, S. 547) ist der Ableitung von einem PN verdächtig und der ON *Pazarovka* (RGN VI, S. 547) ist auch in der Form *Nazarovka* überliefert, so dass die Deutung unsicher bleiben muss.

Bevor wir zu der Verbreitung der Namen übergehen, sollen die mit *b-* anlautenden Namen zusammengestellt werden. Diese liegen bis auf zwei Ausnahmen im west- und ostslavischen Gebiet: *Bazar* (SG I, S. 120–121 und XV, S. 1, 94; AGG 9 XIV; RGN I, S. 231 [auch mit verschiedenen Bestimmungswörtern]; Kozierowski, BNTAG, S. 11; Mikratapanimija Belarus, S. 23), *Bazargulova* (RGN I, S. 231), *Jar-Bazar* (WdrG I, S. 70), *Bazary* (SG I, S. 121 und XV, S. 1, 95; AGG 5 VII, 9 XIV; RGN I, S. 232), *Rudnja-Bazarskaja* (RGN I, S. 232), *Bazarnaja* (RGN I, S. 231; WdrG I, S. 70), *Bazernik*, *Bazarnik* (Franck S. 126–127), *Bazarnoj* (Smolickaja S. 234, 254), *Bazarnyj* (RGN I, S. 231), *Bazarnoe* (WdrG I, S. 70), *Bazarnye* (RGN I, S. 231), *Bazarčik* (RGN I, S. 232), *Bazaryńce* (AGG 6 XIV; SG I, S. 121; RGN I, S. 231). Nicht kartiert wurden ONN, die ein Suffix *-ov-* enthalten und dadurch der Bildung von einem PN verdächtig sind.

Betrachten wir uns die Verbreitung der Namen etwas näher (s. Karte 2). Die mit *P-* anlautenden Namen sind auf das südslavische Sprachgebiet beschränkt, wobei auffällige Häufungen bzw. Lücken eigentlich nicht festgestellt werden können. Anders sieht es mit den *Bazar*-Namen aus: Vor allem sollte man bei der Verbreitung dieses Namentyps auf die beiden Zentren an der unteren Wolga und auf der Krim (und nördlich davon) achten. Daneben ist auch eine sonst nicht auftretende relative Häufung südwestlich von Kazan' auffällig. Fast hat es den Anschein, als spiele hier der Einfluss einer Turksprache, nämlich das Tschuwaschische, eine Rolle. Die weitere Verteilung der *Bazar*-Namen zeigt keine besonderen Auffälligkeiten.

9. Ebenfalls aus den Turk-Sprachen ist ein weiteres Wort aus der Handels- und Warensphäre in die slavischen Sprachen eingedrungen: russ. *tovar* 'Ware, Last', ukr. *tovar* 'Vieh, Hornvieh, Ware', aruss. *tovarъ* 'Ware, Besitz' usw., es ist in fast allen slavischen Sprachen nachweisbar (s. z. B. Vasmer, REW III, S. 112). Dazu gehört das auch in nichtslavischen Ländern bekannte *tovarišč* 'Genosse, Kamerad, Gefährte'. Als Quelle der slavischen Appellativa kommt eine Turksprache in Betracht (z. B. mongol. *ed tawar*, uigur. *ed tabar*, kirgis. *tawar* [*tauar*]), s. Vasmer, a. a. O. und Ramstedt, S. 102.

Versucht man jedoch, dieses Appellativum im Namenbestand der slavischen Sprachen aufzufinden, so stellt man bald fest, dass die Zuweisung von Namen mit z. T. großen

Schwierigkeiten verbunden ist. Einerseits gibt es nur ganz wenige Namen, die ohne Zögern hier angeschlossen werden können, andererseits wirkt die schon erwähnte Ableitung *tovarišč* ein, so dass eine exakte Zuordnung der entsprechenden Namen zu einem Wort für 'Handel treiben' unmöglich gemacht wird. Auf eine Kartierung der entsprechenden Namen musste daher verzichtet werden.

Nach Abschluss der Erörterung der aus anderen Sprachen entlehnten Handelstermini können wir eine kleine *Zwischenbilanz* ziehen. Es ist deutlich geworden, dass es im Slavischen eine stattliche Anzahl von Entlehnungen auf diesem Gebiet gibt, sowohl aus dem Westen wie aus dem Süden und Osten wurden Begriffe entlehnt, z. T. in recht früher Zeit, da sie einerseits Lautentwicklungen aufweisen, die in diese Richtung deuten, zum anderen aber auch in der Toponymie des slavischen Sprachgebiets so häufig erschienen, dass sie schon recht früh in das Slavische gelangt sein müssen. Man wird sich nun, nach der Vorstellung von doch recht zahlreichen Entlehnungen, mit Recht fragen, wie es denn mit der einheimischen Handelsterminologie im Slavischen aussieht. Zu dieser Frage wollen wir nun übergehen. Dabei sollte allerdings auf eine Überlegung besonders geachtet werden: Wir wissen jetzt in großen Zügen, wie die Verbreitung von slavischen Namen aussieht, die zu Wörtern gehören, die ihrerseits Entlehnungen darstellen. Es wird sehr wichtig sein, diese Erkenntnisse mit der Verbreitung derjenigen slavischen Namen zu konfrontieren, die auf Termini beruhen, die keine Entlehnungen im Slavischen sind bzw. wahrscheinlich nicht sind. Wir werden noch sehen, dass hierin eine Möglichkeit liegt, Entlehnungen von nicht entlehnten Appellativen zu unterscheiden bzw. Hinweise in die eine oder die andere Richtung erhalten zu können.

B. Slavische Termini

1. Auf das Südslavische beschränkt ist ein Terminus, der aus den slavischen Elementen *sъ* und *jeti* ('zusammen' + 'gehen') kombiniert ist: skr. *sajam* 'Messe, Markt', *sajmište* 'Marktplatz, Messegelände', auch dial. *sejem, semenj, somonj, samanj* mit denselben Bedeutungen und verschiedenen Assimilations- bzw. Metathesenprozessen (s. Skok I, S. 778). Semantisch und in der Kombination beider Elemente liegt lat. *conventus* nahe.

Der Blick in die südslavische Toponymie erbringt jedoch nur negative Ergebnisse: Auf Grund des mir zur Verfügung stehenden Materials lässt sich das hier in Rede stehende Appellativum im Namenschatz des Südslavischen nicht nachweisen.

2. Ebenfalls nur im Serbokroatischen begegnet ein Handelsterminus, der in der Toponymie in gleicher Weise unbekannt geblieben ist: skr. *pogodba, nagodba* 'Handel'. Andere slavische Sprachen kennen verwandte Bezeichnungen, allerdings mit semantischer Abweichung, so z. B. poln. *godzić (się)* 'mieten, unterhandeln', nso. *gožba* '(günstige) Gelegenheit, gutes Wetter', im Altserbischen hat *godba* noch die Bedeutung 'Abkommen, Handel, Geschäft', die Entwicklung zur heutigen Bedeutung 'Handel' scheint eine sekundäre, auf das Serbokroatische beschränkte Entwicklung gewesen zu sein, zu den Einzelheiten vgl. ESSJ VI, S. 192 und H. Schuster-Šewc I, S. 242.

Im Namenbereich lassen sich keine Entsprechungen nachweisen.

3. Ein ähnlicher Fall mit einer Bedeutungsveränderung in einer einzigen slavischen Sprache liegt in slav. *obchod* vor. Bulg. *obchoždam* bedeutet 'umhergehen, bereisen, besuchen,

herumgehen', slov. *obhod* 'Umgang, Umzug', *obhoditi* 'abschreiten, durchwandern', russ. *obchod* 'Rundgang, Umgehung', *obchodit'* 'ganz durchwandern, ablaufen, durchstreifen, umgehen, durchlaufen', aber auch 'betrügen, übervorteilen', poln. *obchodzenie* 'Um-, Herumgehen, Begehung, Begehen', um nur die wichtigsten Belege zu nennen. Allein im Tschechischen und Slovakischen findet sich *obchod* in der Bedeutung 'Handel', auch 'Geschäft, Laden, Verkaufsstelle', im Slovakischen auch als *obchodník* 'Händler, Kaufmann, Geschäftsmann', *obchodovat'* 'Handel treiben', *obchodovat' po domoch* 'hausieren'.

Zur Etymologie (*ob-* + *choditi*) s. Machek, S. 405 und Holub/Kopečný, S. 250. Es hat fast den Anschein, als reflektierten die tschechischen und slovakischen Belege den Status eines Hausierers. Wie zur Bestätigung dessen findet sich in der slavischen Toponymie kein sicherer Hinweis auf die Verwendung von slav. *obchod-*, eine Kartierung musste daher unterbleiben.

4. Großes Interesse zog schon immer ein slavisches Verbum auf sich, dass sichere Entsprechungen in zahlreichen verwandten Sprachen besitzt, und unter Umständen für die frühe slavische Zeit von Bedeutung gewesen ist. Gemeint ist das nur im Altrussischen belegte *krьnuti* 'kauft', als Partizip auch *ukrinjeъ* 'gekauft', man vgl. aind. *krīṇāti* 'kauft', *krītás* 'gekauft', npers. *χarīdan*, griech. πρίασθαι 'kaufen', ir. *crenim* 'kaufe', alit. *krienas* 'pretium pro sponsis', lett. *kriens* 'Geschenk des Bräutigams an die Braut', toch. A *kuryar* 'Handel', *kuryart* 'Händler', B *karyor* 'Kauf', *käryorttau* 'Kaufmann' (s. Vasmer, REW I, S. 660; Pokorny, S. 648).

Leider lässt sich in der slavischen Toponymie keine sichere Entsprechung nachweisen, Namen, die unter Umständen hier eingeordnet werden könnten, sind nicht zu trennen von slavischen Appellativen, die eher herangezogen werden müssen, so z. B. südslavisch, tschech. und slvk. *krn-* 'schneiden' einerseits und russ. *krenit', krenju* 'ein Boot auf die Seite legen', *kren* 'Schiffskiel' und *kreni* 'Art schmaler Schlitten' andererseits. So muss konstatiert werden, dass von dem Namenmaterial her kein neues Licht auf die altrussische Kaufbezeichnung fällt.

Es mag allmählich bei dem Leser das Gefühl aufkommen, als besäße das Slavische keinen Handelsterminus, der entweder nicht entlehnt sei oder in der Toponymie nicht erscheine. Wenn wir jedoch zu dem nächsten Wort übergehen, wird sich erweisen, dass die Bilanz nicht ganz so negativ ausfällt. Allerdings muss darauf hingewiesen werden, dass nicht selten auch das nächste zu behandelnde slavische Wort als Entlehnung aufgefasst wurde, nämlich das bekannte *torg, targ, trg*.

5. Aus den slavischen Sprachen seien an Belegen genannt: aksl. *trъgъ, trъžište* 'Markt', *trъžьnikъ* 'Geldwechsler' (Sadnik/Aitzetmüller, S. 139), russ. *gorgi* 'Auktion, Versteigerung', *torgovat'* 'handeln, Handel treiben', *torgovec* 'Händler, Kaufmann, *toržestvo* 'Triumph, Fest' (Vasmer, REW III, S. 123; zur Bedeutungsentwicklung vgl. auch Rybakow, S. 339), altukr. *torhovaty, torhuvaty* 'handeln, Handel treiben' u. a. m. (s. Slovnyk staroukr. II, S. 438–439), wruss. *torh, toržyšča* 'Handelsplatz, Martk' (Jaškin, S. 190), skr. *trg* 'Markt, Marktplatz', *trgovac* 'Kaufmann, Händler', *trgovanje, trgovina* 'Handel, Handeln', slov. *trg* 'Markt, Martkplatz, Marktflecken', *trgovati* 'Handel treiben, handeln', u. a. m., bulg. *tŭrg, tŭržište* 'Markt, Marktplatz', poln. *targ* 'Markt, Marktplatz, Messe, Handeln, Feilschen', *targować* 'handeln, Handel treiben, *targowica, targowisko* 'Markt, Marktplatz', tschech., slvk. *trh* 'Markt, Messe', *tržiště* 'Markt-, Handelsplatz',

oso. *torhošćo* 'Markt, Marktplatz'. Das Appellativum fehlt dem Polabischen und dem Niedersorbischen, eine Erscheinung, die nicht ganz unwichtig ist, vor allem dann nicht, wenn man eine Entlehnung aus dem Germanischen glaubt, denken zu können. Bevor wir darauf eingehen, muss jedoch auf eine wichtige Tatsache hingewiesen werden: Die Belege aus dem Slavischen können und müssen auf eine gemeinslavische Grundform **tъrg-* zurückgeführt werden. Falls man eine Entlehnung in das Slavische annehmen möchte, so muss diese so früh erfolgt sein, dass sämtliche Lautentwicklungen der slavischen Einzelsprachen noch vollzogen werden konnten. Wir werden noch sehen, dass diese Überlegungen nicht immer berücksichtigt wurden.

Verwandte Appellativa besitzt die slavische Sippe in folgenden Sprachen:
   a) germanisch: anord. *torg* 'Markt', schwed. *torg*, dänl. *torv*, neuisl., fär., norw. *torg* aus dem Dänischen stammt wohl mndt. *torg* (de Vries, S. 595; vgl. auch Falk/Torp II, S.1275).
   b) finnisch: Aus dem Germanischen dürfte entlehnt sein finn. *tori* 'Markt, Marktplatz', umstritten ist dagegen die Quelle des anderen, offenbar früher entlehnten finnischen Wortes *turku*, Gen. *turun* (zum Komplex s. Plöger, S. 210–211), vielleicht entlehnt über
   c) estnisch *turu* (*turg*) 'Markt, Marktplatz' (Wiedemann, S. 1226), das seinerseits der Entlehnung verdächtig ist, entweder aus
   d) lett. *tùrgus* 'Markt, Jahrmarkt', was jedoch mit lautlichen Problemen verbunden ist, oder aus
   e) lit. *tur̃gus* 'Markt, Markttag, Warenwert', was geographisch schwer glaublich erscheint. Die baltischen Appellativa hielt Vasmer (REW III, S. 123) für urverwandt mit den slavischen, während E. Fraenkel II, 1143 für Entlehnung aus dem Slavischen plädierte. Das Namenmaterial kann eine Entscheidung erleichtern, s. u. Zum Verhältnis des litauischen und lettischen Wortes (Wechsel von *i* und *u*) s. Mühlenbach IV, S. 194–195 und Buga I, S. 148 sowie III, S. 45. Durch K. Bugas Bemerkungen sind die Überlegungen von M. Räsänen (1951, S. 194), dass das Livische Einfluss genommen hätte, m. E. unnötig geworden. Am wahrscheinlichsten ist für die ostseefinnischen und baltischen Appellativa als Quelle der Entlehnung das Slavische anzusprechen. Aber auch in anderen Kontaktbereichen des Slavischen lassen sich Entsprechungen nachweisen:
   f) alb. *treg* 'Markt' (Freiin v. Godin I, S. 251 bzw. *tregɛ* 'Marktplatz', *tregoj* 'treibe Kleinhandel' (Meyer, S. 436, der an Entlehnung aus dem Slavischen denkt). Dagegen hat sich jedoch Skok III, S. 499 ausgesprochen, man vgl. aber Mann, S. 32 und zur lautlichen Entwicklung (slav. **r̥* > alb. *re*) im toponymischen Material Seliščev, S. 289. Für die von Skok angenommene Metathese **terg-* (z. B. in *Tergeste* 'Triest') > *treg-* lassen sich im Albanischen meines Wissens keine Parallelen beibringen, man vgl. z. B. die Auflistung der Entwicklung von Konsonantenverbindungen mit *-r-* bei Meyer, Studien III, S. 71–72. Es erscheint mir daher überzeugender, alb. *treg* 'Markt' als Entlehnung aus dem Slavischen aufzufassen.
   g) rumän. *tîrg* 'Markt, Messe (An)kauf, Geschäft' (vgl. Protze, S. 6–7). Auf Entsprechungen im toponymischen Bereich werden wir noch eingehen. Zuvor soll kurz geschildert werden, an welche Entlehnungswege schon gedacht wurde. Mladenov, S. 645 erwog türkische Herkunft (zu türk. *terdžuman* 'Übersetzer, Dolmetscher'), nach Meyer, IF, S. 324 ist es nicht möglich, „daß das slavische

Wort selbst aus dem Illyrischen stammt". Ganz anders liest sich der Entlehnungsweg bei Räsänen, a. a. O.: „Ich fasse die Sache so auf, daß das altbolg. *turγu* ['Stehen, Stehenbleiben, Aufenthaltsort'] durch die Waräger entlehnt worden ist und diese das Wort in die slavischen Sprachen verbreitet haben [...]". An gleicher Stelle spricht sich M. Räsänen gegen die Ansicht von G. Jh. Ramstedt aus, die Quelle der Entlehnung sei uigur. *torgu, torqu* 'Art Seide', denn „es ist kein Beweis dafür vorhanden, daß mong.-türk. *torka* irgendwo auch den Marktplatz bedeutet hätte". Ebenfalls an eine Entlehnung aus dem Osten denken J. Holub – F. Kopečnya 390, einem Vorschlag von F. Hrozný folgend. Sie weisen auf assyrisch-babylonisch *tamgaru* 'Kaufmann' hin, dass auch im Aramäischen als *taggārā* und im Arabischen als *tādžir* bekannt ist. Die lautliche Entwicklung bliebe aber dabei unklar. Nach F. Ribezzo (s. Skok III, S. 499) ist **terga* mediterraner Herkunft, es bliebe in diesem Falle die Frage übrig, auf welchem Wege die Slaven zu diesem Wort gekommen sind. P. Skok, der a. a. O. übrigens falsch urslav. *tьrgъ* ansetzt, nimmt an, dass die Slaven das Wort etwa im 5. Jahrhundert an der Donau kennengelernt haben. Diese These wird mit der Verbreitung der Namen zu konfrontieren sein. Die meisten Fürsprecher fand noch die Annahme einer Entlehnung aus dem Germanischen, so u. a. in T. E. Karsten, der darauf hinwies, dass eine Reihe von Termini aus der Handelssphäre aus dem Germanischen in das Slavische gelangt sei. Zudem wies er im Anschluss an B. Hesselman auf einen skandinavischen Ortsnamen *Torghatten* hin, der auf einen Berg mit einer Öffnung reflektiere, in dessen Namen ein urgermanisches **turga-* aus vorgermanisch **dr̥ká-* vorliege und der letzten Endes zu idg. **derk-/dork-/dr̥k-* 'sehen' zu stellen sei. Mit einer Bedeutungswandlung 'Öffnung' > 'Auge' > 'Mitte einer Siedlung' > 'Marktplatz' käme man dann zu dem gewünschten Ausgangspunkt für eine Entlehnung in das Slavische. Die Unhaltbarkeit dieses Vorschlags wird vor allem dann deutlich werden, wenn wir uns den slavischen Namen zuwenden. Die Überlegungen T. E. Karstens wurden im Großen und Ganzen auch von A. Jóhannesson, S. 1207 und (allerdings mit kritischen Anmerkungen) von Thörnqvist, S. 261ff. übernommen. Gegen eine Entlehnung der slavischen Wörter aus dem Germanischen sprachen sich allerdings Falk/Torp II, S. 1275 aus („Das Wort scheint auf dem Balkan seine Heimat gehabt zu haben [...]"), ebenso de Vries, S. 595 und Vasmer, REW III, S. 123. Letztere verweisen auf die illyrisch-venetischen Namen *Tergeste* 'Triest', *Opitergium* 'Oderzo' und den Personennamen *Tergitio negotiator* (hierzu s. Krahe 1942, S. 222; Kretschmer 1943, S. 140–141; Karg, S. 117 und 123–124; Meyer, IF, S. 323f.; Krahe 1955, S. 105; Mayer, S. 114; Pellegrini/Prosdocimi I, S. 429f. und 601f.), wodurch ihrer Auffassung nach eine Entlehnung aus dem Germanischen in das Slavische (und weiter in das Illyrische oder Venetische?) sehr fraglich wird, oder, anders gesagt, es muss wohl eine engere Beziehung zwischen den slavischen Wörtern und den auf illyrischem bzw. venetischem Boden liegenden Ortsnamen angenommen werden.

Wir sind damit am Ende der Auflistung verschiedener Entlehnungsannahmen angelangt, es bleibt der Eindruck bestehen, dass doch recht große Unsicherheit darüber herrscht, ob man dem Slavischen **tьrgъ* als eigenständiges oder entlehntes Element zuweisen soll. Bevor wir versuchen, mit Hilfe der geographischen Namen einen Beitrag zu diesem Pro-

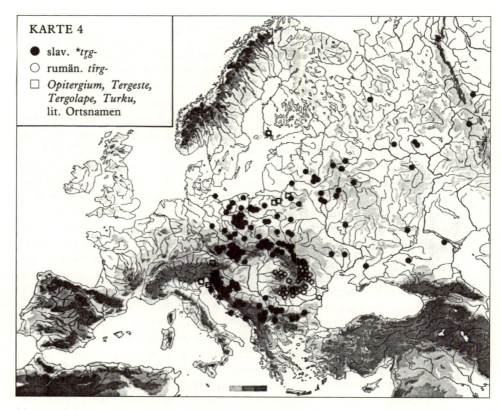

KARTE 4
- ● slav. *tr̥g-
- ○ rumän. tîrg-
- □ *Opitergium, Tergeste, Tergolape, Turku,* lit. Ortsnamen

blem zu leisten, muss auf eine Bemerkung von Schmoll, S. 32 eingegangen werden, die bislang, soweit ich sehe, in der Diskussion unberücksichtigt geblieben ist. Er weist nämlich auf einen Personennamen *Conistorgis/Κονίστοργις* hin, den er als **Conios Torgis* analysiert und einerseits zum Völkernamen *Κόνιοι*, andererseits zu unserem Marktwort stellt. U. Schmoll führt weiter aus: „Es kehrt wieder in dem hisp. ON *Amtorgis* (Livius; unbekannte Lage) aus **Ambitorgis* 'Um den Markt'". Wenn man diese Auffassung akzeptiert, würde sich die geographische Verbreitung der zu idg. **terg-* (zu den Ablautstufen s. u.) gehörenden Namen erheblich erweitern: Neben dem Slavischen wären damit Norditalien, Finnland (*Turku*, dazu s. u.) und die iberische Halbinsel betroffen. Die iberischen Belege führen aber noch zu einem anderen Problem: Wie hat man sich das Verhältnis der Ablautstufen vor allem im Slavischen und in den illyrischen bzw. venetischen Namen *Tergeste* und *Opitergium* vorzustellen? Am wenigsten Schwierigkeiten scheinen die zuletzt genannten zu machen, sie dürften auf idg. **terg-*, also die normale Vollstufe, zurückgehen, denn als Schwundstufe müsste im Venetischen *torg-* erscheinen (s. Krahe 1942, S. 218–223; 1950, S. 25). Die Vermutungen, in den beiden genannten Sprachen sei eine Schwundstufe enthalten (s. Lagercrantz, S. 370 und Kretschmer 1935, S. 102) lassen sich daher kaum aufrechterhalten. Die iberischen Belege jedoch gehen am ehesten auf **tr̥g-* zurück (s. Schmoll S. 32 und 84–85), ebenso die slavischen. In jedem Fall spricht sowohl die Annahme von (voreinzelsprachlichen) Ablautstufen wie auch die konsequente Lautentwicklung innerhalb des Slavischen gegen die Möglichkeit einer relativ späten Entlehnung, wie sie z. B. auch Polomé, S. 64–65 unter Hinweis auf das Mongolische nicht ausschloss. Die Kartierung der slavischen Namen, zu der wir jetzt übergehen wollen, wird dieses ebenfalls zeigten.

In die entsprechende Karte (s. Karte 4) wurden die folgenden Namen aufgenommen: *Trg* (Imenik Jugoslav., S. 399; ARj XVIII, S. 625; Moguš, S. 108; Kranzmeyer II, S. 67, 101; Bezlaj II, S. 278), *Torg* (RGN IX, S. 141), *Torg Novyj* (RGN IX, S. 141), *Nowy Targ, Nowytarg, Stary Targ* (Lubaś, S. 103; SG VII, S. 310; Górnowicz 1980, S. 29–30, 110f.; SG VI, S. 274; Goerlitz, S. 14), *Stari Trg*, a. 1237 *in foro*, a. 1296 *Altenmarckht* (Bezlaj II, S. 278; Imenik Jugoslav., S. 371), zahlreiche Ortsbezeichnungen aus dem altukrainischen Wörterbuch (Slovnyk staroukr. I, S. 83, 126, 155, 301, II, S. 340, 403, 512, 586), *Trge* (Imenik Jugoslav. S. 399), *Trgovi* (Imenik Jugoslav. S 399). *Toržok* (Nikonov, S. 422; Konovalov, S. 93; RGN IX, S. 142), *Avěčy Taržok* (Jaškin, S. 190), *Toržki* (RGN IX, S. 142), *Tržky* (Skutil, S. 127), *Tŭržište* (Mikov, S. 149), *Tržišče* (Bezlaj II, S. 278), *Tržec* (Imenik Jugoslav., S. 403), *Tržac, Tržačka Platvica, Tržačka Raštela* (Imenik Jugoslav., S. 403), *Tržić* (Imenik Jugoslav., S. 403), *Tržič* (Imenik Jugoslav., S. 403, Bezlaj II, S. 278), *Sikenica*, ON in Slovakei, a. 1773, a. 1786–1960 *Tergenye, Trgiňa, Trgyňa, Trhyňa* (Majtán S. 373; Chromec. S. 659–660), *Torga*, ON bei Görlitz (SG XII, S. 408; nach Adamy, S. 54 alt *Tarnow*, was jedoch nicht zu belegen ist; s. Eichler/Walther, S. 106 und Damroth, S. 116), *Torgaw*, a. 1563 erwähnter FlN bei Lauenburg/Pommern (Rzetelska-Feleszko, S. 103), *Torgau*, alt belegt (s. Wieber, S. 98), auch ON in Polen (SG XII, S. 408), a. 1477 *Torgow*, WgN im Kr. Saatzig (Trautmann, EO II, S. 72), *Torhów* (AGG 6 XIII; RGN IX, S.141), *Targowa* (SG XII, S. 168; WdrG IV, S. 597; SHU, S. 569; Kozierowski, BNTAP II, S. 315), *Trhová*, 2 Flurnamen (!) in Mähren (Skutil, S. 127, zu der Erscheinung der Feldmärkte s. u.), *Torgovaja* (RGN IX, S.141), *Torgovaja Gora* (RGN IX, S. 141), *Targowa Górka* (nach SG XII, S. 168 ein jüngerer Name für älteres *Gorca, Mileszna* usw., vgl. auch Kozierowski, BNTZŚW II, S. 403), *Trhová Kamenice* (Chromec S. 660; Profous II, S. 196), *Trhové Mýto*, a. 1927–1960 *Trhová Hradská* (Majtán, S. 282; Chromec, S. 660), *Torgovoe Zdanie, Torgovie Talyzino* (RGN IX, S. 141), a. 1318 *Targowe*, WgN auf Rügen (Lenz II, S. 223; Trautmann, EO II, S. 72), *Trhové Dušníky* (Profous I, S. 445), *Trhové Sviny* (Chromec, S. 660), *Trhový Stěpánov* (Chromec, S. 660), *Torgovyj* (RGN IX, S. 141), *Torgovyj Zavod Ugotskij* (RGN IX, S. 142), *Targowo*, dt. *Theerwisch* (SG XII, S. 174; Rospond 1951, S. 334), *Targowo* (Kozierowski, BNTZŚW II, S. 404; ders. BNTSW, S. 124), *Torgovaja Balka* (WdrG IV, S. 597), *Torhovickoe Selo* (Slovnyk staroukr. II, S. 438), *Torgovica* (RGN IX, S. 141), *Targowica*, ukr. *Torhowica, Torhowicza, Torchowicza, Torhowcza* (SG XII, S. 169–170), ukr. *Torhovyčka* (SHU, S. 570), *Torhovycja* (Slovnyk stroukr. II, S. 438; Stryžak, Polt., S. 82), *Targowico* (Makarksi, S. 154; SG XII, S. 170–172), *Targowica/Torhowica* (SG XII, S. 170), *Targowica Polna/Torhovyc'ja Pil'na* (RGN IX, S. 141), *Targowica*, dt. *Tarchwitz*, a. 1401 *Targewicz* (nach Rymut, Słow., S. 60 zu einem Personennamen zu stellen), *Targowica* (SG XII, S. 408; WdrG IV, S. 597), *Torgowica/Torgovica/Torhovycja* (SHU, S. 569–570; WdrG IV, S. 597; AGG 11 XIV; Mikratapanimija Belarusi, S. 236), *Trŭgovica* (Zaimov, Panagjursko, S. 173), *Torhovyc'i* (Horbač, S. 13), *Trhovice* (Prasek, S. 781; Adámek, S. 80; Sáňka, S. 72), *Torhowna* (RGN IX, S. 141), *Targowisk* (Kondratiuk, S. 200; SG XII, S. 172), *Tagowiska* (SG XII, S. 172; AGG 6 VI; Pawłowski I, S. 119; Kozierowski, BNTWW II, S. 177), *Targowisko* (SG XII, S. 172–174; Lubaś, S. 152; Udziela, S. 97; Kozierowski, BNTSW, S. 123; ders., BNTZŚW II, S. 403–404; Kosyl, S. 74; RGN IX, S. 12; SG IX, S. 12; Kozierowski, BNTAP II, S. 315), *Targowiszcze*,

Torgovišče (SG IV, S. 2, 652; SG XII, S. 184; RGN IX, S. 141), *Trgovišće* (Imenik Jugoslav., S. 399; Simunović, passim; Buturac, S. 25; ARj XVIII, S. 635), *Trgovišće*, ung. *Csütörtökhely* (Hadrovics S. 32, zu den Wochentagen in Ortsnamen s. u.), *Trgovišče* (Imenik Jugoslav., S. 399), *Trgovište* (Imenik Jugoslav., S. 399; ARj XCIII, S. 636–637; auch ein WgN, der Ort befand sich dort, wo heute Novi Pazar liegt, s. Šrivanić, s. 103), *Tŭrgovište* (Zaimov, Panagjursko, S. 173; Mikov, S. 149; Spisŭk, S. 94), *Trhovište* (Chromec, S. 660; Sáňka, S. 72), *Trgovišća* (ARj XVIII, S. 635), *Targoviec*, FlN (AGG 5 IV; Mátyás, S. 17; Rospond 1951, S. 334; Kozierowski, NBTWW II, S. 177; ders., BNTSW, S. 123), *Trhovec* (Sáňka, S. 72), *Torgovcy* (RGN IX, S. 141), *Targówka* (SG XII, S. 174; Nieckula, S. 266), *Torhówka* (SG IV, S. 2, 661; RGN IX, S. 141), *Tgorgovka* (WdrG IV, S. 597), *Trhovka* (Procházka, S. 375), *Trhůvka/Trhůvky* (Skutil, S. 127, Flurnamen!), *Targówek* (SG XII, S.169), *Targówko* (Kozierowski, BNTWW II, S. 177), *Targowska* (Kozierowski, BNTZŚW II, S. 404), *Torhiwskie* (SG XII, S. 408; RGN IX, S. 141), ukr. *Torhivs'kyj* (SHU, S. 569), *Targownica* (SG XII, S 174; Kozierowski, BNTZŚW II, S. 404; ders., BNTAG, S. 327), *Tržišćica* (Bezlaj II, S. 277–278), *Torgovščina* (RGN IX, S. 142), *Torgovickij* (RGN IX, S. 142), *Torgovižskoe/Torgoviči* (RGN IX, S. 141).

Den bis jetzt genannten ca. 200 Namen, die mit einiger Sicherheit auf slav. **tъrg-* beruhen, stehen einige gegenüber, die aus den verschiedensten Gründen (meistens sind sie der Herleitung aus Personennamen verdächtig) nicht in die Karte aufgenommen wurden: *Torgošicy* (RGN IX, S. 142), *Torgovcevo, Torgaevka, Torgan-* (RGN IX, S. 141), *Trhanov* (Profous IV, S. 374; Chromec, S. 660), *Trget* (Imenik Jugoslav., S. 399, Toponimika zapadne Istre, S. 145), *Trgetarići, Trgetari* (ebd.), *Targaz* (SG XII, S. 166–167), *Targuny/ Torguny* (SG XII, S. 174; Žučkevič, S. 376), *Torgelow, Torgelowe* (s. Jeżowa I, S. 80; Vasmer, Schriften II, S. 613; Fischer/Witkowski, S. 66), *Trhomnél/Trahona* (Chromec, S. 660, Borek, S. 284), *Trhonín* (Profous IV, S. 375), *Trhonice* (Profous IV, S. 375), *Targonie* (SG XII, S. 167) u. a. m.

Mit einem besonderen Symbol wurden die in Rumänien liegenden ONN aufgenommen. Bei ihnen ist nicht immer mit letzter Sicherheit zu entscheiden, ob Rumänen oder Slaven die Namengeber gewesen sind.[1] Sie sind dennoch auf Grund ihrer geographischen Verbreitung von besonderer Bedeutung, wie wir auf der Karte erkennen können. Kartiert wurden: *Bereşti-Tîrg, Domneşti-Tîrg, Tîrgu Gloduri, Târg Frumuşica, Tîrgovişte, Tîrgşoru Nou, Tîrgşorul Vechi, Tîrgşoru Vechi, Suliţa-Tîrg, Tîrgu Gîngulești, Târgu Bujor, Târgu Cărbuneşti, Târgu-Cârcinov, Tîrgu Frumos, Tîrgu Jiu, Tîrgu Lăpuş, Tîrgu Cucului, Fierbinţi-Tîrg, Tîrgu Mureş, Tîrgu Neamţ, Targul Nicoreşti, Tîrgu Ocna, Tîrgu Logreşti, Plopana-Tîrg, Tîrgu Secuesc, Targul Stăniseşti, Tîrgu Trotuş, Tîrgului, Tîrgu Păncești, Tîrgu Secues, Cascut-Tîrg, Tîrguşor* (Rumania, S. 391–391 und 401–402, man vgl. auch Iordan, S. 217 und Iliev, S. 79).

Gesondert kartiert wurden auch drei litauische ONN: *Turgáičai, Turgulaukis* und *Turgēliai* (Hinweis von W. P. Schmid), ebenso die schon genannten *Tergeste* 'Triest' (hierzu vgl. auch Pokorny, S. 324; Vasmer, Schriften passim; Bach II, S. 2, 22), *Opitergium* 'Oderzo' und ein nach Bach, II, S. 2, 28 etwa bei Vöcklabruck zu lokalisierender ON *Tergolape* aus der Tabula Peuteringiana sowie der finn. ON *Turku*.

---

[1] Abzulehnen ist die These H. Protzes (S. 12), die rumänischen *tîrg*-Ortsnamen seien auf die Illyrier zurückzuführen.

Wenden wir uns nun der Verbreitung der Namen zu. Der Blick auf die Karte zeigt zunächst, dass das Slavische den Hauptanteil an der Streuung der Namen besitzt. Auffallend ist jedoch dabei, dass die Namen in einem engen Verhältnis zu Bergzügen, vor allem den Karpaten, stehen. Dieses bezieht sich auch auf die in Rumänien liegenden Ortsnamen und bestätigt eine an anderer Stelle gemachte Beobachtung, „daß die frühen Slaven nicht in einem besonderen Verhältnis zu Sumpf und sumpfigen Gebieten standen, sondern vielmehr eine enge Beziehung zu Bergzügen und -hängen hatten" (Udolph, Studien, S. 624). Die Parallelität der Erscheinungen erhöht den Verdacht, dass die zu slav. *tъrg- gehörenden Namen Zeugen alter slavischer Besiedlung sind, wobei natürlich damit zu rechnen ist, dass einzelne Namen ganz junge Bildungen sind. Für das Russische hat allerdings V. A. Nikonov, S. 422 geltend gemacht, dass etwa im 15. Jahrhundert das Lehnwort *bazar* das ältere slavische *torg* verdrängt hat.

Eingangs hatte ich erwähnt, dass das Appellativum dem Polabischen und Niedersorbischen fremd ist. Die Namen bestätigen diesen Sachverhalt: Gerade im slavisch-deutschen Grenzgebiet ist eine deutliche Lücke feststellbar, als westlichster Punkt ist *Torgau* an der Elbe hervorzuheben. Eine Entlehnung aus dem Westgermanischen ist daher so gut wie ausgeschlossen, sie müsste zudem zu einem Zeitpunkt erfolgt sein, der es erlaubte, dass das Appellativum aus dem Slavischen noch in das Rumänische entlehnt würde, und dieses zu einem sehr frühen Zeitpunkt. Überhaupt scheitert die Annahme einer Entlehnung in das Slavische an der weiten und (durch die zahlreichen Namen sich ergebenden) frühen Verbreitung in der slavischen Toponymie.

Auch eine andere bereits angeschnittene Frage kann nun auf Grund der Namen leichter beantwortet werden: M. Vasmer hielt die baltischen Entsprechungen für urverwandt mit den slavischen, während E. Fraenkel an Entlehnung aus dem Slavischen dachte. Der Blick auf die Karte zeigt, wie gering die Anzahl der auf baltischem Gebiet liegenden Namen gegenüber der großen Zahl eindeutig slavischer Toponyme isst, man wird daher wohl nicht fehlgehen, die litauischen und lettischen Marktbezeichnungen als Entlehnungen aus dem Slavischen aufzufassen.

Eine andere Theorie, die wir schon kurz gestreift hatten, besagt, dass die Slaven das hier in Rede stehende Appellativum etwa im 5. Jahrhundert an der Donau kennengelernt haben (s. o., nach Skok III, S. 499). Betrachtet man sich diese Annahme unter Einbeziehung der kartierten Namen, so fällt es schwer, dieser Vermutung zuzustimmen. Sie scheitert m. E. wie auch jede andere Entlehnungstheorie, die das Slavische auf die Seite des Nehmenden stellen möchte, an der weiten und frühen Verbreitung der davon abgeleiteten Namen. Wir werden zudem bei der Behandlung der auf Wochentagen beruhenden Namen noch sehen, dass deren Verbreitung ganz anders gelagert ist, und anscheinend die Wocheneinteilung den Slaven von anderen übermittelt wurde.

Unter diesen Aspekten wird auch die Annahme einer Entlehnung aus dem Nordgermanischen wenig wahrscheinlich, ebenso wie die Vermutung, das Wort habe seine Heimat auf dem Balkan gehabt.

Zusammenfassend gesagt: M. E. haben wir es bei *tъrg- mit einem Wort zu tun, dass aus dem Slavischen in die benachbarten Sprachen entlehnt wurde, darunter auch in das Rumänische, was umso bemerkenswerter ist, als man im Allgemeinen geneigt ist, den Einfluss des Rumänischen oder Vlachischen gerade im Bereich der Wander- und Hirtenterminologie höher anzusetzen als den anderer Sprachen, darunter auch den des Slavischen.

Wie schon an anderer Stelle betont wurde, unterscheidet sich die Verbreitung der *tъrg-Namen von derjenigen, die zur Wurzel kup- 'kaufen' gestellt werden können. Dieses zeigt sich vor allem in folgenden Bereichen: Polen, Ukraine, Rumänien, im südslavischen Sprachgebiet generell und in Nordrussland. Die differierende Streuung der Namen zeigt m. E., dass ein aus dem Germanischen entlehntes Wort in der slavischen Toponymie ein ganz anderes Erscheinungsbild als ein genuin slavisches bewirkt. Auffällig ist dabei eine Lücke der ostslavischen Torg-Namen in der näheren und weiteren Umgebung des Ilmenses sowie nördlich davon. Vergleicht man dieses mit der Karte, die die Kup-Namen enthält, so wird die Differenz noch deutlicher. Eine Erklärung für diesen Sachverhalt könnte die Annahme sein, dass auf Grund der starken Beziehungen (auch im Bereich des Handels) zwischen den nord-westrussischen Fürstentümern, vor allem Pskov und Novgorod am Ilmensee, das einheimische, slavische Handelswort torg durch ein fremdes, germanisches verdrängt worden ist. Wenn man glaubt, dieses akzeptieren zu können, erhebt sich aber sofort eine neue Frage: die nach Turku. Zwischen den ostslavischen Torg-Namen und der finnischen Hafenstadt liegt eine Zone, in der slavische Ortsnamen, die auf torg basieren, offenbar vollständig fehlen. Nun deutet der finn. ON (ebenso die finn. Appellativa) darauf hin, dass eine Übernahme aus dem Slavischen stattfand, die noch auf die ältere Lautstufe des Slavischen, also etwa *tŭrg-, hinweist, weder ostslavisch torg noch westslavisch targ würden finnisch Turku ergeben. Wenn man jedoch nun die geographische Lage von Turku berücksichtigt und auf die Verbreitung der ostslavischen Torg-Namen achtet, die erst in beträchtlicher Entfernung von der finnischen Stadt nachzuweisen sind, so wird man sich zumindest fragen müssen, ob die finnischen Appellativa und der finnische Ortsname nicht von den ostslavischen Belegen zu trennen sind. Als Quelle der Entlehnung käme dann einmal das selbst entlehnt estnische oder lettisch-litauische Appellativum in Frage (wobei jedoch unklar bliebe, warum in der Toponymie dieser Sprachgruppen nur geringe Spuren aufzufinden sind), zum anderen jedoch das Westslavische, dann allerdings mit einer Sprachstufe, die noch vor der Entwicklung von *tъrg- > targ- bestanden haben müsste. Mir ist bewusst, dass diese Überlegung gewagt ist, jedoch ist sie m. E. auf Grund der Verbreitung der ostslavischen Torg-Namen nicht unbedingt auszuschließen. Dass die Ostsee für Handel und Verkehr keine trennende, sondern eher eine verbindende Funktion erfüllt hat, soll an dieser Stelle nicht unerwähnt bleiben.

Auf eine andere Erscheinung der Verbreitung der Namen soll ebenfalls hingewiesen werden, nämlich auf die starke Häufung der Namen in Mähren. Man könnte geneigt sein, darin Spuren der slavischen Siedlung aus der Zeit des Großmährischen Reiches zu sehen. So verlockend der Gedanke auch sein mag, er scheint mir den Gegebenheiten nicht zu entsprechen. Die größte Zahl der hier liegenden Namen besteht nämlich aus Flurnamen, denen man zwar auch hohes Alter generell nicht absprechen kann, jedoch bleiben Zweifel, wenn eine Häufung von Namen nur aus Flurnamen besteht. Dass es allerdings einen „Markt der Mährer" gegeben haben muss, wird aus Angaben der Raffelstetter Zollordnung deutlich (vgl. Třeštík). Und darüber hinaus ist die Existenz von Feldmärkten für den slavischen Bereich nachgewiesen:

> Eine eigenartige Erscheinung, [...], ist das Bestehen von freiliegenden Feldmärkten (fora campestria), über welche die am Anfange des 14. Jahrhunderts gedichteten Leubuser Verse anschaulich berichten. Diese Feldmärkte befinden sich in

größerer oder geringerer Nähe von den Burgen, namentlich der Kastellane. Sehr oft werden sie bei, nicht innerhalb von Ortschaften abgehalten und dienen besonders als Nachbarnmärkte, wo die Bewohner der Umgebung vor allem Vieh und Erzeugnisse des Hausfleißes umsetzen (Goerlitz, S. 11).

Die zahlreichen Flurnamen in Mähren könnten also doch auf dort vorhandene Feldmärkte hinweisen.

Mit diesen Vermutungen können wir die slavischen Bezeichnungen für 'Handel' und 'Markt' verlassen. Wir bleiben jedoch noch in dieser Sphäre, gehen jedoch zu anderen Appellativen über, nämlich den Wochentagen im Slavischen. Die Verwendung von Bezeichnungen für Wochentage als Ortsname, die dann darauf hinweisen, dass der Ort danach benannt wurde, an welchem Tag der Woche der Markt stattfand, ist vor allem im Ungarischen weit verbreitet (vgl. Franck, S. 131). Dieses ist insofern interessant, als wir bei der Behandlung von *tъrg- sehen konnten, dass weder das Appellativ in das Ungarische gelangte noch im toponymischen Bereich Ungarns Spuren davon erschienen. Ein ganz anderes Bild ergibt sich, wenn man die Bezeichnungen für die Wochentage heranzieht.

C.   Wochentage in der slavischen Toponymie

„Namen der Wochentage werden oft zu Ortsnamen. Sie weisen auf die Märkte hin, die an den betreffenden tagen in den fraglichen Ortschaften abgehalten zu werden pflegten", stellt L. Hadrovicz, S. 31 fest, in ähnlichem Sinne äußerte sich W. Taszycki I, S. 225. Wir werden sehen können, dass Wochentage in der slavischen Toponymie in der Tat recht häufig erscheinen, es wird sich allerdings auch ergeben, dass bestimmte Tage offenbar bevorzugt als Markttag dienten. Nicht hierzu gehört der

1. Sonntag, aksl. *nedělja*, bulg. *neděľa*, skr. *nedelja, nedjelja* usw., russ. *voskresen'e* (aber russ. *ponedeľnik* 'Montag' weist darauf hin, dass eine den anderen slavischen Sprachen entsprechende Bezeichnung auch im Russischen vorhanden gewesen sein muss, vgl. Flier). Wenn man versucht, diesen Wochentag in slavischen geographischen Namen nachzuweisen, stößt man auf Schwierigkeiten. Russische Ortsnamen wie *Voskresensk*, die recht häufig sind, verdanken ihren Namen meist einer Auferstehungskirche, nicht einem Wochenmarkt (vgl. Vasmer, REW I, S. 231). Sonstige Toponyme, die die slavischen Bestandteile *ne* und *del-* enthalten, verdanken ihren Ursprung meistens Personennamen, nicht dem Wochentag als Markttag. Eine Kartierung wurde daher nicht vorgenommen.

Ähnlich steht es mit dem

2. Montag, aksl. *ponedělьnikъ*, skr. *ponedeljak, poneđeljnik, ponedeljnik*, russ. *ponedeľnik*, slvk. *pondelok* usw. Nur zwei ONN lassen sich mit einiger Sicherheit hierzu stellen: *Pondelok* in der Slovakei (Chromec S. 497; Majtán S. 445) und *Ponedeljak*, FlN in Jugoslavien (Franck, S. 131), vgl. Karte 5. Die geringe Zahl der Toponyme erlaubt keine weitreichenden Schlussfolgerungen.

Ebenfalls selten ist der

> 3. Dienstag, bulg. *vtornik*, skr. *utorak, utórnik*, russ. *tornik*, poln. *wtórek* usw. Kartiert wurden folgende ONN: *Úterý*, dt. Neumarkt (Chromec, S. 683; Profous IV, S. 459; Hacker, S. 125), *Wtórek* (SG XIV, S. 67; Kozierowski, BNTAP II, S. 417; ders, BNTZŚW II, S. 500), *Vtornik Pustoj* (RGN II, S. 217), zu vergleichen ist auch ung. *Kedd-hely* 'Dienstag' (Hadrovicz, S. 31). Die wenigen Namen liegen vor allem im westslavischen Bereich.

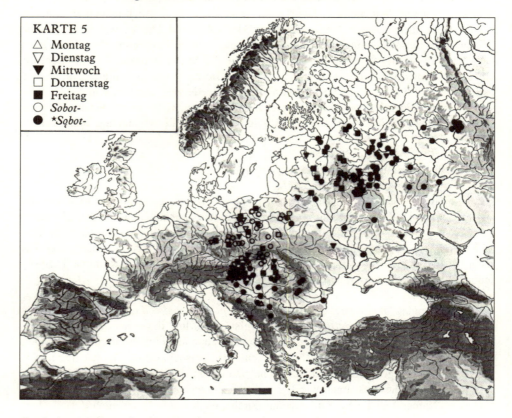

Typischer Markttag ist dagegen der

> 4. Mittwoch, aksl. *srěda* auch 'dies Mercurii', bulg. *sreda*, skr. *sreda, srijeda, srida*, slov. *sreda*, rus. *sreda, sereda*, ukr. *sereda*, wruss. *sereda*, tschech. *středa*, slvk. *streda*, poln. *środa*, oso. *srjeda*, nso. *sŕoda*, polab. *sreda*, entlehnt ins Ungarische als *szerda*. Dieser Wochentagsname konkurriert mit dem Wort für 'Mitte' im Slavischen, es ist jedoch bei der Betrachtung der slavischen Ortsnamen möglich, das jeweilige Benennungsmotiv zu ermitteln. Nur in wenigen Fällen herrscht Unklarheit darüber, ob der Name seinen Ursprung dem Wochentag oder einer Lage in der Mitte (zwischen Bergen, Flüssen usw.) verdankt. In Karte 5 wurden aufgenommen: *Sereda* (RGN VIII, S. 239; SG X,

S. 439), *Dolná*, *Horná-Streda* (Chromec, S. 112, 183, Majtán, S. 391–392), *Dunajská Streda*, ung. *Duna-Szerdahely* (Chromec, S. 127; Majtán, S. 391), *Nitrianska Streda* (Chromec, S. 421; Majtán, S. 392), *Streda nad Bodrokom*, ung. *Bodrog-Szerdahely* (Bürger, S. 203–204; Stanislav II, S. 476; Kranzmayer/ Bürger, S. 147: „[…] d. i. 'die Gegend des Mittwochs, oder besser des Mittwochmarktes'", anders Zimmermann, S. 242: „[…] ursprünglich Mittelpunkt dieser Gemeinde […]"), *Środa* (SG XI, S. 159ff.; Kozierowski, BNTAP II, S. 241; ders., BNTZŚW II, S. 339), *Środa Śląska*, dt. *Neumarkt* (Rospond 1951, S. 329; vgl. Rosłanowski, S. 205: „Der schon lange vor der Lokation bestehende und bis heute bewahrte polnische Name des Städtchens […] beweist hingegen eine schon recht frühe Wochenmarktfunktion"), *Srijede* (Imenik Jugoslav., S. 368), ung. *Szerdahely* (Stanislav II, S. 476; MH, S. 218, 328, 382; Hadrovics, S. 31), *Szereda* (Liebhart, S. 69–70; Benkö I, S. 13).

Die Kartierung der Namen auf Karte 5 zeigt, dass der Mittwoch als Markttag ganz besonders in Westungarn beliebt war. Weitere Ortsnamen sind über eine große, von Slaven besiedelte Fläche verbreitet, eine zusammenfassende Bewertung der Verbreitung wird nach der Behandlung aller Wochentagsnamen in der slavischen Toponymie nötig sein. Kein sehr ausgeprägter Markttag war offenbar der

5. Donnerstag, aksl. *četvrъtъkъ*, skr. *četvrtak*, russ. *četverg*, poln. *czwartek* usw., aus dem Salvischen ins Ungarische entlehnt als *csütörtök*. In folgenden ONN nachweisbar: *Czwartek* (Kosyl, S. 60), poln. *Czwartek*, slvk. *Spišský Štvrtok*, ung. *Csötörtökhely*, dt. *Donnersmarkt*, a. 1773 lat. *Quintoforum*, ON in der Zips (SG I, S. 883; Majtán, S. 410), *Štvrtok*, ung. *Csötörtök*, *Csütörtök* (Majtán, S. 409), *Štvrtok na Ostrove*, ung. *Csötörtök*, *Csütörtök*, dt. auch *Donnersmarkt* (Majtán S. 409–410), *Plavecký Štvrtok*, ung. *Csötörtök* (Majtán S. 410, vgl. auch Hadrovics, S. 31–32).

Die Toponyme sind auf dem mährisch-ungarisch-slovakisch-südpolnischen Raum beschränkt, erneut ist ein hoher Anteil ungarischer Namen zu konstatieren. Recht häufig fand der Markt offenbar am

6. Freitag statt, aksl. *pętъkъ*, skr. *petak*, russ. *pjatnica*, tschech. *pátek*, poln. *piątek* usw., in das Ungarische entlehnt *péntek*. Die hierzu gehörenden ONN sind vor allem im großrussischen Raum häufig, man vgl. auch Rybakow, S. 339. Kartiert wurden: *Piątek* (SG VIII, S. 63–65; Kozierowski, BNTWW II, S. 13; SG XV, S. 2, 444; Kozierowski, BNTZŚW II, S. 144; AGG 6 II; Pazdur-Strokowska, S. 40), *Pátek* (Chromec, S. 467; Profous III, S. 328 erwägt für einen der beiden tschechischen ONN, dass die Ortsgründung an einem Freitag stattgefunden habe, m. E. fraglich), *Pjatnica* (RGN VII, S. 489); nicht kartiert wurden ONN wie *Pjatnicha, Pjatnickaja* u. a.), ung. *Péntekhegyi szölö* (MH, S. 561), *Péntekhely* (MH, S. 394), *Péntekdülö* (MH, S. 642), *Péntekfalu* (MH, S. 725), *Péntekhalom* (MH, S. 146), *Péntektanyu* (MH, S. 113), *Péntek Súr* (Majtán, S. 202).

Die Namenverbreitung besitzt zwei Zentren: Ungarn und Moskau, Letzteres mit seiner engeren und weiteren Umgebung. Der Markttag schlechthin war jedoch der

7. Samstag, dessen slavischer Name (vgl. Melich, S. 213) einerseits auf alten Nasalvokal weist, andererseits auf altes *ŏ bzw. *ă. Die letztere Variante findet sich appellativisch schon im Altkirchenslavischen als *sobota*, sonst nur im Westslavischen: tschech. *sobota*, poln. *sobota*, nso. *sobota*, oso. *sobota*, polab. *sübüta*. Weiter verbreitet und auch aus dem Slavischen entlehnt ist die einen Nasalvokal enthaltende Variante: aksl. *sǫbota*, skr. *subota*, bulg. *sŭbota*, slov. *sobota* (könnte lautlich natürlich auch zur ersten Gruppe gestellt werden), russ. *subbota* ukr. *subota*, wruss. *subota* (hierzu auch wruss. *subot* 'Dorfzentrum'?, vgl. Mikratapanimija Belarusi, S. 230). Den ursprünglichen Nasalvokal zeigen sehr deutlich die Entlehnungen: rumän. *sîmbătă*, ung. *szombat*. „Die Formen mit *so- stammen aus mlat. *sabbatum* […], diejenigen mit *sǫ- dagegen aus mgriech. *σάμβατον pl. -α […] oder aus einem balkanlat. *sambata […]" (Vasmer, REW III, S. 37). In letzterem Falle könnte man auch annehmen, dass das rumänische Appellativum kein Lehnwort aus dem Slavischen ist, sondern ein vulgär- oder balkanlateinischer Fortsetzer des ursprünglich aramäischen bzw. hebräischen Wortes. Die beiden slavischen Varianten sind auf der Karte mit gesonderten Symbolen wiedergegeben worden, um zu zeigen, dass auch in der Toponymie eine Trennung durch die slavischen Sprachen hindurch geht, vgl. auch Schwyzer, S. 1ff.; Skok, RÉS, S. 14ff. und Schulze, S. 618.

   a) Fast ausschließlich im Westslavischen zu finden sind Namen mit *So-*: *Sobota* (SG X, S. 953–954; Kozierowski, BNTSW, S. 221; ders., BNTWW I, S. 125–126; ders., BNTAP II, S. 229; ders., BNTZŚW II, S. 329; Pazdur-Strokowska, S. 42; Habovštiak, S. 79), *Spišská Sobota*, ung. *Szepesszombathely*, a. 1256 *forum Sabathi* (Majtán, S. 331; Repp, S. 101), *Rimavská Sobota* (Chromec, S. 541; Majtán, S. 383), *Sobotka* (RGN VIII, S. 408; Chromec, S. 592; Profous IV, S. 130 nimmt an, dass der Name daher stamme, dass der Ort das Recht besessen habe, einen Markt am Sonnabend abzuhalten), *Sobótka*, dt. *Zobten*, ON am Berg Zobten, a. 1193 *Sabat*, a. 1200 *Soboth* usw. (Schwarz, S. 6; SG X, S. 954–956; SG XV, S. 2, 602), weitere ONN *Sobótka* s. Kozierowski, BNTWW II, S. 126; ders., BNTAG, S. 296; ders., BNTZŚW II, S. 329; Kondratiuk, S. 187, *Sobótki* (Kozierowski, BNTWWS II, S. 126), *Sotobice* (Chromec, S. 592), *Sobotište*, ung. auch *Ószombat* (Majtán, S. 383). Fraglich sind Namen, die ein Suffix *-ov-* enthalten (z. B. *Sobotovo*), da sie gut von Personennamen abgeleitet werden können. Sie wurden daher nicht kartiert.

Wie die Karte zeigt, sind die Namen eindeutig auf das westslavische Sprachgebiet beschränkt, relativ hoch ist der Anteil Schlesiens an der Verbreitung. Eine ganz andere Streuung zeigen diejenigen Namen, die auf einen ursprünglichen Nasalvokal deuten.

   b) *Suboty/Subboty* (RGN VIII, S. 623; SG XI, S. 525; Žučkevič, S. 366; Mikratapanimija Belarus, S. 230), *Subotica* (Imenik Jugoslav., S. 378; nach Lubaś 1970, S. 84 zu einem Personennamen; vgl. jedoch J. Svoboda in Profous V, S. 273 und Hadrovics, S. 32). Obwohl Namen, die ein Suffix

-in- enthalten, nicht eindeutig appellativischen Ursprungs sind, wurden dennoch in die Karte aufgenommen: *Subbotin* (RGN VIII, S. 622), *Subbotina*, *Subbotino*, *Subotino*, *Subbotiny*, *Subbotinoj* (RGN VIII, S. 622–623), weiterhin *Subotište* (Imenik Jugoslav., S. 378; Svoboda, a. a. O.), *Subotec* (RGN VIII, S. 623), *Subota-selo*, a. 1435 erwähnter ON (Buturac S. 25). Nicht kartiert wurden dagegen *Subbotinsk-*, *Subotinok-* und *Subbotov-*Namen (RGN VIII, S. 622–624). An rumänischem (trotz nicht ganz geklärter Verhältnisse, s. o.) und ungarischem Material lässt sich beibringen: *Sîmbăt*, *Sîmbăta* (Rumania, S. 361), Letzteres ung. *Szombatfalva*, a. 1291 *Zumbathel* (Kázmér, S. 177; Liebhart, S. 70–72), *Szombatkút* (Benkö II, S. 11; Hadrovics, S. 31), *Pórszombat* (MH, S. 524), *Magyarszombatfa* (MGH, S. 408), *Zalaszombatfa* (MH, S. 700), *Szombathely* (MH, S. 611), *Bakonyszombathely* (MHS, S. 124), *Lentiszombathely* (MH, S. 396), *Szombathelyitanya* (MH, S. 178), *Szombathelyitanyák* (MH, S. 426), *Szombathelyi út* (MH, S. 382), *Szombatkerekitanya* (MH, S. 280), *Nagyszombat* (Majtán, S. 425).

Wie sich aus der Karte ergibt, liegen die Namen vor allem im südslavischen und ostslavischen Gebiet, erneut ist der recht hohe Anteil Ungarns auffällig. Im ostslavischen Siedlungsgebiet scheint erneut Moskau eine größere Rolle gespielt zu haben.

Betracht man sich die auf Wochentagen beruhenden Ortsnamen insgesamt, so ist das Ergebnis vielleicht nicht besonders aufregend. Ein wenig überraschend ist die recht hohe Zahl im Gebiet westlich und südlich der Donau im ungarisch-slavischen Kontaktbereich. Ein ganz anderer Aspekt ergibt sich jedoch, wenn man diese Karte mit der die *tъrg-Namen enthaltenden vergleicht. Bevor wir dazu kommen, gilt es jedoch, auf einen wichtigen Punkt aufmerksam zu machen: Es ist bekannt (vgl. Třeštík, passim, vor allem Anm. 126–128 und 146–147), dass die Slaven die Einteilung des Jahres in Wochen und die Benennungen der Wochentage etwa im Zuge der Christianisierung übernommen haben. Zu diesem Zeitpunkt befand sich die slavische Expansion jedoch schon in fortgeschrittener Stufe, d. h., Ortsnamen, die auf Wochentagsbenennungen basieren, können nicht der ältesten slavischen Schicht der Namen zugerechnet werden. Andererseits hatten wir jedoch gesehen, dass es mehr als wahrscheinlich ist, dass das slavische Markt- und Handelswort *tъrg-den Slaven in ihrer gemein- oder urslavischen Periode bekannt gewesen ist. Geographische Namen, die darauf basieren, sind daher zumindest zum Teil Zeugen aus dieser Zeit. Der Vergleich der Verbreitung beider Typen ist sehr aufschlussreich, es ergeben sich auffällige, sich gegenseitig fast vollständig ausschließende Areale.

In folgenden Bereichen sind Namen, die auf *tъrg- zurückgehen, häufig, während die Wochentage in der Namengebung z. T. nur gering, z. T. überhaupt nicht auftreten: Galizien, fast die gesamte Ukraine, Rumänien (vor allem am Ost- bzw. Südhang der Karpaten), Bulgarien, Mähren und Dalmatien. Zwischen Mähren und Dalmatien ergibt sich jedoch das entgegengesetzte Phänomen: Während nördlich der Donau die Wochentage als Ortsnamen nur zögernd einsetzen, ist südlich der Donau eine starke Zunahme zu beobachten, die nicht zuletzt auf einem hohen Anteil ungarischer Ortsnamen beruht. Während das Ungarische den slavischen Marktterminus *tъrg- nicht übernommen hat, erfolgte andererseits die Übernahme eines großen Teils der Wochentagsbezeichnungen und der Sitte, Orte auf Grund des an einem bestimmten Tage stattfindenden Marktes mit dem entsprechenden Wochentag zu belegen. Anders ist nicht zu erklären, dass es so zahlreiche ungarische Ortsnamen gibt, die auf Wochentage hinweisen, andererseits aber die sonst im gesamten umliegenden slavischen Bereich anzutreffenden *tъrg-Namen selbst fehlen.

Nur am Rande sei erwähnt, dass sich durch die beiden hier vorgestellten Karten verschiedene, von mir an anderer Stelle vorgelegte, Vermutungen bestätigen:
1. der mögliche Ansatz der ältesten slavischen Siedlungsgebiete in Galizien, am Nordhang der Karpaten,
2. die Vermutung, dass die späteren Südslaven auf einem mehr westlich und einem mehr östlich gelegenen Weg ihre späteren Wohnsitze gelangt sind und
3. der vermutete Verlauf der ostslavischen Expansion (Umgehung der Pripjeť-Sümpfe, Vorstoß nach Norden und späterer Schwenk nach Osten).
4. Das Fehlen alter slavischer Toponyme im Pirpjeť-Gebiet bestätigen die hier vorgelegten Karten erneut, für alte slavische Siedlung (und darin eingeschlossen: alte slavische Handelszentren oder -gebiete) sprechen sie in keiner Weise.

Auf eine andere Erscheinung soll abschließend noch hingewiesen werden: Es hat sich bei der Kartierung der beiden hier verglichenen slavischen Namentypen gezeigt, dass Mähren und Mährische Pforte von einiger Bedeutung für den slavischen Handel gewesen sind. M. E. kann man auf diese Vermutung aus zwei Gründen schließen: Zum einen besitzen die *tъrg-Namen, wie schon oben erwähnt wurde, eine deutliche Häufung in dem Gebiet, das man als Zentrum des Großmährischen Reiches, also in der Mährischen Pforte selbst, ansehen kann. Zum anderen tritt am südlichen Ausgang der Mährischen Pforte die schon erwähnte Ablösung der *tъrg-Namen durch die auf Wochentagen beruhenden Toponyme auf, wobei Letztere dann eine auffallend starke Konzentration erreichen. Fast könnte man geneigt sein, in dieser Tatsache, die ja mit der zeitlich vorangegangenen Übernahme der Wochentagseinteilung und -benennung kombiniert werden kann, Spuren des Christianisierungsprozesses innerhalb des Großmährischen Reiches zu erblicken, aber ich fürchte, diese würde, so verlockend der Gedanke auch sein mag, einer Überinterpretation gleichkommen.

Mit diesen Vermutungen möchte ich den Bereich des Handels verlassen und versuchen, noch etwas zu der Frage, auf welchen Wegen sich Handel und Verkehr im slavischen Bereich abgespielt haben könnten, anhand von slavischen Namen beitragen. Die Ausbeute ist allerdings, um es gleich vorweg zu sagen, nicht sehr groß, wir werden uns bei der Erörterung auf zwei Appellativa beschränken können, einerseits auf eine Entlehnung aus dem Germanischen, andererseits auf ein für den Handel vor allem im ostslavischen Raum wichtiges slavisches Wort, das durch sein Auftreten in der Toponymie von Bedeutung ist.

D.   Slav. *myto* „Zoll, Abgabe" in der Toponymie

Im Slavischen gut belegt ist ein aus dem Germanischen entlehnter Terminus, der der Zoll- und Abgabensphäre zugeordnet werden kann, man vgl.: aksl. *myto* 'Lohn, Gabe', *mytarь* 'Zöllner', *mytьnica* 'Zollstelle', altruss. *mytъ* 'Zoll', *mytьnikъ*, *mytarъ* 'Zöllner', russ. (veraltet) *myto* 'Zoll', ukr. *mytec'*, *mytnyk* 'Mautner, Zöllner', *myto* 'Zoll, Abgabe, Maut', altukr. *mytnik(ъ)* 'Zöllner', *myto* 'Zoll, Maut', wruss. *mytnica*, *mytnja*, *myyta* 'Zollstelle', bulg. *mitnica* 'Zollamt, -haus', *mitničar'* 'Zollbeamter', *mitar'* 'Zöllner, Zollaufseher', *mito* 'Zoll, Bestechung', skr. *mito* 'Bestechung', slov. *mitnica* 'Mauthaus', *mitničar'*

'Mautner', *mitnina* 'Maut', oso. *mytnik* 'Lohndiener, Söldner', *myto* 'Lohn, Vergütung, Preis, Prämie', nso. *myto* 'Lohn, Preis, Prämie', poln *mytnictwo* 'Mautnerei, Zollwesen', *mytnik* 'Mautner, Zollbeamter', *myto* 'Zoll, Maut', apoln. *mytnik* 'Zöllner', *myto* 'Zoll, Maut', slvk. *mýtne* 'Mautgeld', *mýtnik* 'Mautner', *mýto* 'Maut', tschech. *mytnice* 'Mauthaus', *mýto* 'Maut, Brücken-, Wegegeld', polab. *mäute, moite, moyte* 'Lohn'.

Man ist sich schon lange darüber einig, dass das Slavische dieses Wort aus dem Germanischen entlehnt hat, umstritten war nur, ob aus dem Althochdeutschen (worauf das süddeutsch-bairisch-österreichische *Maut* beruht) oder einer anderen germanischen Sprache. Für die erstere Möglichkeit sprachen sich u. a. Kiparsky, S. 250f. und Vasmer, REW II, S. 185 aus, die anderen Thesen (z. B. aus altnordisch *muta* bzw. gotisch *mōta*) sind aus lautlichen Gründen abzulehnen. Diese an sich schon überzeugende Ansicht wird durch das Namenmaterial bestätigt werden können.

Im Allgemeinen bestehen keine Schwierigkeiten, slav. *myto* bzw. vor allem *mytnica* 'Zollstelle' (was auf die Existenz einer festen Einrichtung schon hinweist) im toponymischen Material nachzuweisen, allerdings ist bei Gewässernamen darauf zu achten, ob slav. *myti, myt'* 'waschen' vorliegt. Im Tschechischen wird unsere Sippe zudem noch von *mýtina* 'Holzschlag, Rodung' und *mýtiti* 'roden' zu trennen sein. Unter Beachtung dieser Faktoren lassen sich folgende Namen beibringen: *Myt* (SG VI, S. 845; Nikonov 1958, S. 61; RGN VI, S. 30; Nikonov, S. 281), *Mită* (Iliev, S. 51), *Myta* (SG VI, S. 30; anders jedoch Rudnyćkyj, S. 42 und 90), *Mýta* (Chromec, S. 401), *Myto* (RGN VI, S. 30; Žučkevič, S. 249; SG VI, S. 847), *Trhové Mýto* (Majtán, S. 282), *Mýto pod Dumbierom* (Majtán, S. 282), *Vysoké Mýto* (Profous III, S. 167ff.), *Myto* (Spalová, S. 8; AGG 8 XV; AGG 9 XV; AGG 10 XV–XVI; AGG 5 XIV; Petrov, S. 35), *Mýto* (Chromec, S. 401; Hosák/ Šrámek II, S. 112–113; Adámek, S. 95; Müller, S. 38), *Myticy Malye* (RGN VI, S. 30), *Mytincy* (RGN VI, S. 30), *Mytyńe* (SG XII, S. 2, 366), *Matinki* (RGN VI, S. 30), *Mytišča* (Smolickaja, S. 185; RGN VI, S. 30; man vgl. jedoch Seliščev, Izbr. Trudy, S. 65), *Mytyszcze* (SG VI, S. 848), *Mytišči* (Smolcikaja S. 211, 224; Nikonov S. 281; RGN VI, S. 30; Seliščev, Izbr. trudy S. 65), *Mytiščevo* (RGN VI, S. 30; vgl. Seliščev, Izbr. Trudy S. 73), *Mitești* (Rumania, S. 251; Iliev, S. 51), *Mýtka* (Profous III, S. 166–167; Chromec, S. 401), *Mytka* (Smolickaja, S. 209, fraglich – nicht kartiert), *Mytna* (Smolickaja, S. 209), *Mytná* (Borek, S. 151), *Mýtna* (Majtán, S. 282; Chromec, S. 401), *Mýtna Nová Ves* (Majtán, S. 447), *Mytnaja ulica* (Nikonov 1958, S. 61), *Mýtné Ludany* (Majtán, S. 250; Chromec, S. 401), *Mytno* (RGN VI, S. 30; Nikonov 1958, S. 61), M*ytnickij Log* (WdrG III, S. 91), *Mytnickij Post* (RGN VI, S. 30), *Mytnickaja Korčma* (RGN VI, S. 30), *Mytnica* (Nikonov 1958, S. 61; SG VI, S. 846f.; SG XV, S. 2, 365f.; WdrG III, S. 358; AGG 10 XV–XVI; RGN VI, S. 30; Górnowicz 1973, S. 71; Kozierowski, BNTZŚW II, S. 58), *Mytnycja* (SHU, S. 364), *Mýtnice* (Chromec, S. 401; Profous III, S. 167), *Mitnice* (Petrov, S. 95), *Mytnicy* (RGN VI, S. 30), *Mytniči* (RGN VI, S. 30), *Mytnik* (SG VI, S. 847; RGN VI, S. 30; vgl. allerdings Seliščev, Izbr. Trudy, S. 65), *Mîtnicu Mare, Mîtnicu Mic* (Rumania, S. 251), *Mytniki* (SG II, S. 504), *Mytnja* (WdrG III, S. 358), *Mytarz* (SG VI, S. 845f.; Rymut, Biecz, S. 35; Lubaś, Jasło, S. 584), **Mytar* (Krajčcovič, S. 241; Stanislav II, S. 345), *Mytarka* (SG VI, S. 845; Lubaś, a. a. O.; Rymut, a. a. O., S. 35–36).

Unkartiert blieben (zumeist der Herkunft aus Personennamen verdächtig): *Mytarevo* (RGN VI, 30), *Mitarcea* (Iliev, S. 51), *Mitoc*, zahlreiche ONN in Rumänien (gegen Weigand S. 84, vgl. Iordan, passim und Karpenko 1973, S. 154), *Mytochy* (Górnowicz 1968, S. 102), *Mytkiv* (Karpenko 1965, S. 45).

Die Kartierung (s. Karte 6) zeigt eine Verbreitung, wie wir sie in dieser Form noch bei keinem anderen Handelswort beobachten konnten. Auffällig ist einmal die Häufung im Gebiet um Moskau, die durch einige wenige Namen mit den zahlreichen Toponymen in der Ukraine, Südpolen, Böhmen und der südlichen Slovakei verbunden ist. Fast hat es den Anschein, als habe *myto* im Moskauer Gebiet eine neue Produktivität erlangt, der Verdacht, es könne mit der Erstarkung Moskaus zusammenhängen, liegt sehr nahe. Es überrascht in diesem Zusammenhang jedoch das fast völlige Fehlen von Namen im Novgoroder und Pskover Gebiet, eine Erklärung für diese Erscheinung vermag ich im Augenblick nicht zu geben. Die Verbreitung der Namen ergibt jedoch in anderer Hinsicht die Bestätigung einer o. a. Vermutung: Die große Zahl der böhmischen Namen macht es m. E. wahrscheinlich, dass in diesem Bereich oder in dessen weiterer Umgebung die Übernahme aus dem Germanischen (sprich: Althochdeutschen) erfolgt sein dürfte. Das Nordgermanische scheidet jedenfalls mit Sicherheit als Quelle der Entlehnung aus, auch das Gotische wird man kaum heranziehen können, zumal lautliche Gründe einer Entlehnung aus dieser Sprache sowieso entgegenstehen.

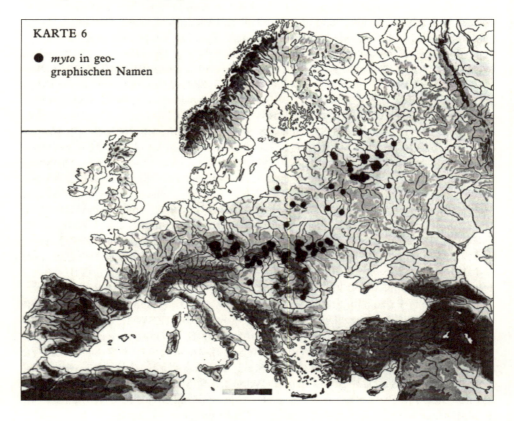

Zwei andere Punkte sind jedoch auch noch von Bedeutung. So lässt die Karte sehr deutlich werden, dass das Westslavische nur mit seinen südlichen Teilen an der Namenverbreitung Anteil hat, das Nordwestslavische scheidet aus. Die Erklärung für diese Erscheinung liegt wohl in der Bedeutungsveränderung, die in Teilen des Westslavischen bereits appellativisch vonstattenging, *myto* bedeutet hier 'Lohn, Vergütung, Preis, Prämie' und nicht mehr 'Zoll, Maut'. Dementsprechend fehlen dann toponymische Entsprechungen. Eine andere auffällige Erscheinung in der Verbreitung der Namen liegt in der Ukraine vor: die Konzentration entlang einer (imaginären?) von Südwesten nach Nordosten verlaufenden Linie, die bei Kiev den Dnjepr erreicht. Die auffällige Häufung von Namen, die darauf hindeuten, dass in den entsprechenden Ortschaften oder in ihrer unmittelbaren Umgebung Zoll entrichtet werden musste, kann nicht auf Zufall beruhen. Nun hatte schon eine Untersuchung der auf Wasserwörtern beruhenden Namen und ihre Kartierung ergeben, dass der südöstlich dieser imaginären Linie liegende Bereich von alten slavischen Namen kaum berührt wird (Udolph, Studien, passim) und bei einem Namentyp (russ., ukr. *balka*, *bavka*) lagen sämtliche zugehörigen Toponyme südöstlich dieser Linie im Gebiet der Waldsteppe (südlich des Mischwaldes). Die sich auf unserer Karte abzeichnende Linie entspricht im Großen und Ganzen ziemlich genau der Grenze zwischen Mischwald und Waldsteppe, d. h. der Bereich des Mischwaldes stand mit ziemlicher Sicherheit unter slavischem Einfluss, während südlich davon offenbar andere Verhältnisse herrschten. An der Grenze dieser beiden geographischen Zonen lagen offenbar Zollstellen, die den Handel aus und in das Gebiet der Waldsteppe mit Abgaben belegten. Eine andere Erklärung ist m. E. kaum möglich. Wenn man bedenkt, dass das zugrundeliegende Appellativum erst aus dem Althochdeutschen in das Westslavische und weiter in das Ostslavische gelangt ist, wird man noch etwas genauer die sich auf der Karte abzeichnende Linie als Südgrenze des Einflussgebietes Kievs ansehen können.

Mit diesem, wie ich hoffe, gezeigt zu haben, nicht ganz ergebnislosen Versuch, mit Hilfe der Kartierung bestimmter Namen zu Fragen der Handelswege im slavischen Bereich beizutragen, bin ich fast am Ende der Untersuchung. Die Durchsicht nach slavischen Appellativen, die zu dieser Frage beitragen können, führte jedoch noch zu einem Terminus, der große Bedeutung vor allem für den ostslavischen Raum besitzt: die sogenannten *voloki*, worunter man Schleppstellen versteht, über die Schiffe, Boote oder Lasten gezogen wurden, um von einem Flussgebiet, das man aus den unterschiedlichsten Gründen verlassen musste (meistens wird die abnehmende Wassertiefe dazu gezwungen haben), zum anderen zu gelangen. Bevor wir dazu übergehen, möchte ich zuvor nur kurz andeuten, dass es weitere slavische Appellativa gibt, die eine Untersuchung in der hier vorgetragenen Form verdienten, die jedoch diesen Beitrag vom Material her sprengen würde und an dieser Stelle unterbleiben muss. Ich denke etwa an russ. *tamožnja* 'Zoll' (das allerdings toponymisch kaum nachweisbar ist), russ. *pogost* 'Standlager, Lagerplatz', poln. *przesmyk* 'Engpass, schmale Landzunge, die zwei Gewässer trennt', russ. *perevoz* 'Überfahrt, Fährverbindung', das aus dem Germanischen entlehnte, toponymisch jedoch nur schwach vertretene oso., nso. Appellativum *wikować*, *wikowaś* 'handeln' usw., skr. *carina* 'Zoll', poln. *pło*, *celny* 'Zoll(-)', russ., ukr. *dan'*, *danina* 'Zoll', russ. *pošlina* 'Zoll', aksl. *stьgna* 'Marktplatz', aber auch 'Straße, Scheideweg, Weideplatz, Triebweg für das Vieh', weiterhin die slavischen Appellativa für 'Hafen', 'Furt', 'Brücke', 'Weg' u. a. m. Die Behandlung dieser und weiterer, nicht genannter Appellativa wird eine Aufgabe der Zukunft sein. Uns soll jetzt jedoch zum Abschluss die Untersuchung der ostslavischen *voloki* zu der Frage führen, ob mit Hilfe der dazugehörenden Namen genauere Aussagen über die Handels- und Verkehrswege gemacht werden können, wobei naturgemäß die Verkehrsverbindungen, die durch die Flüsse gegeben sind, im Vordergrund stehen werden.

E. Slav. *volok*, **pervolk*- in Appellativen und Namen

Ein Appellativum **volk*- ist im Slavischen weit verbreitet, jedoch in der speziellen Bedeutung 'Landenge zwischen zwei Flüssen, über die die Boote geschleppt werden müssen' tritt es als russ., ukr. *volok*, wruss. *volak* nur im Ostslavischen auf, die slavischen Verwandten kennen es (z. B. als *vlak*, *włok*) in der Bedeutung 'Fischnetz, Zugnetz, Zuggarn usw.' (s. Vasmer, REW I, S. 220). Zugrunde liegt eine Wurzel, die auch außerhalb des Slavischen bekannt ist und häufig 'ziehen' oder 'schleppen' bedeutet. Außerhalb des Ostslavischen erscheinende Appellativa, die hierzu gehören und 'Schleppstelle' bedeuten, sind als Entlehnungen aufzufassen (zum Polnischen vgl. Nitsche, S. 94). Daher lassen sich Namen, die auf slav. **volk*- basieren, auch nur im ostslavischen Sprachgebiet belegen, anders steht es mit **pervolk*-, wie wir noch sehen werden.

Die Zuordnung der Namen wird allerdings dadurch erschwert, dass im Russischen eine recht große Zahl von Appellativen nachweisbar ist, die lautlich ähnlich sind und auch toponymisch Verwendung finden können, erwähnt sei an dieser Stelle nur russ. dial. *voloká* 'sumpfige Niederung, Tal', *volok* 'Weg, Pfad, Transportweg, Wegestation, Wald zwischen zwei Flüssen' u. a. m. (s. SRNG V, S. 49ff., zur Problematik vgl. auch Zaprjagaeva und Tolstoj, S. 160–164). Es ist daher nicht immer mit letzter Sicherheit zu entscheiden, ob ein ostslavisches Toponym *Volok* tatsächlich seinen Namen einer Schleppstelle verdankt oder aber ein lautlich identisches, semantisch aber abweichendes Appellativum zugrunde liegt. Allerdings kann eine Entscheidung gar nicht selten dann getroffen werden, wenn der Name sich an einer Stelle befindet, die auf Grund ihrer Lage verdächtig ist, als Schleppstelle gedient zu haben, z. B. an einer Wasserscheide. Aus der Kartierung der Namen wird deutlich werden, dass diese Situation recht häufig gegeben ist, woraus nun wiederum wichtige Schlüsse für die Frage, auf welchen Wasserwegen sich der Verkehr in früher Zeit in Osteuropa abspielte, gezogen werden können.

Kartiert wurden: *Volok* (SHU, S. 119; Smolickaja, S. 93; WdrG I, S. 354; RGN II, S. 159, Žučkevič, S. 57), *Volokolamsk*, alt *Volok*, *Volok Lamskij* (Rospond, VSO, S. 72; Vasmer, Schriften I, S. 349; Nikonov, S. 88), *Voloka* (WdrG I, S. 354; Trubačec, S. 122), *Voloki* (RGN II, S. 159; Žučkevič, S. 57), *Voločenka* (WdrG I, S. 357), *Voločnja* (WdrG I, S. 357; RGN II, S. 165), *Voločys'ka*, *Wołoczyska* (RGN II, S. 165; Slovnyk staroukr. I, S. 193; Hołubowicz, S. 403), *Voločino* (RGN II, S. 165), *Voločno* (RGN II, S. 165), *(Vyšnyj) Voloček/Voločok* (RGN II, S. 165; Hołubowicz, a. a. O.), *Voloko/Woloko* (WdrG I, S. 354; SG XIII, S. 890; Genus auf Grund von *ozero*, *jezioro*?), *Volokoslavinskoe* (RGN II, S. 160), *Volokoslavinskij* (RGN II, S. 160), *Volokoslaviskij Pogost* (RGN II, S. 160) sowie der ON *Walk* (estn. *Valga*, lett. *Walka*), der nicht slavischen Ursprungs ist, aber ebenfalls auf eine Schleppstelle hindeuten dürfte (s. Vasmer, Schriften I, S. 205). Um die Materialbasis noch etwas zu erhöhen, werden zwei mit den Präfixen *u*- und *za*- gebildete Namentypen zusätzlich kartiert, der Zusammenhang mit den *Volok(i)*-Namen ist dabei recht deutlich erkennbar, die Toponyme weisen auf eine Lage bei oder hinter einer Schleppstelle hin: *Uvoloč'e*, *Uvaloč'e* (WdrG IV, S. 661), *Uvolok Šest'* (RGN IX, S. 256), *Uwoloka* (RGN IX, S. 256; SG XII, S. 865), *Uvoloki* (RGN IX, S. 256; SG XII, S. 865; Žučkevič, S. 382), *Zavoloč'e* (Rospond, VSO, S. 31; RGN III, S. 354–355), *Zawolocze*, *Zawoloczje* (SG XIV, S. 500; SG XV, S. 2, 717), *Zavoločicy* (RGN III, S. 354; Žučkevič, S. 128), *Zavoloka* (SHU, S. 202).

Zahlreiche andere ONN, z. B. *Voločaevka*, *Voločajka*, *Voločanka*, *Voločilišče*, *Voločiľnoe*, *Voločkov*, *Voločugino*, *Volokita* und Verwandtes, *Voloknaja*, *Voloknovaa*, *Volo-

konovka, *Volokovaja* und weitere -*ov*-Bildungen wurden nicht in die Karte aufgenommen. Aus den unterschiedlichsten Gründen gehören diese Namen in andere Zusammenhänge, meist zu Personennamen. Fern bleiben auch geographische Namen, denen ein Flächenmaß, wruss. *valók*, *valóka*, poln. *włóka*, zugrunde liegt, polnische Namen wie *Wloki*, *Włóczna*, *Wlókna* (dt. *Siebenhuben!*) gehören daher nicht zu den Schleppstellen (gegen Vasmer, Schriften I, S. 205), man vgl. Kozierowski, BNTAP II, S. 401; Nitsche, S. 119 und Kondratiuk, S. 216.

Mit einem eigenen Symbol wurden Namen in die Karte aufgenommen, die nicht auf *volk-, sondern auf eine präfigierte Form *pervolk- zurückgehen. Letztere setzen auch einige slavische Appellativa fort, man vgl.: russ. *perevolok*, *pervoloka*, *pervoloč'e* 'Gebiet zwischen zwei Flüssen, über welches man die Boote schleppt bzw. Waren führt, Landenge zwischen zwei Flüssen' (Dickenmann II, S. 81; Schütz, S. 75; Rospond, VSO, S. 27; Nikonov, S. 325–326), ukr. *perevoloka*, *perevoločnja* 'Raum zwischen zwei schiffbaren Flüssen', apoln. *przewloka* 'Stelle, an der man Schiffe von einem Fluss in einen anderen hinüberzieht' (Słownik Staropolski VII, S. 202), tschech. *převlaka* 'Landenge, Landzunge' (Profous III, S. 486), skr. *prevlaka* 'Landenge', aserb. *prěvlaka* 'isthmus' (Schütz, S. 75; Dickenmann II, S. 81), auch 'Furt' (Hadrovics, S. 30). A. Brückner, S. 196 wies darauf hin, dass *valk* oder *vlak* in Komposita häufig die Bedeutung „Zug, wo Boote aus einem Fluss oder See in einen andern über Land gezogen wurden" besitze. In geographischen Namen tritt *pervolk- recht häufig auf, wie die nun folgende Auflistung ergeben wird.

Die Karte enthält folgende Namen: *Perevolok* (WdrG III, S. 610; SHU 415), *Prevlak* (Imenik Jugoslav., S. 321), *Perewoloka*, *Pervoloka* (SG VIII, S. 9; Žučkevič, S. 285; WdrG III, S. 610; RGN VI, S. 640–641; SHU, S. 415; Mikratapanimija Belarusi, S. 190; Hydronimia Wisły, S. 157; Stryžak, Zapor., S. 25–26; Rospond, VSO, S. 18), *Przewloka* (SG IX, S. 181–182; SG XV, S. 2, 523; Rospond 1951, S. 258; Kosyl, S. 70; nach Nalepa, S. 143–144 „[…] Nazwa niewątpliwie bardzo stara […]"), a. 1282 *Preuloca*, *Praeuloca*, Hafen am Garder See (Lorentz, S. 89; Trautmann, EO II, S. 24, 116), *Prevlaka* (Dickenmann II, S. 80–81; Imenik, Jugosl., S. 321; Skok, SR I, S. 224, Šrivanić, S. 90; Hadrovics, S. 30–31), *Prelog*/*Perlak* (Hadrovics, a. a. O.), *Přílaka* (STM, S. 39; Chromec, S. 522), *Privlaka* (Imenik Jugoslav., S. 324; Toponmika zapadne Istre, S. 107; Skok, SR II, passim; HOU I, S. 149, III, S. 173), *Priwall*, a. 1226 *Priwolk* usw. (dazu Schmitz, S. 425, verfehlt Schall, S. 459), auch FlN bei Eutin (Schmitz, S. 425), *Privelack*, a. 1345 *Priuelok* (Schmitz, S. 425), *Perevoloki* (RGN VI, S. 641; Žučkevič, S. 285), *Przewloki* (Rospond 1951, S. 258; Kozierowski, BNTSW, S. 94; ders., BNTZŚW II, S. 207–208; ders., BNTWW II, S. 377), *Prevlaki* (Liptak, S. 332), *Přívlaky* (Profous III, S. 485–486; Fröhler S. 63; Nekola, S. 34), *Perevoločka* (WdrG III, S. 610; SHU, S. 415; Stryžak, Zapor., S. 26), *Perewoloczką* (!) (SG VIII, S. 9), *Perevoločnyj* (RGN VI, S. 641), *Perevoločna* (RGN VI, S. 641; WdrG III, S. 610; SHU, S. 415; Rospond, VSO, S. 27; Stryžak, S. 92), *Perewoloczna* (SG VIII, S. 9), *Przewloczna* (SG IX, S. 181), *Perevoločnaja* (RGN VI, S. 641), *Przewloczno* (Hydronimia Wisły, S. 273; Breza, S. 223; Borek, S. 176; Trautmann, EO II, S. 24), *Perevoločnoe* (RGN VI, S. 641), *Perevoločnja* (RGN VI, S. 641; Žučkevič, S. 285; WdrG III, S. 610; Smolckaja, S. 76), *Perevoločina* (RGN VI, S. 641), *Prevlačina* (Blanár 1950, S. 92), *Perevoloč'* (WdrG III, S. 610), *Perevoloč'e* (RGN VI, S. 641), *Perevoločenka* (WdrG III, S. 610; Smolickaja, S. 43), *Jez. Przewlockie* (Hydronimia Wisły, S. 61), *Perevolockij* (RGN VI, S. 641), *Przewlokowa* (Kozierowski, BNTAP II, S. 710), *Präwlank*, „schmalste Stellen zwischen zwei Seen bei Feldberg in Mecklenburg" (Brückner, S. 196).

Unkartiert blieben: *Pritzwalc*, *Pritzwalk* (trotz großer Wahrscheinlichkeit der Herkunft aus slav. **prez-volk-*, s. Trautmann, EO II, S. 116; Eichler, S. 426; Brückner, S. 196; Witkowski, S. 128f.), *Priesligk* (Eichler, DS, S. 234f.) und *Perevoločnoe*, *Perevoločno* (WdrG III, S. 610; genauere Lokalisierung nicht möglich).

Der Blick auf die Verbreitung der Namen (Karte 7) zeigt zunächst einmal, dass sich das Pripjeť-Gebiet, die so oft angenommene Urheimat der Slaven, durch Fehlen entsprechender Toponyme auszeichnet. Dagegen häufen sich Schleppstellen gerade am Rande dieses Sumpfgebietes, und zwar in allen Himmelsrichtungen. Ich glaube, dass man aus dieser Namenverbreitung nichts anderes schließen kann, als dass das Sumpfgebiet selbst wohl auf den zahlreichen Wasserwegen von den Slaven durchquert wurde, dass aber Siedlungen am Rande der Sümpfe angelegt wurden, nämlich dort, wo festerer Boden eine Besiedlung ermöglichte. Bevor wir auf weitere Einzelheiten der Verbreitung eingehen wollen, können wir das hier vorliegende Ergebnis mit bisher vorgebrachten Ansichten über Schleppstellen im ostslavischen Bereich konfrontieren. Das west- und südslavische Gebiet ist bei weitem nicht an der Verbreitung der **(Per)volk*-Namen in dem Maße beteiligt wie das ostslavische, es handelt sich ziemlich sicher um eine speziell ostslavische Eigentümlichkeit, die mit den geographischen Gegebenheiten, vor allem der Lage der Flusssysteme, zusammenhängen dürfte. Denn, wie N. N. Woronin, S. 277 mit Recht bemerkt,

> gehört es zu den Eigentümlichkeiten des osteuropäischen Stromnetzes, daß die Oberläufe der vier Hauptstromgebiete – Dnepr, Wolga, Wolchow-Ilmen und westliche Düna – nahe beieinander liegen. In diesem Gebiet erfolgte der Übergang von einem Stromsystem zum anderen in der Weise, daß die Schiffe über Land gezogen wurden.

Unsere Karte bestätigt diese Annahme eindeutig und stützt auch N. N. Woronins, a. a. O., gemachte Bemerkung „Ein besonders wichtiger Knotenpunkt der Schleppstellen lag im Gebiet der Waldaihöhe, [...]". „Das System von Schleppstrecken, welches den Dnepr mit der oberen Wolga verband, war außerordentlich weitverzweigt" stellt N. N. Woronin weiter fest und verweist auf folgende Möglichkeiten: dnepraufwärts oberhalb von Dorogobuž in die Osma, Schleppstelle zu einem Nebenfluss der Ugra, die in die Oka mündet; vom oberen Dnepr über eine Schleppstelle in die Lozmen, Nfl. der Wasus, die in die Wolga mündet; schließlich vom Dnepr aus in die Desna und deren Nfl. Bolva über eine Schleppstelle in die Žizdra, die in die Oka mündet. Unsere Karte zeigt, dass sich diese Annahmen durch das Namenmaterial bestätigen lassen. Von Kiev aus nach Osten war wohl der Weg „über die Desna und den Seim, der über eine Schleppstelle zu den Nebenflüssen de Don führte" (Woronin, a. a. O.) am sichersten. Unsere Karte lässt eine Schleppstelle an der Wasserscheide zwischen Dnepr und Don erkennen. Schließlich ist noch zur Lage von Novgorod zu bemerken, dass für diese Stadt die Zugänge zur Wolga wichtig waren. N. N. Woronin nennt folgende Verbindungen: Ilmensee – Lowat – Pola – Schleppstelle Seligersee – Wolgaquellen; Ladogasee – Sjas' – Schleppstelle zur Čagodošča – Mologa – Wolga; Ilmensee – Msta – Schleppstelle bei den Borowitzer Stromschnellen – Vyšnyj Voloček – Tverec – Wolga. M. Vasmer, Schriften II, S. 813–814 hat noch weitere genannt, aus unserer Kartierung geht jedoch hervor, dass einige der Verbindungen stärker benutzt wurden als andere. W. Rennkamp, S. 142 stellt fest: „Der älteste Handelsweg nach Nowgorod ist der Wasserweg", jedoch auch: „Die Hauptschwierigkeiten des Flußwegs bildeten [...] die Stromschnellen auf dem unteren Volchow" (S. 143). Es wären zwar keine Schleppstellen notwendig, aber das Befahren des Wolchow war mit Schwierigkeiten verbunden. Vielleicht liegt hierin der Grund, dass auch ein anderer Weg nach Novgorod viel benutzt wurde, nämlich der Fluss Luga, „der im Gegensatz zum Volchov direkt in den Finnischen Meerbusen mündet und außerdem verhältnismäßig ruhig fließt. An seinem Oberlauf liegt eine Schleppstelle [...]" bemerkt R. Ekblom, S. 3. Unsere Karte bestätigt diese Annahme recht auffällig durch Häufung von Namen westlich des Ilmensees.

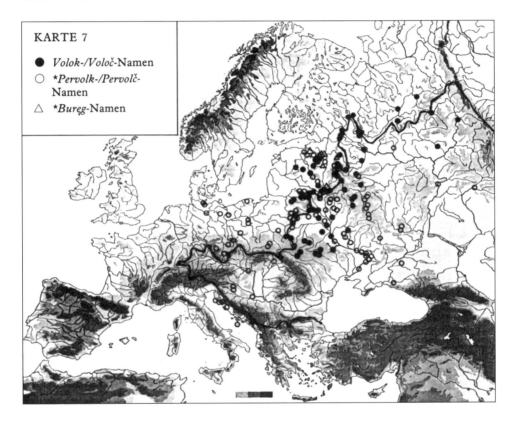

KARTE 7
● *Volok-/Voloč*-Namen
○ **Pervolk-/Pervolč-*Namen
△ **Bureg*-Namen

Die bislang behandelten Schleppstellen stellen jedoch nur einen kleinen Teil der auf der Karte eingetragenen *(Pere)volok*-Namen dar. Ein gewisses Zentrum zeigen die Namen vielmehr nördlich des Pripjet'-Gebietes in den Flusssystemen der Memel, der nördlichen Zuflüsse zum Pripjet', der Berezina, des oberen Dnjepr und der Düna. Die von uns eingetragene Wasserscheide zwischen Zuflüssen zur Ostsee und denen zum Schwarzen bzw. Kaspischen Meer zeigt außerdem, dass eine ganze Anzahl der nördlich des Pripjet'-Gebietes liegenden Namen tatsächlich auf Schleppstellen hinweist, die die Wasserscheide überwinden halfen. „Ein wichtiger Weg war die westliche Düna. Daß er oft befahren wurde, zeigen die Beziehungen von Polock und Vitebsk zu Skandinavien" stellt M. Vasmer, Schriften II, S. 815, im Zusammenhang mit der Suche nach Wikingerspuren in Osteuropa fest. Jahrhunderte später hat sich daran nichts geändert, bei W. Rennkamp, S. 235

heißt es: „Den gleichsam von der Natur vorgezeichneten Weg für den Handelsverkehr der deutschen Kaufleute von Riga nach Polozk, Witebsk und Smolensk bildete die Düna". Nach Smolensk gelangte man über eine Schleppstelle an der Kasplja, die auch unsere Karte zeigt. R. Hennig verweist auf eine Passage aus der Nestor-Chronik, nach der „man aus Kiew […] auf der Düna zu den Warägern […] gelangen könne" (Hennig, HZ, S. 9). Es folgt dann (in der Übertragung von Hennig, a. a. O.) die bekannte Stelle der Beschreibung des Weges von den Warägern zu den Griechen: „Den Dnepr hinauf geht ein Schleppweg zur Lowat; auf dieser kommt man in den großen Ilmensee, aus dem der Wolchow strömt, der sich in einen großen See, Newo genannt, ergießt; dieser See fließt in das Warägermeer aus". Vielfach wird daher angenommen, dass dieses der eigentliche Weg von den Warägern zu den Griechen war, nach den Worten R. Hennigs „der Schiffsschleppweg, der sich vom Dnjepr in der Gegend Orscha-Witebsk zur Düna und, infolge der verkehrsansaugenden Kraft Nowgorods, über diesen Fluß hinweg zur Lowat erstreckte […]" (a. a. O.). „Die Geschichtsschreiber […] scheinen […] zu der Annahme verleitet worden zu sein, daß sich ein ununterbrochener Wasserweg vom Schwarzen Meer bis zur Ostsee erstreckte" (ebd.). Doch dieses ist, wie wir wissen, nicht der Fall. Bevor man, von Süden kommend, vom Dnepr nach Novgorod gelangen will, gilt es (sofern man nicht über das Volga-Gebiet ausweichen will) das Stromgebiet der Düna zu durchqueren. Das wiederum bedeutet, dass man zwei Schleppwege einplanen muss: einen aus dem Dnepr in die Düna und den zweiten aus der Düna in Lowat oder einen anderen Zufluss zum Ilmensee. Solange jedoch Novgorod noch keine Bedeutung hatte und man von Kiev kommend, Skandinavien erreichen wollte, wäre dieses ein Umweg gewesen. Der einfachere Weg bestand darin, nach Erreichen des Memel- oder Dünagebietes auf diesen den direkten Weg zur Ostsee flussabwärts zu nehmen. Der hier geäußerte Gedanke drängt sich auf, wenn man die kartierten *(Pere)volok*-Namen nördlich und westlich des Pripeť-Gebietes näher betrachtet: Zahlreiche Schleppstellen liegen an der Wasserscheide zwischen Flüssen des Pripeť- bzw. Dnepr-Gebietes einerseits und den Zuflüssen zu Memel und Düna andererseits. An der durch die Angaben der Nestor-Chronik für recht sicher gehaltenen Verbindung in der Gegend von Orscha und Witebsk zeigt unsere Karte nur eine Schleppstelle westlich von Orscha, die zudem den Druť, einen Nebenfluss des Dnepr, mit dem Düna-Gebiet verbindet. Unsere Vermutung, dass die Düna eine größere Rolle bei dem Verkehr zwischen den Warägern und den Griechen (um bei der Terminologie der Nestor-Chronik zu bleiben) gespielt hat, als vielfach angenommen, wird nun durch eine inzwischen über dreißig Jahre alte Theorie gestützt. In seiner Abhandlung 'Puť iz Varjag v Greki' hat S. B. Bernštejn-Kogan, S. 266 die Ergebnisse, die für uns in diesem Zusammenhang von Interesse sind, wie folgt zusammengefasst:

> Samyj puť, kakim varjagi pronikali na jug, šel, po vsej vidimosti, čerez Zapadnuu Dvinu, a ne čerez Volchov i Lovať – ob etom govorit i topografija nonetnych kladov, i sootnošenija rasstojanij po tomu i drugomu puti, i otsutstvie v skandinavskich pamjatnikach dannych ob učastke puti meždu Lovaťju i verchnim Dneprom. Volchovom i Lovaťju varjagi mogli poľzovaťsja liš' v tech slučajach, kogda šli na jug ne iz domu, a iz Ladogi ili Novgoroda.

Falls die Numismatik auch heute noch ähnliche Resultate bestätigen kann und auch die nordischen Quellen keine neuen Belege beibringen können (beides kann ich nicht beurteilen), so träfen sich die Ansichten S. B. Bernštejn-Kogans mit der Kartierung der ostslavischen *(Pere)volok*-Namen, man vgl. auch M. B. Sverdlov 542 und V. A. Brima 213–218.

Zu einzelnen Namen und ihrer Lage müssen noch einige Anmerkungen gemacht werden. So werden die zahlreichen *Perevolok*-Namen im Gebiet des unteren Dnepr sicher nichts mit den Fernverbindungen zu tun haben, sondern eher Fährwege über den Dnepr markieren. Dieses gilt entsprechend auch für einige andere Namen und deren Lage. Eine Schleppstelle könnte allerdings eine größere Rolle spielen, obwohl man dieses auf den ersten Blick nicht vermuten würde, nämlich diejenige westlich von Čerkassy und südlich von Kiev. Sie verbindet nämlich einen Nebenfluss des Dnepr, den Ros', mit dem Flusssystem des Südlichen Bug. Wenn man diese Schleppstelle benutzt, z. B. dneprabwärts fahrend, so umgeht man die bekannten Stromschnellen des Dnepr und gelangt vielleicht sicherer zum Schwarzen Meer. „Bei den bekannten Stromschnellen in dem Dnjepr mußten sie, wie Kaiser Konstantin erzählt, ihre Boote verlassen und über Land tragen" (Bugge, S. 247). Unter Benutzung der hier genannten Schleppstelle könnte man diese und andere Schwierigkeiten vermieden haben.

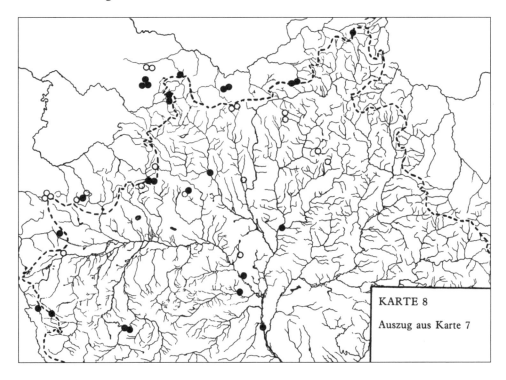

KARTE 8
Auszug aus Karte 7

Zum Abschluss unserer Betrachtung der *(Pere)voloki*-Namen soll noch auf eine Vermutung R. Ekbloms hingewiesen werden, die dieser allerdings selbst später revidiert hat. Er vermutete hinter den altrussischen Ethnonymen *burjagi*, *buregei* eine nordische Volksschicht, „möglicherweise […] einfache Kolonisten, die vielleicht sogar im Dienst der eigentlichen Waräger standen" (Ekblom, S. 2). Da davon abgeleitete Ortsnamen anscheinend in besonderer Beziehung zu den Schleppstellen lagen, hatten sie nach Ansicht R. Ekbloms möglicherweise „behilflich zu sein, Fahrzeuge und Lasten an Stromschnellen vorbei und über Wasserscheiden zu tragen. Dies muß ja eine der wichtigsten Arbeiten gewesen sein, welche die Waräger eventuellen Gefilgen anzuvertrauen hatten" (a. a. O.). Die Vermutung wurde dadurch bestärkt, dass man einen schwedischen ON *Byringe* als Ableitung von schwed. *bår* 'Schleppstelle für Boote' deutete. „Später hat Ekblom […] diese Namen auf **Bûring-* zurückgeführt und mit anord. *bûr* 'kleineres Haus, Kammer' verknüpft. Er sieht darin die Bezeichnung eines Verbandes als 'Stubenkameraden, Wohngenossen'" resümiert M. Vasmer, REW I, S. 151. Ich wollte der Frage noch einmal nachgehen und habe die erreichbaren ostslavischen ONN, die in diesem Zusammenhang von Bedeutung sind, kartiert. Es sind: *Buregi* (RGN I, S. 586; Ekblom, S. 3), *Bureze* (RGN I, S. 586), *Burjaži* (RGN I, S. 595). Fern bleiben m. E. die *Burjaki*-Namen, die R. Ekblom, S. 3 noch zusätzlich heranziehen wollte.

Die Kartierung ergibt folgendes Bild: Von den sieben genannten ONN liegen zwar mehr als die Hälfte in engerer oder weiterer Entfernung zu Schleppstellen, jedoch ist kein eindeutiger Zusammenhang mit diesen zu erkennen. Unser Material hilft nicht, das Problem neu anzufassen. Mit diesen Bemerkungen möchte ich den Materialteil der Untersuchung abschließen und versuchen, eine kurze Zusammenfassung des Vorgetragenen zu geben.

Diese lässt sich am einfachsten erreichen, wenn man eine synoptische Karte anfertigt, in der die hier vorgestellten Namen noch einmal zusammengefasst werden. Das beste Ergebnis erzielt man, wenn man die *(Pere)volok-* und die *Bazar-/Pazar-*Namen unberücksichtigt lässt, die erste Gruppe könnte auf Grund der geographischen Gegebenheiten das Bild ein wenig verfälschen, da Wasserscheiden und Schleppstellen natürlich nicht gleichmäßig verteilt sind, und es daher sinnvoller ist, die Namen gesondert zu behandeln. Die *Bazar-/Pazar-*Namen sollten besser unberücksichtigt bleiben, da sie auf Appellativen beruhen, die in verhältnismäßig junger Zeit entlehnt wurden. Wenn wir jedoch mit Hilfe der slavischen Ortsnamen einen Beitrag zu der Frage, wo sich in frühslavischer Zeit Handel und Verkehr abgespielt haben könnten, leisten wollen, so ist es zweckmäßiger, auf jüngere Entlehnungen zu verzichten. Nach Ausscheiden dieser beiden Gruppen bleiben nun zwei Typen übrig: einerseits diejenigen slavischen Appellativa, die aus dem Germanischen entlehnt sind, und andererseits die genuin slavischen.

Wenn man diese beiden Namengruppen mit unterschiedlichen Symbolen kartiert, ergibt sich ein interessantes Bild (Karte 9): Die auf slavischen Handels- und Markttermini beruhenden Namen haben ihre auffälligsten Häufungen entlang der Karpaten, in Kroatien, Westungarn, Mähren, dem westlichen Polen und Moskau. Die westslavischen Gebiete sind durch einen schmalen Streifen mit den häufiger werdenden Namen bei Moskau verbunden, wobei dieser Streifen ziemlich genau der mutmaßlichen Expansion der frühen Ostslaven entspricht (vgl. Karte 3). Ich möchte daher die Vermutung wagen, dass in den sich durch die Namen heraushebenden geographischen Gebieten Slaven früh Handel trieben, Märkte abhielten und (dieses gilt vor allem für Mumänien und Ungarn) ihre Handelsterminologie an andere Sprechergemeinschaften weitergaben, die sie ihrerseits toponymisch nutzten. Das überraschendste Ergebnis der synoptischen Karte ist allerdings die sich deutlich abzeichnende Zone von slavischen Namen in der Ukraine, die auf aus dem Germanischen entlehnten Appellativen basieren. Im Zentrum dieser Namen liegt Kiev. Der Verdacht drängt sich sofort auf, dass diese Erscheinung mit dem Einfluss von Nordgermanen im Kiever Reich zu tun haben könnte. Ich muss jedoch gestehen, dass diese so überzeugend wirkende These ein wenig dadurch erschüttert wird, dass ein Teil der

"Handel" und "Verkehr" in slavischen Ortsnamen

hier angesprochenen Namen auf einem aus dem Althochdeutschen entlehnten Wort, nämlich *myto* 'Maut', beruht und dass auch die Wochentagsnamen den Slaven wahrscheinlich über althochdeutsche Vermittlung bekannt wurden. In diesem Zusammenhang muss man auf die Frage, wie es mit den Beziehungen der frühen Ostslaven zum Westen bestellt gewesen sein mag, etwas näher eingehen.

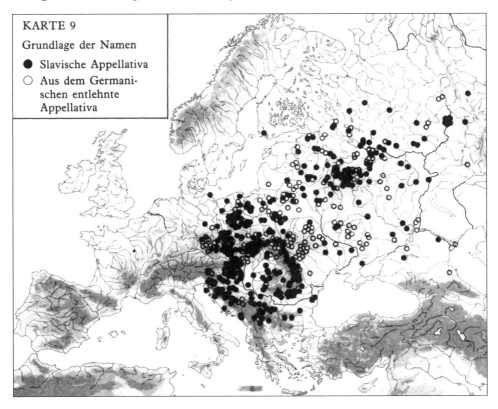

KARTE 9
Grundlage der Namen
● Slavische Appellativa
○ Aus dem Germanischen entlehnte Appellativa

Eine Durchsicht der einschlägigen Literatur ergibt, dass für diese Frage die Stellung der westlichen Ukraine und Galiziens, nicht zuletzt dank der besonderen Bedeutung Lembergs, hoch eingeschätzt werden muss. Dieses ergibt sich z. B. aus den Arbeiten von T. Wąsowiczówna, S. Lewicki („Najważniejszem, centralnem pasmen tego sznura – to słynna droga 'wielka', wiodąca z Kaffy przez Lwów, Lublin, Poznań do Gubina, […]" S. 13), S. Weymann („Droga Wrocław – Kraków – Rús […] należy niewątpliwie do najstarszych dróg tranzytowych Polski", S. 113), W. Kehn (S. 7 mit Anm. 14), A. Szelągowski, K. Maleczyński („Die älteste Straße, welche sich dokumentarisch schon im 10. Jahrh. nachweisen läßt, ist die ruthenische Straße gegen West nach Bayern", S. 11; „Bereits der älteste polnische Chronist, der sogenannte Gall, bemerkt, daß Polen abseits von den gewöhnlichen Handelswegen liegt; jedoch nach seinem Zeugnis benutzten den Weg durch Polen die Kaufleute aus dem Westen, die nach Russland zogen. Das Ziel ihrer Reisen bildete Kiew, das mächtige Handelszentrum schon gegen Ende des 10. Jahrh.", S. 10; es bestand wahrscheinlich eine „Hauptstraße, welche an den Nordabhängen der Karpathen sich hinzog", S. 13), L. Koczy, Słownik Strożytności Słowiańskich, Bd. I, s. v. *Drogi handlowe*, B. A. Rybaków (Karten 8 und 9), besonders deutlich erscheint die zentrale Position Lembergs im 15. Jahrhundert (s. Ł. Charewiczowa). Demgegenüber lag z. B. Posen ungünstig (s. L. Koczy und W. Szymański), auch die Oder bot sich z. B. als Handelsweg auf Grund natürlicher Schwierigkeiten (stark schwankender Pegelstand, im Winter starke Vereisung usw., s. Breitkopf; Kehn, S. 200–201), Hennig, S. 48, zur Lage der Zollstellen vgl. Nowakowa) wenig an.

Die Bedeutung der westlichen Ukraine als eines der zentralen Handelszentren wird durch Kartierung der slavischen Namen, die auf Handels- und Kauftermini zurückgehen, nachdrücklich unterstrichen (Karte 8). Durch dieses Gebiet wird sich mit großer Wahrscheinlichkeit der Handel zur Zeit des Kiever Reichs von Ost nach West und in entgegengesetzter Richtung abgewickelt haben. Und auf eben dieser Trasse wird es zur Übernahme westlicher Handelsterminologie durch Slaven gekommen sein, z. T. auch schon weiter westlich, in näherer und weiterer Umgebung der „Mährischen Pforte", die Rolle des Großmährischen Reiches bei diesem Prozess darf vielleicht nicht gering geschätzt werden. Aus den hier vorgelegten Verbreitungskarten hat sich ja, wie schon verschiedentlich angesprochen auch ergeben, dass die sich dem Verkehr anbietende Mährische Pforte offenbar auch den Handel der Slaven begünstigte. Zahlreiche Namen in diesem Bereich unterstreichen diese These, man vgl. die Karten 4 und 5 und die von uns angeschnittene Frage, auf welchem Wege die Slaven zu ihren Wochentagsnamen gekommen sind. Die Mährische Pforte spielte daher, wie ich meine, auch im Handel und Verkehr der Slaven eine wichtige Rolle, und erweist sich damit als ein Weg, der ältere Verbindungen fortsetzt, wozu neben anderen J. M. de Navarro, O. Montelius, R. Hennig, J. N. v. Sadowski, W. Raunig, K. Majewski, J. Wielowiejski, A. Spekke, M. P. Charlesworth, H. Hassinger, F. M. Heichelheim, R. Hennig, M. Jahn und (kritisch) D. Ankner zu vergleichen sind.

Literaturverzeichnis

K. V. Adámek: *Jména místní v okresu hlineckém*, in: *Zprávy musea okresu hlineckého* 5 (1917), S. 60–96.

H. Adamy: *Die schlesischen Ortsnamen, ihre Entstehung und Bedeutung*, 2. Aufl., Breslau 1888.

AGG = *Atals Geologiczny Galicji*, Karten im Maßstab 1 : 75 000, Kraków 1887–1910.

G. Alexander: *Die sorbischen Flurnamen des Kreises Bautzen (westlich der Spree)*, Bd. 1–2, Diss., Leipzig 1965.

D. Ankner: *Zur naturwissenschaftlichen Begründung des Begriffes der 'Bernsteinstraßen'*, in: *Jahrbuch des Römisch-Germanischen Zentralmuseums Mainz* 13 (1966), S. 296–301.

AOS = *Atlas Onomastyczny Słowiańszczyzny*, Wrocław 1972.

Arj = *Rječnik hrvatskoga ili srpskoga jezika*, Bd. 1ff., Zagreb 1880ff.

A. Bach: *Deutsche Namenkunde*, 5 Bde., Heidelberg 1952–1956.

S. Bąk: *Badania toponomastyczne na obszarze grodzisk śląskich*, *Atlas grodzisk i zamczysk śląskich*, H. 1, Kraków 1939.

J. A. Bayger: *Powiat trembowelski*, Lwów 1899.

L. Benkö: *A Nyárádmente földrajzi nevei*, Bd. 1–2, Budapest 1947–1950.

BER = *Bŭlgarski etymologičen rečnik*, Bd. 1ff., Sofija 1962ff.

E. Berneker: *Slavisches etymologisches Wörterbuch*, Bd. 1–2, 2. Aufl., Heidelberg 1924.

S. B. Bernštejn-Kogan: *Put' iz Varjag v Greki*, in: *Voprosy Geografii* 20 (1950), S. 239–270.

F. Bezlaj: *Slovenska vodna imena*, Bd. 1–2, Ljubljana 1956–1961.

V. Blanár: *Príspevok ku štúdiu slovenských osobných a pomiestnych mien v Maďarsku*, Bratislava 1950.
V. Blanár: *Zo slovenskej historickej lexikológie*, Bratislava 1961.
BNF = *Beiträge zur Namenforschung*, Bd. 1–16, Heidelberg 1949/50–1965.
BNF NF = *Beiträge zur Namenforschung: Neue Folge*, Bd. 1ff., Heidelberg 1966ff.
H. Borek: *Zachodniosłowiannśkie nazwy toponimiczne z formantem -bn-*, Wrocław 1968.
E. Breitkopf: *Die Oder als Verkehrsstraße*, Diss. (Auszug), Breslau 1922.
E. Breza: *Toponimia powiatu kościerskiego*, Gdańsk 1974.
V. A. Brima: *Puť iz varjag v greki*, in: *Izvestija Akademii Nauk SSSR, Otdelenie obščestvennych nauk* 1931, S. 201–247.
A. Brückner: *Zur slavisch-deutschen Namenkunde*, in: *Zeitschrift für Ortsnamenforschung* 9 (1933), S. 193–208.
K. Buga: *Rinktiniai rasštai*, Bd. 1–3, Vilnius 1958–1961.
A. Bugge: *Die nordeuropäischen Verkehrswege im frühen Mittelalter und die Bedeutung der Wikinger für die Entwicklung des europäischen Handels und der europäischen Schiffahrt*, in: *Vierteljahrschrift für Sozial- und Wirtschaftsgeschichte* 4 (1906), S. 227–277.
K. Bürger: *Die Siedlungsnamen des Burgenlandes*, Diss., Wien 1955.
J. Buturac: *Naselja Požeština u kasnom srednjem vijeku*, in: *Vjesnik Historijskog arhiva Slavonska Pozega i Muzeja Požeške kotline* 2 (1963), S. 9–26.
Ł. Charewizowa: *Handel średniowiecznego Lwowa*, Lwów 1925.
M. P. Charlesworth: *Traderoutes and Commerce of the Roman Empire*, Nachruck Hildesheim 1961.
G. Christov: *Mestnite imena v Madansko*, Sofija 1964.
B. Chromeck: *Místopisný slovník Československé Republiky*, 2. Aufl., Praha 1935.
ČMS = *Časopis Maćici Serbskeje*, Bd. 1–76, Bautzen 1848–1923.
K. Damroth: *Die älteren Ortsnamen Schlesiens, ihre Entstehung und Bedeutung*, Beuthen O/S 1896.
E. Dickenmann: *Studien zur Hydronymie des Savesystems*, Bd. 1–2, 2.Aufl., Heidelberg 1966.
DS = *Deutsch-slawische Forschungen zur Namenkunde und Siedlungsgeschichte*, Bd. 1ff., Halle/Saale, später Berlin 1956ff.
E. Eichler: *Rez. zu: A. Graf, Die Ortsnamen des Kreises Pritzwalk, Pritzwalk 1957*, in: *Onomastica* 4 (1958), S. 425–427.
Eichler, DS = E. Eichler: *Studien zur Frühgeschichte slawischer Mundarten zwischen Saale und Neiße* (= DS 19), Berlin 1965.
E. Eichler/H. Walther: *Ortsnamenbuch der Oberlausitz* (= *Deutsch-slawische Forschungen zur Namenkunde und Siedlungsgeschichte* 29), Berlin 1978.
R. Ekblom: *Vereinigungen unter den Nordländern im alten Rußland*, in: *ZfslPh* 10 (1933), S. 1–20.
V. Ekl: *Historijska toponomastika grada Rijeka i distrikta, I. dio: Općina Kozala*, in: *Starine JAZU* 49 (1959), S. 247–299.
ESSJ = *Etimologičeskij slovar' slavjanskich jazykov*, Bd. 1ff., Moskva 1974ff.
H. S. Falk/A. Torp: *Norwegisch-Dänisches etymologisches Wörterbuch*, Bd. 1–2, Heidelberg 1910–1911.
A. Feinig: *Die Namen der Bauernhöfe im Bereich der einstigen Grundherrschaft Hollenburg in Kärnten*, Diss., Wien 1958.
R. E. Fischer/T. Witkowski: *Zur Geographie altpolabischer Namentypen (II)*, in: *Atlas Onomastyczny Słowiańszczyzny*, Wrocław usw. 1972, S. 59–98.
M. S. Flier: *Sundy in Medieval Russian Culture. Nedelja versus Voskresenie*, in: *Medieval Russian Culture*, hg. von H. Birnbaum, M. S. Flier, Berkeley 1984, S. 105–149.
E. Fraenkel: *Litauisches etymologisches Wörterbuch*, Bd. 1–2, Heidelberg – Göttingen 1955–1962.
O. Franck: *Studien zur serbokroatischen Ortsnamenkunde*, Leipzig 1932.
J. Fröhler: *Die Ortsnamen des pol. Bezirkes Saaz*, Diss., Prag 1936.
J. Gebauer: *Slovník staročeský*, Bd. 1–2, Praha 1903–1904.

M. A. v. Godin: *Wörterbuch der albanischen und deutschen Sprache*, Bd. 1: *Deutsch – Albanisch*, Leipzig 1930.

T. Goerlitz: *Der Breslauer Ring*, in: *111. Jahresbericht der Schlesischen Gesellschaft für vaterländische Cultur*, Breslau 1938, S. 3–15.

H. Górnowicz: *Rodowe nazwy miejscowe ziemi sieradzkiej i łęczyckiej*, in: *Onomastica* 13 (1968), S. 61–119.

H. Górnowicz: *Ze studiów na toponomstyką Pomorza Gdańskiego III. Nazwy miejscowe z sufikxem -ica i jego pochodnymi*, in: *Prace Filologiczne* 24 (1973), S. 53–95.

H. Górnowicz: *Toponimia Powiśla Gdańskiego*, Gdańsk 1980.

A. Habovštiak: *Oravské chotárne názvy*, Banská Bystrica 1970.

J. Hacker: *Die Ortsnamen des Bezirkes Plan bei Marienbad*, in: *Südostdeutsche Forschungen* 3 (1938), S. 121–144.

L. Hadrovics: *Aus den onomastischen Fragen der ungarisch-südslavischen Symbiose*, in: *Disputationes ad montium vocabula aliorumque nominnum signifactiones pertinentes*, Bd. 2, Wien o. J., S. 25–32.

W. Havers: *Zur Bedeutungsentwicklung des Wortes 'Ring'*, in: *111. Jahresbericht der Schlesischen Gesellschaft für vaterländische Cultur*, Breslau 1938, S. 18–36.

H. Hassinger: *Die mährische Pforte und ihre benachbarten Landschaften*, Wien 1914.

F. M. Heichelheim: *Wirtschaftsgeschichte des Altertums*, Leiden 1938.

M. Hellmich: *Ortsnamen und Siedlungsgeschichte*, in: *Schlesische Geschichtsblätter* 1919, S. 61–63.

Hennig, HZ = R. Hennig: *Zur Verkehrsgeschichte Ost- und Nordeuropas im 8. bis 12. Jahrhundert*, in: *Historische Zeitschrift* 115 (1915), S. 1–30.

R. Hennig: *Wege des Verkehrs*, Leipzig 1939.

B. Hesselmann: *En naturnamnstudie, Studier tillägnade axel Kock*, Lund 1929, S. 512–524.

D. Hirc: *Jugo-zapadna visočina hrvatska u oro- i hidrografijskom pogledu*, in: *Rad JAZU* 97 (1889), S. 154–235.

L. Hoffmann: *Die slawischen Flurnamen des Kreises Löbau* (= *Deutsch-slawische Forschungen zur Namenkunde und Siedlungsgeschichte* 9), Halle/Saale 1959.

J. Holub/F. Kopečný: *Etymologický slovník jazyka českého*, Praha 1952.

K. Hołubowicz: *Rez. zu: K. K. Cilujko, Toponimika Połtawszczyny, Kyïv 1954*, in: *Onomastica* 4 (1958), S. 400–407.

Z. Hołub-Pacewiczowa: *Osadnictwo pasterskie i wędrówki w Tatrach i na Podtatrzu*, Kraków 1931.

O. Horbač: *Pivnično-naddnistrjans'ka hovirka j dijalektnyj slovnyk s. Romaniv L'vivs'koï oblasty*, in: *Naukovi zapysky Ukraïns'koho Technicno-Hospodars'koho Instytuta* 7 [10] (1965), S. 3–103.

L. Hosák/R. Šrámek: *Místní jména na Moravě a ve Slezsku*, Bd. 1–2, Praha 1970–1980.

HOU = *Die historischen Ortsnamen von Ungarn*, Bd. 1ff., München 1973ff.

Hydronimia Wisły, T. 1, Wrocław 1965.

HZ = *Historische Zeitschrift*, Bd. 1ff., München 1859ff.

IF = *Indogermanische Forschungen*, Bd. 1ff., Straßburg, später Berlin, 1892ff.

A. T. Iliev: *Romŭnksa toponimija ot salavjano-bŭlgarski proizchod*, Sofija 1925.

Imenik Jugoslav. = *Imenik mesta u Jugoslaviji*, Beograd 1973.

I. Iordan: *Nume de locuri româneşti în Republica Populară Română*, Bucureşti 1952.

M. Jahn: *Gab es in der vorgeschichtlichen Zeit bereits einen Handel?*, Berlin 1956.

F. Jakubaš: *Hornjoserbsko-němski słownik (Obersorbisch-deutsches Wörterbuch)*, Bautzen 1954.

I. Ja. Jaškin: *Belaruskija heahrafičnyja nazvy*, Minsk 1971.

M. Jeżowa: *Dawne słowiańskie dialekty Meklemburgii w świetle nazw miejscowych i osobowych*, T. 1–2, Wrocław 1961–1962.

JFM = *Josyfins'ka (1787–1788) i Francyskans'ka (1819–1820) metryky*, Kyïv 1965.

A. Jóhannesson: *Isländisches etymologisches Wörterbuch*, Bern 1956.

A. Karg: *Die Ortsnamen des antiken Venetien und Istrien*, in: *Wörter und Sachen* 22 (1941–42), Teil I: S. 100–128, Teil 2: S. 166–206.

J. O. Karpenko: *Toponimija centra'nych rajoniv Černivec'koï oblassti*, Černivci 1965.
J. O. Karpenko: *Toponimija Bukovyny*, Kyïv 1973.
T. E. Karten: *Isst gemeinord. Torg 'Markt' ein slavisches Lehnwort?*, in: *Mélanges J. J. Mikkola*, Helsinki 1932, S. 92–98.
M. Kázmér: *A 'falu' a magyar helynevekben (XIII.–XIX. század)*, Budapest 1970.
W. Kehn: *Der Handel im Oderraum im 13. und 14. Jahrhundert*, Köln – Graz 1968.
V. Kiparsky: *Die gemeinslavischen Lehnwörter aus dem Germanischen*, Helsinki 1934.
F. Kluge/W. Mitzka: *Etymologisches Wörterbuch der deutschen Sprache*, 20. Aufl., Berlin 1967.
I. Kniezsa: *A magyar nyelv szláv jövevényszavai*, Bd. 1–2, 2. Aufl., Nachdruck, Budapest 1974.
L. Koczy: *Der Handel Posens bis zur Mitte des 16. Jahrhunderts* (Übers. des poln. Originals), Berlin 1942.
M. Kondratiuk: *Nazwy miejscowe południowo-wschodniej Białostocczyzny*, Wrocław 1974.
A. Konovalov: *Geografičeskie nazvanija v berestjanych gramotach*, in: *Sovetskaja Archeologija* 1 (1967), S. 84–98.
A. P. Korepanova: *Slvotvorči typy hidronimiv basejnu Nyžn'oï Desny*, Kyïv 1969.
Cz. Kosyl: *Nazwy miejscowe dawnego województwa lubelskiego*, Wrocław 1978.
Kovačev, Trojansko = N. P. Kovačev: *Toponimijata na Trojansko*, Sofia 1969.
Kozierowski, BNTAG = S. Kozierowski: *Badania nazw topograficznych dzisiejszej archidiecezji gnieźnieńskiej*, Poznań 1914.
Kozierowski, BNTAP = S. Kozierowski: *Badania nazw topograficznych dzisiejszej archidiecezji poznańskiej*, Bd. 1–2, Poznań 1916.
Kozierowski, BNTSW = S. Kozierowski: *Badania nazw topograficznych starej Wielkopolskiej*, Poznań 1939.
Kozierowski, BNTZŚW = S. Kozierowski: *Badania nazw topograficznych na obszwarze dawniej zachodniej i środkowej Wielkopolski*, Bd. 1–2, Poznań 1921–1922.
Kozierowski, BNTWW = S. Kozierowski: *Badania nozw topograficznych na obszarze dawniej wschodniej Wielkopolski*, Bd. 1–2, Poznań 1926–1928.
H. Krahe: *Beiträge zur illyrischen Wort- und Namenforschung*, in: *Indogermanische Forschungen* 58 (1942), S. 131–152.
H. Krahe: *Das Venetische: Seine Stellung im Kreise der verwandten Sprachen*, Heidelberg 1950.
H. Krahe: *Die Sprache der Illyrier* I, Wiesbaden 1955.
P. Krajčovič: *Z historickej typológie služobnickych osadných názvov v Podunajsku*, in: *O Počiatkoch slovenských dejin*, Bratislava 1965, S. 205–255.
E. Kranzmayer: *Ortsnamenbuch von Kärnten*, Bd. 1–2, Klagenfurt 1956–1958.
P. Kretschmer: *Nordische Lehnwörter im Altgriechischen*, in: *Glotta* 22 (1934), S. 100–122.
P. Kretschmer: *Die vorgriechischen Sprach- und Volksschichten*, in: *Glotta* 30 (1943), S. 231–278.
Z. Kuzela/J. Rudnyćkyj: *Ukrainisch-deutsches Wörterbuch*, Leipzig 1943.
KZ = *Zeitschrift für vergleichende Sprachforschung auf dem Gebiete der indogermanischen Sprachen*, Bd. 1ff., Berlin (später Göttingen) 1852ff.#
O. Lagercrantz: *Zwei griechische Fremdwörter*, in: *Indogermanische Forschungen* 25 (1909), S. 363–370.
K. Lenz: *Die Wüstungen der Insel Rügen*, Bd. 1–2, Diss., Greifswald 1956.
S. Lewicki: *Drogi handlowe w Polsce w wiekach średnich*, in: *Sprawozdania z. Czynności i Posiedzień. Polska Akademia Umiejętności*, Bd. 11, Kraków 1906, S. 11–14.
G. Leyding(-Mielecki): *Słownik nazw miejscowych Okręgu Mazurskiego*, Bd. 1–2, Olsztyn 1947, Poznań 1959.
O. Liebhart: *Die Ortsnamen des Seklergebietes in Siebenbürgen*, in: *Balkan-Archiv* 3 (1927), S. 1–96.
S. B. Linde: *Słownik języka polskiego*, Bd. 1–6, 2. Aufl., Lwów 1854–1860.
Š. Liptak: *Z chotárnych názvov slovenskej časti bývalej Užhorodskej stolice*, in: *Nové obzory* 7 (1965), S. 323–335.

F. Lorentz: *Slawische Namen Hinterpommerns (Pomorze Zachodnie)*, bearb. von F. Hinze, Berlin 1964.
W. Lubaś: *Nazwy miejscowe południowej sześci dawnego województwa krakowskiego*, Wrocław 1968.
Lubaś, Jasło = W. Lubaś: *Nazwy miejscowości powiatu jasielskiego, Studia z dziejów Jasła*, Kraków 1964, S. 571–597.
Lubaś 1970 = W. Lubaś: *Dzierżawcze nazwy geograficzne s sufiksem -ica w językach południowosłowiańskich*, in: *Onomastica* 15 (1970), S. 71–124.
Lubaś 1971 = W. Lubaś: *Patronimiczne nazwy miejscowe z formantem -ci, -ovci/-evci, -inci w języku słoweńskim*, in: *Onomastica* 16 (1971), S. 18–40.
V. Machek: *Etymologický slovník jazyka českého*, 2. Aufl., Praha 1968.
K. Majewski: *Importy rzymskie na ziemiach słowiańskich*, Wrocław 1949.
M. Majtán: *Názvy obcí na Slovensku za ostatných dvesto rokov*, Bratislava 1972.
W. Makarksi: *Nazwy miejscowe kilku wsi z pogórza Dynowskiego*, in: *Roczniki humanstyczne* 16/1 (1968), S. 135–160.
K. Maleczyński: *Die ältesten Märkte in Polen und ihr Verhältnis zu den Städten vor der Kolonisierung nach dem deutschen Recht* (dt. Übersetzung d. poln. Originals), Breslau 1930.
S. E. Mann: *An Albanian Historical Grammar*, Hamburg 1977.
K. Mátyás: *Ludowe nazwy miejscowe w powiecie brzeskim w Galicyi*, in: *Lud* 10 (1904), S. 11–22.
A. Mayer: *Die Sprache der Illyrier* II, Wien 1959.
J. Melich: *Die Namen der Wochentage im Slavischen*, in: *Jagić-Festschrift. Zbornik u slavu Vatroslava Jagicá*, Berlin 1908, S. 212–217.
G. Meyer: *Etymologisches Wörterbuch der albanesischen Sprache*, Straßburg 1981.
Meyer, Studien = G. Meyer: *Albanesische Studien*, T. 1–3, Wien 1883–1896.
Meyer, IF = G. Meyer: *Etymologisches*, in: *Indogermanische Forschungen* 1 (1892), S. 319–328.
MH = *Magyarország helységnévtára*, Budapest 1967.
Mikratapanimija Belarusi, Minsk 1974.
S. Mladenov: *Etimologičeski i pravopisen rečnik na bǎlgarskija kničoven ezik*, Sofija 1941.
M. Moguš: *Pogled na današju senjsku toponimiku*, in: *Radovi Slavenskog Instituta* 3 (1959), S. 101–112.
O. Montelius: *Der Handel in der Vorzeit mit besonderer Hinsicht auf Skandinavien und die Zeit vor Christi Geburt*, in: *Praehistorische Zeitschrift* 2 (1910), S. 249–291.
E. Mucke: *Wörterbuch der niederwendischen Sprache und ihrer Dialekte*, Bd. 1–3, Petersburg – Prag 1911–1928.
K. Mühlenbach: *Lettisch-deutsches Wörterbuch*, redigiert von J. Endzelin, Bd. 1–4, Riga 1923/25–1932.
E. Müller: *Die Ortsnamen des ehemaligen Bezirkes Starkenbach*, Reichenberg o. J. [1943].
J. Nalepa: *Opuscula Slavia*, Bd. 2, Lund 1972.
J. M. de Navarro: *Prehistoric Routes between Northern Europe and Italy defined by the Amber Trade*, in: *The Geographical Journal* 66 (1925), S. 481–507.
Nazwy miejscowe Polski, Bd. 5, Kraków 2003.
F. Nekola: *Topica v Boleslavště*, in: *Programm gymnasia v Mladé Boleslavi* (1891–1892), S. 3–39.
F. Nieckula: *Polskie nazwy miejscowe typu* Bieńkówka, Sarnowka, in: *Rozprawy Komisji Językowej Wrocławskiego Towarzystwa Naukowego* 7 (1967). S. 231–271.
Nikonov 1958 = V. A. Nikonov: *Zakon rjada v geografičeskich nazvanijach*, in: *Onomastica* 4 (1958), S. 57–74.
V. A. Nikonov: *Kratkij toponimičeskij slovar'*, Moskva 1966.
P. Nitsche: *Die geographische Terminologie des Polnischen*, Köln – Graz 1964.
J. Nowakowa: *Rozmieszczenie komór cenych i przebieg dróg handlowych na Śląsku do końca XIV wieku*, Wrocław 1951.
Onomastica, Bd. 1ff., Wrocław usw. 1954ff.

P. Pąk: *Pochodzenie nazwy miejscowej* Kramsk, in: *Poradnik Językowy* 1977, S. 351–359.
E. Pawłowski: *Nazwy miejscowości Sądecczyzny*, Bd. 1–2, Wrocław usw. 1971–1975.
A. Pazdur-Strokowska: *Topograficzne i kulturalne nazwy miejscowe na terenie dawnych województw łęczyckiego i sieradzkiego*, in: *Rozprawy Komisji Jezykowej łodzkiego Towarzystwa Naukowego* 12 (1966), S. 28–57.
G. P. Pellegrini/A. L. Prosdocimi: *La lingua venetica*, Bd. 1–2, Padova 1967.
A. Petrov: *Karpatoruské pomístní názvy z pol. XIX. a z poč. XX st.*, Praha 1929.
PJ = *Poradnik Językowy*, Bd. 1ff., Kraków (später Warszawa) 1901ff.
V. Pjanka: *Toponomatika na Ochridsko-Prespanskiot bazen*, Skopje 1970.
A. Plöger: *Die russischen Lehnwörter der finnischen Schriftsprache*, Wiesbaden 1973.
J. Pokorny: *Indogermanisches etymologisches Wörterbuch*, Bd. 1, Bern – München 1959.
K. Polański = (T. Lehr-Spławiński), K. Polański: *Słownik etymologiczny języka Drzewian połabskich*, Wrocław usw. 1962ff.
E. C. Polomé: *The Position of Illyrian and Venetic, Ancient Indo-European Dialects*, Berkeley – Los Angeles 1966, S. 59–76.
V. Prasek: *Jména polí, lesů, rybniků, luk a j.*, in: *Komenský* 2 (1877), S. 264–266, 378–379, 615–616, 698–699, 731–732, 809–811, 819–822.
J. Procházka: *Původ pomístních jmen na Trutnovsku*, in: *Hradecký kraj. Sborník statí*, Hradec Králové 1958, S. 365–376.
A. Profous: *Místní jména v Čechách*, Bd. 1–4 und Dodatek (Bd. 5), Praha 1947–1960.
H. Protze: *Das Wort 'Markt' in den mitteldeutschen Mundarten. Mit besonderer Berücksichtigung des Siebenbürgisch-Sächsischen und unter Einbeziehung des Indogermanischen*, Berlin 1961.
G. J. Ramstedt: *Finnish Turku, Swedish Torg, Danish and Norwegian Torv, a Word from Central Asia*, in: *Neuphilologische Mitteilungen* 50 (1949), S. 99–103.
M. Räsänen: *Nochmals finn. turku, russ. torg usw.*, in: *Neuphilologische Mitteilungen* 52 (1951), S. 193–194.
Räsänen 1969 = M. Räsänen: *Versuch eines etymologischen Wörterbuchs der Türksprachen*, Helsinki 1969.
W. Raunig: *Bernstein – Weihrauch – Seide. Waren und Wege der antiken Welt*, Wien – München 1971.
W. Rennkamp: *Studien zum deutsch-russischen Handel bis zum Ende des 13. Jahrhunderts: Nowgorod und Dünagebiet*, Bochum 1977.
F. Repp: *Die Gründung von Fillendorf*, in: *Karpathenland* 6 (1933), S. 99–101.
RGN = *Russisches Geographisches Namenbuch*, Bd. 1ff., Wiesbaden 1964ff.
J. Rieger/E. Wolnicz-Pawłowska: *Nazwy rzeczne w dorzeczu Warty*, Wrocław usw. 1975.
T. Rosłanowski: *Markt und Stadt im früh- und hochmittelalterlichen Polen*, in: *Beiträge zum hochmittelalterlichen Städtewesen*, hg. von B. Diestelkamp, Köln – Wien 1982, S. 196–207.
S. Rospond: *Słownik nazw geograficznych Polski zachodniej i północnej*, Wrocław – Warszawa 1951.
Rospond, VSO = S. Rospond: *Struktura i stratigrafija dreverusskich toponimov*, in: *Vostočnoslavjanskaja onomastika*, Moskva 1972, 9–89.
M. Rostok: *Dodawk k ležownostnym mjenam*, in: *Časopis Maćicy Serbskeje* 40 (1887), S. 136–138.
J. Rudnyćkyj: *Heohrafični nazvy Bojkivščyny*, 2. Aufl., Winnipeg 1962.
Rudnyćkyj, EDUL = J. Rudnyćkyj: *Etymological Dictionary of the Ukrainian Language*, Bd. 1ff., Winnipeg 1962ff.
Rumania: Official Standard Names approved by the United States Board On Geographic Names, Washington, D. C. 1960.
E. Rzetelska-Feleszko: *Dawne słowiańskie dialekty województwa koszalińskiego*, Wrocław usw. 1973.
B. A. Rybakow: *Der Handel und die Handelsstraßen*, in: *Die materielle Kultur der alten Rus'*, hg. von N. N. Woronin, M. K. Karger, M. A. Tichanow, Berlin 1959, S. 289–344.
K. Rymut, Biecz = K. Rymut: *Nazwy miejscowe dawnego powiatu bieckiego*, Wrocław usw. 1975.

K. Rymut, Słow. = K. Rymut: *Słowotwórstwo polskich patronimicznych nazw miejscowch z przyrostkiem *-(ov)itjo na tle zachodniosłowiańskim*, Wrocław usw. 1975.

L. Sadnik/R. Aitzetmüller: *Handwörterbuch zu den altkirchslavischen Texten*, 's.-Gravenhage – Heidelberg 1955.

J. N. v. Sadowski: *Die Handelsstraßen der Griechen und Römer durch das Flußgebiet der Oder, Weichsel, des Dniepr und Niemen an die Gestade des Baltischen Meeres*, Jena 1877.

H. Safarewiczowa: *Nazwy miejscowe typu* Mroczkowizna, Klimontowszczyzna, Wrocław 1956.

A. Salambašev: *Mestnite imena v Smoljansko*, Sofija 1976.

H. Sáňka: *Pomístní názvy brněnského okolí*, Praha 1960.

H. Schall: *Kurisch-selische Elemente im Nordwestslawischen?*, in: *Proceedings of the Eighth International Congress of Onomastic Sciences*, The Hague 1966, S. 450–464.

A. Schmitz: *Die Orts- und Gewässernamen des Kreises Ostholstein*, Neumünster 1981.

W. Schulze: *Kleine Schriften*, Göttingen 1933.

H. Schuster-Šewc: *Historisch-etymologisches Wörterbuch der ober- und niedersorbischen Sprache*, Bd. 1ff., Bautzen 1968ff.

J. Schütz: *Die geographische Terminologie des Serbokroatischen*, Berlin 1957.

E. Schwarz: *Zur Namenforschung und Siedlungsgeschichte in den Sudetenländern*, Nachdruck, Hildesheim 1975.

E. Schwyzer: *Altes und Neues zu (hebr.) griech.* σάββατα, *lat. sabbata usw.*, in: *KZ (Zeitschrift für Vergleichende Sprachforschung)* 62 (1935), S. 1–16.

A. M. Seliščev: *Slavjanskoe naselenie v Albanii*, Sofija 1931.

Seliščev, Izbr. trudy = A. M. Seliščev: *Izbrannye trudy*, Moskva 1968.

U. Schmoll: *Die vorgriechischen Namen Siziliens*, Wiesbaden 1958.

SG = *Słownik Geograficzny Królestwa Polskiego i innych krajów słowiańskich*, Bd. 1–15, Warszawa 1880–1902.

SHU = *Slovnyk hidronimiv Ukraïny*, Kyïv 1979.

P. Skok: *Etimologijski rječnik hrvatskoga ili srpskoga jezika*, Bd. 1–4, Zagreb 1971–1974.

Skok, RÉS = P. Skok: *La semaine slave*, in: *Revue d'études Slaves* 5 (1926), S. 14–23.

Skok, SR = P. Skok: *Slavenstvo i romanstvo na jadranskim otocima*, Bd. 1–2, Zagreb 1950.

J. Skutil, Mikrotoponymie a oroymie Drahanské vrchoviny, Blansko 1968.

F. Sławski: *Słownik etymologiczny języka polskiego*, Bd. 1ff., Kraków 1952ff.

Slovnyk staroukr. = *Slovnyk staroukraïns'koïmovy XIV–XV st.*, Kyïv 1977–1978.

Słownik Staropolski, Bd. 1ff., Warszawa (später Wrocław usw.) 1953ff.

K. Spalová: *O pomístných názvech politického okresu rakovnického*, in: *Věstnik musejního spolku města Rakovníka a politického okresu rakovnického* 6 (1917), S. 4–32.

G. P. Smolickaja: *Gidronimija bassejna Oki*, Moskva 1976.

A. Spekke: *The Ancient Amber Routes and the Geographical Discovery of the Eastern Baltic*, Stockholm 1958.

Spisŭk na naselenite mesta v Bŭlgarija, Sofija 1911.

SRNG = *Slovar' russkich narodnych govorov*, Bd. 1ff., Moskva – Leningrad 1965ff.

J. Stanislav: *Slovenský juh v stredoveku*, Bd. 1–2, Turčianský Sv. Martin 1948.

Starine, Bd. 1ff., Zagreb 1869ff.

STM = *Soubor (Súbor) turistických map*, Praha bzw. Bratislava 1966ff.

O. S. Stryžak: *Pytannja toponimiky ta onomastyky*, Kiev 1962.

Stryžak, Polt. = O. S. Stryžak: *Nazvy ričok Poltavščyny*, Kyïv 1963.

Stryžak, Zapor. = O. S. Stryžak: *Nazvy ričok Zaporižžja i Chersonščyny*, Kyïv 1967.

M. B. Sverdlov: *Tranzitnye puti v Vostočnoj Evrope IX–XI vv.*, in: *Izvestija Vsesojuznogo Geografičeskogo Obščestva* 101 (1969), S. 540–545.

B. Sychta: *Słownik gwar kaszubskich na tle kultury ludowej*, Bd. 1ff., Wrocław 1958ff.

A. Szelągowski: *Najstarsze drogi z Polski na wschód w okresie bizantyńsko-arabskim*, Kraków 1909.

W. Szymański: *Kontakty handlowe Wielkopolski w IX–XI wieku*, Poznań 1958.
P. Šimunović: *Toponimija otoka Brača*, Supetar 1972.
G. Škrivanić: *Imenik geografskih naziva srednjovekovne Zete*, Titograd 1959.
W. Taszycki: *Rozprawy i studia polonistyczne*, Bd. 1–5, Wrocław usw. 1958–1973.
C. Thörnqvist: *Studien über die nordischen Lehnwörter im Russischen*, Uppsala – Stockholm 1948.
L. N. Tolstoj: *Slavjanskaja geografičeskaja terminologija*, Moskva 1969.
Toponmia Kielc = W. Dzikowski/D. Kopertowska: *Toponimia Kielc*, Warszawa – Kraków 1976.
Toponimika zapadne Isstre, Cresa i Lošinja, Zagreb 1956.
R. Trautmann EO = R. Trautmann: *Die Elb- und Ostseeslawischen Namen*, Bd. 1–2, Berlin 1948–1949.
D. Třeštík: *'Trh Moravanů – ístřední trh staré Moravy*, in: *Československý časopis historický* 21 (1973), S. 869–894.
O. N. Trubačev: *Nazvanija rek prvoberežnoj Ukrainy*, Moskva 1968.
Udolph, Landnahme = J. Udolph: *Die Landnahme der Ostslaven im Lichte der Namenforschung*, in: *Jahrbücher für Geschichte Osteuropas* 29 (1981), S. 321–336.
Udolph, Studien = J. Udolph: *Studien zu slavischen Gewässernamen und Gewässerbezeichnungen. Ein Beitrag zur Frage nach der Urheimat der Slaven*, Heidelberg 1979.
S. Udziela: *Topograficzno-etnograficzny opis wsi polskich w Galicyi*, in: *Materiały antropologiczno-archeologiczne i etnograficzne* 6 (1903), S. 3–123.
Vasmer, REW = M. Vasmer: *Russisches etymologisches Wörterbuch*, Bd. 1–3, Heidelberg 1953–1958.
Vasmer, Schriften = M. Vasmer: *Schriften zur slavischen Altertumskunde und Namenkunde*, Bd. 1–2, Berlin – Wiesbaden 1971.
W. Vondrák: *Vergleichende slavische Grammatik*, Bd. 1–2, 2. Aufl., Göttingen 1924–1928.
J. de Vries: *Altnordisches etymologisches Wörterbuch*, Leiden 1961.
VSO = *Vostočno-slavjanskaja onomastika*, Moskva 1972.
T. Wąsowiczówna: *Research on the Mediaeval Road System in Poland*, in: *Archaeologica Polona* 2 (1959), S. 125–140.
WdrG = *Wörterbuch der russischen Gewässernamen*, Bd. 1–5 und Nachtrag, Berlin – Wiesbaden 1961–1973.
S. Weymann: *Cła i drogi handlowe w Polse piastowskiej*, Poznań 1938.
H. B. Wieber: *Die Ortsnamen des Kreises Torgau*, Diss., Leipzig 1968.
F. J. Wiedemann: *Estnisch-deutsches Wörterbuch*, 3. Aufl., Dorpat 1923.
J. Wielowejski: *Kontakty Noricum i Pannonii z ludami północnymi*, Wrocław usw. 1970.
T. Witkowski: *Die Ortsnamen des Kreises Greifswald*, Weimar 1978.
WPN = *Wielkopolskie nazwy polne*, Poznań 1901.
N. N. Woronin: *Die Verkehrsmittel und Verkehrswege*, in: *Die materielle Kultur der alten Rus'*, hg. von N. N. Woronin, M. K. Karger, M. A. Tichanow, Berlin 1959, S. 261–288.
J. Zaimov, Panagjursko = J. Zaimov: *Mestnite imena v Panagjursko*, Sofija 1977.
Zaimov, Pirdopsko = J. Zaimov: *Mestnite imena v Pirdopsko*, Sofija 1959.
M. Ja. Zaprjagaeva: *Leksika s kornjami volok-, voloč- v russkich i ukrainskich govorach Voronežskoj oblasti*, in: *Materialy po russko-slavjanskomu jazykoznaniju*, Voronež 1981, S. 31–37.
F. Zimmermann: *Zur Entwicklung und Typologie der mehrsprachigen Ortsnamengebung im burgenländischen Raum*, in: *Beiträge zur Namenforschung* 11 (1960), S. 187–201, 213–253.
Z(O)NF = *Zeitschrift für (Orts)Namenforschung*, Bd. 1–18, München – Berlin 1925/26–1942.
V. A. Žučkevič: *Kratkij toponimičeskij slovar' Belorussi*, Minsk 1974.

Heimat und Ausbreitung slavischer Stämme aus namenkundlicher Sicht[*]

1.   Bedeutung der Orts- und Gewässernamen

Wonach sucht man, wenn man etwas über die Vor- und Frühgeschichte slavischer Stämme erfahren möchte? Welche wissenschaftliche Disziplin ist in der Lage, uns Auskunft darüber zu geben, wo sich vor etwa 2000 Jahren slavische Siedler aufgehalten haben? Gab es eigentlich zu dieser Zeit schon slavische Stämme? Und woran kann man sie erkennen bzw. wie definiert man „Slaven", „slavisch" für diese Zeit?

    Wenn ich die Untersuchung von Brather (2004) richtig verstanden habe, dann ist es aus archäologischer Sicht äußerst schwierig, wenn nicht sogar unmöglich, einen Völkerstamm, eine Ethnie mit Hilfe der materiellen Kultur zu fassen bzw. deren Wohnsitze und Wanderungen zu finden oder zu beschreiben. Und auch aus Sicht der Sprachwissenschaft muss man drastisch einschränken, dass es unmöglich ist zu beschreiben, wo slavische Stämme vor der Zeitenwende gesiedelt haben. Das liegt daran, dass es vor Christi Geburt noch keine Sprache gab, die wir als „slavisch" bezeichnen könnten. Das „Slavische", d. h. die gemeinsamen sprachlichen Züge einer Sprachgemeinschaft, die sich aus einem vermutlich indogermanischen (oder indoeuropäischen) Dialektgebiet herausbildete, musste erst entstehen. Das war ein Prozess, der mit Sicherheit einige Jahrhunderte andauerte. Ich sehe daher mit großer Skepsis auf Versuche, aus archäologischer Sicht, mit Hilfe der Genforschung, der Volkskunde oder der Geschichtswissenschaft etwas für ein Volk ermitteln zu können, das man letztlich nur mit Hilfe der Sprache definieren kann. Kurz gesagt: Aus meiner Sichtweise heraus kann man sich ertragreich der Frage nach Heimat und Expansion slavischer Stämme nur unter Berücksichtigung sprachlicher, sprachwissenschaftlicher und vor allem namenkundlicher Argumente nähern. Anders ausgedrückt: Die Heimat slavischer Stämme ist dort zu suchen, wo sich in einem Dialektbereich indogermanischer Sprecher in einem Jahrhunderte lang dauernden Prozess sprachliche Übereinstimmungen entwickelt haben, die nur diesem Dialektgebiet eigen waren.

2.   Slavische Eigentümlichkeiten, geographische Namen und die indogermanischen Sprachen

Für das Slavische sind die folgenden Erscheinungen auffallend und nur dieser Dialektgruppe eigentümlich: *s* wird in bestimmten Positionen zu *ch;* drei sogenannte Palatalisierungen verändern das Konsonantensystem entscheidend; alte Diphthonge wurden zu Monophthongen; Tendenz zu offenen Silbe (Silben können nur auf Vokal enden, nicht auf

---

[*]   Erstmals erschienen in: *Die frühen Slawen – von der Expansion zu gentes und nationes*, Bd. 1, hg. von Felix Paul Biermann, Thomas Kersting, Anne Klammt (= *Beiträge zur Ur- und Frühgeschichte Mitteleuropas* 81), Langenweißbach 2016, S. 27–51.

Konsonant); Entwicklung der Nasalvokale ǫ und ę; und vieles andere mehr, darunter natürlich auch die Entwicklung eines Wortschatzes, der nur dieser Dialektgruppe eigen ist.

Eine Lösung der Fragen nach Heimat und Ethnogenese des Slavischen kann nur unter Einbeziehung der Gemeinsamkeiten, die das Slavische mit seinen indogermanischen Schwestersprachen verbindet, gelingen. Diese bestehen aus sprachlicher Sicht vor allem in Gemeinsamkeiten auf morphologischer, phonologischer, lexikalischer und onomastischer Ebene. Langjährige und intensive Forschungen haben ergeben, dass das Slavische in seiner frühesten Entwicklung Erscheinungen aufweist, die es mit dem Indo-Iranischen und Baltischen verbinden (teilweise Satemisierung der indogermanischen Gutturalen, die allerdings – nicht immer genügend beachtet – im Slavischen und Baltischen nicht völlig konsequent durchgeführt worden ist, was für eine Randlage spricht, vgl. Schmid 1994, S. 123). In seiner späteren Entwicklung ist das Slavische mit zwei indogermanischen Sprachgruppen verbunden, die es mehr dem Westen zuneigen lassen, mit dem Baltischen und – weniger ausgeprägt – mit dem Germanischen (vgl. Dini/Udolph 2004).

Mit weiteren indogermanischen Schwestersprachen hat das Slavische nur wenige Gemeinsamkeiten; einiges verbindet es mit dem Illyrischen, mit dem Griechischen und Lateinischen. Kontakte mit finnougrischen Sprachen sind für die urslavische Zeit nicht anzunehmen.

Und wie kann man Aussagen über Heimat und Expansion der zu Slaven gewordenen indogermanischen Stämme gewinnen? Ich zitiere M. Vasmer (1971, Bd. I, S. 71 [Nachdruck von 1930!]), der davon überzeugt war, dass „die slavische Urheimatfrage in erster Linie […] durch gründliche Lehnwörter- und Ortsnamenforschungen und möglichst vollständige Berücksichtigung aller alten historischen und geographischen Quellen [gefördert werden kann]".

Nach dem 2. Weltkrieg waren es die Forschungen von H. Krahe, der den besonderen Wert der Ortsnamen und darunter den der Gewässernamen erkannte, was zu entscheidenden Fortschritten geführt hat. Für die im Dunkeln liegende Vor- und Frühgeschichte führt die Namenforschung zu einer Aufhellung. H. Krahe (1949/50, S. 9f.) schrieb dazu:

> Am bedeutsamsten und aufschlußreichsten sind dabei die Ortsnamen [...] Denn Ortsnamen sind bodenständig, sind raumgebunden; und es ist eine für die Forschung ungemein wertvolle Erfahrungstatsache, eine Regel, die fast einem Gesetz gleichkommt, daß die Ortsnamen – und zwar Ortsnamen im weitesten Sinne, also Fluß- und Bergbezeichnungen, Landschafts- und Siedlungsnamen – sich auch bei einem Wechsel der Bevölkerung vielfach mit größter Zähigkeit erhalten, daß sie bei einem solchen Wechsel nicht verschwinden, sondern in den meisten Fällen von den neuen Herren eines Landes übernommen und von ihnen […] beibehalten und in die eigene Sprache eingegliedert werden, um in ihr – eben wie Fossilien – weiterzuleben, für uns kostbarstes Material, das einzige oft für die ethnographische Erforschung frühester Zeiten – und vor allem das sicherste. Denn wo Ortsnamen einer bestimmten Sprache in größerer Zahl sich finden, da muß auch die betreffende Sprache selbst gesprochen worden sein, da müssen Angehörige des diese Sprache sprechenden Volkes gelebt haben.

Auf die hohe Bedeutung der Sprachen und gerade auch der Gewässernamen hatte bereits G. W. Leibniz (1882, S. 264) vor mehr als 300 Jahren aufmerksam gemacht. Er hatte damals, seiner Zeit z. T. weit voraus, in der Sprache die ältesten Denkmäler der Völker gesehen, durch die sich Ursprung der Verwandtschaften und Wanderungen der Völker am besten nachzeichnen ließen. Und Leibniz hatte auch schon auf das besonders hohe Alter der Flussnamen verwiesen, durch die alte Sprachen und alte Siedlungen am sichersten bestimmt werden könnten. H. Krahe kannte Leibniz' Bemerkungen nicht, aber mit seinen Forschungen folgte er ihm und konnte für die Gewässernamen eine ganz entscheidende Erkenntnis beibringen: Diese liegt darin, dass Gewässernamen in erster Linie von Bezeichnungen für das Wasser mit allen seinen Schattierungen abgeleitet sind (sogenannte „Wasserwörter"). Genau diese Erkenntnis war H. Krahes Schüler Wolfgang P. Schmid bekannt und daher übertrug er mir 1970 in Göttingen in dem Wissen, dass ich mich für die Slavistik entschieden hatte, als Thema für die Magisterarbeit eine Untersuchung slavischer Wasserwörter und der davon abgeleiteten Gewässernamen. Aus ersten Anfängen heraus entstand dann die Dissertation (Udolph 1979), die auch eine der Grundlagen für diesen Beitrag ist.

3. Gedanken und Theorien zur slavischen Heimat

Ausgangsbasis für die Bestimmung der slavischen Heimat ist aus namenkundlicher Sicht die von M. Vasmer angewandte „Ausgrenzungsmethode", d. h. man sondert diejenigen Territorien aus, in denen man nichtslavische Orts- oder Gewässernamen nachweisen kann. Es bleibt mit M. Vasmer (Abb. 1) ein Raum südlich des Pripjet', westlich der Wolga und nördlich der Karpaten übrig; die Abgrenzung nach Westen war zu Vasmers Zeiten umstritten.

Die Ergebnisse der Studien von M. Vasmer überzeugen – mit Einschränkungen, dazu gleich mehr – auch heute noch. Dem gegenüber überzeugen andere, der Heimat und Herkunft slavischer Stämme gewidmete Studien aus verschiedenen Gründen nicht. Das gilt für W. Mańczak (1981), der geographische Namen nicht einbezieht; für O. N. Trubačev (1968), der illyrische, thrakische und dakische Namen nördlich der Karpaten sucht und später (Trubačev 1991) das Slavische aus Pannonien kommen lässt (dagegen Udolph 1988, Udolph 1999; zur pannonischen Namenlandschaft s. auch Anreiter 2001); für Z. Gołąb (1992), der das obere Don-Gebiet als Heimat slavischer Stämme ansieht, und H. Schelesniker (1991), der die südöstliche Ukraine favorisiert (wogegen jeweils die dortigen Gewässernamen sprechen); für H. Galton (1997), dessen angeblicher Einfluss des Altaischen auf die Entstehung des Slavischen die auch durch geographische Namen nachweisbare nahe Verwandtschaft des Slavischen mit dem Baltischen und Germanischen (dazu ausführlich Udolph 1994, S. 16–50) unberücksichtigt lässt, und für H. Kunstmann (1996), der die slavischen Quellen in Asien sucht.

Auf Grund dieser aus den verschiedensten Richtungen und von verschiedenen Forschern erbrachten Erkenntnisse ergibt sich zweifelsfrei, dass man die Heimat slavischer Stämme in relativer Nähe zum Baltischen, in einer etwas weiteren Entfernung zum Germanischen und in der frühesten Entwicklung in Kontakt zu indo-iranischen Sprachen suchen muss.

Die Aufdeckung eines vorslavischen, voreinzelsprachlichen, aber indogermanischen Gewässernamenbestandes durch H. Krahe („Alteuropäische Hydronymie") hat – vielfach noch unbemerkt – für die indogermanischen Einzelsprachen, nicht nur für das Sla-

Abb. 1: Russland in den letzten Jahrhunderten vor Christus (nach Vasmer 1971, Bd. I, zwischen S. 96/97).

vische, sondern auch für das Germanische (Udolph 1994) und das Keltische (Busse 2007; Udolph 2009) zu einer neuen Erkenntnis geführt. Diese liegt darin, dass die schon bislang vertretene Auffassung, dass die Entwicklung und Entfaltung einer indogermanischen Sprache oder Sprachengruppe notwendigerweise aus einem älteren Dialektkontinuum vonstatten gegangen sein muss, endgültig bestätigt ist. Das hat zur Folge, dass man auf dem entsprechenden Territorium zwingend mit nichtslavischen oder vorslavischen oder voreinzelsprachlichen Namen zu rechnen hat. Die früher gern vertretene einfache Gleichung „Gebiet ohne vorslavische Namen = Urheimat slavischer Stämme", wie sie etwa aus folgender Stellungnahme deutlich wird: „Da das Gebiet zwischen Karpaten und Dnjepr deutliche Zeugnisse eines vorslavischen Substrats aufweist, sollte man die vorangehende Urheimat der Slaven deshalb im baltoslavischen Bereich nördlich des Pripjat' suchen" (Prinz 1975, S. 186), ist verfehlt.

Vielmehr ist nach einem geographischen Gebiet zu suchen, in dem sich slavische und vorslavische Namen berühren und wechselseitige Beziehungen zueinander bestehen. Da Gewässernamen zu allen Zeiten entstanden sind, darf damit gerechnet werden, dass sie auch aus einer Periode stammen können, die man nicht mehr als „indogermanisch", aber auch noch nicht als „slavisch" bezeichnen kann. Die Suche nach derartigen Namen ist durch die Entwicklung der Alteuropäischen Hydronymie H. Krahes entscheidend erleichtert worden.

4. Alteuropäische Gewässernamen

Es ist nie bezweifelt worden, dass sich unter einer Schicht von einzelsprachlichen geographischen Namen, seien sie keltisch, baltisch, germanisch oder slavisch, ältere Relikte befinden müssen. Während man sie zu Beginn und in der Mitte des 20. Jahrhunderts einer indogermanischen Einzelsprache (Keltisch, Illyrisch, Venetisch, Ligurisch u. ä.) zuordnete, brach H. Krahe mit seinen Forschungen zur sogenannten „alteuropäischen Hydronymie" mit dieser Tradition. Hatte er selbst noch lange an ein „illyrisches" Substrat geglaubt, kam er nach dem 2. Weltkrieg zu der Erkenntnis (Krahe 1949/50–1965; Krahe 1964), dass die ältesten Gewässernamen keiner indogermanischen Einzelsprache zugerechnet werden können, sondern einem voreinzelsprachlichen, aber indogermanischen Substrat angehören, das über weite Bereiche Europas hin nachgewiesen werden konnte. Sein Schüler W. P. Schmid hat die Theorie aufgegriffen und weiterentwickelt (grundlegend: Schmid 1994).

Zunächst war man allerdings der Ansicht, dass das Slavische daran keinen oder nur geringen Anteil habe. Inzwischen hat sich diese Situation aber entscheidend verändert, vor allem durch Untersuchungen in Polen (Hydronymia Europaea, 1985ff.; Udolph 1990), aber auch in anderen slavischen Ländern. Zuvor hatte aber – in Westeuropa blieb diese Untersuchung unbeachtet – J. Rozwadowski (1948) wertvolle „Studien zu slavischen Gewässernamen" vorgelegt, die im Wesentlichen mit den Auffassung H. Krahes übereinstimmten und zeigten, dass unter der breiten slavischen Schicht osteuropäischer Gewässernamen ein Stratum indogermanischer Relikte verborgen ist.

Diese Forschungen an den ältesten Gewässernamen Europas und die Aufdeckung der alteuropäischen Hydronymie haben für die Frage nach den ältesten Siedlungsgebieten der Sprecher indogermanischer Einzelsprachen neue Möglichkeiten eröffnet, die Forschern wie M. Vasmer u. a. noch nicht zur Verfügung standen. Als wichtigste Ergebnisse lassen sich festhalten:

1. Unter der einzelsprachlichen, slavischen Schicht ist in ganz Osteuropa mit voreinzelsprachlichen, alteuropäischen (indogermanischen) Namen zu rechnen.
2. Eine besondere Bedeutung kommt dem Baltischen als dem entscheidenden Bezugspunkt innerhalb der alteuropäischen Hydronymie zu (Schmid 1994, S. 175–192).
3. Neben dem Baltischen stand das Germanische mit dem Slavischen in einer engeren Beziehung (Dini/Udolph 2004).

5. Urheimat slavischer Stämme

a. Vorüberlegungen

Der Versuch, aus dem weiten Bereich zwischen Wolga und Elbe, zwischen der Ostsee und dem Balkan unter den zehntausenden von slavischen Gewässernamen nach Typen zu suchen, die uns in die frühe und früheste Zeit slavischer Siedlung führen können, kann aufgrund der schon angesprochenen Verflechtungen mit den indogermanischen Schwestersprachen nicht allein aus slavistischem Blickwinkel heraus gelingen. So ergibt eine Zusammenstellung und Kartierung der von gemeinslavischen „Wasserwörtern", also Wörtern mit dem Bedeutungsspektrum 'Fluss, Bach, Strom, fließen, rinnen, Sumpf, Morast usw.' abgeleiteten Namen eine weite Streuung von der Ostsee bis nach Griechenland und von der Elbe bis zur Wolga.

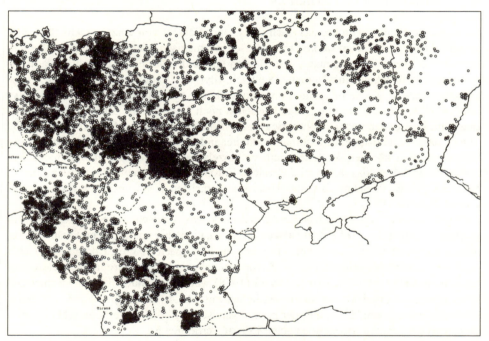

Abb. 2: Synoptische Zusammenfassung von 37 Verbreitungskarten slavischer Wasserwörter (nach Udolph 1979, S. 322, Karte 40).

Daraus ergibt sich die Frage, wie man aus dieser gewaltigen Menge von Namen diejenigen herauskristallisieren kann, die einer urslavischen Schicht – also entstanden in einer Periode, als die slavischen Namen noch relativ eng miteinander verwandt waren – zugeschrieben werden können. Alte Gewässernamen sind, wie ich schon mehrfach betont habe, erfahrungsgemäß von sogenannten Wasserwörtern abgeleitet (Krahe 1964, S. 34), also von Wörtern für Bezeichnungen für das Wasser mit allen seinen Schattierungen. Allein für das ukrainische Sprachgebiet hat M. Jurkowski (1971) mehr als 5.000 Wörter gesammelt die sich auf das Wasser und seine Eigenschaften beziehen.

b. Gut bezeugte slavische Wörter für 'Wasser, Fluss usw.' im Namenbestand

Es besteht weithin die Meinung, dass die slavische Hydronymie eine gewisse Einförmigkeit zeigt. Da sich Bau und Bildung der slavischen Gewässernamen nach denselben Kriterien wie im Wortschatz entwickelt haben, ist das durchaus verständlich, denn in diesen Sprachen herrscht die Ableitung in hohem Maße vor, also die Bildung mit Suffixen. In den Gewässernamen sind die folgenden Elemente weit verbreitet (zu den Einzelheiten s. Udolph 1979, S. 539–599): Bildungen mit *-(j)-ač-, erweitert mit Hilfe von -ov- oder -in-, vgl. *Vod-ač, Il-ača, Gnjil-ov-ača, Il-in-jača*; *-(j)ak*, auch als *-ьn-ak-, -in-ak-* u. a., liegt z. B. vor in *Solotvin-ak, Gnil-jak, Bagn-iak, Glin-iak, Vod-n-jak*; *-at-*, oft erweitert als *-ov-at-*, z. B. in *Il-ov-at, Sychl-ov-at, Hlin-ov-ata*; typisch für die slavische Hydronymie ist *-ica*, häufig auch erweitert als *-av-ica, -ov-ica, -in-ica, - sk-ica*, zahlreich sind Bildungen mit *-(ь)n-ica*, vgl. *Bar-ica, Glin-ica, Kal-ica, Vod-ica, Vir-ica, Topolo-vica, Blat-n-ica, Dubr-ov-n-ica, Lis-n-ica, Izvor-st-ica*; relativ häufig ist auch *-ik-*, z. T. erweitert als *-(ь)n-ik-, -ov-ik-*, z. B. in *Brn-ik, Bah-n-ik, Brus-n-ik, Glin-ik, Il-n-ik, Jam-n-ik, Lip-n-ik, Il-ov-ik;* zumeist adjektivischer Herkunft sind Bildungen mit *-in-, -ina-, -ino-*, etwa in *Berlin, Schwerin, Genthin*, die z. B. auch in Gewässernamen begegnen: *Ozer-in, Bolot-in, Vod-in-a, Bar-n-in, Bab-in-a, Dobr-in, Radot-in-a, Slatina*, mit *-ev-* und *-ov-* erweitert in *Bobr-ov-a, Buk-ov-a, Dub-ov-a, Kalin-ov-a, Lip-ov-a, Vugr-in-ov-o*, u. a.; Gewässernamen mit *-isk-* finden sich fast ausschließlich im Westslavischen: *Wodz-isk-a, Bagn-isk-a, Zdro-isk-o*, sonst herrscht *-iskio vor, ostslavisch als *-išč-*, sonst auch als *-išt-* erscheinend: *Ples-iszcze, Zleb-išče, Rič-išče, Gnój-išča, Bar-ište, Lokv-išta*; *-ev-/-ov-* begegnet gelegentlich auch als toponymisches Bildungsmittel, z. B. in *Duna-ev, Il-ów, Borl-ov, Sopot-ov-i, Bagn-iew-o* u. a.; sehr häufig ist *-ьc-*, z. T. erweitert mit *-in-, -ov-, -av-* und anderen Elementen, vgl. *Izvor-ec, Strumien-iec, Jezer-ca, Blat-ce, Bar-in-ec, Mor-in-cy, Il-ov-in-ce, Hlin-ov-ec, Strug-ov-ec, Brnj-av-ac;* Ähnliches gilt für *-ъk-/-ьk-*, vgl. *Potocz-ek, Vir-ok, Dunaj-ek, Ozer-ko, Bagien-ko, Bolot-ki, Vod-n-ev-ka, Il-av-ka, Ozer-ov-ka, Bar-ov-ka, Sigl-in-ka, Zvor-yn-ky, Hnoj-en-ki, Klucz-ew-at-ka, Gnil-ič-koe, Kal-n-ic-ki, Reč-ul-ka;* auch adjektivische Bildungen mit *-ьn-, -na, -no* sind häufig: *Bar-na, Brez-na, Les-na, Sol-na, Sopot-na, Svib-no, Slatin-ny, Rzecz-ny, Hnój-ny, Il-na, Glin-na, Kal-ne, Zdroj-no*.

Sucht man im slavischen Gewässernamenbestand nach Bildungen mit diesen Elementen, so erkennt man auch schon bei den damit gebildeten und häufig und allgemein bekannten Wasserwörtern der slavischen Sprachen unterschiedliche Verbreitungen, allerdings bilden sich auch Zentren, die der Interpretation bedürfen. Hier einige Beispiele:
Bei Abb. 4 (*potok*) ist zu bemerken, dass dieses Wort im Russischen schon veraltet ist und durch *ručej* 'Bach' ersetzt worden ist. Ich komme darauf unten noch einmal zurück.

Bemerkt werden muss auch noch, dass das dichte Vorkommen am Nordhang der Karpaten dadurch entsteht, dass ein Bach in einer Siedlung zunächst appellativisch benannt wird („Das ist unser Bach"), ohne Rücksicht darauf, dass im Nachbarort derselbe Vorgang stattgefunden hat oder stattfindet. Wir werden gleich noch sehen können, dass das Zentrum etwa zwischen Zakopane und der Bukowina kein Zufall ist, sondern mit slavischer Siedlung eng verbunden ist. Wie die synoptische Karte (Abb. 2) schon gezeigt hat, lässt sich dieses Zentrum auch anhand von Dutzenden weiterer slavischer Wasserwörter und davon abgeleiteter Namen festigen.

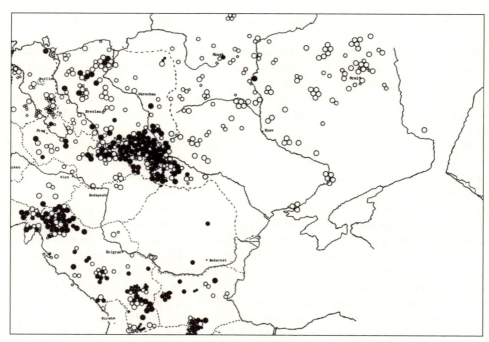

Abb. 3: Verbreitung von Ortsnamen, die slavisch *reka* 'Fluss' enthalten (nach Udolph 1979, S. 257, Karte 26); schwarz ausgefüllte Kreise = unmittelbare Bildungen, weiße Kreise = suffigierte Bildungen; in der Größe der Symbole gestaffelt nach Gewässernamen, Ortsnamen, Flurnamen.

c. Ältere slavische Gewässernamen

Wie ich in den letzten Jahren erkennen konnte (Udolph 1997, 1998), lassen sich mehrere Kriterien ermitteln, die für alte Gewässernamen charakteristisch sind:
1. Sie enthalten altertümliche Suffixe, die heute nicht mehr produktiv sind.
2. Sie besitzen dann höheres Alter, wenn sie von heute unproduktiven Appellativen abgeleitet sind.
3. Sie gehen auf unterschiedliche Ablauterscheinungen zurück, deren Areale sich aber z. T. überschneiden (unter Ablaut versteht man in den indogermanischen Sprachen den regelmäßigen Wechsel von Vokalen in Wörtern oder Wortteilen; im Deutschen heute noch gut zu erkennen an den Reihen *singen – sang – gesungen, bieten – bot – geboten, fahren – fuhr – gefahren, steigen – stieg – gestiegen* u. a. m.).
4. Sie sind mit slavischen Suffixen von vorslavischen, d. h. alteuropäischen Hydronymen abgeleitet.

Ausgehend von der heutigen Verbreitung slavischer Sprachen und den oben gezeigten Verbreitungskarten slavischer Gewässernamen (Abb. 2–4) sind dabei vor allem Teile Russlands und Weißrusslands, die Ukraine, die Slovakei und Polen interessant.

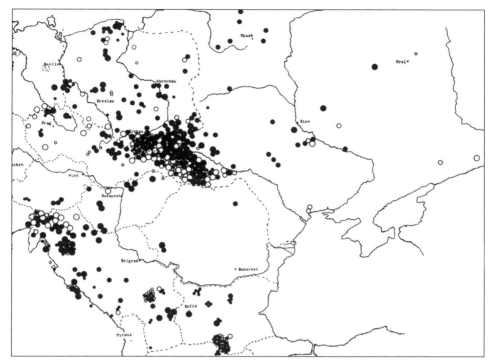

Abb. 4: Verbreitung von Ortsnamen, die slavisch *potok* 'Bach' enthalten (nach Udolph 1979, S. 251, Karte 25); schwarz ausgefüllte Kreise = unmittelbare Bildungen, weiße Kreise = suffigierte Bildungen; in der Größe der Symbole gestaffelt nach Gewässernamen, Ortsnamen, Flurnamen.

Zu den einzelnen Punkten biete ich im Folgenden Material einschließlich von Kartierungen.

(1) Die Namen enthalten altertümliche Suffixe, die heute nicht mehr produktiv sind. Hier ist zunächst das typische hydronymische Suffix *-ava*, *-awa* zu nennen, das uns z. B. in *Vir-ava*, *Vod-ava*, *Il-ava*, *Glin-iawa*, *Breg-ava*, *Ljut-ava*, *Mor-ava*, *Orl-java* und anderen Namen begegnet. Es ist wohl das typischste altertümliche slavische Suffix in der Hydronymie und besitzt deutliche Verbindungen zur voreinzelsprachlichen, indogermanischen Namengebung (*Lupawa*, *Morava–March–Mähren*, *Orava*, *Widawa*). Gelegentlich ist eine sichere Trennung nicht möglich (zu den Einzelheiten der Materialsammlung s. Udolph 1979, S. 555–558).

Eine Kartierung dieser Namen (s. Abb. 5) zeigt, dass auch die Streuung dieser alten Namen vor allem den Raum nördlich der Karpaten umfassen, eben genau das Territorium, das schon durch *potok*, *reka* (Abb. 2 und 3) aufgefallen ist.

Hochaltertümliche slavische Wörter und Namen sind sogenannte -ū-Stämme, die zumeist als *-ev-* oder *-va* (nicht als *-ava*) erscheinen. Aus dem an anderer Stelle ausführlich diskutiertem Bestand (Udolph 1997, S. 35–47) nenne ich hier nur *Bagva*, *Mokva*, *Goltwa*, *Mostva*, *Polkva*, *Branew/Brnew*, *Mała Pądew/Malapane*. Zu erwähnen ist dabei, dass diese Namen oft mit slavischen Wörtern verbunden werden können, aber ein Teil auch nicht, d. h. es gelingt kein Anschluss an den slavischen Wortschatz. Das bedeutet, dass sie zum Teil älter sein dürften. Dafür spricht auch, dass im baltischen Gewässernamenbestand Bildungen mit ganz ähnlich gelagerten Suffixen wie *-uv-*, *-iuv-* und *-(i)uvė*, *-(i)uvis* begegnen, ich nenne hier nur in aller Kürze *Daug-uva*, *Lank-uvà*, *Alg-uvà*, *Áun-uva*, *Gárd-uva*, *Lat-uvà*, *Mìt-uva*, *Ring-uvà*, *Týt-uva*, *Vad-uvà*, *Várd-uva*, *Gil-ùvė*, *Audr-uvìs*, *Med-uvìs*, *Dìt-uva*.

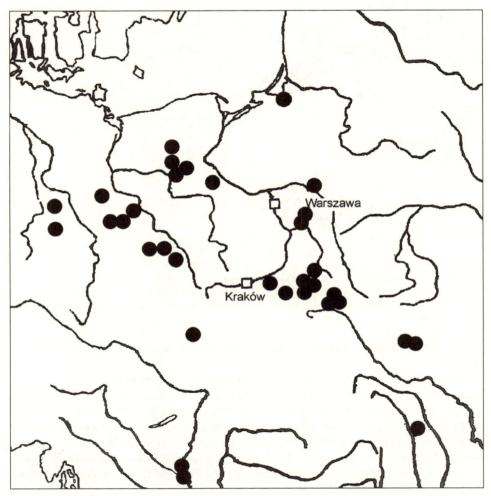

Abb. 5: Verbreitung der mit dem Suffix *-ava* gebildeten slavischen Gewässernamen (nach Udolph 1997, S. 51, Karte 3).

Die Streuung der Namen (die baltischen blieben fern) zeigt (Abb. 6), dass erneut ein von Westen nach Osten reichendes Band von Mittelpolen aus über Südostpolen bis in den Raum östlich von Kiew reicht, wobei die Karpaten nach Süden hin nicht überschritten werden.

In die Abbildung mit aufgenommen habe ich die von slavisch *ponik*, *ponikva* 'verschwindender Fluss, unterirdischer Wasserlauf' (ausführlich behandelt bei Udolph 1979,

Heimat und Ausbreitung slavischer Stämme

S. 239–245) abgeleiteten Namen, die zwar auch einen -ū-Stamm reflektieren, aber doch wesentlich jüngeren Ursprungs sind. Das dokumentiert auch die Kartierung, denn im Zentrum stehen die altertümlichen -ū-Bildungen (zum Teil etymologisch durchsichtig), während *ponik(va)* deutlich in von Slaven jünger erreichten Gebieten wie Slovenien (hier ist es ein Terminus der Karstlandschaft), Mittel- und Westpolen und Weißrussland zu finden ist. Erneut erweist sich das Nordkarpatengebiet als alter slavischer Siedlungsraum.

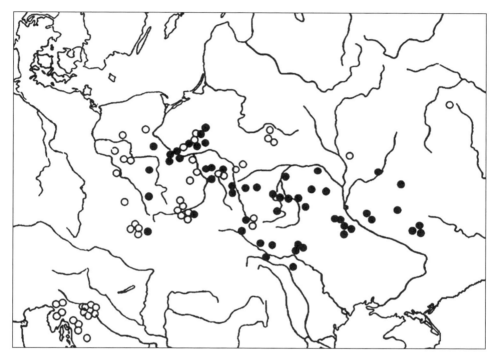

Abb. 6:   Verbreitung slavischer Gewässer- und Ortsnamen.
● = sogenannte (altertümliche) -ū-Stämme in geographischen Namen
○ = slav. *Ponikla, Ponikva, Ponikiew* u. ä. 'verschwindender, unterirdischer Fluss'

(2) Slavische Gewässernamen besitzen dann ein höheres Alter, wenn sie von heute unproduktiven Appellativen abgeleitet sind. Das bedeutet mit anderen Worten, dass die Sprache, aus der die entsprechenden Gewässernamen geschaffen wurden, das in den Namen verborgene Wort noch besessen haben muss. Es handelt sich also zweifelsfrei um ältere slavische Namen. Aus den zahlreichen vorliegenden Fällen habe ich einige ausgewählt.

Eindrucksvoll ist hier die Streuung von Namen wie *Bagno, Bahenec, Bagienice, Bagienek*, dazu auch der Familiennamen *Baginski*, der auch in Deutschland belegt werden kann, die mit ukrainisch *bahno*, polnisch *bagno* 'Sumpf, Moor, Morast usw.' zu verbinden sind. Das Wort fehlt schon lange im Südslavischen, es scheint schon früh aus diesem Bereich verschwunden zu sein (zu den Einzelheiten, dem Wortbestand in den slavischen Sprachen und den davon abgeleiteten Namen s. Udolph 1979, S. 324–336). Entsprechende Namen finden sich, wie Abb. 7 zeigt, vor allem im westslavischen Gebiet.

Umso bemerkenswerter ist die Ausstrahlung nach Südosten, deutlich angelehnt an den Nord- und Osthang der Karpaten, bis dann, etwa im heutigen Süden Rumäniens, das Wort aus dem aktiven Wortschatz verschwindet und die letzten damit gebildeten Namen am Eisernen Tor ihre Spuren hinterlassen haben. Diese Ausbreitung zeigt deutlich einen der Einfallswege der späteren Südslaven auf dem Balkan.

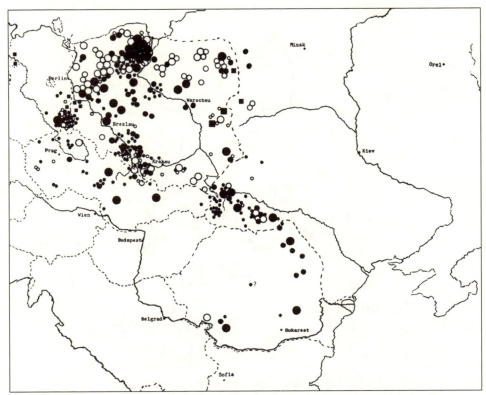

Abb. 7: Verbreitung von Ortsnamen, die slavisch *bagno* 'Morast, Sumpf' enthalten (nach Udolph 1979, S. 234, Karte 42); schwarz ausgefüllte Kreise = unmittelbare Bildungen, weiße Kreise = suffigierte Bildungen; in der Größe der Symbole gestaffelt nach Gewässernamen, Ortsnamen, Flurnamen.

Eine weitere wichtige und für die Frage nach den alten Wohnsitzen slavischer Stämme entscheidende Beobachtung hängt damit zusammen, dass das slavische Sprachgebiet heute durch Österreich, Ungarn und Rumänien getrennt ist: Zwischen West- und Ostslaven im Norden und den Südslaven im Süden gibt es seit Jahrhunderten keine engen Kontakte mehr. Die Trennung zwischen beiden slavischen Wohngebieten führte natürlich dazu, dass sich südslavische Eigentümlichkeiten herausbildeten, die den slavischen Sprachen nördlich der Karpaten unbekannt geblieben sind. Es gibt Fälle, in denen diese Diskrepanz im Wortschatz deutlich erkennbar ist, jedoch der Namenbestand ein anderes Bild zeigt.

Es gibt Appellativa und darunter auch Wasserwörter, die nur dem Südslavischen eigen sind, aber – und das ist das Entscheidende – auch in Namen nördlich der Karpaten vorkommen. Bevor ich zu einer Interpretation dieser Erscheinung greife, biete ich das entsprechende Material.

Die lange umstrittene Grundform der slavischen Sippe um altserbisch *brna* 'Kot, Erde', bulgarisch-kirchenslavisch *brьnije* 'Kot, Lehm', altkirchenslavisch *brъna* 'Kot', slovenisch *brn* 'Flussschlamm' usw. löst sich unter Einbeziehung des onomastischen Materials einwandfrei auf (zu den Einzelheiten s. Udolph 1979, S. 499–514; Udolph 1985, S. 473–479). Oft wird ein Ansatz **bьrn-* vorgeschlagen, jedoch sprechen westslavische und vor allem ostslavische Gewässernamen wie *Brynica, Brenica, Branica* und *Bronica, Bronnica, Brono* dagegen. Hinzu kommt, dass sich im Namenschatz nördlich der Karpaten neben dem genannten Ansatz **brъn-* < **brŭn-* auch die Ablautvariante **bryn-* < **brūn-* nachweisen lässt (*Brynica, Brynówka, Brynec*). Slavisch **bryn-* verlangt einen Ansatz **b(h)rūn-* und trifft sich problemlos mit germanisch **bhrūn-* in niederdeutsch *brūn-*, hochdeutsch *braun* (s. Abb. 8).

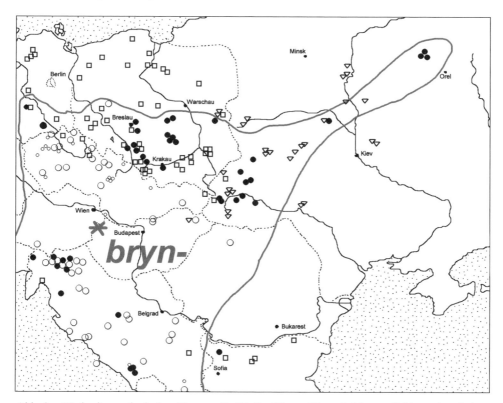

Abb. 8: Verbreitung slavischer Namen, die **brŭn-/*bryn-* 'Sumpf, Morast, Schlamm' enthalten (nach Udolph 1997, S. 58, Karte 8). Die Symbole zeigen die unterschiedliche Entwicklung in den heutigen slavischen Sprachen (brn-, brin-, bron-, bryn-), in der Größe der Symbole gestaffelt nach Gewässernamen, Ortsnamen, Flurnamen. Die Umrandung umreißt den Bereich, in dem die Langvokalvariante **bryn-* begegnet

Dieses Beispiel ist in doppelter Hinsicht von Bedeutung. Es wird deutlich, dass es sich um eine südslavische Wortgruppe handelt, die zwar im slavischen Wortschatz nördlich der Karpaten fehlt, jedoch dort im Namenbestand ihre deutlichen Spuren hinterlassen hat. Es gibt zwei Möglichkeiten, das zu erklären. Zum einen kann man annehmen, dass sich die Wortsippe im Südslavischen gesondert entwickelt hat und danach südslavische Gruppen nach Norden gezogen sind und dort ihre südslavischen Eigentümlichkeiten in den Namen hinterlassen haben. Das ist eine überaus komplizierte Annahme, vor allem angesichts der Tatsache, dass die *brn-/bron-/bryn*-Namen auch nördlich der Karpaten weit verbreitet sind. Die zweite Möglichkeit besteht darin, dass man die Existenz der Namen nördlich der Karpaten als Beweis dafür nimmt, dass die zugrunde liegenden Wörter dem Wortschatz der dort siedelnden Slaven bekannt waren und aus ihnen heraus die Namen geschaffen wurden. Daraus kann man nur folgern: Die nördlich der Karpaten nachweisbaren Namen entstammen keiner einzelnen slavischen Sprache – auch nicht dem Südslavischen – sondern einer Vorstufe aller slavischen Sprachen, also dem Ur- oder Gemeinslavischen selbst.

Das wird nachhaltig bestätigt durch die Tatsache, dass die Ansätze **brъn-* und **bryn-* Reflexe eines alten Ablauts sind (weitere Beispiele folgen unten), der ebenfalls nur einer alten slavischen Sprachstufe entstammen muss.

Nimmt man jetzt noch die Streuung der Namen hinzu und erkennt, dass beide Ablautvarianten im Namenbestand nebeneinander nur in einem bestimmten Raum der slavischen Sprachen vorkommen, so gewinnt man ein weiteres sicheres Argument dafür, dass hier – grob gesprochen: in Südpolen und der Westukraine (in Böhmen, Mähren, der Slovakei und in Slovenien findet sich nur eine Variante) – die Heimat und der Ausgangsbereich der slavischen Expansion gesucht werden muss.

Wesentlich weniger Namen lassen sich bei meinem nächsten Wort finden, aber dennoch ist das ein weiterer wichtiger Aspekt. Das einzige slavische Wort, das zur Deutung folgender Namen herangezogen werden kann, ist im Slovenischen bezeugt. Es handelt sich um slovenisch *mozirje* 'Moor', das außer in südslavischen Ortsnamen wie *Mozirje* auch in Oberösterreich begegnet (*Moserling*), in der Ukraine (*Mozyr'*), in Böhmen (*Mojzír*, dt. *Mosern*) und auch Deutschland: *Möser* bei Burg, auch ein Wüstungsname im ehemaligen Kreis Jerichow II, weiterhin *Kirchmöser*, Ortsteil von Brandenburg an der Havel und andere mehr (ausführlich behandelt bei Udolph 1979, S. 439–443).

Die Verbreitung der Namen (Abb. 9) zeigt, dass das südslavische Wort in west- und ostslavischen Namen gut bezeugt ist, wobei das Vorkommen in der Westukraine erneut den besonderen Wert dieser Region deutlich werden lässt. Nicht unerwähnt darf bleiben, dass mit *mozirje* Landschaftsnamen verwandt sind, die auch den meisten Europäern bekannt sind: vielleicht weniger *Masowien* rings um Warschau, sicherlich aber *Masuren* (die Einzelheiten der etymologischen Verwandtschaft habe ich an anderer Stelle diskutiert: Udolph 1980, S. 523–531; 2001, S. 77–86).

(3) Altertümliche slavische Gewässernamen kann man weiterhin ermitteln, indem man den Spuren des Ablauts nachgeht. Ablauterscheinungen gibt es in fast allen indogermanischen Sprachen, ich nenne hier nur *singen – sang – gesungen*, *bieten – bot – geboten*; englisch *sing – sang – sung*; litauisch *žalias* 'grün' – *žolė* 'Gras'; griechisch *lego – logos*; slavisch *tek-* 'fließen' – *tok* 'Strom' (auch in *potok*, s. oben).

Allerdings sind Spuren des Ablauts im Slavischen – im Gegensatz etwa zum Germanischen – nur noch in geringem Maße nachzuweisen, so dass auch in der Hydronymie nur mit wenigen Relikten zu rechnen ist. Diese allerdings sind dann von ganz besonderem Wert und daher sollte ihr Vorkommen und ihre Verbreitung in besonderem Maße beachtet werden. Auf *brŭn- > brn-, *brūn- > bryn- bin ich oben schon eingegangen. Hier folgen weitere wichtige Fälle.

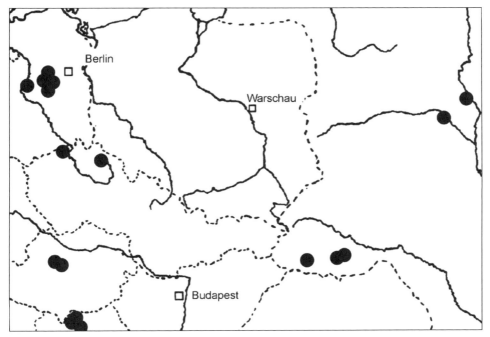

Abb. 9: Verbreitung von Ortsnamen, die slavisch *mozyr- 'Moor, Morast' enthalten (nach Udolph 1979, S. 522, Karte 84).

Für das Urslavische darf ein Wort *jьz-vorъ etwa mit der Bedeutung 'Quelle, Niederung, Bachtal, Born, Strudel' angesetzt werden, das unter anderem in altrussisch izvorъ 'Quelle', ukrainisch izvir 'kleiner Gebirgsbach', serbisch, kroatisch izvor 'Quelle, Born, Strudel' fortlebt. Dieses Wort enthält eine altertümliche Komposition, denn das Slavische kennt zwar das Verbum vъrěti 'sprudeln', aber kein selbständiges *vor- (zum Wort- und Namenmaterial s. Udolph 1979, S. 163–170, vgl. auch Schmid 1994, S. 260f.).

Daher ist die Streuung der Namen (s. Abb. 10) von besonderer Bedeutung. Die Annahme, es könne sich bei dem Vorkommen im Karpaten- und Beskidengebiet um Ausläufer einer jüngeren, südslavischen Namengebung handeln, verbietet sich angesichts des aus der indogermanischen Vorstufe ererbten Ablauts. Die im Dnjestr- und San-Gebiet liegenden Namen entstammen vielmehr einer Sprachstufe, die das zugrunde liegende Appellativum noch kannte. Das kann nur eine Vorstufe der slavischen Einzelsprachen gewesen sein, d. h. mit anderen Worten, eine gemeinslavische oder urslavische Sprachschicht.

Diese Karte zeigt zudem im Vergleich mit der Streuung der Bagno-Namen (Abb. 7), dass die späteren Südslaven nicht nur in einen Weg entlang dem Karpatenbogen nutzten, sondern auch auf verschiedenen Wegen über das heutige Rumänien hinweg den südlichen Balkan erreichten.

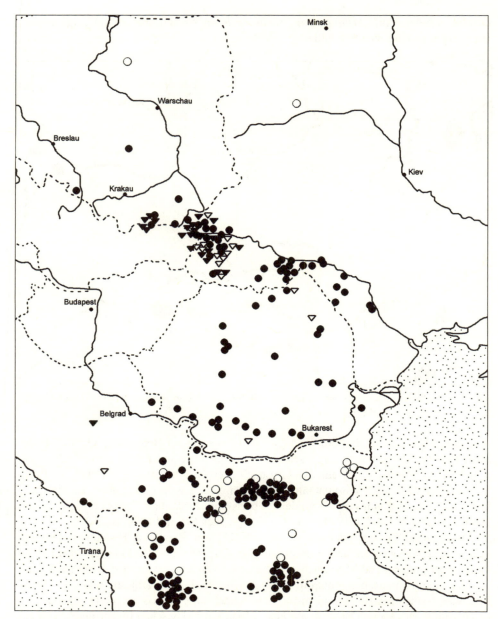

Abb. 10: Verbreitung von Ortsnamen, die slavisch *jьz-vorъ 'Quelle, Brunnen' enthalten (nach Udolph 1994, S. 169, Karte 13); Kreise und Dreiecke symbolisieren die unterschiedliche Entwicklung in den slavischen Sprachen (izvor bzw. zvor), in der Größe gestaffelt nach Gewässernamen, Ortsnamen, Flurnamen.

Ähnlich wie bei *brъn-/*bryn- sind Namen verbreitet, die deutlich erkennbare Spuren eines alten Ablauts in sich tragen. Es geht um weißrussisch krynića 'kleiner See; Wasserlauf, der aus der Erde dringt, Quelle', ukrainisch krynica 'Quelle', polnisch krynica, *krenica* 'Quelle, Brunnen', die eine Grundform **krŭn-ica* fortsetzen (zu den Einzelheiten s. Udolph 1994, S. 367–374). Es liegt eine sogenannte Dehnstufe vor, die in ukrainisch (dialektal) *kyrnýcja*, *kernýc'a* 'Quelle', altpolnisch *krnicza* 'rivus', slovenisch *krnica* 'tiefe Stelle im Wasser, Wasserwirbel, Flusstiefe' ihre kurzvokalische Entsprechung **krŭn-* besitzt. Betrachtet man sich das Vorkommen der *krynica*-Namen, die ein weites Gebiet umfassen, und konfrontiert dieses mit der Streuung der kurzvokalischen Ablautvariante (Abb. 11), so wird ein Bereich deutlich, in dem beide Varianten nebeneinander auftreten. Das sich dadurch herauskristallisierende Territorium ist mit Sicherheit als altes slavisches Siedlungsgebiet zu betrachten.

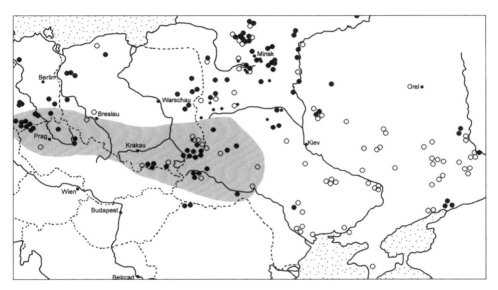

Abb. 11: Verbreitung von Ortsnamen, die slavisch **krŭn-* bzw. **krūn-* (ablautende Formen) 'Quelle, Brunnen, Bach' enthalten (nach Udolph 1994, S. 169, Karte 13); schwarz ausgefüllte Kreise = unmittelbare Bildungen, weiße Kreise = suffigierte Bildungen; in der Größe der Symbole gestaffelt nach Gewässernamen, Ortsnamen, Flurnamen. Die Schraffierung kennzeichnet den Bereich, in dem nur die kurzvokalische **krŭn-*Variante begegnet.

Versuche, die Ethnogenese des Slavischen in das Oka-Gebiet (Gołąb 1992), nach Asien (Kunstmann 19996) oder auf den Balkan (Trubačev 1996; dagegen Udolph 1988, 1999) zu verlegen, müssen an diesen Verbreitungen scheitern. Es wäre nötig, sich intensiver mit diesen Fakten auseinanderzusetzen, zumal sich ähnliche Erscheinungen auch für die Frage nach Germanenheimat und -expansion nachweisen lassen. Ganz ähnlich liegt der nächste Fall.

Neben dem bekannten russischen Appellativum *grjaz'* 'Schmutz, Kot, Schlamm', das unter anderem in weißrussisch *hrjaz'* 'aufgeweichte Stelle auf einem Weg, Sumpf, Schmutz', ukrainisch *hrjaz'* 'Sumpf, Pfütze, Schlamm' und slovenisch *grêz* 'Moor, Schlamm' Entsprechungen besitzt und einen urslavischen Ansatz **gręz-* voraussetzt, kennt das Slavische auch die Abtönung **grǫz-*, zum Beispiel in ukrainisch *hruz'* 'Sumpf, Moor, Morast', weißrussisch *hruzála*, *hruzalo* 'schmutziger Ort, sumpfige Stelle', polnisch *grąz, -gręzu* 'morastiger Sumpf' (ausführliche Diskussion bei Udolph 1994, S. 142–152). Dabei ist bereits zu beachten, dass das Südslavische die Abtönung *grǫz- nicht kennt, also an dieser urslavischen Ablautvariante keinen Anteil hat.

Dem entspricht die Verbreitung in den Namen durchaus (Abb. 12): Die Namen sind weit gestreut, eine besondere Produktivität ist im Ostslavischen zu beobachten, das Südslavische hat nur mit der *gręz-Variante Anteil.

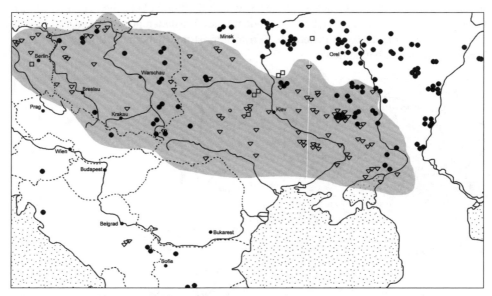

Abb. 12: Verbreitung von Ortsnamen, die slavisch *gręz-/*grǫz- (ablautende Formen) 'Schlamm, Morast, Sumpf' enthalten (nach Udolph 1997, S. 59, Karte 9); Vierecke = *grēz-, Dreiecke = *grǫz-; in der Größe der Symbole gestaffelt nach Gewässernamen, Ortsnamen, Flurnamen. Die Schraffierung kennzeichnet den Bereich, in dem nur die *grǫz-Variante begegnet.

Eine Heimat des Slavischen auf dem Balkan schließt sich damit einwandfrei aus (es geht hier um urslavische Ablautvarianten, deren Produktivität und Wirkung lange vor dem Eindringen auf den Balkan anzusetzen ist). Das Slavische kann sich auf Grund dieser Fakten nur nördlich der Karpaten entfaltet haben.

Dafür sprechen – zusammenfassend gesagt – nicht nur das soeben behandelte Wortpaar *grjaz'/hruz*, sondern nachhaltig auch die zuvor behandelten Gruppen um *izvor'/vьrěti*, *krynica* und vor allem auch *brъn-/bryn-*, das durch die sichere Verbindung mit einem germanischen Farbwort im urslavischen Wortbestand zusätzlich verankert ist.

(4) Die Entdeckung, dass sich unter einer einzelsprachlichen Schicht von Gewässernamen in Europa (dabei ist es gleichgültig, ob es um das Germanische, Keltische, Slavische oder Baltische geht) ein Netz von voreinzelsprachlichen = alteuropäischen = indogermanischen Namen befindet, ergibt neue Möglichkeiten für die Bestimmung desjenigen Bereichs, in dem sich eine indogermanische Sprache entwickelt hat.

Im slavischen Territorium kann man das vor allem an wenigen, aber wichtigen Fällen erkennen: Es geht um altertümliche slavische Suffixe, die an vorslavische, indogermanische Wurzeln, Namen oder Basen angetreten sind. Wichtig und entscheidend ist dann, wo sind derartige Namen befinden:

(a) Der größte Fluss Polens, die *Wisła*, deutsch *Weichsel,* trägt einen eindeutig vorslavischen Namen, gleichgültig, wie man ihn auch erklären mag (dazu zuletzt Udolph 1990, 303–311; Babik 2001, 311–315; Bijak 2013, 34). Für die Frage, die uns hier und jetzt beschäftigt, sind der Nebenfluss des San *Wisłok,* ca. 220 km lang, und der ca. 165 km lange Nebenfluss der Weichsel, die *Wisłoka,* von erheblicher Bedeutung.

(b) Mit demselben Suffix sind gebildet *Sanok*, Ort am San südwestlich von Przemyśl; *Sanoka*, heute nicht mehr bekannter Gewässername, 1448 *per fluvium Szanoka*, bei dem Ort *Sanoka* und mit einem Diminutivsuffix zu -*ok*-; ein Nebenfluss des Sanok, der *Sanoczek* heißt (zu den Einzelheiten s. Rymut/Majtán 1998, S. 222; Udolph 1990, S. 264–270). Mit der Suffixvariante -*očь* gehören hierzu auch *Liwocz* und *Liwoczka*, Flussnamen bei Krakau; auch ein Gebirgszug der Beskiden wird bei Długosz als *Lywocz* erwähnt.

Alle Namen liegen im Süden bzw. Südosten Polens, genau in dem Gebiet, das sich durch die bis jetzt schon behandelten slavischen Wörter und Namen deutlich als ein Teil des urslavischen Siedlungsgebietes abgezeichnet hat.

Nach dem Urteil des Słownik Prasłowiański (1974, S. 92) stellt das Suffix -*ok*- einen urslavischen Archaismus dar. Es begegnet appellativisch zum Beispiel in *sъvědokъ*, *snubokъ*, *vidokъ*, *edok*, *igrok*, *inok* u. a., seine Altertümlichkeit zeigt sich aber unter anderem auch darin, dass es an archaische athematische Stämme antritt. Man muss deutlich darauf verweisen, dass – wie früher vielfach angenommen – die Existenz vorslavischer, alteuropäischer Namen im mutmaßlich alten oder ältesten Siedlungsgebiet slavischer Stämme nicht gegen die Annahme spricht, dass dieses sich dort befunden hat, sondern die notwendige Konsequenz aus der Tatsache ist, dass sich die indogermanischen Einzelsprachen nicht aus einem luftleeren Raum entwickelt haben, sondern sich auf einer breiten indogermanischen Basis aus einer Schicht alteuropäischer Namen herausbildeten, ja man darf sagen, herausbilden mussten.

(c) Auch die Altertümlichkeit des slavischen Suffixes -*og*-, etwa in *batog*, *barloh*, *rarog*, *tvarog*, *ostrog* usw. wird allgemein anerkannt. Umso bedeutsamer ist es, dass dieses Bildungsmittel auch an vorslavische Hydronyme angetreten ist. Am auffälligsten ist hierbei vielleicht der Flussname *Minożka*, auch *Minoga*, Nebenfluss der Dłubnia nördlich von Krakau, dort auch Ortsname *Minoga*, 1257 *Mlynoga*, 1262 *Mlynoga*, 1367 *Minoga*, 1470–80 *in flumine Mninoga* usw. Er besitzt offenbar Entsprechungen in *Minaga*, See in Litauen, *Mnoha*, GN in der Ukraine und *Mnoga*, Nebenfluss der Velikaja zum Peipus-See (dazu und zum Folgenden ausführlich Udolph 1990, S. 160–163). Die Namen gehören zusammen mit *Mień*, *Mienia*, dem *Main* und anderen zu litauisch *mỹnė* 'Sumpf, Morast', lett. *miņa* 'morastige Stelle', *maiņa* 'Sumpf, Morast'. Es liegt ein alteuropäischer Typus vor, wofür schon seine Streuung von Portugal bis zum Baltikum spricht. Für den Osten Europas ist auffällig, dass sich dort (und sonst kaum) -*g*-haltige Ableitungen nachweisen lassen; ein Bildungstyp, den H. Krahe (z. B. 1964) noch unberücksichtigt gelassen hatte, der aber gerade in Osteuropa – man denke an den Namen der *Wolga* (dazu ausführlich Udolph 1995) – seine Spuren hinterlassen hat.

Minoga, *Minaga*, *Mnoga* zeigen ebenfalls, dass an alteuropäische Basen einzelsprachliche (hier: baltische und slavische Suffixe) antreten können. Da es sich nun bei -*og*- um ein archaisches Suffix handelt, können die hier genannten Namen einer älteren Stufe zugewiesen werden. Sie sind daher mit hoher Wahrscheinlichkeit als Bindeglieder zwischen alteuropäischer und slavischer Hydronymie anzusehen.

Mein Resümee der Untersuchung von Gewässernamen für die Frage nach den ältesten Siedlungsgebieten slavischer Stämme fällt wie folgt aus: Die für die Frage, aus sprachlicher, sprachwissenschaftlicher und namenkundlicher Sicht geforderten Prämissen werden von allen untersuchten Orts- und Gewässernamen im Hinblick auf ein mögliches Areal in einem ganz bestimmten Bereich erfüllt: Es ist das Vorkarpatengebiet. Eine einfache Kartierung (Abb. 13) umreißt in etwa den Raum, der sich bei allen behandelten Namen mehr oder weniger deutlich abhebt.

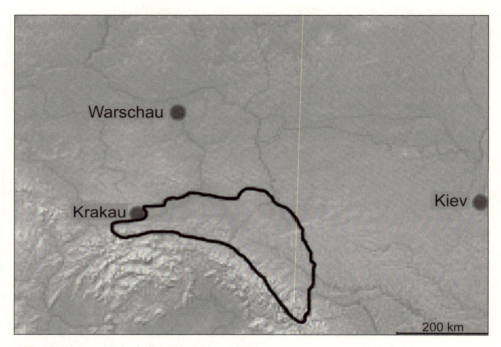

Abb. 13: Zentrum altslavischer Gewässer- und Ortsnamen.

Dabei muss aber mit aller Deutlichkeit gesagt werden, dass die Grenzen nicht so klar und deutlich angegeben können, wie es die Karte zu erwecken scheint. Es ist der Versuch, den Kern der Kartierungen in einfacher Form darzustellen. Jede Kartierung eines Orts- oder Gewässernamentyps variiert, es gibt kaum zwei Karten, die sich in ihren Zentren oder Peripherien decken. Aber dennoch halte ich diese Kartierung für sinnvoll. Dabei spielt ein Aspekt eine Rolle, den ich bisher noch nicht angesprochen habe. Ich hatte zu Beginn dieses Artikels betont, in erster Linie aus sprachlicher und namenkundlicher Sicht einen Beitrag zu leisten. In den letzten Jahren hat sich aber – nicht nur bei der Sammlung und Deutung der slavischen Namen – immer deutlicher gezeigt, dass es einen weiteren Aspekt gibt, der anscheinend nichts mit geographischen Namen zu tun hat, der aber für frühe Siedlungen meines Wissens nach von entscheidender Bedeutung ist: die Bodenqualität.

6. Bodenkunde, Bodenqualität und die Verbreitung geographischer Namen

Schon in den zwanziger und dreißiger Jahren des vorigen Jahrhunderts hat man versucht, bestimmte Ortsnamen mit der unterschiedlichen Qualität des Bodens in Verbindung zu bringen. Eigentlich hat es seitdem immer wieder Publikationen gegeben, die sich dieser Thematik gewidmet haben. Ich verzichte hier auf eine Auflistung der einschlägigen Literatur und erwähne nur die Arbeit von Schlüter (1952–1958). In jüngster Zeit bin ich wieder auf Äußerungen gestoßen, die deutlich machen, dass ein Zusammenhang zwischen der Bodenqualität und bestimmten slavischen Ortsnamentypen als gesichert angesehen werden muss. Ich habe darauf in einer Besprechung nachhaltig hingewiesen (Udolph 2016) und zitiere hier einige Sätze von W. Wenzel (2014, S. 38):

> In der Oberlausitz konnten wir feststellen, dass diese vier [Ortsnamen]typen nur in den zentralen Lössgebieten mit den fruchtbarsten Böden vorkamen, wo sich die Einwanderer zuerst niedergelassen hatten [...] Der Gang der Besiedlung hängt in entscheidendem Maße [auch von ...] der Bodenqualität ab, die in der Niederlausitz auch auf kürzere Entfernungen recht unterschiedlich sein können.

Und an anderer Stelle noch deutlicher (Wenzel 2014, S. 102f.): Dieses lässt sich

> mit konkreten Bodenwertzahlen aus dem *Atlas zur Geschichte und Landeskunde von Sachsen* bestätigen [...]. Vergleicht man die Verbreitung dieses Namentyps [...] mit der Bodenwertkarte von W. Stams [(1998)], so ist der ursächliche Zusammenhang zwischen Bodenqualität und Namentyp nicht zu übersehen.

Die angesprochene Karte liegt mir vor und es ist beeindruckend zu sehen, wie sich der durch fruchtbareren Boden abhebende Landstrich von Kamenz über Bautzen bis Görlitz mit Kartierungen alter slavischer Ortsnamen in Deckung bringen lässt. Dabei spielt auch eine wichtige Rolle, ob die betreffenden Böden leicht oder schwer zu bearbeiten sind. Zufälle sind hier ausgeschlossen.

Versuchen wir diese keineswegs neuen Erkenntnisse auf die Böden Polens und der Ukraine zu übertragen. Als besonders hilfreich erweist sich hier ein im Jahre 2007 publizierter Löss-Atlas (Haase et al. 2007), aus dem ich hier einen Ausschnitt biete.

Es macht keinerlei Mühe, die Verbreitung des Lösses im Vorkarpatengebiet mit der in diesem Beitrag zusammengetragenen alten slavischen Gewässernamen in Kongruenz zu setzen.

Dabei muss man natürlich noch einbeziehen, dass Lössböden nicht immer leicht zu bearbeiten sind. Mein vorsichtiger Versuch, Erkenntnisse der Altlandforschung für diese Frage einzubeziehen, brachte mich zu einigen Studien, aus denen ich nur einige wenige Passagen herausgreifen möchte. Als Laie auf dem Gebiet der Bodenforschung empfiehlt es sich, hier sehr vorsichtig zu sein. Aber die folgenden Bemerkungen stützen schon im Wesentlichen meine Gedanken. So heißt es bei Scheffer (1978, S. 116–117):

> Seit dem Neolithikum hat in Mitteleuropa eine erhebliche Einengung der damals für Siedlungszwecke bevorzugten Schwarzerde-Areale [...] stattgefunden [...] Bis zur Gegenwart wurden die schweren Böden der Lößgebiete, der jungen Grund-

moränen-Landschaften, der Marschen und des Mittelgebirgs-Raumes als standortgünstiger für die landwirtschaftliche Produktion angesehen als die leichten Bodenarten, da sie höhere Vorräte an Pflanzen-Nährstoffen besitzen […].

Und B. Meyer (1978, S. 119) meint, dass schwere K[alium]-reiche Böden trotz schwerer Belastbarkeit in den mittelalterlichen Rodungsperioden bevorzugt wurden.

Dennoch soll hier noch ein damit zusammenhängender Gedanke geäußert werden, den ich einer mit K. Casemir (Göttingen/Münster) geführten Diskussion um Lössböden und Alter der Ortsnamen entnehme. Man kann bei genauerer Betrachtung der Ortsnamenverbreitung (z. B. im östlichen Niedersachsen, dazu aus namenkundlicher Sicht einschlägig Casemir 2003) zu dem Schluss kommen, dass sich die ältesten germanischen Ortsnamen, also etwa die Suffixbildungen, „nicht in den Kerngebieten der Lößmulden, den fraglos ältesten Siedlungsräumen, […] sondern an deren Rändern" liegen (Casemir 2003, S. 410 nach Müller 1952, S. 144). In ähnliche Richtung geht eine Meinung von G. Overbeck (zitiert nach Casemir 1997, S. 49, Anm. 212), wonach die Bevorzugung qualitativ schlechterer Böden bei Siedlungen höheren Alters mit den „technischen" Möglichkeiten der Siedler bei der Bodenbearbeitung zusammenhängen. Die fruchtbareren, aber gleichzeitig schweren Böden, wie sie bei den meisten -büttel-Orten zu finden sind, könnten erst mit verbessertem Gerät bearbeitet werden. Aus diesem Grund seien die besseren Böden zunächst kaum genutzt und erst zu einem späteren Zeitpunkt besiedelt worden.

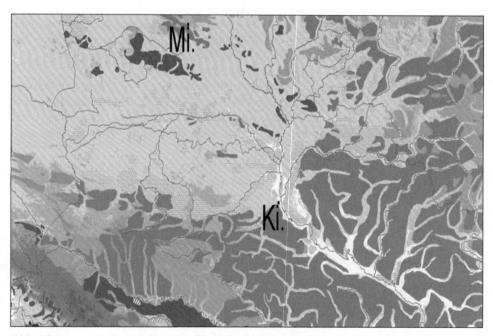

Abb. 14: Lössverbreitung in Polen und der Ukraine (nach D. Haase et al. 2007).

Wenn wir das auf die Lössverbreitung in der westlichen Ukraine und des südöstlichen Polens übertragen, so fällt schon sehr auf, dass sich das Zentrum der altslavischen Namen in dem Bereich findet, in dem die Lössverbreitung allmählich „ausfranst" (Abb. 14),

d. h. etwa in dem Gebiet westlich von Kiev zwischen Krakau im Westen und Winnycja und Moldavien im Osten.

Um es kurz zu machen: Die Verbreitung der guten Böden deckt sich mit der der altertümlichen slavischen Namen. Wenn das richtig ist, können wir im Vorkarpatenland von einer Keimzelle – besser wohl: von einer Kernlandschaft – slavischer Siedlung ausgehen. Die Existenz von vorslavischen, aber indogermanischen Namen und von Gewässernamen, deren Struktur darauf verweist, dass sie aus einer indogermanischen Basis heraus entstanden sind, dann aber auch slavische Eigentümlichkeiten entwickelt haben, kann nun – wie oben schon gesagt – nur so verstanden werden, dass sich hier in einem jahrhundertelang dauernden Prozess aus einem indogermanischen Dialektgebiet heraus diejenige Sprachgruppe herausgebildet hat, die wir heute *slavisch* nennen.

Da offenbar der gute Boden dabei eine Rolle gespielt haben können, möchte ich die folgende Überlegung zur Debatte stellen: Gute Böden führen zu besseren Ernten, minimieren die allgemeine Mortalität und die Kindersterblichkeit und führen zu einem Bevölkerungsüberdruck, der nur durch eine allmähliche Ausbreitung der Siedlungstätigkeit gemindert werden kann. Nur am Rand möchte ich hier erwähnen, dass ganz ähnliche Verhältnisse auch für die Frage nach der Heimat und Expansion germanischer Stämme vermutet werden können. Jedenfalls lassen sich auch in Mittel- und Norddeutschland Lössböden mit der Streuung hochaltertümlicher germanischer Namen in Deckung bringen (in Ansätzen schon angesprochen bei Udolph 1994, S. 909–911; Weiteres in Udolph 2015, 2017).

Zurück zu den Slaven: In einem letzten Kapitel möchte ich zu beschreiben versuchen, ob und wie mit Hilfe von Orts- und Gewässernamen die große Ausbreitung slavischer Stämme deutlich gemacht werden kann. Es gibt hier durchaus Möglichkeiten und Erkenntnisse. Wir konnten das schon bei *bagno* (Abb. 7) und **jьzvorъ* (Abb. 10) sehen.

7. Erste Expansionen slavischer Stämme

a. Ostslavisch

Im ostslavischen Siedlungsgebiet haben slavische Stämme weite Gebiete erst durch z. T. späte Kolonisation gewonnen. Iranische und turksprachliche Namen im Süden, finno-ugrische im Norden und Osten und baltische nördlich des Pripjet' sind schon früh, vor allem durch M. Vasmer (1953–1958; 1971) erkannt worden. Auch hat er die Methoden, den Verlauf der ostslavischen Besiedlung näher zu beschreiben, zutreffend umrissen: „Eine genauere Untersuchung wortgeographischer Verschiedenheiten in der topographischen Nomenklatur ist geeignet, den Anteil der einzelnen Landschaften der Kerngebiete an der russischen Kolonisation zu klären" (Vasmer 1971, Bd. II, S. 779).

Mit Hilfe von kontrastiven Kartierungen kann man diesen Gedanken von M. Vasmer, vor allem auch auf der Basis der von ihm initiierten Sammlungen *Russisches Geographisches Namenbuch* (1964–1989, Bd. 1–11) und *Wörterbuch der russischen Gewässernamen* (1961–1973, Bd. 1–5), umsetzen, wie meine Karten (Abb. 15 und 16) zeigen.

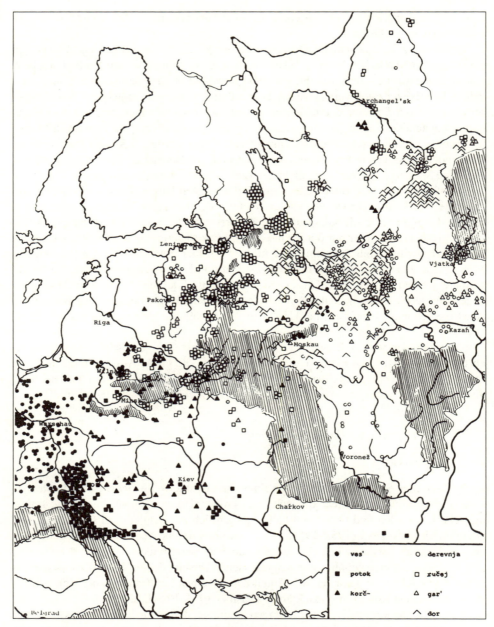

Abb. 15: Kontrastive Kartierung ostslavischer Namen (nach Udolph 1981, S. 334); Erläuterung der Symbole s. Text.

In Abb. 15 sind geographische Namen kartiert, die von den folgenden Wörtern abgeleitet sind (zu den Einzelheiten s. Udolph 1981):

- *ves'* 'Dorf'; es ist im Ostslavischen veraltet und lebt in ähnlicher Bedeutung heute noch in sloven. *vàs*, tschech., slovak. *ves*, poln. *wieś*, obersorb. *wjes*, niedersorb. *wjas* u. a. weiter. Es ist ein altes Erbwort, vgl. lett. *viesis*, altind. *viç*, griech. οἶκος, lat. *vīcus* und auch germ. *wik*, das zu Unrecht als Lehnwort aus dem Lateinischen aufgefasst wird (Udolph 1994, S. 104–111).

○ russ. *derevnja* 'Dorf', das heute allgemein übliche Wort, ist offensichtlich jüngeren Ursprungs und wahrscheinlich ein Lehnwort aus dem Baltischen.

■ *Potok* 'Bach' hatte ich schon kurz behandelt (s. oben mit Abb. 4). Es ist in fast allen slavischen Sprachen noch bekannt, im Russischen allerdings nur noch übertragen als *potok reči* „Redefluss" usw.

□ Das Russische kennt heute vor allem *ručej* in der Bedeutung 'Bach, kleiner Wasserlauf'.

Russisch *korč-*, *gar'*, *dor* sind Wortstämme aus dem Bereich der Rodungsterminologie.

▲ *korč-* ist etymologisch schwierig, was schon für sich genommen für höheres Alter des Wortes spricht.

△ *gar'-* ist als dehnstufige Bildung leichter zu erklären und gehört zu slavisch *goriti* 'brennen', was die Bedeutung 'Brandgeruch, gerodete Stelle im Wald, Brandrodung' bestätigt (vgl. auch *Görlitz – Zgorzelec*).

∧ Russ. *dor* 'Neuland, Bruchland' hängt zusammen mit *drat'*, *deru* 'reißen', im Sinne von 'ausreißen, roden'.

Eine umfassende Auflistung, Zusammenstellung und Kartierung der von diesen Wörtern abgeleiteten Orts- und Flurnamen zeigt (Abb. 15), dass sich im ostslavischen Kolonisationsgebiet deutlich unterschiedliche Areale abheben: Namen, denen *potok*, *vьsь* und *korč-* zugrunde liegen, finden sich vor allem in der Ukraine, genauer noch, im Vorkarpatengebiet südlich von Lemberg. Toponyme, die auf *ručej*, *derevnja*, *gar'* und *dor-* zurückgehen, treten dagegen gehäuft erst nördlich und nordöstlich der Pripjet'-Sümpfe auf. Es ist klar erkennbar, dass sich hinter der unterschiedlichen Streuung dieser Namentypen historische Prozesse verbergen.

Ausgangspunkt der ostslavischen Expansion sind demnach die slavischen Altsiedelgebiete in der südwestlichen Ukraine sowie Südostpolens gewesen. Steppe und Sümpfe werden zunächst gemieden. Nach Umgehen der Pripjet'-Sümpfe greifen die Namen nach Norden in Richtung Peipus- und Ilmensee über, erst dann erfolgt eine Siedlungsbewegung nach Osten, die vor allem mit Moskau zu verbinden ist (s. Abb. 16).

b. Westslavisch

Nach Ablösung von einer mit späteren Ost- und Südslaven gemeinsamen Ausgangsbasis (die nicht in West- oder Nordpolen gelegen haben kann) wird die Wanderungsrichtung der späteren westslavischen Stämme entscheidend von den geologischen Gegebenheiten bestimmt. Die starke Gliederung des Gebietes zwischen Wienerwald und der polnischen und deutschen Tiefebene führte dazu, dass man ein gemeinsames Westslavisch kaum gewinnen kann. Im Einklang mit archäologischen Forschungen und Überlegungen, die sich um die Ethnogenese des Sorbischen drehen (Schuster-Šewc 2000), wird inzwischen angenommen, dass die westlichsten Gebiete slavischer Siedlung an unterer Elbe und Saale durch zwei Einwanderungswege erreicht wurden: zum einen über Nordpolen hinweg, was die Gemeinsamkeiten des Polabischen mit dem Kaschubischen und Slowinzischen erklären kann, zum andern nach Mähren und Böhmen hinein, und von dort aus elbeabwärts bis hin zum Dravänopolabischen. Zu diesem Komplex hat sich auch W. Wenzel (2014) mehrfach geäußert.

Abb. 16: Landnahme ostslavischer Siedler auf der Basis von Abb. 15 (nach Udolph 1981, S. 335).

Heimat und Ausbreitung slavischer Stämme 115

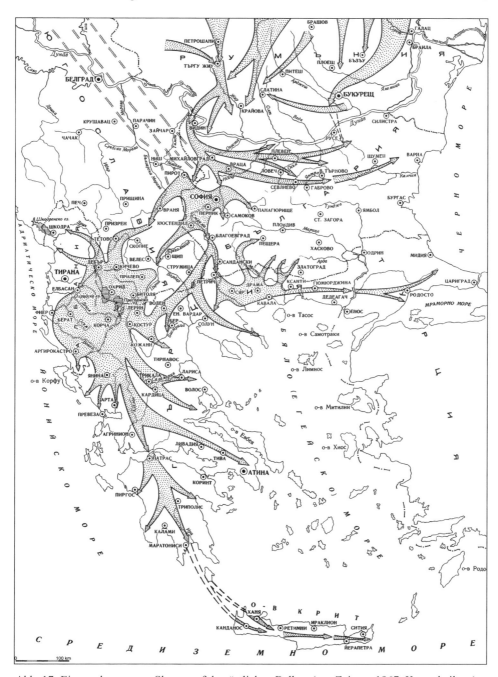

Abb. 17: Einwanderung von Slaven auf den östlichen Balkan (aus Zaimov 1967, Kartenbeilage).

c. Südslavisch

Südslaven sind, wie die bisherigen Ausführungen gezeigt haben, entgegen der von O. N. Trubačev (1991) vertretenen These einer slavischen Heimat südlich der Karpaten in diesem Gebiet nicht als autochthon anzusehen. Wir hatten anhand der Verbreitung von *bagno* (Abb. 7) und **jьzvorъ* (Abb. 10) schon sehen können, dass der östliche Balkan vor allem auf zwei Wegen erreicht worden ist: zum einen durch eine Wanderung am Karpatenbogen entlang, zum anderen durch einen Zuzug durch heute rumänisches Sprachgebiet, wobei Siebenbürgen als einer der bevorzugten Siedlungsgebiete deutlich wird. Die weitere Ausbreitung der späteren Makedonen und Bulgaren hat J. Zaimov in einer Kartierung (Abb. 17) anhand der geographischen Namen nachzuzeichnen versucht. Ich kann ihm im Wesentlichen zustimmen.

Aber es gab auch eine Wanderung von Slaven durch die Mährische Pforte, dem schon in der Bronzezeit bekannten und genutzten Verbindungsweg zwischen Nordosteuropa und dem Balkan. Auch slavische Namen zeigen das sehr deutlich, wie man schon an den Abbildungen 3 (*reka*), 4 (*potok*) und 6 (*ponikla* und Verwandtes) ersehen kann. Hier folgen noch einige weitere Beispiele.

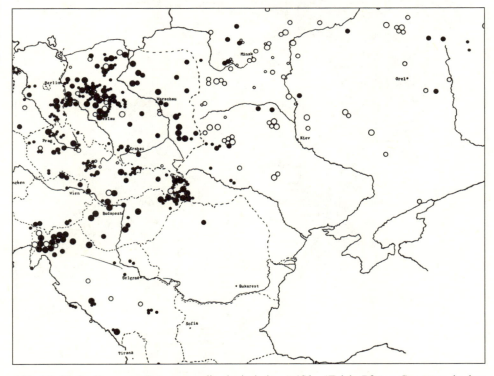

Abb. 18: Verbreitung von Ortsnamen, die slavisch **moči(d)lo-* 'Teich, Pfütze; Gewässer, in dem Flachs eingeweicht wird' enthalten (nach Udolph 1979, S. 205, Karte 18); schwarz ausgefüllte Kreise = unmittelbare Bildungen, weiße Kreise = suffigierte Bildungen; in der Größe der Symbole gestaffelt nach Gewässernamen, Ortsnamen, Flurnamen.

Ein weiteres Sumpfwort in den slavischen Sprachen ist eine Ableitung von *močiti* 'feucht, nass machen, einweichen, erweichen (vom Hanf)', es bedeutet daher auch oft 'Flachsröste' (zu Wörtern und Namen s. ausführlich Udolph 1994, S. 197–206). Man kann eine Ableitung mit dem Suffix *-(d)lo-* annehmen und findet es etwa in ukrain. *močylo*, poln. *moczydło*, niedersorb. *mocydło*, serb., kroat. *močilo*. Davon abgeleitete Namen begegnen häufig im westslavischen Sprachgebiet (Polen, Lausitz, Tschechien, Slovakei), greifen aber auch deutlich nach Ungarn und vor allem nach Slovenien über. Im Gegensatz dazu fehlen Verbindungen zwischen der Ukraine und Bulgarien/Südserbien vollständig (Abb. 18).

Ein aus dem Slavischen entlehntes und auch in deutschen Dialekten bekanntes Wort ist *Lusche* 'Pfütze, Lache'. Grundlage dessen ist ein in fast allen slavischen Sprachen bezeugtes Wort *luža* 'Pfütze, mit Wasser gefüllte Vertiefung, Lache, Schlamm, Morast u. a. m.' (zum gesammelten Material s. Udolph 1994, S. 186–192). Die Verbreitung zeigt Verbindungen von Südpolen aus durch die Mährische Pforte nach Österreich und Slovenien, aber auch nach Weißrussland und Russland (Abb. 19).

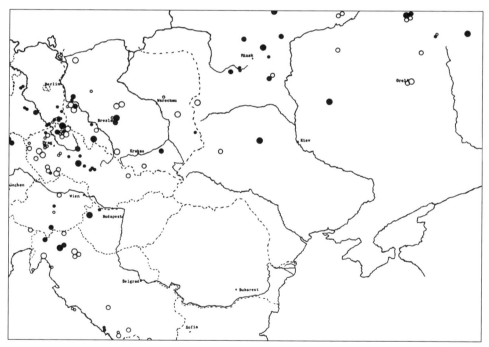

Abb. 19: Verbreitung von Ortsnamen, die slavisch **luža* 'Pfütze, Lache' enthalten (nach Udolph 1979, S. 191, Karte 16); schwarz ausgefüllte Kreise = unmittelbare Bildungen, weiße Kreise = suffigierte Bildungen; in der Größe der Symbole gestaffelt nach Gewässernamen, Ortsnamen, Flurnamen.

Ein letztes Beispiel: Das Tschechische, Slovakische und die südslavischen Sprachen kennen ein Wort *nákel, naklo*, dessen Bedeutung aber sehr variiert. Die Palette reicht von 'feuchter, sumpfiger Ort, junger Weidenbestand, Sandinsel im Fluss' über 'Abladeplatz' und 'auf Pfählen erbautes Dorf', bis zu 'Seihtuch, Sieb' und 'Amboss' (zu den Einzelheiten und der Problematik der Verbindungen s. Udolph 1994, S. 434–439). Erneut ist klar zu erkennen (Abb. 20), dass die davon abgeleiteten Namen über die Mährische Pforte hinweg das Westslavische und den Westflügel der südslavischen Sprachen miteinander verbinden.

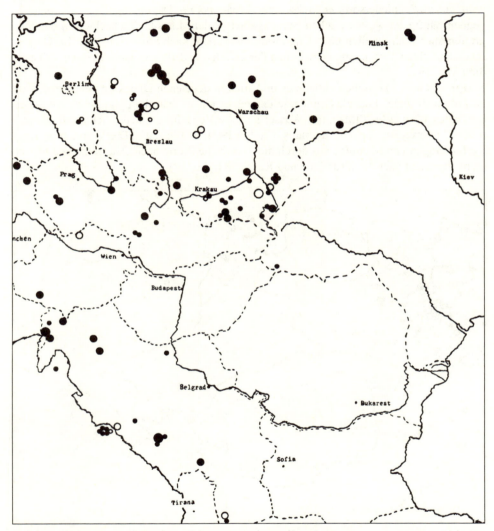

Abb. 20: Verbreitung von Ortsnamen, die slavisch *nakъlъ, *nakъlo 'feuchter, sumpfiger Ort, junger Weidenbestand, Sandinsel im Fluss' enthalten (nach Udolph 1979, S. 438, Karte 64); schwarz ausgefüllte Kreise = unmittelbare Bildungen, weiße Kreise = suffigierte Bildungen; in der Größe der Symbole gestaffelt nach Gewässernamen, Ortsnamen, Flurnamen.

Als Ergebnis namenkundlicher Untersuchungen kann zur Einwanderung der Südslaven auf den Balkan zusammengefasst werden: Es gab verschiedene Einwanderungswege, grob gesprochen einen mehr westlich verlaufenden aus der Mährischen Pforte über Österreich, Slowenien und Kroatien hinweg bis nach Albanien und auch in das westliche

Griechenland, sowie einen eher östlichen Weg entlang der Karpaten bis zum Eisernen Tor und darüber hinaus nach Bulgarien, Makedonien und weiter nach Griechenland. Neben diesen beiden Haupteinfallswegen gibt es einige weitere nicht ganz so deutlich ausgeprägte Wege, allerdings lassen sich slavische Ortsnamen doch verstärkt sowohl am Westrand wie am Ostrand der Ungarischen Tiefebene nachweisen.

In einer – mir ist das bewusst – gewagten Kartierung habe ich dieses vor Jahrzehnten einmal in die folgende Form gefasst (Abb. 21).

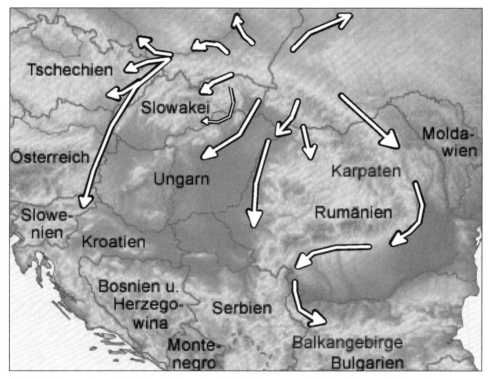

Abb. 21: Expansion slavischer Stämme im Lichte der geographischen Namen (Entwurf).

In dieser durchaus provisorischen Kartierung sehe ich einen nicht untauglichen Versuch, die wichtigsten Richtungen der slavischen Expansion in den ersten Jahrhunderten nach Chr. Geburt kartographisch darzustellen. Die von Fachleuten und von Zeitgenossen beobachtete große Ausbreitung der Slaven (nach einer byzantinischen Quelle sollen im Jahr 577 100.000 Slaven in Thrakien und Illyrien eingefallen sein) muss ja irgendwo ihren Ausgang genommen haben. Das kann nur nördlich der Karpaten geschehen sein, also in einem Bereich, der den antiken Quellen nicht ohne weiteres bekannt gewesen ist.

8. Zusammenfassung

Die sich auch bei Bevölkerungswechseln mit größter Zähigkeit erhaltenen Ortsnamen sind als wichtigste Hilfsmittel für die Bestimmung alter Wohnsitze von allergrößtem Wert.

Das gilt auch für Fragen, die mit Urheimat, Ethnogenese und ersten Siedlungsbewegungen slavischer Völker zusammenhängen, „denn wo Ortsnamen einer bestimmten Sprache in größerer Zahl sich finden, da muss auch die betreffende Sprache selbst gesprochen worden sein, da müssen Angehörige des diese Sprache sprechenden Volkes gelebt haben" (Krahe 1949/50, S. 25). Die intensive Untersuchung der geographischen Namen Ost- und Mitteleuropas führt zu der Erkenntnis, dass sich das Slavische aus einem indogermanischen Dialekt heraus (die alteuropäische Hydronymie und baltisch-germanisch-slavische Übereinstimmungen spielen dabei eine Rolle) in einem relativ begrenzten Raum zwischen oberer Weichsel und Bukovina entfaltet haben muss, eine balto-slavische Zwischenstufe nicht bestanden haben kann, es zu frühen, kaum abreißenden Kontakten mit baltischen und germanischen Stämmen gekommen ist und durch eine starke Expansion die späteren Wohnsitze ost-, west- und südslavischer Völker erreicht wurden. Ganz ähnliche Ausbreitungen sind bei keltischen und germanischen Stämmen beobachtet worden, allerdings gingen diese der slavischen Expansion voraus.

Literatur

Anreiter 2001 = P. Anreiter: *Die vorrömischen Namen Pannoniens*, Budapest 2001.
Babik 2001 = Z. Babik: *Najstarsza warstwa nazewnicza na ziemiach polskich*, Kraków 2001.
Bijak 2013 = U. Bijak: *Nazwy wodne dorzecza Wisły: Potamonimy odapelatywne*, Kraków 2013.
Brather 2004 = S. Brather: *Ethnische Interpretationen in der frühgeschichtlichen Archäologie*, Berlin 2004.
Busse 2007 = P. Busse: *Hydronymie und Urheimat. Ein neuer Ansatz zur Lokalisierung der Urheimat der Kelten?*, in: *Kelten-Einfälle an der Donau*, Wien 2007, S. 89–98.
Casemir 1997 = K. Casemir: *Die Ortsnamen auf -büttel*, Leipzig 1997.
Casemir 2003 = K. Casemir: *Die Ortsnamen des Landkreises Wolfenbüttel und der Stadt Salzgitter*, Bielefeld 2003.
Dini/Udolph 2004 = P. U. Dini/J. Udolph, *Slavisch-Baltisch-Germanische Sprachbeziehungen*, in: *Reallexikon der Germanischen Altertumskunde*, Bd. 29, Berlin – New York 2005, S. 59–78.
Gołąb 1992 = Z. Gołąb: *The Origins of the Slavs. A Linguist's View*, Columbus (Ohio) 1992.
Haase et al. 2007 = D. Haase et al.: *Loess in Europe – its spatial distribution based on a European Loess Map, scale 1:2,500,000*, in: *Quaternary Science Reviews* 26: 09–10 (2007), S. 1301–1312 (= https://www.sciencedirect.com/science/article/abs/pii/S0277379107000510?via%3Dihub).
Hydronymia Europaea, hg. von W. P. Schmid, Bd. 1–18 und Supplementbände, Wiesbaden (– Stuttgart) 1985–2006.
Jurkowski 1971 = M. Jurkowski: *Ukraińska terminologia hydrograficzna*, Wrocław 1971.
Krahe 1949/50–1965 = H. Krahe: *Aufsatzreihe. Alteuropäische Flussnamen* [u. a.], in: *Beiträge zur Namenforschung* 1–16 (1949/50–1965).
Krahe 1964 = H. Krahe: *Unsere ältesten Flußnamen*, Wiesbaden 1964.
Kunstmann 1996 = H. Kunstmann: *Die Slaven. Ihr Name, ihre Wanderung nach Europa und die Anfänge der russischen Geschichte in historisch-onomastischer Sicht*, Stuttgart 1996.
Leibniz 1882 = G. W. Leibniz: *Die philosophischen Schriften*, hg. v. C. I. Gerhard. Bd. 5, Berlin 1882.
Mańczak 1981 = W. Mańczak: *Praojczyzna Słowian*, Wrocław 1981.
Meyer 1978 = B. Meyer: *Bodenkunde und Siedlungsforschung*, in: *Reallexikon der Germanischen Altertumskunde*, Bd. 3, Berlin – New York 1978, S. 117–120.
Müller 1952 = Th. Müller: *Ostfälische Landeskunde*, Braunschweig 1952.
Prinz 1975 = J. Prinz: *Zur Bestimmung der ältesten slavischen Namenschicht anhand der Gewässernamen*, in: *Actes du XIe Congrès International des Sciences Onomastiques*, Bd. 2, Sofia 1975, S. 181–187.

Rozwadowski 1948 = J. Rozwadowski: *Studia nad nazwami wód słowiańskich*, Kraków 1948.
Scheffer 1978 = F. Scheffer: *Boden in Mitteleuropa*, in: *Reallexikon der Germanischen Altertumskunde*, Bd. 3, Berlin – New York 1978, S. 108–117.
Schelesniker 1991 = H. Schelesniker: *Slavisch und Indogermanisch. Der Weg des Slavischen zur sprachlichen Eigenständigkeit*, Innsbruck 1991.
Schlüter 1952–1958 = O. Schlüter: *Die Siedlungsräume Mitteleuropas*, Teil 1–2,2 und Erläuterungen, Hamburg 1952–1958.
Schmid 1994 = W. P. Schmid: *Linguisticae Scientiae Collectanea. Ausgewählte Schriften.* Berlin – New York 1994.
Schuster-Šewc 2000 = H. Schuster-Šewc: *Das Sorbische im slawischen Kontext. Ausgewählte Studien*, Bautzen 2000.
Słownik Prasłowiański 1974 = F. Sławski (Red.): *Słownik Prasłowiański*, Bd. 1, Warszawa 1974.
Stams 1998 = W. Stams: *Atlas zur Geschichte und Landeskunde von Sachsen*, Beiheft zur Karte F IV 1: *Böden nach Bodenwerden*, Leipzig u. Dresden 1998.
Toporov/Trubačev 1962 = V. N. Toporov/O. N. Trubačev: *Lingvističeskij analiz gidronimov Podneprov'ja*, Moskva 1962.
Trubačev 1968 = O. N. Trubačev: *Nazvanija rek pravoberežnoj Ukrainy*, Moskva 1968.
Trubačev 1991 = O. N. Trubačev: *Ėtnogenez i kul'tura drevnejših slavjan*, Moskva 1991.
Udolph 1979 = J. Udolph: *Studien zu slavischen Gewässernamen und Gewässerbezeichungen. Ein Beitrag zu Fragen nach der Urheimat der Slaven.* Heidelberg 1979.
Udolph 1980 = J. Udolph: *Slavische Etymologien und ihre Überprüfung an Hand von Gewässer-, Orts- und Flurnamen*, in: *Lautgeschichte und Etymologie. Akten der VI. Fachtagung der Indogermanischen Gesellschaft*, Wiesbaden 1980, S. 523–531.
Udolph 1981 = J. Udolph: *Die Landnahme der Ostslaven im Lichte der Namenforschung*, in: *Jahrbücher für Geschichte Osteuropas* 29 (1981), S. 321–336.
Udolph 1985 = J. Udolph: *Zum kirchenslavisch-ostslavischen Dualismus in der Toponymie*, in: *International Journal of Slavic Linguistics and Poetics* 31/32 (= Festschrift f. H. Birnbaum) (1985), S. 473–479.
Udolph 1988 = J. Udolph: *Kamen die Slaven aus Pannonien?*, in: *Studia nad etnogenezą Słowian* (= Festschrift f. W. Hensel), Wrocław 1988, S. 168–173.
Udolph 1990 = J. Udolph: *Die Stellung der Gewässernamen Polens innerhalb der alteuropäischen Hydronymie*, Heidelberg 1990.
Udolph 1994 = J. Udolph: *Namenkundliche Studien zum Germanenproblem*, Berlin – New York 1994.
Udolph 1995 = J. Udolph: *Wolga – Olše/Olza – Elze: Ein Nachtrag*, in: *Acta Onomastica* 36 (= Gedenkschrift V. Šmilauer), Praha 1995 [1996], S. 249–261.
Udolph 1997 = J. Udolph: *Alteuropäische Hydronymie und urslavische Gewässernamen*, in: *Onomastica* 42 (1997), S. 21–70 (= http://www.prof-udolph.com/forschung/beitraege/juergen-udolph-alteuropaeische-hydronymie-und-urslavische-gewaessernamen.html).
Udolph 1998 = J. Udolph: *Typen urslavischer Gewässernamen*, in: *Prasłowiańszczyzna i jej rozpad*, Warszawa 1998, S. 275–294.
Udolph 1999 = J. Udolph: *Die Schichtung der Gewässernamen in Pannonien*, in: *Ural-Altaische Jahrbücher. Neue Folge* 15 (1999), S. 90–106.
Udolph 2001 = J. Udolph: *Mogyła, magura, Magdeburg – Neues zu alten Fragen*, in: *Toponimia i oronimia*, Kraków 2001, S. 77–86.
Udolph 2009 = J. Udolph: *Les hydronymes paléoeuropéens et la question de l'origine des Celtes*, in: *Nouvelle Revue d'Onomastique* 51 (2009) [2011], S. 85–121.
Udolph 2014 = J. Udolph: *Ethnogenese und Urheimat der Slaven*, in: *Die Slavischen Sprachen*, Bd. 2, Berlin 2014, S. 1131–1144.
Udolph 2015 = J. Udolph: *Baltisch, Slavisch, Germanisch – Kontakte und Beziehungen aus der Sicht der Onomastik*, in: John Ole Askedal/Hans Frede Nielsen in collaboration with Erik W.

Hansen, Alexandra Holsting and Flemming Talbo Stubkjær (eds.), *Early Germanic Languages in Contact: A Symposium*, Amsterdam 2015.

Udolph 2016 = Rezension zu: *W. Wenzel, Namen und Geschichte. Orts- und Personennamen im deutsch-slawischen Sprachkontaktraum als historische Zeugnisse, Hamburg 2014*, in: *Beiträge zur Namenforschung: Neue Folge* 51 (2016), S. 242–252.

Udolph 2017 = J. Udolph: *Heimat und Ausbreitung indogermanischer Stämme im Lichte der Namenforschung*, in: *Acta Linguistica Lithuanica* 76 (2017), S. 173–249.

Vasmer 1953–1958 = M. Vasmer: *Russisches etymologisches Wörterbuch*, Bd. 1–3, Heidelberg 1953–1958.

Vasmer 1971 = M. Vasmer: *Schriften zur slavischen Altertumskunde und Namenkunde*, hg. v. H. Bräuer, Bd. 1–2. Berlin – Wiesbaden 1971.

Wenzel 2014 = W. Wenzel: *Namen und Geschichte. Orts- und Personennamen im deutsch-slawischen Sprachkontaktraum als historische Zeugnisse*, Hamburg 2014.

W. Wenzel: *Studien zu sorbischen Personennamen*, Teil II/1–2, Bautzen 1991–1992.

Zaimov 1967 = J. Zaimov: *Zaselvane na bŭlgarskite slavjani na Balkanskija poluostrov*, Sofija 1967.

III
Ortsnamen

Die Ortsnamen auf -*ithi**

Die hier zu behandelnden Ortsnamen enthalten ein germanisches Wortbildungselement, „das in seinen ältesten überlieferten Formen als asä. -*ithi*, ahd. -*idi* < *-*iþja* (st. n.) und -*ida* (st. f.) auftritt"[1]. Nach H. Walther „diente (es) zur Örtlichkeitsbenennung, indem es an Nomina antrat, die Geländestellen bezeichneten. Lateinisch entspricht ihm das Suffix -*ētum*"[2]. Die früher häufiger vertretene Annahme, es handele sich um ein altes Kollektivsuffix, hat H. Dittmaier unter Einschluss der Bildungen auf *-*itja* (dazu s. u.) etwas modifiziert. Seiner Ansicht nach „ist (es) wohl im Ursprung weniger ein Kollektivsuffix als ein Versehenseinsuffix (versehen mit, reich an)"[3]. Dem schloss sich P. v. Polenz an: „Die Bedeutung dieser Suffixe ist ziemlich allgemeiner Art. Die ältere Deutung als verstümmeltes germ. *haithjô* 'Heide' ist lautlich haltlos. -*ithja/itja* ist ein uraltes Formans, das innerhalb des germanischen Wortschatzes isoliert ist"[4]. Auch die von Th. Baader[5] vorgeschlagene Verbindung mit dem idg. Demonstrativpronomen *to/tio/tiā* überzeugt nicht.[6]

Für hohes Alter dieses Suffixes spricht die Beleglage innerhalb der germanischen Sprachen. Nach W. Arnold führt „die Ableitung selbst [...] in das höchste Alter unserer Sprache zurück, wie das got. *avēthi* zeigt"[7]. Das gotische Wort (Bedeutung: 'Schafherde') steht evtl. für *aweiþi*, nach F. Kluge[8] könnten hierzu mit grammatischem Wechsel auch ahd. *ewit* – *ouwiti*, ags. *eowde* und evtl. ags. *gesylhþe* 'Joch Ochsen' gehören. Zu got. *aveþi* stimmt nach I. Petters[9] „lateinisch *equitium*, Gestüt, in überraschender Genauigkeit [...] In der Geltung entspricht unserm -*ithi* lateinisches -*tum*, -*etum* mit gleicher Häufigkeit: *filictum*, Ort mit Farnkraut, *salictum*, Weidengebüsch, Weidigt, *ficetum*, Feigenpflanzung, *juncetum*, Ort voller Binsen u.s.w.". Auf die Verbindung mit dem Lateinischen wird noch zurückzukommen sein.

Aus dem Altenglischen hat O. Thiele[10] das Appellativum *winterfylleð* 'Oktober' (zu *full* oder *fyllan*), wozu auch ae. *fylled-flôd* 'hohe Gezeit, Flut' und *scip-fylleð* 'Privatgerichtsbarkeit über drei Hundertschaften' gestellt werden können, beigebracht.

---

* Erstmals erschienen in: *Probleme der älteren Namenschichten. Leipziger Symposion 21. bis 22. November 1989*, hg. von Ernst Eichler (= *Beiträge zur Namenforschung. Neue Folge*; Beiheft 32), Heidelberg 1991, S. 85–145. — Seit der Erstveröffentlichung sind 30 Jahre vergangen. In der hier jetzt vorliegenden Fassung sind seitdem notwendig gewordene Korrekturen, Verbesserungen und Ergänzungen, soweit es möglich war, eingearbeitet worden.

[1] Bach, Deutsche Namenkunde II, 1, S. 201.
[2] Walther, S. 142.
[3] Dittmaier, Berg. Land, S. 109f. Vgl. auch Polenz, S. 130.
[4] Polenz, S. 130. Zur Deutung *ithi* = Heide (Abels, S. 49) s. auch Dittmaier, Berg. Land, S. 110.
[5] Jahrbuch des Vereins für niederdeutsche Sprachforschung 78 (1955), S. 61.
[6] S. Polenz, S. 130.
[7] Arnold, S. 304f.
[8] F. Kluge: *Nominale Stammbildungslehre der altgermanischen Dialekte*, 2. Aufl., Halle 1899, S. 35.
[9] Petters, S. 470.
[10] O. Thiele: *Die konsonantischen Suffixe der Abstrakta des Altenglischen*, Darmstadt 1902, S. 26.

„Am häufigsten ist die Bildungsweise im Hochdeutschen",[11] man vergleiche ahd. *winithi* 'Weideland', *juhhidi* 'Gespann', *hemidi* 'Hemde', *jungidi* 'Junges', mhd. *pfluogide* 'Paar Pflugochsen', und mit dem Kollektivpräfix *ga-gimâlidi* 'Gemälde', *gimarkidi* 'Gemarkung' u. v. a. m.[12] Ableitungen von Adjektiven weisen in der Regel das weibliche Suffix *-ida* auf, so *hertida* 'Härte', *beldida* 'Kühnheit', *spâhida* 'Klugheit'[13]. Aus dem Mittelniederdeutschen lässt sich als Appellativum *bōmede* beibringen.[14]

Aus dem Niederländischen ist mir J. Mansions Hinweis[15] auf ndl. *beemd*, mndl. *beemt* 'weiland' bekannt geworden.

Schon oft ist auf das hohe Alter der mit diesem Suffix gebildeten Ortsnamen hingewiesen worden. So hat H. Walther ausgeführt: „Zweifellos handelt es sich bei den ursprünglichen Örtlichkeitsnamen (Stellenbezeichnungen) auf *-idi* um einen altertümlichen Bildungstyp"[16]. Nach W. Evers sind unter den ältesten Siedlungsnamen (bis etwa 300 n. Chr.) „[...] zu nennen [...] die wichtige Gruppe der Orte mit der Endung *-ithi* [...] Alle diese Dörfer gehören zu den ältesten Siedlungen Niedersachsens und überhaupt des germanischen Gebiets und reichen in die vorgeschichtliche Zeit zurück"[17]. W. Flechsig weist diesen Ortsnamentypus „den ersten hunderten unserer Zeitrechnung zu"[18]. Für W. Budesheim gehören sie „zu den ältesten germanischen Siedlungsnamen"[19], er folgt damit E. Schröder, der diese Namengruppe als „'prähistorisch' und 'in ihrem Hauptbestand gewiß von höchster Altertümlichkeit" bezeichnet.[20] Bei W. Flechsig heißt es: „Die mit [...] *-ithi* gebildeten ON gehören nach übereinstimmender Ansicht der Namenforscher der ältesten urgeschichtlichen Namenschicht an, die uns überliefert ist."[21]

Das offensichtlich hohe Alter der Namen hat gelegentlich sogar zu übertriebenen Äußerungen geführt. So gehört die Endung *-ithi* nach Andree[22] „zu den ältesten, die wir kennen, und kommt vielleicht schon in ptolemäischen Ortsbezeichnungen vor". Noch deutlicher wurde B. Crome vor ca. 70 Jahren: „Das Wichtige ist nun, daß diese Ortsnamenschicht steinzeitliche Siedlungsverhältnisse widerspiegelt"[23].

Zwar muss man diese Bemerkung als verfehlt ansehen, jedoch ist auch in anderer Hinsicht gelegentlich Widersprüchliches geäußert worden. So weist F. Kauffmann mit Recht auf den archaischen Charakter des Suffixes *-ithi* hin,[24] um an anderer Stelle einzuschränken: „Möglicherweise ist auch *-ithi* gemeingermanisch"[25]. Der Grund für diese Zurück-

---

[11] Krahe-Meid III, S. 149.
[12] W. Henzen: *Deutsche Wortbildung*, 2. Aufl., Tübingen 1965, S. 139; Krahe-Meid III, S. 149f.
[13] Schwarz II, S. 76.
[14] Dittmaier, Berg. Land, S. 290 nach Schiller-Lübben.
[15] Mansion, Best., S. 74.
[16] Walther, S. 143.
[17] Evers 1951, S. 391f.
[18] *Ortsnamen als Quellen für die Siedlungsgeschichte des Leinetals*, in: *Deutsche Königspfalzen. Beiträge zu ihrer historischen und archäologischen Erforschung*, Bd. II, Göttingen 1965, S. 86.
[19] Budesheim, S. 35.
[20] Bach, Studien, S. 337.
[21] Flechsig 1953, S. 23.
[22] Andree, S. 71.
[23] *Korrespondenzblatt des Gesamtvereins der deutschen Geschichts- und Altertumsvereine* 68 (1920), S. 146.
[24] *Deutsche Altertumskunde*, Bd. 2, München 1923, S. 265.
[25] Ebd., S. 259.

nahme liegt offensichtlich im Fehlen dieser Namen in Skandinavien und in den spärlichen Belegen in Schleswig-Holstein. Auf diesen Widerspruch wird nach Vorstellung des Namenmaterials noch zurückzukommen sein.

Für die Altertümlichkeit unseres Namentypus spricht auch die Schwierigkeit der Deutung der ersten Bestandteile. So äußert W. Flechsig: „Bei vielen der in diese älteste Namenschicht eingereihten Ortsnamen erweist sich auch das erste Namenglied als hochaltertümlich, weil es [...] oft nicht sicher gedeutet werden kann."[26] Ähnlich bemerkt D. Rosenthal: „[...] auch die Bedeutung des ersten Elements ist in diesen alten Ortsnamen sehr oft dunkel und ich sehe in solchen Fällen von nutzlosen Erklärungsversuchen ab",[27] und bei W. Evers heißt es: „Die Bedeutung der Namen ist unsicher und offenbar durch ihr hohes Alter verdunkelt".[28] In einem populärwissenschaftlich gehaltenen Beitrag findet sich eine ähnliche Passage: „Nun ist es häufig so, daß das Grundwort, an das dieses Anhängeglied -idi getreten ist, ein Wort ist, das wir heute nicht mehr haben und das uns auch aus dem alten Schrifttum nicht belegt ist"[29]. Alle folgen damit im Wesentlichen E. Förstemann, der schon vor mehr als 100 Jahren die Ansicht vertrat: „Über die Funktion dieses Suffixes dürfen wir uns nicht eher eine feste Ansicht erlauben, als bis die Stammwörter dieser Namen in größerer Klarheit ermittelt sind"[30].

Wir werden bei der Zusammenstellung der Namen und der Deutungen sehen, dass bei nicht wenigen -ithi-Bildungen über das Germanische hinausgegangen werden muss und der Indogermanist um Rat zu fragen ist. Hierin liegt wohl eines der größten Probleme der bisherigen Forschung.

Bei der Beurteilung unseres Namentypus ist vor allem im Hinblick auf die Abgrenzung von anderen, ähnlichen Wortbildungselementen auf die Schreibung der Suffixe in den historischen Belegen zu achten. In den niedersächsischen Belegen findet man „die Schreibungen *idi*, *ithe*, *ide*, *edi*, *ethe*, *ede*, auch einsilbig *thi*, *ti*, *di*, *the*, *te*, *de;* im dat. pl. enden die Namen auf *thun*, *thon*, *dun*, *don*, *ten*, *den;* doch liegt hier Verwechslung mit *tûn* nahe"[31].

„Im Niederdeutschen und Friesischen finden sich [...] Namen mit dem lautlich sehr variablen Ausgang -ithi, -ethi, -idi, -ide, -edi, -ede, -iti, -ite, -etti, -âte: Alle Belege mit -th- oder -d- sind Namen mit dem Kollektivsuffix germ. -*ithja* [...]"[32].

Zur Lautentwicklung der ON auf -ithi in Ostfalen äußert W. Flechsig:[33]

> Die ursprüngliche volle Form *ithi* gehört dem 9. und 10. Jahrhundert an und reicht bis 1017. Die Abschwächung des auslaufenden *i* zu *e* wird erstmalig 965 [...] sichtbar und beginnt dann von 1017 an sich durchzusetzen. Es folgt die Abschwächung des *i* der ersten Silbe zu *e* [...], allgemein durchgeführt im 12. Jahrhundert [...].

---

[26] Flechsig 1959, S. 40.
[27] Rosenthal, S. 374.
[28] Evers 1951, S. 391f.
[29] Jahn, S. 204.
[30] E. Förstemann: *Die deutschen Ortsnamen*, Nordhausen 1863, S. 228; vgl. auch Andree, S. 71.
[31] Bückmann 1927, S. 128.
[32] Polenz, S. 129.
[33] Flechsig 1953, S. 24.

Eine Abgrenzung von anderen Suffixen ist deshalb besonders wichtig, weil lautlich ähnliche und in der Funktion gleiche Bildungsmittel immer wieder zu Schwierigkeiten in der Bestimmung geführt haben.

An erster Stelle ist hier das Suffix *-itja zu nennen. So steht nach H. Walther „neben dem häufigen ON-Suffix -idi (älter germ. -iþi) auch ein germ. -itja, -atja (später hd. -eze, -ize u. ä.)"[34]. Kennzeichen dieses Bildungsmittel ist ein Vorkommen von -t- oder -tt-, das „auf das damit verwandte, gleichbedeutende Suffix -*itja zurück(geht), das ebenso, wenn auch seltener, in Siedlungsnamen auftritt: Fariti, Steneteland, Einazfeld, Bursitbace usw. Beide Suffixe sind oft nicht mehr voneinander zu trennen"[35]. In diesem Sinne betont „J. Schnetz [...] mit Recht, daß die Bildungen auf *-itja nicht stets klar von denen auf -ithi [...] getrennt werden können."[36] J. Schnetz unterstreicht, dass bei dem *-itja-Suffix „die Abgrenzung gegen das -iþi-Suffix mitunter schwierig, ja unmöglich ist, so besonders wenn der Dental nach Synkope des Mittelvokals hinter bestimmte Konsonanten getreten oder wenn er in den Auslaut gekommen ist, vor allem auch wenn der Name erst spät belegt ist."[37] So mussten bisher alle „Forscher [...] auf die Schwierigkeit hinweisen, die seiner reinlichen Scheidung vom germanischen Kollektivsuffix -itja entgegenstehen"[38].

Auch mit anderen Suffixen und Wortbestandteilen gibt es Kreuzungen und Überschneidungen, so ist die Abgrenzung zu anderen -t(h)-haltigen Suffixen schwierig, z. B. gegenüber dem Suffix -oþu[39], nach H. Jellinghaus[40] „enthalten wohl einige die bekannte nd[t]. Endung -de-, -te: in de Dickde, de Kahlte", gelegentlich sind nach F. Kauffmann[41] die Ableitungen auf -ithi schwer zu trennen von Zusammensetzungen mit -withu, die seiner Ansicht nach z. B. in den Toponymen Bleckede, Dolethe, Vallidi, Vesede, Lunethe, Mosede und Wemethe vorliegen. Schwierig ist auch die Abgrenzung zu den Zusammensetzungen mit lithi, lede 'Geländeabhang', die nach Abels[42] in Lehe, Lähden, Werlte, alt Werelidde, Bückelte, um a. 850 Boclithi und Hesselte, a. 1223 Hesselthe, vorliegen dürften. „Im romanischen Sprachgebiet kommt dazu als eine weitere Unsicherheit der fließende Übergang zwischen ithi und romantisch -etum"[43]. Zu einer (späteren) Vermischung mit einer alten estnischen Kasusendung kam es im Osten, in Livland[44].

Der nun folgende Materialteil enthält alle mir bisher bekannt gewordenen mit dem Suffix -ithi- gebildeten Ortsnamen. Es wurden dabei nur relativ sichere Fälle berücksichtigt, Unsicheres wurde beiseite gelassen. In einzelnen Fällen wurde etwas ausführlicher begründet, warum ein Name Aufnahme gefunden hat oder weshalb er ausscheiden musste. Mit einer Kartierung soll die Verbreitung dieses wichtigen Ortsnamentypus umrissen werden.

---

[34] Walther, S. 124.
[35] Polenz, S. 128f.
[36] Bach, Deutsche Namenkunde II, 2, S. 201.
[37] J. Schnetz, ZONF 11 (1935), S. 121.
[38] Petri II, S. 566.
[39] Eine Zusammenstellung entsprechender Namen bietet z. B. Gysseling II, S. 1129.
[40] Jellinghaus, S. 60.
[41] *Deutsche Altertumskunde*, Bd. 2, München 1923, S. 259.
[42] Abels, S. 56.
[43] Petri II, S. 566.
[44] S. dazu P. Johansen: *Volksetymologie und Ortsnamenkunde, erläutert am Beispiel Livlands*, in: *Journal de la Société Finno-Ougrienne* 56 (1952), S. 1–33, hier S. 21f.

Im Einzelnen wurden bei jedem Namen, sofern ermittelbar, angegeben: 1. ältester Beleg, meist ergänzt durch weitere, für die Bestimmung des Grundwortes oder des Suffixes wichtige historische Überlieferungsformen; 2. bisherige Deutungen des Namens; 3. eigener Deutungsversuch, sofern er von den früher gemachten differiert; 4. Hinweise auf unterbliebene Aufnahme in die Karte (n. k. = nicht kartiert).

Bei der Durchsicht der Etymologien stellte sich heraus, dass die Namen in vier unterschiedlich große Gruppen eingeteilt werden können. Den ersten Teil bilden Toponyme, die mit großer Sicherheit einer germanischen Schicht zugewiesen werden können. Diese Namen finden guten Anschluss an den germanischen appellativischen Wortschatz, man vergleiche etwa Fälle wie *Eschede* zu *Esche*, *Birgte* zu *Birke* oder *Berg*, *Bomethe* zu *Baum* usw. Eine zweite Gruppe der *-ithi*-Namen steht in gewisser Nähe zum germanischen Wortschatz, jedoch lassen sich keine unmittelbaren Verbindungen herstellen, teilweise weichen die Namen im Vergleich zu den Appellativa in der Ablautstufe ab, bei anderen gibt es Differenzen im Stammauslaut zwischen Wörtern und Namen u. a. m. Bei einer dritten Schicht schließlich lassen sich Anschlüsse an germanische Appellativa m. E. nicht herstellen, dafür finden sich Bezüge zu außergermanischen Wörtern und z. T. auch zu Wurzeln, die in der alteuropäischen Hydronymie verbreitet sind. Den Abschluss bildet eine nicht kleine Gruppe von Namen, deren Bildungsweise zumeist aufgrund der späten Überlieferung nicht sicher erkennbar ist und die in die beigegebene Karte nicht aufgenommen wurden.[45]

1. Germanische Namen

Achiet-le-Grand, Achiet-le-Petit, ON bei Arras, Dép. Pas-de-Calais, a. 1098 (K. um ca. a. 1170 bzw. 16. Jh.) *Ascehel*, 1. Hälfte d. 12. Jh. *Aissith*, 12. Jh. *Aschet*[46], germ. **askiþja-*, zu germ. **askiz* 'Esche'; 14. Jh. *Alsede* an der Elße bei Schwege, Kr. Wittlage, Suffix auf GN übertragen[47]; a. 1200 *Apede*, *-ithi*-Bildung nach J. H. Gallée[48], wahrscheinlich Gf. **Apithi* (vgl. *Ofden*), und an das bekannte *apa*, das ich für germanisch halte[49], anzuschließen; Apolda bei Weimar, a. 1119 *in Appolde*, Gf. **Apul-ithi*, von GN abgeleitet oder zu dem germ. Apfelwort zu stellen[50]; a. 1326 *Avede*, bei Zutphen, bei Jellinghaus[51] ohne Etymologie, jedoch ist eine Gf. **Awithi* nicht ausgeschlossen und damit ein Zusammenhang mit got. *aweithi* 'Schafherde' usw. (s. o.) und germ. **awî*, **awjôz* 'Schaf' gut möglich; der ON Ballethe, 12. Jh. *Ballethe*[52], unbek. im Kr. Hamm[53], gehört nach Petters, S. 473 zu dt.

---

[45] Kurz nach der Veröffentlichung dieses Beitrages hat R. Möller in seiner Monographie mit dem Titel *Dentalsuffixe in niedersächsischen Siedlungs- und Flurnamen in Zeugnissen vor dem Jahre 1200*, Heidelberg 1992, S. 26–142 ausführlich zu den niedersächsischen Ortsnamen Stellung genommen. Ich weise an den entsprechenden Stellen auf die dort behandelten Ortsnamen hin.
[46] Gysseling I, S. 36.
[47] Jellinghaus, S. 60.
[48] NGN 3 (1887), S. 362.
[49] Ausführlich dazu Udolph 1994, S. 83–87.
[50] Walther, S. 285.
[51] Jellinghaus, S. 58.
[52] Zuordnung unsicher.
[53] Förstemann II, 1, Sp. 352.

Belle, Bolle, Bellbaum 'Silberpappel', eine Etymologie, die wegen der angeblichen Entlehnung des Baumnamens aus dem Lateinischen wenig wahrscheinlich war, man vergleiche jetzt jedoch die Bemerkungen im Hessischen Flurnamenatlas[54]; Barthe, Kr. Leer, a. 890 *Birgithi*[55], a. 1380 *Bertha*[56], nach L. Bückmann[57] 'Bergplatz', also zu germ. *berga-* 'Berg, Hügel'[58]; Beemde im ON Glabbeek-Zuurbemde bei Löwen, a. 1249 *Suerbemde*, zu ndl. *beemd* 'weiland'[59]; Beesd, ON in Wallonien, a. 1148 *Bisde*, a. 1224 *Beseth*[60], sehr wahrscheinlich mit der Gf. *Bes-ithi zu mndt. *bēse* 'Binse' zu stellen; Belle, ON bei Schieder, 9. Jh. (Trad. Corb.) *Wegbalithi, Wegballidi*[61], a. 1146 *Bellede*, a. 1118 *Bellethe*[62], a. 1227 *Bellethe*[63], zur Etym. s. *Ballethe;* Beller, Kr. Warendorf, a. 1127 *Bellethe*[64], a. 1185 u. ö. *Bellethe*[65], a. 1214 *Bellethe*[66], a. 1229 *Bellethe*[67], zur Etym. s. *Ballethe;* Benden bei Köln, a. 1138 *Bemede*[68], zur Etym. s. *Beemde;* †Bennethe bei Dassel[69], a. 1022 *Bennethe*[70], a. 1183 *Benethe*[71], Gf. *Ban-ithi, zu mnl., mnd., mhd. *bane* 'geebneter Platz, Wiese'; Benthe, Kr. Linden, a. 1183 *Bennethe*[72], Etym. wie bei †Bennethe[73]; Berghettes, ON in Nordfrankreich, a. 1179 *Bergetes*, Gf. *Berg-ithi[74]; †Berkede, Grenzpunkt bei Reinbek, a. 1252 *usque Berkede, a Berkede usque*, a. 1294 *usque Berkede, a berkede usque*[75], Gf. *Berk-ithi zu mnd. *berke* 'Birke'; Beuchte bei Goslar, a. 1174 *Bokethe*[76], a. 1178 *Bokethe*[77], a. 1181 *in Buchede*[78], dazu Wg., um a. 1154 *de luttikin Bochthe*[79], zu asä. *bôke* 'Buche'[80]; Birgden bei Remscheid, a. 1369 *von den Birgden*, a. 1469 *Birkde*, a. 1487 *zom Bircden*, nach Dittmaier[81] Gf. *Birkithi 'Birkenhain', nicht eher *Bergithi?; Birgden, Kr. Geilenkirchen, a. 1458 *van de Birckden*,

---

[54] *Hessischer Flurnamenatlas*, hg. von H. Ramge, Darmstadt 1987, Karte 126.
[55] Förstemann II, 1, Sp. 423; nach Gysseling I, S. 146 ON im Reg.-Bez. Aurich.
[56] Doornkaat-Koolmann, S. 157.
[57] Bückmann 1922, S. 273.
[58] S. jetzt Möller, 26f.
[59] Mansion, Best., S. 74.
[60] J. H. Gallée, NGN 3 (1887), S. 362.
[61] Dürre II, S. 74: Zuordnung unsicher; nach Förstemann II, 2, Sp. 1263 evtl. hierzuzustellen.
[62] Förstemann II, 1, Sp. 352.
[63] Westfäl. UB IV, S. 102.
[64] Jellinghaus, S. 58.
[65] Förstemann II, 1, Sp. 352.
[66] Westfäl. UB III, S. 43.
[67] Westfäl. UB III, S. 146.
[68] Gysseling I, S. 120.
[69] Ausführlich zu diesem Namen NOB V, S. 49f.
[70] UB H. Hild. I, S. 66.
[71] UB H. Hild. I, S. 72; Förstemann II, 1, Sp. 355.
[72] Förstemann II, 1, Sp. 355.
[73] S. auch Möller, S. 27f.
[74] F. Petri II, S. 567.
[75] Hamburg. UB II, S. 11, 353.
[76] UB H. Hild. I, S. 349.
[77] UB H. Hild. I, S. 363.
[78] UB Goslar I, S. 322.
[79] UB Goslar I, S. 254.
[80] S. Förstemann II, 1, Sp. 527; Bückmann 1922, S. 273. S. jetzt NOB III, S. 92f.
[81] Dittmaier, Berg. Land, S. 110.

a. 1480 *op den Bircktden*[82], wohl aus *Birk-ithi, zu ahd. *birka* 'Birke'; Birgte, Kr. Tecklenburg, a. 1088 *Bergithi*, a. 1188 *Berghere*[83], Ende 12. Jh. *Bergete*[84], 13. Jh. *Bergete*[85], aus *Berg-ithi zu germ. **berga-* 'Berg, Hügel'[86]; Birt bei Velbert, ca. a. 1150 *Birkethe*[87], Gf. *Birkithi zu dt. *Birke*[88]; Bleckede an der Elbe, a. 1209 *Blekede*[89], a. 1224 *Blekede*[90], a. 1224 (A. 15. Jh.) *apud Blekethe*[91], Gf. *Blek-ithi zu asä. *blek* 'bleich' ('Bleiche')[92]; Bleckten, Kr. Heinsberg, obwohl ältere Belege nicht bekannt sind[93], ist dieser ON sicher wie der vorige zu deuten; Blochide, ON bei Damme in Flandern, a. 1328 *ter Blocide*, dort auch *Blochide-Poorte*, a. 1398 *blocyde poorte*[94], m. E. als *Blok-ithi zu ndt. *Block* 'Klotz, Bohle' zu stellen; Börste, Kr. Recklinghausen, Mitte 12. Jh. *Borsethe*[95], a. 1269 (PN) *Borste*, 1299 *Borste*[96], Gf. *Bors-ithi, zu mnd. *pors*, mhd. *bors* 'ledum palustre'[97]; a. 1188 *Bomede*, Wg. bei Eibergen[98], *Boum-ithi, zu asä. *bôm* 'Baum'; Bomethe, Wg. bei Osnabrück, a. 1148 *Bomethe*[99], Etym.[100] wie oben; Boomde in Gelderland, 13. Jh. (K.) *domus Bomede*[101], Etym. wie bei *Bomede;* Bossuit, mehrfach in fläm. Gebiet, auch in Maine, weiterhin ON Buxido, heute Mamers (Maine), ferner Bouessay, a. 1010 *Pars Buxedi* (Maine) u. a. m., aus *Bosk-ithi, *Busk-ithi* zu asä. *busc*, mnl. *bosch*, *busch* 'kleines Gehölz, Busch'[102]; ca. a. 1155 *Bouhilite*, unbek. Wg. in Bayern[103], wahrscheinlich als *Buhil-ithi zu ahd. *buhil* 'Hügel'[104] zu stellen, aber nicht zu lokalisieren (n. k.); Brackede, OT von Bleckede, a. 1564 *Brake*, a. 1776 *Brakede*, mua. *Brâk'd*[105], -*ithi*-Bildung nach Bückmann 1927, S. 129, aber das Suffix könnte auch erst in Angleichung an Bleckede sekundär angetreten sein, zu mnd. *brâke* 'Brache, Umbrechung des Bodens'; Ende 11. Jh. *Brakethe*, unbek. bei Düsseldorf oder Duisburg[106], Etym. wie bei dem vorigen Namen; a. 1173 *Bremith*, unbekannter Ort zwischen Demer und Maas[107], der Name erinnert an Brempt,

---

[82] Gotzen, S. 75 mit der Bemerkung: „gehört zu den jüngeren Siedlungen".
[83] Förstemann II, 1, Sp. 423; Jellinghaus, Osnabrück, S. 6.
[84] Jellinghaus, MVGLO, S. 99.
[85] Förstemann II, 1, Sp. 423; Jellinghaus, Osnabrück, S. 6.
[86] Ausführlich zu dem ON: WOB 13, S. 56f.
[87] Dittmaier, Berg. Land, S. 110; Gysseling I, S. 147.
[88] Dittmaier, Berg. Land, S. 110; Bückmann 1922, S. 273; Bach, Deutsche Namenkunde II, 1, S. 203.
[89] FlurN-Sammlung Göttingen.
[90] Reg. Imp. V, S. 714.
[91] UB Goslar I, S. 443.
[92] S. Bückmann 1927, S. 129.
[93] Der Name wird genannt bei Gotzen, S. 77.
[94] De Flou II, Sp. 174.
[95] Gysseling I, S. 168; Förstemann II, 1, Sp. 543.
[96] Westfäl. UB VII, S. 1234, 609.
[97] S. dazu jetzt WOB 18, S. 62f.
[98] Jellinghaus, S. 58; J. H. Gallée, NGN 3 (1887), S. 362.
[99] Wrede II, S. 33; Förstemann II, 1, Sp. 378.
[100] S. auch Möller, S. 30
[101] Gysseling I, S. 164.
[102] Petri II, S. 567ff.
[103] Förstemann II, 1, Sp. 527.
[104] Zu diesem Wort jetzt Hessischer Flurnamenatlas, Karte 71.
[105] FlurN-Sammlung Göttingen.
[106] Gysseling I, S. 182.
[107] Gysseling I, S. 182.

ON Kr. Erkelenz, (a. 1196) *Bremet*, a. 1198 *Bremet*, a. 1202 *Bremht*, a. 1203 *Bremet*, *Bremmet*, (a. 1204) *Bremeth*, a. 1219 *Bremith*, den Gysseling[108] aus germ. *brǣmjōþu-, Koll. zu *brǣmjan* 'braam, Brombeere' deutet, wegen des Umlauts nicht eher -*ithi*-Bildung?[109] Broistedt bei Wolfenbüttel, a. 1151 *Broscethe*, 12./13.Jh. *Brozithe*, a. 1219–25 *Brothstethe*, *Brozethe*, a. 1252 *Brotzede*, a. 1301 *Brotcedhe*, um a. 1290 (A. 14. Jh.) *Brutzedhe*, a. 1318 *Brutzedhe*, a. 1330 *Brozede*, a. 1348 *Brostide*, a. 1360 *Brostede*, mua. *braist*, *brāst*[110], gehört nach Förstemann[111] zu einem PN *Broth*, ist m. E. jedoch eher mit einer Grundform *Brokithi und Zetazismus zu ndt. *brok* 'Bruch' zu stellen[112]; Büchel bei Heldrungen, 9. Jh. *Buchilide*, a. 1027/39 *Builo*, a. 1153/57 *Buchilde*, nach H. Walther[113] zu mhd. *büechel* 'Buchecker', nicht eher wie der WgN Bouhilite (s. o.) zu *buhil* 'Hügel'? Büchold bei Karlstadt, a. 788 *Buhhuledi*, 8. Jh. *Buchilide*, 9. Jh. *Buhhiliden*[114], nach Walther[115] zu mhd. *büechel* (s. o.), vielleicht aber auch zu *buhil* 'Hügel'; Bühne, Kr. Halberstadt, 1177 *de Bunete*, 1302 *Bunde*, *Bun-ithi, nach H. Walther[116] zu ahd. *bunī 'Bühne, erhöhter, waagerechter Boden'[117]; Bünde, Kr. Herford, a. 853 (F.) *Buginithi*, a. 952 *Buinithi*, a. 1039 *Buginithi*, Grundform *Bugin-ithi zu ahd. *biugo*, mhd. *biuge* usw. 'Beugung, Biegung'[118]; a. 1094 *Burgeth*, 12. Jh. *Burgeth*, WgN bei Montreuil-sur-Mer, Dép. Pas-de-Calais[119], etwa *Burg-ithi?; Calbecht, OT von Salzgitter, a. 1179 *in Calcbechte*, a. 1258 *Colcbechte* (?), a. 1350 *to Calbichte*, *to Calebichte*, a. 1383–85 *to Calbichte*[120], Etym. umstritten[121], im zweiten Teil etwa *bak-ithi zu germ. *baki 'Bach'?[122]; a. 1186 (K. a. 1775) *Colpith*, Wg. bei Acquin, St. Omer?, nach Gysseling[123] *kulô-* + *putja-*, wahrscheinlich eher als *Kolp-ithi zu mengl. *cülpe*, engl. *kelp* 'Salzkraut'[124]; Crock, Kr. Hildburghausen, a. 1152 *Cracte*, a. 1353 *Kragte*[125], Grundform *Krag-ithi zu mnd. *krage* 'Hals, Schlund, Kragen'; Deuna bei Worbis, a. 1162 *Dunede,* a. 1431 *Dunde*, Ort liegt am Bergzug *Dün*[126], Grundform *Dūn-ithi, am ehesten zu mnd. *dûn 'geschwollen, dicht'; 12. Jh. (Mon. Corb.) *Dhiunethe*, unbekannt, an der Grenze von Sachsen und Thüringen[127], Etym. wie bei Deuna, aber n. k.; Dickede,

---

[108] Gysseling I, S. 187.
[109] Vgl. Förstemann II, 2, Sp. 569 und Bückmann 1922, S. 273.
[110] Kleinau I, S. 105f.
[111] Förstemann II, 1, Sp. 585.
[112] S. jetzt NOB VIII, S. 42f.
[113] Walther, S. 285.
[114] Förstemann II, 1, Sp. 527; Walther, S. 285; die Zweifel von Bach, Deutsche Namenkunde II, 1, S. 202 sind wohl unbegründet.
[115] Walther, S. 285.
[116] Walther, S. 285.
[117] Vgl. auch Förstemann II, 1, Sp. 623.
[118] Förstemann II, 1, Sp. 612; Bückmann 1922, S. 273. Zu dem ON jetzt ausführlich WOB 4, S. 68.
[119] Gysseling I, S. 207 (ohne Etym.).
[120] Kleinau II, S. 508.
[121] S. Andree, S. 71; Förstemann II, 1, Sp. 1624.
[122] Ausführlich zu diesem schwierigen Namen NOB III, S. 109ff.
[123] Gysseling I, S. 239.
[124] Pokorny, IEW, S. 360.
[125] Jacob, S. 32; Förstemann II, 1, Sp. 1723.
[126] Werneburg, S. 33; Förstemann II, 1, Sp. 764.
[127] Förstemann II, 2, Sp. 1050.

FlurN bei Immenhausen[128], zu dt. *dick;* Dickt, FlurN bei Mechern/Saarland[129], Etym. wie bei Dickede; Diemarden bei Göttingen, a. 1022 *Timertha,* a. 1022 (F. 2. H. 12. Jh.) *Thimarda*[130], mit Förstemann[131] und G. Neumann[132] Gf. **Thimar-ithi* zu as. *thim-* 'finster'[133]; die Lage bestätigt diese Etym.,[134] vgl. die slav. *Osoj*-Orte (zu *osoj* 'schattenreicher Ort')[135]; Dingden, Kr. Bocholt, a. 1173, a. 1163, a. 1169 *Tingethe, Dingethe*[136], a. 1200 *Dingethen, Dingethe,* a. *Dingede*[137], Gf. **Thing-ithi* zu ahd. *thing, ding* 'allgemeine Volksversammlung' (vgl. die semantisch ähnlichen ON Thiede, Tiethe); Döhle, ON bei Egestorf, a. 1394 *to Dolede,* a. 1394 *Hildemer van Doolde,* a. 1400 *Elisbeth von Dolde*[138], nach L. Bückmann[139] als **Dulithi* zu mua. *Dikdollen* 'Pfähle im Hafen', nicht eher wie Tilleda zu ahd. *tuolla* 'Vertiefung'?; Groß Döhren, Kr. Goslar, a. 1022 *Thornithe*[140], a. 1053 *Durnidi*[141], dort auch Wg. a. 1004 *Thornithehusen*[142], wie weitere Namen (s. u.) mit der Gf. **þorn-ithi* zu got. **þaurnus* 'Dorn'; Döhren bei Hannover, um a. 990 *Thurnithi*[143], a. 1130 *Thornithe*[144], Etym. wie oben[145]; Döhren bei Windheim, Kr. Minden, ca. a. 1160 *Thornethe*[146], 1228 *in villa Thornethe*[147], Etym. wie oben[148]; Döhren, Kr. Gardelegen, a. 1004 (K. 15. Jh.) *Dornedhe*[149], a. 1461 *Doerne*[150], Etym. wie oben; Dören bei Paderborn, Vit. Meinw. *Thurnithi,* a. 1173 *Durnede*[151], a. 1238 *in Dornede,* a. 1293 *in Dornede*[152], Etym. wie oben; Dörenthe[153], Kr. Tecklenburg, a. 1042 *Thurnethe* (?), 11./12. Jh. (Freck. Heberolle) *Thurnithi, Thurneze*[154], Etym. wie oben; Dörmte, OT von Oetze bei Uelzen, a. 1362 *to Dormeth,* a. 1369 *thu*

---

[128] Arnold, S. 307; Bach, Deutsche Namenkunde II, 1, S. 203.
[129] Bach, Deutsche Namenkunde II, 1, S. 203.
[130] Flechsig 1953, S. 13; Neumann, S. 65.
[131] Förstemann II, 1, Sp. 764.
[132] A. a. O.
[133] Nicht überzeugend H. Bahlow: *Diemarden b. Göttingen,* Hamburg 1971.
[134] Aber keine *-ithi*-Bildung, s. NOB IV, S. 97f.
[135] J. Udolph: *Slavische Etymologien und ihre Überprüfung an Hand von Gewässer-, Orts- und Flurnamen,* in: *Lautgeschichte und Etymologie. Akten der VI. Fachtagung der Indogermanischen Gesellschaft,* Wiesbaden 1980, S. 532–541.
[136] Förstemann II, 2, Sp. 1028.
[137] Gysseling I, S. 273.
[138] UB Lüneburg III, S. 283, 454.
[139] 1909/10, S. 362.
[140] UB H. Hild. I, S. 71; Förstemann II, 2, Sp. 1072.
[141] MGH Reg. Germ. V, S. 425.
[142] Förstemann II, 2, Sp. 1072. Ausführlich zu diesen Ortsnamen NOB X, S. 47ff.
[143] Hellfaier-Last, S. 25.
[144] Förstemann II, 2, Sp. 1072.
[145] S. auch NOB I, S. 103f.
[146] Förstemann II, 2, Sp. 1072.
[147] Westfäl. UB VI, S. 48.
[148] Zu dem ON s. auch WOB 7, S. 101f.
[149] MGH Reg.Germ. III, S. 76; Förstemann II, 2, Sp. 1072.
[150] Flechsig 1953, S. 25.
[151] Förstemann II, 2, Sp. 1072.
[152] Westf. UB IV, S. 175, 1031.
[153] Zu dem ON s. auch WOB 11, S. 138f.
[154] Förstemann II, 2, Sp. 1072; Jellinghaus, Osnabrück, S. 9.

Dormethen, a. 1382 *tho Dormeten*, a. 1405 *in Dormten*, a. 1450 *Dormpte*[155], sehr wahrscheinlich *-ithi*-Bildung, aber ohne sichere Etym., etwa zu mhd. **durm, turm* 'Wirbel, Taumel, Schwindel'[156]? Dörna bei Mühlhausen, a. 1302 *Dornde*[157], zu dt. *Dorn* wie oben; Dörnte bei Hollage, dort auch Dörenburg, a. 1442 *Dornethe*[158], Etym. wie oben; Dörnten bei Goslar, a. 1000 *Durnede*[159], Deutung wie oben[160]; Donnern, Kr. Geestemünde, a. 1185 *Thonrede*, a. 1202 *Thonrede*[161], a. 1500 *Donnerden*[162], Gf. *Thunar-ithi, zu as. *thunar* 'Donner'[163]; Dorpede, OT von Hesperinghausen, ca. a. 1090 *Durpethe*[164], a. 1250 *Dorpethe*[165], aus *Thorp-ithi, zu got. *þaurp* 'Dorf'; Drempt in Gelderland, a. 1122 *Thremete*, a. 1200 *Thremethe*[166], bisher ohne Etym., am wahrscheinlichsten zu as. *thrimman* 'anschwellen', hier wohl in der in anderen Sprachgruppen belegten Bedeutung 'zittern' (vom Sumpf, den man betritt); Drumt, Prov. Gelderland, a. 850 (K. 10. Jh.) *Thrimnithi*, a. 915 (K. um a. 1222) *Thrimnita*, Gysseling denkt an eine Gf. **þirminiþja-* zu germ. *þirmina 'Grenzpfahl'[167], vgl. mhd. *drum* 'Endstück, Kante' u. a. m.; Düngen, Groß- bei Hildesheim, a. 1146 *in Dunge*, Var. *Dungen*, a. 1151 *in Dungen*, a. 1188 *in Dungedhe*[168], a. 1189 *Dunghede*[169], Gf. *Dung-ithi[170], zu dt. *Dung, Dünger*, auch 'Keller, unterirdischer Raum'; a. 1151 (A. 14. Jh.) *Dunnethe*, 14. Jh. *Dunnede*[171], Wg. bei Gehrden[172], Gf. *Dun-ithi, Etym. s. Deuna; Ebersheide bei Bassum, 10. Jh. *Eƀirithi, Euurithi*[173], zu dt. *Eber;* Het Eekt, Het, a. 1307 *en Ekit*, a. 1320 *der Eket, ter Eket, de Eeckte*[174], Gf. *Ekithi, zu asä. *ēk* 'Eiche'; Eekt bei Oldebroek, FlurN *opper Eket, de Eekte*[175], Etym. s. o.; Egede, Hof bei Hellendoorn in Overijssel[176], zu asä. *egitha* 'Egge'; Eichede, Kr. Stormarn, a. 1259 (A. 14. Jh.) *ville Slamersekede*, a. 1288 *villam nostram Slamerseke*[177], a. 1361 *Mekede*, a. 1371 *Mekede*, a. 1372 *Mekede*, a. 1385

---

[155] UB Uelzen, S. 101, 123, 164, 280; FlurN-Sammlung Göttingen.
[156] Pokorny, IEW, S. 1101.
[157] Walther, S. 286; Werneburg, S. 33.
[158] Wrede I, S. 124, 125.
[159] Hellfaier-Last, S. 23.
[160] Hier sind Korrekturen notwendig, s. NOB VIII, S. 52f.
[161] UB Bremerhaven, S. 19, 22.
[162] Rüther, S. 420; Förstemann II, 2, Sp. 1062.
[163] *-ithi*-Bildung unsicher, s. auch Möller, S. 31f.
[164] Förstemann II, 2, Sp. 1691.
[165] Seibertz I, S. 329.
[166] Gysseling I, S. 285; Förstemann II, 2, Sp. 1054; J. H. Gallée, NGN 3 (1887), S. 362.
[167] Gysseling I, S. 288; *-itja*-Bildung nach J. Schnetz, ZONF 11 (1935), S. 121 und Bach, Deutsche Namenkunde II, 1, S. 201, man beachte jedoch die *-th*-Schreibung im ältesten Beleg.
[168] UB H. Hild. I, S. 222, 258, 444.
[169] Förstemann II, 1, Sp. 769.
[170] *-ithi* könnte aber auch sekundär eingedrungen sein, vielleicht Grundform *Dungiā.
[171] Westfäl. UB II, S. 104.
[172] Genauer: Ortsteil von Bünde, s. auch WOB 4, S. 80f.
[173] Gysseling I, S. 297. Petri II, S. 568 vergleicht den ON Ewerouth, Falisolle, in dem jedoch wohl keine *-ithi*-Bildung vorliegt.
[174] J. H. Gallée, NGN 3 (1887), S. 362.
[175] Jellinghaus, S. 60: zweifelhafter *-ithi*-Name, jedoch weist er auf Eichede in Holstein hin.
[176] Jellinghaus, S. 58: *-ithi*-Bildung; gehört der Name aber nicht eher unmittelbar zu dem germ. Wort für die Egge?
[177] Laur, ONLex., S. 89.

Ekede, a. 1386 *Ekede*[178], Gf. *Ekithi, zur Etym. s. Eekt, die *Mekede*-Formen stammen aus der Wendung **to dem Ekede; aufr Eikte* in Lippe[179], Etym. wie der vorige Name; Eisden bei Tongeren, a. 1282 *Hesde*, a. 1287 *Esden*[180], wie Eisden in Holl. Limburg[181], wahrscheinlich *Is-itha und zu ahd. usw. *īs* 'Eis' zu stellen; Ekthe/Eichtal, Wg. bei Braunschweig, a. 1187 *Ekthe*, a. 1191 *Echte*, a. 1210 *Echte*, a. 1218 *Echte*[182], Etym. wie bei Het Eekt; Ekthe, Wg. bei Braunschweig, a. 1031 *Ekthi*, a. 1211 *Ekthe*, Etym. wie oben[183]; a. 1333 *Henningus vern Elmede i mansum in Scheninge*[184], sonst nicht belegt, falls auf ON zu beziehen, s. den folgenden Namen; Elmeth/Elmuthe, Wg. bei Stadthagen, a. 1248 *de Elmeth*, a. 1265 *de Elmethe*[185], aus *Elm-ithi zu mnd. *elm* 'Ulme'; Emer (Hemert), bei Princenhage, Nordbrabant, a. 1144 *Hemmerte*[186], zu anord. *hamarr* 'Fels, Klippe'; Holz-, Feld-, Kirch-, Western-Engel, bei Sondershausen, 9. Jh. *Englide*, a. 1061 *Velteggelethe*, vor a. 1088 *Holzegglide*[187], zum Ethnikon *Angeln* (so auch Förstemann) oder ahd. *angul* 'Winkel, Krümmung', man beachte auch den folgenden Namen; Engeld, Ober-, Nieder-, bei Much, aus *Angulithi 'Dorngestrüpp'?[188], m. E. wie der vorige Name zu deuten; Engerda, ON ö. Teichel, um a. 860 *Engride*, a. 874 (F. 11. Jh.) *Ingridi item Ingridi*, nach a. 918 *Engride*, um a. 1083 *Eggerde*, a. 1194 *Eggerde*, a. 1278 *Hengerde*[189], Gf. *Angar-ithi zu dt. *Anger;* Engt, FlurN bei Nd.-Limberg/Saarland[190], zu dt. *eng;* Erlte, Kr. Wildeshausen, um a. 1000 (Corveyer Heberolle) *De Erelithe*[191], enthält wohl[192] den Namen der *Erle;* Erlte bei Visbeck, a. 872 *Ivorithi*, 9./10. Jh. *Ebirithi*[193], Gf. *Ebur-ithi, zu asä. *ebur* 'Eber'; Erlte bei Hüsten, a. 1137 *Erlede*[194], wohl *Eril-ithi zu dt. *Erle;* Eschede in Geldern, a. 1046 (K. 12. Jh. u. ö.) *Ascete, Ascethe*[195], zur Etym. s. Achiet; Eschede bei Celle, a. 1197 *Esge*, a. 1218 *in villa Esche*[196], a. 1263 *de Eschete*, a. 1350 *Esche*[197], a. 1377 *Essche*[198], wie der vorige Name zu deuten; Escherode bei Hann. Münden, ca. a. 973–75 *in Hesschehirithi*[199],

---

[178] KR. I, S. 75, 136, 155, 402, 426.
[179] Jellinghaus, S. 58.
[180] Mansion, Best., S. 38, 74.
[181] UB Braunschweig IV, S. 387: gegen Identifizierung mit Echte bei Seesen in UB H. Hild. I; Kleinau I, S. 165.
[182] Kleinau I, S. 171.
[183] Vgl. Petters, S. 471. Zu diesem ON jetzt ausführlich NOB IX, S. 52ff.
[184] UB H. Hild. IV, S. 724.
[185] Westfäl. UB VI, S. 143, 246.
[186] Förstemann II, 1, Sp. 1224.
[187] Walther, S. 286.
[188] Dittmaier, Berg. Land, S. 110.
[189] Fischer-Elbracht, S. 27.
[190] Bach, Deutsche Namenkunde II, 1, S. 203.
[191] Wigand I/3, S. 50.
[192] Nach Bach, Deutsche Namenkunde II, 1, S. 203 und Bückmann 1922, S. 273.
[193] Hellfaier-Last, S. 17.
[194] Jellinghaus, S. 58.
[195] Gysseling I, S. 333.
[196] Archiv Walsrode, S. 17.
[197] UB Ebstorf, S. 33, 177.
[198] Alpers-Barenscheer, S. 40.
[199] Honselmann, S. 138; Hellfaier-Last, S. 26; Dürre I, S. 110. – Fehlerhafte Zuordnung, s. NOB IV, S. 136.

Gf. *Herithi/*Hirithi, nach Förstemann[200] zu ndt. *hār* (aus *hara*) 'Schärfe', mhd. *hare, here*, letzten Endes wahrscheinlich zu **kar-* 'Stein', vgl. Harste usw.; Espe, ON Kr. Steinburg, a. 1346 *in Espete*, a. 1366 *to dem Espede*[201], a. 1465 *van Espede*[202], Gf. **Asp-ithi*, zu ahd. *aspa* 'Espe'[203]; Espede an der Maas, Prov. Limburg, a. 1168–74 *Espede, Espide*, a. 1180 *Espithe, Espethe, Espide*[204], Etym. wie oben[205]; Espert bei Radevormwald, a. 1597 *Espede*, Deutung wie oben[206]; Falje bei Bremervörde, a. 876 *Vallithi*[207], a. 1394 *Validi*[208], zu asä. *falu* 'fahl, falb' oder (eher?) zu idg. **pel-/pol-* in alten GNN[209]; Farven, Kr. Bremervörde, um a. 1130 *Verwede*, später *Farben* und *Varvede*[210], evtl. **Ferw-ithi* zu ahd. *faro* 'Farbe, bunt, streifig, geschekt', unsicher; 8. Jh. *Fediritga*, nördl. Teil der Krumhörn bei Emden, 9. Jh. *Federatgewe, Federetgewe, Federgewe*[211], enthält im ersten Teil eine Pflanzenbezeichnung[212]; Fechheim bei Coburg, a. 1309 *in Wechede*[213], wahrscheinlich **Fach-ithi* zu ahd. *fah* 'Teil eines Raumes oder Gewässers, Fischfangzaun'; Felchta bei Mühlhausen, a. 876 *Felichide*, a. 1001 *Velihede*, zu mnd. *valge* 'gefelgte Brache', mhd. *valgen, velgen* 'umackern'[214]; Ferna bei Worbis, a. 1204 *Verneda*[215], Gf. **Farn-ithi*, zu dt. *Farn;* Flittard bei Köln, a. 989 *Fliterthe*, a. 1074 *Fliterethe*[216], 11. Jh. *Fliterthe*, a. 1110 *Flithere*[217], zu asä. **fliodar* 'Flieder'; Flöthe, Kr. Wolfenbüttel, a. 780–802 (?) *Flotide*[218], a. 1013 *Flathi*, a. 1135 *Flote*, a. 1142 *Flatiden (de) Bode*, a. 1147 *Flatede*, a. 1178 *Ostflotethe*[219], Gf. **Flot-ithi*, zu mnd. *vlōt* 'flach', ndt. 'flach, seicht'[220]; Freimann, ON bei Dachau, 11. Jh. *Frimida*, Gf. **Frim-ithi*, aber Etym. unklar, nach Petters, S. 471 zu *pfri-mmā, brimmā* 'Pfriemenginster'[221]; Gaste, Kr. Osna-

---

[200] Förstemann II, 1, Sp. 1345.
[201] SHRU IV, S. 158, 726.
[202] Laur, ONLex., S. 92.
[203] Vgl. H. Jellinghaus, Holst. ONN, S. 240.
[204] Gysseling I, S. 335; Förstemann II, 1, Sp. 231.
[205] Vgl. auch Bückmann 1927, S. 129.
[206] Dittmaier, Berg. Land, S. 110; Bückmann 1922, S. 273.
[207] Förstemann II, 1, Sp. 841.
[208] Rüther, S. 420.
[209] Dazu W. P. Schmid: *Zur primären -u-Ableitung in einigen baltischen Gewässernamen*, in: *Donum Balticum*, hg. von V. Ruke-Dravina, Stockholm 1970, S. 474.
[210] Rüther, S. 420.
[211] Förstemann II, 1, Sp. 857.
[212] S. Polenz, S. 130.
[213] MB XLVIII, S. 445.
[214] Walther, S. 286; nach Petters, S. 471 weniger überzeugend zu *falcho* 'Falke'.
[215] Walther, S. 286.
[216] Gysseling I, S. 362.
[217] Förstemann II, 1, Sp. 909; Bückmann 1922, S. 273; nach Dittmaier, Berg. Land, S. 138 „jedoch [...] **Fliot-warith*, wobei das Bw. zu *fliotan* 'fließen' gehören dürfte", angesichts der früher Überlieferung, die kein *warith* zu erkennen gibt, weniger wahrscheinlich.
[218] Hellfaier-Last, S. 23.
[219] Förstemann II, 1, Sp. 913.
[220] Förstemann II, 1, Sp. 941. Ausführlich zu diesem ON jetzt NOB III, S. 149ff.
[221] Oder sollte eine Beziehung zu den GNN *Pfrimm, Prims, Prímda, Przemsza* bestehen? Vgl. aber auch den ON *Vremde* (s. d.) bei Antwerpen und die Deutung von J. Mansion; Bach, Deutsche Namenkunde II, 1, S. 202 äußert wegen der isolierten Stellung dieses *-ithi-*Namens – unsere Karte gibt das auch zu erkennen – Zweifel an der Zugehörigkeit zu unserer Sippe.

brück, a. 1240 *Gerst*[222], Gf. *Gers-ithi, zu ahd. *gers, giers, girst* 'Giersch, Aegopodium Podagraria'[223]; Hacht in: Geesthacht/Marschacht, a. 1216 (A. a. 1267) *in Hachede*[224], a. 1230 *Hachede*[225], zu mnd. *hach* 'Hecke, Einfriedung'[226], s. auch Haacht; Gehrde, Kr. Bersenbrück, a. 977 *Girithi*, a. 1037, a. 1068 *Gerithi*, Ende 12. Jh. *Gerethe, -ede*[227], nach Förstemann[228] und Jellinghaus 58 zu *gīr* 'Geier', Petters, S. 471 erwägt auch Zusammenhang mit *gēr* 'Speer'; Geitelde bei Braunschweig, a. 1060 *Getlithi*, a. 1196 *Getlede*, a. 1304 *Ghetelde*, mua. *Geidel*[229], offenbar Gf. *Getl-ithi, etwa mit *-l-*Ableitung (Dimin.-Suffix?) zu germ. *gait-* 'Geiß, Ziege'?[230]; Getelde, Wg. bei Didderse, Kr. Gifhorn[231]; Getelde, Wg. bei Aschersleben, a. 1019 *Getlo*, um a. 1400 *Jettelde*[232]; Gielde, Kr. Wolfenbüttel, ca. a. 970–72 *in Gellithi*, a. 1140 *Gelithe*, a. 1180 *Geledhe*[233] zu ndt. *Gähl* 'niedriger Grund, durch den ein Wasserlauf geht'[234]; Gimbte, Kr. Steinfurt, a. 1088 *Gimmethe*, 12. Jh. *Ginmethe*[235], a. 1398 *van Gymmete*, a. 1421 *van Gymmete*[236], wahrscheinlich zu aisl. *gīma* 'Öffnung', schweizer. 'dass.', aisl. *geimi* 'Meeresschlund', nisl. *geimr* 'großer, leerer Raum', Grundbedeutung 'Schlund, Abgrund'?; Gimte bei Hann. Münden, a. 970 *Gemmet*[237], a. 1233 *Gymmete*, a. 1335 *Gymmeth*[238], Etym. wie oben;[239] Gittelde bei Seesen, a. 953 *Gelithi*[240], a. 965 *Getlide*, a. 973 *Getlide*, a. 1154 *de Getlide*, a. 1169 *Getlethe*, a. 1244 *Gethlede*[241], zur Etym. s. Geitelde und die dort genannte Literatur; Gleicht, FlurN bei Fremersdorf/Saarland[242], zu dt. *gleich;* Görde bei Wolfhagen, a. 1086 *Gurthe*, zu mnd., ags. *gor* 'Mist, Dünger, Dreck'[243]; Göttern, bei Weimar, a. 1287 *Geterde*, a. 1290 *Jetyrde*, zu ahd. *getiri* oder *gataro* 'Gitter' oder 'Gatter'[244]; Gorsem, Prov. Limburg/Belgien, a. 1059 (K. 14. Jh.) *de Grusinede*, a. 1059 (K. 14. Jh., A. 18. Jh.) *Grusmede*, a. 1064 *Grusmithis, Grumithis*, a. 1065 (K. 14. Jh.) *Brusin(e)de*[245], aufgrund der schwankenden Belege Gf. nicht sicher

---

[222] Jellinghaus, Osnabrück, S. 14.
[223] Jellinghaus, Osnabrück, S. 14; Pokorny, IEW, S. 445.
[224] Laur, ONLex., S. 100.
[225] H. Jellinghaus, Holst. ONN, S. 240.
[226] Laur, ONLex., S. 100; andere Deutungsmöglichkeiten diskutiert Budesheim, S. 35f.
[227] Förstemann II, 1, Sp. 1055; Hellfaier-Last, S. 15; Wrede I, S. 174.
[228] A. a. O.
[229] Andree, S. 71.
[230] Ein schwieriger ON, jetzt ausführlich behandelt in NOB IX, S. 60ff.
[231] Übertragener Name (Flechsig 1959, S. 41) n. k. Es handelt sich um einen schwierigen ON, zur Diskussion s. NOB IX, S. 61f.
[232] Walther, S. 286: Ableitung vom FlN Getel.
[233] Honselmann, S. 136; Hellfaier-Last, S. 23; Dürre I, S. 86; Förstemann II, 1, Sp. 1032.
[234] R. E. Fischer: *Die Ortsnamen des Havellandes*, Weimar 1976, S. 119. S. jetzt NOB III, S. 161f.
[235] Jellinghaus, S. 137, seiner Ansicht nach jedoch kein *-ithi*-Name.
[236] Fangmeyer, S. 15.
[237] Hellfaier-Last, S. 26.
[238] Fangmeyer, a. a. O.
[239] Anders zu dem ON jetzt NOB IV, S. 161ff.
[240] Hellfaier-Last, S. 20.
[241] Dürre I, S. 88; Förstemann II, 1, Sp. 988; Urk. H. d. Löwen, S. 38, 118.
[242] Bach, Deutsche Namenkunde II, 1, S. 203.
[243] Jellinghaus, S. 58.
[244] Walther, S. 286.
[245] MGH Reg. Germ. VI, S. 58, 166, 203.

bestimmbar, sehr wahrscheinlich aber zu mnd. *grūs*, *grōs* 'zerbröckelte Steine, Kies'; Grefte bei Minden/Westf., nach Jellinghaus, S. 59 zweifelhafter -*ithi*-Name, angesichts der sicheren -*ithi*-Bildung Grifte (s. dort auch zur Etym.) wahrscheinlich unbegründet; Grohnde, ON Kr. Hameln, „wird man, wenn nicht alte Formen dagegen sprachen, als **Grōn-ithi* 'Grünplatz' verstehen (oder f. **Grōn-itha?*)"[246]; Gumperda bei Kahla, a. 876 *Umpredi*, *Umbredi*, um a. 1083 *Wumpirde*[247]; Haacht bei Löwen, 1142 *Hacht*[248], wahrscheinlich wie Hacht in Geesthacht/Marschacht (s. d.) zu mnd. *hach* 'Hecke, Einfriedung'; Haaften in Nordfrankreich (?), a. 1031 *Hafthi*, a. 1183 *Haffethen*[249], Etym. wie der folgende Name; Habel, Insel bei Nordstrand, 2. H. 14. Jh. *Hatelen* (lies: *Habelen*), 15. Jh. *Habeld*, a. 1634 *Habelde*, a. 1652 *Habell*[250], zu dt. *Haff* 'Meer'[251]; Hästen bei Solingen, a. 1443 *zo den Heisten*, a. 1488 *Hersten*, *Heesten*, *Ffußen Heesten*, *Knystheesten*, wohl **Haisithi*, zu asä. **hêsi* 'Buschwerk, -wald'[252]; Haiss, Wg. bei Metz, a. 1018 (*Here*) *de*[253], zur Etym. s. Escherode; Halcmerthe, Wg. bei Schöneberg, a. 1266 *Halcmerthe*[254], im zweiten Bestandteil evtl. **-mer-ithi/*-mar-ithi*, vgl. dazu Mierde, Mirdum; Haueda bei Hofgeismar, Trad. Corb. *Hâwide*, *Howide*, *Hewede marca*[255], a. 1266 *von Howede*[256], nach Förstemann zu ahd. *hawi*, mhd. *hou* 'Hiebabteilung eines Waldes'[257], anders Petters, S. 471 und A. Bach[258]: „Ort, wo es Heu gibt"; Hebel in Nordhessen, 8. Jh. *Hebilide*, a. 1061 *Heblede*[259], a. 1248 *Hebelde*, a. 1277, a. 1294 *Heuelde*, *Hebelde*[260], zu ahd. *hafan*, *heven* 'ascendere, heben', von der Bodenerhebung[261], es bleibt in diesem Fall jedoch die -*l*-Erweiterung/Bildung zu erklären, daher vielleicht nicht eher wie der Name der Havel zu dt. *Haff*, *Hafen*?; Heerde, Gelderland, a. 1190 *Herthen*, a. 1203 *Herde*[262], zur Etym. s. Escherode; Heerde, Kr. Wiedenbrück, a. 1088 *Herithi*, -*the*, aber auch *Harithi*, a. 1192, a. 1198 *Herthe*[263], Etym. wie oben; Heerdt, OT von Düsseldorf, kurz nach a. 1116, a. 1135 *Herde*[264]; Heerte, Kr. Wolfenbüttel, OT von Salzgitter, um a. 1050 (A. 12. Jh.) *Herte*, um a. 1226 u. ö. *Herte*, später *Herthe*, *Herte*,[265] dazu Wg. Kirchheerte, Klein Heerte[266],

---

[246] Bückmann 1930, S. 312f.
[247] Walther, S. 286: Ableitung von einem FlN.
[248] Mansion, Best., S. 53, 74; Förstemann II, 1, Sp. 1166.
[249] J. H. Gallée, NGN 3 (1887), S. 362.
[250] Laur, ONLex., S. 107.
[251] Ebd.; H. Jellinghaus, Holst. ONN, S. 240.
[252] Dittmaier, Berg. Land, S. 110.
[253] MGH Reg.Germ. III 483; Förstemann II, 1, Sp. 1347.
[254] Westfäl. UB IV, S. 539.
[255] Förstemann II, 1, Sp. 1324.
[256] Reg. Landgr. Hessen I, S. 45.
[257] So auch Arnold, S. 305.
[258] Bach, Deutsche Namenkunde II, 1, S. 204.
[259] Förstemann II, 1, Sp. 1327; Schröder, S. 187.
[260] Hess. UB I, S. 529.
[261] Arnold, S. 305; zustimmend Förstemann, a. a. O.
[262] Gysseling I, S. 462.
[263] Förstemann II, 1, Sp. 1235, 1347.
[264] Gysseling I, S. 462.
[265] Kleinau II, S. 514; die beiden ältesten Belege (ebd.) *Heridishem*, *Heredissem* beruhen auf Fälschungen des 12. Jhs.
[266] Kleinau I, S. 261, 336.

zur Etym. s. o. sowie jetzt NOB III, S. 184ff.; Heide bei Hückeswagen-Bever, a. 1443 *up dem Heyde*, a. 1484 *Heide, tom He*, „Der Name hat also nichts mit nhd. *Heide* zu tun, sondern dürfte aus **hagithi* entstanden sein"[267]; Heinde bei Hildesheim, a. 1146 *Henede*, a. 1175–78 *Henethe*[268], nach Förstemann[269] zu *hagan, hagen*; sehr fraglich (s. auch Hennen); da der Ort auf einer hohen Uferterrasse liegt, am ehesten als **Kanithi* zur Wz. **ken-*, die im Germanischen die Grundlage für verschiedene Erweiterungen, z. B. in norw. *nakk* 'Berggipfel, Kuppe', ahd. *hnac* 'Nacken, Gipfel', abgab; Heisede, bei Hildesheim, a. 850 *Hesiti*[270], a. 1022 *Hesithe*, a. 1141 *Hesede*[271], zu ags. *hêse* 'Buschwerk, -wald, Gestrüpp'[272]; a. 1443 *by Hekede*, Wg. (?) im Kr. Uelzen[273], zu asä. *haco* 'Haken'?; Helle bei Wiedenbrück,[274] Ende 12. Jh. *Helethe*[275], a. 1224 *Hellethe*, a. 1240 *Helethe*[276], zu got. *hallus* 'Klippe, Fels', anord. *hallr* 'Stein; Helle, Forsthaus bei Brakel, 14. Jh. *Hellete*[277], zur Etym. s. den vorigen Namen; Helte bei Meppen, 10. Jh. *Hallithi, Hallithe*[278], a. 1037 *Hallithi*[279], a. 1185 *Hellete*[280], nach Förstmann *-ithi*-Bildung, Zweifel daran (evtl. *-lithi* im GW) äußert Abels, S. 50, vgl. aber auch Helle; Hemden bei Bocholt, 10. Jh. *Hemidene*, Mitte 12. Jh. *Hemete*, a. 1200 *Emethe*[281], zu *ham* 'Winkel, Bucht'; Hemert, bei Tiel, Prov. Gelderland, 8. Jh. *Hamarithi*[282], 9. Jh. *Hamaritda, Hamerethe*, a. 1006 *Hamerthe*[283], zur Etym. s. Emer (Hemert); a. 1186 *hemethe*, FlurN bei Antwerpen[284], zur Etym. s. Hemden; Hemmerde bei Unna, 11. Jh. *Hamarithi*, Mitte 12. Jh. *Hemerthe*[285], zur Etym. s. Emer/Hemert[286] und jetzt WOB 15, S. 168ff.; 1. H. 9. Jh. (K. 11. Jh.) *silue Hamarithi*, bei Hemmerden nahe Neuß[287], 1152 *Hemerde*[288], Etym. wie der vorige Name[289]; Hennen, Kr. Iserlohn, a. 1244 *Henethen* (Dat. Plur.), 14. Jh. *Hennede*[290], zur Etym. s. Heinde; Herpt in

---

[267] Dittmaier, Berg. Land, S. 110.
[268] Rosenthal, S. 375.
[269] Förstemann II, 1, Sp. 1159.
[270] Hellfaier-Last, S. 27.
[271] Förstemann II, 1, Sp. 1198; der Beleg von 826–76 *in Hesiti* (Trad. Corb., Honselmann, S. 111) gehört nach Dürre I, S. 109 und Förstemann II, 1, Sp. 1198 hierzu, Zweifel bei Rosenthal, S. 375, da dieser Ort in den Trad. Corb. 989 als *Hersiti* erscheint.
[272] Petters, S. 471; Bückmann 1922, S. 273; Arnold, S. 307.
[273] UB Ebstorf, S. 358.
[274] Zu diesem und den folgenden Namen s. auch J. Udolph: *Die Ortsnamen Hall, Halle, Hallein, Hallstatt und das Salz*, Bielefeld 2014.
[275] Jellinghaus, MVGLO, S. 137.
[276] Jellinghaus, S. 58.
[277] Jellinghaus, S. 58.
[278] Hellfaier-Last, S. 32; Jellinghaus, S. 58; Dürre I, S. 95.
[279] Honselmann, S. 166.
[280] Förstemann II, 1, Sp. 1214.
[281] Gysseling I, S. 473; Jellinghaus, S. 58.
[282] J. H. Gallée, NGN 3 (1887), S. 362.
[283] Förstemann II, 1, Sp. 1223.
[284] Gysseling I, S. 473.
[285] Gysseling I, S. 473; Förstemann II, 1, Sp. 1224.
[286] S. auch Bückmann 1922, S. 273.
[287] Gysseling I, S. 473.
[288] Förstemann II, 1, Sp. 1224.
[289] S. auch Bückmann 1922, S. 273; Petters, S. 471; Bach, Deutsche Namenkunde II, 1, S. 202.
[290] Jellinghaus, S. 58, 60.

Nord-Brabant, a. 1108–22 (K. 13. Jh.) *Harpede*, a. 1148 (K. 13. Jh.) *Herpeta, Herpta*[291], Gf. *Harpithi, etwa zu nnl. *harp* 'Sieb', obdt. *harpfe* 'Gestell zum Trocknen von Korn'[292]? Herste, Kr. Höxter, ca. a. 822–26 (?) *in Hersithi*, ca. a. 980–82 *in Hersiti, in Hiristi*, ca. a. 989–92 *in Hersiti*[293], a. 1000 *Heristi*[294], nach Arnold, S. 306 zu *harst* 'Flechtwerk', Förstemann[295] stellt den Namen zu *Roß, horse;* vielleicht ist aber auch an eine Verbindung zu der idg. Wz. *krs-[296] zu denken;[297] Hijfte, Gent, a. 1187 *Iueta*, a. 1195–1200 *Yueta*, a. 1223 *Ifte*, *Ibithi, zu ahd. usw. *īwa* 'Eibe'[298]; Hilst, ON Kr. Pirmasens, a. 1606 *Hülst*, a. 1606 *Hülscht*, a. 1709 *Hülst*, ahd. *hulisidi 'Hülsengebüsch, Dickicht, Gehülz'[299]; Höchte, FlurN bei Rinteln, zu *hôhida* 'Höhe'[300]; Högden Kr. Heinsberg[301], wohl *Hauh-ithi zu *hoch;* Högden, OT von Mönchengladbach[302], Etym. wie oben; Hoeleden bei Leeuwarden, a. 1232 *Holede*, zu nl. *hoel*, Adj. *hol*[303]; Höngeda bei Mühlhausen, a. 876, nach a. 918 *Honige, Honigede*[304], a. 1075 *Honide*[305], zu dt. *Honig*[306]; Hörde, OT von Dortmund, alt *Horde, Horthe, Hurda*[307], vielleicht *Hor-ithi zu ahd. *hor* 'Sumpfboden, Kot'; Höst bei Geldern, a. 1167 *Hosethe* (Beleg hierzu?)[308], etwa zu ags. *hosa* 'Fruchthülse, Schote'?; Hone, Ober-, Nieder-, Kr. Eschwege, a. 876 *Honide*, 1075 *Honede*[309], a. 1141 *Hunethe, Hunether marca*, a. 1347 *Honde inferior*, zu *hōnida* 'humilitas'[310], oder „zu *hun, hūn* 'schwellen, dick werden'[311], auffällig der fehlende Umlaut[312], Gf. *Hun-ithi, aber ein sicherer germ. Anschluss fehlt offenbar, vielleicht anzuschließen an die GNN Haune, Hunte u. a. m.; Huckarde, OT von Dortmund, a. 947 *Hucrithi*, a. 1214 *Hukirde*[313], nach Förstemann II, 1, Sp. 1487 zu hess. *huck* 'hervorragender Hügel, Berg', im Hessischen Flurnamenatlas jedoch unbekannt;[314] Hülm bei Kleve, a. 1159 *Hullethe*, „Germ. *hulwiþja*-, [...], zu *hulwōn* 'Lache'?"[315]; Hülsede bei Springe, 12. Jh. *Hulside*, zu ahd. *hulis* 'Mäu-

---

[291] Gysseling I, S. 485.
[292] Kluge-Mitzka, S. 289.
[293] Honselmann, S. 89, 143, 148, 149.
[294] Jellinghaus, S. 58.
[295] Förstemann II, 1, Sp. 1351.
[296] Vgl. dazu W. P. Schmid: *Nehrungskurisch*, Mainz – Stuttgart 1989, S. 24.
[297] Ein schwieriger Name, s. jetzt WOB 9, S. 185f.
[298] Gysseling I, S. 495.
[299] Christmann, S. 249f.
[300] Arnold, S. 305; Bach, Deutsche Namenkunde II, 1, S. 203.
[301] Gotzen, S. 76.
[302] Ebd.
[303] Mansion, Best., S. 68.
[304] Walther, S. 286.
[305] Förstemann II, 1, Sp. 1416.
[306] Bach, Deutsche Namenkunde II, 1, S. 203.
[307] Westfäl. UB VII, passim.
[308] Gysseling I, S. 514 (ohne Etym.).
[309] Walther, S. 286.
[310] Arnold, S. 305.
[311] Walther, a. a. O.
[312] Bach, Deutsche Namenkunde II, 1, S. 204.
[313] J. Hartig, G. Müller, NdW 8 (1968), S. 72.
[314] Wahrscheinlich keine -*ithi*-Bildung, s. WOB 16, S. 144ff.
[315] Gysseling I, S. 522; ähnlich Förstemann II, 1, Sp. 1492.

sedorn', and. 'Mistel'[316], nach L. Bückmann[317] 'Hülsenort', A. Bach[318] stellt den Namen zu asä. *hulis* „ilex, Ort, wo Stechpalmen stehen"; Neuenkirchen, Kr. Bersenbrück, 16. Jh. *im Hülse, im Hülsede*[319], zur Deutung s. Hülsede; Hümmerdickte, FlurN bei Hümme im Reinhardswald[320], der zweite Teil gehört zu dt. *dick;* Hüpede, Kr. Springe, a. 1033 *Hupida*, a. 1187 *Hupethe*, a. 1185 *Hurpede*, „mnd. *hup*, ahd. *huf*, got. *hups* 'Hüfte' [...] Übertragen auf hüftenförmige bodenerhöhungen?"[321], andere[322] stellen den Namen dagegen zu mhd. *hopfe* 'Hopfen'; Hüsede bei Osnabrück, 12. Jh. *Husithi*, ca. a. 1186 *Husethe*[323], zu ahd., asä. *hûs* 'Haus'[324]; Hüvede bei Lingen/Ems, 9./10. Jh. *Huuida*[325], „Germ. *hûbiþja-*, Kollektiv zu *hûbôn-* „Haube, haubenähnlicher Hügel"[326], anders Abels, S. 50: „In *Hüvede* [...] kann [...] das sehr alte, noch jetzt allgemein gebräuchliche *hüwe* = Bienenkorb als BW. enthalten sein"[327]; Ickten bei Essen, 1. H. 11. Jh. *Ekutha*, 2. H. 11. Jh. *Ekitha*[328], enthält -*iþa-/-uþa/-aþa*[329], nach A. Bach[330] ein kons. auslautendes kollektives -*th*-Suffix, hier Dat. Sg. von *Ekith*, zu dt. *Eiche*; Ickt(erhof) bei Düsseldorf, a. 1281 *Ekede*, a. 1303 *Eycde*, < *Eikithi* 'Ansammlung von Eichen'[331]; Ifta bei Creuzburg/Werra, a. 1260 *de Yfide*, a. 1300 *Yfede*, a. 1480 *Iffe*, zu ahd. *iffa, yffa* 'Ulme'[332]; Ilsede, Kr. Peine, a. 1053 *Ilisede*, a. 1181 *Ilsethe*, 12. Jh. *Hilsede*[333], zu germ. *alisa* 'Erle' bzw. *Else*[334]; Istha bei Wolfhagen, a. 1123 *Isede*, a. 1180 Isithe[335], 13. Jh. *Iste, Isthe*[336], zu *is* 'Eis'[337]; Kalbe, Kr. Rotenburg/Wümme, um 1500 *Kaluede*[338], Gf. wohl *Kalw-ithi*, wahrscheinlich zu ags. *calwe, calwa* 'a bare hill'[339]; Kalt bei Koblenz, a. 1216 *Calethe*[340], etwa *Kal-ithi* zu dt. *kahl?;* a. 1053 *Cizide*, am Deister,[341] „Vielleicht aus *Kikithe* entstellt"[342], dann offenbar

---

[316] Förstemann II, 1, Sp. 1491.
[317] Bückmann 1922, S. 273.
[318] Studien, S. 337.
[319] Jellinghaus, S. 58.
[320] Arnold, S. 307.
[321] Förstemann II, 1, Sp. 1510.
[322] Schröder, S. 187, Arnold, S. 307 und Petters, S. 472.
[323] Förstemann II, 1, Sp. 1532; Wrede I, S. 280.
[324] S. auch Jellinghaus, Osnabrück, S. 20.
[325] Hellfaier-Last, S. 31.
[326] Gysseling I, S. 528.
[327] So auch Förstemann II, 1, Sp. 1535
[328] Gysseling I, S. 530.
[329] J. Hartig, G. Müller, NdW 8 (1968), S. 72.
[330] Bach, Deutsche Namenkunde II, 1, S. 204.
[331] Dittmaier, Berg. Land, S. 110.
[332] Walther, S. 286.
[333] Förstemann II, 1, Sp. 1556.
[334] Bückmann 1940, S. 62; Petters, S. 472. Diese Deutung ist abzulehnen, s. NOB VIII, S. 86ff.
[335] Förstemann II, 1, Sp. 1596; Jellinghaus, S. 58.
[336] Arnold, S. 305.
[337] Bach, Studien, S. 337; Schröder, S. 166.
[338] Rüther, S. 420.
[339] E. Ekwall: *The Concise Oxford Dictionary of English Place-Names*, 4. Aufl., Oxford 1960, S. 135.
[340] Gysseling I, S. 550 (ohne Etym.).
[341] Lokalisierung unsicher, es handelt sich um den Namen eines Gaues.
[342] Förstemann II, 1, Sp. 1565.

Beziehung zu Sickte (s. d.); Köcker/Kokerde, Hof bei Schildesche oder Theesen, Ldkr. Bielefeld, a. 1151 *Kokrethe*[343], 1288 *Kokerthe*[344], zu dän. *kok* 'Haufen', anord. *kokkr* 'Klumpen', mhd. *koche* 'Erdaufwurf'[345]; Köckte, Wg. bei Schönebeck, a. 1272 *Kokede*[346]; Köckte, Wg. bei Calbe, a. 1180 *Kokede*, a. 1205 *Kokete*[347]; Köckte bei Gardelegen, a. 1345 *de Kokede, ville Kokede*[348]; Köckte, Kr. Stendal, a. 1443 *Kokde, Kockde*, a. 1642 *Kökede*[349];[350] Köhlte, Kr. Minden, a. 1277 *in Colete, in Colethe*, a. 1278 *in Colete*[351], zu ahd. *kolo, kol* 'Holzkohle';[352] Köhren bei Harpenstädt, a. 1276 *Cornethe*[353], sonst nicht nachweisbar, Lage unbekannt, Gf. doch wohl *Kurn-ithi*, zu germ. *quirn* 'Mühle', n. k.; Kölleda bei Weimar, a. 802, 9. Jh. *Collide*, a. 1005/06 *Collithi*[354], Etym. wie Köhlte[355]; Cornrode, Kr. Hersfeld, a. 1122 *Cornede*[356], zur Etym. s. Köhren; Kürzt, FlurN bei Bettingen, Siersdorf u. a. im Saarland[357], zu dt. *kurz;* Kumbd, Kloster-, Nieder-, bei Koblenz, a. 1072 *Commede*, a. 1196 *Comeda*, um a. 1212 *in Commode*[358], nach Petters, S. 471 zu ahd. *cumi* 'Kümmel', m. E. eher zu mnd., ndt. *kumm(e)* 'rundes, tiefes Gefäß, Bodenvertiefung'[359]; a. 898 *Cuzzide*, 11. Jh. *Cvzide*, unbekannt, wahrscheinlich bei Köln[360], Gf. *Kut-ithi*, sicher zu ndd. *kūte* 'Grube', mhd. *kūte* 'Grube, Loch', nhd. *Kauz* 'Grube als Gerichtstätte'[361]; Längt, FlurN bei Felsberg, Wallerfangen im Saarland[362], zu dt. *lang;* Langd bei Hungen, a. 952 *Lengede* (hierzu?), 12. Jh. *Langite*[363], zu dt. *lang;* Lauw, frz. Lowaige, bei Tongeren, a. 1146 *Lude*, a. 1187 (K. um a. 1700) *Leuuegge*, *Hlaiwithja-*, zu germ. *hlaiwa* 'Grabhügel'[364]; Leeuwte, Prov. Overijssel, a. 1133 *Leneteh* (lies: *Leuethe*), a. 1217 *Lewethe*[365], am ehesten wie Lauw zu erklären; Lehmden, Kr. Oldenburg, a. 1059 *Lemede*,

[343] Förstemann II, 1, Sp. 1707.
[344] J. Hartig, G. Müller, NdW 8 (1968), S. 72.
[345] Jellinghaus, S. 58; Förstemann II, 1, Sp. 1707. Ausführlich zu diesem ON WOB 5, S. 138.
[346] Walther, S. 286: Etym. wie bei *Köcker*, nach R. Trautmann, EO II, S. 66 zu slav. *kokot* 'Hahn', m. E. wegen des Umlauts weniger wahrscheinlich.
[347] Walther, a. a. O., S. 286.
[348] Riedel A VI, S. 462.
[349] Riedel A V, S. 409, S. A VI 318.
[350] Die Ortsnamen gehören zu Appellativen, die im Nordgermanischen und Alemannischen bezeugt sind, s. J. Udolph: *Alemannien und der Norden aus der Sicht der Ortsnamenforschung*, in: *Alemannien und der Norden*, hg. von H.-P. Naumann, Berlin – New York 2004, S. 29–56, hier: S. 36f.
[351] Jellinghaus, S. 58; Westfäl. UB IV, S. 701, VI, S. 341, 357.
[352] Eher zu einem germanischen Wort für 'Hügel', vgl. WOB 7, S. 40f.
[353] Jellinghaus, MVGLO, S. 151.
[354] Walther, S. 286.
[355] So auch Bach, Deutsche Namenkunde II, 1, S. 203 und Arnold, S. 307, anders Petters, S. 471: zu *Kohl*.
[356] Förstemann II, 1, Sp. 1719; Zuordnung fraglich.
[357] Bach, Deutsche Namenkunde II, 1, S. 203.
[358] Gysseling I, S. 581 (ohne Etym.); Förstemann II, 1, Sp. 1713.
[359] S. Kluge-Mitzka, S. 412.
[360] Förstemann II, 1, Sp. 1766; Gysseling I, S. 583.
[361] Weiteres Pokorny, IEW, S. 393.
[362] Bach, Deutsche Namenkunde, II, 1, S. 203.
[363] Förstemann II, 2, Sp. 25; vgl. Schröder, S. 187; nach Bach, Deutsche Namenkunde II, 1, S. 204 fällt der fehlende Umlaut auf.
[364] Gysseling I, S. 598; s. auch Bach, Deutsche Namenkunde II, 1, S. 202.
[365] Förstemann II, 2, Sp. 61 (ohne Etym.).

zu *lēmo* 'Lehm'[366]; Lehrte bei Hannover, a. 1147 *in Lereht*, Var. *Lerthe*, a. 1274 *in Lerede*, a. 1294 *in Lerethe*[367], Gf. *Lar-ithi*, zu dem immer noch umstrittenen -*lar*-Element[368]; Lemmie bei Gehrden, a. 1216 *In Leminethe*, a. 1226 *in lemmede*, a. 1236 *lemmedhe*[369], *Lem-ithi*, zu dt. *Lehm*;[370] Lengede, Kr. Peine, a. 1151 *Lencethe*, ca. a. 1168 *Lengethe*[371], wie die folgenden Namen als *Lang-ithi* zu *lang*;[372] Lengde, Kr. Goslar, a. 1178 *Leggethe, Lentthe, Lenghedhe*[373]; Lengden, Groß-, Klein-, bei Göttingen, a. 822–40 *Lengidi*, a. 997 (ca. a. 1001–02?) *Lengithi*[374], a. 1022 *Lengithe*, Lengede, ca. a. 1070 *Lengede*[375]; Leschede bei Lingen, a. 1309 *Leschen* (!)[376], vielleicht *Lesk-ithi*, zu ndt. *leesch* 'Schnittgras, Schilf'; Leste Kr. Büren, a. 1028 *Lessete*, a. 1123 *Lessete*, a. 1031, a. 1183 *Lessethe*[377], Etym. wie bei Leschede; a. 1218 *Leweth*, unbekannt in Gelderland[378], Etym. s. Lauw; Linde in: Osterlinde, Westerlinde, bei Hildesheim, a. 1022 *Linnithe*, a. 1151 *Lindethe*, a. 1187 *Linnethe*[379], a. 1272 *Lindede*, a. 1275 *Parvum Lindede*, *Lind-ithi*, zu dt. *Linde;* Linden, Ldkr. Uelzen, a. 1263 *in Lindethe*, a. 1320 *in Lindedhe, in Lindedhe, ville Lindedhe*[380], Etym. wie oben; Lint bei Antwerpen, *Linnithe* nach Mansion, Best., S. 98, demnach wahrscheinlich zu ahd. *(h)lina, lena* 'Berglehne'; Lobeda, OT von Jena, dazu Lobdeburg, a. 1156 *Louvethe*, a. 1366 *Lofdeburch*, um a. 1366 *von Lobdenburg*, nach H. Rosenkranz[381] Übertragung des Namens von *Lopodunum/Ladenburg* (bei Heidelberg), m. E. fraglich, man vergleiche den folgenden Namen und Looft; Lobit in Gelderland, a. 1222 *Lobedhe, Lobedde*, a. 1224 *Lobede*[382], dieser und der vorige Name etwa zu ahd. *loub* 'Laub'?; Löhne, Kr. Herford, a. 1151 *Lenethe*, Var. *Lonede*[383], „statt *Lanithi* mit altwestf. *a* = *au*"[384], ndt. mua. *Låune*, Gf. demnach *Laun-ithi*, zu ndt. dial. *lohne* 'Wassergraben, Knüppeldamm, enger Weg'[385]; Löschede, Kr. Coesfeld, a. 1144 *Losethe*, ca. a. 1150 *Losethe* (2-mal)[386], = (?) Loschede bei Haltern, 11. Jh. *Loschete*, a. 1331 *Loschede*[387], heute nicht nachweisbarer ON, Gf. *Lôs-ithi*, zu ahd. *lôs*, got. *laus*, ahd. *lôsī* 'frei', im Sinne

---

[366] Förstemann II, 2, Sp. 8; Bach, Deutsche Namenkunde II, 1, S. 204; Petters, S. 472.
[367] UB H. Hild. I, S. 229, III, S. 177, 501.
[368] S. H. Dittmaier: *Die (H)lar-Namen*, Köln – Graz 1963. Vgl. aber NOB I, S. 281 mit Hinweisen auf weitere Literatur.
[369] Cal. UB I, S. 11, VII, S. 2, 8.
[370] Ausführlich zu diesem ON NOB I, S. 284ff., s. auch NOB IV, S. 250f.
[371] Förstemann II, 2, Sp. 25.
[372] Zu diesem und den folgenden ON s. NOB VIII, S. 97f.
[373] Förstemann II, 2, Sp. 25.
[374] Hellfaier-Last, S. 22; Honselmann, S. 154.
[375] Förstemann II, 2, Sp. 25.
[376] Westfäl. UB VIII, S. 176.
[377] Jellinghaus, S. 58; Förstemann II, 2, Sp. 58.
[378] Gysseling I, S. 612.
[379] Förstemann II, 2, Sp. 87; Andree, S. 72.
[380] UB Ebstorf, S. 33, 106, 107, 108.
[381] Ortsnamen des Bezirkes Gera, Greiz 1982, S. 11.
[382] Gysseling I, S. 627 (ohne Etym.).
[383] Westfäl. UB II, S. 103f.
[384] Förstemann II, 2, Sp. 131.
[385] Förstemann II, 2, Sp. 130. Anders zu diesem ON WOB 4, S. 81f.
[386] Förstemann II, 2, Sp. 135f.
[387] Jellinghaus, S. 58.

von 'Wasserlösung, Wasserabfluss'[388]; Loh bei Lahde, Kr. Minden, 13. Jh. *Northlothe*, aus **Loh-ithi*[389]; a. 1171 *Lohet*, Flur bei Wittlich bei Bernkastel, a. 1168 *Lothe*[390], Etym. wie voriger Name; Looft, ON Kr. Steinburg, a. 1264–89 *de Lovete*, a. 1281 (A. 14. Jh.) *Louethe*, a. 1465 *Loffte*, „Suff. *-ede* (*-ethe*) oder *-ete* zu nd[t]. *Loof* 'Laub'"[391]; Mattium, bei Tacitus erwähnter ON in Hessen, **Map-ip-iom*, zu germ. *mapa* 'Wiese, Mahdland', vgl. oberdt. *Matte*[392]; Mehle, ON bei Elze, a. 1013 (Sp. 12. Jh.) *Midilithe*, a. 1022 *Midilithe*, a. 1132 *Midelen*, a. 1187 *Medele*[393], nach Förstemann II, 2, Sp. 279 zu asä. usw. *middi-* 'Mitte', dabei bleibt allerdings das präsuffixale *-l-* unerklärt, so dass Anschluss an asä. usw. *middil* 'mittel, mittlerer' vorzuziehen ist; Mehnen, Kr. Lübbeke, a. 1094 *Menethe*, später *Northmenedhen*[394], a. 1229 *Menede*[395], Förstemann denkt an mnd. *mene* 'gemeinsam', dial. auch 'Gemeinweide', vielleicht aber auch zu dem noch nicht sicher erklärten Element **Man-* z. B. in Meensen, alt *Manisi*[396]; Melkede, FlurN und WgN östl. Dannenberg, a. 1382 *in dem Melkede*, vor a. 1384 *dat Melkede*, um a. 1395 *Im melkede*[397], Gf. offenbar **Melk-ithi*, wohl zu ndt. *melk* 'Milch'; Menden im Sauerland, alt *Meneden*, *Menedene*, *Menedhen*, *Menedin*, *Menethen*, *Menethene*, *Minden*[398], wie Mehnen zu deuten?;[399] Mengede, OT von Dortmund, 10. Jh. *Megnithi*, *Mengide*, a. 1052 *Mehgida*, a. 1126 *Mengethe*, a. 1161 *Mengede*[400], nach Förstemann zu ahd. *magan*, as. *megin* 'Kraft, Bedeutung, Menge', was aber semantisch nicht überzeugt, eine bessere Deutung kann jedoch z. Zt. nicht geboten werden;[401] Meschede, a. 913 *Meschede*[402], a. 1015–25 (K. 12. Jh.) *Meschethi*[403], 1028 *Meschethi*, 1182 *Mestethe*, 1225 *Meischethe*[404]. Gysselings Etym. ist unsicher, aber momentan durch keine bessere zu ersetzen, da slav. *mozga*, *mzga* zur *-u-* Ablautreihe gehört[405] (vgl. aber unten Moischt); Mescheide, OT von Gräfenhainichen, a. 1200 *Meschede*, a. 1207 *Mezschege*, a. 1403 *Meischeide*, a. 1443 *Messeheide*, a. 1471 *Messcheide*, übertragener Name[406]; Mierde in Nordbrabant, 12. Jh. *Myrtha*, a. 1201 *Mirde*[407], etwa **Mer-ithi* zu *mar*, *mer* 'Meer, Gewässer'?; Milte bei Warendorf, Ende 12. Jh. *Mil-*

---

[388] Förstemann II, 2, Sp. 135.
[389] Jellinghaus, S. 58.
[390] Förstemann II, 2, Sp. 127 mit Hinweis auf Lahde, Kr. Minden.
[391] Laur, ONLex., S. 143.
[392] A. Bach, BNF 3 (1951/52), S. 133ff.
[393] MGH Reg. Germ. III, S. 306; Hartmann, S. 4.
[394] Förstemann II, 2, Sp. 267.
[395] Jellinghaus, S. 58ff.: zweifelhafter -ithi-Name.
[396] Ausführlich zu diesem ON jetzt WOB 7, S. 271ff.
[397] Sudendorf VI, S. 1; VIII, S. 67; SHRU VI, S. 382.
[398] Westfäl. UB VII, Register, S. 1510.
[399] Vgl. die ausführliche Behandlung dieses Ortsnamens (wahrscheinlich -ithi-Bildung) im WOB 12, S. 256ff.
[400] Gysseling I, S. 685; Förstemann II, 2, Sp. 173; MGH Reg. Germ. X/2, S. 162.
[401] Ausführlich zu diesem ON jetzt WOB 16, S. 186ff.
[402] Förstemann II, 2, Sp. 275.
[403] Gysseling I, S. 692 mit der Deutung aus germ. **maskipja-*, zu *maskōn-* 'heks'.
[404] Jellinghaus, S. 59.
[405] S. jetzt aber WOB 6, S. 343ff.
[406] Freydank, S. 49f.
[407] Gysseling I, S. 697 (ohne Etym.).

lethe[408], a. 1249 *Millethe*[409], a. 1256 *Millethe*[410], Gf. **Mel-ithi*, zu anord. *melr*, norw. *mel-* 'Sandhügel';[411] Mirdum in Friesland, a. 1148 (K.) *Meretha*, a. 1152 (K.) *Merthen*[412], etwa **Mer-ithi* wie in Mierde?; Mücheln bei Merseburg, 9. Jh. *Muchilidi*, a. 1128 *Muchele*, a. 1144 *Muchil*[413], Ableitung von einem GN wie der folgende Name; Mücheln, Wg. bei Calbe, a. 1446 *Mochelen*, a. 1460 *Muchelde*[414]; Oelde, Kr. Warendorf, 10. Jh. *Ulithi*, *Ulidi*, 11. Jh. *Vlide*, a. 1088 *Ulithi*, a. 1219 *Ulethen*, a. 1277 *Olede*[415], nach Förstemann, a. a. O. zu einem angenommenen Wort **ul* 'feuchter, modriger Distrikt', zu ndt. *ulmerig* 'von Nässe faulig', *ōl* 'Wasserrinne', es liegt Schwundstufe zu idg. **el-/ol-* 'modrig sein, faulen' vor, dazu noch norw. *ul* 'verschimmelt' u. a. m., s. Pokorny, IEW 305;[416] Ölde, ö. von Dorsten bei Recklinghausen, ca. a. 1150 *Ulethen*[417], Etym. wie oben; Oelde bei Laren in Gelderland[418], Etym. wie oben; Oerie bei Pattensen, a. 1033 *Oride*[419], später *Orethe*[420], nach Förstemann zu ndt. *ōr*, *ōrd* 'Bank des Raseneisensteins im Sumpf', sächs.-ndl. *oer* 'Eisenerz', nach Petters, S. 472f. zu 'Acer pseudoplatanus', Gf. **Ur-ithi*[421]; Ösede bei Osnabrück, ndd. *Euse(de)*, a. 826–76 (Trad. Corb.) in *Osidi*[422], 1088 *Asithi* („also mit germ. *au*"), a. 1095 *Osethe*[423], a. 1166 *Asedhe*[424], nach Förstemann zu got. *auso* 'Ohr', mnd. *öse* 'Henkel, Öse' (von der Gestalt der Örtlichkeit, m. E. wenig überzeugend), nach Th. Baader[425] zu **ansi* 'Schlinge', nicht zu ahd. *ôsi* 'Wüste' (fraglich), sollte man vielleicht an einen Zusammenhang mit der alteuropäischen Sippe um *Ausa* denken?[426] Ofden, Kr. Aachen, a. 1116 (K. 1157) *Affeden*, a. 1137 (K. 1157) *Affethen*[427], nicht ausgeschlossen ist die Gf. **Ap-ithi*, zu *apa* 'Wasser', vgl. Apede; Opgrimbie bei Tongeren, a. 1221 *Grimbede*[428], vielleicht **Grem-ithi* wie in Gremede, Grimde, s. d.; Ophemert in Gelderland, 1. H. 9. Jh. (K. um a. 1170) *Hamaritda*, um a. 850 (K. um 1170) *Hamerethe*[429], Gf.

---

[408] Jellinghaus, MVGLO, S. 140.
[409] Westfäl. UB III, S. 271.
[410] Jellinghaus, S. 59.
[411] So ähnlich auch WOB 3, S. 278f.
[412] Honselmann, S. 178; Gysseling I, S. 700.
[413] Walther, S. 286.
[414] Walther, S. 287.
[415] Gysseling II, S. 757; Förstemann II, 2, Sp. 1122; Jellinghaus, S. 59.
[416] Ausführlich zu diesem ON jetzt WOB 3, S. 297ff.
[417] Förstemann II, 2, Sp. 1122.
[418] Jellinghaus, S. 59.
[419] MGH Reg. Germ. IV, S. 255.
[420] Förstemann II, 2, Sp. 443.
[421] Überzeugender die Ausführungen in NOB I, S. 348ff.
[422] Honselmann, S. 115; Dürre II, S. 25.
[423] Jellinghaus, S. 59.
[424] Förstemann II, 1, Sp. 273.
[425] JVNS 78 (1955), S. 61.
[426] Vgl. zu diesen und ähnlichen Namen J. Udolph: *Latein. aurum 'Gold', balt. auksas, ausis 'Gold' in nord- und mitteldeutschen Ortsnamen?*, in: Jahrbuch des Vereins für niederdeutsche Sprachforschung 142 (2019), S. 38–52.
[427] Gysseling II, S. 758 (ohne Etym.).
[428] Gysseling II, S. 768 (ohne Etym.).
[429] Gysseling II, S. 768.

Hamar-ithi, s. Emer/Hemert; Osede, Oese, Wg. bei Elze, Kr. Gronau, a. 1022 *Asithe*[430], a. 1132 *Asede*, a. 1187 *Usethe*, 1199 *Osethe*[431], Gf. *Aus-ithi, zur Etym. s. Ösede;[432] a. 1273 *in Oscherethe*, Lokalisierung unsicher, evtl. bei Steterburg[433], Gf. *Auskr-ithi oder **Askr-ithi?*, im letzteren Fall vgl. Escherde; Osede, Freigrafschaft und mansus in *Osede* im Kr. Beckum, 13. Jh. *Osede*[434], < *Aus-ithi; Ossida, Groß-, Klein-, bei Zeitz, a. 1147 *Ozedo*, *Ozde*, „wohl sekundär aus aso. *osad*, oso. *wosada* 'Gemeinde, Kirchspiel'"[435], anders E. Eichler, H. Walther, DS 35, s. v. Osida: zu slav. *ozd*; in Anbetracht der vorigen, sicheren *-ithi*-Bildungen bleiben Zweifel an der slav. Deutung, zumal südwestl. von Ossida *-ithi*-Namen, z. B. um Jena, nachweisbar sind, dennoch n. k.; Overde, wüst bei Warburg, a. 1122 *Overide*, a. 1202 *Overde*, nach Jellinghaus, S. 60 zweifelhafter *-ithi*-Name, gegen eine Gf. *Over-ithi und Verbindung mit hdt. *Ufer* usw. spricht m. E. aber kaum etwas; Passade (Bega), GN in Lippe, a. 1513, a. 1644 *Bessae, de Bessage*, Suffix auf GN übertragen[436]; Pelden bei Moers, 10. Jh. *in Palutho*, Ende 12. Jh. *Peledhen*[437], nach Förstemann[438] *Pal-ithi zu dt. *Pfahl*, aus lat. *palus* entlehnt, m. E. eher ablautend **pal-* zu germ. *pôl* 'Pfuhl'; Pelt bei Achel, Prov. Belg. Limburg, a. 815 *Palethe*, a. 1107, a. 1161, a. 1178 *Peltam*[439], wird zu *pâl* 'Pfahl' gestellt; Pente, Kr. Bersenbrück, ca. a. 1186 *Pennethe* neben *Penethe*[440], a. 1221 *Pennethe*[441], Bach und Förstemann denken an eine Verbindung mit ae. *penn* 'Pferch'[442], das bei Pokorny, IEW S. 97, unter dem Lemma „*bend-* 'vorspringende Spitze'" erscheint, womit die Lages des Ortes „Beim *Penter Knapp* endet der Westsüntel"[443] bestens passt, so dass die Annahme vorgerm. Ursprungs (Kuhn) unnötig wird; Pfiffel, Hack-, bei Sangerhausen, a. 1261 *Pfeffelde*, a. 1438 *Familie Hacke im Dorfe Pfeffelde*[444], Pfiffel bei Allstedt und Mönch-Pfiffel, Kr. Apolda, 9. Jh. (K. 11. Jh.) *Bablide*, a. 1154 *Peffelde*[445], a. 1171 *Pefelde*, 13. Jh. *Peflede, Peffelde*[446], H. Walther dachte zunächst an eine Verbindung mit asä., ahd. *pâpila*, mua. *babiln-, papel-blume, -same, wengepapele* 'Malve', dieses ist jedoch späte Entlehnung aus mlat. *papula*, s. W. Krogmann, BNF 3 (1951/52) S. 147, so dass H. Walther Urverwandtschaft mit lat. *peplis* 'Bachburgel, Burgelkraut (Portulaca sativa)' vorzieht; man sollte aber bei der Deutung der ONN nicht übersehen, dass einer unmittelbar am Pfiffelbach liegt[447], und die

---

[430] Förstemann II, 1, Sp. 273.
[431] Hartmann, S. 4.
[432] Vgl. oben mit Hinweis auf Udolph, Latein. *aurum*.
[433] UB H. Hild. III, S. 164.
[434] Jellinghaus, S. 59.
[435] Walther, S. 287.
[436] Jellinghaus, S. 60.
[437] Gysseling II, S. 789 (ohne Etym.).
[438] Förstemann II, 2, Sp. 466.
[439] Förstemann II, 2, Sp. 466f.; Bach, Deutsche Namenkunde II, 1, S. 202.
[440] Förstemann II, 2, Sp. 479.
[441] Jellinghaus, Osnabrück, S. 28.
[442] S. auch Möller, S. 97f.
[443] Förstemann II, 2, Sp. 479.
[444] Walther, S. 287.
[445] Walther, S. 287.
[446] Förstemann II, 2, Sp. 459.
[447] So schon Werneburg S. 34.

Entfernung des anderen zum Pfüffelerbach nicht sehr groß ist, so dass die GN von Bedeutung sein dürften; von daher sind die Namen m. E. an ndt. *piep* 'schmaler Abzugsgraben, hölzernes Abzugsrohr', ae. *pipe* '(hölzerne) Wasserröhre'[448] anzuknüpfen; Pöhlde am Harz, a. 927 *Palithi*, a. 929 *Palidi*, um a. 978 *Polide*[449], wird von allen Forschern[450] zu dt. *Pfahl* (einem Lehnwort aus dem Lateinischen) gestellt, zu erwägen ist m. E. daher auch eine Ablautform zu ndt. *pôl* 'Sumpf', vgl. oben s. v. Pelden;[451] Pohle, Kr. Springe, a. 866 *Padlo*[452], a. 1182 *Palden*[453], zur Etym. dieses und des folgenden Namens vgl. oben; Pohle, Kr. Schauburg, a. 1070 *Paldo*, 11. Jh. *Peldo*[454]; Queisau bei Hohenmölsen, um 1300 *Cuizde*, 1378 *Quis(e)de*, „vgl. norw. *kvisa*, zu idg. **gueid(h)-* 'Schlamm, Schmutz'"[455], wenn ich H. Walther richtig verstehe, also Gf. **Kwids-ithi*, in diesem Fall liegt ein Anschluss an die GNN Queis und Gwda/Küddow[456] nahe; Rhene bei Hildesheim, a. 1151 *Renethe*, *Renedhe*, nach Förstemann II, 2, Sp. 568 zu „*Ren* in Flußnamen", aber sollte man den Namen nicht einfacher mit einer Gf. **Ren-ithi/Ran-ithi* zu germ. **rannjan* in ahd. *rennan* 'rinnen machen, rasch laufen machen' stellen? Möglich wäre auch eine Deutung wie bei Renda (s. d.);[457] Reisenmoor bei Bad Bevensen, a. 1393 *to Reynesdemůr*, *to Reynsedemôre*, a. 1396 *Reysedemůr*[458], Gf. **Risede-moor*, GW zu *(h)ris* 'Reis, Gesträuch', vgl. Riese; Remda, Alt-, Kirch-, Sund-, ON bei Rudolstadt, a. 750/59 *in tribus villulis Remnidi*[459], a. 815 *Remmidi*, a. 900 *tres villae Remnidi*, a. 1133 *Remede*, a. 1163 *Remide*, a. 1217 *beide Remedhe*, a. 1286 *civitas Remede*, a. 1296 *Aldenremede*, *Suntremede*[460], die Deutung aus **Rammidi*, *Ramnidi* 'Ort, wo Raben vorkommen' zu ahd. *(h)raban* 'Rabe'[461] ist m. E. fraglich, da anlautendes *h-* im 9. Jh. wahrscheinlich noch nicht geschwunden wäre, eher daher zu schwed. dial. *ram* 'Sumpf'[462]; Remse im Kr. Warendorf, a. 1088 *Hramasithi* „neben *Hramisithi*", 12. Jh. *Remesithi*, zu *ramsen, remsen* 'Bärenlauch'[463], vgl. auch ndt. *rāmsche, raemsen, rēmsen*, ags. *hramsa, hramse* 'Pflanzenbezeichnung'[464]; Remsede bei Iburg, ca. a. 1068 *Hramasithi*, a. 1080 *Ramisithi*, Freck. Heberolle *Hramisitha*, a. 1180 *Remesethe*[465], Etym. s. o.; Renda bei Eschwege, 9. Jh. *Reinede*, a. 1144 *Reinede*, a. 1480 *Reynde*[466], zu dt. *Rain;* Riese, Hof bei Nordhastedt, a. 1402 *Rissede*[467], a. 1560

---

[448] Jellinghaus, ENO, S. 310.
[449] Walther, S. 287; Hellfaier-Last, S. 36.
[450] Walther, a. a. O.; Schröder, S. 187; Arnold, S. 307; Bach, Deutsche Namenkunde II, 1, S. 202.
[451] S. dazu jetzt NOB II, S. 127ff.
[452] Hellfaier-Last, S. 37.
[453] Förstemann II, 2, Sp. 467.
[454] Ebd.
[455] Walther, S. 287.
[456] Vgl. Udolph, Stellung, S. 117ff., 133f.
[457] Eine überzeugende Deutung bietet jetzt NOB III, S. 267f.
[458] Sudendorf VII, S. 170, 204; UB Walsrode, S. 514.
[459] Walther, S. 287.
[460] Fischer-Elbracht, S. 20, 33, 43, 47.
[461] Ebd.
[462] Walther, S. 287.
[463] Förstemann II, 1, Sp. 1437; so auch Jellinghaus, S. 59, Bückmann 1922, S. 273.
[464] Petters, S. 471f. Zur Zuordnung der Belege und der Etymologie s. WOB 19.
[465] Förstemann II, 1, Sp. 1437; Wrede II, S. 149.
[466] Walther, S. 287; Arnold, S. 305.
[467] Jellinghaus, Holst. ONN, S. 240.

Riße, a. 1571 *Rise*[468], falls der Beleg von 1402 korrekt ist, könnte *-ithi*-Bildung vorliegen; W. Laur, der den Beleg von 1402 nicht nennt, stellt den Namen zu ndt. *Ries* 'Reis, Zweig, Busch', der Name könnte somit identisch mit dem ersten Bestandteil in Reisenmoor (s. d.) sein; Rischden bei Geilenkirchen, a. 1503 *van den Rysden*, a. 1505 *von den Reyschden*, *-ithi*-Bildung nach J. Gotzen[469], offenbar *Risk-ithi*, zu *rīsik*, oberdt. *rīsech* 'Ort, wo viel junges Reis wächst'[470]; Rüste bei Dorsten, a. 799 (K. 12. Jh.) *Ruscethe*, 10. Jh. *Riscithi*, germ. *ruskiþja-*, zu *ruskjōn-* 'Binse'[471]; Scherbda bei Eschwege, a. 1336 *van Scherbede*, zu dt. *Scherbe* 'Geländeeinschnitt', norw. *skarf* 'Felsklippe'[472]; Scherde, FlurN bei Goslar, a. 1188 *in Scherde*, a. 1199 *in Scherde*[473], Gf. *Skar-ithi?*, wahrscheinlich zu ahd. *scerra*, anord. *sker* 'Schäre, Seeklippe'; Schielo bei Harzgerode, a. 1430, a. 1460 *Schulde*, a. 1463 *Schuele*, *Schulo*, zu mnd. *scholle*, *schulle* 'Rasenstück, Erdscholle'[474], afries. *skule* 'Bergungshütte'[475]; Schimmel bei Bad Bibra/Unstrut, a. 1300 *Schemelde*, a. 1346 *Schemelden*, zu mhd. *schimel* 'Schimmel, Kahm'[476]; Schirpe, Bach bei Höxter, 14. Jh. *Scelpede*, Suffix auf GN übertragen[477]; Schlewecke bei Bockenem, um a. 1181 *Slevethe*, *-ithi*-Name nach W. Flechsig[478], zur Etym. s. den folgenden Namen; Schlewecke bei Bad Harzburg, ca. a. 1147 *Slivede*, 13. Jh. *Slevedhe*, *Slyofede*[479], Gf. offenbar *Slaƀ-ithi*, zu schwed. dial. *slabb* 'Schlammwasser', engl. dial. *slab* 'Schlammpfütze'[480]; Schoholtensen bei Rinteln, a. 1051 *Scoythe*, a. 1181 *Schogethe*, a. 1185, a. 1187 *Scoithe*[481], mit Förstemann zu anord. *skōgr*, schwed. *skog* 'Wald', vgl. auch ags. *sceaga* 'Gebüsch', Gf. demnach *Skōg-ithi*; Schröck bei Marburg/Lahn, a. 1250 *Scirckede*, a. 1263 *Schrekede*[482], Gf. *Skrik-ithi*, zu ahd. *scric* 'ascensio', 'Ort, wo Bodenunebenheiten sind'[483]; Schwebda an der Werra, 9. Jh. *Suebada*, a. 1269 *in Swebede*, zu ahd. *swebēn* 'sich in oder auf dem Wasser oder in der Luft hin und her bewegen'[484]; Gf. *Sweb-ithi;* Schwelle bei Salzkotten, a. 1256 *Svelethe*[485], Gf. wohl *Swel-ithi*, zu ags. *swelan* '(ver)brennen, sich entzünden', dt. *schwelen;* Sebeda bei Oppershausen, a. 1404 *Sebede*, wohl zu dt. *See*[486], Gf. also *Se(w)-ithi;* Sehlde bei Hildesheim, a. 900 *Selida*, a. 1130 *Selethe, Selede*[487], dazu wohl Wg. Klein Sehlde, a. 1209 *minori Selede*, 1309 noch erwähnt, nach Förstemann zu asä. *selitha* 'Wohnung,

---

[468] Laur, ONLex., S. 174.
[469] Gotzen, S. 76.
[470] Förstemann II, 2, Sp. 602.
[471] Gysseling II, S. 873.
[472] Walther, S. 287.
[473] UB Goslar I, S. 354, 377.
[474] Walther, S. 287.
[475] Förstemann II, 2, Sp. 794.
[476] Walther, S. 287.
[477] Jellinghaus, S. 60.
[478] ZHV 33 (1981), S. 24.
[479] Förstemann II, 2, Sp. 804 (ohne Etym.).
[480] Pokorny, IEW, S. 656. Die Etymologie wird jetzt diskutiert in NOB X, S. 178f.
[481] Jellinghaus, S. 59; Förstemann II, 2, Sp. 788.
[482] Reg. Hessen I, S. 9, 27.
[483] Bach, Studien, S. 337; Arnold, S. 306.
[484] Walther, S. 287; Arnold, S. 306.
[485] Jellinghaus, S. 59.
[486] Walther, S. 287.
[487] Evers 1951, S. 403; weitere Belege bei Förstemann II, 2, Sp. 668 und Hartmann, S. 4.

Herberge', allerdings mit der Bemerkung: „Der Bach bei Sehlde fließt in die Saale", also Ansatz *Sal-ithi und Ableitung von dem GN möglich;[488] Sehnde bei Hannover, a. 1147 Senethe, a. 1191 Senethe[489], a. 1207 Seynede[490], Förstemann erwägt Verbindung mit norw.-schwed. sina, engl. dial. sine 'vorjähriges Gras' (wie bei Senne), erwogen werden kann aber auch eine Gf. *Sīn-ithi und ein Anschluss an idg. *sei- + -n- in den GNN Sejna usw.[491]; Senne, Heide bei Lippspringe, a. 804 (F.) Sinethi, a. 965 u. ö. Sinithi, a. 1002 Sinide[492], Gf. *Sin-ithi, Etym. wie bei Sehnde, vielleicht allgemeiner als germ. *sin- 'trocken' anzusetzen, man vergleiche J. Pokornys Ansatz *seik^u- 'trocken' aus 'abrinnen, versiegen' zu *seik^u- 'ausgießen, seihen, rinnen, träufeln'[493]; Sickte bei Wolfenbüttel, a. 888 Kikthi, a. 1060 Xicthi, a. 1024 Sicudi[494], um a. 1160 Xicthe, a. 1318 Tzicte, um a. 1200 Tsikthe[495], Gf. *Kik-ithi?, am ehesten zu norw. keik 'Biegung, Drehung, Schiefheit';[496] ca. a. 1006–7 (Trad. Corb.) in Siculithi[497], Gf. *Sikul-ithi, zu norw. dial. sikla 'kleiner Bach', slav. sigla, sihla[498], die Lokalisierung ist allerdings unsicher, n. k.; Siele, ON bei Enger, Kr. Herford, a. 1151 Silethe, 12. Jh. Sylithi, Sylithe[499], a. 1258 Siledhe, zu mnd. sīl 'Siel, Wasserabzug' oder mnd. sile 'Niederung'[500]; Sindfeld im Kr. Büren, 8. Jh. Sinitfeld, 11. Jh. Sinatfeld, Sinatfeld, aus *Sin-ithja zu *sin- 'trocken'[501] (vgl. oben); a. 1028 Sinithi = Sinniger Feld bei Saerbeck, Kr. Münster[502]; *Snevede, Wg. bei Büren, a. 822–26 (?) Sneuithi, Sneuidi, in Sneuidi, am Rand Senidi, a. 826–76 in Sneuidi, in Sneuidi marcu[503], a. 1365 Schnevede, um a. 1660 Snevede[504], Gf. *Snew-ithi, zu got. snaiws 'Schnee' usw.; Söder bei Hildesheim, a. 1351 Tzerde, wohl aus *Kerithi, vgl. die ae. Stellenbezeichnung cerdan waew[505]; Söderhof bei Salzgitter-Ringelheim,[506] a. 1209 Tserede, a. 1227 Serede, a. 1251 Zeerde, a. 1632 Aushof, Seerhof[507], zur Etym. s. o.; Söhlde bei Hildesheim,

---

[488] Zu Sehlde s. auch NOB III, S. 293ff.
[489] Förstemann II, 2, Sp. 732.
[490] Evers 1951, S. 403.
[491] Greule, S. 152. Ausführlich zu diesem ON: NOB I S. 495ff.
[492] Förstemann II, 2, Sp. 732; Jellinghaus, S. 59.
[493] Pokorny, IEW, S. 894. Anders zu diesem Namen jetzt WOB 11, S. 42f.
[494] Förstemann II, 1, Sp. 1670; Hellfaier-Last, S. 16.
[495] Andree, S. 72, mit der Bemerkung: „nicht wie Förstemann [...] zu sik 'See, Sumpf', es liegt Zetazismus vor".
[496] Keine -ithi-Bildung nach NOB III, S. 300ff.
[497] Honselmann, S. 159; Dürre II, S. 45.
[498] Vgl. W. P. Schmid: Urheimat und Ausbreitung der Slawen, in: Zeitschrift für Ostforschung 28 (1979), S. 405–415, hier S. 413; Udolph, Studien, S. 388ff.
[499] Förstemann II, 2, Sp. 730.
[500] Förstemann II, 2, Sp. 728; Jellinghaus, S. 59. Vgl. jetzt WOB 4, S. 243f.
[501] Polenz, S. 130.
[502] MGH Reg. Germ. IV, S. 168.
[503] Honselmann, S. 88, 90, 104, 113, 129.
[504] Dürre II, S. 49; Förstemann II, 2, Sp. 822.
[505] Rosenthal, S. 375 ohne Angabe der Quelle des ae. Wortes; nach freundlicher Auskunft von K. Grinda (Göttingen) handelt es sich sehr wahrscheinlich um einen fehlerhaften Beleg für cerdan hlaew, wobei im ersten Teil ein PN vorliegt.
[506] Ausführlich zu diesem ON s. jetzt NOB III, S. 303ff.
[507] Evers 1951, S. 403.

a. 1017 *Solithe, Sulithe*, a. 1151, a. 1191 *Sulethe, Suledhe*[508], zu germ. *sula* 'Morast'[509]; Sölde bei Dortmund, Mitte 12. Jh. *Sůlethe*, a. 1176 *Sulede*, a. 1313 *Sulede*[510], Etym. wie oben;[511] Sömmerda, a. 876 *Sumiridi item Sumiridi*, um a. 910 *Sumerde*, zu dt. *Sommer*[512]; Sorothfeld, Gau bei Detmold, a. 1001 (K. 12. Jh.) *Sorethfelt*, a. 1021 (K. 12. Jh.) *Sorathueld*[513], „Germ. *sauriþja-* zu *saura-* „dürr" + Feld"[514]; Stathede, Wg. bei Samern, Kr. Bentheim, a. 1109 *Stathede*[515], wahrscheinlich *Stath-ithi zu ahd. *stat* 'Stätte, Stelle'; Steekt in Südholland, a. 1165 (K. 13. Jh.) *Steckede*[516], zu mnd. *stake*, ags. *staca* 'Stange'; Stempeda bei Nordhausen, a. 1306/20 *Stemphede*, zu mnd. *stampe* 'Stampfe'[517]; Stöckte bei Winsen/Luhe, 16. Jh. *Stockede, Stockethe*[518], zu asä. *stok* 'Stock'; Störmede bei Geseke, a. 822–26 (?) *in Sturmithi*, a. 826–76 *in Sthurmidi*, am Rand *Sturmidi*[519], a. 1015–25 (K. 12. Jh.) *Sturmede*[520], 12. Jh. *Sturmethi*[521], nach Petters, S. 473 nicht zum Völkernamen, sondern unmittelbar zu *Sturm* 'procella';[522] Stregda bei Eisenach, a. 1287 *Stregede*, a. 1324 *Strekhede*, 'Zusammenhang mit dem thür. Feldmaß *Striegel* 'schmaler Streifen'? Kaum westfäl. *streck* 'Wasserlauf'[523]; Strümpel, Wg. bei Orlamünde, um a. 1083 *in Strumpilde*, a. 1194 *Strumpulde*, zu nhd. *Strümpfel* (zu *Strumpf* 'Baumstamm')[524]; Strünkede, Gut Kr. Hagen, bei Gevelsberg[525], wie die folgenden Namen zu dt. *Strunk*, nl. *stronk*; Strünkede, Kr. Coesfeld,[526] a. 1163 *Strunkede*[527]; Strünkede bei Herne, a. 1142 *Strunkethe*, Mitte 12. Jh. *Strůnkethe*[528]; a. 1368 *Strünkede*, Hof in Dortmund[529]; Stübert, auch Stüppertshof, bei Velbert, wohl aus *Stubithi, zu *Stubbe* 'Baumstumpf'[530]; Süllhof bei Stolzenau, a. 1055 *Sullethe* (hierzu)[531], a. 1239 *Sullede*, a. 1273 *in Suthsullethe*, a. 1279 *in Sutsullethe*, a. 1293 *Suldede*[532], Etym. wie Söhlde; Sürdt bei Köln, a. 1067 *Sorethe*, a. 1155

---

[508] Förstemann II, 2, Sp. 924.
[509] Rosenthal, S. 376. S. auch Möller, S. 101f., wo auch Sülde im Kr. Nienburg herangezogen wird.
[510] Gysseling II, S. 924; Förstemann II, 2, Sp. 924; Jellinghaus, S. 59.
[511] S. jetzt vor allem WOB 16, S. 222ff.
[512] Walther, S. 287; Arnold, S. 305; Petters, S. 473; vgl. den Gegensatz zu Diemarden (Neumann, S. 65) und slav. *osoj : prisoj*.
[513] Gysseling II, S. 926.
[514] Ebd., ebenso Polenz, S. 130.
[515] Förstemann II, 2, Sp. 856; Jellinghaus, S. 59.
[516] Gysseling II, S. 934.
[517] Walther, S. 287.
[518] Bückmann 1927, S. 129.
[519] Honselmann, S. 88, 114.
[520] Gysseling II, S. 941.
[521] Honselmann, S. 173.
[522] S. jetzt WOB 1, S. 427.
[523] Walther, S. 288.
[524] Walther, S. 288.
[525] Jellinghaus, S. 59.
[526] Die Lokalisierung ist zu korrigieren, zu den Parallelnamen und deren Etymologie s. jetzt WOB 14, S. 235ff.
[527] Jellinghaus, S. 59; Förstemann II, 2, Sp. 913.
[528] Gysseling II, S. 943; Förstemann II, 2, Sp. 913.
[529] Jellinghaus, S. 59.
[530] Dittmaier, Berg. Land, S. 110.
[531] Förstemann II, 2, Sp. 924.
[532] Sudendorf I, S. 76; Cal. UB III, S. 216, 239.

Sördin[533], a. 1191 *Sorde*, zu ndt. *sōr*, ags. *seár* 'aridus'[534]; Sulingen, a. 1168 (K. 18. Jh.) *Holtsullethe*[535], dazu Nordsulingen, a. 1168 (K. 18. Jh.) *Northsullethe*[536], Etym. wie Söhlde; Sulithe, Wg. bei Paderborn, a. 1028 *Sulithe*, Mitte 12. Jh. *Sulithe*, 13. Jh. *Sullede*[537], Etym. wie oben;[538] Sylda mit Wg. Lütgensylda bei Hettstedt, a. 992 *Silithi*, a. 1219 *Silede*, zu asä. *sīl* 'Schleuse, Abzugskanal'[539]; Teichel, ON bei Rudolstadt, a. 1076 *Tucheldi*, a. 1417 *Tuchelde*, um a. 1450 *Tuchilde*, zu mhd. *tuchil* 'Röhre, Rinne'[540]; Thiede, OT von Salzgitter, a. 780–802 (?) *Tihide*, a. 1007 *Thidhi*, a. 1166 u. ö. *Thide*, a. 1191 *Thidhe*, mua. *Thie*[541], Förstemann II, 2, Sp. 993 setzt *Tihide* an, zu ndt. *T(h)ie*, mnd. *tī(g)* 'öffentlicher Sammelplatz eines Dorfes', ags. *tīg*, *tīh* 'Anger, Weide';[542] um a. 1250 *in Tholeden*, Wg. bei Marl[543], etwa **Tol-ithi* zu ndl. *tol* 'Zoll'?; Thüngen bei Karlstadt, 9. Jh. *Tungide*, a. 1136 *Tungeden*, a. 1149 *Tungede*, *Tungeden*, a. 1172 *de Tungede*[544], zu dt. *Dung* 'Dung', aber auch 'Keller, unterirdischer Raum'[545]; a. 952 *Thunede*, Wg., nicht zu lokalisieren[546], Gf. **Thun-ithi?*, zu ndt. *dun* 'geschwollen, dicht'?, n. k.; a. 1316 *Tiethe*, Wg. bei Neubrück nahe Braunschweig, übertragener -*ithi*-Name[547]; Mitte 12. Jh. *Tigete*, nach Gysseling II, S. 966 unbek. bei Leer, nach Förstemann II, 2, Sp. 992 zu Tinge bei Ahaus, Zuordnung unklar, falls -*ithi*-Bildung, Etym. wie bei Thiede; GauN Tilgethi im Nordosten von Lippe-Detmold, a. 826–76 *in pago Tilgethi*[548], a. 954 *Tilithi*, a. 1004 *Tilithi*[549], a. 1024 (K. 12. Jh.) *in pago Thilithi*[550], a. 1025 *Tilithi*[551], aus **Telg-ithja*, zu ags. *telga* 'Ast, Schößling', ahd. *zelge* 'Teil des Feldes (Fruchtwechsel)'[552]; Tilleda am Kyffhäuser, 9. Jh. *Dullide*, a. 972 *Dullede*, a. 974 *Tullide*, a. 993 *Tullide*[553], zu ahd. *tulli*, mhd. *tülle* 'Röhre', mhd. *tüele* 'Vertiefung', nach Petters, S. 471 zu anord. *þollr*, *þöll* 'pinus'; Tindeln, Kr. Haaren, a. 826–76 *in Tyndeldi*[554], -*ithi*-Bildung nach Förstemann, ONN, S. 228, Gf. **Tindel-ithi?*,

---

[533] Förstemann II, 2, Sp. 827; Gysseling II, S. 948.
[534] Arnold, S. 307.
[535] Urk. H. d. Löwen, S. 116.
[536] Urk. H. d. Löwen, S. 116.
[537] Gysseling II, S. 947; Förstemann II, 2, Sp. 924; Jellinghaus, S. 59.
[538] Zu diesem und den Parallelnamen s. WOB 11, S. 406f.
[539] Walther, S. 288.
[540] Fischer-Elbracht, S. 48; zum Anschluss von slav. *Dukla* s. J. Udolph: *Zur Deutung und Verbreitung des Namens* Dukla, in: *Beiträge zur Namenforschung. Neue Folge* 23 (1988), S. 83–102, hier S. 88f.
[541] Andree, S. 72; Hellfaier-Last, S. 37.
[542] Ausführlich zu diesem ON NOB III, S. 320f. Hier kann auch der WgN Tide im Kreis Peine ergänzt werden, s. NOB VIII, S. 149f.
[543] Westfäl. UB III, S. 228.
[544] Förstemann II, 1, Sp. 769; MGH Reg. Germ. IX, S. 376; X/3,76.
[545] Petters, S. 471; Arnold, S. 307.
[546] Förstemann II, 2, Sp. 1062.
[547] Flechsig 1959, S. 41.
[548] Honselmann, S. 102.
[549] Dürre II, S. 64.
[550] Gysseling II, S. 967.
[551] Dürre II, S. 64.
[552] Polenz, S. 130.
[553] Walther, S. 288.
[554] Honselmann, S. 124; Dürre II, S. 66.

offenbar zu ags. *ðindan* 'schwellen', aisl. *þund* 'Fluss'; Tuelremark bei Voorst, Gelderland, ca. a. 1150 *Tůlethe*[555], zur Etym. s. Tilleda; Tüngeda bei Langensalza, a. 876 *in Tungide*, a. 780/802 *Tungede*, a. 874 *Tungidi*, 9. Jh. *Dungede, Tungide*[556], Etym. wie Thüngen; Tüpte, Wg. bei Aderstedt, a. 1487 *Topede*, a. 1499 *Topede*, a. 1454 *Tüpte*, zu ndt. *top* 'Ende, Spitze, Gipfel'[557]; Tuilt bei Hasselt, a. 1083 (K. um a. 1700) *molendinum Tuleta*, a. 1213 *Tulthe*[558], Etym. s. folgenden Namen; Tulethe, unbek. in Gelderland, Mitte 12. Jh. *Tůlethe*, „Germ. *teuliþja-* n., collectief bij *teuli-* m. 'tuil'[559]; Üfte bei Dorsten, 10. Jh. *Ufadti*, Mitte 12. Jh. *Vffete*[560], nach Förstemann II, 2, Sp. 1112 im GW das Adverb *uf* 'hinab', m. E. sehr fraglich, es bleibt dann noch die Möglichkeit, auf eine Gf. *Up-ithi* zu schließen und mit lit. *ùpė* 'Fluss' zu verbinden; Uehrde, Kr. Osterode, a. 1195 *Utherthe*[561], a. 1227 *Bertoldus* [...] *de Uderde*[562], Gf. *Uth(e)r-ithi?*, etwa zur Präposition as. *utar* 'außen, Außer-'? oder Ableitung von einem GN?;[563] Ührde, Kr. Wolfenbüttel, a. 888 *Urede*, a. 983 *Urithi*, Anf. 11. Jh. *UUerithi, Urithi*, a. 1160 *Urethe*, a. 1291 *Urede*, a. 1380 *Urde*, mua. *Ühr*[564], *Ur-ithi*, zu *Ur* 'Auerochs'[565]; Uelde, Kr. Lippstadt, 9. Jh. *Ulithi, Uliði*, 11. Jh. *Ulithi, Vlide*, a. 1072 *Ulede*[566], nach Förstemann zu germ. **ul* 'feuchter, modriger Distrikt';[567] Gumperda, ON bei Jena, a. 874 *Umpredi, -ithi-*Ableitung vom FlN Gumper[568]; Vahle bei Uslar, a. 1141 *Valede*, a. 1162 (Sp. 14. Jh.) *Valehde*[569], nach Förstemann zum zweiten Bestandteil in Ostfalen, Westfalen, verwandt mit slav. *pol'e* 'Feld', wahrscheinlich 'flaches, ebenes Land', anders zu diesem ON NOB V, S. 381ff.; Vake bei Maldegem in Ostflandern, a. 814 *in agro Facheride*, a. 839 *Facheria accrum*, wohl von einem Insassennamen auf *-ari* gewonnen[570]; Valede, Wg. bei Derneburg, 14. Jh. (a. 1318?) *to valede*[571], Etym. s. bei Vahle; Valkenswaard in Noord-Brabant, a. 1236 *Wederde*[572], Gf. **Witharithi*, zu asä. *withar* 'Widder'; Veischede, Kr. Olpe, a. 1642 *Feisched*[573], Suffix auf GN übertragen[574]; Velde in Gelderland, a. 1129 (K. 15. Jh.) *Feluida*[575], Gf. **Felwithi*, wohl zu ahd. *felawa* 'Weide'; a. 1188 *Velerde*, früherer Hof bei Havixbeck, Ldkr.

---

[555] Förstemann II, 2, Sp. 1007.
[556] Walther, S. 288.
[557] Walther, S. 288.
[558] Gysseling II, S. 980.
[559] Gysseling II, S. 981.
[560] Gysseling II, S. 984 (ohne Etym.).
[561] W. Flechsig: Rez. zu: H. Wesche: *Unsere niedersächsischen Ortsnamen, Hannover 1957*, in: *Niedersächsisches Jahrbuch für Landesgeschichte* 29 (1957), S. 266–272, hier S. 270.
[562] UB H. Hild II, S. 90.
[563] Ausführlich zu diesem ON NOB II, S. 166f.
[564] Gysseling II, S. 984; Andree, S. 72.
[565] Bach, Deutsche Namenkunde II, 1, S. 203. Ausführlich zu diesem ON NOB III, S. 326ff.
[566] Förstemann II, 2, Sp. 1122; Jellinghaus, S. 59.
[567] Ähnlich WOB 1, S. 436.
[568] Walther, S. 243.
[569] Förstemann II, 1, Sp. 841; Urk. H. d. Löwen, S. 86.
[570] Bach, Deutsche Namenkunde II, 1, S. 203.
[571] Sudendorf VIII, S. 183.
[572] Nach M. Bathe, Lichtervelde, s. Anm. 126 bei Freydank, S. 81.
[573] Böttger, S. 65.
[574] Jellinghaus, S. 60.
[575] MGH Reg. Germ. VIII, S. 26.

Münster[576], Gf. etwa *Felar-ithi?*, unklar; Verne bei Salzkotten, a. 1036 (K. 12. Jh.) *Vernethi*, a. 1244 *Vernede*[577], nach Gysseling zu dt. *Farn*, Förstemann II, 1, Sp. 873 denkt an Beziehung zu asä. *fer* 'fern', Gysselings Deutung ist vorzuziehen; a. 1151 *Vernithe*[578], unbekannte Wg., Etym. wie oben, n. k.; Vinkt bei Gent, a. 1123–46 (K. um a. 1175) *Uincthe*, a. 1132–50 (K. um a. 1150) u. ö. *Vinketh*, „Germ. *fangjôþu-* f. of *fangjiþa-* n., collectief bij *fangja-* m. 'lichte slechte turf'"[579], nach Mansion, Best., S. 164 Ableitung vom Vogelnamen *Fink*; Vremde bei Antwerpen, a. 1003, a. 1040, a. 1156 *Frimethe*[580] nach Mansion, Best., S. 168 zu *vreemd*, mndl. *vremt* 'vreemde streek' (?), man vergleiche aber auch den ON Freimann und die dort wiedergegebene Deutung von Petters; Vulfethe, Wg. in Westfalen, a. 1248 *de Vulfethe*, a. 1250 *de Vulfete*[581], Gf. *Wulf-ithi*, zu dt. *Wolf*; Waagd, FlurN bei Erfurt, alt *Wawithe*, „wohl 'Wabenort'"[582]; Wahle bei Vechelde, a. 1141 *Walede*, a. 1181 *Weletha*, a. 1201 *de Welethe*, um a. 1203 *Walende*, a. 1313 *Walde*, a. 1351 *Walthe*, a. 1381 *Walde*, *Welde*[583], Gf. *Wel-ithi?*, *Wal-ithi?*, zu ags. *wael* 'Pfuhl', andl. *wāl* 'Abgrund'[584]; *Wal-ithi*, Wg. mit unsicherer Lokalisierung, a. 876 *Uallithi*[585]; Warbeyen bei Kleve, a. 1122 *Werbede*, a. 1225 *Werbebde*[586], Gf. *Werƀ-ithi?*, bei Deutung zu ndt. *werf*, *warf* 'Warft, Anhöhe, Stätte' wäre eigentlich *-v-* zu erwarten, daher doch unklar; Weddern bei Coesfeld, a. 1264 *in Wederden*, a. 1304 *aput Wederden*, a. 1310 *Wederden*[587], Gf. *Withar-ithi*, zu as. *withar* 'Widder';[588] Wederde, Wg. (bei Klein Marienmünster?), a. 1157 *de Wetherthe*[589], Gf. wie oben; WgN Wegballithi, a. 826–76 *in Wegballithi*, *in Wegballidi*[590], zur Etym. s. Ballethe; Wegenethe, Wg. bei Hildesheim (?), a. 1182 *Wegenethe*[591], Gf. *Wagen-ithi?*, etwa zu ahd. *wac* '(bewegtes) Wasser'? n. k.; Wehlheiden bei Kassel, a. 1143, a. 1146 *Welhede*, *Welehethen*, 13. Jh. *Welhede*, *Welede*, *Wellede*, *superior Welede*[592], nach Schröder, S. 187 und Bach[593] evtl. *-ithi*-Bildung aus *Welede*, vgl. den folgenden Namen; Wehlen an den Seevequellen, *Wallithi*, *Wellithi* „Quellort"[594]; Weihe, Kr. Harburg, a. 1348 *van Weyneden*[595], zur Etym. s. Westerweyhe; Welda an der Twiste, Kr. Warburg, a. 826–76 *in villa nuncupante Wellithi*, Vit. Meinw.

---

[576] Förstemann II, 1, Sp. 869 (ohne Etym.).
[577] Gysseling II, S. 106; Jellinghaus, S. 58.
[578] Böhmer bei Förstemann II, 1, Sp. 873.
[579] Gysseling II, S. 1016.
[580] Gysseling II, S. 1027; Förstemann II, 1, Sp. 951; MGH Reg. Germ. V, S. 64.
[581] Westfäl. UB VII, S. 295, 324.
[582] Walther, S. 143.
[583] Andree, S. 72; UB H. Hild. I, S. 396, 543, 560.
[584] Förstemann II, 2, Sp. 1181; Gamillscheg, RG. II, S. 135. Anders zu diesem ON NOB VIII, S. 159.
[585] Förstemann II, 2, Sp. 1185.
[586] Gysseling II, S. 1044 (ohne Etym.).
[587] Westfäl. UB III, S. 376; VIII, S. 74, 203.
[588] Keine *-ithi*-Bildung, sondern Kompositum mit *-ard-*, s. WOB 10, S. 390f.
[589] UB Erzst. Magdeburg, S. 364.
[590] Honselmann, S. 115, 129.
[591] Förstemann II, 2, Sp. 1264.
[592] Arnold, S. 306 mit Anschluss an dt. *Heide*.
[593] Deutsche Namenkunde II, 1, S. 204.
[594] Bückmann 1922, S. 273.
[595] UB Lüneburg I, S. 259.

Wallithi, Anf. 12. Jh. *Wellethe*[596], nach Petters, S. 473 zu *wal* 'agger' oder *wal* 'schroff abfallende Seite eines Felsens', Förstemann stellt den Namen zu ags. *wael* 'Kolk, Pfuhl', ndd. *welle* 'Quelle' usw.; um a. 1226 *Weledhe*[597], im Registerband der Urkundensammlung Sudendorfs wird fragend auf einen Ort *Klein Welethe, Weledhe* verwiesen, n. k., zur Etym. s. o.; Welle, ON an den Estequellen bei Handeloh, a. 1432 *To Wilde, van Wilde*, a. 1432 *To Welde*, a. 1432 *van Welde*, a. 1432 *to Wylde,* [...] *Wilde*[598], nach Bückmann 1927, S. 107 aus *Wellithi*, Etym. s. o.; a. 1015–25 *Welmithe*, unbek. im Reg. Bez. Detmold[599], „kann von *walm*, Hitze, Glut, hergeleitet werden"[600]; Welte bei Dülmen, Kr. Coesfeld, 10. Jh. *UUellithe, UUellithi, UUillethe*, a. 1178 *Walete* usw.[601], Etym. s. o.;[602] Wepel-, Hohen bei Warburg, a. 1015–20 (K. 12. Jh.) *Weplethi, Weplithi*, „Germ. *wapaliþja-* n., Kollektiv zu *wapala-* (ae. *wapul* etc.) 'Sumpf'"[603]; Wg. Wepletha, a. 1183 (F. 12. Jh.) *Wephletha*, a. 1152 (?) *Wepletha*[604], zur Etym. s. den vorigen Namen; Werderthau, ON Kr. Bitterfeld, a. 1157 *Wetherthe*, a. 1181 *Wetherde*, a. 1237 *Wederde*, a. 1290 *Wederde*, a. 1309 *Wederden*[605], in Anbetracht der schon behandelten *Withar-ithi-* Bildungen (s. o.) wohl doch mit Walther, S. 288, zu as. *withar* 'Widder'; Weschede, ON bei Attendorn, der dortige Fluss heißt a. 1424 *de Weschebeck*[606], etwa *Wisk-ithi* zu *wisk* 'Wiese' (mit Senkung des *-i-* vor Doppelkonsonanz?), vielleicht aber auch Ableitung vom Flussnamen; Wese in Waldeck, a. 1299 *Wesede*, Suffix auf GN übertragen[607],[608] Gf. *Was-ithi* zu ahd. *waso* 'Rasen, Erdscholle, Grube', asä. *waso* 'feuchter Erdgrund, Schlamm' usw.[609]; West bei Albersloh, Kr. Münster, 10. Jh. *UUessithi*, Mitte 12. Jh. *Wessethe*[610], Etym. s. bei Wese;[611] Wasseiges bei Lüttich, 9. Jh. *Wasidium*, auch *Wasitikum*, nach Petri II, S. 572 identisch mit West; Westerweyhe, Kirchweyhe, bei Uelzen, a. 1306 *in villa Weynedhe*[612], „*weimethe, wemethe*, Kollekt. zu mnd. *wedeme, weme* 'Leibgedinge, Dotation der Kirche'? oder zu *weide* 'pascua' und *mēde* f. 'Mahd', mhd. *māt* n., fr. *deimeth* 'Tagemahd', *Dagmathon* dat. pl., oder *made* 'Matte, Wiese', ags. *meadu*, mhd. *mate*?"[613], vgl. auch Weihe; Wetze bei Northeim, a. 1319 *Wezede*[614], Gf. *Wek-ithi?* (mit Zetazismus?), ein Anschluss findet sich nicht, vielleicht doch zu *wik*?[615]; Wierden in Overijssel, a. 1334

---

[596] Honselmann, S. 98; Förstemann II, 2, Sp. 1185; Dürre I, S. 74.
[597] Sudendorf I, Nr. 10.
[598] Müller, Fehden, S. 14, 15, 20, 21.
[599] Gysseling II, S. 1059.
[600] Petters, S. 473.
[601] Gysseling II, S. 1059; Förstemann II, 2, Sp. 1185.
[602] Vgl. auch WOB 10, S. 379f.
[603] Gysseling I, S. 502.
[604] Förstemann II, 2, Sp. 1272.
[605] Freydank, S. 80 mit Zweifeln an *-ithi*-Bildung.
[606] Jellinghaus, S. 59.
[607] Jellinghaus, S. 60.
[608] Der ON ist keine *-ithi*-Bildung, s. WOB 8, S. 252f.
[609] Pokorny, IEW, S. 1172.
[610] Gysseling II, S. 1064.
[611] S. auch WOB 3, S. 425f.
[612] UB Walsrode, S. 131.
[613] Bückmann 1927, S. 121.
[614] Westfäl. UB X, S. 241.
[615] Zu diesem Wort s. Schütte. Ausführlich zu diesem schwierigern Namen NOB V, S. 406f.

Wederden[616], demnach **Witharithi* zu asä. *withar* 'Widder'; Wiesede, ON bei Friedeburg/Ostfriesland, a. 1435 *to Wisede*, a. 1483 *Wysda*[617], Gf. **Wis-ithi*, zu mnd. *wese* 'Wiese'; Wiesens, OT von Aurich, früher *Wyszede*, älter *Wiskede*?[618], wahrscheinlich **Wisk-ithi* zu ndt. *wische* 'Wiese'; Wieste bei Werlte, um a. 1000 *Wissidi*, *Wisside*, enthält nach Abels, S. 49 **wis* 'Wasser, Wiese' in dt. *Wiese* usw.; Wirethe, Wg. bei Diderse, Kr. Gifhorn; übertragener Name nach W. Flechsig[619]; Witterda bei Erfurt, a. 1170 *de Wetirde*, a. 1174 *de Witirde*, zu ahd. *wetar* 'Wetter, Wind'[620]; Wöbbel bei Schieder in Lippe, a. 1181 *Wicbililethe*, Förstemann, ONN, S. 228 stellt den Namen zu den -*ithi*-Bildungen[621]; Wöhle bei Hildesheim, a. 1178 *Walethe*, a. 1183 *Wolethe*, um a. 1390 *Valde*[622], zur Etym. s. Wahle;[623] Wörmke im Gebiet von Emmer-Weser, a. 1005 *Wermana*, 15. Jh. *Warmede*[624].

Damit können wir die Zusammenstellung derjenigen Namen, die mit einiger Wahrscheinlichkeit germanischer Herkunft sind, abschließen. Übergangen habe ich die auf germ. **Win-ithi* zurückgehenden zahlreichen Namen des Typus Wenden, Winden, auch als GW[625] belegt, die zu got. *vinja*, ahd. *winja, winna*, anord. *vin* 'Gras-, Weideplatz', gehören. Ihre Zusammenstellung und Kartierung muss an anderer Stelle erfolgen.

Wir gehen jetzt zu einer zweiten Gruppe von Namen über, bei denen germanische Herkunft nicht sicher bestimmbar ist.

2. Namen, bei denen germanische Herkunft nicht sicher ist

Coxyde, ON bei Veurne, a. 1270 *de Coxhyde*, a. 1295 *Koxide*, a. 1295 *Koxcide*[626], unklar ist bei diesem wie auch dem folgenden Namen, ob eine -*ithi*-Bildung vorliegt und wozu das GW zu stellen ist; Coxyde, Aardenburg, a. 1252 *Coxijde*, a. 1357 *Coxyde*[627]; Detter, ON bei Bad Kissingen, a. 1332–40 ... *zu Grozzen Teterde*, a. 1356 (Druck von 1391) *Tetirde*, nach a. 1383 ... *zu Großin Teterde*, a. 1386 *Tetter*, evtl. zu germ. **teter* 'Flechte';[628] Eelde in Drente, a. 1250 *Elethe*[629], ein Anschluss an die alteuropäische Hydronymie, etwa Gf. **El-ithi*, liegt nahe, einen germanischen Anschluss sehe ich nicht; Groß, Klein Escherde bei Hildesheim, a. 1146 *Escherte*, a. 1151 *Escherde*[630], hat offenbar eine Parallele in Esserden, Reg.-Bez. Düsseldorf, a. 899 (K. um a. 1300) *Escreda*[631], jedoch bleibt bei einem Anschluss an germ. *ask-* 'Esche' die -*r*-Bildung (Erweiterung?) unklar – sehr

---

[616] Nach NGN I, S. 136 bei Freydank, S. 81.
[617] Ostfries. UB I, S. 409; II, S. 195.
[618] Doornkaat-Koolmann, S. 154.
[619] Flechsig 1959, S. 41.
[620] Walther, S. 288.
[621] Weber, S. 9 mit der Erwägung eines Scheinsuffixes -*l-ithi*, man vergleiche jedoch dt. *Weichbild* und Schütte, S. 78ff. u. ö. Ausführlich zu diesem schwierigen Namen s. WOB 2, S. 530ff.
[622] Rosenthal, S. 376; Evers 1951, S. 404; UB H. Hild. VI, S. 663.
[623] Vgl. auch Möller, S. 112f.
[624] Jellinghaus, S. 60: Suffix auf GN übertragen.
[625] Förstemann II, 2, Sp. 1375.
[626] De Flou VIII, Sp. 595.
[627] De Flou VIII, Sp. 597.
[628] Nach W.-A. Frhr. v. Reitzenstein: *Lexikon fränkischer Ortsnamen*, München 2009, S. 53.
[629] Jellinghaus, S. 58.
[630] Rosenthal, S. 374.
[631] Gysseling I, S. 337.

wahrscheinlich ein Kompositum mit *-ard-*; Essentho bei Niedermarsberg, Trad. Corb. *Afsneti* (= *Assneti*), a. 1043 *Osneti*, a. 1177 *Esnethe*[632], Gf. **Asn-ithi*, entweder zu ahd. *essa* 'Esse' + *-n*-Erweiterung oder zu der idg. Sippe um den GN *Os(s)a*[633]; Frille, ON bei Minden, a. 1168 *Vrigelede*, a. 1222 *apud urilethe*, a. 1226 *in villa vrilethe*, a. 1242 *in wrilede*[634], *-ithi*-Name?, Gf. doch wohl offenbar **Pril-ithi*, womit an dt. *Priel* erinnert wird, jedoch liegt in dem Küstenwort (abgesehen von der Lautverschiebungsproblematik) eine junge Lautung vor[635], an vergleichbaren Namen ist z. Zt. nur der *lacus Prilius* in Etrurien sichtbar[636], es bleiben große Unklarheiten, vgl. auch Wriedel;[637] Geisleden, ON an der Geislede, a. 1022 *in villa Geizlaha dicta*, a. 1028 *Geizlide, Gezlethi, Geizlethe*, zu a. 1028 *Geizlethe*, zu a. 1025 (A. nach a. 1035) *Geizlethi*, wird wie Geitelde zu germ. **gait-* 'Geiß, Ziege' gestellt[638], jedoch ist nicht sicher (man beachte den Beleg von a. 1022 *Geizlaha*), ob nicht ein alter GN zugrundeliegt, der vorgermanischer Herkunft ist (der ON muss von den *-ithi*-Bildungen ausgeschieden werden, auch wenn eine überzeugende Deutung noch zu fehlen scheint); Germete bei Warburg, Corveyer Heberolle *In Germitdi*[639], nach a. 1266 *in Germette*, a. 1290 *in Ghermete*, *in Germete*, Ende 13. Jh. *in Germete*[640], Etym. fraglich, etwa ablautend zu norw. dial. *gurm* 'Kot'?; 14. Jh. Gremede, unbek. bei Melle[641], vielleicht „von einem unbekannten worte *gram* in der bdt. [Bedeutung] 'steil'"[642], man vergleiche den folgenden Namen; Grimde in Brabant, a. 956 (K. 13. Jh.) *Grimides*, a. 1132 (K. 12. Jh.) *Grimes*, a. 1139 (K. 13. Jh.) *Gremde*, *Grimede*[643]; Grifte, Kr. Fritzlar, a. 1074 *Grifethe*, a. 1123 *Grifide*, a. 1253 *Griffede*, a. 1294 *Grifede*, a. 1303 *Grifede*, a. 1507 *Grueffte*[644], nach Arnold zu *graban*, *graft*, *gruft*, Petters, S. 471 erwägt Beziehung zu *Greif*, falls Arnolds Etym. zutrifft, weicht der Wz.-Vokal (Gf. **Grebh-ithi?*) von dt. *graben* ab; Lehrte bei Haselünne, a. 1037 (Trad. Corb.) *Helerithi*, um a. 1350 *Lerete*, 16. Jh. *Laherte*[645], nach Förstemann *-ithi*-Bildung fraglich, Gf. wohl **Heler-ithi* oder **Haler-ithi*, vielleicht aber auch **Lar-ithi* (in diesem Fall vgl. Lehrte), unklar; Lewe, Kr. Goslar, a. 1181 *Levede*, a. 1131 *Lievethe*, a. 1151 *Lievede*[646], der Name ist entweder germanisch (**Hlaiw-ithi*, vgl. Lauw) oder in Verbindung mit dem poln. GN *Liwa*[647] zu bringen;[648]

---

[632] Dürre I, S. 13; Honselmann, S. 122.
[633] Dazu Schmid 1982/83; Udolph, Stellung, S. 227ff.
[634] Förstemann II, 1, Sp. 941; Cal. UB III, S. 42; V, S. 24, 38.
[635] Vgl. W. Foerste: *Priel*, in: *Niederdeutsches Wort* 7 (1967), S. 135–136, hier S. 135; E. Ekwall: *English River-Names*, Oxford 1968, S. 333; J. Udolph: *Zur frühen Gliederung des Indogermanischen*, in: *Indogermanische Forschungen* 86 (1981), S. 30–70, hier S. 56.
[636] Zur Diskussion mit H. Kuhns Verbindung mit dt. *Priel* vgl. J. Udolph, a. a. O.
[637] Ausführlich zu dem schwierigen Namen *Frille* WOB 7, S. 145ff.
[638] E. Müller: *Die Ortsnamen des Kreises Heiligenstadt* (= *Deutsch-slawische Forschungen zur Namenkunde und Siedlungsgeschichte* 6), Halle/S. 1957–58, S. 32f.
[639] Wigand I/4, S. 49; I/3, S. 56.
[640] Westfäl. UB IV, S. 535, 948, 952, 1188.
[641] Jellinghaus, S. 58.
[642] Förstemann II, 1, Sp. 1088.
[643] Gysseling I, S. 425.
[644] Förstemann II, 1, Sp. 1100; Reg. Landgr. Hessen I, S. 123, 156; Arnold, S. 305.
[645] Honselmann, S. 166; Dürre I, S. 103; Abels, 49; Förstemann II, 1, Sp. 1379.
[646] Förstemann II, 2, Sp. 61.
[647] Zu diesem Namen Udolph, Stellung, S. 141ff.
[648] S. jetzt NOB X, S. 122ff.

Menzel bei Lippstadt, a. 1300 *Melsede*[649], Gf. **Mals-ithi?*, Etym. unklar, die bei Förstemann zusammengestellten Namen mit *Mels-/Mals-* besitzen keine eindeutig germanische Deutung, möglich ist eine *-s-*Erweiterung zu der in der alteuropäischen Hydronymie belegten Sippe um die Wz. **mel-*[650]; Schwinde an der Elbe bei Drage, hierher wohl PN a. 1294 *Meynardus de Swinede*[651], der ON: a. 1333 *Swyndhen*, 15. Jh. *Swynde*[652], Bückmann, 1927 S. 160 erwägt Gf. *Swingithi oder *Swinithi, im ersteren Fall vgl. den GN Schwinge[653], im Letzteren könnte dt. *Schwein* zugrundeliegen[654]. Die folgenden Namen enthalten germ. *Vers-* aus **Pers-*: ca. a. 973–75 (Trad. Corb.) *in Versithi*[655], bezieht sich nach Jellinghaus, S. 58 auf Versloh, Kr. Büren; Versede, Wg. bei Helmern im Sintfeld, a. 1282 (Dorsalnotiz) *Versede, Verst, Vörste*, a. 1282 *in Versede*, a. 1284 *in Versede*[656]; Versede oder Veserde, nach Jellinghaus, S. 58 bei Altena (nicht ident. mit dem vorigen?), die Gf. aller drei Namen ist offenbar *Pers-ithi, im Germanischen ist appellativisch nur die Schwundstufe belegt (aisl. *fors* 'Wasserfall'). Weiteres s. bei der Behandlung des poln. GN Persante[657]. Vierde bei Fallingbostel, a. 1337 u. ö. *Virde*[658], Gf. *Fer-ithi oder *Fir-ithi, wohl identisch mit dem folgenden Namen; Viereth bei Bamberg, a. 1206 *de Vierede, de Fierede*, a. 1208 *de Uieriede*[659], ohne sicheren germ. Anschluss, etwa Ablautform zu got. *faran*, dt. *Fähre?*; Wennerde, Wg. bei Sarstedt, um a. 990 *Wongerdun*, um a. 1150 (Ann. Saxo) *Wanderde*, a. 1193 *in Wennerdhe*, a. 1203 *in Wennerde*, a. 1219 *Wennerden*, a. 1245 (A. 15. Jh.) *Wenerden*[660], Förstemann führt den Namen unter *Wang* zu oberdt. *wang* 'Gefilde, Aue' an, wohl mit Recht, allerdings verlangt der WgN offenbar eine Gf. *Wang-r-ithi und damit, wie schon bei anderen Namen (Escherde) eine *-r-*Erweiterung (es dürfte sich um ein Kompositum *Wang-ard-* handeln); Werlte, Kr. Emsland, um a. 1000 *Wereldde*, a. 1100 *Werlete*, a. 1147 *Werleten*, Corveyer Heberolle *in Werilidde*[661], Gf. *Waril-ithi, etwa *-l-*Erweiterung zu ahd. *wari, weri* 'Wehr, Verteidigung, Befestigung'?; Wilsche bei Gifhorn, a. 1152 *Wilscethe*, Var. *Wilsete*, a. 1238 *Wilschethe*, a. 1360 *Wilsede*[662], Gf. **Welsk-ithi?*, Etym. unklar, offenbar (ungermanische?) *-sk-* Erweiterung zu einer Wz. **u̯el-*, die ja in einigen ONN (*Wall-ithi*) vorliegt; Wilsede bei Schneverdingen, *-ithi-*Bildung nach L. Bückmann 1927, S. 129, Gf. *Wels-ithi oder *Wils-ithi, was offenbar im Zusammenhang mit den von H. Krahe erörterten „Namen auf *Wil-*"[663] steht, eine Etym. allerdings fehlt bisher.

---

[649] Jellinghaus, S. 59.
[650] Dazu E. Eichler: *Alte Gewässernamen zwischen Ostsee und Erzgebirge*, in: *Beiträge zur Namenforschung. Neue Folge* 16 (1981), S. 40–54, hier S. 49f. Zur Beurteilung der Überlieferung und zur Etymologie s. WOB 1, S. 319ff.
[651] Lünebg. SB, S. 41.
[652] Sudendorf I, S. 280; VI, S. 163.
[653] Zur idg. Wz. **su̯eng-/su̯enk-* (Pokorny, IEW, S. 1047).
[654] Man vergleiche allerdings W. P. Schmid: *Der Begriff „Alteuropa" und die Gewässernamen in Polen*, in: *Onomastica* 27 (1982), S. 55–69, hier S. 67.
[655] Honselmann, S. 138.
[656] Westfäl. UB IV, S. 784, 786, 828.
[657] Udolph, Stellung, S. 234ff.
[658] Archiv Walsrode, S. 102 und passim.
[659] MB XXXVII, S. 170, 172, L 45.
[660] Hellfaier-Last, S. 28; Förstemann II, 2, Sp. 1228; Westfäl. UB VI, S. 127, 468, 556, 688.
[661] Förstemann II, 2, Sp. 1274; Wigand I/3, S. 55.
[662] UB H. Hild. I, S. 265; Sudendorf I, S. 18; Bückmann 1922, S. 273.
[663] In: *Beiträge zur Namenforschung* 16 (1965), S. 222–224.

Die in diesem Abschnitt angeführten Toponyme zeigen hinsichtlich des verwandten germ. Wortschatzes vor allem zwei Tendenzen: zum einen Erweiterungen der zugrundeliegenden Basis durch die Formantien -r- (Escherde, Wennerde), -n- (Assneti), -l- (Geisleden, Werlte), -s- (Melsede, Wilsede) und -sk- (Wilsche), zum anderen liegen im Wurzelvokalismus Ablautvarianten vor, die dem germanischen Wortschatz meines Wissens fremd sind. Die Namen stehen also in einer gewissen Beziehung zum Germanischen, ohne aber sicher dieser Schicht zugeordnet werden zu können. Bei unseren nächsten Grupppe fehlen diese Berührungspunkte zum Germanischen offenbar.

3. Namen, die einer vorgermanischen Schicht zugerechnet werden können

Ambly (-et-Fleury), ON im Dép. Ardennes, alt *Amblidum, Ambleyum*[664], Gf. wie Empelde (s. d.); Assenede bei Gent, a. 1120 *Hasnethe*, a. 1135 *Hasnetha*[665], a. 1247 *Hasnede*, a. 1248 *Hasnede*[666], vgl. oben in Abschnitt 2 Essentho; Astanid/Ayeneux bei Eupen, a. 888 (K. um a. 1191) u. ö. *Astanid*[667], wie bei den folgenden Namen Gf. *Ast(e)n-ithi* möglich, D. Rosenthal, S. 370 nimmt in dem ON Astenbeck „germ. *astan-*, vermutlich eine Waldbezeichnung", an, wofür es m. E. keine Belege gibt, sollte nicht doch an idg. *ost(h)-*, in den obliquen Kasus *ost(h)-en-* 'Knochen, Beinernes'[668] angeknüpft werden können? Astene bei Gent, a. 827 (K. 13. Jh.) *silua in loco nuncupante Astanetum*, a. 966 *Astaneit*, 11. Jh. *Astine*[669], a. 826–76 *in Bathedi*[670], Gf. *Bhath-ithi* (?), unklar; Bersede bei Wesuwe, alt *Bersidi*[671], am ehesten zur idg. Wz. *bhers-* 'schnell'[672]; Bierde, ON Kr. Minden, a. 1187 *in Birethe* (2-mal), a. 1213–36 *Birethe*, a. 1249 *de Birethe*[673], Gf. wie bei den nächsten Namen wohl *Bher-ithi*, unmittelbare Ableitung von einer der idg. Wurzeln *bher-*, vielleicht am am ehesten *bher-* „aufwallen"[674], die im Germanischen nur erweitert belegt ist;[675] Bierde, Kr. Fallingbostel, a. 1259 *Birethe*, a. 1267 *in birede*, a. 1282 *in Biredhe*, a. 1293 *Bireden*[676], wie oben[677]; Bierden, Kr. Achim, a. 1059 *Birithi*, um a. 1200 *Biride*, um a. 1400 *Byrden?*[678], wie oben;[679] Coerde, OT von Münster, ca. a. 1030 *Curithi*, a. 1052 *Queride*, a.1123 *Curede*, a. 1126 *Chŏrethe*, a. 1127 *Curethe*, a. 1156 *Curethe*, a. 1161

---

[664] Förstemann II, 1, Sp. 138.
[665] Gysseling I, S. 75.
[666] De Flou I, Sp. 337.
[667] Gysseling I, S. 88.
[668] Pokorny, IEW, S. 783.
[669] Gysseling I, S. 41 (romanisierter Name); Förstemann II, 1, Sp. 234.
[670] Honselmann, S. 107; nach Dürre I, S. 32 FlurN im Heiliggeistholz, nach Jellinghaus, S. 58 FlurN, nach Föstemann II, 1, Sp. 376 Wg. im Kr. Höxter.
[671] Abels, S. 49.
[672] S. Greule, S. 105; Pokorny, IEW, S. 143.
[673] Cal. UB III, S. 19, 21, 90; Westfäl. UB VI, S. 18.
[674] Pokorny, IEW, S. 132f.
[675] Ausführlich zu diesem ON jetzt WOB 7, S. 60ff.
[676] Archiv Walsrode, S. 48, 55; UB Walsrode, S. 87; Förstemann II, 1, Sp. 462.
[677] Zur Etymologie vgl. auch Bückmann 1922, S. 273.
[678] Rüther, S. 420; Petters, S. 470.
[679] S. auch Möller, S. 29f.

Curede, a. 1226 *in Curethe*, a. 1282 *Korede*[680], nach Förstemann zu mnd. *kur(e)* 'Späher, Turmwächter', *kuren* 'spähend lauern', ich würde eine Verbindung mit idg. **geur-* 'gekrümmt, gebogen', vgl. vor allem lit. *kálno gùras* 'Bergvorsprung', serb. *gura* 'Höcker'[681], vorziehen;[682] Defth, ON bei Sterkrade, a. 1240 *apud Defth*, a. 1241 *in Deffte*, um a. 1250 *Delft* (!), *in Deft* (auf Rasur, wahrscheinlich für *Delft*), a. 1264 *apud Deffethe* (2-mal)[683], Gf. **Tib-ithi*, zu griech. τῖφος 'Sumpf' und den Namen Cybava, Tybava, Theiß/Tibisis, Diepholz u. a. m.[684]; Groß Denkte, a. 965 (A. 12. Jh.) *Dengdi*, a. 1206 *Dengte*, a. 1332 *groten Dengte*[685], Klein Denkte, a. 1202 *Dencthe*, a. 1248 *in parwo Dencthe*[686], bei Förstemann ohne Deutung, Gf. **Dang-ithi*, zu balt. *danga* 'von Wasser umgebenes Land'[687], evtl. Ablaut zu *Dung, Dünger*;[688] Drütte, Kr. Wolfenbüttel, 8./9. Jh. *Tritidi*, a. 1022 *Thrititihe* (2-mal), *Thrittithe*, 2. H. 11. Jh. *Dretida*, a. 1124 u. ö. *Threttethe*, a. 1160 *Threttede*, a. 1178 *Druttethe*, a. 1228 *in Truttethe*, a. 1313 *in Druttedhe*, a. 1306–20 *in Druttede*, a. 1380 *Drutte*[689], Gf. **þrut-ithi*, zu vergleichen mit dem bisher kaum geklärten[690] ON Trittau, alt *Trutava*, und anzuknüpfen an idg. **treud-* 'quetschen, stoßen, drücken'[691]; Dümde, ON Kr. Luckenwalde, a. 1317 *villam Dumdie, ville Dummede, de loco Dummede*[692], vgl. die folgenden Namen Dümpten[693] und Dumpte[694], die zwar wohl *-itja* enthalten; die Ableitungsgrundlage dürfte aber wohl identisch sein und mit *-m*-Formans zur idg. Wz. **dheu-* 'stieben, wirbeln, stürmen usw.'[695] gehören; Eilte bei Ahlden, a. 1258 *de Elete*, a. 1267 *Elethe in ripa Allere*, a. 1268 *Elthe*, a. 1273 *de Elethen*, a. 1325 *Elete*[696], -ithi-Bildung, falls die Belege mit *-th-* belastet werden können, am ehesten als **El-ithi* zur alteuropäischen **el-/*ol-*Sippe; Groß, Klein Elbe bei Baddeckenstedt, a. 1147 *Elvethe*, a. 1175 *Elvethe*, a. 1245 *Elvede minor*[697], Gf. **Alb-ithi* wie in Dingelbe bei Hildesheim, a. 1232 *Elvede*,

---

[680] Förstemann II, 1, Sp. 1759; II, 2, 507; MGH Reg. Germ. X/2, S. 162; Westf. UB III, S. 123, 632.
[681] Pokorny, IEW, S. 398.
[682] Ähnlich jetzt auch WOB 3, S. 92ff.
[683] Lacomblet II, S. 129; Westfäl. UB VII, S. 228, 328, 1288; VII; S. 529.
[684] Vgl. Udolph, Stellung, S. 89ff.
[685] Kleinau I, S. 143; Förstemann II, 1, Sp. 700.
[686] Kleinau I, S. 145.
[687] Zu diesem Wort und dazugehörigen Namen s. I. Duridanov, Thrakisch-dakische Studien I, Sofia 1969, S. 26f.; W. P. Schmid, Nehrungskurisch, Mainz-Stuttgart 1989, S. 17.
[688] Keine -ithi-Bildung, s. NOB III, S.120f.
[689] Hellfaier-Last, S. 36; UB H. Hild. I, S. 65, 69, 72; Gysseling I, S. 288; Andree, S. 71; UB H. Hild. II, S. 115; UB Braunschweig II, S. 300, 401.
[690] Trautmann, EO II, 59f. stellt ihn zu slav. **truteń* 'Drohne', obwohl alter GN wahrscheinlich ist (die gesamten Belege jetzt in Hydr. Germ. A 16, S. 345f.).
[691] Pokorny, IEW, S. 1095f. Zu diesem ON s. jetzt ausführlich NOB III, S. 129ff.
[692] Bei C. Willich: *Berliner Etymologisches Seminar (Berlin, 14.4.1988)*, in: *Namenkundliche Informationen* 54, S. 55 als vielleicht vorslav. bezeichnet.
[693] Dümpten, bei Duisburg, 10. Jh. *Dumiti*, 11. Jh. *Lutikon Dumiti* (Gysseling I, S. 291).
[694] Dumpte bei Borghorst, 11. Jh. *Dumete*, 12. Jh. *Dumeththe* (Förstemann II, 1, Sp. 762f.), vgl. Bach, Deutsche Namenkunde II, 1, S. 201 und J. Schnetz, ZONF 11 (1935), S. 121.
[695] Pokorny, IEW, S. 261f.
[696] Westfäl. UB VI, S. 207, 316; Archiv Walsrode, S. 55, 57; Bückmann 1927, S. 129; UB Hameln I, S. 146.
[697] Förstemann II, 1, Sp. 813; Evers 1951, S. 402.

Elvethe[698], wahrscheinlich mit dem Namen der Elbe[699] zu verbinden, kaum jedoch Ableitung von dem GN, eher unabhängige Ableitung von *albh-, wozu armen. *alb* 'Dreck' sowie die GNN Elbentas und Elbing[700] gehören dürften (der Name gehört am ehesten zu einem 'weiß'-Wort, dass auch in ON wie *Albungen*, *Alvingen* u. a. vorkommt, vgl. NOB II, S. 4); Empede, Kr. Neustadt/Rbge., alt *Ebbethe* (?, s. u.), *Eimbede*, *Embede*, *Emmede*[701], Gf. *Amb-ithi, zu idg. **emb(h)-/omb(h)-* 'Regen, Wasser'[702]; Empelde bei Hildesheim, a. 826–76 *in Amplithi*, *Amplidi*, a. 1232 *de Amplede*, Gf. *Ambhl-ithi, mit -*l*-Formans zur Wz. in Empede[703]; Empte, Kr. Coesfeld, a. 890 *Emmithi*, 12. Jh. *Emethe*[704], falls kein Labialschwund anzusetzen ist (was angesichts der frühen Überlieferung unwahrscheinlich ist), darf auf *Am-ithi geschlossen und an alban. *amë* 'Flussbett, griech. ἀμάρα 'Graben, Kanal', hethit. *amiiar(a)*- 'Kanal' angeknüpft werden; Ende bei Herdecke, 10. Jh. *Emnithi*, 14. Jh. *Ennede*[705], Gf. *Amn-ithi, -*n*-Erweiterung zu dem vorigen Namen?[706] Elte, ON bei Rheine, a. 1154 *Elethe*[707], Etym. wie bei Eilte; Esneux an der Ourthe, Prov. Lüttich, a. 814 (K. a. 814 u. ö.) *Astanido*[708], zur Etym. s. Astene; Essen, a. 874, a. 898, a. 993 u. ö. *Astnide*[709], zu Etym. s. Astene[710]; Flenithi, Gau bei Hildesheim, a. 826–76 *in pago* [...] *Fleithi*[711], 10. Jh. *Flenithi*, a. 1013 *Flenithi*, „Nach Grimm zu *flên*, *jaculum*"[712], ungedeutet bei P. v. Polenz S. 130, m. E. am ehesten *Plan-ithi, zu einer von W. P. Schmid[713] behandelten Gruppe von Appellativa und Namen um idg. **pel-/*pol-*; †Gemde(nbach), heute Wogauer Bach, r. z. Saale bei Jena, a. 1523, a. 1524 *an der Gemde*, zu asä. *gaman* 'Freude, Lust, Spiel bzw. springen'[714], in Anbetracht zahlreicher Namen wie *Gempe* usw.[715] überzeugt diese Deutung nicht, jedoch kann sie derzeit durch keine bessere ersetzt werden; Gemert, ON Prov. Nordbrabant, a. 1075–81 (F.? Mitte 12. Jh.) *Gamerthe*, a. 1172 *Gemerde*[716], Gf. evtl. *Gamer-ithi, Etym. unklar; Gempt, Hofname zwischen Burgsteinfurt und Wettringen, a. 1233 (*Gempt*), a. 1355 *tho Gemundt*, a. 1402 *van*

---

[698] Rosenthal, S. 374 mit Deutung zu *albhi- 'die Weiße' als GN.

[699] Zu diesem Namen zuletzt W. P. Schmid: *Elbe. II. Philologisches*, in: *Reallexikon der Germanischen Altertumskunde*, Bd. 7, Berlin – New York, S. 100–101.

[700] S. Udolph, Alteuropa, S. 35f.

[701] Cal. UB, passim.

[702] Pokorny, IEW, S. 316.

[703] Honselmann, S. 93, 99, 102; Dürre I, S. 22, Förstemann II, 1, Sp. 138; Hellfaier-Last, S. 25; zum Namen s. auch F. Engel u. a., Hannoversche Geschichtsblätter, NF 6 (1952/53), S. 102ff.

[704] Jellinghaus, S. 58; Förstemann II, 1, Sp. 122.

[705] Gysseling I, S. 318; Jellinghaus, S. 58.

[706] Zur Korrektur des Ansatzes und der Etymologie, die Namen wie *Ennepe*, *Ense* u. a. einschließt, s. WOB 14, S. 75f. und Udolph 2020.

[707] Jellinghaus, S. 58; Förstemann II, 1, Sp. 813.

[708] Gysseling I, S. 334.

[709] Gysseling I, S. 336f.

[710] Vgl. auch Jahn.

[711] Honselmann, S. 120; Dürre I, S. 79.

[712] Förstemann II, 1, Sp. 906.

[713] Donum Balticum, Stockholm 1970, S. 474ff.

[714] Walther, S. 286.

[715] Dittmaier, *apa*-Problem, S. 25f.

[716] Gysseling I, S. 394; Bach, Deutsche Namenkunde II, 1, S. 204.

ghement, a. 1425 *Ghemet*, a. 1492 *tho Gimete*[717], ohne sichere Etymologie, da im Wz.-Vokal offenbar kein *-ei-/-i-* vorliegt (in diesem Fall vgl. Gimbte, Gimte in Abschnitt 1); Günne, Kr. Soest, a. 1245 *Gunethe*[718], Gf. *Gun-ithi*, man vergleiche die bisher noch nicht sicher gedeuteten GN Gonna, Gunne, Günne, Günse u. a. m.[719], mit hoher Wahrscheinlichkeit ist von einer -*n*-Erweiterung zu der Wz. *ĝheu-* 'gießen' auszugehen; Helfta bei Eisleben, 9. Jh. *Helpide*, a. 969 *Helpidi*, nach H. Walther[720] Labialerweiterung zu einer der zahlreichen idg. Wz. *kel-*, wahrscheinlich *(s)kel-*, der Ort liegt nach Bach, Deutsche Namenkunde II, 1, S. 203 an der Helpe, kaum zu *helpan*[721]; Helperder Berg bei Sarstedt, geht auf eine Wg. Helperde zurück, Trad. Corb. *Helperdun*, a. 1196 *Helperthe*, a. 1230 *Helperthe*,[722] Etym. unklar, Gf. müsste als *Halper-ithi* oder *Helper-ithi* anzusetzen sein, wahrscheinlich besteht doch eine Beziehung zu Helfta (wohl als -*ithi*-Bildung zu streichen, eher Kompositum mit -*ard*-, s. auch Möller, S. 126ff.); Groß, Klein Ilde bei Bockenem, a. 1065 *Illidi*, a. 1149 *Illede*, *Suthillethe*, a. 1157 *Jelethe*, a. 1178 *Northillethe*, a. 1193 *Illedhi*, a. 1225 *maius Hillethe* [723], nach D. Rosenthal[724] steckt in dem Namen „vermutlich im ersten Element die altgermanische Flußbezeichnung *ill*-", m. E. überzeugender anzuschließen an slav. *ilъ* 'Schlamm, Ton, Lehm' und griech. ἰλυς[725]; Ildehausen bei Gandersheim, a. 1147 *Illedhehusen*, a. 1148 *Ellethehusen*, Etym. s. Ilde; Imde bei Brüssel, a. 1117 *Emmetha*, a. 1170 (K. um a. 1243) *in Ymetha*[726], Gf. *Em-ithi*, Etym. schwierig, etwa ablautend zu *Am-ithi* in Empte (s. o.)?; Inte bei Nordenham, alt *Innede*, -*ithi*-Name nach J. ten Doornkaat-Koolmann, S. 153, Gf. evtl *En-ithi*, etwa zur Sippe um den FlN Inn (*Enios*)?;[727] Kösede, Wg. b. Aschersleben, a. 1175/95 *Cozede*, a. 1205 *Cozide*, a. 1423 *Koesede*, „Stamm *Kos-* unklar, vielleicht FlN oder slav.?"[728], vielleicht doch germ., man vergleiche norw. dial. *kūs* 'Buckel', schwed. *kjusa* 'Talschlucht', vor allem auch Bad Kösen und Coesfeld, s. WOB 10, S. 91ff.; Lechede, Lecheln, Wg. bei Wolfenbüttel, a. 1084 (A. 15. Jh.) *Lechidi*, a. 1179 *Lechide*, a. 1304 *Lechchede*[729], bisher ohne Etym., evtl. *Lak-ithi* zu dt. *Lache*[730]; Leinde, Kr. Wolfenbüttel, a. 1178 *Lenethe*, a. 1191 *Linethe*, a. 1242 *Lenedhe*, mua. *Leine*[731], Gf. *Len-ithi*, falls von geschwundenem *H-* im Anlaut ausgegangen werden kann, am ehesten zu germ. *Hlain-ithi* zu got. *hlains* 'Hügel' usw., allerdings spricht der Beleg *Linethe* nicht dafür, es bleiben Zweifel;[732] Lenne, Kr. Olpe, a. 1547

---

[717] Fangmeyer, S. 15.
[718] Jellinghaus, S. 58.
[719] A. Bach: Theodissa – Diez, Saltrissa – Selters, in: *Beiträge zur Namenforschung* 6 (1955), S. 210–236, hier S. 210; Walther, S. 255.
[720] Walther, S. 286.
[721] So Petters, S. 474.
[722] Dürre I, S. 105; Evers 1950, S. 146; nach Evers 1499 bereits wüst.
[723] Förstemann II, 1, Sp. 1557; Evers 1951, S. 402.
[724] BNF NF 14 (1979), S. 375.
[725] Vgl. Udolph, Studien, S. 152ff.
[726] Gysseling I, S. 533.
[727] In diesem Fall vgl. Udolph 2020.
[728] Walther, S. 286.
[729] Kleinau II, S. 366.
[730] Ausführlich zu diesem Namen NOB III, S. 221f.
[731] Andree, S. 72.
[732] Ausführlich zu diesem Namen s. NOB III, S. 223ff.

*Lente*⁷³³, Etym. wie oben; Lenthe, Prov. Overijssel, a. 1133 *Lenethe*, a. 1172 *Lente*⁷³⁴, s. Leinde; Lenthe bei Hannover-Linden, a. 1055 *Lente*, a. 1288 *Lente*, um a. 1376 *Lente*⁷³⁵, „Aus *Len-ithi?*"⁷³⁶, vgl. oben, *-ithi*-Bildung unsicher, s. NOB I, S. 286f.; Lierde, ON in Ostflandern, a. 1034–58 (K. 12. Jh.) *Lierda*, a. 1111 (K. 12. Jh.) *Lirda*, a. 1189 (K. 12. Jh.) *Lierde*⁷³⁷, Gf. **Ler-ithi/Lir-ithi?* Lügde bei Pyrmont, a. 1036 (K. 12. Jh.) *Luthithe* (lies *Luchithe*)⁷³⁸; a. 1040 *Lugethe*, um a. 1050 (Trad. Corb.) *Livithi*⁷³⁹, bisher ohne Etym., wohl *Lug-ithi, am ehesten mit grammatischem Wechsel zu idg. **leuk-* 'leuchten, Licht, Lichtung'; Moischt, OT von Marburg, 13.–15. Jh. *muscede, Mushede, Muskede, Muschede*⁷⁴⁰, ein germ. Anschluss findet sich nicht, vgl. aber russ. *muzga* 'See, Lake, Weiher', sloven. *muzga* 'Schlamm, Lettenerde', demnach wahrscheinlich aus **Musk-ithi;* Müschede, OT von Arnsberg, a. 1204 zum *Musche, Muschede*⁷⁴¹, zur Deutung s. Moischt, unsichere *-ithi*-Bildung, s. WOB 6, S. 356f.; Oythe, auch Altenoythe, Kr. Vechta, a. 948 *Oete*, ca. a. 1000 *Ogitdi* neben *Oidi, Odi*⁷⁴², Förstemann II, 1, Sp. 1605 erwägt *-ithi*-Bildung, Jellinghaus, S. 59 stimmt zu, eine Gf. oder Etym. bieten aber beide nicht, offenbar liegt Schwund eines intervokalischen Konsonanten vor, eine naheliegende Form *Og-ithi bleibt jedoch ohne Anschluss, besser stünde es mit *Od-ithi, zu idg. **eudh-/*oudh-* und den GN Aufidus, Audra usw.;⁷⁴³ Rechede, ON bei Lüdinghausen, S. 1106–13 (K. 12. Jh.) *Rehgethe*, a. 1148 (K. 12. Jh.) *Rechethe*⁷⁴⁴, ohne sichere Deutung, es bleibt allein die Möglichkeit, germ. *Rak-ithi zu idg. **reĝ-/*rek̂-* 'feucht, bewässern, Regen' zu stellen, jedoch würde dabei der Wz.-Auslaut gegenüber dt. *Regen* abweichen;⁷⁴⁵ Rumt in Gelderland, a. 1148 (K. 14. Jh.) u. ö. *Rumede*⁷⁴⁶, Gf. *Rum-ithi, kaum zu got. *rums* 'geräumig', eher zu verbinden mit Namen GN Rhume am Harz, Rumia an der Weichselmündung u. a.⁷⁴⁷, die zu idg. **reu-m-* gehören; Sarstedt bei Hildesheim, a. 1196 *Stardethe* („lies: *Scardethe*"), erst im 13. Jh. *Sziarstede, Scharzstede*⁷⁴⁸, Gf. offenbar *Skard-ithi, am ehesten (ein sicherer germ. Anschluss findet sich trotz dt. *Scha(a)r, Scharte* nicht) zu lit. *skardùs* 'steil' sowie zu den Namen Scordus mons, Scardona, Skar̃dis, Σκάρδον⁷⁴⁹; Schellerten bei Hildesheim, a. 1244 *Schelerthe*, a. 1235/61 *Scelerten*⁷⁵⁰, Gf. offenbar **Skaler-*

---

⁷³³ Cal. UB III, S. 534.
⁷³⁴ Gysseling I, S. 607 (ohne Etym.).
⁷³⁵ Förstemann II, 2, Sp. 54; Cal. UB IX, S. 27,126 u. ö.
⁷³⁶ Förstemann, a. a. O.
⁷³⁷ Gysseling I, S. 614 (ohne Etym.); Förstemann II, 2, Sp. 56, ebenfalls ohne sichere Deutung.
⁷³⁸ Gysseling I, S. 640.
⁷³⁹ Förstemann II, 2, Sp. 143; Dürre II, S. 6.
⁷⁴⁰ Arnold, S. 306 und Schröder, S. 187 erwägen *-ithi*-Bildung.
⁷⁴¹ Jellinghaus, S. 59.
⁷⁴² Förstemann II, 2, Sp. 433.
⁷⁴³ S. dazu jetzt Möller, S. 26, 83 und *Deutsches Ortsnamenbuch*, hg. von M. Niemeyer, Berlin – Boston 2012, S. 484.
⁷⁴⁴ Gysseling II, S. 828; Förstemann II, 2, Sp. 564 (beide ohne Etym.).
⁷⁴⁵ Ausführlich jetzt in WOB 10, S. 310f. behandelt.
⁷⁴⁶ Gysseling II, S. 872 (ohne Etym.).
⁷⁴⁷ Vgl. Udolph, Alteuropa, S. 33f.
⁷⁴⁸ Rosenthal, S. 375; auch nach Förstemann ein *-ithi*-Name.
⁷⁴⁹ Pokorny, IEW, S. 941; W. P. Schmid: Rez. zu: *G. Schramm, Eroberer und Eingesessene, Stuttgart 1981*, in: *Beiträge zur Namenforschung. Neue Folge* 17 (1982), S. 461–466, hier S. 465.
⁷⁵⁰ Flechsig 1953, S. 50; UB H. Hild. II, S. 207, 363.

ithi, nach D. Rosenthal, S. 375 von einem GN abgeleitet, der zu einer der zahlreichen idg. Wurzeln **skel-* gehören wird (eher Bildung mit *-ard-*, s. *Deutsches Ortsnamenbuch*, S. 557); Serm bei Duisburg, a. 1072 *Sermethe*, Ende 11. Jh. *Sermethe*[751], Gf. **Serm-ithi*, zu idg. **sermo-* 'Fluss', vgl. die ONN Sirmium, Śrem u. a. m.[752]; Walsede, Kirch-, Ost-, Süder- und West-, Kr. Rotenburg/Wümme, a. 1341 *Suderwalsede*, a. 1368 *Suderwalsede*, a. 1437 *Suderwalsede*[753], „möchte Rohde vom Gau *Waldsati* ableiten"[754], was „Schwierigkeiten macht"[755], m. E. eher **Wals-ithi* und wie Welsede zu deuten (s. u.); Welsede bei Rinteln, 13. Jh. *Welzethe*, „an einem Gehölz: die *Welle*"[756], „*Wellße, Wélesse, Wéllesche, Wélzeke, Wélzethe* 1234, *Walse, Waltze* 1321"[757], a. 1269 *Welsede*,[758] „dürfte als **Wals-ithi* 'Quellengeländeʼ bedeuten"[759], nach S. D. G. Freydanck, S. 31 „Ansiedlung am quellenreichen Lande", die Gf. erfordert demnach gegenüber den ONN Wehlen, Wehlheiden (s. Abschnitt 1) eine *-s*-Erweiterung, die im germ. Wortschatz offenbar fehlt (vgl. auch die Diskussion bei Wilsede [Abschnitt 2]); Wierthe bei Vechelde, a. 1178 *Wirite*[760], a. 1381 *Wyrte*, *Wirethe*[761], bei Förstemann ohne sichere Etym., wahrscheinlich doch an die in der alteurop. Hydronymie weit verbreitete Wz. **u̯er-/*u̯or-* 'Wasser, Regen, Flussʼ[762] anzuschließen; Wölpern bei Eilenburg, a. 1161 *Vuelpride*, a. 1202 *Welperede*, a. 1404 *Welperde*, nach E. Eichler, DS 4, S. 128 nicht slavisch, nach Förstemann II, 2, Sp. 1269 evtl. zu dt. *Welpe*, „Der Bildung nach gehört der ON offenbar zu Bildungen auf *-idi*, *-ede* [...] Zu erklären bleibt das *-r-* [...]"[763], die Gf. muss also als **Welpr-ithi* angesetzt werden, etwa mit wurzelauslautendem Labialwechsel zu den Namen um balt. *Vilpene*[764]? Wriedel bei Uelzen, a. 1192 *Frilede*, a. 1309 *Writlede*[765], Förstemann II, 1, Sp. 941 vergleicht den Namen mit Frille (s. o.), zu dem eine überzeugende Etymologie bisher fehlt.

Damit können wir die Liste der mutmaßlich vorgermanischen Namen schließen. Bevor wir zu einer zusammenfassenden Auswertung kommen, werde ich in aller Kürze und Knappheit diejenigen Namen zusammenstellen, die zunächst von der Zugehörigkeit

---

[751] Gysseling II, S. 912; Förstemann II, 2, Sp. 701 (ohne Etym.).
[752] S. H. Krahe, *Vorgeschichtliche Sprachbeziehungen von den baltischen Ostseeländern bis zu den Gebieten um den Nordteil der Adria*, Mainz – Wiesbaden 1957, S. 9.
[753] Archiv Walsrode, S. 17; Amtsbuch Walsrode, S. 22.
[754] Rüther, S. 420.
[755] Bückmann 1922, S. 274.
[756] Jellinghaus, S. 59.
[757] Freydanck, S. 31.
[758] Bückmann 1922, S. 274.
[759] Bückmann 1930, S. 313.
[760] Förstemann II, 2, Sp. 1387: Wirete.
[761] Andree, S. 72.
[762] Vgl. Krahe, S. 38f.
[763] E. Eichler: *Die Orts- und Flussnamen der Kreise Delitzsch und Eilenburg. Studien zur Namenkunde und Siedlungsgeschichte im Saale-Mulde-Gebiet* (= Deutsch-slawische Forschungen zur Namenkunde und Siedlungsgeschichte 4), Halle/S. 1958, S. 128; vgl. jedoch ders.: *Studien zur Frühgeschichte slawischer Mundarten zwischen Saale und Neiße* (= Deutsch-slawische Forschungen zur Namenkunde und Siedlungsgeschichte 19), Berlin 1965, S. 241f.
[764] W. P. Schmid: *Hethitische Etyma zu alteuropäischen Gewässernamen*, in: *Documentum Asiae Minoris Antiquae. Festschrift für H. Otten*, hg. von E. Neu, C. Rüster, Wiesbaden 1988, S. 307–315, hier S. 312.
[765] Weber, S. 9 sieht im zweiten Bestandteil des Namens *-lede/-leide* 'Wasserlaufʼ.

zu unserer Sippe auszuschließen sind. Zumeist liegt es an der schlechten Überlieferung der Namen, teilweise handelt es sich um Toponyme, die zu Unrecht den -*ithi*-Bildungen zugerechnet worden sind.

4. Unklare, nicht kartierte Namen

Aarde bei Wilp, a. 1200 *Arthe*, a. 1257 (J. H. Gallée, NGN 3, 1887, S. 362), unsichere -*ithi*-Bildung; Aart bei Pannerden, a. 1340 *Aerde* (J. H. Gallée, NGN 3, 1887, S. 362), unsichere -*ithi*-Bildung; Ahlen, Kr. Aschendorf, 10. Jh. *Aluthon*, um a. 1000 *Alodun* (Förstemann II, 1, Sp. 1604); a. 1527 *Amelte*, bei Assen, -*ithi*-Bildung nach Jellinghaus, S. 58, m. E. zu unsicher, n. k.; Amte bei Lengerich, a. 12. Jh. *Amicthe* (Jellinghaus, S. 58: wüst bei Ibbenbüren), 12. Jh. (F. 17. Jh.) *Ammath* (Förstemann II, 1, Sp. 1604), a. 1232 *de Amethe*, Var. *Amathe* (Westfäl. UB VII, S. 173, 174), a. 1251 *de Ameth* (Seibertz, S. 340), fehlender Umlaut, eher *-*itja*-Bildung; Asche bei Hardegsen, um a. 1055 (K. 16. Jh.) *super Ascha* (Mainzer UB I, S. 186), a. 1105 (F. 12. Jh.) *Anschede* (Mainzer UB I, S. 331), a. 1162 (F. 12. Jh.) *Anschete* (Urk. H. d. Löwen S. 86), Beleglage zu unsicher, der Beleg *Anschede* usw. gehört zu einer Wüstung im Kr. Osterode und enthält kein -*ithi*-Suffix, s. NOB V, S. 33f.; die Balget, Ebene bei Brilon nach Jellinghaus, S. 60 zweifelhafter -*ithi*-Name; Beelte, Wg. nördl. Emmerke, a. 1151 *Bewelthe* (Rosenthal, S. 374), a. 1232 *in Bevelthe* (UB H. Hild. II, S. 161), a. 1273 *in Beuelthe* (Cal. UB IV, S. 62; UB H. Hild. III, S. 157), a. 1277–84 *Bevelte, In* (UB H. Hild. III, S. 228), a. 1296 *maius Beuelte* (Cal. UB IV, S. 107), 14. Jh. (?) *ad Bevelt* (UB H. Hild. III, S. 185), a. 1430 wüst (Rosenthal, a. a. O.: *ithi*-Bildung, ähnlich Evers 1951, S. 404), aber Etym. unklar, unsicheres Suffix, s. WOB 11, S. 71f.; Beerst in Flandern, a. 1161 *Berst*, -*ithi*-Bildung? (Mansion, Best., S. 16, 74); Beffede, ON bei Marsberg, a. 1338 *in Beffede* (Seibertz II, S. 276), dazu (?) PN a. 1308 *Hermannus Beffeta* (Seibertz II, S. 47), nach Jellinghaus, S. 58 -*ithi*-Name, aber Etym. unklar; Bergede, Kr. Soest, a. 1440 *Bercheide*, daher fraglich, ob -*ithi*-Name (Jellinghaus, S. 58);[766] Bernte im Kr. Lingen, nach Abels, S. 49: *Bernithi, aber a. 1317 *Bernethem* (Westfäl. UB VIII, S. 424), a. 1352 *Bernete* (Abels, S. 49), daher vielleicht *heim*-Name;[767] Bibelte bei Friesoythe (Jellinghaus, S. 58), ohne alte Belege unsicher; Bierth bei Uckerath, a. 1555 *Birtt*, „Ob aus *Birkithi?" (Dittmaier, Berg. Land, S. 110); Birgte, ON bei Ibbenbüren, a. 1050 *Bergthorp*, a. 1188 *Berghere* (!), a. 1230 *Bergethe* (nach Jellinghaus, S. 59 zweifelhafter -*ithi*-Name, s. jedoch jetzt WOB 13, S. 56f.); Bokeloh, 10. Jh. *Boclithi* (Hellfaier-Last, S. 32), nicht ausgeschlossen ist -*lithi;* Bonte bei Herne, a. 1217 *Bonthe* (Gysseling I, S. 164, dort ohne Etym.), unklar, nach WOB 14 im Kr. Herne nicht zu finden; Braamt bei Zeddam, a. 1241 *Brameth en de Bremeth* (J. H. Gallée, NGN 3, 1887, S. 362); Bückelte, OT von Haselünne, a. 1037 *Boclithi* (Honselmann, S. 166; Dürre I, S. 48), vgl. oben Bokeloh; Bürden bei Hildburghausen, a. 1338 u. ö. *Burden* (Jacob, S. 29), m. E. *Burithi, zur Etym. s. Förstemann II, 1, Sp. 639; Bunde, ON in Limburg/Niederlande, a. 1222 *Bundende*, a. 1217 *Bůnde* (Gysseling I, S. 205: ohne Etym., unsicher); Burst in Aalst/Ostflandern, a. 825 (K. a. 941) *Bursitia*, a. 814–40 (K. a. 941) *Bursicia* (für: *Bursiticia*) (Gysseling I, S. 209); Daade(n), Kr. Altenkirchen (Böttger, S. 65), ohne alte Belege unsicher; Deerte bei Milspe, nach Jellinghaus, S. 59 zweifelhafter -*ithi*-Name, Lokalisierung unsicher, daher

---

[766] Keine -*ithi*-Bildung, s. WOB 1, S: 53f.
[767] S. auch Möller, S. 28.

auch keine weiteren Belege zu finden; Derspede, nach Förstemann II, 1, Sp. 1604 -*ithi*-Name, aber nicht zu ermitteln, wo; Dollern, Kr. Stade, um a. 1500 *Dolreden* (Rüther, S. 420); Dorchede, nur belegt a. 1298 *Theodericum de Dorchede* (Seibertz I, S. 585), evtl. Verschreibung; Dorth, ON bei Bathmen, Overijssel, a. 1370 *van Durrete*, a. 1436 *Dorrete* (nach Jellinghaus, S. 60 zweifelhafter -*ithi*-Name); Dort bei Gorsel, a. 1344 *Dorrete*, a. 1414 *Dorrethe*, a. 1492 *Dorth* (J. H. Gallée, NGN 3, 1887, S. 362); Dröschede, ON bei Iserlohn, bisher ohne historische Belege, sehr wahrscheinlich -*ithi*-Bildung; Drösede, ON in der Altmark, a. 1405 *Drusede* (Bischoff S. 57: zu urslav. **drozd*- 'Amsel'), fraglich; Drüggelte bei Soest, a. 1281 *in Druchlete* (Westfäl. UB IV, S. 781), weitere Belege: *Druchelte, Druchlete, -lethe, Druglete, Drůtchlete* (Westfäl. UB VII, passim), Gf. unsicher, kaum -*ithi*-Bildung, s. WOB 1, S. 127ff.; Dungerden bei Davenstedt, alt *Dungherthen, Dugerden* (Westfäl. UB VI, passim; nach Westfäl. UB X = Düngen, wüst bei Minden, oder wüst bei Davenstadt, Ldkr. Hannover), Bildung nicht ganz sicher, kaum -*ithi*-Bildung, eher Kompositum mit -*ard*-; Dwergte bei Cloppenburg (nach Jellinghaus, S. 59 zweifelhafter -*ithi*-Name); a. 1240 *in Ebbethe* (Cal. UB V, S. 37), Wg., nach Cal. UB X, S. 176 und Westfäl. UB VI, S. 92 evtl. identisch mit Empede, sonst nicht erwähnt; Echteld, a. 1178 *Echtelte, Echtelde* (J. H. Gallée, NGN 3, 1887, S. 362); Ehrsten, Kr. Hofgeismar, a. 1010 *Heristi* (Förstemann II, 1, Sp. 1351), a. 1065 *Ersten* (Arnold, S. 306 mit Zweifel an -*ithi*-Bildung); Eilerde, ON bei Einsal, Kr. Altena (Jellinghaus, S. 58; ohne alte Belege unsicher); Elfte bei Minden, a. 1277 *in Elfflede* (Westfäl. UB IV, S. 701), kaum -*ithi*-Bildung, s. WOB 7, S. 128f.; Elste, Gelderland, a. 1241 *de Eleste*, um a. 1241 *de Eleste* (Westfäl. UB VI, S. 97); Elvert bei Lüdinghausen, 10. Jh. *Egilfrithi, Elbridi, Elurithi* (Gysseling I, S. 315: „Germ. *Agilfriþja*- 'zu *Agilfriþ* gehörig'"; nach Jellinghaus, S. 58 -*ithi*-Bildung);[768] Erfde, ON in Schleswig-Holstein, a. 1447 *to Erwede*, a. 1462 *parrochia Erwede* (Laur, ONLex. S. 91, mit Zweifel an -*ithi*-Bildung; der Name wäre der nördlichste Vertreter unserer Sippe); Erwitte, a. 974 *Aruiti*, Mitte 12. Jh. *Eruete*, a. 1190–93 *Erwite* (Gysseling I, S. 330), eher Suffix mit *-t-*;[769] Esschen bei Antwerpen, a. 1148 *Eschen*, a. 1164 *Eschenden* (Mansion, Best., S. 42, 74; Gf. fraglich); Essen bei Diepenveen, a. 1387 *Essende* (Jellinghaus, Osnabrück, S. 11: -*ithi*-Bildung); Fonnethe (Förstemann II, 1, Sp. 1605; nicht nachzuweisen); Freiensen, Kr. Gießen, a. 1362 *Vriensende*, -*ithi*-Name?, nach A. Götze lediglich lautliche Entwicklung eines -*d*- im Dativ, Bach, Deutsche Namenkunde II, 1, S. 204 notiert dieses mit Fragezeichen; Gasselte bei Assen (Drente), a. 1365 *Gasselte* (Jellinghaus, S. 58; Gf., Etym. und Bildung unklar); Gerthe (Voßgerthe), Kr. Cloppenburg, nach Jellinghaus, S. 59 zweifelhafter -*ithi*-Name; Gerden, Kr. Melle, a. 1151 *Gerdene*, 13. Jh. *Gerethen, gēre* 'spitzes Land' (Jellinghaus, Osnabrück, S. 14f.; -*ithi*-Bildung nicht sicher); Grewiede, Kr. Soltau-Fallingbostel, a. 1215 *in Grawjthe* (Cal. UB V, S. 15), a. 1242 *Grawithe* (3-mal, ebd., S. 39, 40, 41), a. 1242 *Grauuithe* (ebd., S. 42), a. 1341 *Grawithe* (ebd., S. 99), evtl. im zweiten Bestandteil -*wid*- 'Holz, Wald'; Harlhöfe bei Minden, a. 1168 *Herlethe* (Förstemann II, 1, Sp. 1236; Jellinghaus, S. 58), a. 1205 *in Herlethe* (Westfäl. UB VI, S. 9), a. 1221 *in Herledhe* (2-mal, ebd., S. 28, 29), a. 1228 *in Herlede* (ebd., S. 50), wahrscheinlich doch wohl zu ndt. *har* 'trocken', mnd. *hāre* 'Anhöhe', s. jetzt auch WOB 7, S. 172f.; a. 1297 (A.) *Hasselte*, bei Vardingholt (Westfäl. UB III, S. 137); Anf. 13. Jh. *Helsete*, unbek. bei Trier (Gysseling I, S. 471; Gf. unklar); Hemmelte, Kr. Cloppenburg,

---

[768] Ausführlich und überzeugend behandelt in WOB 10, S. 120f.
[769] Zur Behandlung des schwierigen Namens s. jetzt WOB 1, S. 162f.

ca. a. 1000 *Himilithe*, a. 1175 *Himelte* (Förstemann II, 1, Sp. 1367), a. 1186 *Himelte* (Jellinghaus, S. 59f.: „Himmelsheide?", seiner Ansicht nach zweifelhafter *-ithi*-Name); a. 1235 *Henricus de Hepenete*, bei Drolshagen? (Westfäl. UB VII, S. 188); Herbede bei Hattingen, a. 1019 *Herbete* (MGH Reg. Germ. III, S. 534), a. 1200 *in Herbede* (Westfäl. UB VII, S. 2), a. 1225 *in curte Herbedde* (ebd., S. 112), a. 1226 *Horbede*, Var. *Herbethe* (ebd., S. 117), keine *-ithi*-Bildung, s. WOB 14, S. 111ff.; Herfte bei Zwolle, a. 1310 *Hetneten* (Dat. Plur., Jellinghaus, S. 60), weitere Belege nicht bekannt, Gf. unsicher; Hesselte, Kr. Lingen, a. 1223 *Heslethe* „Haselheide?" (Jellinghaus, S. 60: zweifelhafter *-ithi*-Name); Hetelde, Wg. bei Schladen, a. 1395 *to Hetelde* (UB H. Hild. VI, S. 864), Gf.?; Hicht, FlurN bei Herleshausen (Arnold, S. 305), Etym.?; Hönde bei Radevormwald, ohne hist. Formen, evtl. *Hagan-ithi (Dittmaier, Berg. Land, S. 110), zu unsicher; Höver bei Sehnde, a. 1350 *de Hovederde* (UB Hann. II, S. 80), Etym.?, die Gf. bleibt unklar, s. NOB I, S. 219f.; 12. Jh. *Holenede*, Lage und weitere Belege unbek. (Jellinghaus, S. 58; Gf. unsicher); Hollet, Wg. Kr. Steinfurt, a. 1218 (A.) *Hollet* (Westfäl. UB III, S. 69), a. 1243 *Holleth* (ebd.), im Kr. Steinfurt nicht zu finden, s. WOB 13; a. 1153 *curiam nomine Homede*, wohl bei Lippstadt (MGH Reg. Germ. X/1, S. 102), nach Förstemann II, 1, Sp. 1414 „vielleicht 'Hochwiese'", unsicher, nicht zu lokalisieren; Hoopte, OT von Winsen/Luhe, a. 1451 *Tom Hope* (FlurN-Sammlung Göttingen), auch sonst alt *Hop, Hope, Hoop, Hoope* (KR. I, vgl. Reg. KR. VIII, S. 100), mua. *Haupt, Hoopt*, daher kein *-ithi*-Name (gegen Bückmann 1927, S. 129); die Horbede, FlurN bei Wedinghausen (nach Jellinghaus, S. 59 zweifelhafter *-ithi*-Name); a. 1207 *Ludolphus de Hornith* (UB H. Hild. I, S. 589), Etym.?, Lage unsicher, vgl. auch Hornte, Hornstorf (*-atja*-Bildungen); Horwiden bei Fulda, *-ithi*-Bildung zu *horo* 'Sumpfboden, Kot' (Petters, S. 471), sehr fraglich (s. z. B. Förstemann II, 2, Sp. 1298);[770] Hunfeld bei Meppen, Mitte 12. Jh. *Hunedfelde* (Gysseling I, S. 526: „Germ. *huniþja-*, Kollektiv zu *hunu-*, etwa 'honigartiger Schlamm' (cf. ae. *hunu* 'Eiter') + *feldu-*"), fraglich; Hurlede, West- bei Soest (Jellinghaus, S. 59: zweifelhafter *-ithi*-Name), nicht zu lokalisieren, im Kr. Soest unbekannt; Ide in Drente, a. 1206 (K. 15. Jh.) *Ide*, „germ. *īwiþja-* [...]?" (Gysseling I, S. 530), zu unsicher; Jühnde, *-ithi*-Name nach Schröder, S. 161, kaum zutreffend, erst sekundär angetreten, s. Möller S. 80, NOB IV, S. 230ff. und Udolph 2002; Trad. Corb. *Keinsetha*, wohl Verlesung oder Verschreibung (Dürre I, S. 125), Gf. und Lokalisierung unklar; Lägde, ein Wattstrom (Jellinghaus, Holst. ONN, S. 240); die Lakete, FlurN bei Asendorf in Lippe (nach Jellinghaus, S. 60 zweifelhafter *-ithi*-Name); Lamerden bei Hofgeismar, a. 1235 (A.) *Lothewicus de Lamerde* (Westfäl. UB IV, S. 162), unsicher, eher Kompositum mit *-ard-*; Legde b. Deetzbüll (Jellinghaus, Holst. ONN, S. 240); Legden, Kr. Ahaus, a. 1248 *Legeden* (Jellinghaus, S. 60), a. 1286 *Ostlegden* (Westfäl. UB III, S. 687), nach Jellinghaus, S. 60 zweifelhafter *-ithi-* Name; a. 1277 *Arnoldo de Lenedhe* (Westfäl. UB IV, S. 711; = Löhne?), unsicher; Linschede bei Balve (nach Jellinghaus, S. 59 zweifelhafter *-ithi-* Name); Löchte bei Gelsenkirchen-Schalke (Imme, S. 64), m. E. eher im Kr. Borken bei Bocholt, ohne alte Belege unsicher; Löchter bei Buer (Imme, S. 64); Lotten, Kr. Meppen, a. 1307 *Lotten vel Legetevort* (Westfäl. UB VIII, S. 148), Gf.?; Lüerte, Kr. Wildeshausen, a. 1295 *Lurethe* (Jellinghaus, S. 58; ders., S. 59: zweifelhafter *-ithi*-Name), gehört hierzu a. 1156 *Lorethe* 'unbestimmt' (Förstemann II, 2, Sp. 135)?, unsicher; Mahlum, Kr. Gandersheim, a. 1154 *Maledem*, a. 1157 *Maledem* (Förstemann II, 2, Sp. 194), Umlaut fehlt; Maude(n), Kr. Altenkirchen, *-ithi*-

---

[770] Keine *-ithi*-Bildung, s. D. Ascher: *Die Ortsnamen des Landkreises Fulda*, Freiburg 2020, S. 274f.

Ortsnamen auf *-ithi* 167

Name nach Böttger, S. 65, ohne alte Belege fraglich); Meest bei Münster, a. 1318 *tor Meset* (Westfäl. UB VIII, S. 461), a. 1318 (A.) *Mesede* (Westfäl. UB VIII, S. 447), unsicher, nicht zu lokalisieren; Meinte bei Bergkirchen (nach Jellinghaus, S. 59 zweifelhafter *-ithi*-Name); a. 1012 (?) *Merrith* (Cod. Dipl. Fuld., S. 345); Minseln bei Basel, a. 754 *Minsilido*, fraglich, ob *-ithi*-Name (Förstemann, ONN, S. 228); a. 1070 (?) *Misgede* (Cod. Dipl. Fuld., S. 371); Miste in Gelderland, a. 1266 *Merste*, a. 1400 *in den Mersthe*, a. 1570 *Miste* (J. H. Gallée, NGN 3, 1887, S. 362), nach Jellinghaus, S. 59 zweifelhafter *-ithi*-Name); Miste bei Winterswijk und bei Rüthen, a. 1191 *Mesthe*, 13. Jh. *Misteta* (Jellinghaus, S. 59: zweifelhafter *-ithi*-Name); Möst, FlurN bei Oberschönau, wahrscheinlich *moside (Arnold, S. 307f.; m. E. unsicher); Moft, De bei Ede, a. 996 *forestum Moffet*, a. 1314 *in Moefte* (J. H. Gallée, NGN 3,1887, S. 362); a. 1316 *Mokerden*, bei Alden/Gelderland (Westfäl. UB VIII, S. 394); a. 1317 *in Mosethe*, Wg. Kr. Gifhorn (UB Braunschweig II, S. 459); Naarden, Prov. Nordholland, 10. Jh. *Naruthi* (Förstemann II, 2, Sp. 372, 1605 erwägt *-ithi*-Bildung, unsicher); Nemden bei Osnabrück, alt *Nimodon, Nimeden* (Wrede II, S. 64), nach Möller 1979, S. 108f. evtl. zu asä. *nimid*, evtl. 'heiliger Hain'; Netterden bei 's Heerenberg, a. 1242 *Netterdhen* (J. H. Gallée, NGN 3, 1887, S. 362); Neugartheim bei Straßburg, a. 1166 *Nogerthe* (Förstemann II, 2, Sp. 406, 1605: erwägt *-ithi*-Bildung, unsicher); a. 1265 *Hermanno de Nicthe* (Westfäl. UB IV, S. 521), Lokalisierung unsicher; a. 1313 *Bertramus de Nyngede* (Westfäl. UB VIII, S. 278), Lokalisierung unsicher; Obermeiser, Kr. Hofgeismar, a. 1312 *Meysserde* (Reg. Landgr. Hessen I, S. 200), wahrscheinlich eher *-ard*-Bildung; Oermten bei Kleve, a. 1177 *Ormete* (Gysseling II, S. 757, ohne Etym.), Gf. **Urm-ithi?*, ohne sicheren Anschluss; Ohrte, bei Bippen, Kr. Osnabrück, Ende 12. Jh. *Orten* (Jellinghaus, MVGLO, S. 129), weitere Belege nicht bekannt, unsicher; Onidun, Corveyer Heberolle (Wigand I/3, S. 50), sonst nicht nachweisbar, unsicher; Pesse in Drente, a. 1141 (K. 15. Jh.) *Petthe*, „Germ. **paþithja-* [...]?" (Gysseling II, S. 792), unsicher; Pfirst, frz. Ferrette, Oberelsass, a. 1161 *de Phirrithé* (MGH Reg. Germ. X/2, S. 161), a. 1162 (K. 14. Jh.) *de Pirentem* (MGH Reg. Germ. X/2, S. 210), a. 1166 (K. 14. Jh.) *de Phirreten*, Var. *Phirretem* (MGH Reg. Germ. X/2, S. 452), Förstemann II, 2, Sp. 485 ohne Deutung, etwa **Pir-ithi?*, unsicher; Raalte, ON in Overijssel, a. 1275 *Ralte* (nach Jellinghaus, S. 60 zweifelhafter *-ithi*-Name); Rahmede bei Altena, 11. Jh. *Rammuthe*, Suffix auf GN übertragen (Jellinghaus, S. 60), *-ithi*-Bildung?, unklar; Reckede bei Ottbergen, 1454 *nogest der Rekede* (UB Möllenbeck I, 198); Reste, Wg. bei Falkenhagen-Schwalenberg, Vit. Meinw. *Raffeti* (Jellinghaus, MVGLO, S. 155), sonst nicht nachweisbar; Riegete bei Hoyel, Kr. Melle (Jellinghaus, S. 59), sonst nicht nachweisbar; Riest, mehrfach in Belgisch Brabant und in Overijssel (J. J. Moermann, NGN 8, 1932, S. 84f.), *-ithi*-Bildung nicht sicher; Rieste bei Bersenbrück, Ende 12. Jh. *Rist* (Jellinghaus, MVGLO, S. 131), ohne weitere Belege unsicher; Rinthe, Kr. Siegen-Wittgenstein (Böttger, S. 65), ohne weitere Belege unklar; Röhden, Kr. Minden, a. 1096 *Riudenithe*, a. 1243 *Rodenethe* (nach Jellinghaus, S. 60 zweifelhafter *-ithi*-Name)[771]; a. 1154? (K. 17. Jh.) *Ruzedehusen*, entweder Wg. Ruzzehausen an der Diemel oder Rozinchusen sö. Paderborn (Urk. H. d. Löwen, S. 36), zu unsicher, kein *-ithi*-Name;[772] Rünthe bei Hamm (nach Jellinghaus, S. 59 zweifelhafter *-ithi*-Name[773]); um a. 1300 *Rurpede*, Wg. bei Rüden (Seibertz II, S. 113),

---

[771] Ausführlich zu dem Namen s. jetzt WOB 7, S. 337f.
[772] Zur Lokalisierung und zur Etymologie s. WOB 9, S. 314f.
[773] Die Zweifel werden in WOB 15, S. 310f. beseitigt.

Gf.?; a. 1210 *in Scenethe* (UB H. Hild. I, S. 607), Lage unsicher; Scheie bei Bückeburg, a. 1304 *in Schoyde* (UB Hann. I, S. 81), a. 1312 *in Schoyde* (UB Hann. I, S. 82), *-ithi*-Bildung nach Förstemann, ONN, S. 228, Gf.?, sehr wahrscheinlich **Skog-ithi*, zu schwed. usw. *skog* 'Wald';[774] Schelde, *-ithi*-Bildung nach Böttger, S. 65), histor. Belege nicht bekannt; Scherfede bei Warburg, Trad. Corb. *Scerva, Scherva*, a. 1015–25 *Scerue* (Dürre II, S. 42f.; Gysseling II, S. 896), ist nach Schröder, S. 166 „vielleicht der Tochterort und höchstwahrscheinlich das Patenkind des thüringischen *Scherbda*", da *-ithi* aber sekundär angetreten ist (Jellinghaus, S. 59), besteht zu Schröders Annahme kein Anlass; Schnelten, Kr. Cloppenburg, a. 1186 *Snelete* (Jellinghaus, S. 59; Förstemann II, 2, Sp. 821, ohne Etym.), Deutung unsicher, evtl. auch **-itja*, dt. *schnell* liegt semantisch fern; Schweiße, Wg. sö. Delitzsch, a. 1160/64 *villa Zwisde*, a. 1349/50 *Zcwisida, Swisde, Swise, Czwisda*, a. 1378 *Zcwysede, Czwisede* (E. Eichler, DS 4, S. 109: Gf. etwa **Zwis-ithi?*, zu mhd. *zwisel* 'Gabel'; vielleicht aber slav. nach Walther, S. 287); Schwerte, ca. a. 1150 *Suerte*, ca. a. 1092 *Suerte*, a. 1243 *Suirte* (Förstemann II, 2, Sp. 972), unklar, eher Bildung mit Dentalsuffix, s. WOB 15, S. 319ff.; Schale bei Tecklenburg, Ende 12. Jh. *Seilde* (Jellinghaus, MVGLO, S. 131: Beleg statt *Scolde – Schale?*), unklar; a. 1255 *Semetdorpe*, Kr. Nordhorn (Westfäl. UB III, S. 310), weitere Belege unbekannt; Semmedenberg bei Sachsenhausen in Waldeck, Dat. Plur. (Jellinghaus, S. 60), weiteres unklar; a. 1311 *Th. de Sischede* (Westfäl. UB VIII, S. 226), unklar; Slamme, Kr. Soest, a. 1200(–37?) (A. 14. Jh.) *de Slanmode* (Westfäl. UB VII, S. 4), a. 1203 *Slammene* (Westfäl. UB VII, S. 10), a. 1268 *Hinricus de Slammede* (Westfäl. UB VII, S. 588), *-ithi*-Bildung? (zustimmend Jellinghaus, S. 59); eher keine *-ithi*-Bildung, s. WOB 1, S. 408f.; Stendenbach (Böttger, S. 65); *Stenetland*, bei Saint-Omer, a. 828 (K. 12. Jh. u. ö.) *Steneland, Stenetland, Steneteland* (Gysseling II, S. 937), wahrscheinlich **-itja*-Bildung (Bach, Deutsche Namenkunde II, 1, S. 201, vgl. J. Schnetz, ZONF 11, S. 120); Stockden bei Remscheid, a. 1363 *Stockde*, a. 1442 *Stockde*, a. 1463 *Stockede*, zu *Stock* 'Baumstumpf'; „das Fehlen des Umlautes verät, daß wir hier das seltenere und sonst fast nur im Niederländischen und Flämischen verbreitete *ôthi* (*uthi*) vorliegen haben (vgl. *Stokuth* [...] s. a. Mansion, S. 118)" (Dittmaier, Berg. Land, S. 110); Stockdum bei Solingen, a. 1488 *Stockder Hegen*, s. *Stockden* (Dittmaier, Berg. Land, S. 110); Suletheim, unbek. bei Sint-Odilienberg, a. 943 (K. 10. Jh. bzw. 11. Jh.) *Suletheim* (Gysseling II, S. 947); 12. Jh. *Talethe*, unbek. [775]bei Leer (Gysseling II, S. 951), weiteres unklar; Tilligte, ON bei Oldenzaal (nach Jellinghaus, S. 60 zweifelhafter *-ithi*-Name); Trelde bei Tostedt, ohne alte Belege, unklar; Ueffeln, Kr. Bersenbrück, a. 1240 *Uflete*, a. 1353 *Uflen*, *-ithi*-Bildung? (Jellinghaus, Osnabrück, S. 35: *uf* + *lohon*), unsicher; Ührda, Wg. bei Magdala, a. 1366 *de Ugirde*, a. 1383 *Vherde*, slav.?, nach Walther, S. 287: kaum zu Ührde, Kr. Osterode (s. u.), Gf. unklar; Ulsda (Doornkaat-Koolmann, S. 158; *-ithi*-Name?), unsicher; a. 1224 *Conradus de Upithe* (UB H. Hild II, S. 51), weiteres unklar; Vahlde, ON südl. Tostedt, ohne ältere Belege (bei Sudendorf ist keiner verzeichnet) nicht zu deuten; Vechelde, a. 973 *Fehtlon* (Hellfaier-Last, S. 16), a. 1145 *Vechtla*, a. 1378 *Vechtelde*, a. 1281 (Druckfehler für 1381?) *Vecledhe*, a. 1313 *Veichtelde*, mua. *Vechel* (Andree, S. 72), *-ithi*-Bildung nicht sicher, eher Kompositum mit *-loh-*, s. NOB VIII, S. 151f.;

---

[774] S. J. Udolph: *Nordisches in deutschen Ortsnamen*, in: Namenwelten. Orts- und Personennamen in historischer Sicht (= Ergänzungsbände zum Reallexikon der Germanischen Altertumskunde 44), Berlin – New York 2004, S. 359–371, hier S. 368.

[775] S. auch Möller, S. 96.

Vehlen bei Bückeburg, a. 1167(?) *in Velde* (Urk. H. d. Löwen, S. 108), a. 1171 *in Velden* (Urk. H. d. Löwen, S. 129), a. 1208 *in Velden* (Westfäl. UB VI, S. 11), unsicher; Vehrt bei Telgte, 10. Jh. *Forheti* (Gysseling II, S. 1006), 12. Jh. *Verthe* (Förstemann II, 1, Sp. 850), nach Jellinghaus, S. 59 zweifelhafter *-ithi*-Name, fälschlich als *-ithi*-Bildung interpretiert nach J. Schnetz, ZONF 11 (1935) S. 121, eher Bildung mit einem Suffix *-itja*, s. WOB 3, S. 401f.; Vehrte bei Osnabrück, a. 1186 *Verete* (Jellinghaus, S. 58; Förstemann II, 1, Sp. 850), Ende 12 Jh. *Verete* (Jellinghaus, MVGLO, S. 102), fälschlich *-ithi* nach J. Schnetz, ZONF 11 (1935), S. 121;[776] Veichte bei Steimke, a. 1325 *von der Veichte* (Cal. UB V, S. 95), ohne weitere Belege unsicher; Vesede, Wg. (?) im Kr. Rotenburg/Wümme, alt *Wehde, Wesede, Wesehde* (Rüther, S. 420), Gf. unklar, kaum *Wis-ithi*; Vesperthe, Wg. bei Büren, a. 1024 (K. 12. Jh.) *Vesperdun,* a. 1015–25 (K. 12. Jh.) *Vesperdun* (Gysseling II, S. 1007), a. 1126 *Vesperethe,* a. 1144 *Vesperthe,* a. 1189 *Vesperde* usw., „ist wohl ein Name auf *-itha* (f.)" (Bückmann 1930, S. 314), nach Jellinghaus, S. 59 zweifelhafter *-ithi*-Name, eher Kompositum mit *-ard-*; Wechte bei Tecklenburg, 12. Jh. *Wecthe, Wecthi* (Förstemann II, 2, Sp. 1176), a. 1350 *Wechgete* (nach Jellinghaus, S. 60 zweifelhafter *-ithi*-Name); Wehrda bei Marburg, alt *Werde, Werthe, Wherde, Werden* (Hess. UB I); Weiß, urkundl. *Weiste* (Böttger, S. 65), ohne weitere Belege zu unsicher; Welda, Hof bei Sontra, 14./15.Jh. *Welde* (Arnold, S. 306), ohne ältere Belege unsicher; Werkede bei Lippstadt (Jellinghaus, S. 59), sonst nicht nachweisbar; Wersche, Kr. Osnabrück, a. 1290 *Werschede,* a. 1347 *Werdesche* (Jellinghaus, Osnabrück, S. 37: Etym. unklar); Werte (Böttger, S. 65), ohne alte Belege unsicher; Wext bei Ahaus, a. 1323 *Wexeten* (Westfäl. UB VIII, S. 622), Gf. und Etym. unklar; Wichte bei Spangenberg, a. 1196 *Wichte,* a. 1235 *Wihte,* a. 1266 *Witthe,* am Bach gleichen Namens, zu *weih* 'mollis' (Arnold, S. 306), da GN identisch, ist *-ithi*-Bildung unsicher; Wickede bei Dortmund, a. 890 *Wikki,* 13. Jh. *Wickethe, -ithi*-Bildung sekundär (Jellinghaus, S. 59);[777] Wickede bei Soest, alt nur *Wikki, Wicke* (Jellinghaus, S. 59), *-ithi-* demnach sekundär angetreten, zustimmend WOB 1, S. 472f.; Wiegede, Haus bei Schwelm (nach Jellinghaus, S. 59 a. zweifelhafter *-ithi*-Name); Wirthe bei Borken, a. 1188 *Wirthe* (Förstemann II, 2, Sp. 1387), a. 1288 *Wierte* (Jellinghaus, S. 59: zweifelhafter *-ithi*-Name); Wölfte[778] (*Wulfte*) bei Brilon, um a. 1300 *Wulfete* (Seibertz II, S. 113), nach Jellinghaus, S. 59 zweifelhafter *-ithi*-Name; Wulften, Kr. Bersenbrück, a. 1150 *Ulefthen,* a. 1197 *Wulvena* (GN), a. 1402, a. 1412, a. 1426, a. 1442 *Wulvena,* a. 1230 (A. 14. Jh.) *Wulfeten,* um a. 1240 *Wlueten* (Wrede II, S. 313); Wulften bei Quakenbrück, a. 1147 *Vulf-eten,* a. 1358 *to Wolfeten* (Wrede II, S. 315), **Wulf-eten* (Jellinghaus, Osnabrück, S. 38); Wulften, Kr. Osterode, a. 889 *Wolfenni* (Förstemann II, 2, Sp. 1428), a. 1322 *tor Wulleften* (Sudendorf I, S. 204), vor a. 1331 *de Wlfte* (UB H. Hild. IV, S. 622), a. 1337 *wlften* (Sudendorf I, S. 312); zu den Wulften-Namen meint Jellinghaus, Osnabrück, S. 38: „Das Suffix *ete*, nicht zu verwechseln mit *-ithi*, wird mit der altdeutschen Präposition *at* 'zu, bei' zusammenhängen", da kein Übergang zu *-d-* erkennbar ist, wahrscheinlich keine *-ithi*-Bildung. Wie in NOB II, S. 185ff. ausführlich dargelegt wird, ist eher von einem Kompositum mit *-tūn-* auszugehen.

---

[776] S. auch Möller, S. 125.
[777] Ausführlich wird der ON jetzt im WOB 15, S. 254f. behandelt und als *-ithi*-Bildung aufgefasst.
[778] *Wülfte*, wohl *-ithi*-Bildung, s. WOB 6, S. 509f.

Ergebnisse und Schlussfolgerungen (siehe dazu Karten 1 und 2).

Die Durchsicht der Ortsnamen auf *-ithi* hat ergeben, dass ein hoher Anteil der Namen eindeutig germanischen Ursprungs ist. Ich will im Folgenden versuchen, die Bedeutungen des ersten Elements der sicher germanischen Namen (also der im ersten Abschnitt zusammengestellten) nach Sachgruppen geordnet[779] anzuführen:

A. Erhebungen, Vertiefungen, Lage
  1. Bodenbeschaffenheit
    *Gel-ithi/Gielde, *Gem-ithi/Gimbte, *Grem-ithi/Gremede, Grimde, Opgrimbie; *Grusm-ithi oder *Grusin-ithi/Gorsem, *Gur-ithi/Görde, *Hamar-ithi/Hemert, *Har-l-ithi/Harlhöfe; Hemmerde, Hemmerden, Emer (Hemert), Ophemert, *Her-ithi/Heerde, Heerdt, Heerte, Herede, Hesschehirithi, *Is-ithi/Eisden, Istha, *Kalv-ithi/Kalt, *Kalv-ithi/Kalbe, *Kik-ithi/Sickte, *Kokr-ithi/Köcker, *Kum(b)-ithi/Kumd, *Kut-ithi/Cuzzide, *Leim-ithi/Lehmden, Lemmie, *Len-ithi (aus *Hlain-ithi)/Leinde, Lenthe, *Mel-ithi/Milte, *Saur-ithi/Sorethfeld, *Sin-ithi/Senne, Sehnde, Sindfeld, *Skarb-ithi/Scherbda, *Skul-ithi/Schielo, *Top-ithi/Tüpte, *Tul-ithi/Tilleda, Tuilt, Tulethe, *Ur-ithi/Oerie, *Wang-r-ithi/Wangerde, *Was-ithi/Wese, West.

  2. Gewässer
    *Ap-ithi/Ofden, Apede, *Bak-ithi/Calbecht, *Haƀ-(el)-ithi/Haaften, Habel, *Hulw-ithi-/Hülm, *Laun-ithi/Löhne, *Lōs-ithi/Löschede/Loschede, *Mer-ithi/Mierde, Mirdum, *Over-ithi/Overde, *Ram-ithi/Remda, *Se(w)-ithi/Sebeda, *Sikul-ithi/Siculithi, *Sil-ithi/Siele, *Slaƀ-ithi/Schlewecke, *Sul-ithi/Söhlde, Sölde, *Sweb-ithi/Schwebda, *Tindel-ithi/Tindeln, *Ul-ithi/Uelde, Oelde, Ölde, *Wal-ithi/Wahle, Welda, *Walm-ithi/Welmithe, *Wapel-ithi/Hohenwepel, Wepletha, *Wel-ithi/Wehlleiden, Wehlen, Welle, Welle, Welte.

  3. Klima
    *Snew-ithi/Snewede, *Sumar-ithi/Sömmerda, *Thunar-ithi/Donnern, *Wetar-ithi/Witterda.

  4. Farbe und Beleuchtung
    *Fal-ithi/Falje, *Ferw-ithi/Farwen, *Gron-ithi/Grohnde, *Skimel-ithi/Schimmel.

  5. Formen
    *Angul-ithi/*Angel-ithi/Engel, Engeld, *Berg-ithi/ Barthe, Berkede (?), Birgte, Birgden (oder *Birk-ithi), *Blok-ithi(?)/Blochide, *Bokil-ithi/Büchel, Büchold, *Bun-ithi/Bühne, *Bugin-ithi/Bünde, *Dick-ithi/Hümmerdickte, Lempedickte, *Dul-ithi/Döhle, *Eng-ithi/Engt, *Graft-ithi/Grefte, *Hak-ithi/Hekede, *Ham-ithi/Hemden, Hemethe, *Hauh-ithi/Högden, Höchte, *Heƀil-ithi/Hebel, *Hlaiw-ithi/Lauw/Lowaige, Leeuwte, Lewe (?), Leweth, *Hol-ithi/Hoeleden, *Krag-ithi/Crock, *Kurz-ithi/Kürzt, *Lang-ithi/Lengde, Groß-, Klein-Lengden, Längd, Langd, *Pen-ithi/Pente, *Val-ithi/Vahle, Valede.

  6. Sonstiges
    *Midil-ithi/Mehle.

---

[779] In Anlehnung an Eichler-Walther, DS 29.

Ortsnamen auf -*ithi*

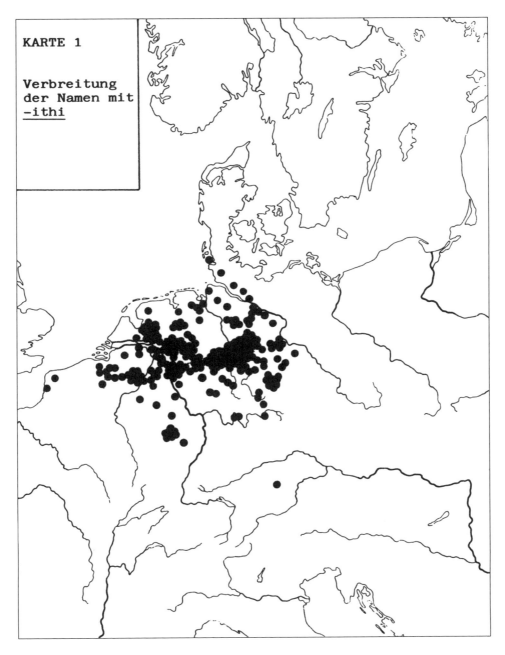

KARTE 1

Verbreitung der Namen mit -ithi

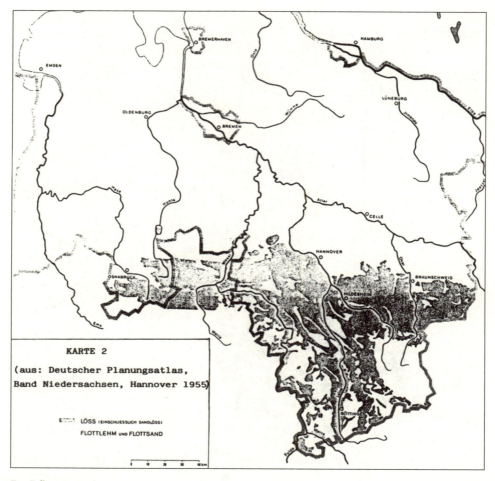

KARTE 2
(aus: Deutscher Planungsatlas,
Band Niedersachsen, Hannover 1955)

LÖSS (EINSCHLIESSLICH SANDLÖSS)
FLOTTLEHM UND FLOTTSAND

B. Pflanzenwelt
  1. Wald
     *Boum-ithi/Bomethe, Boomde; *Hais-ithi/Hästen, Heisede, *Lar-ithi/Lehrte, *Loh-ithi/Loh, Lohet, *Loub-ithi/Lobeda, Lobit, Looft, *Skōg-ithi/Schoholtensen.
  2. Baumarten
     *Ask-ithi/Achiet, Eschede, *Asp-ithi/Espe, †Espithe, *Bel-ithi/Belle, *Birk-ithi/Birgden(?), Birth, *Bok-ithi/Beuchte, *Bosk-ithi/Bossuit, *Buchel-ithi/Büchel, *Ek-ithi/Eekt, Eichede, aufr Eikte, Ekthe, Ickten, Ickt(erhof), *Eril-ithi/ Erlte, *Ib-ithi/ Hijfte, *If-ithi/Ifta, *Lind-ithi/Oster-, Westerlinde, Lint, Linde.
  3. Sonstige Pflanzen
     *Bes-ithi/Beesd, *Bors-ithi/Börste, *Bram-ithi/Brempt, Bremith, *Farn-ithi/Ferna, Verne, Vernithe, *Fethar-itja/Fediritga, *Gers-ithi/Gaste, *Hramasithi/Remse, Remsede, *Kulp-ith/Colpith, *Lesk-ithi/Leschede, Leste, *Maþ-iþ-iom/Mattium, *Ris-ithi/Reisenmoor, Riese, *Risk-ithi/Rischden, Rischedehusen, *Rusk-ithi/Rüste, *Thurn-ithi/Gr. Döhren, Döhren, Dörenthe, Dörna, Dörnte, *Wis-ithi/Wiesede, Wieste, *Wisk-ithi/Wiesens.

C. Tierwelt
*Fink-ithi(?)/Vinkt, *Gaiz-l-ithi/Geisleden, *Getl-ithi/Geitelde, Gittelde, *Gir-ithi/ Gehrde, *Ivor-ithi/Eburithi, *Ur-ithi/Ührde, *Withar-ithi/Valkenswaard, Weddern, Wederde, Werderthau, Wierden, *Wulf-ithi/Vulfete.

D. Gewerbe, Handel, Verkehr, Versammlung
*Blek-ithi/Bleckede, Bleckten, *Burg-ithi/Burgeth, *Kurn-ithi/Cornrode, Köhrden, *Thing-ithi/Dingden, *Tih-ithi/Thiede, Tiethe, *Tol-ithi/ Tholede(n).

E. Ackerbau und Viehzucht
*Angar-ithi/Engerda, *Au̯ithi/Avede, *Brak-ithi/Brackede, Brakethe, *Bur-ithi/Bürden, *Dung-ithi/Düngen, Thüngen, Tüngeda, *Felich-ithi/Felchta, *Felw-ithi/Velde, *Harp-ithi/Herpt, *Haw-ithi/Haueda, *Hos-ithi/Hös, *Hulis-ithi/Hilst, Hülsede, *Hup-ithi/Hüpede, *Melk-ithi/Melkede, *Men-ithi/Mehne, *Telg-ithi/Tilgethi.

F. Waldwirtschaft, Jagd, Rodung
*Getir-ithi (oder *Gatar-ithi?)/Göttern, *Honig-ithi/Höneda, *Hub-ithi/Hüvede; *Kol-ithi/Köhlte, Kölleda, *Swel-ithi/Schwelle, *Wab-ithi/Waagd.

G. Grenzen
*Hach-ithi/*Hag-ithi/Geesthacht/Marschhacht, Haacht, Heide; *Rein-ithi/Renda, *Thrumn-ithi/Drumt.

H. Besitz, Siedlung
*Hūs-ithi/Hüsede, *Thurp-ithi/Dorpede.

I. Abstrakte Begriffe
*Magan-ithi/Mengede, *Weim-ithi(?)/Wester-, Kirchweyhe, Weihe.

Die Zusammenstellung zeigt, dass der germanische Wortschatz aus Fauna und Flora, ja aus dem gesamten Bereich der geographischen Terminologie bei der Namengebung Verwendung fand. Für relativ hohes Alter dieser germanischen Namen spricht nun, dass die appellativischen Verbindungen nicht nur das Altsächsische und Althochdeutsche umfassen, sondern dass es auch Namen gibt, die im Wortschatz des Nordgermanischen, des Angelsächsischen, Oberdeutschen und des Gotischen verankert sind. Ich habe notiert:

Nordgermanische Appellativa:
norw. dial. *gurm*, aisl. *gīma*, anord. *hamarr*, norw. *keik*, anord. *kokkr*, anord. *melr*, schwed. *ram*, norw. dial. *sikla*, anord. *skōgr*, schwed. dial. *slabb*, norw. *ul*

Angelsächsische Entsprechungen:
gor, *hosa*, *hūf*, *kalva*, *cülpe*, *penn*, *đindan*, *wael*

Oberdeutsches Material:
Matte

Gotische Wörter:
hlainē, *laus*

Dieses Ergebnis spricht nach meiner Einschätzung dafür, dass wir es bei den -*ithi*-Namen nicht mit einer westgermanischen, sondern mit einer gemeingermanischen Schicht zu tun haben.

Nach dem Blick auf die germanischen Toponyme wollen wir uns noch einmal zusammenfassend zu den mutmaßlich vorgermanischen Namen zuwenden[780]. Als Kriterium dafür hatte ich eingangs genannt, dass sich bei diesen kein sicherer Anschluss im germanischen Wortschatz auffinden ließe. Ich gebe im Folgenden eine Auflistung der Grundformen dieser in Abschnitt 3 behandelten altertümlichen Namen:

*Amb-ithi/Empede, *Amb-l-ithi/Empelde, Ambly, *Am-ithi/Empte, *Amn-ithi/Ende, *Asn-ithi/Assenede, Essentho, *Astn-ithi/Astene, Essen, Assende, Ayeneux, *Aus-ithi/Oesede, Oese/Oesede, Osede, *Bhat- ithi(?)/Bathedi, *Bhap-ithi (?)/Beffede, *Bher-ithi/Bierde, Bierden, Bierth, Bhers-ithi/Bersede, Dang-ithi/Denkte; *Dhum-ithi/*Dümde, *Elb-ithi/Klein, Groß Elbe, Dingelbe, *El-ithi/Eelde, Eilte, Elte, *Gam-ithi/Gemde, *Gun-ithi/Gönne; *Gŭr-ithi/Cörde, *Hun-ithi/Hone, *Il-ithi/Ilde, Ildehausen, *En-ithi/Inte, *Kanithi/Heinde, Hennen; *Kelp-ithi/Helfta, *Kus-ithi/Kösede, *Ler-ithi/Lir-ithi/Lierde; *Lug-ithi/Lügde, *Mals-ithi/Menzel; *Musk-ithi/Moischt, Müschede, *Od-ithi(?)/Oythe, *Pers-ithi/Fersloh, Versithi, Versede, *Plen-ithi/Flen-ithi, *Rak-ithi/Rek-ithi/Rechede; *Rum-ithi/Rumt; *Serm-ithi/Serm, *Skaler-ithi/Schellerten, *Skard-ithi/Sarstedt, *Snal-ithi/Schnelten, *Tib-ithi/Defth, *Þrut-ithi/Drütte, *Up-ithi/Üfte, *Urm-ithi/Oermten, *Welp-r-ithi/Wölpern, *Wels-ithi/Wilsede, *Welsk-ithi/Wilsche, *Wer-ithi/Wierthe.

Unter diesen Namen befinden sich sicherlich einige, die durch zukünftige Untersuchungen des germanischen Wortschatzes ihre Erklärung finden werden. Dennoch kann man schon heute nicht übersehen, dass einige dieser Namen eindeutige Beziehungen zur alteuropäischen Hydronymie besitzen, darunter befinden sich sogar Toponyme, die ihre appellativischen Entsprechungen im Baltischen haben, dem Bezugspunkt dieser voreinzelsprachlichen Namenschicht[781]. Auch dieses Ergebnis spricht für hohes Alter der -*ithi*-Namen.

Beides zusammen, zum einen der hohe Anteil germanischer Bestandteile, zum anderen die deutlichen Beziehungen zu der voreinzelsprachlichen Schicht der alteuropäischen Hydronymie, lassen m. E. den Schluss zu, dass es sich bei den -*ithi*-Namen zum Teil um gut germanische Bildungen handelt, zum Teil aber auch um Bindeglieder zu einer vorgermanischen und indogermanischen Namenschicht.

Von hier aus gesehen, wird die Verbreitung der Namen von Bedeutung. Karte 1 enthält alle sicheren -*ithi*-Namen (in meiner Auflistung die Gruppen 1–3). An Stellen, wo es zu Häufungen der Toponyme gekommen ist (Gegend nördlich des Harzes, westlich der Weser usw.), konnten nicht immer alle Namen aufgenommen werden. Dennoch ist das Ergebnis der Kartierung deutlich: Häufungen unseres Namentypus finden sich entlang den Nordhängen des deutschen Mittelgebirges, am Harz, in Thüringen, an Deister, Ith und Hils, an den Hängen des Teutoburger Waldes und im südlichen Westfalen. In drei Himmelsrichtungen gibt es Ausstreuungserscheinungen: im Westen einerseits entlang der Ems und in Richtung auf das Ijssel-Meer, andererseits nach Flandern hinein, im Norden über das Gebiet um Lüneburg bis zur Elbe östlich von Hamburg (letzte Spuren in Holstein), im Süden recht spärlich an oberer Werra, Fulda und westlich des mittleren Rheins.

---

[780] Die Gruppe derjenigen -*ithi*-Bildungen, die in der Zuweisung zum germanischen Wortschatz Probleme aufweisen, ist bereits nach Zusammenstellung dieser Schicht (Abschnitt 2) behandelt worden.

[781] Darauf wies W. P. Schmid mehrfach hin.

Eine Erklärung für diese auffällige Verbreitung findet man, wenn man die Beschaffenheit der Böden in die Überlegung einbezieht. Auch von anderer Seite ist dieser Zusammenhang schon gesucht worden. So wurde schon verschiedentlich darauf hingewiesen, dass es unter den Orten, die einen -*ithi*-Namen tragen, sehr wenig Wüstungen gibt, was in der Regel dafür spricht, dass der Boden der entsprechenden Gemarkung nicht zu der schlechtesten Kategorie gehört.

Wenden wir uns unter Einbeziehung dieses Aspekts der zweiten Karte zu. Sie bietet einen Überblick über die Verbreitung von Löß, Flottlehm und Flottsand in Niedersachsen (andere Landstriche hätten auch herangezogen werden sollen), jedoch wird auch daraus deutlich, dass es zwischen der Verbreitung des besseren Bodens und dem Vorkommen der -*ithi*-Namen eindeutige Verbindungen gibt. Unter diesen guten Böden befinden sich die besten Lagen im Bereich der Magdeburger, Hildesheimer und Soester Börde, um nur einige zu nennen. Auch von hieraus wird das hohe Alter der -*ithi*-Namen verständlich. Man wird wohl bei der früher vorherrschenden Lebensweise der Menschen und ihrer Abhängigkeit von der landwirtschaftlichen Produktion davon ausgehen dürfen, dass zunächst die besseren Böden genutzt wurden und erst später die schlechteren.

Die Rätsel der -*ithi*-Namen sind damit aber nur zum Teil gelöst. Es bleibt die Frage, inwieweit diese Namenschicht für das Germanische und seine Herausbildung aus einer vorgermanischen Vorstufe herangezogen werden kann. Die Beantwortung kann m. E. aber nicht von einer Namensippe allein beantwortet werden. Vielmehr ist die Sammlung und Sichtung weiterer wichtiger Namentypen notwendig, so neben den schon von anderer Seite behandelten Gruppen um *wik*, *leben* und *(h)lar* (vgl. Literaturverzeichnis) die Namen um -*tūn*, *wedel*, *mar*, *werder*, *riede*, *lage*, *büttel*, *fenn*, *hude*, *klint* u. a. m. Erst wenn auch von diesen Typen Sammlungen und Kartierungen vorliegen, wird man weitere Fortschritte erzielen können. Von Bedeutung sind in diesem Zusammenhang auch die Verbindungen zwischen England und dem Festland.

Offen bleibt zunächst auch, in welchem Verhältnis das Suffix -*ithi* zu den lateinischen -*ētum*-Bildungen steht. Wahrscheinlich wird man eher eine Verbindung zu dem auch im Namen der *Veneter*[782] vorliegenden kurzvokalischem -*t*-Suffix suchen müssen. Auch die Frage, warum Skandinavien und Schleswig-Holstein an der Verbreitung der -*ithi*-Namen so geringen bzw. überhaupt keinen Anteil haben, muss zukünftig noch diskutiert werden. Ich kann diese Fragen hier nur ansprechen, nicht beantworten. Aus mancherlei Gründen (Verbindungen mit der alteuropäischen Hydronymie; auffällige Verbreitung; hoher germanischer Anteil) lohnte sich m. E. die Zusammenstellung dieses altertümlichen Ortsnamentyps. Wenn die Namen auf -*ithi* dadurch stärkere Berücksichtigung in der Diskussion um germanische und alteuropäische Namen finden würden, wäre ein Ziel dieser Untersuchung erreicht.

Trotz der zahlreichen Korrekturen, die in dieser knappen Überarbeitung angesprochen wurden, halte ich es für sinnvoll, die dem ursprünglichen Beitrag beigegebene Kartierung hier nochmals aufzugreifen. Sie enthält ja nur die relativ sicheren -*ithi*-Bildungen. Wie sich später herausgestellt hat, gibt es in der Verbreitung der -*ithi*-Ortsnamen eine auffal-

---

[782] Auf diesen Weg wies mich W. P. Schmid, dessen Beitrag zu diesem umstrittenen Namen in den Abhandlungen der Akademie der Wissenschaften in Göttingen erscheinen wird, in der Diskussion in Leipzig hin.

lende Deckung mit den guten Böden, die sich durch die Ertragsmesszahlen in Niedersachsen zweifelsfrei ermitteln lassen. Grund für die hohe Qualität der Böden ist die Verbreitung des Lösses in Niedersachsen, die sich aus einer Verbreitungskarte von D. Haase u. a. gut ermitteln lassen.[783]

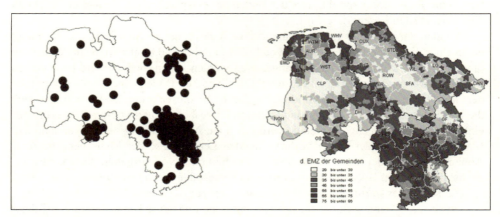

Verbreitung der -ithi-Namen   Ertragsmesszahlen in Niedersachsen

Literaturverzeichnis

H. Abels: *Die Ortsnamen des Emslandes in ihrer sprachlichen und kulturgeschichtlichen Bedeutung*, Paderborn 1927.
P. Alpers/F. Barenscheer: *Die Flurnamen des Kreises Celle*, Hannover 1941.
R. Andree: *Braunschweiger Volkskunde*, 2. Aufl., Braunschweig 1909.
Amtsbuch Walsrode = O. Jürgens: *Ein Amtsbuch des Klosters Walsrode*, Hannover 1900.
Archiv Walsrode = *Archiv des Klosters St. Johannis zu Walsrode*, hg. v. W. v. Hodenberg (= *Lüneburger Urkungenbuch* 7), Celle 1859.
W. Arnold: *Ansiedlung und Wanderungen deutscher Stämme*, 2. Aufl., Marburg 1881.
Bach, Deutsche Namenkunde = A. Bach: *Deutsche Namenkunde*, 3 Bde., Heidelberg 1952–1956.
Bach, Studien = A. Bach: *Germanistisch-historische Studien*, Bonn 1964.
H. Böttger: *Siedlungsgeschichte des Siegerlandes*, Siegen 1951.
Bückmann 1909/10 = L. Bückmann: *Im Tal der Schmalenau*, in: *Niedersachsen* 15 (1909/10), S. 358–364.
Bückmann 1922 = L. Bückmann: *Wilsede*, in: *Niedersachsen* 27 (1922), S. 273.
Bückmann 1927 = L. Bückmann: *Orts- und Flurnamen*, in: *Lüneburger Heimatbuch*, Bd. 2, hg. von O. und Th. Benecke, Bremen 1927, S. 93–167.
Bückmann 1930 = L. Bückmann: *Über die Ortsnamen des Kreises Hameln*, in: *Niedersachsen* 35 (1930), S. 310ff.
Bückmann 1940 = L. Bückmann: *Die Ortsnamen des Kreises Peine*, in: *Peiner Kreiskalender* 1940, S. 61–66.

[783] D. Haase et al.: Loess in Europe – its spatial distribution based on a European Loess Map, scale 1:2,500,000, in: Quaternary Scienc Reviews 26/9–10 (2007), S. 1301–1312 (= http://www.ufz. de/export/da ta/1/28154_European_Loess_Map _hires.jpg).

W. Budesheim: *Die Entwicklung der mittelalterlichen Kulturlandschaft des heutigen Kreises Herzogtum Lauenburg unter besonderer Berücksichtigung der slawischen Besiedlung*, Hamburg – Wiesbaden 1984.
Cal. UB = *Calenberger Urkundenbuch*, hg. von W. von Hodenberg, IV. Abt.: *Archiv des Klosters Marienrode* (= *Urkundenbuch des historischen Vereins für Niedersachsen* IV), Hannover 1859; V. Abt.: *Archiv des Klosters Mariensee*, Hannover 1855; IX. Abt.: *Archiv des Klosters Wunstorf*, Hannover 1855.
Cod. Dipl. Fuld. = *Codex Dipomaticus Fuldensis (747–1342)*, ed. von E. Dronke, mit Register von J. Schmincke, Kassel 1850.
K. de Flou: *Woordenboek der toponymie van Westelijk Vlaanderen, Vlaamsch Artesie, het Land van den Hoek, de graafschappen Guines en Boulogne, en een gedeelte van het graafschap Ponthieu*, 18 Bde., Gent bzw. Brügge 1914–1938.
Dittmaier, Berg. Land = H. Dittmaier: *Siedlungsnamen und Siedlungsgeschichte des Bergischen Landes*, Neustadt/Aisch 1956.
J. ten Doornkaat-Koolmann: *Friesische Ortsnamen und deren urkundlich nachweisbare oder muthmasslich älteste Form*, in: *JVNS* 13 (1887), S. 153–159.
Dürre, I = H. Dürre: *Die Ortsnamen der Traditiones Corbeienses*, in: *Zeitschrift für vaterländische Geschichte und Altertumskunde* 41 (1883), S. 3–128.
Dürre, II = H. Dürre: *Die Ortsnamen der Traditiones Corbeienses*, in: *Zeitschrift für vaterländische Geschichte und Altertumskunde* 42 (1884), S. 1–84.
Eichler, DS 4 = E. Eichler: *Die Orts- und Flussnamen der Kreise Delitzsch und Eilenburg: Studien zur Namenkunde und Siedlungsgeschichte im Saale-Mulde-Gebiet* (= *Deutsch-slawische Forschungen zur Namenkunde und Siedlungsgeschichte* 4), Halle/S. 1958.
Eichler-Walther, DS 29 = E. Eichler/H. Walther: *Ortsnamenbuch der Oberlausitz. Studien zur Toponymie der Kreise Bautzen, Bischofswerda, Görlitz, Hoyerswerda, Kamenz, Löbau, Niesky, Senftenberg, Weißwasser und Zittau* (= *Deutsch-slawische Forschungen zur Namenkunde und Siedlungsgeschichte* 29), Berlin 1978.
Eichler-Walther, DS 35 = E. Eichler/H. Walther: *Untersuchungen zur Ortsnamenkunde und Sprach- und Siedlungsgeschichte des Gebietes zwischen mittlerer Saale und Weißer Elster* (= *Deutsch-slawische Forschungen zur Namenkunde und Siedlungsgeschichte* 35), Berlin 1984.
Evers 1950 = W. Evers: *Die Wüstungen des Hildesheimer Landes*, in: *Neues Archiv für Niedersachsen* 15 (1950), S. 143–153.
Evers 1951 = W. Evers: *Ortsnamen und Siedlungsgang im mittleren Ostfalen (zwischen Leine und Fuhse)*, in: *Berichte zur deutschen Landeskunde* 9 (1950–51), S. 388–405.
W. Fangmeyer: *Alte Formen des Ortsnamens Gimbte*, in: *Auf roter Erde* 27/143 (1971), S. 15.
Fischer-Elbracht = R. Fischer/K. Elbracht: *Die Ortsnamen des Kreises Rudolfstadt* (= *Deutsch-slawische Forschungen zur Namenkunde und Siedlungsgeschichte* 10), Halle/S. 1959.
Flechsig 1953 = W. Flechsig: *Beiträge zur Ortsnamenforschung in den ehemaligen Fürstentümern Göttingen-Grubenhagen*, in: *Northeimer Heimatblätter* 1/2 (1953), S. 3–61.
Flechsig 1959 = W. Flechsig: *Die Ortsnamen des Kreises Braunschweig als siedlungsgeschichtliche Quellen*, in: *Heimatbote des Landkreises Braunschweig* 5 (1959), S. 37–46.
FlurN-Sammlung Göttingen = *Flurnamensammlung des Institutes für Historische Landesforschung der Universität Göttingen.*
Förstemann = E. Förstemann: *Altdeutsches Namenbuch*, Nachdruck der 3. Aufl., Bd. 2: *Ortsnamen*, Teil 1–2, München – Hildesheim 1967.
Förstemann, ONN = E. Förstemann: *Die deutschen Ortsnamen*, Nordhausen 1863.
Freck. Heberolle = *Freckenhorster Heberolle.*
S. D. G. Freydanck: *Die Bedeutung der Ortsnamen des Kreises Hameln-Pyrmont*, Hameln 1929.
D. Freydank: *Ortsnamen der Kreise Bitterfeld und Gräfenhainichen* (= *Deutsch-slawische Forschungen zur Namenkunde und Siedlungsgeschichte* 14), Berlin 1962.
J. Gotzen: *Die Ortsnamen des Kreises Geilenkirchen*, Geilenkirchen 1926.

A. Greule: *Vor- und frühgermanische Flußnamen am Oberrhein: ein Beitrag zur Gewässernamengebung des Elsaß, der Nordschweiz und Südbadens*, Heidelberg 1973.
Gysseling = *Toponymisch woordenboek van België, Nederland, Luxemburg, Noord-Frankrijk en West-Duitsland*, 2 Bde., Brussels 1960.
Hamburg. UB = *Hamburgisches Urkundenbuch*, 4 Bde., Hamburg 1907–1967.
W. Hartmann: *Ortsnamen und Siedlungsgeschichte im Land zwischen Hildesheimer Wald und Ith*, in: *Alt-Hildesheim* 16 (1937), S. 3–8.
Hellfaier-Last = D. Hellfaier/M. Last: *Historisch bezeugte Ortsnamen in Niedersachsen bis zur Jahrtausendwende*, Hildesheim 1976.
Hess. UB = *Hessisches Urkundenbuch*.
K. Honselmann: *Die alten Mönchslisten und die Traditionen von Corvey*, Teil I, Paderborn 1982.
G. Jacob: *Die Ortsnamen des Herzogthums Meiningen*, Hildburghausen 1894.
R. Jahn: *Zur Deutung des Ortsnamens* Essen, in: *Beiträge zur Geschichte von Stadt und Stift Essen* 52 (1934), S. 203–208.
Jellinghaus = H. Jellinghaus: *Die westfälischen Ortsnamen nach ihren Grundwörtern*, 3. Aufl., Hildesheim 1971.
Jellinghaus, ENO = H. Jellinghaus: *Englische und niederdeutsche Ortsnamen*, in: *Anglia* 20 (1898), S. 257–334.
Jellinghaus, Holst. ONN = H. Jellinghaus: *Holsteinische Ortsnamen*, in: *Zeitschrift der Gesellschaft für Schleswig-Holsteinische Geschichte* 29 (1899), S. 205–327.
Jellinghaus, MVGLO = H. Jellinghaus: *Zur mittelalterlichen Topographie Nordwestfalens*, in: *Mitteilungen des Vereins für Geschichte und Landeskunde von Osnabrück* 30 (1905), S. 94–160.
Jellinghaus, Osnabrück = H. Jellinghaus, *Dorfnamen um Osnabrück*, Osnabrück 1922.
JVNS = *Jahrbuch des Vereins für niederdeutsche Sprachfoschung*.
H. Kleinau: *Geschichtliches Ortsverzeichnis des Landes Braunschweig*, 2 Bde., Hildesheim 1968.
KR = *Kämmereirechnungen der Stadt Hamburg*, 9 Bde., Hamburg 1869–1904.
H. Krahe: *Unsere ältesten Flußnamen*, Wiesbaden 1964.
Krahe-Meid = H. Krahe/W. Meid: *Germanische Sprachwissenschaft*, Teil 1–3, Berlin 1967–1969.
KVNS = *Korrespondenzblatt des Vereins für niederdeutsche Sprachforschung*.
Laur, ONLex. = W. Laur: *Historisches Ortsnamenlexikon von Schleswig-Holstein*, Schleswig 1967.
Lünebg. SB = *Lüneburgs ältestes Stadtbuch und Verfestungsregister*, hg. von W. Reinecke, Hannover – Leipzig 1903.
Mansion, Best. = J. Mansion: *De voornaamste bestanddeelen der vlaamsche plaatsnamen*, 's-Gravenhage 1935.
MB = *Monumenta Boica*.
MGH Reg. Germ. = *Monumenta Germaniae historica. Diplomata regum et imperatorum Germaniae*.
R. Möller: *Dentalsuffixe in niedersächsischen Siedlungs- und Flurnamen in Zeugnissen vor dem Jahre 1200*, Heidelberg 1992.
Mon. Corb. = *Monumenta Corbeiensia*.
Müller, Fehden = J. F. H. Müller: *Bremisch-lüneburgische Fehden des 15. Jhs. und ihre Auswirkungen auf die bäuerliche Bevölkerung. Quellen zur Geschichte des Fehdewesens*, Hamburg 1980.
NdW = *Niederdeutsches Wort*.
G. Neumann: *Der südniedersächsische Ortsname Diemarden*, in: *Göttinger Jahrbuch* (1966), S. 65–70.
NGN = *Nomina Geographica Neerlandica*.
NOB I = U. Ohainski/J. Udolph: *Die Ortsnamen der Stadt und des Landkreises Hannover* (= *Veröffentlichungen des Instituts für Historische Landesforschung der Universität Göttingen* 37; *Niedersächsisches Ortsnamenbuch* I), Bielefeld 1998.
NOB II = U. Ohainski/J. Udolph: *Die Ortsnamen des Landkreises Osterode* (= *Veröffentlichungen des Instituts für Historische Landesforschung der Universität Göttingen* 40; *Niedersächsisches Ortsnamenbuch* II), Bielefeld 2000.

NOB III = K. Casemir: *Die Ortsnamen des Landkreises Wolfenbüttel und der Stadt Salzgitter* (= *Veröffentlichungen des Instituts für Historische Landesforschung der Universität Göttingen* 43; *Niedersächsisches Ortsnamenbuch* III), Bielefeld 2003.
NOB IV = K. Casemir/U. Ohainski/J. Udolph: *Die Ortsnamen des Landkreises Göttingen* (= *Veröffentlichungen des Instituts für Historische Landesforschung der Universität Göttingen* 44; *Niedersächsisches Ortsnamenbuch* IV), Bielefeld 2003.
NOB V = K. Casemir/F. Menzel/U. Ohainski: *Die Ortsnamen des Landkreises Northeim* (= *Veröffentlichungen des Instituts für Historische Landesforschung der Universität Göttingen* 47; *Niedersächsisches Ortsnamenbuch* V), Bielefeld 2005.
NOB VI = K. Casemir/U. Ohainski: *Die Ortsnamen des Landkreises Holzminden* (= *Veröffentlichungen des Instituts für Historische Landesforschung der Universität Göttingen* 51; *Niedersächsisches Ortsnamenbuch* VI), Bielefeld 2007.
NOB VII = K. Casemir/F. Menzel/U. Ohainski: *Die Ortsnamen des Landkreises Helmstedt und der Stadt Wolfsburg* (= *Veröffentlichungen des Instituts für Historische Landesforschung der Universität Göttingen* 53; *Niedersächsisches Ortsnamenbuch* VII), Bielefeld 2011.
NOB VIII = K. Casemir/U. Ohainski: *Die Ortsnamen des Landkreises Peine* (= *Veröffentlichungen des Instituts für Historische Landesforschung der Universität Göttingen* 60; *Niedersächsisches Ortsnamenbuch* VIII), Bielefeld 2017.
NOB IX = H. Blume/K. Casemir/U. Ohainski: *Die Ortsnamen der Stadt Braunschweig* (= *Veröffentlichungen des Instituts für Historische Landesforschung der Universität Göttingen* 61; *Niedersächsisches Ortsnamenbuch* IX), Bielefeld 2018.
NOB X = K. Casemir/U. Ohainski: *Die Ortsnamen des Landkreises Goslar* (= *Veröffentlichungen des Instituts für Historische Landesforschung der Universität Göttingen* 62; *Niedersächsisches Ortsnamenbuch* X), Bielefeld 2018.
Ostfries. UB = *Ostfriesisches Urkundenbuch*, Bd. 1–2, Nachdruck Wiesbaden 1968–1995.
F. Petri: *Germanisches Volkserbe in Wallonien und Nordfrankreich*, Teil 1–2, Bonn 1937.
I. Petters: *Zur Kunde altdeutscher Ortsnamen*, in: *Germania* 12 (1867), S. 469–474.
Pokorny, IEW = J. Pokorny: *Indogermanisches Etymologisches Wörterbuch*, Bd. 1, Bern/München 1959.
P. v. Polenz: *Landschafts- und Bezirksnamen im frühmittelalterlichen Deutschland*, Marburg 1961.
Reg. Imp. = *Regesta Imperii*.
Reg. Landgr. Hessen = *Regesten der Landgrafen von Hessen*.
A. F. Riedel: *Codex diplomaticus Brandenburgensis*, Berlin 1838–1869.
D. Rosenthal: *Zur Diskussion um das Alter der nordwestdeutschen Ortsnamen auf -heim*, in: *Beiträge zur Namenforschung. Neue Folge* 14 (1979), S. 361–411.
E. Rüther: *Die Ortsnamen*, in: *Heimatbuch des Reg.-Bez. Stade*, Bd. 1, Bremen 1909, S. 412–432.
W. P. Schmid: *Der griechische Gewässername* Asōpós, in: *Ponto-Baltica* 2–3 (1982–1983), S. 9–13.
E. Schröder: *Deutsche Namenkunde*, 2. Aufl., Göttingen 1944.
L. Schütte: *Wik: eine Siedlungsbezeichnung in historischen und sprachlichen Bezügen*, Köln – Wien 1976.
E. Schwarz: *Deutsche Namenforschung*, 2 Bde., Göttingen 1950.
J. S. Seibertz: *Urkundenbuch zur Landes- und Rechtsgeschichte des Herzogtums Westfalen*, 3 Bde., Arnsberg 1839–1854.
SHRU = *Schleswig-Holsteinische Regesten und Urkunden*, Bd. 1ff., Hamburg – Leipzig (Neumünster) 1886ff.
H. Sudendorf: *Urkundenbuch zur Geschichte der Herzöge von Braunschweig und Lüneburg*, 9 Bde., Hannover 1859–1877.
Trautmann, EO = *Die Elb- und ostseeslavischen Ortsnamen*, Teil 1–2, Berlin 1948–1949.
UB Bremerhaven = *Urkundenbuch zur Geschichte der Stadt Bremerhaven* I: 1072–1500, Bremerhaven 1982.
UB Braunschweig = *Urkundenbuch der Stadt Braunschweig*, 4 Bde., Braunschweig 1873–1912.

UB Ebstorf = *Urkundenbuch des Klosters Ebstorf*, Hildesheim 1985.
UB Erzst. Magdeburg = *Urkundenbuch des Erzstifts Magdeburg*, Teil 1, Magdeburg 1937.
UB Goslar = *Urkundenbuch der Stadt Goslar*, 5 Bde., Halle 1893–1922.
UB Hameln = *Urkundenbuch des Stiftes und der Stadt Hameln*, Bd. 1–2, Hannover 1887–1903.
UB Hann. = *Urkundenbuch der Stadt Hannover*, Hannover 1860.
UB H. Hild. = *Urkundenbuch des Hochstifts Hildesheim und seiner Bischöfe*, 6 Bde., Hannover – Leipzig 1901–1911.
UB Lüneburg = *Urkundenbuch der Stadt Lüneburg*, 3 Bde., Hannover 1872–1877.
UB Uelzen = *Urkundenbuch der Stadt Uelzen*, Hildesheim 1988.
UB Walsrode = *Archiv des Klosters St. Michaelis zu Walsrode*, Hannover 1870.
Udolph, Alteuropa: J. Udolph: *Alteuropa an der Weichselmündung*, in: Beiträge zur Namenforschung. Neue Folge 15 (1980), S. 25–39.
Udolph, Stellung = J. Udolph: *Die Stellung der Gewässernamen Polens innerhalb der alteuropäischen Hydronymie*, Heidelberg 1990.
Udolph, Studien = J. Udolph: *Namenkundliche Studien zum Germanenproblem*, Berlin – New York 1994.
Udolph 2002 = J. Udolph: Junica – Jühnde – Jauntal, in: *Namen, Sprachen und Kulturen. Festschrift für Heinz-Dieter Pohl*, Wien 2002, S. 763–772.
Udolph 2020 = J. Udolph: *Inn < *Penjos?*, in: 100 Jahre Verband für Orts- und Flurnamenforschung in Bayern e. V. – 80 Jahre Wolf-Armin von Reitzenstein. Ein onomastisches Geburtstagsgebinde, hg. von R. Harnisch (= Blätter für oberdeutsche Namenforschung 57), 2020, S. 345–365.
Urk. H. d. Löwen = *Die Urkunden Heinrichs des Löwen*, Weimar 1949.
Vit. Meinw. = *Vita Meinwerci*.
H. Walther: *Namenkundliche Beiträge zur Siedlungsgeschichte des Saale- und Mittelelbegebietes bis zum Ende des 9. Jahrhunderts* (= Deutsch-slawische Forschungen zur Namenkunde und Siedlungsgeschichte 26), Berlin 1971.
R. Weber: *Die nordwestdeutschen Orts- und Flußnamen auf -el*, Diss. Göttingen 1949.
A. Werneburg: *Die Namen der Ortschaften und Wüstungen Thüringens*, Nachdruck Köln – Wien 1983.
Westfäl. UB = *Westfälisches Urkundenbuch*, Band 1ff., Münster 1847ff.
P. Wigand: *Traditiones Corbeienses*, Leipzig 1843.
WOB 1 = M. Flöer/C. M. Korsmeier: *Die Ortsnamen des Kreises Soest* (= Westfälisches Ortsnamenbuch 1), Bielefeld 2009.
WOB 2 = B. Meineke: *Die Ortsnamen des Kreises Lippe* (= Westfälisches Ortsnamenbuch 2), Bielefeld 2010.
WOB 3 = C. M. Korsmeier: *Die Ortsnamen der Stadt Münster und des Kreises Warendorf* (= Westfälisches Ortsnamenbuch 3), Bielefeld 2011.
WOB 4 = B. Meineke: *Die Ortsnamen des Kreises Herford* (= Westfälisches Ortsnamenbuch 4), Bielefeld 2011.
WOB 5 = B. Meineke: *Die Ortsnamen der Stadt Bielefeld* (= Westfälisches Ortsnamenbuch 5), Bielefeld 2013.
WOB 6 = M. Flöer: *Die Ortsnamen des Hochsauerlandkreises* (= Westfälisches Ortsnamenbuch 6), Bielefeld 2013.
WOB 7 = B. Meineke: *Die Ortsnamen des Kreises Minden-Lübbecke* (= Westfälisches Ortsnamenbuch 7), 2., durchgesehene und ergänzte Aufl., Bielefeld 2016.
WOB 8 = M. Flöer: *Die Ortsnamen des Kreises Olpe* (= Westfälisches Ortsnamenbuch 8), Bielefeld 2014.
WOB 9 = K. Casemir/U. Ohainski: *Die Ortsnamen des Kreises Höxter* (= Westfälisches Ortsnamenbuch 9), Bielefeld 2016.
WOB 10 = C. M. Korsmeier: *Die Ortsnamen des Kreises Coesfeld* (= Westfälisches Ortsnamenbuch 10), Bielefeld 2016.

WOB 11 = B. Meineke: *Die Ortsnamen des Kreises Paderborn* (= *Westfälisches Ortsnamenbuch* 11), Bielefeld 2018.
WOB 12 = M. Flöer: *Die Ortsnamen des Märkischen Kreises* (= *Westfälisches Ortsnamenbuch* 12), Bielefeld 2018.
WOB 13 = C. M. Korsmeier: *Die Ortsnamen des Kreises Steinfurt* (= *Westfälisches Ortsnamenbuch* 13). Bielefeld 2020.
WOB 14 = M. Flöer: *Die Ortsnamen des Ennepe-Ruhr-Kreises, der Satdt Bochum und der Stadt Herne* (= *Westfälisches Ortsnamenbuch* 14), Bielefeld 2020.
WOB 15 = B. Meineke: *Die Ortsnamen der Stadt Hamm und des Kreises Unna* (= *Westfälisches Ortsnamenbuch* 15), Bielefeld 2021.
WOB 16 = M. Flöer: *Die Ortsnamen der Stadt Dortmund und des Kreises Hagen* (= *Westfälisches Ortsnamenbuch* 16), Bielefeld 2021.
WOB 17 = C. M. Korsmeier: *Die Ortsnamen des Kreises Borken* (= *Westfälisches Ortsnamenbuch* 17), Bielefeld 2022.
WOB 18 = B. Meineke: *Die Ortsnamen des Kreises Recklinghausen, der Stadt Bottrop und der Stadt Gelsenkirchen* (= *Westfälisches Ortsnamenbuch* 18), Bielefeld 2021.
WOB 19 = C. M. Korsmeier: *Die Ortsnamen des Kreises Gütersloh* (= *Westfälisches Ortsnamenbuch* 19), Bielefeld 2022.
Wrede = G. Wrede: *Geschichtliches Ortsverzeichnis des ehemaligen Fürstbistums Osnabrück*, 2 Bde., Hildesheim 1975–1977.
ZHV = *Zeitschrift des Harzvereins*.

Die Landnahme Englands durch germanische Stämme im Lichte der Ortsnamen[*]

Schon in der ersten Hälfte des vorigen Jahrhunderts gab es Überlegungen, bei der Frage nach der Herkunft der germanischen Eroberer Englands die Ortsnamenforschung einzusetzen. In seiner *Geschichte Englands* hat J. M. Lappenberg bereits im Jahr 1834 im Zusammenhang mit der Frage nach den Beziehungen zwischen dem Niederdeutschen und England geäußert: „Neben diese Beweise aus der Sprache tritt die Gleichheit der Eigennamen und der Ortsnamen."[1]

Von englischer Seite hat J. M. Kemble (1849) als einer der ersten die philologische Ortsnamenforschung historisch ausgewertet. R. Drögereit hat vor etwa 40 Jahren die Ergebnisse wie folgt zusammengefasst:

> Unsere beiden [...] Fragen: 'Wer waren die Übersiedler?' und 'Woher kamen sie?' dürften [...] nach dem heutigen Stande des Wissens beantwortet sein. Auf eine knappe Formel gebracht, lautet das Ergebnis: 1. die germanischen Einwanderer entstammen allen Völkern, die in Nordwestdeutschland – einschließlich Holland – im 4. bzw. 5. Jahrhundert nachzuweisen sind; 2. sie wanderten aus dem ganzen Küstenbereich von den Rheinmündungen bis Schleswig und dem niederdeutschen Hinterland aus.[2]

Zur Frage, welche wissenschaftlichen Disziplinen Aussagen über Herkunft und Landnahme der germanischen Stämme in England machen können, heißt es bei Drögereit:

> Außer knappen Andeutungen bieten die schriftlichen Quellen darüber nichts; wie ja überhaupt von dieser Seite fast kein Licht auf die dunklen Jahrhunderte der frühen sächsischen und angelsächsischen Geschichte fällt. Wir müssen also die Ergebnisse vornehmlich der Archäologie und der Ortsnamenforschung auswerten.[3]

Mein nun folgender Versuch ist im Grunde genommen die Wiederaufnahme und Fortsetzung von Arbeiten von der Jahrhundertwende, genau genommen die zweier Untersuchungen von Hermann Jellinghaus. Zum einen ist es sein Beitrag *Bestimmungswörter westsächsischer und englischer Ortsnamen* (1902), zum andern der Aufsatz *Englische und niederdeutsche Ortsnamen* (1898).

---

[*] Erstmals erschienen in: *Nordwestgermanisch*, hg. von Edith Marold, Christiane Zimmermann (= *Reallexikon der Germanischen Altertumskunde. Ergänzungsband* 13), Berlin – New York 1995, S. 223–270.
[1] Zitiert nach Drögereit, S. 241.
[2] Drögereit, a. a. O.
[3] Ebd.

Gerade der letzte Beitrag ist recht positiv aufgenommen worden. So unterstrich Wolfgang Laur seine Bedeutung mit den Worten: Er habe „erstaunlicherweise wenig Beachtung und Nachfolger gefunden, obwohl er doch so klar die Linien der Forschung aufzeigt."[4]

H. Jellinghaus selbst hatte zu Beginn seines zweiten Beitrages ausgeführt:

> Auf die in den letzten Jahren häufiger erörterte Frage, aus welchem Teile Deutschlands das Volk stamme, dessen Name und Sprache unter den germanischen Besiedlern Britanniens zur Herrschaft gelangte, ist die vergleichende Geographie der Ortsnamenwörter – wenn man von den bescheidenen Versuchen Taylors in seinen 'Words and Places' absieht – nie ernsthaft angewendet worden[5].

So fehlte auch noch in der Mitte dieses Jahrhunderts nach den Worten von Ernst Schwarz „eine Arbeit, die einen großen Überblick sowohl über die germanischen Ortsnamen Britanniens – soweit sie alte Schichten darstellen – als auch der gesamten nordseegermanischen Küste vom Rhein bis Schleswig gestattet, wobei der Blick über die engeren Grenzen hinausreichen müßte"[6].

Einer der letzten Versuche in dieser Richtung war die Arbeit von W. Piroth[7]. Diese Untersuchung ist bekanntlich auf heftige Kritik gestoßen, die ich für etwas zu übertrieben halte. Wenn man die fehlerhaften Passagen bei Piroth streicht, bleibt m. E. das Ergebnis seiner vergleichenden Analyse im Wesentlichen bestehen. Eine umsichtige Aufarbeitung des Namenmaterials des Kontinents und der Vergleich mit den Verhältnissen auf der Insel wird m. E. zu ganz ähnlichen Erkenntnissen führen.

Ich beschränke mich im Folgenden ganz bewusst ausschließlich auf das Zeugnis der Namen. Die Problematik des Aussagewerts historischer Berichte ist bekannt. So hat es schon im vorigen Jahrhundert sehr kritische Stimmen zu dem Aussagewert von Bedas bekanntem Werk und anderen Quellen gegeben. Ich nenne hier nur stellvertretend Axel Erdmann, der 1890 scharf formuliert:

> Beda hat nichts über die Herkunft seines Volkes gewußt, also auch König Alfred in der Orosiusübersetzung und die Angelsächsische Chronik nicht. Was Beda darüber sagt: 'Advenerunt autem de tribus Germaniae populis fortioribus, id est *Saxonibus, Anglis, Jutis*' und 'porro de Anglis hoc est de illa patria, quae Angulus dicitur et ab eo tempore usque hodie manere desertus inter provincias Iutarum et Saxonum perhibetur' (Hist. Eccl. I, 15) ist mißglückte Konstruktion alter richtiger Überlieferung [...]. Es hat z w e i Einwanderungsströme nach Britannien gegeben, einen sächsisch-anglischen über Nordfrankreich nach dem Süden, der um 290 schon begonnen hat, und einen sächsisch-anglisch-friesischen, der sich nach Suffolk-Norfolk und weiter nördlich wandte.[8]

Auch von skandinavischer Seite ist schon früh in dieser Richtung argumentiert worden. B. Salin betonte am Ende des vorigen Jahrhunderts: „Die Südstriche Englands [...] weisen durch ihre Altertümerformen nach dem Festlande südlich und es ist wohl wahr-

---

[4] Laur 1965, S. 300.
[5] Jellinghaus 1898, S. 257.
[6] Schwarz 1951, S. 247.
[7] Piroth 1979; vgl. auch Piroth 1988, S. 114–130.
[8] Zitiert nach Jellinghaus 1900, S. 29f.

scheinlich, daß die Hauptmasse der Germanen, die sich südlich der Themse niederließen, auch von Süden über den Kanal gekommen sind".[9]

Daran knüpfte Jellinghaus an:

> Prüfen wir diese Beobachtungen an den alten Ortsnamen der Weser-Elbe-Gegend, so werden wir aus ihnen keinen Widerspruch erheben können. Sämtliche Namenwörter von Nordhannover und Holstein sind in den englischen Namen nachzuweisen [...]. Ich übergehe die bekanntesten und erinnere nur an die in England verbreiteten Ortsnamen auf *-bold, bottel, bourn, borstal, don* (Düne), *fleet, hithe, hill, hoo, hope, mere, marsh, rithe, set, side, shire, sike, stead, wood, wold, worth.*[10]

Aufgrund von Ortsnamen-Entsprechungen kam auch der Altmeister der englischen Namenforschung E. Ekwall (1951, S. 141) zu ähnlichen Ergebnissen: „However, the migration to Britain will not have been in all cases direct form the Jutish peninsula and the districts immediately south of it, but a gradual movement from the original seats to the coast of the English Channel".

Die Bedeutung der Namenforschung hat auch H. Jankuhn (1943, S. 12f.) unterstrichen: „Will man aber die Frage nach der Heimat der Angeln einer Lösung näher bringen, so ist das 'nur mit historischen Mitteln' [Jankuhn denkt vor allem an Beda] kaum möglich. Man muß vielmehr versuchen, andere Quellen einzuschalten. Dazu gehören außer der [...] Sprachforschung die Ortsnamenkunde und die Vorgeschichte", und weiter: „Die Heranziehung der Sprachforschung zur Lösung der hier behandelten Frage ist bei dem derzeitigen Stand der Quellen und ihrer Ausdeutung wenig ertragreich. Es bleibt die Ortsnamenkunde."

Dabei ist selbstverständlich zur Vorsicht zu mahnen. So war W. Laur (1964) in seiner Studie zu *Namenübertragungen im Zuge der angelsächsischen Wanderungen* skeptisch in Hinblick auf die Möglichkeiten, solche Vorgänge zu erkennen, nicht zuletzt deshalb, weil nur der geringste Teil des Ortsnamenschatzes in Angeln sicher in die völkerwanderungszeitliche Schicht zurückverlegt werden kann. Nicht nur nach der Überzeugung von W. Laur handelt es sich ja bei „Schleswig-Holstein um eines der wichtigsten Ausgangsgebiete für die angelsächsischen Wanderungen [...]."[11] Umso erstaunlicher ist jedoch das Ergebnis der Studie von W. Laur ausgefallen: Die „Ausbeute an Vergleichen von englischen und schleswig-holsteinischen und Nordschleswiger Ortsnamen, die auf Namenübertragungen hindeuten könnten, ist äußerst mager"[12]. Zu ähnlichen Ergebnissen kam Laur auch in seiner Untersuchung *Ortsnamen in England und in den festländischen Stammlanden der Angelsachsen* (1965).

Wie verträgt sich damit aber P. Hessmanns Folgerung in einer Untersuchung zur *Bedeutung und Verbreitung einiger nordwestdeutscher Sumpfbezeichnungen*, wenn er ausführt: „Altenglische Elemente finden, insoweit sie nicht aus dem Britischen oder Skandinavischen übernommen wurden, fast immer ihre Entsprechung im Bereich des Altsächsischen" (1985, S. 197) [womit vor allem Niedersachsen gemeint ist]? Wahrschein-

---

[9] *Några tidiga former af germanska fornsaker i England*, in: *Kongl. Vitterhets Historie och Antiqvitets Akademiens Månadsblad* 23 (1894), S. 23–38; zitiert nach Jellinghaus 1900, S. 30.
[10] Ebd., S. 31.
[11] Laur 1964, S. 287.
[12] Ebd., S. 295.

lich haben diejenigen Forscher recht, die gewinnbringender nicht den Vergleich einzelner Namen, sondern den von Ortsnamentypen in England und auf dem Kontinent einschätzen. Den Weg dazu hat m. E. Ernst Schwarz bereits 1949 gezeigt:

> Es müßte getrachtet werden, die ags. und im heutigen England fortlebende Namengebung stärker mit dem Festlande zu verknüpfen, als es derzeit möglich zu sein scheint. Beiderseits fehlt es an den nötigen Vorarbeiten. Aber Ansätze dazu liegen doch vor. Schon Jellinghaus konnte in Anglia 20 (1898) auf Übereinstimmungen einer-, beachtliches Fehlen andererseits hinweisen.[13]

Ein Jahr später heißt es bei Ernst Schwarz:

> Diese wertvolle Arbeit hat wenig Nachfolger gefunden. Sie könnte nach den rührig fortschreitenden neueren englischen Arbeiten, die freilich die Verbindungen mit dem Festland meist außer Acht lassen, ergänzt werden. Der dänischen Ortsnamenforschung ist der ständige Blick nach England eine Selbstverständlichkeit."[14]

Der Namenforschung kommt in diesem Zusammenhang die erfreulich frühe Überlieferung der englischen Ortsnamen zugute, wie ein Blick in jeden Band der English Place-Name Society oder in den Beitrag von B. Cox, *The Place-Names of the Earliest English Record* (1975/76) zeigt.

Ich werde die folgenden Seiten dazu nutzen, aus der Sicht der Ortsnamenforschung zur Frage der Landnahme Englands durch germanische Stämme Stellung zu nehmen. Das Zeugnis der Namen ist weitaus belastbarer als selbst von führenden Namenforschern angenommen wurde. So wird gern eine Stellungnahme von F. M. Stenton aufgegriffen, der 1940 geäußert hatte:

> [...] it is essential to remember that in the present state of place-name studies these results can only be tentative, and that even when the place-names of all England have been surveyed in the minutest detail, the conclusions which may be drawn from them will fall far short of scientific precision.[15]

Dabei standen erneut die immer wieder behandelten *-ham-* und *-ing-*Namen im Vordergrund. Es kommt aber darauf an, die bisher immer wieder behandelten kontinentalen und englischen Ortsnamentypen zu verlassen und nach neuen Vergleichsmöglichkeiten zu suchen.

Mein Versuch einer Weiterführung und Neugestaltung des Jellinghausschen Ansatzes wird sich daher mit Namentypen beschäftigen, die bisher kaum im Blickpunkt des Interesses standen. Bei einem Vergleich der kontinentalgermanischen und der englischen Ortsnamen hat man bisher fast immer Typen auf *-stedt*, *-ham(m)*, *-dorf*, *-ing* und *-ung*, *-tun* und *-büttel* herangezogen. Ich will die Bedeutung dieser Suffixe und Grundwörter gar nicht leugnen, meine aber, dass es ganz andere und auch sehr alte germanische Namenelemente gibt, die zumindestens als Ergänzung hinzugezogen werden müssen.

---

[13] Schwarz 1949, S. 77.
[14] Schwarz 1943–1952, S. 229.
[15] Zitiert nach Myres, S. 44f.

Die nun folgenden Bemerkungen und Kartierungen sind – wie in Fußnote 1 schon ausgeführt wurde – Teil einer umfassenden Studie über das Germanenproblem aus namenkundlicher Sicht.[16] Ich werde daher auf die den folgenden Bemerkungen zugrunde liegende Materialbasis nicht detailliert eingehen; zu allen Einzelheiten der damit zusammenhängenden Fragen wird in der Monographie Stellung genommen.

Für meine Untersuchung habe ich folgende Gruppen ausgewählt: *reip-*, *fenn*, *-ithi*, *Strut-/Strod-*, *-wik*, *skarn-*, *-riede*, *mar-*, *hor-*, *-hude* und *-büttel*.

1. *reip-*

Vor allem das deutsche Küstengebiet kennt ein Wort *riep*, das offenbar eine Erhöhung oder einen Abhang, ein Ufer und dergleichen mehr bezeichnet: ndt. *riep* 'Küste, flache Uferstrecke', ostfries. *ripe*, *rîp* f. 'Rand, Uferrand, Straßenrand'; ae. **rip(p)* 'a strip, an edge, a shore, a slope', ano. *rípr*, neuisl. *rípur* 'steile Klippe, Klippenspitze; Schrägung eines Hügels', norw. dial. *rîp* 'Bootsrand'. In England ist unser Wort schon seit dem 8. Jahrhundert überliefert. Neuenglisch erscheint es als *ripe* 'Uferrand, Schärfholz für Sensen'.

Es steht allerdings in Konkurrenz zu einem homonymen Appellativum, das semantisch in Richtung 'Streifen, Striemen' weist. Nicht immer ist eine genaue Trennung möglich. Ausführlich hat sich Eduard Kolb (1957) in seiner Studie über das alemannisch-nordgermanische Wortgut damit beschäftigt. Ausgangspunkt seiner Überlegungen ist dt. dial. (Schweiz) *rîff* 'Streifen, Strich'. Dieses vergleicht er mit nordisch *rīp*, *rīpa* 'Kerbe, Streifen', *rīpo* 'Striemen, Streifen'. In der Auseinandersetzung mit dem uns interessierenden Wort kommt er zu dem Ergebnis: „Die Ausgangsbedeutung von **rîp-* scheint mir [...] unmißverständlich hervorzugehen: **rīp-* hieß '(Fluß-)Ufer'", und: „Mit dem alem.-nord. Wort steht dieses in keinem Zusammenhang".

Immer wieder hat man natürlich vermutet, das germanische Wort sei aus lateinisch *rīpa* 'Ufer, Rand' übernommen worden. Dass diese Annahme kaum haltbar ist, wird sich auch aus der Kartierung der davon abgeleiteten germanischen Namen ergeben. Aber schon J. Pokorny[17] ging einen anderen Weg. Er setzte **reip-* an, stellte dazu einige griechische Appellativa und auch lateinisch *rīpa*, und auch unser Wort *riep*, wobei er das *-p-* durch Konsonantendehnung erklärte.

Offenbar gibt es drei Möglichkeiten der Etymologie:
1. Die germ. Sippe ist aus lat. *rīpa* 'Ufer' entlehnt.
2. Es liegt eine Konsonantendehnung (vielleicht über **-pn-*?) vor, die zu germ. *-p-* geführt hat.
3. Die germ. Appellativa gehen auf **reib-* zurück und enthalten einen auch sonst nicht unbekannten wurzelauslautenden Konsonantenwechsel aus **-b-*.[18]

Bevor wir einen Entscheidungsversuch wagen, empfiehlt es sich, das Namenmaterial einzubeziehen. Sehr alte Belege, die Verbreitung und ihre Beziehung zu den bisherigen Namentypen können vielleicht Entscheidungshilfen geben.

Aus Deutschland gehören hierher *Avenriep*, *Langenriep*; häufig ist einfaches *Riep*, *Riepe*, *Riepen*, weiter *Riepenkamp*, *Riepholm*, *Ripdorf* und andere mehr. Ältere Belege

---

[16] Vgl. Udolph 1994, S. 765ff.
[17] Pokorny, S. 858.
[18] S. Udolph 1994, S. 74ff.

sind 1013 *Burgripi*, 1033 *Puregriffe; Ripen*, Wg. bei Gütersloh, 10. Jh. *Ripon*. Aus den Niederlanden sind zu nennen *Anreep; Rijp* (Groningen), 1. H. 11. Jh. *fan theru Ripon; Ripehaye; Rippegat; Riprap; Zeerijp* (Groningen?), 10. Jh. *Diurardasrip*.

Daraus wird ersichtlich, dass neben zahlreichen jüngeren und jüngsten Bildungen auch früh belegte Orts- und Gewässernamen nachweisbar sind. Gerade dieses verbindet diesen Bereich mit England. Schon der appellativische Bestand des Englischen war durch frühe Belege gekennzeichnet. Dieses setzt sich im Namenbereich fort. Man vergleiche Ripe (Sussex), 741 (K. 1300) *silva quae app. Rhip;* Ripley, ON in Db., Ha., Sr., Wo.; Ripney Hill (Kent), 1192 *Ripenay;* Ripon (York), 731 (Beda) *In Hrypum,* 709 u. ö. *In Hripum, Ripum, Rypon;* Ripton (mehrfach). Daneben bietet England sehr früh belegte -*l*-Bildungen: 909 *Myntleage riple* (Ho.); Ribble, um 715 (K. 11. Jh.) *Rippel*, mit ON Ribblesdale; Ribchester, 1086 *Ribelcastre;* Ripple (Worcester), 680 *Rippell*.

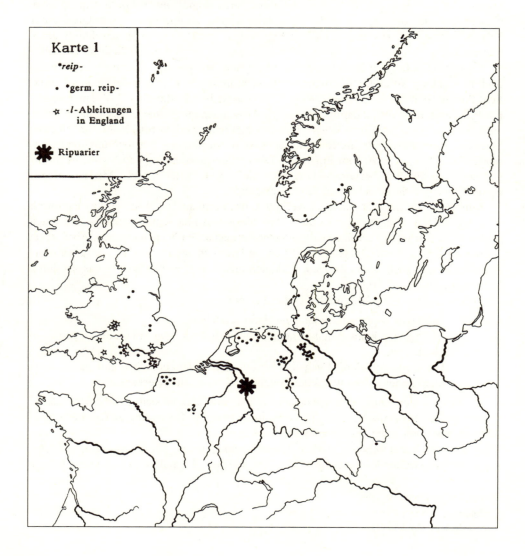

Nordgermanische Ortsnamen sind seltener. Hinzu kommt – das betrifft allerdings auch die englischen Entsprechungen – das Problem, ob die Namen zu altisl. *rípr* 'steile Klippe usw.', norw. dial. *rip* 'Rand eines Bootes' (in Ortsnamen?) oder *ripe*, schwed. dial. *ripa* 'Striche machen, ritzen, streifeln', norw. dial. *ripa* 'abstreichen, Strich, Einkerbung' zu stellen sind. E. Kolb zählt sie a. a. O. zur zweiten Gruppe, was bedeuten würde, dass die nord. Namen für unseren Vergleich ausfallen und das Nordische in keiner Weise an der Sippe um ndt., engl. *riep*, *ripe* 'Flussufer' Anteil haben würde. Ich nenne hier dennoch Ribe (Jütland), Helmold (12. Jh.) *Ripe;* Ripa (Skåne); Ripe bei Bergen; Rype bei Oslo; Sandrep bei Mandal.

Werfen wir nun einen Blick auf die Verbreitung (Karte 1). Gegen die Annahme einer Entlehnung aus lat. *rīpa* sprechen mehrere Punkte:

1. die appellativische Verankerung innerhalb der westgermanischen Sprachen und Mundarten;
2. der Nachweis im germanischen Namenbestand;
3. frühe Belege in England und Böhmen (es geht hier um den böhmischen Bergnamen *Ríp*, dt. *Reiff*, schon bei Cosmas erwähnt) und die Streuung der Namen.

Einige weitere Einzelheiten verdienen es, festgehalten zu werden. So ist der immer wieder hervorgehobene Zusammenhang zwischen den engl. Appellativa und Namen auf der einen Seite und den Entsprechungen im Nordischen auf der anderen Seite nicht aufrecht zu erhalten. Die englischen Namen stehen offenbar über den Kanal hinweg mit dem Kontinentalgermanischen in unmittelbarem Zusammenhang. Auf den Namen der *Ripuarii/Ribuarier* gehe ich hier jetzt nicht näher ein.

Die sich hier abzeichnende Verbindung über den Kanal ist im vorliegenden Fall vielleicht noch etwas brüchig. Sie wird jedoch bald von weiteren germanischen Namen gestützt werden.

2. *fenn*

Eine alte Bezeichnung für 'Sumpf, Moor', aber auch für 'tiefliegendes Grasland' liegt in der germanischen Sippe um got. *fani* 'Schlamm' vor. Stammbildung (zumeist wird **fanja* angesetzt) und Genus wechseln innerhalb der germanischen Sprachen, an der Altertümlichkeit des Appellativums kann aber kein Zweifel bestehen. Dafür sprechen sowohl Ablauterscheinungen innerhalb des Germanischen wie außergermanische Entsprechungen. Von Bedeutung ist die Tatsache, dass im Englischen eine ablautende Variante nachgewiesen werden kann. Auch das Nordgermanische kennt unser Wort.

Neben got. *fani* ist es belegt im Altsächsischen als *fen(n)i*, mittelniederdeutsch *venne* f., n. 'mit Gras oder Röhricht bewachsenes Sumpf-, Moorland, sumpfiges Weideland'. Heute ist es in norddeutschen Mundarten bekannt als *fenne* 'von Gräben umgebenes Flurstück; Koppel' und *fenn* 'durch breite Gräben eingefriedetes Landstück in der Marsch'. Das Friesische kennt es seit ältester Zeit als *fen(n)e* 'Sumpf, Weideland'. Zum Niederländischen ist auf die Darlegung von D. P. Blok (1969) zu verweisen.

Von besonderer Bedeutung sind wieder einmal die englischen Parallelen. Das betrifft weniger die neuenglischen Entsprechungen *fen*, *ven*, *fan*, *van* 'Fenn, Moor, Marsch' und altenglischen Appellativa *fenn*, *fænn*, als die Tatsache, dass dieser germanische Dialekt eine ablautende Variante in ae. *fyne* 'Feuchtigkeit, Morast' zu kennen scheint. Das Nordgermanische kennt unser Wort als norweg. *fen* 'Moor', nisl. *fen* 'dass.', dän. *fen* 'Stück Marschland, das von Gräben eingeschlossen ist', auch schon altnordisch *fen*.

Ausführlich hat sich D. Hofmann (1970) mit unserem Wort beschäftigt. Von den außergermanischen Parallelen sind apreuß. *pannean* 'Moosbruch', das auch toponymisch erscheint, und aind. *páṇka-* 'Schlamm, Kot, Sumpf' kaum umstritten. Ebenso sicher ist der Hinweis auf *Pannonien*.

Für die Verhältnisse innerhalb des Germanischen ist etwas anderes wichtiger: Es sind die Ablautstufen und ihre Streuung. Wir hatten schon darauf verwiesen, dass das Altenglische durch *fyne* 'Feuchtigkeit, Morast' von den übrigen germanischen Dialekten abweicht. Zieht man noch (und dafür gibt es ausreichend Gründe) ahd. *fûht(i)*, as. *fûht*, mhd. *viuhte*, nhd. *feucht* und ae. *fûht* 'feucht' hinzu, so erscheint hierin eine schwundstufige Ableitung *funhti-*, die das Kontinentalgermanische mit dem Englischen verbindet, dem Nordischen aber fremd ist. Von hieraus wird nun der Blick in die Verbreitung der geographischen Namen besonders interessant.

Wie unsere Karte zeigt, gibt es hunderte von *Fenn*-Namen. In einigen Bereichen ist es besonders stark vertreten. Das betrifft vor allem Moor- und Sumpfgebiete an der Elbe, in Friesland und den Niederlanden. Mir sind aus diesen Bereichen sicher nur ein Teil der Namen bekannt geworden.

Aus der Fülle des Materials will ich nur einige wenige Namen herausgreifen. Aus Deutschland etwa jüngere Typen wie Ackerfenne, Fambach, Fane, Fanhusen, Fehn, Vehn (häufig), Fehnhusen, Fennebuschr, Fennenberg, Fennwiese, Fienenbusch, Kattenvenne, Langenvenn, Ossenvenn, Venusberg in Bonn, auch Venusbruch und Venushügel bei Wernigerode, Vienenburg, 1306 *Datum Vineburch*.

Bedeutsamer sind ältere Typen, in denen suffixale Ableitungen von dem germanischen Grundwort vorliegen: Finie (bei Boitzum), 1384 *Vinynge;* Finna bei Bremerhaven, 1105 *Feneno;* hierher m. E. auch der umstrittene Gebirgszug Finne in Thüringen, 1106 *in silva Vin* usw.; um 752 *Finnelar*, FlurN bei Kleve; FlN *Fintau* im Kr. Rotenburg/Wümme, < *Pen-t-* (germanisch?); Anf. 13. Jh. *in palude quae dicitur Vennehe;* 1384 *in der Vininge*, Höhenzug bei Wülfingen; *Viningi* und *Viningeburg* bei Lüneburg; -r-Ableitung in Fiener Bruch bei Genthin, 1178 *in palustri silva, que Vinre dicitur;* Vinnen (Hümmling), um 1000 *Vinnum, Finnum;* mit -str-Formans: Vinster (Oberlahnkreis), 893 (A. 1222) *Veneter, Wenestre, Uenestre,* 1312 u. ö. *Vinstern*.

Eine Fülle von Namen sind auch in den Niederlanden, Belgien und Nordfrankreich nachweisbar, so etwa *Bakkeveen; Berkven; Diepenveen* u. v. a. m., wobei die *apa*-Namen Vennep, um 960 *Vannapan, Vennapen*, und Venepe, 1138–53 *Uenepe*, 1144 *Venepe*, besonders zu nennen sind. Man vergleiche auch Venlo, um 1000 *Uennelon*. Eines der Zentren liegt in Nordbrabant.

Ebenso zahlreich in England: Blackfen, Broadfans, Bulphan, Coven, Fambridge, Fan, Fanns, Fann's, Fen, Fenn, Fennes, Fulfen, Gladfen, Orsett Fen, Redfern's, Stringcock Fen, Vange, Fencote, häufig sind Ortsnamen des Typus Fenton, 1086 *Fentone* usw.; zu beachten auch Vinnetrow in Sussex, 12. Jh. *Feningetrowe*. Den Norden Englands habe ich dabei noch nicht bearbeitet.

Es bleibt nun noch der Blick in den europäischen Norden. Hier ist germ. *fanja* nur gering vertreten: Femdal, Fenaaen, Fenen, Fenne, Fennefoss, Fenring, Fensjøn, Fenstad u. a.

Die Landnahme Englands durch germanische Stämme 191

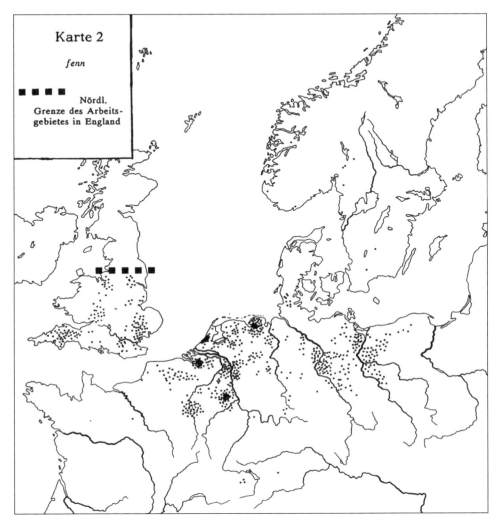

Wie die Verbreitung zeigt (Karte 2), gibt es starke Häufungen in verschiedenen Teilen Deutschlands und in den Niederlanden sowie in Ostfrankreich, die z. T. relativ junge Namen enthalten und nicht überbewertet werden sollten. Für unsere Frage nach den Beziehungen zwischen der Insel und dem Festland ist aber etwas anderes wichtig: Es ist die deutlich festzustellende Verbindung zwischen Flandern und Nordfrankreich auf der einen Seite und Kent, Sussex und Surrey auf der anderen. Schleswig-Holstein und Skandinavien kommen in diesem Fall weder als altes germanisches Kerngebiet noch als Ausgangsbasis für die germanische Landnahme in Betracht.

3. -ithi

Zu diesem hochaltertümlichen germanischen Suffix habe ich in dem Beitrag *Die Ortsnamen auf* -ithi, in: *Probleme der älteren Namenschichten*, Heidelberg 1991, S. 85–145, ausführlich Stellung genommen. Ich greife es hier noch einmal aus zwei Gründen auf: 1. war die von mir hergestellte Verbreitungskarte korrekturbedürftig, und 2. gibt es offenbar einige wenige Ortsnamen in England, die ich damals übersehen hatte. Auf alles andere gehe ich hier jetzt nicht näher ein.[19]

Der Nachweis von -*ithi*-Bildungen im angelsächsischen Namenmaterial gelang bisher nicht überzeugend. Dabei scheinen die altenglischen Appellativa das Bildungselement noch zu kennen. Ich möchte zur Diskussion stellen, ob nicht die folgenden englischen Namen doch angeschlossen werden können. Dabei ist allerdings nicht immer ganz sicher, ob die Ableitung bereits appellativisch nachweisbar ist oder erst als toponymisches Suffix fungiert.

1. Das Formans darf in ae. *brēmðe* < **brōm-ith-* etwa in der Bedeutung 'mit Ginster bewachsener Platz' in einer Reihe von Ortsnamen in Kent vermutet werden:[20] The Brent, Brent Lane, spätes 14. Jh. *Bremthe;* WgN 13. Jh. *Bremthe;* WgN 1286 *Bremthe;* Brent Cottages, 1359 *Brencche* (für *Brentthe?*); 1206 *La Brenithe* (für *Bremthe?*), vgl. 1173 *Bremith* und *Brempt,* (1196) *Bremet,* 1198 *Bremet.* Vom Kontinent vergleiche man die Entsprechungen 1173 *Bremith,* unbekannt zwischen Demer und Maas, und Brempt, ON bei Erkelenz, (1196) *Bremet,* 1198 *Bremet.*

2. Ae. **fernðe,* **fiernðe,* *fyrnðe 'a place overgrown with fern or bracken' darf vermutet werden in Frant, 956, 961 *(æt) Fyrnþan,* 1177 *Fernet;* Rowfant, 1574 *Rowfraunte.* Beachtenswert ist, dass der Kontinent erneut eine identische Bildung kennt. Es ist der ON Ferna bei Worbis, 1204 *Verneda,* der auf eine Gf. *Farn-ithi zurückgeführt und mit dt. *Farn* verbunden wird.

3. Ein -*ithi*-Suffix darf man auch in dem WgN *Helthe* in Kent, 1242–43 *Helcthe, Helgthe,* 1252–54 *de Holgthe,* 1254 *de Heilkthe,* 1270 *de Helgthe* sehen. Nach Wallenberg gehört der Name mit dem Formans -*iþja* zu germanisch **hulk-* in ae. *holc(a)* 'hole, cavity', *hulc* 'hulk, hut'.

4. Die Möglichkeit einer -*ithi*-Bildung sehe ich auch in dem WgN *Horsyth* in Dorset, 13. Jh. *horside,* 1249, 1256 *Horsyth(e),* 1256 *Horseth,* 1327, 1331, 1463 *Horsith(e),* 1331, 1338 *Horsyth(e).* Dieser schwierige Name dürfte zu vergleichen sein mit Herste bei Höxter, 822–826 (?) *in Hersithi,* ca. 980–82 *in Hersiti, in Hiristi,* dem alteuropäischen Flussnamen FlN Hörsel und weiterem, auch außergermanischen Material.

5. Zu ae. *tilian* 'to till', 'das Feld bestellen' stellt man ae. *tilð, tilð(e)* 'tilth, crop, land under cultivation', wozu Tilt, ON in Kent und in Surrey, 1328 *la Tilthe;* Tiltwood in Sussex, 1327 *ate Tilthe;* Backtilt Wood, 1254 *de Beketilthe,* 1278 *de Beketilthe,* und Baretilt, 1285 *Bertilth,* 1313 *de Bertilthe,* ON in Kent gehören dürften.

Vergleichsmaterial vom Kontinent – allerdings nicht nur mit dem *ithi*-Suffix – bieten vor allem Brabant und Nordfrankreich: Tilburg in Nordbrabant, 709 (K. 1191) *Tilliburgis;* Tilt, 1141 *Tilt,* 1125 *(de) Tielht;* Thildonk bei Löwen, alt *Tildunc, Tildunch* usw.

Meine verbesserte Kartierung (Karte 3) zeigt als wichtigsten Unterschied zu meinem ersten Versuch eine offensichtliche Ausbreitung der -*ithi*-Namen nach Südostengland. Wegen der hohen Altertümlichkeit des germanischen Suffixes sehe ich in dieser Streuung sehr ernstzunehmende Hinweise auf die Herkunft der ersten angelsächsischen Siedler. Im gewissen Sinn bietet das Bild bei den -*ithi*-Bildungen eine Fortsetzung der Streuung der

---

[19] Vgl. Udolph 1994, S. 258–288.
[20] Vgl. Wallenberg, S. 32.

Die Landnahme Englands durch germanische Stämme 193

bekannten -apa-Namen, die in England unbekannt geblieben sind.[21] Entgegen diesen haben die -ithi-Namen den Kanal überschritten und sind in England noch in einigen, durch ihre kleine Zahl gerade besonders wichtigen und in ihrer Verbreitung besonders auffälligen Ortsnamen zu belegen. Die Lage dieser Toponyme ist ein absolut sicherer Beweis für den Übergang von Flandern und Nordfrankreich nach Kent, was angesichts des hohen Alters der Bildungen von ganz besonderem Interesse ist. Diese Vermutung ist unabhängig von meinen Untersuchungen auch in dem Beitrag von A. Martinet 1996 bestätigt worden.

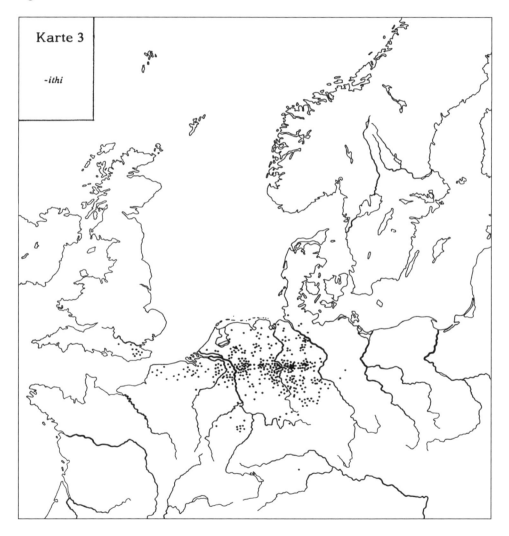

Karte 3

-ithi

[21] Man vergleiche die Verbreitungskarte bei Dittmaier 1955.

4. *Strut-/Strod-*

Auch in diesem Fall biete ich nur eine Ergänzung eines schon behandelten deutschen Appellativs und eine verbesserte Kartierung. Vor einigen Jahren hatte ich[22] wahrscheinlich zu machen versucht, dass dt. *Strut/Strod* 'Sumpf, Morast, Bruch' als Vṛddhi-Bildung aufzufassen ist und bildungsmäßig ein urgermanischer Rest vorliegt. Ich gehe nicht auf notwendig gewordene Ergänzungen aus Deutschland, den Niederlanden, Belgien und Frankreich ein,[23] sondern möchte mich auf einen Bereich konzentrieren, den ich bei meiner ersten Behandlung noch ausgeklammert habe. Es ist erneut England.

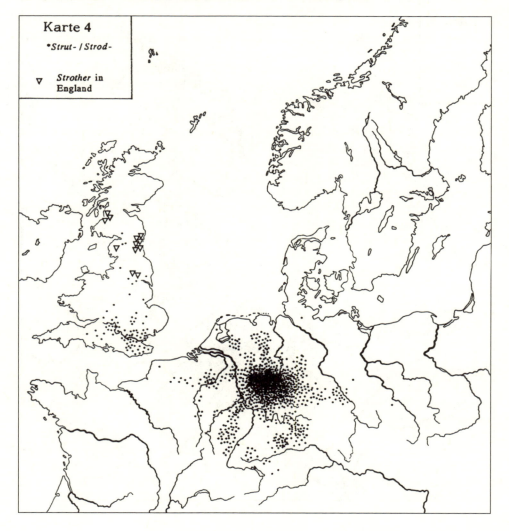

[22] S. Udolph 1985.
[23] S. Udolph 1994, S. 120–130.

Das Altenglische kannte unser Wort als *strôd*, *strôð* 'marshy land overgrown with brushwood'. Ein gesondertes Problem stellt engl. dial. *strother*, das mit ähnlicher Bedeutung auch schon im Mittelenglischen belegt ist, dar. Das Verhältnis von *stroth* und *strother* erinnert an dt. *werd : werder* und ae. *soel : soeler*, 'hall', *sige : sigor* 'victory'. Es fragt sich nur, ob wir es bei *strôther*, *strôdher* mit einer altertümlichen, zumindestens westgermanischen Bildung zu tun haben. Auch in diesem Punkt kann die Verbreitung der Namen weiterhelfen.

Meine Suche nach englischen Namen, die auf *strôd zurückgehen, war recht ergiebig, man vergleiche etwa die folgende Auswahl: 1315 *Balstrod*, *Blackstroud*, *Bulstrode*, *Den Strood*, *Denstroud*, *Langstrothdale*, *Shovelstrode*, *Strodbroke*, *Strode*, *Strood*, *Stroud*, *Stroud Green*, *Strudgwick* (956 *Strodwic*).

Die Kartierung der Namen (Karte 4) zeigt ein Zentrum in Hessen, das jedoch weniger bedeutsam ist (hier ist das Wort eben nur besonders produktiv gewesen). Interessanter ist die Streuung westlich des Rheins, die sich entlang des Mittellaufs der Maas nach Westen über das Gebiet von Lüttich hinweg bis nach Boulogne erstreckt, um dann ganz offensichtlich den Kanal zu überschreiten. Innerhalb Englands erkennen wir eine Verbreitung, die uns schon bei anderen Namensippen begegnet war: Die Verbindungen der Insel mit dem Kontinent sind deutlich erkennbar. England hat vor allem mit dem Südosten (Kent, Sussex, Surrey, Middlesex) Anteil an der Streuung; einzelne Ausweitungen sind nach Westen (Wiltshire, Gloucestershire, Somerset) und spärlich nach Norden (Hertfordshire, Northamptonshire) erfolgt. An dem Zusammenhang mit den kontinentalgermanischen Namen in Ostflandern und Nordfrankreich ist kaum zu zweifeln.

Die Verbreitung der *-strother*-Namen zeigt weiterhin, dass kaum von einem hohen Alter des Appellativs ausgegangen werden kann. Es handelt sich eher um ein Dialektwort, das in seiner Bildung an andere Appellativa angeglichen worden ist, aber kaum noch mit grammatischem Wechsel zu rechnen sein dürfte.

Ich denke, diese Verbreitung gibt erneut Anlass zu der Vermutung, dass erste westgermanische Siedler über den Kanal nach England gelangt sind. Weitere Karten werden dieses erhärten können.

5.   *-wik*

Ein immer wieder umstrittenes Wort- und Namenelement ist germ. *wīk-*. Die Verwandtschaft mit lat. *vīcus* 'Landgut, Bauernhof, Vorwerk, Stadtviertel' schien so naheliegend zu sein, dass an einer Entlehnung aus dem Lateinischen kaum gezweifelt worden ist. Das galt dann entsprechend auch für die Ortsnamen auf *-wiek*. Diese „haben im Deutschen verschiedene Wurzeln", aber „nicht wenige von ihnen fußen" – meinte Adolf Bach –, „auf lateinisch *vicus*". Auch das Vorkommen in englischen Namen störte ihn nicht: „Mit Recht führt Cornelius auch die engl. ON auf *-wich* (*Ipswich* usw.) auf lateinisch *vicus* zurück (wenngleich er betont, daß im skandinavischen Siedelgebiet Englands sich auch nord. *vík* 'Bucht' festgesetzt habe, das von lat. *vicus* zu trennen sei)."[24]

Zur lateinischen Entlehnungstheorie bemerkte schon W. Vogel vor 60 Jahren: „Namentlich in der englischen Ortsnamenforschung ist das geradezu Dogma."[25]

---

[24] Bach, S. 355.
[25] Vogel, S. 17.

Andererseits wurde auf dem germanischen Kontinent nordgermanischer Einfluss angenommen. Dafür sprach sich nachhaltig Edward Schröder (1944, S. 319f.) aus, aber nicht nur er hatte an einen Zusammenhang mit dem skandinavischen *vík* 'Bucht' gedacht, das in vielen skandinavischen Siedlungsnamen vorkommt und von nordischen Siedlerzügen nach Deutschland hinein verbreitet sein soll. Auf die Unmöglichkeit dieses Ausbreitungsmodus hat Th. Frings an verschiedenen Stellen hingewiesen. Er lässt die Theorie eines Importes aus dem Norden nur für wenige Küstenorte gelten.

Vertraut man diesen Thesen, dann hat es den Anschein, als habe es im Kontinentalgermanischen kein eigenes Appellativum *wīk* gegeben. Die Spuren davon – so auch die Ortsnamen – wären dann entweder lateinischem oder nordgermanischem Einfluss zuzuschreiben. Dabei weist die Verbreitung in Westfalen, in den Niederlanden und Belgien, in Niedersachsen, in England und in Skandinavien keineswegs auf eine Entlehnung. Auch verschiedene andere Argumente sprechen dagegen. Ich möchte daher nachhaltig den Satz der grundlegenden und m. E. überzeugenden Arbeit von Leopold Schütte: *Wik: Eine Siedlungsbezeichnung in historischen und sprachlichen Bezügen* (1976, S. 16) unterstreichen, wonach wir nicht umhinkönnen, „diesen Umgang mit *vicus* und *wik*, der sich schon seit Planitz in der gesamten 'Wik'-Literatur findet, als unkritisch zu bezeichnen". So hatte auch schon S. Gutenbrunner (1935, S. 198) darauf verwiesen, dass das Vorkommen in England gegen nordische Herkunft spreche. Den entscheidenden Schritt unternahm jedoch Schütte in seiner Untersuchung. Es ist an dieser Stelle nicht möglich, auf Einzelheiten seiner Arbeit einzugehen. Zwei Punkte scheinen mir aber von besonderer Bedeutung zu sein:

1. Schon W. Vogel zählte insgesamt ca. 1300 -*wik*-Ortsnamen. Nach Schütte dürfte diese Zahl immer noch zu gering sein. Meine Verbreitungskarte (Karte 5) ist ein erster Versuch einer zusammenfassenden Auswertung. Sie basiert auf den Sammlungen und Kartierungen von Schütte, Vogel, Cornelius, Ekwall, Gelling, Laur, T. E. Karsten und anderen.
2. Völlig überzeugend verwirft Schütte die These einer Entlehnung aus dem Lateinischen und spricht sich in seiner Zusammenfassung nachhaltig für germanischen Ursprung aus:

> Das Wort *wīk*, idg. *$\underset{\cdot}{u}$eig-* ist etymologisch identisch mit dem nur durch abgetönten Vokal von ihm unterschiedenen *wēk*, idg. *$\underset{\cdot}{u}$oig-*, nhd. *weich*. Es steht nicht im Lehnwortverhältnis zu lat. *vicus*, idg. *$\underset{\cdot}{u}$eik-*, sondern ist wurzelverwandt mit diesem und gehört zur Gruppe der Siedlungsbezeichnungen mit ursprünglicher Zaun-Bedeutung [...] *Wik* ist zunächst der aus *weichen*, d. h. 'biegsamen' Gerten geflochtene 'Zaun', doch haben sich von dieser Altbedeutung verschiedene Sekundärbedeutungen abgespalten.[26]

Zwar möchte man dieser Auffassung gern Glauben schenken, aber Schütte geht mit keiner Silbe auf das etymologisch entscheidende Problem ein: Das germ. Wort verlangt im Wurzelauslaut idg. *-g-*, das lateinische Appellativum aber *-k-*. An dieser Stelle können wir die schon im Fall von *reip-* angesprochene Erscheinung, dass im Germanischen wurzelauslautende Konsonantenschwan-

---

[26] Schütte, S. 196f.

Die Landnahme Englands durch germanische Stämme   197

kungen zu beobachten sind, einbringen, und unter diesem Aspekt uns von dem konsonantischen Gleichklang (lat. *vicus* – germ. *wīk*) lösen. Zieht man einen Konsonantenwechsel in Betracht und berücksichtigt die Streuung der Ortsnamen, so kann eine Entlehnung ausgeschlossen und genuin germanische Herkunft angenommen werden.[27]

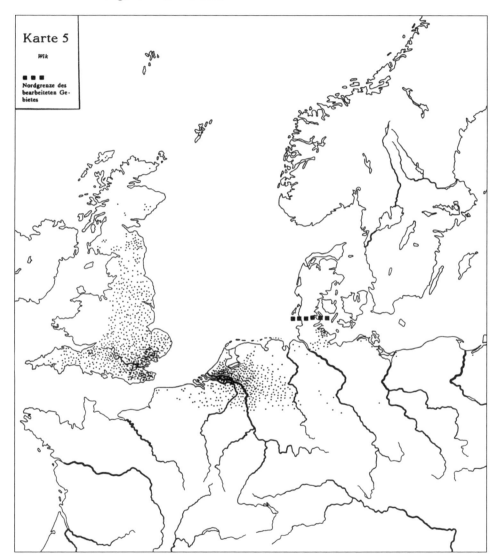

Wenden wir uns jetzt noch einmal der Karte zu. Es sei nochmals betont, dass diese Karte ein erster, sicher zu verbessernder Versuch ist. Ich lege sie dennoch vor, da sie auch in dieser Form zu mehreren Punkten Aussagen erlaubt:

[27] Zu weiterem Material s. Udolph 1994, S. 102ff.

1. Das enge Verhältnis der englischen Namen mit denen jenseits des Kanals in Nordfrankreich und Flandern scheint nach meiner Einschätzung bisher eine zu geringe Rolle gespielt zu haben. Dabei hat schon W. Vogel bemerkt: „Man kann zwei Hauptgebiete unterscheiden, eine skandinavische und eine niederdeutsch-englische Gruppe zu beiden Seiten der Nordsee." Immer wieder hat man auf den angeblich starken Einfluss auf das Englische durch das Nordische abgehoben. Aber die Mehrzahl der Namen in England ist zweifellos alt, was für England schon dadurch bewiesen wird, dass die meisten schon im Domesday-Book begegnen.
2. Der auch immer wieder angenommene nordische Einfluss im Kontinentalgermanischen (Edward Schröder und andere) wird durch diese Verbreitung nicht bestätigt. Zwar habe ich keine Kartierung des nordischen Materials durchgeführt, doch ist allein schon der geringe Bestand in Dänemark auffallend, so dass zwischen den kontinentalgermanischen und den nordischen Verbreitungsgebieten ein Territorium mit relativ geringem Anteil auch bei Erhöhung des nordischen Materials in jedem Fall bestehen bleibt. Leider fehlt ja bis heute eine zusammenfassende Auswertung der nordischen *Wik*-Namen.

Für unsere Frage nach der Ausgangsbasis für die angelsächsische Landnahme möchte ich auf die auffällige Konzentration im unteren Rhein-Gebiet und die leichte, aber dennoch auffällige Verbindungslinie durch Flandern hinweisen. Sie deckt sich im Wesentlichen mit den bisher vorgelegten Kartierungen und stützt sie zugleich weiter ab. Nordischen Einfluss im nördlichen Deutschland vermag ich nicht festzustellen. Dessen Überschätzung wird uns auch bei unserem nächsten Fall beschäftigen.

6.   *skarn-*

Auf einen Ansatz **skarn-* geht eine im Niederdeutschen, Englischen und Nordischen belegte Sumpf- und Morastbezeichnung zurück. Man vergleiche mnd. *scharn* 'Dreck', engl. dial. *sharn, scarn*, ae. *scearn, scarn* 'dung, muck', *scearn* 'dung', afries. *skern*, dän., schwed. *skarn*, anord. *skarn* 'Kot, Schmutz, Dreck'. Als Bestimmungswort findet sich dieses Wort auch in verschiedenen Bezeichnungen für Käferarten, zumeist 'Mistkäfer, Pillendreher, Skarabäus'.

Genaue außergermanische Entsprechungen gibt es wahrscheinlich nicht. Zwar kann man verschiedene griechische, baltische und slavische Wörter in ähnlicher oder sogar gleicher Bedeutung vergleichen, die letztlich auf eine Wurzel **sker-* (aber zumeist **sker-d-*) zurückgehen, jedoch fehlt bei allen außergermanischen Verwandten eine *-n-*Erweiterung wie im Germanischen.

Es handelt sich daher offenbar um eine speziell germanische Wortbildung und um eine Sippe, deren appellativische Verbreitung auf eine gemeingermanische Grundlage weist.

Ich greife dieses Wort hier auch deshalb auf, weil der bei Jordanes genannte Flussname *Scarniunga* in Pannonien von Ernst Schwarz als „aus der südschwedischen Heimat mitgebracht" angesprochen wurde.[28]

Eine Zusammenstellung der germanischen Namen und deren Kartierung zeigt ein anderes Bild.

---

[28] Schwarz 1952, S. 458f.

Die Landnahme Englands durch germanische Stämme 199

Aus Deutschland gehören u. a. hierher Scharenbach, Scharmbeck, Scharmbusch, Scharmecke, Scharnbusch, Scharnebeck, Scharneke, Scharnefleth, Scharnhop, Scharnhorst; aus den Niederlanden Scharn, Scharnum, Scharnegoutum, Scharendijke; aus England Sharndich, Sharlston, Sharnal, Sharnbrook, Sharncliffe, Sharnden, Sharneyford, Sharnford (1002 *Scearnford*), Sharnhill Green, Sharrington, Shearns, Shernborne u. a. m. Hierzu auch mit nordischem Einfluss (anlautendes *Sk-*) Scarah, Scarle, Scarndale, Scarrington.

Auch der Norden kennt das Wort in den Namen: Gultved Skarn, Skambæk, Skarnbacken, Skarnhulan, Skarnbad, Skarnbæk, Skarndal, Skarndam, Skarnholmen, Skarnhøj Banke, Skarning, Skarnpus, Skarnrende, Skarnsaetrom, Skarnsø, Skarntoft.

Die Kartierung der Namen (Karte 6) lässt drei Schwerpunkte erkennen: Es sind der Raum zwischen unterer Weser und unterer Elbe, die dänischen Inseln Fünen und Seeland sowie Südengland.

Auffallend sind m. E. vor allem: 1. der hohe Anteil Norddeutschlands, vor allem im Bereich der deutschen Mittelgebirge; 2. die Häufung in Südengland; 3. das Fehlen im küstennahen Bereich der Nordsee.

Für die uns heute interessierende Frage nach den Kontakten Englands mit dem Kontinent kann m. E. nur an eine Verbindung über den Kanal gedacht werden. Gerade der England zugewandte Bereich in Norddeutschland und Dänemark ist arm an *skarn*-Namen. Diese finden sich eher im Osten Dänemarks und auf den Ostseeinseln.

Aus der Kartierung wird auch ersichtlich, dass der eingangs angesprochene Satz von Ernst Schwarz, wonach der in Österreich zu vermutende FlN *Scarniunga* eine Bildungsweise widerspiegeln solle, „die aus der südschwedischen Heimat mitgebracht sein wird", in keiner Weise zu halten ist. Näher liegen da schon die niedersächsischen Namen zwischen Elbe und Weser.

7.   -riede

Ein in Verbreitung und Etymologie schon des Öfteren behandeltes nordseegermanisches Wasserwort ist *Riede*. Es liegt vor in ndt. *ride, rîde, rien*, auch *rîge* 'natürlicher Wasserlauf, kleiner Fluss, Rinnsal auf dem Watt', westfäl. *rye, rie* 'kleiner Bach, Wasserlauf', ostfäl. *rye, rie* 'ein Abzugs-, Wassergraben, künstliche Wasserrinne'; *rîde*, f. 'Rinnsal, kleiner Wasserzug', mnd. *rîde, rîe, rîge* (*ride, rije, rige*) 'Bach, kleiner Wasserlauf, Graben', asä. *ritha, rithe* 'Wasserlauf, kleiner Bach'; fries. *riede* 'Gracht, kleiner Fluss im Watt', *ryt, ryd(e)* 'brede greppel', westfries. *ride, ryd* 'brede greppel, (ook) de uitgereden of uitgetrapte kanten der greppels in het weiland, die de greppels verwijden', *ryd, ryt* 'beekje, waterleiding sloot', *rie, ried* 'ondiepte met aflopend water', nordfries. *rîde, riet;* afries. *reed* 'kleiner Bach' und *rîth* 'Bach'; ndl. *rijt* 'waterloop', *rijt, riet* f. n. 'geul in buitendijkse gronden', 'binnendijks water in de zeekleilanden dicht bij de kust', mndl. *rijt* f., anfrk. *rîth* 'torrens'.

Sehr früh ist dieses germanische Wasserwort im Englischen bezeugt. Schon im Altenglischen erscheint es früh als *rîð, rîðe* 'kleiner Fluss', *rîðe* 'Bach, langgezogene, schmale Niederung, altes Bachbett', *rîð*, stm., *rîðe*, swf., *rîðig*, n., 'ein kleiner Fluss', nach G. Lerchner (1965, S. 224) stammt der Erstbeleg aus dem Jahr 888. Aber auch heutige englische Dialekte kennen es als *rithe, ride* 'kleiner Fluss, durch Regen veranlasst', *rigatt* 'a small channel from a stream made by rain', *rithe, ride* 'a small stream'. Im Nordischen fehlt das Wort.

Die Etymologie ist kaum umstritten. Man darf von einer Dentalableitung zu der idg. Wurzel *rei, rī- 'strömen, fließen' ausgehen. Dazu gehören u. a. niederdeutsch *rille* (*ripulōn) und weitere Dentalableitungen wie aind. *rīti-* 'Strom', *rētas* 'Guss, Strom, Same'. Zu beachten ist eine kaum bekannte Ablautform, die in niedersächsischen Namen aufgetaucht ist und auf idg. *roi-t- > germ. *raiþ- zurückgeführt werden kann.

Vor allem die Etymologie weist darauf hin, dass es sich bei *Riede* usw. kaum um ein Wort handelt, das – wie es in diesem Fall zu geschehen pflegt – nur einem Teil der germanischen Dialekte („Nordseegermanisch") zuzuschreiben ist, sondern als ererbtes Element auch der gemeingermanischen Periode eigen gewesen sein muss. Unbestritten ist natürlich, dass zahlreiche Namen, die im Folgenden aufgelistet werden, jungen Ursprungs sind. B.-U. Kettner (1972, S. 374) liegt mit seiner Vermutung sicher richtig, dass es bis in die heutige Zeit hinein produktiv gewesen ist.

So lassen sich vor allem in Deutschland zahlreiche junge Benennungen feststellen. Unter anderem sind mir bekannt geworden: Achelriede, Alte Riede, Aschriehe, Bargeriede, Bassriede, Bickenriede, Bleckriede, Bollriede, Borgriede, Botterriede, Brandriehe, Bruchriede, Brunriehe, Diekriede, Eilenriede, Ellerige, Jachelriede, Janrieden, Middel Rie (Middels Rie), Exeriede, Feldriede, Feldriede, Flehmanns Rieh, Flämischen Rüe, Weeckenlands Rüe, Flissenriede, Fluthriede, Fohlenrien, Fuhlenrüe, Fuldenriede, Fuhle Riede, Die Große Riede, Grotrüh, Haferriede, Hauenriede, Holtride u. v. a. m.

Daneben gibt es aber auch *Riede*-Namen, die sehr früh belegt sind, ich nenne hier nur 726 (K. um 1222) *Araride* (bei Köln), Brüchter bei Ebeleben, 876 *Borahtride*, 1290 *Bruchtirde*, auch *Burichtride*, *Borantride* und einen Corveyer Beleg von ca. 826–76 *Hrithem* (der offenbar unorganisches *H-* enthält).

Aus den Niederlanden, Belgien, Luxemburg und Nordfrankreich sind mir bekannt geworden Bruggenrijt, Dieprijt, het Dikke Riet, Munnikenzijlster, Ekkersrijt, Houtrijt, Jutjesriet, Peelrijt, Pieperijt, Riet, Rijt, Segerijd u. a.[29] Wie in Deutschland befinden sich auch unter diesen Namen nicht wenige junge Bildungen. Ihre Deutung ist zumeist leicht. Etwas anders ist das Bild in England.

Hier habe ich zahlreiche Belege gefunden, darunter Abberd. Beverley Brook, 693 (K. 11. Jh.) *beferiþi*; Blackrith, 972 (K. 1050) *Bordriðig*; Chaureth, 1086 *Ceauride*; Childrey; Coldrey, 973/74 (K. 12. Jh.) *(to) colriðe*; Coleready; Cropredy; Cottered, 1086 *Chodrei*; 1228 *Ealdimererithi*; Eelrithe, 680 (!) *ad Aelrithe*; Efferiddy; Erith; Fingrith, 693 (!) GN *Fugelriðie*; Fulready; Fulrithe; Gooserye; Hendred, 984 *Henna rið*; 774 *Hweolriðig*; Landrith; Shottery, 699–709 (K. 11. Jh.) *Scottarið* u. v. a. m. Die englischen Namen zeichnen sich durch hohes Alter aus und sind nicht immer so leicht zu deuten wie ihre deutschen Verwandten. Im Gegensatz dazu hat Skandinavien keinen Anteil an der Verbreitung.

Die Streuung der Namen (Karte 7) spricht für sich. Es ist ganz offensichtlich, dass der Süden Englands über den Kanal hinweg mit dem Kontinent verbunden ist. Allerdings muss festgestellt werden, dass unsere Sammlung für den sonst England besonders nahen Bereich Flandern und Nordfrankreich nur spärliche Belege bietet. Ich halte es allerdings nicht für ganz ausgeschlossen, dass keine Lücke im Material, sondern unvollständiges Sammeln vorliegt.

Für die Frage, auf welchen Wegen die germanischen Eroberer Englands ihre neue Heimat erreicht haben, hatte W. F. H. Nicolaisen (1959, S. 213) unter Einbeziehung unseres Wortes ausgeführt: „[...] so erweisen [...] einige der weniger häufigen Grundwörter deutlich den Anschluß an die festlandgermanische Hydronymie, da sie Entsprechungen unter den Gewässernamen des Nordseeküstengebiets mit Hinterland haben, also in dem Gebiet, aus dem die angelsächsischen Einwanderer einmal gekommen sind". Ich denke, dass unsere Karte diese These deutlich unterstützt.

Eine andere, immer wieder vertretene und eigentlich auch recht naheliegende Auffassung wird durch die Verbreitung nicht bestätigt. Danach soll es sich bei *Riede* bzw. seinen westgermanischen Verwandten um ein Küstenwort handeln, das ins Binnenland gedrungen ist. Unsere Karte zeigt das Gegenteil: Ganz eindeutig liegt der Schwerpunkt der kontinentalgermanischen Hydro- und Toponyme im Binnenland (Westfalen, Oldenburg, östliches und südliches Niedersachsen, holsteinisch-mecklenburgisches Grenzgebiet). Zieht man die eingangs ausgeführte Etymologie des Wortes hinzu, die auf Ererbung

---

[29] Weiteres Material jetzt bei Gildemacher, S. 445ff.

weist, sowie die Überlegungen, in einigen niedersächsischen Gewässernamen eine Ablautvariante *raiþ- zu sehen, so wird die Verbreitung dadurch verständlicher.

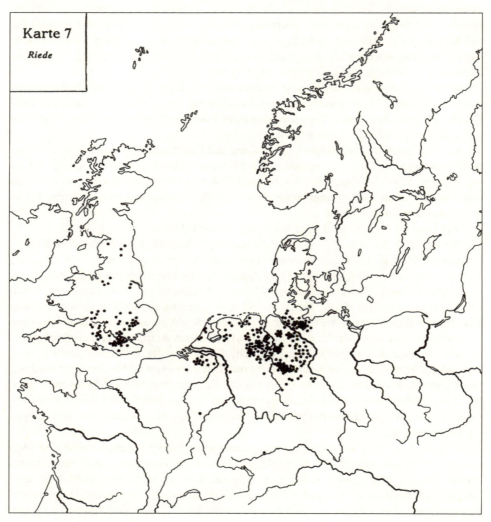

8.   mar-

Ein unzweifelhaft alter germanischer Ortsnamentypus liegt in etwa 60 Namen aus Nord- und Mitteldeutschland vor, zu deren bekanntesten Vertretern Weimar, Geismar und Wismar gehören. In Niedersachsen gehören sie nach übereinstimmender Ansicht zu den ältesten Siedlungen überhaupt. Sie reichen wohl in die vorgeschichtliche Zeit zurück. Bezeichnend ist ihre Lage auf fruchtbarem Lößboden. Ihre Bedeutung ist nicht immer sicher und offenbar durch ihr hohes Alter verdunkelt.

Wie auch G. Darms (1978) in seiner Arbeit über die germanischen Vṛddhi-Bildungen gezeigt hat, liegt in dem Verhältnis von urgerm. *mari- 'größeres stehendes Gewässer, Küstengewässer' zu *mōra 'Moor, Sumpf' eine entsprechende Bildung vor. Wenn man davon ausgeht, dass dt. Meer und Moor als Vṛddhi-Bildung interpretiert werden können und somit in sich Spuren einer der ältesten germanischen Wortbildungsmöglichkeiten enthalten, dann ist es umso wichtiger, nach Entsprechungen im germanischen Namenbestand zu suchen und deren geographische Streuung festzustellen. Es verwundert doch ein wenig, dass Darms bei seiner Untersuchung kein Wort über die -mar-Namen verloren hat.

Allerdings ist die Heranziehung dieser Namengruppe mit einigen Problemen verbunden, die zum einen in der Bestimmung des Genus und Stammes des germanischen Grundwortes, zum zweiten in der starken Beeinflussung durch die weit verbreitete Sippe um dt. Meer, Marsch, Maar und damit verwandten dialektalen Bezeichnungen und drittens in der Abgrenzung von Ortsnamen, denen germanische Personennamen zu ahd. mâri 'berühmt' zugrunde liegen, zu suchen sind.

Ich kann hier und jetzt nicht auf den gesamten Komplex eingehen,[30] sondern werde mich ausschließlich auf die Verbreitung der -mar-Namen konzentrieren. Von germ. *mari-, dt. Meer, Moor usw. nicht zu trennen ist allerdings das Appellativum Marsch, dialektal auch Mersch, Masch, mndt. marsch, mndl. maersche, ae. mer(i)sc, eine adjektivische -isk-Ableitung. Auch die davon abgeleiteten Namen habe ich kartiert. Doch zunächst sollen uns die bekannten -mar-Namen beschäftigen.

Einer der Schwerpunkte liegt in Deutschland mit Behlmer, Bettmar, Bleckmar, Bothmer, Dilmar, Dittmern, Eschmar, Essenberg (10. Jh. Ascmeri), Flettmar, Friemar, Geismar, Gelmer, Gittmer, Görmar, Grießem (12.–13. Jh. Grismere), Hadamar, Hartem (1489 Hartmer), Hemmern (1222 apud Hethemere), Heumar, Hörstmar, Horsmar, Horstmar, Homar, Hukesmere, *Ilmar od. *Ilmer, Jochmaring (Jukmare), Komar, Leitmar, Leuchtenberg (11. Jh. Lochmere), Lohmar, Ostmare, Palmar, Reessum (1428 Ressmar), Rethmar, Rettmer, Riethmar, Ringmar (vgl. engl. ON Ringmer, alt Hringamara), Rottmar, Schötmar, Schöttmer, Segmeri, Tellmer, Vellmar, Villmar, Versmar, Voßmar, Wechmar, Weidmar, Weimar, Weitmar, Wethmar, Wichmar, Widmare, Wiedemar, Wismar, Wißmar, Witmar, Wittmar, Wollmar, Wudemar, Wymeer.

Frühe Belege, hohes Alter und z. T. schwer zu deutende Bestimmungswörter weisen diese Sippe zweifellos einer frühen Namenschicht zu. Aber auch als Bestimmungswort fungiert germanisch mar-, so zum Beispiel in den -apa-Namen Marpe und Morp, ferner als Ableitungsgrundlage in Typen wie Maringen u. ä.

Die an Deutschland westlich angrenzenden Gebiete kennen mar-Namen ebenfalls in großer Zahl. Eine kleine Auswahl: Aalsmeer, Alkmaar, Alsmaar, Berdemare, Bommeer, Dossemer, Echmari, Gaastmeer (1132 Gersmere), Hetmere, Hoemare, Hotmeer, Purmer, Schermer, Spilmeri, Wormer, Zonnemaire, 1190 Suthmera.

Ähnliches gilt für England mit Badlesmere, Blakemere, Boldmere, Bradmore, Bulmer, Colemere, Cuckmere, Dodimere, Falmer, Grasmere, Holmer, Homer, Keymer, Marton, Minsmere, Ringmer, Rugmere, Sledmere, Stanmer.

Der Norden kennt im Gegensatz zu dem Kontinent und zu England nur wenige Namen. Hinzu kommt, dass eine sichere Zuordnung sehr erschwert ist. Häufig täuschen Namen eine Zugehörigkeit vor, ihnen liegt aber sehr oft mark 'Feld, Acker' oder gelegentlich auch mar 'Pferd, Stute' zugrunde. Dennoch bleiben einige wie Axmar, Dannemare,

---

[30] S. Udolph 1994, S. 330–377.

Götmaren, Hällemaren, Hultemaren, Kvismaren, Lim(m)aren, Mar, Mardal, Marbæk, Marby, Maren, Medelmaren, Ösmaren, Rönmaren, Säljemar übrig. Sicher wird man aus dem großen Gebiet Skandinaviens noch weiteres Material gewinnen können, aber an dem Gesamtbild wird sich dadurch kaum etwas ändern.

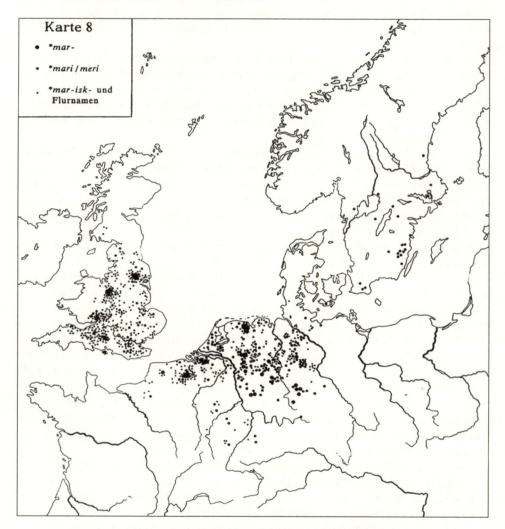

Der Blick auf die Verbreitung (Karte 8), in die auch die *marisk-Namen und zahlreiche weitere Gewässer-, Orts- und Flurnamen Aufnahme gefunden haben, zeigt, dass die zu germ. *mari, meri* 'Binnengewässer, Moor, See' (nicht ursprünglich 'offenes Meer') gehörenden Namen in ihren wesentlichen Zügen mit fast allen bisher hier behandelten Namentypen übereinstimmen. Es sind:

    a. starkes Vorkommen im kontinentalgermanischen Bereich (mit einem Schwerpunkt im Bereich in den deutschen Mittelgebirgen zwischen Rhein und Elbe sowie in den Niederlanden und Belgien);

b. deutlich erkennbare Brückenfunktion der südlichen Niederlande, Belgiens (vor allem Flanderns) und Nordfrankreichs zwischen Mitteleuropa und England;
c. starker Anteil der Namen in England;
d. relativ geringe Verbreitung in Schleswig-Holstein, Dänemark und Skandinavien.

Die Streuung zeigt auch, dass H. Kaufmanns These, zahlreiche „echte" -mar-Namen zu streichen und Ableitungen von Personennamen vorzuziehen, durch die Namenstreuung nicht bestätigt, sondern eher widerlegt wird. Man sieht sehr deutlich, dass die Gruppe der ca. 60 -mar-Namen des Typus Geismar, Weimar, Weitmar eingebettet ist in die allgemeine Verbreitung der mit germanisch mari 'See, Sumpf, Morast' verbundenen Topo- und Hydronyme.

Wiederum deutlich wird bei dieser Karte die Brückenfunktion der Niederlande, Flanderns und Nordfrankreichs in der Gegend östlich von Calais. Es kann kaum einen Zweifel daran geben, dass die englischen Namen in den südöstlichen Landesteilen, vor allem in Kent, Sussex, Surrey, Essex und in dem Raum um London, mit dem Festland in Nordfrankreich und Westflandern zu verbinden sind.

In England selbst wird der nordische Einfluss wie so oft sehr hoch, wahrscheinlich zu hoch eingeschätzt. So hat M. Gelling unter Bezug auf Marshwood in Dorset geäußert, dass darin eine Entsprechung zu einem altnordischen Ortsnamen vorläge. Es ist mir eigentlich nicht ganz klar, wieso man bei einem Ortsnamen dieser Grafschaft den Blick nicht zunächst auf die südöstlich der Insel liegenden Landstriche im Norden Frankreichs und auf die östlich daran sich anschließenden Regionen richtet. Gerade Flandern und die verdienstvolle Aufarbeitung seines Namenbestandes durch De Flou bieten Vergleichsmaterial in Hülle und Fülle, das zunächst herangezogen werden sollte.

Die -mar-Namen stützen nach meiner Einschätzung die sich bereits abzeichnende Hypothese, dass die Landnahme germanischer Stämme über den Kanal hinweg vonstatten ging.

9. hor-

Ein bislang wenig beachtetes germanisches Wasserwort liegt in einer Kot- und Sumpfbezeichnung vor, die in modernen deutschen Dialekten kaum noch anzutreffen ist. Umso ergiebiger fällt dagegen die Suche in den älteren Sprachstufen aus. Man vergleiche: ahd. horo 'Schlamm, Brei, Schmutz, Kot, Erde', adjektivisch horawig, horawîn, hurwîn 'sumpfig', mhd. hor, hore 'Sumpfboden, kotiger Boden, Kot, Schmutz, Schlamm', und als dialektale Nebenform hur, hurwe 'Schmutz'. Weiterhin beachte man as. horu 'Kot, Schmutz', horh 'Rotz, Nasenschleim', horo 'Fäulnis', mnd. hôr 'lutum; Dreck, Unrat; Schlamm, Moorerde, Lehm'; nnd. hâr 'Schmutz, Kot'. Es erscheint auch in dem Kompositum as., ahd. horo-dumbil, horo-dumil, horo-dumpil 'Rohrdommel'.

Außerhalb des Deutschen sind verwandte Bezeichnungen im Afries. als hore 'Schlamm, Kot', horewerp 'Bewerfen mit Schlamm', im Mittelniederländischen als hore, hor 'lutum; Modder', jünger hore 'modderpoel', sowie im Altenglischen als horh, horu 'filth, dirty' nachweisbar.

Übereinstimmend führt man die germanische Sippe auf einen germ. neutralen -wa-Stamm *horwa- 'Kot, Schmutz' zurück. Die besondere Bedeutung dieses Wasserwortes zeigt sich vor allem im Altenglischen: Hier (aber auch in anderen nordischen und kontinentalgermanischen Entsprechungen) liegen weitere Appellativa vor, die deutlich auf Auswirkungen des Vernerschen Gesetzes weisen: ags. *horh* 'Eiter', *horgian, hyran* 'bespeien', aisl. *hor-r* 'Nasenschleim', mua. *hork* 'schleimiger Auswurf, sputum', besonders wertvoll ist der ahd. Beleg *horgemo plute* 'cenoso sanguine'. Man setzt daher neben germ. *horwa- als Nebenform mit grammatischem Wechsel *horga- an.

Somit gehört dieses Wort in die ältere Schicht germanischer Wasserwörter. Die Etymologie bereitet keine großen Schwierigkeiten: anzuknüpfen ist an die idg. Farbwurzel *ker- für dunkle, schmutzige und graue Farbtöne. Letzten Endes gehören auch dt. *Rotz* und *Ruß* hierher. Wahrscheinlich liegt grammatischer Wechsel zur indogermanischen Erweiterung **k̑r̥k-u̯-o* vor.

Wenn wir nun zu den Namen übergehen, so darf vermutet werden, dass es sich bei einer eventuell auffallenden Streuung oder Verbindung um eine Erscheinung handelt, die in sehr alte Zeiten der Entwicklung der germanischen Sprachen und Dialekte hineinreicht. Natürlich muss aber auch mit jüngeren Namen gerechnet werden, da das Wort in einigen Dialekten noch bis heute produktiv gewesen ist. Vielleicht hilft hier die Wortbildung weiter.

Schon die Zusammenstellung der Appellativa zeigte starke Beteiligung der kontinentalgermanischen und angelsächsischen Dialekte, während das Nordische stark abfiel. Der Blick in die Namen wird diesen Eindruck bestätigen.

Deutschland kennt zum einen vor allem Komposita wie Althornbach, 1272 *in veteri Horbaco;* Haarbach; Haarbach, 12. Jh. *Hornbach,* u. a. m.; Haarhausen, 9. Jh. *Horhusun;* aus dem südlichen Niedersachsen: Harbach, Habach, Harmke, Harpenke, Horbach, Horenbach, Hornbach, Horpke. Man vergleiche weiter Harbach, 900 *Horabah;* Harbrücken; Harburg bei Hamburg, 1147 *Horeburc;* Harburg bei Donauwörth, Landau, Ruine bei Breitenworbis; Harheim, 786 (K. 12. Jh.) ad *Horeheim;* Haringsee, 1200 *Horgensee;* Harlake; Harm, 1025 *Horuun;* Großharrie, Kleinharrie, 1141 (F./A. um 1200) *Horgan;* Harrien bei Brake; Harsten, 12. Jh. *Horseten;* Hirblingen, 1187 *Huorwilingen;* Hirnbach od. Höhenbach, 11. Jh. *Horiginbach.*

Das hohe Alter des Appellativs wird auch durch einen Beleg aus einer ahd. Markbeschreibung des 8. Jh.s deutlich: *Hurwinun struot* (bei Würzburg). Weiterhin ist anzuschließen Hörabach, 1168 *Hurginpach;* Horas in Hessen, K. um 1160 *Horaha;* Horb (mehrere ONN), alt *de Horv, Harbe, Horwa, in dem Horwe;* Horba, 1371 *in dem dorffe czu dem Horwe.* Zahlreich sind Komposita mit hdt. *Bach* in Horbach, Gleishorbach, Niederhorbach; weiter sind zu nennen Horben, alt *Horwen;* Horberg; Horbig, Hurbig; In den Horbken; Horbruch; Horburg, 1124–1154 u. ö. *de Horburc, Horburch, Horeburg;* Horchheim bei Worms, Cod. Laur. *Horoheim,* 834 *Horaga heim;* Horchheim, Wg. bei Frankenthal; Horchheim bei Koblenz, 1197 *Horichheim;* 1148 *Hordorf;* Hörebeste, in der Nähe auch abgeg. FlN (Adam v. Bremen) *Horbistenon.* Ferner sind mit unserem Appellativum zu verbinden Hörgraben; Horhausen, 1160 *Horehuson;* Horheim, 9. Jh. *Horaheim;* ca. 895 *Horiginaltaha;* Höring im Land Hadeln, 1139 *Horegan;* Horiwil, 1194 *Hurwile;* Horkheim, 976 *Horgeheim;* 1151 *Horlage.* Bei den *Horn-Bächen* und *-Städten* ist eine Grenze zu dt. *Horn* nicht immer sicher zu ziehen. Nach Abzug der umstrittenen Namen bleiben einige zurück, die aus *Horawin*- zusammengezogen sein dürften. Ich nenne hier nur die wichtigsten und früh belegten: Hornau, 874 *Hurnowa;* Hornhausen bei Oschersleben, Mirac. S. Bernwardi *Horhusen,* Hornsen; Hornwald < **Horwang,* 838 *Horwanc, Hooruuanc.*

Weiter sind heranzuziehen 909 *in Horoe;* 1083 *Horobogium;* um 1020 (Vit. Meinw.) *Horohusan;* 820 *Horon* bei St. Goar. Kartiert wurden auch Horrbach; Horrem, 893 *Oreheym;* Horrig; Horrweiler; Horstedt; in den Trad. Fuld. erwähnter ON *Horstete;* Horwieden bei Fulda, 1012–1014 (K. 12. Jh.) *Horwiden;* 828 *Hourunhusen*. Mit -u-Vokalismus gehören hierher: Hullern, 1017 *Horlon;* Hürbel, 1083 *Hurwilin;* Hürbelsbach, 1143 *Hurwinesbach;* Hürben, 1105 *de Hurwiln* bzw. 1140 *Horewen;* Hürenbach, 1062 *Hurewelbach;* Hurfeld, 8. Jh. *Hurfeldun, Hurfeldo marca;* Hürm mit Hürmbach, 12. Jh. *Hurivin;* 11. Jh. *Hürnlpach;* Hurrenmühle; Kleinwerther, 1184 *Horewerthere;* Korb bei Waiblingen, < kollektivem *gehorwe* 'sumpfige Stelle'; Korbsalza, ca. 810 *Hurewinasalzaha*.

Eher ältere Bildungen vermute ich in einer Reihe von -*l*-Ableitungen, die direkt an das germanische Grundwort angetreten sind. So liegt ein Ansatz *Horala* in mehreren südniedersächsischen Flussnamen vor, u. a. in Horrel bei Göttingen, bei Thüdinghausen, Berwartshausen und Lutterbeck. Dazu gehört die Horle, Nfl. der Wipper, dort auch der ON Horla, 1400 *Horle*, Horbell bei Köln und Hordel bei Bochum, 890 *Hurlaon*. Dieses Vorkommen von -*l*-Bildungen dürfte für ein gewisses Alter dieser einstämmigen Ableitungen sprechen. Ein -*l*-Formans, an das noch -*aha*-, -*bach* und andere Grundwörter hinzugetreten sind, erscheint auch in Horlach; Hörlbach, 1040 *Hurlibach;* Hörle, ca. 1106 *Hurlere;* Hurl, 1157 *Hurle*, sowie in mehreren Hurla und Hurlach.

Zu den älteren Bildungen zähle ich auch die Horne, Nfl. der Lippe, mit ON Horn, 9./10. Jh. *In Hornun*, eine -*n*-Ableitung, sowie die -*apa*-Namen aus Deutschland, den Niederlanden und Belgien wie Horpe bei Remshagen; Horpe bei Lindlar; Horloff, Nfl. der Nidda, 780 (K. 12. Jh.) *fluuio Hornaffa*, auch ON Traishorloff, 8. Jh. *Hurnuffa, in Hurnafere marca;* Horp auf Terschelling; Hourpes und Hourpe im Hennegau; Horp in Belg. Limburg.

Damit können wir die Zusammenstellung der Belege aus dem deutschsprachigen Raum abschließen. Der Blick auf die Verbreitung wird zeigen, dass das gesamte deutsche Sprachgebiet Namen zu *hor*- kennt. Selbst in dem jungen bairischen Kolonialgebiet im Südosten sind Spuren nachweisbar. Umso auffälliger sind die wenigen Zeugnisse im Norden, speziell im Nordwesten Niedersachsens, aber auch im Nordosten dieses Bundeslandes. Nur einzelne Belege erreichen Schleswig-Holstein.

Aus den Niederlanden, Belgien, Luxemburg und Frankreich können angeführt werden Althorn bei Saargemünd, 783 *Horone;* Hoerenkreek (Zeeland); Hoorebeke bei Oudenaarde, Ostflandern, 1090 *Horenbecca;* Hoorsik in Gelderland; Horburg bei Colmar, 1133 *Horeburg;* Hordijk bei Ijsselmonde; Horenlare bei Lembeke, Ostflandern, ca. 1300 *Orlaer, orenlare;* um 825 *Horgana*, evtl. bei Schoorl, Nordholland; Horion-Hozémont, 862 (K. 13. Jh.) *Horion*, bei Hesbaye, Prov. Lüttich; Horkamp, FlurN in Brabant; Horlo, FlurN im Kt. Fléron, 1538 *les Horlooz;* Horsik bei St. Michielsgestel, Nord-Brabant; 1171 *Horue*, FlurN bei Paturâges; um 1140 *alium rivulum qui vocatur Hureslede*, unbekannt in Noordholland; Huron, 944 (K. um 1150) *in Hurim*, unbek. in Groningen; Oerle/Oreye, ON bei Lüttich, 1107 *Orelium*, 1252 *Hurle*.

Englands Anteil war schon im appellativischen Bestand als nicht unwichtig unterstrichen worden. Umso bedeutungsvoller wird die Suche nach davon abgeleiteten Namen und deren Verbreitung sein. An relativ sicheren Verwandten der kontinentalgermanischen Sippe kann man anführen: Harborne; Harlick; Harmers; Harpole, 1086 *Horpol;* Harwood Gate; Harton, 1249 *Horton;* Hawley; Hollowmoor; Holyport, 1220 *Horipord;* Horbling, 1086 *Horbelinge;* Horbury, 1086 *Horberie;* Horcott, -field, -wood; Hor(e)dich(e)-

gre(e)ues; Le Horemede; Horemerestall; Horeput; Horfield, 1086 *Horefelle;* Horham, ca. 950 *Horham;* Horish (Wood); Horley, 1374 *Horlawegrene;* Great, Little Hormead, 1086 *Horemede;* 1243–64 *Hormede,* mit FlurN Horpits und Horpyt; *Horralake; Horrel;* Horsell, alt *Horsele, Horisell,* zu ae. *horgesella;* Horwell; Horwood, 1086 *Horewode;* Warpoole; Wharley; Worley's Fm. Sehr zahlreich sind Komposita mit *-ton* in Horton, 1086 *Hortune;* 1086 *Hortona;* 946 (K. 13. Jh.) *hore tuninge* (diese habe ich auf der Karte auch mit einem besonderen Symbol versehen).

Meine Suche nach Entsprechungen im skandinavischen Bereich einschließlich Dänemarks blieb erfolglos. Auch in Schleswig-Holstein sind – wie erwähnt – nur geringe Spuren nachweisbar.

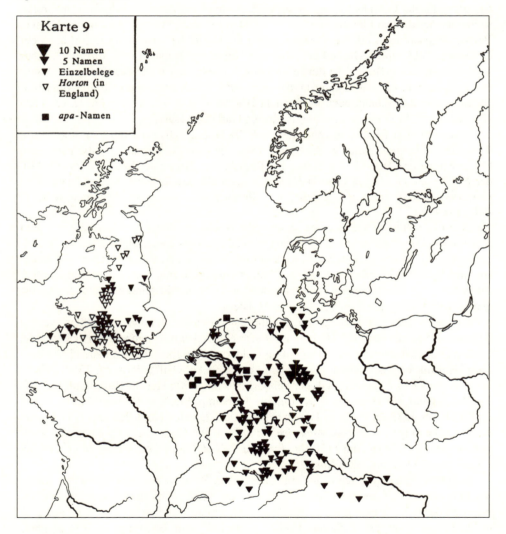

Die Gesamtverbreitung ist aus Karte 9 erkennbar. Sie zeigt, dass das gesamte deutsche Sprachgebiet sowie die Niederlande, Belgien und nordöstliche Kantone Frankreichs an der Streuung Anteil haben. Von großer Bedeutung ist das Auftreten in England. Erneut kann es kaum einen Zweifel daran geben, dass die Belege der Insel mit denen des Kontinents in einen Zusammenhang gebracht werden können. In diesem Zusammenhang muss die schon eingangs unterstrichene altertümliche Struktur des germanischen Wasserwortes, das dem grammatischen Wechsel unterzogen worden ist, wieder in Erinnerung gebracht werden. Damit soll keineswegs behauptet werden, dass alle der kontinentalgermanischen Belege hohes Alter besitzen. Das gilt auf keinen Fall für die süddeutschen und österreichischen Namen, jedoch sicher für die oben angesprochenen -*l*- und -*n*-Ableitungen sowie für die -*apa*-Namen. Auch gibt die Tatsache zu denken, dass unser Wasserwort in Flurnamen nur geringen Niederschlag gefunden hat. Ebenso ist auffällig, dass die neu kolonisierten Gebiete östlich der Elbe das Wort offenbar nicht mehr zur Namenbildung genutzt haben.

Ich denke, dass wir in dieser Verbreitung, die ja mit den bisher vorgeführten im Wesentlichen – bis auf das starke Ausgreifen auf jüngere, süddeutsche und österreichische Siedlungsgebiete – identisch ist, ein weiteres Indiz dafür gewinnen, dass die germanischen Siedler Englands den Weg über den Kanal genommen haben. Und dieses muss – ich erinnere erneut an Verners Gesetz in unserem Wort – recht früh geschehen sein.

An einem letzten Beispiel möchte ich zeigen, dass die Verbindungen zwischen dem Kontinent und England in früher Zeit nur über den Kanal hinweg geknüpft worden sein können. Es ist das aus norddeutschen Ortsnamen vertraute -*hude*, vor allem bekannt durch Buxtehude (das allerdings früher kein -*hude*-Name gewesen ist).

10. -*hude*

Hude begegnet in Norddeutschland vor allem in Siedlungsnamen, die an Gewässern liegen. Das Wort ist allerdings heute ausgestorben und in deutschen Dialekten nicht mehr nachweisbar. Belegt werden kann es für das Mittelniederdeutsche als *hûde* 'Holzlagerplatz, Stapelplatz an einer Wasserverbindung, Fährstelle'. Im Niederländischen fehlt das Wort, es lässt sich allerdings aus Ortsnamen gewinnen. Auch im Englischen ist es heute unbekannt, jedoch ist es in altenglischer Zeit als *hȳð* 'Platz, der das Schiff bei der Landung aufnimmt, ein passendes niedriges Ufer, ein kleiner Hafen' belegt.

Die Etymologie ist schwierig und vor allem durch die teilweise Homonymie von ndt. *hude*, *hüde* 'Versteck, heimlicher, verborgener Ort' usw. erschwert. Nicht selten wurde auch ein Zusammenhang gesucht. So stellte H. Jellinghaus (1923, S. 91) *hude* 'Bergungsplatz, Stapelplatz' zu *hüen* 'verstecken'. Etwas genauer hat er sich allerdings an anderer Stelle geäußert und mit Recht gefolgert: „Das Wort kann nicht ganz identisch sein mit ndd. *hüde* = Gewahrsam, Versteck, heimlicher, verborgener Ort, Höhle, wegen des Vokals und des im Angelsächsischen und Niederdeutschen bei *hüden* (verstecken) fehlenden ð".[31]

Die Etymologie wird auch dadurch erschwert, dass die ursprüngliche Bedeutung des Wortes letztlich nicht klar ist. Worunter können 'Holzlagerplatz, Stapelplatz an einer Wasserverbindung, Fährstelle, (kleiner) Hafen, Landungsplatz, Bergungsplatz, Platz, der das Schiff bei der Landung aufnimmt, passendes niedriges Ufer, Überfahrtstelle' vereint werden?

---

[31] Jellinghaus 1898, S. 290.

Sie wird weiter erschwert durch die Tatsache, dass sich unter den außergermanischen Verwandten kaum ein befriedigender Anschluss anbietet. Jellinghaus (1898, S. 290) hatte allerdings den Einfall, von einer nordseegermanischen Form mit *-ūð-* < *-unð-* auszugehen und stellte unsere ON-Sippe in einen Zusammenhang mit ae. *huðe* 'Beute' (= got. *hunths* 'Gefangenschaft'). Diese Verbindung mit ae. *hunt, huntian*, got. *fra-hinþan* 'jagen, gefangen nehmen usw.' überzeugt semantisch aber kaum. Dennoch führt dieser Gedanke wahrscheinlich weiter.

Wenn man die nordseegermanische Entwicklung akzeptiert, gelangt man zu einer germ. Grundform **hunþ-*. Außergermanisches mit einem Ansatz **kunt-* oder **kn̥t-* weist letztlich auf eine Bedeutung 'Winkel, Ecke, Spitze'. Dabei ist es gleichgültig, ob man griech. κανθός 'Augenwinkel' oder griech. κοντός 'Nagel', kymr. *cethr* 'Spitze, Nagel' oder ahd. *hantego, handego* 'scharf, spitz' heranzieht.

An dieser Stelle kann eine in diesem Zusammenhang bisher unbeachtet gebliebene slavische Sippe eingebracht werden. Sowohl appellativisch wie im Namenschatz lässt sich eine Fülle von Material anführen, aus der ich nur wenige Belege herausgreife. Es geht um einen urslav. Ansatz **kǫt-*, der regelrecht weiterlebt in russ. *kut* 'Ende eines tief in das Land hineinreichenden Flussarms', ukrain. *kut* 'enge, winkelförmige Bucht', poln. *kąt* 'zwischen zwei Untiefen befindliche oder ins Land eingeschnittene Wasserfläche im Fluss, aus der man mit dem Schiff nicht stromauswärts herausfahren kann; gewöhnlich der Rest eines alten Flussbettes oder ein Flussarm'. In der Bedeutung 'Winkel' ist es im Slavischen allgemein verbreitet. Auf den Namenbestand des Slavischen gehe ich hier nicht ein. Die Zahl der davon abgeleiteten Toponyme ist beträchtlich.

Ich glaube, dass es nicht allzu gewagt ist, eine Verbindung von slav. **kǫt-* und dt. usw. *Hude* herzustellen. Offenbar liegt der germanischen Sippe ein Wort zugrunde, das sich auf eine bestimmte Lage an einem Gewässer, wahrscheinlich eine vorspringende Landzunge (die als Stapelplatz usw. genutzt wurde), bezieht. Das Slavische besitzt auch dafür eine semantische Parallele: Bei der Diskussion der slav. Sippe um skr. *naklja* 'Flusskrümmung' lässt sich eine Wortfamilie zusammenstellen, in der ganz ähnliche Bedeutungen wie bei *Hude* begegnen: 'feuchter, sumpfiger Ort; Anlege-, Landungsstelle; Sandinsel im Fluss; Schifflände; Abladeplatz'.[32] Die Übereinstimmung ist nicht zu übersehen.

Wenn die Verbindung mit dem Slavischen um russ., ukrain. *kut* usw. richtig ist, liegt im Germanischen ein Erbwort vor. Von hieraus wird erneut die Verbreitung im Namenbestand, zu dem wir jetzt übergehen wollen, wichtig.

Aus Deutschland sind mir bekannt geworden: Addehude; Altenhude; Aschenhude; Auf der Hude; Auf der Huder; Billerhude; Dockenhuden, 1184 *Dockenhuthe;* Dodenhuden; 1346 *Eckhude;* Elfershude; Fischerhude, 1124 *Widagheshude;* Flemhude; Frauenhude; Ende 14. Jh. *Frithereshuthe;* Frühlingshude; 1314 (A. 14. Jh.) *Ghemedeshude;* Grönhude; Hamhude; Hanenhude; Harwestehude; Heemhude; Helwedehuda; Heimhuder Weg, 1256 *in Heimehudhe;* Hilkenhude; Huden bei Meppen, 1037 *-huthun* in dem Beleg *Hlareshuthun* (Trad. Corb.); Hodenhagen, 1168 (K. 18. Jh.) *de Hode* u. ö.; Hohenhude; Holzhude; Hude (häufig), auch mit Umlaut Hüde; Huden, um 920 *Huthun;* Hüthum, 1206 *Huthem;* Hudau; Hudemühlen an der Aller. In der Nähe von Lüneburg vermute ich Hudemühlen, 1394 (Dorsalnotiz) *to der Hodemolen.* Man vergleiche weiter Hudenbeck bei Lübbeke, z. J. 775 *Hudbeki;* Hudenbrook bei Bünzen; 1401 *Hudesmoelen;* Kl. und Gr.

---

[32] S. Udolph 1979, S. 434ff.; dort auch zur Etymologie.

Hutbergen; Hutloh; Huttfleth; Kayhude; *Kornhude* bei Lübeck; 1124 *Melichuden, Melinchuden,* bei Lüneburg; 1290 *molenhudhe* bei Wentorf; Neddernhude, Obernhude; Oelixdorfer Hude; Pahlhude; Papenhuderstraße in Hamburg, 1256 *papenhuthe;* 1287 *Ratekowenhude* bei Ratekau; Ritterhude; um 1200 *Sconerehute,* bei Wilster; 1200 *Sentemerienhude* bei Reinfeld; Sommerhude; Stapelhude, 1258 *in loco qui dicitur Stapelhuthe;* Stavenhude; Steenhude; Steinfelder Hude; Steinhude am Steinhuder Meer, 2. H. 14. Jh. *To der Stenhude;* Sunte Willehades Hude; Tesperhude; 890 *Thancolbishuthi,* unbekannt; Tuchehude; Weinhude; Winterhude.

Dass *hude*-Namen nicht nur junge und jüngste Schöpfungen sind, beweist der 1191 überlieferte ON *Huthere,* bei Höxter oder Pyrmont. Ich habe keine Bedenken, in ihm eine -r-Ableitung zu vermuten und mit anderen, ähnlich gebildeten Namen (so etwa Gitter, Gümmer, Halver, Hilter) zu verbinden. Es sind hochaltertümliche Namen, deren Ableitungsgrundlagen z. T. aus dem Germanischen erklärt werden können, z. T. aber an alteuropäisches Material Anschluss finden.[33]

Auch im niederländischen Gebiet sind verwandte Namen nicht selten. Ich habe notiert: Coude Hide in Seeland; Coxyde, 1270 *de Coxhyde;* Coxyde (*Koksijde*); Hude, 1405 *Hude;* Hude driesch; Huderstrate; 1359 *le Hyde,* bei Dünkirchen; Nieuwe Yde bei Nieuwpoort/Oostduinkerke, 1277 *Nova Hida;* Raversijde, 1401 *Wilravens hyde;* Lombartsijde, 1408 *Lombaerds yde;* Yde, 1331 *in die Hide.*

Schließlich ist noch englisches Material anzuführen. Hierher gehören neben anderen Aldreth, 1169–72 *Alreheð(a), -huða;* Bablock Hythe; Bleadney, 712 (K. 14. Jh.) *ad portam quae dicitur Bledenithe;* Bolney, 1086 *Bollehede;* Bulverhythe; Chelsea, 785 *Cealchyþ, Celchyð,* 801 *Caelichyth;* 1275 Chollesethe; Clayhithe, 1268 *Clayheth;* Covehithe; Creeksea, 1086 *Criccheseia;* Downham Hythe, 1251 *Dunham hythe;* Earith, 1244 *Herheth;* Erith, 695 *Earhyð;* Fishhythe; Frecinghyte; Glanty, 675 (K. 13. Jh.) *Glenthuþe;* Greenhithe; Heath (mehrfach); Hidden, 984 (K. um 1240) *(innan) Hydene;* Hithe Bridge; Hive, 959 (K. um 1200) *Hyðe;* Hive, 1306 *atte hethe;* Horsith, 1249 *Horsyth(e);* Hyde, 1333 *atte Hithe;* Horseway, 1238 *Hors(e)hythe;* Hullasey, 1086 *Hunlafesed;* Huyton, 1086 *Hitune;* Hythe (Surrey), 675 (K. 13. Jh.) *huþe;* Hythe (Cambridge), 1221 *Hethelod;* Hythe (Kent), 1052 *(on) Hyþe;* Hythe (Hampshire), 1248 *(la) Huthe;* Hythe (Essex), 1311 *La New(e)heth(e);* Hythe Bridge; Hyton, 1086 *Hietun;* Knaith, 1086 *Cheneide,* < *cnēohyþ;* Lakenheath, um 945 *æt Lacingahið;* Lambeth, 1041 *Lambhyð;* Maidenhead, 1202 *Maideheg;* Methwold Hythe; Nettles Heath Point; New Hythe, 1254 *attenhaldehithe;* Prattshide, um 1250 *Pratteshithe;* Pudsey Hall, 1086 *Puteseiam;* Putney, 1086 *Putelei;* Queenhithe, 898–99 *Ætheredes hyd;* Rackheath, 1086 *Racheitha;* Riverhead, 1278 *reddride;* Rotherhithe, um 1105 *Rederheia;* Sawtry, 974 *Saltreiam;* Setchey, 1202 *Seche, Siecche;* Small Hythe, 13. Jh. *Smalide;* Stepney, um 1000 *Stybbanhyþe;* Stockwith, 12. Jh. *Stochithe;* Swavesey um 1080 *Suauesheda;* Welshithe, angeblich 675 *Weales húðe;* West Hythe; Willey, 1240 *Wyliethe;* 1549 *Wyndmyllhyth.*

Die englischen Ortsnamen zeichnen sich durch relativ hohes Alter und durch einfache Bestimmungswörter, die auf Stellenbezeichnungen hinweisen, aus. Von besonderer Bedeutung aber ist die Verbreitung mit ihrem Schwerpunkt im Südosten Englands. Bevor wir darauf eingehen, müssen wir aber noch einen Blick nach Skandinavien werfen. Jedoch bleibt die Durchsicht des nordischen Materials ohne Erfolg.

---

[33] Vgl. Udolph 1994, S. 169–199.

Die Kartierung der Namen (Karte 10) ist schon bemerkenswert. An dem Zusammenhang zwischen den norddeutschen -*hude*-Namen und den südostenglischen Verwandten ist m. E. kaum zu zweifeln. Auch die niederländisch-flandrische Brücke ist – wenn auch nicht so stark wie bei anderen Verbreitungskarten – zu erkennen. Dabei ist allerdings auffällig, dass Namen an der Küste selbst kaum anzutreffen sind. Unbekannt ist der Typ auch in den großen Moorflächen Nordwestdeutschlands.

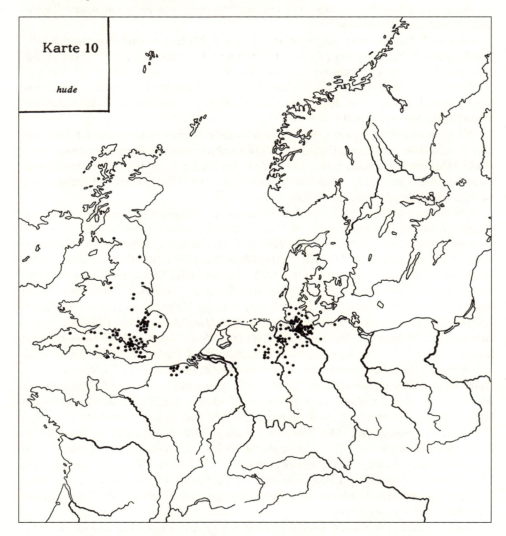

Den m. E. für uns wichtigsten Punkt hat Jellinghaus vor fast 100 Jahren bereits notiert: Demnach sind die -*hude*-Namen „ein starkes Zeugnis für die Herkunft des Stammes der südenglischen Bevölkerung aus der niederdeutschen Ebene". Dem kann kaum widersprochen werden. Im Gegenteil, wir sahen Ähnliches bereits bei anderen alten germanischen Namentypen und dürfen uns erneut fragen, ob die immer wieder vertretene These, die germanischen Eroberer Englands seien vor allem aus Schleswig-Holstein und

Dänemark gekommen, wirklich akzeptiert werden kann. Die geographischen Namen sprechen eindeutig dagegen.

Nicht ganz ohne Bedeutung ist auch, dass innerhalb Schleswig-Holsteins mehr der Osten als der Westen an der Verbreitung Anteil hat. Ich werde darauf in einem anderen Zusammenhang und an anderer Stelle zurückkommen.[34] Es bleibt aber noch übrig, eine Namensippe zu behandeln, die in Schleswig-Holstein und in England stark vertreten ist und die nicht selten als Beweis für die Herkunft der angelsächsischen Siedler gedient hat: Es sind die *-büttel*-Namen.

11.   *-büttel*[35]

Dieses Grundwort, das die Bedeutung 'Anwesen, Haus, Wohnsitz' hat, beschäftigt die Namenkunde schon lange Zeit. Ich biete zunächst eine Zusammenstellung der deutschen *-büttel*-Namen. Von den ca. 170 Belegen nenne ich hier: Aasbüttel; Abbesbüttel; Achtenbüttel; Adenbüttel; Algesbüttel; Allenbüttel; Allerbüttel; Appenbüttel; Arsenbüttel; Ausbüttel; Bahlbüttel; Barsbüttel; Bechtsbüttel; Bernebüttel; Bienenbüttel; Bönebüttel; Bösbüttel; Dannenbüttel; Diersbüttel; Düdenbüttel; Edenbüttel; Egenbüttel; Eilersbüttel; Eimsbüttel; Eisenbüttel; Elpersbüttel; Engbüttel; Evenbüttel; Everikesbüttel; Finckenbüttel; Flögelner Büttel; Fuhlsbüttel; Griesenbötel; Großenbüttel; Hankensbüttel; Harmsbüttel; Harxbüttel, 1007 *Herikes(ge)butle;* Hasebüttel; Haßbüttel; Hassenbüttel; Heinebüttel; Heißenbüttel; Hembüttel; Hillersbüttel; Hoisbüttel; Holtebüttel; Hornbüttel; Hummelsbüttel; Hünkenbüttel; Hunsbüttel; Insbüttel; Intzenbüttel; Isenbüttel; Itzenbüttel; Jersbüttel; Jützbüttel; Katjenbüttel; Kattbüttel; Ketelsbüttel; Kochenbüttel; Kukenbüttel; Lagesbüttel; Lehrsbüttel; Liesbüttel; Lüdersbüttel; Lütjenbüttel; Martinsbüttel; 1007 *Meginsnichegibutle;* Mienenbüttel; Nackenbüttel; Nienbüttel; Nordbüttel; Offenbüttel; Ohlenbüttel; Oldenbüttel; Ottenbüttel; Padingbüttel; Papenbüttel; Pennigbüttel; Poppenbüttel; Ranzenbüttel; Reesenbüttel; Reinsbüttel; Ribbesbüttel; Ritzebüttel; Rötgesbüttel; Rolfsbüttel; Sarzbüttel; Schadenbutle, 1105 *Scathenebutli;* Schodenbüttel; Schokenbüttel; Schwienbüttelbusch; Siebenbüttel; Siezbüttel; Speckenbüttel; Stickenbüttel; Störtenbuttel; Tegenbüttel; Tensbüttel; Tevekenbuttel; Thienbüttel; Thuringbüttel; Tifkenbüttel; Todenbüttel; Tremsbüttel; Trotzbüttel; Vollbüttel; Warmbüttel; Warxbüttel; Wasbüttel; Watenbüttel; Wellingsbüttel; Welmbüttel; Wendebüttel; Wennbüttel; Westerbüttel; Wienebüttel; Wohlenbüttel; Wohsbüttel; Wolfenbüttel, 1118 (A. 14. Jh.) *de Wlferesbutle;* Wostenbüttel; Wulfenbüttel; Wulsbüttel; Wunderbüttel.

Unter diesen sind ganz junge Bildungen wie Lütjenbüttel, Papenbüttel, Nordbüttel schnell zu erkennen. Daneben stehen aber ältere Formen, deren Etymologie auf den ersten Blick durchaus nicht klar ist. Jedoch ist bei diesen wie bei den *leben*-Namen fast nur mit Personennamen zu rechnen. L. Fiesel hat in seiner grundlegenden Untersuchung festgestellt: „80,3% der bestimmbaren Ortsnamen sind mit PN gebildet."[36]

Es gibt unter den Namenforschern keinen Zweifel daran, dass der Schwerpunkt der Namen in Deutschland zu finden ist. Dennoch hat man sich immer wieder gefragt und

---

[34] Vgl. Udolph 1994, S. 906ff.
[35] Vgl. jetzt Casemir 1994.
[36] Zitiert nach Becker, S. 18.

muss wohl auch fragen, wie es in anderen Ländern der Germania mit Entsprechungen im Namenbestand bestellt ist. Dass England davon berührt ist, steht schon lange fest. Strittig ist allerdings, in welchem Verhältnis dessen Namen zu den deutschen stehen.

Im Gegensatz zu allen anderen bisher von mir behandelten Namensippen fehlt *-büttel* aber in den Niederlanden, Belgien und Nordfrankreich. Schon von hieraus erhebt sich die Frage, ob die englischen Namen (zu denen wir gleich kommen werden) wirklich in einen Zusammenhang mit den deutschen gehören.

Für H. Jellinghaus war die Sache klar: „Sämtliche Namenwörter von Nordhannover und Holstein sind in den englischen Namen nachzuweisen. Ich übergehe die bekanntesten und erinnere nur an die in England verbreiteten Ortsnamen auf *-bold, bottel* [...]."[37]

Anders sah es E. Schröder (1944, S. 313), der zu dem „noch ungelösten *-büttel*-Problem" äußerte: „sie fehlen in Westfalen, in den Niederlanden und in England: denn die englischen Namen mit *-bold* und auch die mit *-bottle* verlangen eine getrennte Betrachtung". Wenige Zeilen später macht Schröder nordische Siedler für die Existenz von *-büttel*-Namen im südöstlichen Niedersachsen verantwortlich.

Von Bedeutung ist die Tatsache, dass unser Wort im Englischen in unterschiedlicher Gestalt erscheint. Meist setzt man drei Varianten *botl, bold* und *boðl* mit den Bedeutungen 'Haus, Wohnung, Halle, Tempel' an. Eine Kartierung der englischen Namen findet sich schon bei A. H. Smith.[38]

Ich biete das englische Material geordnet nach den eben genannten drei Varianten. Dabei ist allerdings nicht immer sicher zu entscheiden, ob die an und für sich zu erwartende Länge des Vokals in *boðl* und *botl* in den Namen durchscheint.

1. *boðl-/bodl-* < **bōþ-l-*
   Hierunter fallen Beadlam, 1086 *Bodlun;* Blindbothel, 1278 *Blendebothel;* Bode, 1086 *Bodele;* Bole, 1086 *Bolun;* Bolesworth; Bolford, 1086 *Bodelforde;* Bothelford, 1086 *Bodelforde;* Bolton (sehr zahlreich), < **bōþltūn;* Bothel, um 1125 *Bothle;* Buittle. Nach H. Kökeritz gibt es auch eine Gruppe von *-bōþl*-Namen im Süden Englands. Hierzu gehören la Bothele; Buddle, 1580 *Buddle,* bzw. 1305 *la Bothele;* Buddle Oak, 1327 *atte Bothele;* Buddleford, 1407 *Bodeleford;* Buddlehay, 1327 *Botheleheye;* Buddleshayes, 1330 *Bothelehegh;* Buddleswick, 1317 *Botheleswyk.*

2. *bold-/bolt-*
   Metathesierte Formen liegen vor in Ambutt, 1522 *Ambolt;* Bold, 1204 *Bolde;* Bold oder Bould, 1308 *la Bolde;* Bold Lane; Boldon, um 1170 *Boldun;* Boughton, 1275 u. ö. *Boltone;* Bould, 1260 *Boolde;* Bowl; Budle, 1165 *Bolda.* Auch in Komposita, häufig mit *new* verbunden: 13. Jh. *Chevesasbolde;* Heybolde, 1317 *Newbolt;* Low Bolton, 1231 *Estbouelton;* Newbald, 963 (K. 14. Jh.) *to msebotle* (für: *to nipebotle*); Neuboldesfeld; Newbold (sehr häufig), 1291 *Neubolt,* auch 1086 *Newebold* bzw. 991 (A. 11. Jh.) *Nioweboldan* u. a. m.; Newbould Barn; Newbound, 1330 *Neubold;* Nobold; Oxbode Lane, um 1260 *Ox(e)bodelone;* Oxenbold, 1086 *Oxibola;* Parbold, 1202 *Perebold;* Rigbolt, 13. Jh. *Writtebaud;* Wychbold, 692 (K. 11. Jh.) *Uuicbold, Wicbold.*

---

[37] Jellinghaus 1899, S. 231.
[38] Smith, Karte 8 (im Anhang).

Die Landnahme Englands durch germanische Stämme   215

3. *botl-*
   Hierher gehören Battleburn; Bootle, 1086 *Boltelai*, 1212 *Botle;* Bootle (Cumberland), 1086 *Bodele;* 15. Jh. *Botilsclac;* Botolph Claydon, 1224 *Botle;* Bottesford, 1086 *Botesford;* Bottle Bank; Bottle Brook; Dunbottle; Fordbottle, 1086 *Fordebodele;* Harbottle; Long Bottles; Lorbottle, 1176 *Leuerboda*, 1178 *Leuerbotle;* Newbattle; Newbottle (mehrfach); Newbottles; Nobottle Grove, 1076 *Neowbotle grave;* Shilbottle, 1228 *Siplibotle;* Walbottle, 1176 *Walbotle*.

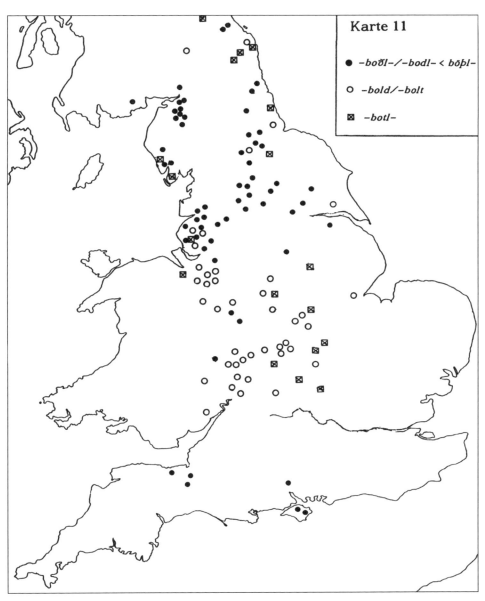

Zunächst soll uns die Verbreitung der englischen Ortsnamen interessieren (Karte 11). Sie zeigt doch sehr deutlich, dass die drei Grundwörter im Großen und Ganzen unterschiedlichen Regionen eigen sind:

1. *-boðl-/-bodl* < **bōþl*- begegnet vor allem in den Grafschaften Lancaster und York sowie nördlich davon. Auffällig sind die südwestenglischen Namen in Dorset, Hampshire und auf der Isle of Wight. Diese Namen widersprechen einer immer wieder anzutreffenden These, dass der Süden Englands davon nicht betroffen sei. Allerdings fragt es sich, ob diese Namen überhaupt in einem unmittelbaren Zusammenhang mit denen auf *-büttel* stehen. W. Laur hat dazu ausgeführt: „Wenn [...] ae. *bôðl, bôtl* [...] ursprünglich einen langen Vokal enthält, gehört es nicht direkt zu ndt. *-büttel*, das auf germ. **buþlaz*, bzw. **buþla(m)* mit kurzem Vokal zurückgeht, sondern zur ablautenden Nebenform **bôþlaz*, **bôþla(m)*, das in an. *ból* 'Lager, Wohnort, Hof', dän. *bol* 'Hufe' vorliegt." Nun ist die Vokallänge allerdings keineswegs immer bezeugt, so dass offene Fragen bestehen bleiben.
2. *-bold/-bolt* ist recht deutlich beschränkt auf den Westen Mittelenglands (Worcester, Warwickshire, Cheshire, Northamptonshire). Einzelne Ausläufer erreichen auch den Norden in York, Durham und das südliche Schottland.
3. Am weitesten ist die dritte Variante *-botl-* gestreut. Sie besitzt einen Schwerpunkt in Northamptonshire, Leicester und Nottinghamshire, ist aber auch an der Peripherie der gesamten Verbreitung vertreten.

Die Kartierung zeigt recht deutlich, dass der Süden Englands nicht in dem Maße Anteil an der Streuung der Namen hat, wie bei anderen typischen altertümlichen germanischen Namen. Man kann nicht umhin festzustellen, dass der Südosten (vor allem Kent, Sussex, Surrey, Essex und das Gebiet um London) frei von *bōthl*-Namen und ihren Variationen ist.

Und von hieraus erhebt sich die eingangs immer wieder gestellte und viel diskutierte Frage erneut, ob zwischen den deutschen *-büttel*-Orten und den hier aufgelisteten und kartierten englischen Namen ein engerer oder weiterer Zusammenhang besteht. Dazu ist es notwendig, sich die Gesamtverbreitung vor Augen zu führen (Karte 12).

Es fällt auf, dass die deutschen *-büttel*-Namen sehr konzentriert auftreten: Deutlich erkennbar sind die Häufungen im Papenteich, an der unteren Weser und im westlichen Holstein. Daneben fällt eine stärkere Verbindungslinie vom Papenteich in Richtung Norden über die Elbe in den Bereich östlich von Hamburg auf.

Die entscheidende Frage lautet aber, ob die englischen Einwanderer mit den kontinentalen *-büttel*-Namen in eine unmittelbare Verbindung gebracht werden können. Nicht zuletzt wegen der Streuung der Namen, der großen Lücke zwischen dem Bereich der *-büttel*-Orte und den englischen Entsprechungen, vor allem auch wegen des Fehlens in Westfalen, den Niederlanden, Belgien und Nordfrankreich glaube ich, W. Laur folgen zu können und eine **unmittelbare** Beziehung zwischen beiden Namengruppen ablehnen zu müssen. Explizit hatte W. Laur geäußert:

> Wie aber bereits Ritter gezeigt hat, finden sich die entsprechenden Ortsnamen in England im anglischen Gebiet und enthalten im Gegensatz zu den niederdeutschen *-büttel*-Namen keine Personennamen, daher werden heute im allgemeinen keine Zusammenhänge angenommen.

Die Landnahme Englands durch germanische Stämme 217

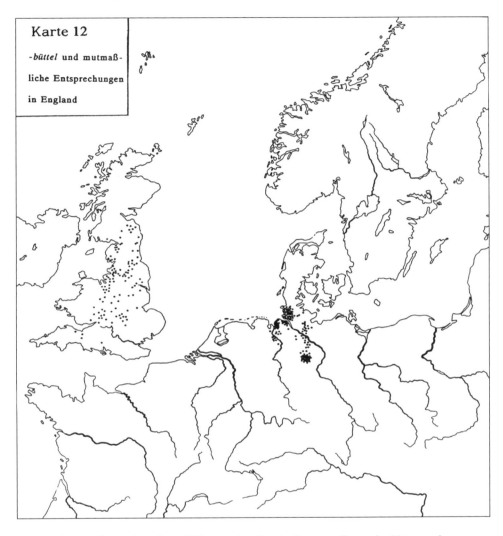

Karte 12
-büttel und mutmaßliche Entsprechungen in England

Die Beurteilung der -büttel-Namen ist durch die grundlegende Untersuchung von K. Casemir, die auch eine überzeugende Etymologie vorgelegt hat, entscheidend gefördert worden. Daher besteht ein Zusammenhang zwischen diesen und den behandelten englischen Ortsnamengrundwörtern nicht. Der Vergleich ist aus der Liste der englisch-niederdeutschen Übereinstimmungen zu streichen.

Die hier erzielten Ergebnisse sind in der in Fußnote 1 genannten Arbeit durch weiteres Material erhärtet werden. Z. B. werden dort noch ausführlicher behandelt: -tun- mit der -ingtun-Problematik in Nordostfrankreich; *horst/hurst* und deren Verbreitung im Namenbestand; *kreek*, engl. *creek*; *lage* (besonders häufig zwischen Weser und Rhein); *Ufer/over* und *wapel*, ein im Friesischen belegtes Wort für 'Sumpf, Morast'.

Die Verbreitungskarten haben gezeigt, dass germanische Ortsnamen, die in sich Spuren der ältesten sprachlichen Erscheinungen (ererbter Wortschatz, Vṛddhi, Verners Gesetz und anderes mehr) besitzen, von einem kontinentalgermanischen Ausgangsgebiet etwa nördlich der deutschen Mittelgebirge aus nach Westen in die südlichen Niederlande und nach Belgien hinein ausstreuen und den kürzesten Weg über die Nordsee hinweg, nämlich über den Kanal, genommen haben.[39] Ihre Schöpfer und Träger waren germanische Stämme. Das vielzitierte Ausgangsgebiet Schleswig-Holstein hat nur mit einem Typ daran Anteil: den -*büttel*-Namen. Diese aber mussten als Zeugen einer Wanderungsbewegung abgelehnt werden.[40] Somit kommt Schleswig-Holstein als Ausgangsgebiet der germanischen Landnahme in England nicht in Betracht. Gleiches gilt für Dänemark und das südliche Skandinavien.

Es ist geboten, diese Erkenntnisse mit bisherigen Ansichten zu konfrontieren. Bei der Frage nach dem Verhältnis zwischen der Ortsnamengebung auf dem Kontinent und England gibt es durchaus unterschiedliche Meinungen. Während viele Forscher der Ansicht sind, dass es ein enges Verhältnis zwischen beiden Bereichen gegeben haben muss, ist es vor allem H. Kuhn gewesen, der eine ganz andere Haltung eingenommen hat. Stellvertretend für die erste Gruppe kann hier E. Schwarz genannt werden, der explizit geäußert hat: „Die Angelsachsen zeigen in ihren On.-Typen, daß eine ausgebildete Namengebung mitgenommen wurde."[41] Demgegenüber heißt es bei H. Kuhn (1996, S. 261): „Auf die Frage, wie weit hier, und auch in der nordischen Parallele, das Mutterland oder die Kolonie vorausgegangen ist, kann keine allgemeine Antwort gegeben werden", und weiter: „Das bedeutet unter anderm, daß das Fehlen wichtiger Namentypen zum Beispiel in England und Ostdeutschland auf einer dortigen Auslese beruhen kann und keinesfalls beweist, daß sie im Mutterlande damals nicht – nicht mehr oder noch nicht – zur Namenbildung verwandt worden sind."[42]

Diese beiden Auffassungen, die mit zahlreichen weiteren Zitaten untermauert werden könnten, sind kaum miteinander vereinbar. Eine der beiden Meinungen wird sich nicht halten lassen. Nimmt man aber noch die skeptische Haltung von J. Hartig und G. Müller hinzu, wonach „Übertragungen als Ursache von Namenpaarungen in England und im ehemals anglischen Siedlungsgebiet auf dem Kontinent [...] mehrfach behauptet worden [sind]", es aber „oft [...] Laienforscher [sind], die gleichlautende Ortsnamen in diesem Sinne interpretieren, obwohl sich in vielen Fällen zeigen läßt, daß der Gleichklang das Ergebnis relativ junger Lautentwicklungen ist und die ältesten Ortsnamenformen weit voneinander abweichen"[43], ergänzt man diese skeptische Haltung weiter durch den Hinweis auf den Versuch von W. Piroth (1979) und die heftige und ablehnende Kritik von englischer Seite,[44] so wird man fast geneigt sein, mehr H. Kuhns These zu folgen und Versuche, mit Hilfe der Ortsnamen etwas zu dieser komplizierten Frage beitragen zu wollen, sehr skeptisch zu beurteilen. Auch jüngste Untersuchungen und Ergebnisse internationaler Konferenzen[45] scheinen in diesem Punkt zu keiner Einigung zu gelangen.

Immer noch baut man eigentlich auf Bedas Passus auf. Die These, dass es Angeln, Sachsen und Jüten gewesen seien, die als Hauptträger der Landnahme zu gelten hätten, besitzt nach wie vor große Popularität. Ganz detailliert glaubt man den Zuzug einzelner Stämme

---

[39] Vgl. die synoptische Karte bei Udolph 1994, S. 775.
[40] Zu weiteren Einzelheiten der Diskussion der -*büttel*-Namen s. Casemir 1994.
[41] Schwarz 1952, S. 121.
[42] Kuhn, S. 263.
[43] Hartig/Müller, S. 50.
[44] Dazu jetzt Piroth 1988, S. 114ff.
[45] Z. B. in dem Sammelband von Bammesberger/Wollmann 1990.

ausmachen zu können, so etwa Th. Frings: „Der Hauptstrom der Sachsen ging unmittelbar über das Meer an die Themsemündung und in den Wash, und von da aus landeinwärts",[46] nordfriesische Spuren sucht G. Carstens (1962/63) in der Nähe von Calais, generell wird Dänemark und Schleswig-Holstein als Ausgangsgebiet der Wanderung angesehen.

Diese These ist jedoch nie wirklich mit Hilfe der vergleichenden Ortsnamenkunde untersucht worden. Ich hatte oben nach der Behandlung der meisten germanischen Grundwörter schon auf die wenigen Versuche von H. Jellinghaus und anderen verwiesen. Dabei kann es gar keinen Zweifel daran geben, dass gerade die Ortsnamen prädestiniert dafür sind, Antworten auf diese Fragen zu geben. So heißt es mit Recht bei I. Taylor: „And if we compare the local names in England with those on the Continent, we shall find that for more than a thousand years England has been distinctively and pre-eminently the land of inclosures."[47] Ich möchte dieses ergänzen durch den Hinweis auf einen Satz, der am Beginn der wissenschaftlichen Ortsnamenkunde Deutschlands gestanden hat. W. Arnold äußerte sich zur Aussagefähigkeit geographischer Namen wie folgt: Sie sind „die wichtigste und zuverlässigste Quelle für die historische Geographie, weit zuverlässiger als die oft widersprechenden Berichte späterer Schriftsteller".[48]

Allzu sehr hat man diesen immer umstrittenen Berichten Glauben geschenkt. Betrachtet man sich vorurteilsfrei die in dieser Arbeit zusammengestellten Namen und deren Verbreitung, so kann es gar keinen Zweifel daran geben, dass in den folgenden Punkten Fortschritte erzielt werden können:

1. Die germanischen Besiedler Englands haben zum größten Teil eine voll ausgebildete Namengebung mitgenommen und sie zur Benennung in der neuen Heimat genutzt.
2. Schleswig-Holstein und Dänemark scheiden als Herkunftsgebiet mit Sicherheit aus. Die germanische Namengebung dieser Länder ist jung und differiert erheblich von der Englands (vor allem im Süden).
3. Die Verbindungen liefen in erster Linie über den Kanal. Die Toponymie Flanderns und Nordfrankreichs zeigt sich fast immer als letzter Ausläufer der germanischen Expansion auf dem Kontinent, um sich dann in Kent, Sussex und Surrey fortzusetzen. Einzelne Namenkartierungen differieren hiervon leicht.
4. In einem Punkt hat die Untersuchung keine Fortschritte erbracht: Es ist die Frage des besonderen Verhältnisses zwischen Friesisch und Englisch und das damit zusammenhängende Problem des Nordseegermanischen. Zu diesem Punkt sind noch einige ergänzende Bemerkungen notwendig.

Dabei ist in erster Linie auf einen Beitrag von R. H. Bremmer zu verweisen. In seiner Untersuchung *Frisians in Anglo-Saxon England: A Historical and Toponymical Investigation* (1981) hat er die wichtigsten Stadien und Punkte der bisherigen Bemühungen zusammengetragen. So hatte schon J. N. L. Myres auf besondere Beziehungen zwischen Friesland und York hingewiesen: „Es sind sprachliche Eigentümlichkeiten, die darauf deuten, sowie Ortsnamen und archäologische Parallelen zwischen Friesland einerseits und York andererseits."[49]

---

[46] Frings, S. 81.
[47] Taylor, S. 83.
[48] Arnold, S. 2.
[49] Zitiert nach Drögereit, S. 237.

Eine genaue Zusammenstellung der mit *Frēs-/Frīs-* gebildeten Namen und deren Kartierung durch R. H. Bremmer zeigt aber auch Belege in Kent und an der südenglischen Küste. Die Konsequenzen, die der Autor aus seiner Studie zieht, sind für uns von besonderem Wert: „[...] it may have become clear that, as matters stand, the settlements in Anglo-Saxon England referring to Frisians can hardly be ascribed to the period of the first Germanic invasions in Britain."[50]

Diese Schlussfolgerung passt zu unseren eigenen Untersuchungsergebnissen: Ich hatte bei der Zusammenstellung meines Materials danach gestrebt, möglichst die altertümlichsten Bildungsmittel und Appellativa zu berücksichtigen. Die Kartierung der Namen der frühesten Schicht erbrachte keinerlei Hinweise auf besondere Beziehungen zwischen dem ehemaligen und jetzigen friesischen Siedlungsgebiet und etwaigen englischen Grafschaften. Wenn man auf die Frage nach den englisch-friesischen Beziehungen von seiten der Namenforschung Antworten erhalten möchte, so kann das nur dergestalt geschehen, dass man jüngere Namentypen auswählt und deren Ausbreitung einer kritischen Sichtung unterzieht. Das ist hier und jetzt nicht möglich.

Ich fasse nochmals zusammen: Schleswig-Holstein und Dänemark scheiden als Basis der germanischen Besiedler Englands aus, der Weg führte vielmehr über die Niederlande (vor allem durch deren südliche Provinzen) und Nordbelgien nach Flandern und Nordfrankreich, überwand den Kanal an seiner engsten Stelle und setzte sich in südöstlichen Grafschaften Englands kontinuierlich fort.

Diese Erkenntnisse treffen sich in ihrem entscheidenden Punkt mit einer These, die von D. DeCamp vor etlichen Jahren vorgelegt worden ist.[51] Ohne auf onomastische Überlegungen einzugehen, kommt der Autor darin zu der Überzeugung, dass

1. Jüten an der Einwanderung nach England nicht beteiligt waren (S. 386);
2. eine Einteilung in drei Stämme abzulehnen ist: „Rather, is was a slow colonization by numerous bands representing many continental tribes, [...] Peoples migrated not as Angles, Saxons, or Frisians, but as individual adventurerleaders, with small and heterogeneous followings" (S. 386);
3. die englischen Dialekte ihre Ausgestaltung erst auf der Insel vollzogen haben und nicht auf kontinentale Vorgruppierungen zurückgehen, und (für unsere Ergebnisse besonders interessant)
4. die Innovationen, die auf englische Dialekte eingewirkt haben, über den Kanal hinweg verlaufen sein müssen (Karte auf S. 389).

Hier decken sich offenbar Dialekterscheinungen und Verbreitungen von Ortsnamentypen.

Es bleibt nun noch, zwei Fragen anzuschneiden, die ich bisher ausgeklammert habe, und die auch nur sehr schwer und mit Hilfe des onomastischen Materials kaum beantwortet werden können: Wann etwa erfolgte die Einwanderung nach England? Welche germanischen Stämme waren daran beteiligt?

Zum ersten Problemkreis kann von der Sprachwissenschaft allein nur zögernd Stellung genommen werden. Ich erhoffe mir allerdings Aufklärung von seiten der Archäologie und weise mit aller Vorsicht, die einem Laien auf diesem Gebiet geboten ist, auf eine neuere Untersuchung von K.-H. Willroth hin (1986), in der zum einen Verbreitungs-

---

[50] Bremmer, S. 84.
[51] DeCamp 1968.

karten enthalten sind, die nicht selten mit der Streuung einiger Ortsnamengruppen meiner eigenen Untersuchung in wichtigen Punkten übereinstimmen, und in der eine relativ frühe Einwanderung germanischer Stämme, vielleicht erst in Form einzelner, kleinerer Gruppen, für möglich gehalten wird.

Angesichts der Tatsache, dass auch Namentypen wie die der *-ithi*-Bildungen, die zu den ältesten des Germanischen gehören, die Insel noch erreicht haben, halte ich es nicht für ausgeschlossen, dass die germanische Besiedlung im Zusammenhang mit der Aufgabe der römischen Besatzung zu sehen ist, so dass der Beginn an die Wende des 2./3. Jahrhunderts gesetzt werden kann (mit einzelnen, vielleicht germanischen Söldnern in der römischen Herrschaft ist wahrscheinlich auch schon früher zu rechnen).

Zum zweiten Problemkreis, der Frage nach der Stammeszugehörigkeit der germanischen Siedler, lässt sich aus der Sicht der Namenforschung nur sagen, dass es sich

1. um germanische Stämme gehandelt hat;
2. einige Bildungsmittel und Grundwörter so alterümlich sind, dass eine Zuweisung zu germanischen Einzelstämmen unterbleiben muss;
3. das Nordgermanische in der Zeit der ersten Landnahme keine Rolle gespielt hat.

Bibliographie

W. Arnold: *Ansiedelungen und Wanderungen deutscher Stämme*, Marburg 1875.
A. Bach: *Deutsche Namenkunde,* Teil II, Bd. 2, Heidelberg 1956.
A. Bammesberger/A. Wollmann (Hg.): *Britain 400–600. Language and History*, Heidelberg 1990.
E. Becker: *Über Siedlungsnamen auf -büttel der Kreise Wesermünde und Land Hadeln, der Stadtgebiete von Bremerhaven und Cuxhaven und im Lande Kehdingen*, in: *Jahrbuch der Männer vom Morgenstern* 48 (1967), S. 7–21.
D. P. Blok: *Ven(ne) in Holland*, in: *Studia Frisica. In memoriam Prof. Dr. K. Fokkema. 1898–1967 scripta*, Grins 1969, S. 44–47.
R. H. Bremmer: *Frisians in Anglo-Saxon England. A Historical and Toponymical Investigation*, in: *Fryske Nammen* 3 (1981), S. 45–94.
G. Carstens: *Nordfriesland und das Land der Moviner bei Calais*, in: *Jahrbuch des Nordfriesischen Instituts* 8 (1962/63), S. 39–45.
K. Casemir: *Die Ortsnamen auf -büttel: Materialsammlung und Auswertung*, Magisterarbeit Göttingen 1994.
B. Cox: *The Place-Names of the Earliest English Record*, in: *Journal of the Englisch Place-Name Society* 8 (1975/76), S. 12–66.
G. Darms: *Schwäher und Schwager, Hahn und Huhn; Die Vṛddhi-Ableitung im Germanischen.* München 1978.
D. DeCamp: *The Genesis of the Old English Dialects. A New Hypothesis*, in: *Readings for the History of the English Language*, hg. von Ch. T. Scott, J. L. Erickson, Boston 1968, S. 380–393.
H. Dittmaier: *Das apa-Problem.* Louvain 1955.
R. Drögereit: *Die Ausbreitung der nordwestdeutschen Küstenvölker über See*, in: *Neues Archiv für Niedersachsen* 23 (1951), S. 229–250.
E. Ekwall: *Comparative Place-Name Study*, in: *3. Congrès Internationale de Toponymie & d'Anthroponymie*, Bd. 2, Louvain 1951, S. 133–141.
T. Frings: *G. G. N. de Vooys, Geschiedenis van de Nederlandse taal in hool -d- trekken geschetst* (Rez.), in: *Anzeiger für deutsches Altertum und deutsche Literatur* 58 (1939), S. 7–9.

K. F. Gildemacher: *Waternamen in Friesland.* Ljouwert 1993.

S. Gutenbrunner: *Sachsen und Cherusker,* in: *Zeitschrift für Mundartforschung* 11 (1935), S. 193–202.

J. Hartig/G. Müller: *Namenforschung,* in: *Niederdeutsches Wort* 8 (1968), S. 32ff.

P. Hessmann: *Bedeutung und Verbreitung einiger nordwestdeutscher Sumpfbezeichnungen,* in: *Gießener Flurnamen-Kolloquium,* hg. von R. Schützeichel, Heidelberg 1985, S. 190–200.

D. Hofmann: *Zur Entwicklung von germ. *fanja „Sumpf, Moor" im niederdeutsch-niederländisch-friesischen Nordwesten,* in: *Niederdeutsches Wort* 10 (1970), S. 95–108.

H. Jankuhn: *Zur Frage nach der Urheimat der Angeln,* in: *Zeitschrift der Gesellschaft für schleswig-holsteinische Geschichte* 70/71 (1943), S. 1–48.

H. Jellinghaus: *Englische und niederdeutsche Ortsnamen,* in: *Anglia* 20 (1898), S. 257–334.

H. Jellinghaus: *Holsteinische Ortsnamen,* in: *Zeitschrift für schleswig-holsteinische Geschichte* 29 (1899), S. 203–327.

H. Jellinghaus: *Die Ortsnamen zwischen Unterelbe und Unterweser,* in: *Jahrbuch der Männer vom Morgenstern* 3 (1900), S. 23–37.

H. Jellinghaus: *Bestimmungswörter westsächsischer und englischer Ortsnamen,* in: *Jahrbuch des Vereins für niederdeutsche Sprachforschung* 28 (1902), S. 31–52.

H. Jellinghaus: *Die westfälischen Ortsnamen nach ihren Grundwörtern,* 3. Aufl., Osnabrück 1923.

J. M. Kemble: *The Saxons in England,* Bd. 1–2, London 1849.

B.-U. Kettner: *Flußnamen im Stromgebiet der oberen und mittleren Leine,* Rinteln 1972.

E. Kolb: *Alemannisch-nordgermanisches Wortgut,* Frauenfeld 1972.

H. Kuhn: *Die Ortsnamen der Kolonie und des Mutterlandes,* in: *Proceedings of the eighth international congress of onomastics,* hg. von D. P. Blok, Amsterdam/The Hague 1966, S. 260–265.

W. Laur: *Namenübertragungen im Zuge der angelsächsischen Wanderungen,* in: *Beiträge ur Namenforschung* 15 (1964), S. 287–297.

W. Laur: *Ortsnamen in England und in den festländischen Stammlanden der Angelsachsen,* in: *Namenforschung. Festschrift für A. Bach,* Heidelberg 1965, S. 300–312.

G. Lerchner: *Studien zum nordwestgermanischen Wortschatz,* Halle 1965.

A. Martinet: *Comment les Anglo-Saxons ont-ils accédé à la Grande-Bretagne?,* in: *La Linguistique* 32 (1996), fasc. 2, S. 3–10.

J. N. L. Myres: *The English Settlements,* Oxford/New York 1989.

W. F. H. Nicolaisen: *Die alteuropäischen Gewässernamen der britischen Hauptinsel,* in: *Beiträge zur Namenforschung* 8 (1957), S. 209–268.

W. Piroth: *Ortsnamenstudien zur angelsächsischen Wanderung,* Wiesbaden 1979.

W. Piroth: *Thüringer unter den Angelsachsen,* in: *Beiträge zur Namenforschung. Neue Folge* 23 (1988), S. 114–130.

J. Pokorny: *Indogermanisches etymologisches Wörterbuch,* Bern/München 1959.

A. Schmitz: *Die Orts- und Gewässernamen des Kreises Plön,* Neumünster 1986.

E. Schröder: *Deutsche Namenkunde,* 2. Aufl., Göttingen 1944.

L. Schütte: *Wik: Eine Siedlungsbezeichnung in historischen und sprachlichen Bezügen,* Köln – Wien 1976.

E. Schwarz: *Ortsnamenforschung und Sachsenfrage,* in: *Westfälische Forschungen* 6 (1943–1952), S. 222–230.

E. Schwarz: *Die zeitliche Schichtung der deutschen Ortsnamen,* in: *Namn och Bygd* 37 (1949), S. 65–78.

E. Schwarz: *Deutsche Namenforschung,* Bd. 2, Göttingen 1950.

E. Schwarz: *Goten, Nordgermanen, Angelsachsen,* Göttingen 1951.

E. Schwarz: *Probleme germanischer Ortsnamenforschung,* in: *4. Congrès Intern. de Sciences Onomastiques,* Uppsala/København 1952, S. 458–466.

A. H. Smith: *English Place-Name Elements,* T. 2, Cambridge 1956.

I. Taylor: *Names and Their Histories. A Handbook of Historical Geography and Topographical Nomenclature*, Neudruck, Detroit 1969.

V. N. Toporov: *Prusskij jazyk*, Bd. 1, Moskva 1975.

J. Udolph: *Studien zu slavischen Gewässernamen und Gewässerbezeichnungen*, Heidelberg 1979.

J. Udolph: *Ex oriente lux – Zu einigen germanischen Flußnamen*, in: *Gießener Flurnamen-Kolloquium*, hg. von Rudolf Schützeichel, Heidelberg 1981, S. 272–298.

J. Udolph: *Die Ortsnamen auf* -ithi, in: *Probleme der älteren Namenschichten*, hg. von Ernst Eichler (= *Beiträge zur Namenforschung. Beiheft* 32), Heidelberg 1991, S. 85–145.

J. Udolph: *Namenkundliche Studien zum Germanenproblem*, Berlin – New York 1994.

M. Vasmer: *Schriften zur slavischen Altertumskunde und Namenkunde*, Bd. 2, Wiesbaden 1971.

W. Vogel: *Johan Schreiner, Hanseatene og Norges Nedgang*, in: *Hansische Geschichtsblätter* 60 (1935), S. 256–264.

J. K. Wallenberg: *The Place-Names of Kent*, Uppsala 1934.

K.-H. Willroth: *Das Ende der Römerherrschaft in Britannien und die angelsächsische Besiedlung Englands im 5. Jahrhundert*, in: *Jahrbücher des Römisch-Germanischen Zentralmuseums* 33 (1986), S. 469–575.

Nordisches in deutschen Ortsnamen*

Die Untersuchung der Gewässer- und Ortsnamen und deren Bedeutung für Siedlung und Ausgliederungsphasen germanischer Stämme ist in den letzten Jahrzehnten aus unterschiedlichen Richtungen befruchtet worden. Nicht zuletzt sind es die Arbeiten von Th. Andersson, der sich vor allem mit nordischen Toponymen befasst hat[1] und dessen Studien auch für das kontinentalgermanische Gebiet von hoher Bedeutung sind.

Fortschritte sind m. E. vor allem durch Forschungen auf folgenden Gebieten erreicht worden:

1. Aufdeckung, Analyse und Begriffsbestimmung der alteuropäischen Hydronymie;
2. Intensivierung der Arbeiten an kontinentalgermanischen, englischen und nordischen Namen, vor allem im Hinblick auf Chronologie und Streuung morphologischer Typen;
3. Studien zu osteuropäischen Gewässer- und Ortsnamen (was vielleicht in diesem Zusammenhang überraschen mag).

Das soll im Folgenden kurz begründet werden.

1. Entgegen vielfältiger Kritik, die gerade in jüngster Zeit aus den unterschiedlichsten Richtungen vorgebracht worden ist[2], führt kein Weg daran vorbei, dass es eine große Anzahl von Gewässernamen in Europa gibt, die nicht aus der jeweiligen Einzelsprache erklärt werden können. Mit H. Krahe[3] und W. P. Schmid[4] werden diese Hydronyme der alteuropäischen Hydronymie zugerechnet. Dabei kommt – und das ist gerade für die Germania von entscheidender Bedeutung – dem östlichen Europa eine in Westeuropa häufig verkannte besondere Bedeutung zu. Namenparallelen wie *Nidda* in Hessen – *Nida* in Polen, *Neetze* in Niedersachsen – *Noteć/Netze* in Polen, *Fulda* < *Pļt-ā* in Hessen – *Pilica* < *Pļt-i̯ā* in Polen und *Poltva/Pełtew* in der Ukraine, *Main* – *Mień, Mienia* samt *Minsk* in Osteuropa, *Rednitz/Regnitz* < *Rodantia* in Franken – *Radęca* in Polen und viele andere mehr[5], sichern die Annahme, dass sich unter den Tausenden von einzelsprachlichen germanischen, keltischen, slavischen und baltischen Gewässernamen Reste aus einer älteren Sprachperiode befinden.

Die Aufdeckung dieser Namenschicht oder dieses Netzes von Gewässernamen (W. P. Schmid) ist nicht nur für die Frage der Indogermanisierung Europas von Bedeutung, sondern erlaubt es auch, die Entfaltung der indogermanischen Sprachgruppen aus einem voreinzelsprachlichen Substrat wesentlich genauer zu beschreiben als es ohne Berücksichtigung der alteuropäischen Hydronymie möglich wäre. Das betrifft vor allem vier Sprach-

---

* Erstmals erschienen in: *Namenwelten. Orts- und Personennamen in historischer Sicht*, hg. von Astrid van Nahl, Lennart Elmevik, Stefan Brink (= Reallexikon der Germanischen Altertumskunde: Ergänzungsbände 44), Berlin 2004, S. 359–371.
[1] Vgl. etwa Andersson 1995, 2002, 2003.
[2] Schramm 2001; Venneman 1999 u. ö.; Babik 2001.
[3] S. u. a. Krahe 1964.
[4] Vor allem Schmid 1994.
[5] Vgl. vor allem Udolph 1990.

zweige: Slavisch, Baltisch, Germanisch und Keltisch. Dabei ist die Annahme zwingend notwendig, dass sich in den jeweils ältesten Sprachbereichen nicht nur einzelsprachliche slavische, baltische, germanische oder keltische Hydronyme nachweisen lassen müssen, sondern auch ältere Gewässernamen, die die Verbindung zur alteuropäischen Hydronymie dokumentieren.

2. Arbeiten an kontinentalgermanischen, englischen und nordischen Namen haben unsere Kenntnisse gefestigt und bereichert. Die Ortsnamen Englands sind gerade für den Kontinent wegen ihrer frühen Fixierung von besonderem Wert. Mit ihrer Hilfe kann das große Problem einer Datierung (die natürlich auch dann nur in Ansätzen gelingen kann) der niederländischen, flämischen, friesischen und deutschen Namen enger gefasst werden. Zudem helfen englische Appellative bei der Etymologie deutscher, friesischer, niederländischer und flämischer Namen und geben zu erkennen, dass schwierige Toponyme nur unter Einbeziehung der gesamten Germania behandelt werden können.

Von erheblichem Wert sind auch die Arbeiten an niederländischen und flämischen Namen, die nicht selten die Brücken zwischen dem Kontinent und England bilden[6]. Für Friesland ist vor allem auf Gildemacher 1993 zu verweisen.

Fortschritte in der Bearbeitung skandinavischer Namen sind vor allem durch die Initiative Th. Anderssons erreicht worden. Die Bereitstellung des nordischen Materials ist gerade für den deutschen Namenforscher von erheblicher Bedeutung. Das zeigt sich weniger bei der Bearbeitung süddeutscher und westdeutscher Namen als vor allem bei der Behandlung der Toponyme Niedersachsens, Sachsen-Anhalts, Thüringens und Westfalens. Dankbar können wir seit einigen Jahren und Jahrzehnten skandinavische Namen und Appellative und deren Vorkommen im onymischen Bestand zur Beurteilung nord- und mitteldeutscher Orts- und Gewässernamen heranziehen. Einige Beispiele, die unten angeführt werden, zeigen dieses sehr deutlich.

3. Die besondere Bedeutung der osteuropäischen Gewässer- und Ortsnamen für die Germania ist schon früh erkannt worden, hat aber bis heute noch lange nicht den Platz eingenommen, der ihr eigentlich zukommt. Es ist schon bemerkenswert, dass dieses bereits der Altmeister der deutschen Ortsnamenforschung E. Förstemann trotz der damals noch in den Anfängen steckenden baltologischen Forschungen erkannt hat: „Kein Sprachgebiet ist uns, wenn wir unsere alte Sprach- und Volksgeschichte rekonstruieren wollen, von größerer Bedeutung, als das der sogenannten baltischen Sprachen, die [...] dem Germanischen besonders nahe stehen."[7] Und an anderer Stelle streicht er dieses noch deutlicher heraus, weil „in der That das Litauische unter allen Sprachen genealogisch der nächste Verwandte des Germanischen ist"[8].

Nachhaltige Bestätigung fand diese Einschätzung durch die Beobachtung, dass alteuropäische Gewässernamen vor allem im Baltikum ihre Entsprechungen finden[9], woraus sich die These ableiten lässt, dass die richtige Einschätzung der Hydronymie Mitteleuropas und damit auch des kontinentalgermanischen Bereichs nur mit Hilfe der Berücksichtigung des östlichen Europa gelingen kann[10]. Wichtige Vorarbeiten zu diesem Komplex hat der in Westeuropa nicht rezipierte J. Rozwadowski geleistet, dessen Untersu-

---

[6] Vgl. etwa Udolph 1995.
[7] Förstemann, S. 331.
[8] Förstemann, S. 258.
[9] Schmid 1994, S. 175–192.
[10] Udolph 1990, 1999a.

chungen in wesentlichen Zügen mit den Ergebnissen von H. Krahe in Deckung gebracht werden können[11]. Dem gegenüber ist die von großer Kenntnis geprägte Arbeit von Babik[12] leider ein Rückschritt.

Ich messe den slavischen Namen und deren Bearbeitung für die Verhältnisse in der Germania aber noch aus einem anderen Grund eine besondere Bedeutung bei. Die slavischen Sprachen sind heute durch einen Gürtel nichtslavischer Sprachen getrennt: Deutsch, Ungarisch und Rumänisch werden heute dort gesprochen, wo Ortsnamen z. T. sehr deutlich den ursprünglichen slavischen Charakter des Landes zu erkennen geben. Die umfassende Untersuchung der slavischen Toponymie, die vor allem in Polen, aber auch in Tschechien und in den balkanslavischen Ländern ein hohes Niveau erreicht hat, zeigt, dass es im Bereich nördlich der Karpaten in Südostpolen und in der Ukraine Ortsnamen gibt, die nur mit Hilfe von südslavischen Appellativen (aus dem Slovenischen, Kroatischen, Serbischen, Bulgarischen, Makedonischen) erklärt werden können. Nun weiß man aber, dass Slaven den Balkan erst im Zuge ihrer Expansion erreicht haben. Wie soll man dieses Phänomen beurteilen? Es gibt zwei Möglichkeiten:

a. Slavische Stämme sind nach Süden vorgedrungen, haben ihre Lexik weiterentwickelt und speziell südslavische Wörter geschaffen, und ein Teil von ihnen ist nach Norden gewandert und hat dort die entsprechenden Ortsnamen gegeben. Man erkennt rasch, dass diese Annahme komplizierte Wanderbewegungen voraussetzt.

b. Wesentlich wahrscheinlicher ist es, dass die Sprache, aus der die nur mit Hilfe von südslavischen Appellativen erklärbaren Ortsnamen nördlich der Karpaten stammen, in ihrem Wortschatz diese Wörter noch besessen hat und sie zur Namengebung verwandt hat. Das kann aber kein Südslavisch gewesen sein, sondern eine Vorstufe dessen, wahrscheinlich eine Sprachschicht, die man als Urslavisch oder Gemeinslavisch bezeichnen kann. Diese Auffassung deckt sich dann mit dem aus der Geschichte bekannten Wissen, dass Slaven ursprünglich nicht südlich der Karpaten gesiedelt haben.[13]

Kehren wir zurück zum Germanischen. Eine dem Slavischen entsprechende Berücksichtigung der Verteilung von Appellativen und Namen kann entscheidende Hinweise darauf geben, in welchen Teilbereichen der Germania alte oder verschwundene Appellative in Namen noch begegnen und in welchen nicht. Ich sehe vor allem drei Gebiete, die miteinander verglichen werden müssen: Skandinavien, Mitteleuropa (hier vor allem Nord- und Mitteldeutschland, die Niederlande und Flandern) und England. Letzteres ist zwar bekanntlich von germanischen Stämmen erst in historischer Zeit besiedelt worden, aber gerade deshalb ist der Vergleich zwischen englischen Appellativen und Namen auf der einen Seite und kontinentalgermanischen Appellativen und Namen auf der anderen Seite von besonderer Bedeutung, eben weil man weiß, wie die Wanderungsbewegung verlaufen ist.

Die nun folgende Auflistung soll zeigen, dass in deutschen Orts- und Gewässernamen nicht wenige Appellative skandinavischen Ursprungs verborgen sind. Ich sehe in den folgenden Seiten einen Versuch – mehr kann es nicht sein –, die Untersuchung der Bezie-

---

[11] Vgl. Rozwadowski 1948.
[12] Babik 2001.
[13] Zu den Einzelheiten s. Udolph 1979, S. 620f. und 1982.

hungen zwischen kontinentalen Namen und skandinavischen Appellativen weiter voranzutreiben. Wichtige Hinweise verdanke ich dabei K. Casemir (Göttingen).[14]

Beddingen (Kr. Wolfenbüttel), 780–802 (K. 12. Jh.) *Bettingen*, 1018 *Beddigge*, 1054 *Beddungen*, 1157 *Beddigge*[15] kann als *-ing-*Ableitung zu einem Personennamen aufgefasst werden. Da die übrigen *-ing-*Bildungen Südostniedersachsens aber von Appellativen abgeleitet sind, liegt vielleicht wie bei *Badra* (Kyffhäuserkreis), *Badekofen* bei Vorsfelde (Wolfsburg), *Beber* (Kr. Hameln-Pyrmont), 973–1059 *Bedebure*, und anderen Ortsnamen die idg. Wurzel **bhedh-* 'graben' vor, u. a. bezeugt in anord. *beðr* (< germ. **baḏi̯az*), poetisch 'Ufer, Strand'[16].

Die durchsichtig erscheinenden Ortsnamen Braunlage und Braunschweig können nicht einfach mit dt. *braun* oder ndt. *brūn* 'braun' verbunden werden. *Braunlage*, 1227 *casa in Brunla*, 1227 *in Brunla* usw. enthält im Grundwort ostfälisch *la(h)* 'Wald', woraus man auf 'Braunwald' schließen könnte. Eine wesentlich bessere Erklärung findet sich auf Grund der Tatsache, dass Braunlages Siedlungskern an einer steil aufragenden Abbruchkante liegt, die die Verbindung mit aisl. *brūn* 'Braue, Kante, hervorstehender Rand', z. B. eines Gebirges, eines Hügels, isl. *brún*, altschwed. *brūn*, *brȳn* 'Rand, Kante, Zeugborte' u. a. nahe legt bzw. wahrscheinlich macht.[17] Man vermutet diese nordische Sippe auch in *Brüne* bei Essen (Kr. Diepholz), 1124 (K. 14. Jh.) *Brunin; Brunsel*, Wüstung bei Leiferde (Kreis Gifhorn), und *Brunslar* bei Fritzlar, 1154 *bruneslar*[18]. Mit seltenem, aber in verschiedenen Ortsnamen wie *Wasseresdal*, *Harzburg* (alt *Hertesburg*), *Seeshaupt* u. a. bezeugtem flektierten Appellativum als Bestimmungswort wird hier auch *Braunschweig* < **Brunes-wik*, dann etwa in der Bedeutung 'Abhangssiedlung, Ufersiedlung', anzuschließen sein (Udolph 2004a).[19]

Cramme (Kr. Wolfenbüttel), zu 1015 (vor 1165) *Crammo*, 1132–41 *Cramme*, um 1150 *Cramme* usw. (NOB III, S. 132), besitzt wahrscheinlich Parallelen im Osten Europas, so etwa *Grom* in Polen, 1445 *Grammen*, 1600 *Grammen*, und wird daher von Udolph 1994b zusammen mit weiteren baltischen und slavischen Namen zu einer idg. Wurzel **grem-* 'feucht sein' gestellt. Im Germanischen finden sich appellativisch die sichersten Anschlüsse in anord. *kramr* 'feucht, halbgetaut von Schnee' und vielleicht auch got. *qrammiþa* 'Feuchtigkeit'[20].

Groß und Klein Denkte (Kr. Wolfenbüttel), 947 (F. 12. Jh.) *Dencthi*, 965 (F. 12. Jh.) *Dengdi*, (vor 1189) (K. 14. Jh.) *Denghte*, 1202 *Dencthe*, 1242 *Dheghte* usw. ist verschiedentlich als *-ithi-*Bildung aufgefasst worden, was angesichts der Quellenbelege aufzugeben ist. Es liegt wohl eher ein einfaches Dental-Suffix vor. Als Basis erwägt man jetzt einen Ansatz **dhengu̯o-*, **dhongu̯o-* 'neblig, trüb, feucht', das vor allem im Nordischen Spuren hinterlassen hat: anord. *dǫkk*, norw. *dokk*, schwed. *dank* 'Vertiefung in der Landschaft' (aus germ. **dankwō*), norw. *(d)jokk* und schwed. dial. *dänke* (aus germ. **dankwia*) 'morastiger Boden', daneben auch im Baltischen (lett. *danga* 'kotige Pfütze, morastiges

---

[14] NOB III.
[15] Zur Überlieferung s. NOB III, S. 111.
[16] NOB III, S. 111; Udolph 1994, S. 170.
[17] Ausführlich zu diesem Ortsnamen s. NOB X, S. 39f.
[18] Vgl. Udolph 2000, S. 74f.
[19] Ausführlich zu diesem Ortsnamen jetzt NOB IX, S. 31ff.
[20] NOB III, S. 133.

Land') und in der Tiefstufe auch in nhd. *dunkel* 'dunkel', älter wohl in der Bedeutung 'neblig, feucht' (NOB III, S. 143).

Bemerkenswert ist es, dass die nordischen Appellative Entsprechungen im Alpenraum haben,[21] vgl. alemann. *tangg, tängg, tanggig* 'schlecht ausgebacken, überreif (vom Obst)', worin Kolb, S. 24 wahrscheinlich zutreffend eine Grundbedeutung 'feucht' (< 'dunstig') sieht und wofür auch dialektale Sonderbedeutungen wie 'feucht, tau-, regen-, schweißfeucht' sprechen dürften.

Destedt (Kr. Wolfenbüttel), Ende 13. Jh. *Destede*, 1306 *Dezstede*, 1318 *Dhestede* usw., wird im NOB III, S. 146ff. als -*sted*-Kompositum aufgefasst und zögernd mit **des-* verbunden, das u. a. in anord. *des* 'Heuhaufen, -schober', norw. *desja* 'kleiner Haufen' vermutet wird. „Die Etym. ist für das nur im Nordgerm. bezeugte Wort unsicher".[22]

Dorstadt (Kr. Wolfenbüttel), 1110 *de Dorstedi*, 1142 *Dorstide*, 1154 *Dorstide* usw. (NOB III, S. 150), ist gemeinsam mit *Dorste* (Osterode), 1015–36 (1155–65) *Dorstedi*, 1022 (F. 12. Jh.) *Dorstide, Dorstide* usw., *Dorestad* (*Wijk-bij-Duurstede*) in den Niederlanden, 7.–8. Jh. *Dorestate, Dorestati, Dorestat, Derstat, Dorostates, Dorostate* usw., unter Einschluss des Vernersches Gesetzes mit dem Übergang *-s-* > *-r-* auf älteres **Dusa-* zurückzuführen und mit einer in den germ., vor allem den nordgerm. Sprachen gut bezeugten Wortsippe zu verbinden, vgl. norw. dial. *døysa* 'aufhäufen', wohl ursprünglich 'Staub-, Abfallhaufen', anord. *dys* 'aus Steinen aufgeworfener Grabhügel', norw. dial. *dussa* 'ungeordneter Haufe', schwed. *dös* 'Grabhügel', dän., norw. *dysse* 'Steinhaufen, Dolmen, Grabhügel' (NOB II, S. 43ff.).

Hier kann auch – ohne Wandel *–s-* > *-r-* der Wüstungsname *Dutzum* (Salzgitter), 1022 (F. 1. H. 12. Jh.) *Dusunhem*, 1273 *Dusnem*, 1274 *Dusnem* usw., angeschlossen werden.[23]

Der Flur- und Waldname Dragen bei Gifhorn macht bei der Etymologie Probleme. Deshalb dachte man an einen Zusammenhang mit slav. *draga, doroga* 'Weg' (Kühnel, S. 354), obwohl slavische Siedlung bei Gifhorn nicht nachgewiesen ist. Zieht man jedoch Parallelen wie *Drage* in Schleswig-Holstein, *Drene*, Gau bei Warendorf und Lüdinghausen, 8. Jh. *Dragini*, u. a. heran, so kann zur Deutung mit Laur 1992, S. 217f. an norw. *drag* 'Wasserlauf, Höhenzug, schmaler Landstrich', dän. *drag* 'schmale Landzunge, die eine Halbinsel mit dem Festland verbindet', adän. *dragh*, mua.-jüt. *drav* 'Sumpf, Moor, sumpfiges Wiesengelände' gedacht werden.[24]

Der Zusammenhang zwischen dem Gewässernamen Elbe,[25] dessen slavische Formen poln. *Łaba*, polab. *Laby, Loby*, tschech. *Labe* auf frühe Übernahme (mit Liquidametathese) aus einer Grundform **Alb-* weisen, und anord. *elfr*, nisl. *elfur*, fär. *elvur*, norw. *elv*, schwed. *älv*, dän. *elv* 'Fluss' liegt auf der Hand. Man kann glauben, dass der Gewässername aus den nordgermanischen Appellativen entstanden ist, d. h., dass er germanischen Ursprungs ist, stößt dann aber auf erhebliche Probleme bei der Etymologie fast sämtlicher Nebenflüsse wie Stör, Oste, Bille, Seeve, Ilmenau, Ohre, Saale, Eger und Iser, die aus keiner Einzelsprache, sei es Germanisch oder Slavisch, erklärt werden können. Daher erwägt man in letzter Zeit, ob die nordgermanischen Wörter nicht als Appellative zu betrachten sind, die den Namen *Elbe* zur Grundlage haben.[26]

---

[21] Dazu aus namenkundlicher Sicht Udolph 2004b.
[22] de Vries 1962, S. 75.
[23] Vgl. NOB III, S. 155ff.
[24] Vgl. Udolph 2000, S. 63f.
[25] Zu dessen Etymologie s. Schmid 1986.

Vom Gewässernamen *Elbe* zu trennen sind die Ortsnamen Groß und Klein Elbe (Kr. Wolfenbüttel), dessen Überlieferung, beginnend mit (1132) *Elvede*, 1132–41 *Elvethe*, 1151 *Elvethe*, auf eine *-ithi-*Bildung weist, etwa auf germ. *Alb-ithi*. Der Gewässername *Elbe* scheidet als Basis aus, weil *-ithi*-Ableitungen nicht von Namen gewonnen wurden. Die Ableitungsgrundlage wird in der idg. Wurzel *$albh$-* 'weiß, hell' gesehen, die u. a. in ahd. *albiz* 'Schwan' und wohl auch in hd. *Alp*, *Elfe*, *Alb* u. ä. vorliegt. In Verbindung mit einem Ortsnamen ist aber vor allem der Hinweis auf dän. *al*, schwed. *alf* 'Kiesschicht unter der Ackererde' von Bedeutung.[27] Hier können auch noch angeschlossen werden[28] Alvingen, Wüstungsname im Kr. Osterode, 952 (F. 13. Jh., A. 16. Jh.) *Albingen*; Albungen (Ortsteil von Eschwege), 1075 *Albungun;* Dingelbe bei Hildesheim, 1232 *Elvede*, wie Groß, Klein Elbe eine *-ithi*-Bildung. Hier kann auch die Weinsorte *Elbling* angeschlossen werden.[29]

Der kleine Ort Engensen bei Hannover heißt 1278 *Engese*, Ende 13. Jh. *Enghese*, 1301 *Johannes de Engese* usw., scheint daher nicht kontrahiertes *-sen-* aus *-husen* zu enthalten, sondern vielleicht ein *-s*-Suffix. Als Ableitungsbasis bietet sich isl. *engi*, fär. *ong*, norw. *eng*, schwed. *äng*, dän. *eng*, anord. *eng*, auch *engi* 'Wiese, Grasland' an (NOB I, S. 141), das nach De Vries 1962, S. 102 allerdings auch im Niederländischen bezeugt ist: ndl., mndl. *eng*, *enk* 'Ackerland'.[30]

Den Namen Frohse, Frose tragen drei Orte bei Schönebeck (936 *Vraso*, 961 *Frasa*, 1012 *Frasa*), Magdeburg (937 *Frosa*) und Aschersleben. Mit Bily, S. 167 ist von Stellenbezeichnungen der Elbe auszugehen, eine Grundform *$Frasa$* anzusetzen und eine Verbindung mit nordischem Material um aisl. *fræs* 'das Zischen, Blasen', schwed. *frasa* 'knistern', norw. *frösa* 'sprudeln, schnauben, fauchen, pusten' zu suchen.

Fümmelse, Ortsteil von Wolfenbüttel, 1125–52 (K. Ende 12. Jh.) *Uimmelesen*, (1153–78) (K. 17. Jh.) *Vimelse*, 1158 (K. Ende 15. Jh.) *Vimmelse* usw., wird von Casemir im Anschluss an Udolph[31] in Verbindung mit Fehmarn (aus germ. *$Fimber$*) zu asä. *fimba* 'aufgeschichteter Haufen, bes. von Getreide' bzw. – eher, und zwar in der Grundbedeutung 'großer See' – zu anord. *fimbul* 'groß, gewaltig' gestellt.

Gielde (Kr. Wolfenbüttel), 953 *Gelithi*, 970–72 (K. 15. Jh.) *Gellithi*, 1140 *Gelithe* usw., ist eine *-ithi*-Bildung, in der wahrscheinlich eine Grundform *$Gail$-ithi* > *$Gēl$-ithi* zu vermuten ist. Mit Casemir (NOB III, S. 180ff.) ist die Ableitungsgrundlage in anord. *geil* 'längliche Kluft, Hohlweg', norw. *geil* 'Weg mit Zaun an beiden Seiten' zu sehen. Mit anderer Ablautstufe gehört dazu engl. *gill*, anord. *gil* 'Tal, Hohlweg', isl. *gil* 'enges Tal mit Bach', schwed. *gilja* 'Hohlweg, Bergpass' (Boesch, S. 502), das Ohainski/Udolph (NOB I, S. 166) u. a. vermuten in dem Wüstungsnamen Gilgen (Kr. Hannover), 1262 (K. 14. Jh.), 1262 (K. 14. Jh.) *Gelinge;* Gilten (Kr. Soltau-Fallingbostel), 1242 *Gelthene*, *Geltene*, 1265 *G(h)iltene;* Gilde (Kreis Gifhorn), 1260 *Gilethe*, 1265 (K. 18. Jh.) *Geilede;* Giehle (Kr. Osterholz) in der Nähe des Giehler Bachs, um 1187 (K. 14. Jh.) *Gile*, *Gyle*.

---

[26] S. Udolph 1994a, S. 857–859, 2000, S. 64f.
[27] Vgl. NOB III, S. 162ff.
[28] Vgl. NOB II, S. 4ff.
[29] S. J. Udolph: *Woher hat der Riesling seinen Namen?* [s. den Beitrag in diesem Band]; auch in: *Suevia Pannonica. Archiv der Deutschen in Ungarn* 41/42 (2014/2015), S. 169–183.
[30] Vgl. dazu auch de Vries 1971, S. 157f.
[31] NOB III, S. 175ff.; Udolph 1994a, S. 174.

Wie bei Denkte (s. oben) lässt sich das nordische Material durch alemannische Parallelen ergänzen. Boesch, S. 502 verweist auf schweizerdt. *Gill* 'Geländeeinschnitt, flachverlaufender (Wasser)Graben' und auf Ortsnamen in der Schweiz.[32]

Auch die Ortsnamen Gimte bei Hann. Münden, 970 *Gemmet*, 970 *Gemmet*, 970 (F. 10./11. Jh.) *Gemmet*, 1017 *Gemmet*, 1233 *Gimmeth*, und Gimbte bei Münster, 1088 *Gimmethe*, 12. Jh. *Ginmethe*, 1398 *van Gymmete*, 1421 *van Gymmete*, gehören in den Komplex der alemannisch-nordgermanischen Gemeinsamkeiten.[33] Schon Kolb, S. 134 verwies auf „schwzdt. *gīm(en)* 'Spalte, Ritze', bair. *gaimen* 'lüstern sein', tirol. *gàimen*, kärntn. *gâmin*, steir. *geimetzen* 'gähnen', anord. *gima* 'große Öffnung', norw. dial. *gīma* 'Öffnung, Mündung'", wobei das nordische Material eine gute Grundlage für eine Ortsnamenbildung abgibt. Wie im NOB IV, S. 161ff. überzeugend nachgewiesen wird, sind die Ausgangsformen von *Gimte* und *Gimbte* zu korrigieren; sie gehören in einen anderen Zusammenhang. Allerdings bieten auch hier skandinavische Appellativa Anschlussmöglichkeiten.

Die gut belegte appellativische Sippe um anord. *haugr* 'Hügel, Grabhügel', man beachte isl. *haugur*, fär. *heyggjur*, *heygur*, norw. *haug*, schwed. *hög*, adän. *høgh*, dän. *høi*,[34] ist auch in zahlreichen deutschen Orts- und Flurnamen enthalten.[35]

Wie auch bei anderen, vor allem im Nordischen bezeugten Wörtern wird auch *haugaz* als Import aus dem Norden betrachtet: „Wiederum ist ein Wort aus dem Norden nach dem Süden mitgebracht worden".[36] Es fragt sich, ob das Verhältnis zwischen appellativischem Vorkommen und toponymischen Relikten damit richtig beschrieben ist. Bei ähnlich vorliegenden Verbreitungen im Slavischen und bei ähnlich gelagerten Verbindungen zwischen England und dem Kontinent kann diese Erklärung jedenfalls nicht stimmen.

Der Wüstungsname Hetelde (Kr. Wolfenbüttel), (1285–96) *Hetlede*, 1299 *Hetlede*, 1299 *Hetledhe*, 1302 *Hetle* usw., enthält nach Casemir (NOB III, S. 208ff.) wie Hedeper (Kr. Wolfenbüttel), 1123 (K.) *Hathebere*, 1188 *Hadebere*, 1189 *Hathebere* usw. (gebildet mit dem Grundwort -*ber*[37]), Hadeln, Hademarschen, Hadamar, Haddamar, Hedemünden u. a.[38] wahrscheinlich eine Basis *Haþ-*, z. T. auch *Hað-*, die mit dän. *hat*, ae. *hæt* 'Hut, Bedeckung', „used in some topographical connexion to denote a hill thought to resemble a hat",[39] verbunden werden kann, man vergleiche auch anord. *hǫttr* 'Hut, Kapuze', das nach de Vries 1962, S. 282 auf germ. *haþnu-* zurückgehen soll.

Kissenbrück (Kr. Wolfenbüttel), 822–26 (K. 15. Jh.) *Chirsenbrucge*, 944 *Kissenbrucka*, 990 *Scissenburgga*, 990 (F., K. 12. Jh.) *Chissinbruggin* usw., enthält im Bestimmungswort wahrscheinlich einen Gewässernamen **Kissina*, der am ehesten mit anord. *keisa* 'biegen, krümmen', norw. dial. *keis* 'Bewegung, Krümmung', *kīs* 'Buckel' verbunden werden kann.[40]

Nordische Zuwanderung hat man in den in Deutschland gar nicht so seltenen Klint-Namen gesehen. „Das Rätsel der Klinte", so der Titel eines Aufsatzes von W. Flechsig,[41]

---

[32] Zur Einordnung der alemannisch-nordgermanischen Gleichungen vgl. Udolph 2004b.
[33] Vgl. Udolph 2004b.
[34] Ausführlich behandelt von Bischoff 1975.
[35] S. Bischoff 1975, S. 19, sowie dessen Verbreitungskarte; ferner Udolph 1994a, S. 859–863, 200, 67f.
[36] Bischoff 1975, S. 19.
[37] Vgl. NOB III, S. 196ff.
[38] Udolph 1999b.
[39] Smith, S. 219.
[40] Ausführliche Auflistung und Behandlung bei NOB III, S. 224ff.

hat die Forschung lange beschäftigt. Auch für die Beurteilung dieses umstrittenen Wortes und seiner toponymischen Verwendung hat K. Bischoff wesentliche Vorarbeiten einschließlich einer Kartierung der in Deutschland liegenden Orts- und Flurnamen geleistet.[42] In der Tat ist das Wort vor allem im Nordischen gut bezeugt: dän. *klint* 'steiles Meeresufer', schwed. *klint* 'Gipfel eines Hügels', ferner mit einer assimilierten Nebenform in schwed. dial. *klett*, norw. dial. *klett* 'Bergkuppe, steiles Meeresufer', schon anord. *klettr* 'freistehende Klippe', schließlich auch als Ablautform in norw. dial. *klant* 'Klippenrand, Berggipfel' und dän. *klunt* 'Klotz, Klumpen, klotzige Person'.[43] Kartierungen beider Varianten[44] zeigen allerdings deutliche Unterschiede: Während *klint* toponymisch in Norddeutschland durchaus gut vertreten ist,[45] ist *klit-*, *klet-* durch seine Streuung deutlich als nordgermanisches Element erkennbar.

Der ON Ohrum (Kr. Wolfenbüttel) ist seit 747 als *Orheim, Orem, Orum*, auch *Arem, Horahim* u. ä. bezeugt. Der Wechsel zwischen *O-* und *A-* legt ndt. *$\bar{o}^2$* < germ. *au* nahe und somit eine Grundform *Aur-$h\bar{e}m$*.[46] Im Bestimmungswort trifft sich der Ortsname mit der Ableitungsgrundlage *Aur-* in Oerie (Kr. Hannover) < *Aur-$ithi$* (NOB I, S. 348f.). Im Deutschen findet sich kein appellativischer Anschluss, dagegen ganz sicher im Norden: aisl. *aurr* 'mit Stein untermischter Sand', isl. *aur*, fär. *eyrur*, norw. *aur, aure*, schwed. *ör*, dän. dial. *ør* u. a., auch in Namen bestens bezeugt (*Öresund, Helsingør* usw.).

In dem Ortsnamen Rhene (Kr. Wolfenbüttel), 1141 (verunechtet, K. 16. Jh.) *Renethe*, 1151 *Renethe*, (1153–78) (K. 17. Jh.) *Renete, Renecht, Rene*, 1188 *Renedhe*, liegt eine *-ithi*-Bildung vor, wozu NOB III, S. 273ff. zu vergleichen ist. Sie bietet als Etymon ein in den nordgermanischen Sprachen bezeugtes Wort an, „das 'Spitze, hervorragender Felsen u. ä.' bedeutet, so anord. *rani* 'Schnauze, Rüssel', nisl. *rani*, norw. *rane* 'hervorragender Felsen', schwed. *rana* 'in die Höhe schießen'". Vielleicht kann hier auch der *Rennsteig* angeschlossen werden.

Die keltische Etymologie des Namens der Rhön, 1128 *Rone nemus*, 1398 *Rone* usw. hat u. a. H. Kuhn, S. 146 abgelehnt und ihn (auch in Anbetracht der vulkanischen Herkunft der Rhön überzeugend) zu aisl. *hraun* 'steiniger Boden, Lava', isl. *hraun*, fär. *reyn*, dän. *røn* 'Steinbank am Meeresgrund' gestellt,[47] das auch in nordischen Ortsnamen nicht selten begegnet.

Beziehungen zum nordgermanischen Wortschatz besitzt auch der Ortsname Schandelah (Kr. Wolfenbüttel), 1202–13 (K. 17. Jh.) *Schanlege*, 1307 (Rückverm. 14. Jh.) *Schalneghe*, 1309 *de Scalleghe* usw. (NOB III, S. 287), einem mit dem Grundwort *-lage* gebildeten Namen, dessen Bestimmungswort aus *Skan-* zu gewinnen ist. Mit Blume, S. 79 und NOB III, S. 288ff. darf eine Beziehung zu Schöningen (Kr. Helmstedt) hergestellt werden und zur Etymologie die Wortsippe um ahd. *scahho*, mhd. *schache* (aus idg. *$skog$-*) 'bewaldete oder unbewaldete Landzunge', anord. *skagi* 'Landzunge', ferner auch anord. *skógr*, schwed. *skog*, dän. *skov* 'Wald' (aus idg. *$sk\bar{o}k$-*; s. dazu unten Scheuen und Scheie) herangezogen werden.

---

[41] Flechsig 1958.
[42] S. Bischoff 1976.
[43] Vgl. de Vries 1962, S. 316.
[44] S. Udolph 1994a, S. 874, 880.
[45] Vgl. neben Bischoff 1976 auch Udolph 1994a, S. 868–877.
[46] Zu den Einzelheiten s. NOB III, S. 266f.
[47] Udolph 1994a, S. 888–92, 2000, S. 72f.

Aus dem Deutschen sind die Ortsnamen Scheuen (Kr. Celle), seit 1313 *in Scogen, scoyen, schoygen, scoygen, schoygen, Schugen, Schoyen* und Scheie bei Bückeburg, 1055–56 *in Scoythe*, 1181/85 *Scogethe*, wohl < *Skog-ithi*, Schoost in Ostfriesland, alt *Scohorst* und Schoo in Ostfriesland (Lohse, S. 173) nicht erklärbar. Der beste Anschluss findet sich im Nordischen mit anord. *skógr*, schwed. *skog*, ndän. *skov* u. a. 'Wald'.[48]

Den sichersten appellativischen Anschluss für Sickte (Kr. Wolfenbüttel), dessen auffallende Belege 888 *Kikthi*, 1042 (Transs. 1295) *Sicudi*, 1067 (K. 12. Jh.) *Xicthi*, 1160 *Xikthe*, 1174–95 (K. 12. Jh.) *Chixste*, 1196–97 *Tsikthe*, 1196–97 *Zeigte*, 1217 *Gicchenthe*, 1220 *Scichte*, 1224 *Tsicdhe* usw., auf Einfluss des Zetazismus zurückgehen und der nicht als *-ithi*-Bildung[49] zu verstehen ist, findet sich in den nordgermanischen Sprachen, vgl. norw. *keik* 'Biegung, Drehung', dän. *keitet* 'linke Hand'.[50]

Uehrde (Kr. Wolfenbüttel), 888 *Urithi*, 10./11. Jh. *Urithi*, 1067 (K. 12. Jh.) *Urithi*, 1196–97 *Vrethe*, 1207 *Urethe* (NOB III, S. 325f.) ist zu trennen von *Ührde* (Kreis Osterode), 1105 (F. 12. Jh.) *Utheriche* usw.,[51] kann auf *Ûr-ithi* zurückgeführt werden und ist mit Casemir (NOB III, S. 326f.) am ehesten zu verbinden mit anord. *ūr* 'Feuchtigkeit, feiner Regen', isl. *úr*, norw., schwed. *ur* 'Schneewetter', adän. *ur* 'Nebel', norw. dial. *yr* 'feiner Regen', das auch in den Ortsnamen *Örsche(rhof)* bei Düsseldorf (zum Gewässernamen *Ur-isa*); *Uhry* (Kr. Helmstedt), 1022 (F. 12. Jh.) *Uuurungon*, (um 1150) *in ůrincge*, 1311 *Uringen*, und *Urbecke*, Kr. Märkischer Kreis, u. a. vermutet werden darf.

Ich denke, die Auflistung dieser Namen enthält vielleicht einige unsichere Fälle, in ihrer Gesamtheit aber zeigt sie deutlich, dass es sichere Beziehungen zwischen nord- und mitteldeutschen Namen auf der einen Seite und nordgermanischen Appellativen auf der anderen Seite gibt. Wir sind uns relativ sicher, dass die weitere Aufarbeitung der Ortsnamen Niedersachsens, Westfalens, Sachsen-Anhalts und Thüringens weitere Parallelen ergeben wird. Dabei ist aber auch Vorsicht geboten. So kann etwa die vielfach als nordischer Export angesehene Gruppe der Ortsnamen mit dem Grundwort *-by* im Mittelelbegebiet, etwa *Barby, Brumby, Steckby,* auch *Elbeu, Boye* bei *Celle* u. a., nicht herangezogen werden, da *-by* in diesem Fall nicht mit dem nordischen Grundwort *-by* 'Siedlung, Dorf' usw. (auch in *Bullerbü*) zu vergleichen ist, sondern vielmehr auf *bōgī* 'Biegung' zurückgehen.[52] Gleiches gilt für die *-büttel*-Namen.[53]

Die hier vorgelegte Sammlung von Namen lässt den Wunsch entstehen, eine ähnliche Auflistung für eventuell gegensätzliche Parallelen zusammenzustellen, d. h., mit anderen Worten, für skandinavische Namen, die nur mit Hilfe des Deutschen, Friesischen, Niederländischen oder Flämischen erklärt werden können. Auch wäre zu fragen, wie ähnliche Beziehungen zwischen England und dem Kontinent und zwischen England und Skandinavien gelagert sind. Die weitere Aufarbeitung der nordgermanischen, flämischen, niederländischen, friesischen und deutschen Toponymie und Hydronymie wird dazu notwendig sein. Für den skandinavischen Bereich können wir dankbar auf die Arbeiten von Th. Andersson zurückgreifen. Immer wieder hat er auf die Verbindungen zwischen dem

---

[48] Zu *Scheuen* und *Scheie* vgl. Udolph 2000, S. 73f.
[49] Vgl. NOB III, S. 303f.
[50] Vgl. NOB III, S. 304.
[51] S. NOB II, S. 178f.
[52] Vgl. Bily, S. 118; Udolph 1994a, S. 855–57.
[53] Dazu ausführlich Casmir 1997.

Norden und dem Kontinent hingewiesen und deren Wichtigkeit unterstrichen. In diesem meinem Beitrag habe ich versucht, seiner Aufforderung für ein Teilgebiet nachzukommen.

Bibliographie

T. Andersson: *Namen in Skandinavien*, in: *Namenforschung. Ein internationales Handbuch zur Onomastik*, Bd. 1, Berlin – New York 1995, S. 792–805.

T. Andersson: *Nordische Ortsnamen aus germanischer Perspektive*, in: *Onoma* 37 (2002), S. 95–120.

T. Andersson: *Orts- und Hofnamen. Skandinavien*, in: *Reallexikon der Germanischen Altertumskunde*, Bd. 22, Berlin – New York 2003, S. 281–295.

Z. Babik: *Najstarsza warstwa nazewnicza na ziemiach polskich*, Kraków 2001.

I. Bily: *Ortsnamenbuch des Mittelelbegebietes*, Berlin 1996.

K. Bischoff: *Germ. *haugaz „Hügel, Grabhügel" im Deutschen* (= Abhandlungen der Geistes- und Sozialwissenschaftlichen Klasse der Akademie der Wissenschaften und der Literatur zu Mainz, Jg. 1975, Nr. 4), Mainz – Wiesbaden 1975.

K. Bischoff: *Klint im Deutschen*, in: *Festschrift f. G. Cordes*, hg. von F. Debus, J. Hartig, Bd. 2, Neumünster 1976, S. 20–41.

H. Blume: *Der Name Schöningen und verwandte Ortsnamen auf -ingen*, in: *Ostfalen: Schöningen und Ohrum im 8. Jahrhundert. Merowinger und Karolinger zwischen Harz und Heide*, hg. von Wolf-Dieter Steinmetz, Gelsenkirchen 1998, S. 77–80.

B. Boesch: *Kleine Schriften zur Namenforschung*, Heidelberg 1981.

K. Casemir: *Die Ortsnamen auf -büttel* (= *Namenkundliche Informationen. Beiheft* 19), Leipzig 1997.

J. De Vries: *Altnordisches etymologisches Wörterbuch*, 2. Aufl., Leiden 1962.

J. De Vries: *Nederlands Etymologisch Woordenboek*, Leiden 1971.

E. Förstemann: *Die deutschen Ortsnamen*, Nordhausen 1863.

K. F. Gildemacher: *Waternamen in Friesland*, Ljouwert 1993.

E. Kolb: *Alemannisch-nordgermanisches Wortgut*, Frauenfeld 1957.

H. Krahe: *Unsere ältesten Flußnamen*, Wiesbaden 1964.

P. Kühnel: *Die slavischen Orts- und Flurnamen im Lüneburgischen*, Nachdruck, Köln – Wien 1982 [1901–1903].

H. Kuhn: *Kleine Schriften*, Bd. 3, Berlin – New York 1972.

W. Laur: *Historisches Ortsnamenlexikon von Schleswig-Holstein*, 2. Aufl., Neumünster 1992.

G. Lohse: *Geschichte der Ortsnamen im östlichen Friesland zwischen Weser und Ems*, 2. Aufl., Wilhelmshaven 1996.

NOB I = U. Ohainski/J. Udolph: *Die Ortsnamen der Stadt und des Landkreises Hannover* (= Veröffentlichungen des Instituts für Historische Landesforschung der Universität Göttingen 37; *Niedersächsisches Ortsnamenbuch* I), Bielefeld 1998.

NOB II = U. Ohainski/J. Udolph: *Die Ortsnamen des Landkreises Osterode* (= Veröffentlichungen des Instituts für Historische Landesforschung der Universität Göttingen 40; *Niedersächsisches Ortsnamenbuch* II), Bielefeld 2000.

NOB III = K. Casemir: *Die Ortsnamen des Landkreises Wolfenbüttel und der Stadt Salzgitter* (= Veröffentlichungen des Instituts für Historische Landesforschung der Universität Göttingen 43; *Niedersächsisches Ortsnamenbuch* III), Bielefeld 2003.

NOB IV = K. Casemir/U. Ohainski/J. Udolph: *Die Ortsnamen des Landkreises Göttingen* (= Veröffentlichungen des Instituts für Historische Landesforschung der Universität Göttingen 44; *Niedersächsisches Ortsnamenbuch* IV), Bielefeld 2003.

NOB IX = H. Blume/K. Casemir/U. Ohainski: *Die Ortsnamen der Stadt Braunschweig* (= Veröffentlichungen des Instituts für Historische Landesforschung der Universität Göttingen 61; *Niedersächsisches Ortsnamenbuch* IX), Bielefeld 2018.

NOB X = K. Casemir/U. Ohainski: *Die Ortsnamen des Landkreises Goslar* (= *Veröffentlichungen des Instituts für Historische Landesforschung der Universität Göttingen* 62; *Niedersächsisches Ortsnamenbuch* X), Bielefeld 2018.

J. Rozwadowski: *Studia nad nazwami wód słowiańskich*, Kraków 1948.

W. P. Schmid: *Elbe*, in: *Reallexikon der Germanischen Altertumskunde*, Bd. 7., Berlin – New York 1986, S. 100–101.

W. P. Schmid: *Linguisticae Scientiae Collectanea. Ausgewählte Schriften*, Berlin – New York 1994.

A. H. Smith: *English Place-Name Elements*, Cambridge 1956.

G. Schramm: *Ein erstarrtes Konzept der Flußnamenphilologie. Alteuropa*, in: *Namn och Bygd* 89 (2001), S. 5–20.

J. Udolph: *Studien zu slavischen Gewässernamen und Gewässerbezeichnungen*, Heidelberg 1979.

J. Udolph: *Südslavische Appellativa in nordslavischen Namen und ihre Bedeutung für die Urheimat der Slaven*, in: *Proceedings of the Thirteenth International Congress of Onomastic Sciences*, Vol. 2, Warszawa/Kraków 1982, S. 565–574.

J. Udolph: *Die Stellung der Gewässernamen Polens innerhalb der alteuropäischen Hydronymie*, Heidelberg 1990.

Udolph 1994a = J. Udolph: *Namenkundliche Studien zum Germanenproblem*, Berlin – New York 1994.

Udolph 1994b = J. Udolph: *Der Ortsname* Grom *bei Olsztyn*, in: *Uniwersytet Gdański. Zeszyty Naukowe – Prace Językoznawcze* 19–20 (1994), S. 87–91.

J. Udolph: *Die Landnahme Englands durch germanische Stämme im Lichte der Ortsnamen*, in: *Nordwestgermanisch* (= *Reallexikon der Germanischen Altertumskunde. Ergänzungsband* 13), Berlin – New York 1995, S. 223–270.

Udolph 1999a = J. Udolph: *Baltisches in Niedersachsen?*, in: *Florilegium Linguisticum. Festschrift für W. P. Schmid zum 70. Geburtstag*, hg. von E. Eggers, J. Becker, J. Udolph, D. Weber, Frankfurt – Main u. a. 1999, S. 493–508.

Udolph 1999b = J. Udolph: Haduloha: *Namenkundliches*, in: *Reallexikon der Germanischen Altertumskunde*, Bd. 13, Berlin – New York 1999, S. 271–274.

J. Udolph: *Nordisches in niedersächsischen Ortsnamen*, in: *Raum, Zeit, Medium – Sprache und ihre Determinanten. Festschrift für H. Ramge*, hg. von G. Richter, J. Riecke, B.-M. Schuster, Marburg 2000, S. 59–79.

Udolph 2004a = J. Udolph: *Der Ortsname* Braunschweig, in: *Sprache, Sprechen, Sprichwörter. Festschrift für D. Stellmacher zum 65. Geburtstag*, Stuttgart 2004, S. 297–308.

Udolph 2004b = J. Udolph: *Alemannien und der Norden aus der Sicht der Ortsnamenforschung*, in: *Alemannien und der Norden*, hg. von H.-P. Naumann (= *Reallexikon der Germanischen Altertumskunde. Ergänzungsband* 43), Berlin – New York 2004, S. 29–56.

T. Vennemann: *Volksetymologie und Ortsnamenforschung*, in: *Beiträge zur Namenforschung. Neue Folge* 34, S. 269–322.

Ortsnamen und Siedlungsgeschichte in Ostfalen[*]

Die Aufarbeitung der Ortsnamen Ostfalens, in dem Raum, der in etwa durch die Orte Hannover, Braunschweig, Magdeburg, Goslar und Göttingen umrissen wird, war bisher äußerst mangelhaft.[1] Allein die Gewässernamen des Leinegebietes haben durch B.-U. Kettner 1972 eine zufriedenstellende Untersuchung gefunden.

Die Nichtberücksichtigung dieser Region ist vor allem deshalb verwunderlich, weil aus ihr das Geschlecht der Ludolfinger stammte, aus dem wiederum heraus die Ottonen hervorgingen, Könige wie Heinrich I. und Otto I. Dahinter müssen eine Hausmacht und auch eine Bevölkerung gestanden haben. Deren Sprache, die ein Teil des Altniederdeutschen oder Altsächsischen gewesen ist, spiegelt sich bis heute in den Ortsnamen des Ostfälischen wider; z. T. aber verbergen sich dahinter Relikte, die in eine weit frühere Zeit hineinreichen. Ich will versuchen – mehr als ein Versuch kann es nicht sein –, einen Überblick zu geben und ich stütze mich dabei in erster Linie auf Untersuchungen, die in Göttingen ihren Anfang genommen haben[2] und dort auch fortgesetzt werden.[3]

Einleitung

Das ostfälische Sprachgebiet gehört dem Niederdeutschen an. Fast alle Ortsnamen zeigen Spuren dieser Sprache, nur ganz junge Benennungen des 19. und 20. Jahrhunderts entstammen dem Hochdeutschen. Daneben kennt der Raum die typischen Ortsnamengrundwörter, deren Entsprechungen auch dem Hochdeutschen bekannt sind.

1. Ortsnamengrundwörter

1.1. Bildungen mit -husen in *Riddagshausen* (1146 *Ritdageshvsen*), *Holtensen* (aus *Holthusen*); *Brunshausen*, 1149 *Bruneshusen* u. a.

1.2. Bildungen mit -hem wie *Broitzem* 1160 *Brochem*, (< *Brōk-hēm*), *Stöckheim*, 1007 (A. 14. Jh.) *Stokkem* (< *Stok-hēm*), *Hildesheim*, 864 *Hildenisheimensis episcopus*, 868 *Hildiniesheimensis episcopi* (< *Hildines-hēm*).

1.3. Bildungen mit -rode wie *Gliesmarode*, 1031 *Glismoderoth*; *Melverode*, 1007 (A. 14. Jh.) *Meinoluesrode*.

---

[*] Erstmals erschienen in: *Ortsnamen und Siedlungsgeschichte: Akten des Symposiums in Wien vom 28.–30. September 2000*. Hg. von Peter Ernst et al., Heidelberg 2002, S. 285–320.
[1] Man vergleiche Udolph, Probleme und Wege, S. 9–33.
[2] Geholfen haben mir vor allem Kirstin Casemir, Uwe Ohainski und Thomas Orthmann.
[3] In erster Linie in den entsprechenden Bänden des Niedersächsischen Ortsnamenbuchs (NOB).

1.4. Bildungen mit *-vorde/-förde* 'Furt, Übergang'. Hier schimmert bereits Älteres hindurch, noch weniger deutlich in *Hasperde*, um 1150 *Hersevŏrde*, zu asä. *hers* 'Pferd'. Offenkundig aber in *Leiferde*, 1176 (A. 14. Jh.) *Lefvorde*, 1181 (A. 14. Jh.) *Lefforde*, am ehesten < *Hlaiw-ford-* (zu germ. *hlaiwa* 'Hügel'), ein Wort, das angeblich aus dem Norden gekommen sein soll.[4] Die Struktur der Namen und deren Streuung[5] sprechen nachhaltig dagegen[6].

1.5. *-dorp*, die niederdeutsche Entsprechung von hdt. *Dorf*, darf nicht fehlen. Es steckt in vielen Ortsnamen Ostfalens, so etwa in *Ahmstorf* (wohl **Amelunges-torp*), †*Alversdorf*, alt *Aldegsthorp*, *Algedesthorpe*, *Algotesthorpe*; *Barnstorf* (*Bernhardesdorp*) u. v. a. m. Gelegentlich findet sich darunter auch ein Name, der in ältere Zusammenhänge einzuordnen ist. Ein Beispiel ist *Hordorf*, 1299 *Hordorpe*, 1334 *Hordorp*, eine Bildung zu asä. *horu* 'Kot, Schmutz', *horh* 'Rotz, Nasenschleim', *horo* 'Fäulnis, mnd. *hôr* 'lutum; Dreck, Unrat; Schlamm, Moorerde, Lehm'; nnd. *hâr* 'Schmutz, Kot', afries. *hore* 'Schlamm, Kot', ahd. *horo* 'Schlamm, Brei, Schmutz, Kot, Erde', mhd. *hor, hore* 'Sumpfboden, kotiger Boden, Kot, Schmutz, Schlamm', auch als dialektale Nebenform *hur, hurwe* 'Schmutz', ferner mndl. *hore, hor* 'lutum; Modder', jünger *hore* 'modderpoel', ae. *horh, horu* 'filth, dirty'[7]. Die Verbreitung der damit gebildeten Namen[8] zeigt ein dichtes Vorkommen in Deutschland – auch in Süddeutschland –, die Namen streuen dann weiter aus in die Niederlande, nach Belgien und England, während der Norden keinen Anteil daran hat. Das ist umso erstaunlicher, als bei *hor* 'Sumpf' Varianten bezeugt sind, die den grammatischen Wechsel voraussetzen. Um ein junges Wort kann es sich deshalb kaum handeln.

Während sich schon bei dieser knappen Auflistung von Kompositionstypen ältere Elemente erkennen lassen, die z. B. in Süddeutschland fehlen, wird dieses noch deutlicher bei denjenigen Ortsnamen, die kein Kompositum sind, sondern auf eine suffixale Bildung zurückgehen.

Es ist eine schon lang bekannte Tatsache, dass die germanischen Sprachen insgesamt einer Entwicklung unterzogen waren, die es erlaubt, zwischen ältesten und älteren Schichten sowohl des appellativischen Wortschatzes wie der Namen zu unterscheiden. Ein darauf bezogenes Wort von Jacob Grimm wird immer wieder gern zitiert:

> Es ist die unverkennbare Richtung der späteren Sprache, die Ableitungen aufzugeben und durch Kompositionen zu ersetzen. Dieses bestätigt uns eben, daß jetzt erloschene Ableitungen vormals lebendig, jetzt unverständliche oder zweideutige vormals fühlbar und deutlich gewesen sein müssen.[9]

Mit anderen Worten: Jüngere Bildungen im Deutschen bestehen aus zwei Wörtern, wie etwa in den schon behandelten *Riddagshausen*, *Hildesheim*, *Hordorf*. Unter diesen 'jüngeren' Bildungen sind aber schon einige, die inzwischen längst ausgestorbene Appellativa enthalten, erinnert sei an *Leiferde* < *Hlaiw-ford-*.

---

[4] Bischoff 1979.
[5] Kartierung bei Udolph, Studien, S. 865.
[6] Man vergleiche Udolph, Studien, S. 863–868.
[7] Udolph, Studien, S. 318–330.
[8] Kartierung bei Udolph, Studien, S. 328.
[9] Grimm, S. 403.

Ältere germanische Wörter und Namen sind dagegen mit Suffixen gebildet. Diese Namen sind 1.) seltener als Komposita; 2.) schwerer zu erkennen und 3.) schwerer zu erklären. Sie sind aber durch ihr Alter die wichtigsten Zeugen für alt- und urgermanische Namenbildung, Namengebung und damit auch Besiedlung. Gerade Ostfalen nun ist an diesen Bildungen in hohem Maße beteiligt.

2. Suffixbildungen

2.1. *-ing-*

Das vieldiskutierte *-ing*-Suffix wird zumeist an den Beispielen *Sigmaringen* und *Sindelfingen* erläutert. Danach trat es vor allem an Personennamen an, zumeist aufgefasst als 'die Siedlung des Soundso' oder 'die Siedlung der Sippe des Soundso'.

Ostfälische *-ingen*-Namen kennen diesen Typus auch, daneben aber enthalten sie in den Ableitungsgrundlagen Appellativa, so etwa *Birke*, *grün*, *Abhhang*, *Moor*, *Sumpf*, *Wasser*, *Grenze* u. a. m.: *Berklingen*, *Gröningen*, *Liedingen*, *Mehringen*, *Möringen*, *Söllingen*, *Schneidlingen*, †*Waterlingen*. Und sie treffen sich mit den für die altgermanische Zeit parallel zu setzenden *-ung*-Ableitungen, z. B. in (z. T. später zu *-ing-* hinübergewechseltem) *Duingen*, 826–76 *Duthungun*; *Flechtingen*, 961 *flahtungun*; *Roringen* bei Göttingen, um 1209 *Rorungen*; *Sauingen*, 1013 (F. 12. Jh.) *Sawngon*, *Sauongon*, 1022 (F. 12. Jh.) *in Sowgon*, *Sowngon*. Dieser Typus ist mit *Albungen*, *Bewerungen*, *Gerstungen* u. a. auf dem Kontinent nur in einem bestimmten Gebiet nachweisbar[10]. Und somit stehen auch nur in einem relativ eng umrissenen Gebiet Deutschlands alte Ortsnamen mit *-ing-* und *-ung-* nebeneinander. Da beide zu den altgermanischen Suffixen gezählt werden, spricht nur wenig dagegen, dieses Gebiet auch als altgermanisches Siedlungsgebiet anzusehen. Der Norden spielt dabei keine Rolle. Das Vorkommen von *-ing-* habe ich auch etwas später (Udolph, Suffixbildungen, zu *-ing* S. 157–160] einschließlich einer ersten Kartierung des Vorkommens in Niedersachsen nochmals behandelt.

2.2. *-l-*

Die Aufarbeitung der in Ortsnamen vorliegenden *-l*-Suffixe steht immer noch am Anfang. Wir stützen uns nach wie vor auf eine 1949 verfasste Göttinger Dissertation von Ruth Weber.[11] Dabei gehören zu diesem Typus so wichtige Orte wie *Hameln* (dazu auch *Hohenhameln* bei Hildesheim), *Brakel*, *Dassel* und *Varel*. Nicht ganz umgehen kann man auch die Tatsache, dass es auch in Gewässernamen begegnet, so etwa in dem größten Fluss Polens, der *Weichsel*, poln. *Wisła* < *$u̯is$-l-$ā$*[12], neben dem z. B. eine *-r*-Bildung in der *Weser*[13] steht.

Auch an der Streuung der *-l-*Bildungen hat Ostfalen Anteil. Herausgegriffen sei hier nur *Hohenhameln* bei Hildesheim, 1143 *de Hamelen*, 1146 *iuxta Hamele*, 1149 *de Hame-*

---

[10] Vgl. die ausführliche Behandlung bei Udolph, Studien, S. 149–161 mit Kartierung auf S. 160.
[11] Weber 1949.
[12] S. Udolph, Stellung, S. 303–311.
[13] Zur Einordnung der *$u̯eis$-/*$u̯is$-Namen s. Udolph, Weserraum, S. 24–37.

len, 1180 *iuxta Honhamelen* und so weiter, ein Name, der mit *Hameln* an der Weser identisch ist: 8./9. Jh. *Hamelon, Hamala* (mehrfach), 10.Jh. *Hamala*, 973/1059 (A. 12. Jh.) *Hamelo*[14]. Die Namen sind nicht zu trennen von *Hemeln* an der Weser (mit *Hemelbach*), jetzt ausführlich behandelt in NOB IV, S. 192ff.; *Hamel*, im 8. Jh. erwähnter Hügel bei Otmarshausen nahe Zusmarshausen[15]; 834 *Hemlion*, 840 (A. 10. Jh.) *Hemli*[16]; *Hamelwarden* bei Brake; *Hammelburg*, 716 (K. 1191) *ad Hamulo castellum*, 777 *Hamalumburg* usw.[17]; *Hemelingen*, OT von Bremen, 1238 *Hemelinge*, 1332 *Hemelinghe*[18]; englische Ortsnamen wie *Hambleden, Hambledon, Hamel Down, Hameldon, Hamble* u. a. m., in denen A. H. Smith[19] wohl zurecht einen ae. Ansatz **hamol, *hamal* „maimed, mutilated" sieht. Wichtig ist sein Hinweis:

> „is used chiefly in hill-names, in the sense ‚crooke, scarred, mutilated' or the like; it may also be used of a flat-topped hill, that is, of one which appears to have been cut off or mutilated; in other names of rivers or valleys the more original sense ‚crooked, having bends' is likely [...].

Smith nimmt Verwandtschaft mit ae. *ham(m)*, ahd. *ham(m)a*, an. *hǫm* 'ham' an.

Man sieht, dass an ein Grundelement *ham* ein *-l*-Suffix angetreten ist, und zwar in germanischen Sprachen. Es handelt sich zweifelsohne um eine germanische Bildung, wobei die Streuung Südliches Niedersachsen – Nordwestniedersachsen – England gut in andere Namenverbreitungen passt. Die Ableitungsgrundlage *ham* ist appellativisch noch zu fassen in ahd. *hamma*, ae. *hamm* 'Schenkel, Kniekehle', in angelsächsischen Ortsnamen nach E. Förstemann[20] 'Winkel, winkelförmiges Terrain an Flüssen, Bucht'. Als Grundform ist **Hamala* anzunehmen, bei Ortsnamen wohl auch eine Dativ-Plural-Form **Hamalon, *Hamalun*, als Grundbedeutung wird man etwa 'Winkel, winkelförmiges Terrain' (vertikal oder horizontal) annehmen dürfen. Dazu passt die Lage einiger englischer Ortsnamen[21]. Ohne *-l*-Suffix wird man hier auch *Hamburg, Hamm, Hemmingen* bei Hannover u. a. m. anführen dürfen. Dieses Suffix habe ich etwas später (s. Udolph, Suffixbildungen, S. 145f.), einschließlich einer ersten Kartierung des Vorkommens in Niedersachsen nochmals behandelt.

2.3. *-r-*Bildungen

Geographische Namen mit einem *-r-*Suffix sind vor allem in der Hydronymie bekannt: *Aller* < **Alara, Weser* < **Wisura, Oder* < **Odra, *Isar* < **Isera/*Isara* u. a. m. Gerade in Nord- und Mitteldeutschland begegnet dieses Element aber auch in Siedlungsnamen[22], so etwa in bekannten wie in *Atter, Drüber, Eimer, Emmer, Fehmarn* < **Fimber*, mit *-r-*

---

[14] Casemir/Ohainski, S. 58.
[15] Förstemann II, 1, Sp. 1223.
[16] Casemir/Ohainski, S. 53.
[17] Reitzenstein, S. 170.
[18] Schomburg, S. 25.
[19] Smith I, S. 231.
[20] Förstemann II, 1, Sp. 1215.
[21] Gelling 1960.
[22] Ausführlich behandelt bei Udolph, Studien, S. 169–199.

Suffix zu asä. *fimba* 'aufgeschichteter Haufe', anord. *fimbul* 'groß, gewaltig'; *Gitter* (OT von Salzgitter), *Hilter*, *Höxter*, 822 *Huxori*, 823 *Huxori*, *Letter*, *Limmer* (OT von Hannover), *Bad Münder*, *Ölper*, *Salder*, *Schieder*, *Steder*, *Wetter*. Die Verbreitung zeigt eine deutliche Häufung im nord- und mitteldeutschen Bereich.[23]

Hierher gehören aus Ostfalen die schon genannten *Drüber*, *Gitter*, *Letter*, *Limmer*, *Münder*, *Ölper* und *Salder* sowie auch *Rüper* im Kr. Peine, 1250 *Rubere ... Ruberehop*, 1299 *aput Rubere*[24]. Die Belegentwicklung (mit spätem -p- und älterem -b-) verlangt nach einer Grundform *Rubira, worin eine Variante zu der Wz. *reub- 'reißen' (z. B. in lat. *rubus* 'Brombeerstrauch' (Strauch, woran man reißt), mit germanischem p- in got. *raupjan*, deutsch *rupfen*) bzw. *reup 'ausreißen, zerreißen, brechen' (z. B. in lat. *rumpō* 'brechen', *rūpēs* 'steile Felswand, Klippe, jäher Abgrund', serbisch *rupa* 'Loch, Grube', im Germ. als -f- in aisl. *rauf* f. 'Spalte, Loch', ae. *rēofan* 'brechen, zerreißen') zu sehen ist. Der Ortsname *Rüper* < germ. *Rubira verlangt offenbar nach einer dritten, nach *reubh-, anders kann der Labial nicht erklärt werden (oder etwa *Rubira mit Vernerschem Gesetz?). Hier hilft wahrscheinlich anord. *rjúfa*, *rjófa* 'brechen, zerreißen' weiter, das mit anderen nord. Wörtern nach J. de Vries[25] auf germ. *reuƀan zurückzuführen ist. Der Ort Rüper liegt an einer Abbruchkante des Rüperberges. Dieses Suffix habe ich etwas später (s. Udolph, Suffixbildungen, S. 161–163), einschließlich einer ersten Kartierung des Vorkommens in Niedersachsen nochmals behandelt.

2.4. -ithi-Suffix

Das hochaltertümliche -*ithi*-Suffix erscheint in ca. 250 Ortsnamen Nord- und Mitteldeutschlands.[26] Es tritt an Ableitungsgrundlagen an, die wir zum größten Teil etymologisch aus dem Deutschen und Germanischen erklären können, jedoch auch an Elemente, zu dessen Deutung wir in anderen Sprachen suchen müssen. Hinzu kommt, dass einige Wortelemente enthalten, deren Struktur das Wirken des Vernerschen Gesetzes bedingen; es handelt sich somit bei einigen um archaische Elemente einer germanischen Namengebung.

In diesen Toponymen ihnen steckt niemals ein Personenname, sondern ein Hinweis auf die Bodenbeschaffenheit, auf Gewässer, auf das Klima, die Farbe oder Beleuchtung, auf Geländeformen, Wald- und Baumarten, Pflanzen oder Tiere. Etwa ein Drittel der -*ithi*-Namen ist noch ohne ansprechende Erklärung.

Die Bedeutung von -*ithi* kann man etwas einfach vielleicht etwa wie folgt beschreiben: „das, was durch die Wurzel oder den Stamm bezeichnet wird, ist hier vorhanden": *Grohnde* < *Grōn-ithi* 'dort, wo es grün ist', *Weende*, *Wehnde* < *Win-ithi* 'dort, wo eine Weide ist'; *Broistedt* < *Brōk-ithi* 'dort, wo ein Sumpfland ist' usw.

Aus der Fülle der Namen seien hier nur einige bekanntere genannt: *Bleckede*; *Essen*, 9. Jh. *Astnide*; *Geesthacht*, 1216 *in Hachede*; *Lehrte*; *Lengede*; *Meschede*; *Sarstedt*,

---

[23] Ebd., Karte 24, S. 191.
[24] UB Hildesheim II, Nr. 832, S. 421, 422 u. andere Quellen.
[25] de Vries, S. 449.
[26] Das Bildungselement ist von Udolph, -ithi, Möller 1992 und Udolph, Studien, S. 258–287 ausführlich behandelt worden.

(1046–56) *Scersteti, Scerstete,* 1196 *Scardethe; Sehnde; Sömmerda.* An dieser Streuung hat Ostfalen reichen Anteil,[27] etwa mit

1) *Broistedt,* 1151[28] *Broscethe,* 12./13.Jh. *Brozithe,* 1219–25 *Brothstethe, Brozethe,* 1252 *Brotzede,* 1301 *Brotcedhe,* ist also kein alter *-stedt-*Name, sondern enthält eine Grundform **Brokithi* und (mit Zetazismus von **-k- > -tz-, -z-*) ndt. *brok* 'Bruch'.
2) *Groß* und *Klein Denkte,* 965 (A. 12. Jh.) *Dengdi,* 1202 *Dencthe,* 1206 *Dengte,* 1332 *groten Dengte,* 1248 *in parwo Dencthe*[29], ist noch ohne sichere Deutung.
3) *Drütte,* 830–40 (K.12. Jh.) *Tritidi,* um 1050 *Dretida,* 1013 *Thritthithe,* 1022 *Thritithe,* Grundform **Thrit-ithi* (?), ist vielleicht zu vergleichen mit dem bisher nicht geklärten Ortsnamen *Trittau* bei Hamburg, alt *Trutava.* Eine sichere Erklärung fehlt noch.
4) *Geitelde,* 780–802 (?) (A. Mitte 12. Jh.) *Getilidishusen*[30], 1067 *Getlithi,* 1194 (A. 14. Jh.) *Getlede,* 1194 (A. 14. Jh.) *Ghetlede*[31], ist nicht zu trennen von *Gittelde* (Kr. Osterode), 965 (A. 11. Jh.) *Getlide,* 973 *Getlide* usw.[32], auch nicht von *Geisleden* bei Heiligenstadt, 1022 *in villa Geizlaha dicta,* 1028 *Geizlide, Gezlethi, Geizlethe*[33], und auch nicht von *Gitter* (*Salzgitter*), 1086 *Iehtere,* 1125 *in Gethere,* 1131 *in Gethere,* das natürlich kein *-ithi-*, sondern ein *-r-*Suffix enthält. Die *-ithi-*Namen gehen auf **Getlithi* und älteres **Gat-l-ithi* zurück und gehören zu ano. *gat* 'Loch, Öffnung', ae. *geat* 'Türe, Öffnung', engl. *gate,* asä. *gat* 'Loch', dt. *Gasse,* auch *Gatter,* und verweisen auf die Lage der Orte. Ähnlich wie Gitter liegen auch Geitelde, Gittelde und Geisleden.
5) *Heerte,* um 1050? (K. 12. Jh.) *Herte,* 1161 (K.) *in Herithe,* ist wie *Heerde,* Gelderland, 1190 *Herthen,* 1203 *Herde,* wie *Heerde* bei Wiedenbrück, 1088 *Herithi, -the,* aber auch *Harithi,* 1192, 1198 *Herthe* und wie *Heerdt,* OT von Düsseldorf, kurz nach 1116, 1135 *Herde* zu erklären. Am ehesten lassen sich Verbindungen zu Wurzeln herstellen, die auf 'Stein, Fels' oder aber auf 'abbröckeln, zerfallen' hinweisen.
6) *Lengede* (Kr. Peine), 1151 *Lencethe,* ca. 1168 *Lengethe,* enthält wie *Lengde* (Kr. Goslar), 1178 *Leggethe, Lentthe, Lenghedhe* und *Groß-, Klein Lengden* bei Göttingen, 822–40 *Lengidi,* 997 (ca. 1001–02?) *Lengithi,* 1022 *Lengithe, Lengede,* ca. 1070 *Lengede* eine Grundform **Lang-ithi,* eine Verbindung mit germ. *lang,* wohl bezogen auf eine längliche Ausdehnung der Siedlung, des Siedlungsgrundes oder Ähnliches.
7) *Sickte,* 888 *in Kikthi,* 1042 (1295) *Sicudi,* 1067 (K. 12. Jh.) *Xicthi,* 1160 *in Xikthe*[34] verlangt wohl (mit Zetazismus) eine Grundform **Kik-ithi* und ist am besten mit norw. *keik* 'Biegung, Drehung, Schiefheit' zu verbinden.

---

[27] Etliche der hier genannten Namen sind in den entsprechenden Bänden des NOB inzwischen ausführlich behandelt worden, s. vor allem NOB III–X.
[28] Die folgenden Belege zumeist aus Kleinau 1967–1968.
[29] Ebd. I, S. 143.
[30] Mit willkürlich angefügtem *-husen.*
[31] Kleinau I, S. 211.
[32] NOB II, S. 64ff.
[33] Müller, S. 32f.
[34] Casemir/Ohainski, S. 118 u. andere Quellen.

8) *Thiede*, 780–802 (K. 12. Jh.) *Tihide*, 1007 (K. 14. Jh.) *Thidhi*, 1007 (K. 14. Jh.) *Thidhi* usw.[35] ist auf *Ti-ithi zurückzuführen, an ndt. *T(h)ie*, mnd. *tî(g)* 'öffentlicher Sammelplatz eines Dorfes', anzuschließen[36] und einer der ältesten Bildungen innerhalb der *Thie*-Namen[37].

Die hohe Altertümlichkeit der Ortsnamengebung Ostfalens zeigt sich noch ein einer anderen Beziehung: Dieser Raum ist toponymisch in mehrfacher Weise und in unterschiedlicher Dichte mit benachbarten, aber auch weiter entfernt liegenden Gebieten verbunden. Es sind:

a) alte Kontakte zum Osten (zum Baltischen und z. T. auch Slavischen);
b) Verbindungen mit dem skandinavischen Norden;
c) Brückenschläge zum Westen bis hin nach England.

3. Beziehungen zum Baltikum (und zum Slavischen)

3.1. *Dolgen*, ein auf einer leichten, aber in der Ebene deutlich sichtbaren Erhebung gelegener Ort östlich von Hannover, zeigt in seinen Belegen[38], dass von einem Ansatz **Tholg-un-* (Dat. plur.) auszugehen ist: 973–75 (A. 15. Jh.) *Thologun*, 1224 *Dolgem*, 1280 *Hermannus de Dholgen*, 1297 (A. 14. Jh.) *Johannes de Dholghen*, 1348 (A. 14. Jh.) *Dolgem*, 1358 *Dolghen* usw. Der Name besitzt eine Parallele in einem weiteren ostfälischen Namen: †*Dolgen* bei Langelsheim, 1154 *Wostentholgen*, vor 1189 (A. 17. Jh.) *Tholgen*.

Geht man der sprachhistorischen Entwicklung nach, so wird man über germ. *Tholg-* und **þlg-* zu idg. **telgh-/*tolgh-/*tḷgh-* geführt. Germanische Anschlüsse finden sich nicht. Anders sieht es im Baltischen und Slavischen aus. Beide Sprachgruppen haben Anteil an der bei J. Pokorny[39] angeführten idg. Wurzel *tēu-, təu-, teu̯ə-* 'schwellen', die u. a. mit *ĝ* oder *ĝh* erweitert in den osteuropäischen Sprachen bezeugt ist: lit. *pa-tulžęs* 'aufgeschwollen', lett. *tulzums* 'Geschwulst', *tulzne* 'Brandblase, Blase', lit. *tulžis* 'Galle'; hinzu kommt wohl urslav. *tъlstъ 'geschwollen, dick' in aksl. *tlъstъ*, russ. *tolstyj* 'dick'.

Es geht um die Vorstellung des Anschwellens, Schwellens. Davon abgeleitete Substantiva weisen auf 'Erhebung, Hügel, Geschwulst'. Dazu passt die Lage von Dolgen bestens.[40]

3.2. *Dransfeld* westlich von Göttingen trägt einen bis heute ungeklärten Namen. Wichtig ist vor allem der älteste Beleg von 960 *Trhenesfelde*[41], der wahrscheinlich für *Threnesfelde steht. Später heißt der Ort *Dransvelt, Dransuelt, Dransfelde, Dransuelde*. Das Germanische und Deutsche bieten keinen Anschluss an. Anders im Baltischen. I. Duridanov[42] hat bei der Diskussion um den balkanischen Ortsnamen *Tranupara* wichtige baltische Parallelen genannt: lettische Flurnamen wie *Trani, Tranava*, einen litauischen Fluss-

---

[35] Ann. Fuld. I 493; Ann. Stederb., passim u. andere Quellen.
[36] Zu diesem Wort vgl. Bischoff 1971, 1972, 1978; Udolph, Studien, S. 602–609.
[37] Verbreitungskarte bei Bischoff 1971.
[38] Ausführlich behandelt bei NOB I, S. 104.
[39] Pokorny, S. 1080.
[40] S. zu dem Ortsnamen jetzt auch NOB I, S. 104ff.
[41] Casemir/Ohainski, S. 51.
[42] Duridanov, S. 70.

namen *Tranỹs*, eine schemaitische Parallele *Tronis*, die mit lit. *trenėti* 'modern, faulen', lett. *trenêt* (*tręnu* oder *trenu*) 'modern, verwittern'⁴³ verbunden werden können. Es macht keine Mühe, den Ortsnamen *Dransfeld* mit einer Grundform **Thranis-feld* o. ä. hier anzuschließen.

3. 3. Ein eklatanter Fall der Übereinstimmung mit dem Baltischen liegt in dem Fluss- und Ortsnamen *Ihme* (Kr. Hannover) vor.⁴⁴ Die älteren Belege 1091 *Herimannvs de Imina*, nach 1124 *in occidentali ripa Himene fluminis; Himenenen*, 1310 *Ymene*, 1347 *Ymene*, 1385 *Ymene* usw. zeigen, dass von einer Grundform mit -*n*-Suffix, wahrscheinlich **Imina*, **Imena*, auszugehen ist. Im Einklang mit indogermanischer Partizipialbildung wird man am ehesten auf ein Rekonstrukt **Eimena* zurückgehen dürfen. Vorindogermanisches⁴⁵ kann beiseite bleiben, zumal der Name eine offenbar maskuline Entsprechung **Eimenos* in dem Ortsnamen *Ehmen* (OT von Wolfsburg) besitzt, 942 *in villa Gimin*, um 1160 *ecclesiam in Imen*, 1224 *Eemen*.

Die Namen werden das im Germanischen nicht mehr fassbare Partizipialsuffix -*meno*- enthalten und zu der indogermanischen Bewegungswurzel **ei*- gehören (lat. *ire*, slav. *iti*, erweitert auch in asä. *īlian* 'eilen' u. a. m.). Die Bestätigung für diese Deutung und eine frappante Übereinstimmung findet sich im Baltischen mit lit. *eimenà, -õs, eĩmenas* 'Bach'.⁴⁶

3.4. Deutlich sind die Beziehungen zum Baltikum auch im Fall des Ortsnamens *Lühnde* (Kr. Hildesheim) zu erkennen⁴⁷. Aufgrund der ältesten und für die Deutung sehr wichtigen Belege 1117 (K. 16. Jh.) *in villa Lulende*, 1147 (Transumpt 1573) *in Lulene*, Variante: *Luuele*, 12. Jh. (K. 16. Jh.) *in vico ... Liuline* (korrigiert aus *liuline*), 1157 (K.) *in Lulene*, 1178 (K. 16. Jh.) *in parochia Liulinde*, 1207 (K.) *in Lulede* (zweimal), *de Lulede*, 1235 *Eckehardus de Lunene* usw. ist eine zu vermutende -*ithi*-Bildung abzulehnen. Als Grundform, die den stark variierenden Schreibungen am ehesten gerecht wird, darf **Lulende* angesetzt werden.

Unter diesem Aspekt findet sich in den germanischen Sprachen kein sicherer Anschluss. Anders im Baltischen: G. Gerullis⁴⁸ verzeichnet einen Ortsnamen 1331 *Lulegarbis, Lulegarbs* und verbindet diesen Namen mit lit. *liulỹnas* 'quebbiger Wiesen- und Moorgrund'. Weiteres wichtiges Material bietet A. Vanagas⁴⁹: *Liùlenčia*, Seename in Litauen; lit. *liulėti* 'schwanken, quabbeln, sich geleeartig bewegen', z. B. *liulama pelkė* 'ein schwankendes Bruch'. Weiter bietet A. Vanagas litauische Gewässernamen wie *Liūlỹs, Liūl-upỹs*, die mit *liūliuoti* 'schwanken, wogen, sich schaukeln lassen' zu verbinden sind. Hier kann der Ortsname *Lühnde* mit einer Grundform **Lulindi* (ausgerichtet nach der altsächsischen Flexion des Partizips Präsens) angeschlossen und auf eine indogermanische Vorlage **Lulint*- zurückgeführt werden. Der Name ist als ursprüngliche Partizipialbildung aufzufassen und bezog sich offenbar auf eine sumpfige Stelle in oder bei der Siedlung.

---

[43] Zur Sippe vgl. Fraenkel II, S. 118.
[44] Ich fasse mich im Folgenden kurz; ausführlicher wurde der Name schon an anderem Ort behandelt, s. NOB I, S. 230–232.
[45] So Kuhn 1978, S. 5.
[46] Zu diesem Wort, baltischem Namenmaterial und weiterer Literatur vgl. Biolik, S. 55.
[47] Auch hier beschränke ich mich auf das Wesentlichste; zur ausführlicheren Darstellung vgl. Udolph, Südniedersächs. ON, S. 82ff.
[48] Gerullis, S. 92.
[49] Vanagas, S. 194.

4. Beziehungen zum Norden (Skandinavien)

4.1. *-büttel*

Die lange diskutierten Ortsnamen auf *-büttel*, etwa *Abbesbüttel*, *Bechtsbüttel*, *Harxbüttel*, *Lagesbüttel*, *Watenbüttel*, *Wolfenbüttel* sind vor wenigen Jahren erstmals umfassend untersucht worden. Kirstin Casemir hat in ihrer Göttinger Magisterarbeit 1994[50] alle nachweisbaren *-büttel*-Orte erfasst, die urkundlichen Belege gesichtet und mit archäologischen Fundangaben konfrontiert. Kurz zuvor hatte ich mich unabhängig davon ebenfalls mit dem Typus befasst[51]. Wir erkannten, dass bei der bisherigen Untersuchung der *-büttel*-Namen von allen Untersuchenden ein entscheidender Fehler gemacht worden ist.

Letztlich hat man sich auf J. Pokorny[52] berufen. Dieser hatte das Grundwort mnd. *-bütle*, *-bötle*, nnd. *büttel*, *bötel* ... asä. *gibutli*, *-gibudli* bzw. *-butli*, afries. *bold*, ags. *botl*, *bold* 'Haus, Wohnung, Halle, Tempel' auf westgerm. **buþla-* neben **bōþla* auf idg. **bhō[u]tlo-* zurückgeführt und mit mittelirisch *both* 'Hütte', kymr. *bod*, lit. *bùtas* 'Haus' verbunden.

Der Fehler liegt in der Entwicklung des Dentals: Indogermanisch **-t-* hätte über *-þ-* zu *-d-* führen müssen, *-büttel* enthält aber ein *-t-*. K. Casemir hat diesen Sachverhalt wie folgt umschrieben: Indogermanische Appellativa und Namen „fordern als Dental idg. **-t-*, das Grundwort *-büttel* hingegen idg. **-d-* [...] Das bedeutet, daß ein Dentalwechsel *-t-* : *-d-* vorliegt, der auch innerhalb des Germanischen vorkommt, da bei *-büttel* **-d-* und bei Bude **-t-* anzusetzen ist"[53].

Ich kann auf diese wichtige Beobachtung hier nicht näher eingehen, nur so viel: Dieser vor allem im Wurzel- und Stammauslaut auftretende Konsonantenwechsel durchzieht die gesamte altgermanische Namenwelt. Er ist jedoch genau dort unbekannt, wo man altgermanische Siedlung und altgermanische Namen bisher erwartet hat: in Südskandinavien, Dänemark, Schleswig-Holstein und im nördlichen Niedersachsen. Schwerpunkt des Wechsels ist vielmehr das Ostfälische.

4.2. *Elbe*[54]

Die Etymologie dieses Namens darf als geklärt bezeichnet werden. Die antiken Belege *Albia* und *Albis* weisen auf eine germanischen *-i/-jā*-Stamm. Als Ableitungsgrundlage vermutet man zwar einen Zusammenhang mit dem bekannten 'weiß'-Wort in lat. *albus*, das Verwandte in ahd. *albiz*, *elbiz* 'Schwan', poln. *łabędz* 'Schwan' besitzt, aber es muss schon sehr früh auch ein Wort für 'Fluss' gegeben haben.[55] Dieses nun findet sich im Nordgermanischen wieder: anord. *elfr*, schwed., norw. *elv* 'Fluss'.

Dieses nun erweckte den Eindruck, der Name der Elbe sei germanischen Ursprungs. Aber damit beginnen erst die Probleme. Der Hauptfluss Norddeutschlands wäre danach

---

[50] Casemir 1997.
[51] Udolph, Studien, S. 418–445.
[52] Pokorny, S. 149.
[53] Casemir 1997, S. 36.
[54] Ausführlicher behandelt bei Udolph, Studien, S. 857–859.
[55] Schmid, S. 100–101.

aus einer Einzelsprache benannt und jünger als fast alle seine Nebenflüsse, jünger als die Namen von *Stör, Oste, Bille, Seeve, Ilmenau, Ohre, Saale, Eger* und *Iser.* Ist das glaubhaft?

Das Problem liegt in dem Verhältnis zwischen den nordgermanischen Wörtern *elf* usw., die 'Fluss' bedeuten und dem Namen *Elbe,* in dem dieses vorliegen soll. Unmöglich ist, dass aus dem Norden vorstoßende Germanen erst diesen Fluss mit einem einzelsprachlichen Wort benannt haben. Viel wahrscheinlicher ist eine andere Theorie, die aber nun die bisher allgemein anerkannten Thesen über Germanenheimat und -herkunft über den Haufen wirft: Der Name der Elbe ist im Norden zum Appellativum, also zum Wort für einen beliebigen Fluss geworden. Das aber kann nur bedeuten, dass die Germanen ihn vorher schon gekannt haben. Und das wiederum kann dafür sprechen, dass sie aus dem Süden kamen und den Namen eines der größten Flüsse Europas mitgebracht haben. Aber die These der nordischen Heimat der germanischen Völker, Skandinavien sei die „vagina gentium germanorum", hat viel verschüttet. So auch im Fall der *-leben-*Namen.

4.3. *-leben*

Die schon jahrzehntelang anhaltende Diskussion um die etwa 200 Ortsnamen auf *-leben* kann ich hier nur kurz ansprechen. In Ostfalen sind sie überaus häufig: *Ostingersleben, Eilsleben, Irxleben, Aschersleben, Oschersleben, Kleinwanzleben* usw. Die Bedeutung des Grundwortes *-leben* kann als geklärt betrachtet werden: Es gehört nicht zu dt. *leben,* sondern zu got. *laiba* 'Überbleibsel, Rest', ahd. *leiba,* asä. *lēva* 'Rest, Erbe, Nachlass', afries. *lāva* 'Hinterlassenschaft, Erbe, Erbrecht', ae. *lāf* 'Hinterlassenschaft, Erbe', an. *leif* 'Überrest', vgl. adän. *kunuglef* 'Krongut'. Nach weit verbreiteter Ansicht liegt wohl die Bedeutung 'Hinterlassenschaft, Erbe' zu Grunde, vielleicht ganz allgemein 'Eigentum', vor. Im ersten Teil steht grundsätzlich ein Personenname im Genetiv Singular, häufig ist die starke Flexion, erkennbar am *-s-*: *Eilsleben, Hadmersleben, Morsleben.*

Das Problem bei diesem Namentyp ist die Verbreitung. Die Namen treten in zwei voneinander getrennten Gebieten gehäuft auf: zum einen im Elbe-Saale-Gebiet, zum anderen in Dänemark und Südschweden. Dort erscheint unser Grundwort als *-lev, -löv,* z. B. *Bindslev, Eslöv, Jerslev, Roslev, Falslev, Tinglev.* Die bisherigen Untersuchungen zur germanischen Frühgeschichte, die die Ortsnamen einbezogen haben, hatten mit dieser Verbreitung keine Probleme: Es wurde wie selbstverständlich angenommen, dass es nur eine Ausbreitung von Norden nach Süden gegeben haben könne.

Wer mit Verbreitungskarten von Ortsnamen schon des Öfteren gearbeitet hat, wird daran sofort zweifeln: Bei Wanderungsbewegungen, die aus historischer Zeit bekannt sind, ist grundsätzlich zu beobachten, dass von kleineren, kompakten Gebieten ausgehend die Streuung der Namen sich immer mehr auffächert. Das betrifft die mittelalterliche deutsche Ostsiedlung[56] ebenso wie die Landnahme russischer Siedler westlich und östlich des Urals oder auch die der Aussiedler in der Neuen Welt. Nicht allein deshalb[57] ist es sehr viel wahrscheinlicher, dass die *-leben*-Namen eine Ausstreuung nach Norden hin zeigen.

---

[56] Am Beispiel der Verbindungen von Ortsnamen des Weserberglandes mit denen Ostdeutschlands gezeigt bei Udolph, Hameln.
[57] Weitere Argumente bei Udolph, Studien, S. 497ff.

Argumente für diese Annahme ergaben sich schon aus bereits behandelten Namen. Die folgenden beiden ostfälischen Toponyme sind dabei ebenfalls von Bedeutung.

4.4. *Ohrum, Oerie*

Der Name des früh erwähnten niedersächischen Dorfes *Ohrum*, Kr. Wolfenbüttel[58], 747/48 *Horoheim*, *Orheim*, Ende 8. Jh. *Horoheim*, *Orhaim*, *Orheim*, 1022 (F.) *Arem*, *Horem*, *Arem* usw. verlangt wegen des Wechsels von *-a-* und *-o-* ndt. *-ō²-* und somit germ. *-au-. Auszugehen ist somit von *Aur-hēm*. Man findet nur im Nordgermanischen einen Anschluss: anord. *aurr* 'sandiger Boden', 'Kies, mit Stein untermischter Sand', neuisländisch *aur* 'Lehm, Schmutz; Schlamm, Schlick; Geröll, Schotter', norw. *aur*, *aurr*, *ør* 'Bodensatz, Hefe, sandiger Grund, grober Sand; Boden, Erde, Kieserde, harte Erde; Gemisch aus Kies und Sand; Delta, Sandbank' usw. und den Ortsnamen *Ör*, *Öra*, *Örby*, *Örebro*, in dem bekannten *Öresund*, in *Öringe*, *Ören* (Seename), in *Korsør*, *Skelskør*, in *Helsingør*, *Ørby*, *Ørbæk*, *Dragør* und *Skanør*.

Das Motiv der Namengebung liegt in einer diluvialen Endmoränenkiesbank der Oker, an der Ohrum liegt. Aber wie kommt ein nordisches Wort in einen niedersächsischen Ortsnamen?

Suchen wir Hilfe bei einem weiteren ostfälischen Ortsnamen, bei *Oerie* südlich von Hannover[59]. Dieser ist zweifellos ein *-ithi*-Name: 1033 *Oride*, 1153–67 *Orethe*, um 1230 *Hermanni de Orede*, und kann problemlos auf *Aur-ithi* zurückgeführt werden. Die Lage des Ortes passt dazu vollkommen: In seiner unmittelbarer Nähe prägt Flugsand die Landschaft.

Aur-hēm und *Aur-ithi* enthalten somit ein nur im Nordgermanischen bezeugtes Wort. Dabei vertritt die Bildung mit *-ithi-*, die dem Nordischen fremd ist und auch in dortigen Ortsnamen nicht auftritt, einen älteren Typ der Wortbildung innerhalb des Germanischen und erweist, dass das zugrundeliegende Kies-Wort der ur- oder gemeingermanischen Schicht zuzurechnen ist. Unnötig und verfehlt ist die Annahme, dass aus dem Norden vordringende germanische Stämme den Namen gegeben hätten.[60]

4.5. *Rhön*

Ganz ähnlich ist der Name der *Rhön* zu interpretieren[61], für den schon H. Kuhn aufgrund der Belege 1128 *Rone nemus*, 1398 *Rone*, 1401 *Röne*, 1404 *Rone*, 1410 *Röne*, 1411 *Röne*, 1415 *Röne*, 1418 *Röne*, 1423 *Rone*, 1433 *Rone*, 1572 *Rön*, 1753 *(die) Ronberg*[62] keltische

---

[58] Ausführlich behandelt bei Casemir/Udolph 1997.
[59] Ausführlich behandelt bei NOB I, S. 348f.
[60] Inzwischen konnte ich es wahrscheinlich machen, dass es neben der in diesen Ortsnamen enthaltenen Wurzelform *aur-* auch die nach Verners Gesetz zu erwartende Variante *aus-* in kontinentalgermanischen Ortsnamen nachgewiesen werden kann, s. J. Udolph: *Latein. aurum „Gold", balt. auksas, ausis „Gold" in nord- und mitteldeutschen Ortsnamen?*, in: *Jahrbuch des Vereins für niederdeutsche Sprachforschung* 142 (2019), S. 38–52.
[61] Das Folgende nach Udolph, Studien, S. 888–892.
[62] Hammel, S. 13.

Herkunft ablehnte[63] und mit anord. *hraun* 'steiniges Land, Geröllfeld' (in Island v. a. 'Lavafeld'), dän. *røn* 'Steinbank am Meeresgrund', isländ. *hraun* 'steiniges Land ohne Vegetation' verband, eine Etymologie, die wegen des vulkanischen Ursprungs der Rhön schon sehr überzeugend ist.

Im Namen der *Rhön* ist offenbar altgermanisches Wort bewahrt worden, ein Zeugnis aus alt- oder urgermanischer Zeit.

Zusammenfassend kann man sagen: Wichtige Ortsnamen wie *Elbe*, *Rhön* und *-leben* können weit besser als Reste altgermanischer Namengebung denn als Spuren einer nordischen Zuwanderung interpretiert werden. Erneut zeigt sich dabei, dass dem ostfälischen Gebiet eine entscheidende Rolle zukommt.

Das zeigt sich auch bei unserer nächsten Abteilung, den Beziehungen zum Westen.

5. Beziehungen zum Westen (Westfalen, Niederlande, Flandern, England)

5.1. *ard-

*ard- ist ein Wortelement, dass bisher in der altgermanischen Toponymie noch keine zusammenhängende Untersuchung gefunden hat. Aber schon bei E. Förstemann[64] findet sich -ard in der Bedeutung 'Ackerbau, Ackerland, Wohnplatz', das noch in mhd. *art* 'Ackerbau, Ackerland, Pflugland' fortlebt. Ich gebe im Folgenden nur einige knappe Bemerkungen, ausführlicher hat sich inzwischen K. Casemir (NOB III, S. 377–379) mit dem Wort befasst.

Folgende Namen sind mir bisher aufgefallen:

1) †*Kliverde* östl. Fallersleben, (um 1226) *cliuerde*[65] (zu asä., mnd. *klif* 'Fels, Berg', ndt. *klef*, dat. *kleve* 'Steilhang');[66]
2) *Reppner*, OT von Salzgitter, 1140–47 *Ripenarth*, 1200 *Repenarde*[67] (dazu s. ausführlich NOB III, S. 265f.);
3) *Diemarden* bei Göttingen, 1022 (F. 2. H. 12. Jh.) *Thimarda*, 1022 (F. A. 12. Jh.) *Timertha*[68];
4) †*Dungerden* bei Davenstedt, 1264 (A. 14. Jh.) *Dungerden*, 1280 *Dungerden*, um 1460 *Dungherden*[69];
5) †*Dungerden* zwischen Minden und Barkhausen, um 1200 *Thidericus de Duncerden*, um 1228 [A. 15. Jh.] *Thidericus de Dungerden*[70];
6) *Lamerden* bei Hofgeismar, (1015–30) (Original um 1160) *Lammerthrun*, 1235 (A.) *Lothewicus de Lamerde*[71];

---

[63] Kuhn, Schriften III, S. 146.
[64] Förstemann II, 1, Sp. 188.
[65] Sudendorf I, Nr. 10, S. 10.
[66] Ausführlich zu diesem ON s. jetzt NOB VII, S. 207.
[67] Kleinau II, S. 523.
[68] UB Hildesheim I, Nr. 67 u. 69; die Deutung mit dem Suffix *-ithi* ist zu revidieren. S. dazu jetzt NOB IV, S. 97–99 sowie K. Casemir: *Diemarden – Eine neue Deutung eines umstrittenen Ortsnamens*, in: Göttinger Jahrbuch 50, 2002, S. 21–27.
[69] NOB I, S. 151f.
[70] Ebd., S. 152. Ausführlich zu diesem Ortsnamen s. jetzt WOB 7, S. 109–111.

7) *Obermeiser*, Kr. Hofgeismar, 1312 *Meysserde*[72];
8) †*Vesperthe* bei Büren, 1024 (K. 12. Jh.) *Vesperdun*, 1015–25 (K. 12. Jh.) *Vesperdun*[73];
9) †*Wennerde* bei Sarstedt, 983 *Wongerdun*, 990 *Wongerdun*, 1038 *Wangerda*[74];
10) *Oudenarde* (Ostflandern), 1038 *Aldenardensis*, 1042 (K. 11. Jh.) *Oldenarde*[75];
11) *Pay de Brédenarde*, bei St. Omer, 1155 (K. 15. Jh.) *Bredenarda*[76];
12) *Ganderkesee*, 860 (A. 11./12. Jh.) *Gandrikesarde*, um 1250 *Ganderikesserdhe*, *Ganderikesarde*[77];
13) *Pannerden* (Gelderland), 980 (K. 12. Jh.) *Pannardum,* um 1053 (K. 12. Jh.) *Pannardum*[78];
14) *Aarde* (Gelderland), 1. H. 13. Jh. *Arthe*[79];
15) *Aart* bei Pannerden, 1340 *Aerde*[80].

Fraglich, ob hierher (geographische Lage!)[81]:

16) *Arth* bei Küssnacht in der Schweiz.[82]

Wichtig sind die Parallelen in England:

17) Ardleigh (Essex)[83];
18) Hierher wahrscheinlich auch als *eard-ærn 'a dwelling house' (nur in Ortsnamen), *Arden* (Cheshire, Kent)[84], genauer nach E. Ekwall[85] *Arden* (Cheshire), 1260 *Arderne*, 1288 *Ardren; Arden* (Warwickshire), 12. Jh. *Earderne*, 1130 *Ardena*.

Diese Liste wird, wie die hier angeführten Ergänzungen auch zeigen, mit Sicherheit noch zu ergänzen sein. Aber schon so zeichnet sich eine bemerkenswerte Streuung ab: von Ostfalen aus reichen die Namen über Westfalen, Belgien und Flandern bis nach England. Sie ergänzen damit schon andernorts[86] erkannte Streuungen.

5.2.   *ber-* 'Wald'

Schon vor mehr als 100 Jahren hat E. Förstemann[87] darauf verwiesen, dass „in deutschen Ortsnamen zweifellos [...] a[ngelsächsisch] *bearo* 'Wald' vorhanden" ist. Bis heute

---

[71] Andrießen, S. 244; Westfäl. UB IV.
[72] Regesten Hessen, S. 200.
[73] Gysseling II, S. 1007. Ausführlich, aber anders zu diesem Ortsnamen: WOB 11, S. 442ff.
[74] NOB I, S. 152.
[75] Gysseling II, S. 778 mit der Deutung: *arda-* 'aanlegsplaats', älter 'gemene weide'.
[76] Ebd. I, S. 185.
[77] Casemir/Ohainski, S. 61; Brem. UB I, Nr. 247.
[78] Gysseling II, S. 786.
[79] Gysseling I, S. 33.
[80] Gallée, S. 362.
[81] Es gibt jedoch appellativische Anschlüsse im Alemannischen, s. Udolph, Alemannien, S. 33.
[82] Förstemann II, 1, Sp. 188.
[83] Smith I, S. 144; Ekwall, S. 12.
[84] Smith I, S. 144.
[85] Ekwall, S. 12.
[86] Vgl. Udolph, Studien, S. 765–829 und dessen Bezug auf Jellinghaus 1898 und 1902.
[87] Förstemann II, 1, Sp. 393.

fehlt eine Zusammenstellung dieser Namen. Diese ist umso aufschlussreicher, als dass das zugrunde liegende Wort dem Niederdeutschen, Hochdeutschen, Nordgermanischen und Niederländischen unbekannt ist und nur im Altenglischen bezeugt werden kann. Beda, der im 8. Jh. verstorbene angelsächsische Geschichtsschreiber notierte wörtlich: *baruae i.e. ad nemus* ('baruae – das heißt Wald').

Ein Blick in die Namen zeigt uns, dass das alte Wort in der Tat in altertümlichen Ortsnamen vor allem des Weser- und Leinegebietes begegnet. Das Ostfälische kennt ebenfalls sichere Zeugen:[88]

Bahrdorf (Kr. Helmstedt), 8./9. Jh. (A. 12. Jh.) *Bardorf*, 973 *Bardorp*[89]; *Barbecke* bei Lengede (Kr. Peine), 1146 *in Beribeke*, 1153–78 (A. 17. Jh.) *Berbeke*[90]; *Barfelde* (Kr. Hildesheim), 1022 *in Bereulte*, 1022 (F. 12. Jh.) *Bereuilte, Berevelte*[91]; *Bierbergen* bei Hohenhameln (Kr. Peine), 1151 *in Bireberge*, 1189 *Othelricus de Birbergen*, 1206 *Hermannus de Berberge*[92]; *Böbber* (Kr. Hameln-Pyrmont), 1182 *Bocbire*, 1186 *Fredericus de Bocbere*[93]; *Deckbergen* (Kr. Schaumburg), 1127–40 *Thecbere, in Thebere* (lies: *Thecbere*), 1230 *Thecbere*[94]; *Disber*, Wg. ca. 1800 m nördlich Hüpede (Kr. Hannover), um 1230 *Godefridi de Disbere*, um 1260 *Disbere*, 1268 *Luderus de Disbere servi*[95]; *Eisbergen* bei Rinteln, 1029 (K. 16., 17. Jh.) *Egisberen*, 1033 *Egisberun* usw.[96]; *Haimar* östlich Hannover, 1117 *Heymbere*, 1160 *in Heimbere* usw.[97]; *Harber* bei Peine, 8./9. Jh. (A. 12. Jh.) *Heriborea*, nach 1212 *de Harberhe*, 1220 u. ö. *Hertbere*[98]; *Harber* bei Soltau, 1438 *Herdber*[99]; *Heber* (Kr. Soltau-Fallingbostel), 1366 *to hedebere; in villa heedebeere*[100]; *Hedeper* (Kr. Wolfenbüttel), 1123 (K.) *Hathebere*, 1188 *Hadebere*, 1189 *Hathebere*[101]; *Heudeber* bei Halberstadt, 1004 *Hadeburun*, 1021 *Hadeburun*, 1022 *Hatheburun*, 1145 *Hadebern*[102]; *Lübber*, OT von Herford, 1212 *in Libbere*, 1217 (A.) *in Lybbere*, 1224 *Libbere*[103]; †*Ölper*, heute Forsthaus und FlurN bei Rennau (Kr. Helmstedt), 1022 (F. 1. H. 12. Jh.) *Wurungon cum silva Alabure*, 1022 (F. 2. H. 12. Jh.) *Wurungun cum silva, Alabure*[104]; *Rabber* bei Bohmte, 1033 *Retbere*, (ca. 1240) *Redbere* usw.[105]; *Schwöbber*, Kr. Hameln-Pyrmont, (Mitte 13. Jh./ 1. Viertel 14. Jh.) *Gerhardi de Suecbere*, (um 1265?) (K.) *Ludolfus de Wwicbere*[106];

---

[88] Ergänzungen zu den folgenden Namen habe ich nicht vorgenommen, sie finden sich vor allem in NOB I–X, ferner auch in etlichen Bänden des WOB.
[89] Casemir/Ohainski, S. 65.
[90] Boetticher, S. 34.
[91] UB Hildesheim I 1, Nr. 67, S. 65; Nr. 68, S. 69; Nr. 69, S. 71.
[92] Boetticher, S. 47.
[93] UB Hildesheim I, Nr. 415, S. 403; Falke, S. 889.
[94] Laur, S. 110 (dort auch zur Etymologie).
[95] NOB I, S. 100 (dort auch zur Etymologie).
[96] Laur, S. 110 (dort auch zur Namendeutung).
[97] NOB I, S. 180–181.
[98] Boetticher, S. 113.
[99] Grieser, S. 21.
[100] Archiv St. Michael Lüneburg, Nr. 616, S. 378; Nr. 619, S. 379.
[101] Kleinau I, S. 258.
[102] Förstemann II, 1, Sp. 1287.
[103] Westfäl. UB IV, Nr. 52, S. 39; Nr. 72, S. 50; Nr. 135, S. 91.
[104] UB Hildesheim I, Nr. 69, S. 71; Nr. 67, S. 66.
[105] Wrede I, S. 143.
[106] UB Hameln I, S. 113; Calenb. UB III, S. 160.

Schwülper (Kr. Gifhorn), 8./9. Jh. (A. 12. Jh.) *Suilbore, Suibbore,* 1191 (K.) *in Swilbere*[107]; *Sonnenberg* (Kr. Peine), 780/802 (?) (K. Mitte 12. Jh.) *in Sunnenbore,* 1196/97 *Sunnenbere,* 12./13. Jh. *in Sunnebere*[108]; *Velber* westlich Hannover, (1153–67) *Veltbere,* 1222–24 *Conradi de Veltbere*[109]; *Warber* bei Bückeburg, alt *Wertbere*[110].

Der Blick auf die Verbreitung zeigt, dass nur ganz bestimmte Bereiche nördlich der deutschen Mittelgebirge zwischen Hase und Aller entsprechende Ortsnamen kennen. Dabei bildet das Wesergebiet den westlichen Ausläufer.

Die Verbindung mit England ist aus zweifacher Hinsicht absolut zwingend:

1) Das zugrunde liegende Wort ist innerhalb der germanischen Sprachen nur und ausschließlich im Englischen bezeugt. So heißt es bei A. H. Smith[111]: „*bearu, -o* (*bearwes* gen.sg., *bearwe* dat.sg., *bearwas* nom.pl.) O[ld English], 'a wood, grove' […] as a final el[ement] it is usually combined with words denoting animals […] with tree-names, etc., as *Haselbury* […], *Ogbeare* […], *Plumber* […] *Timsbury* […]". Ähnliche Bemerkungen bietet die neueste Arbeit über den in Ortsnamen verborgenen englischen Wortschatz[112]: „*bearu* O[ld English] 'grove, small wood'". Aber schon vor ca. 100 Jahren hatte H. Middendorff[113] zu dem altenglischen Wort bemerkt: „*bearu* 'Wald, und zwar hauptsächlich fruchttragender Wald, also Eich- und Buchwald'".

2) Das englische Wort findet sich – worauf ich hier aus Platzgründen nicht näher eingehen kann – in Dutzenden von Namen wie *Bagber, Birchenbeer, Bowbeer, Crebar, Haselbury, Ogbeare, Plumber* u. a. m., ist also auch toponymisch im Englischen bestens verankert. Die Streuung der Namen zeigt erneut, dass Schleswig-Holstein oder Jütland aus Ausgangsbasis der angelsächsischen Landnahme nicht in Frage kommen.

5.3. *horst*

Horst ist bezeugt in mhd. *hurst, hürste,* ahd. *hurst,* asä. *hurst,* mnd., mndl. *hurst, horst,* ae. *hyrst,* bedeutet 'Gebüsch, Gestrüpp', jünger auch 'Vogelnest'. Als Grundwort bezeichnet *-horst* zumeist 'Buschwald, Gebüsch, Gehölz, Gesträuch, Gestüpp, Niederholz', auch 'bewachsene kleine Erhöhung in Sumpf und Moor'.

Ich habe diesen Typus an anderer Stelle ausführlich behandelt[114]; hier nur ein Blick auf die Verbreitungskarte.[115] Die Verbindung zwischen Norddeutschland und England spricht für sich.

---

[107] Casemir/Ohainski, S. 47; UB Hildesheim I, Nr. 483, S. 459.
[108] Rund, S. 210.
[109] NOB I, S. 446.
[110] S. (auch zur Etymologie) Laur, S. 111.
[111] Smith I, S. 22f.
[112] Vocabulary, S. 65–67.
[113] Middendorff, S. 12.
[114] Udolph, Studien, S. 776–796.
[115] Ebd., Karte 56, S. 791.

5.4. -kot

Noch nicht zusammenfassend behandelt wurde bisher das Ortsnamenelement *-kot*, das auch im ostfälischen Namenmaterial begegnet. In aller Kürze hier das Wichtigste:

†*Badekot* bei Helmstedt, (um 1150) *In Badekoten*[116]; †*Badekot* südöstlich Helmstedt, (um 1315) *unum campum dictum Botenkote (Batenkote?)*, (1345–48) (A. 15. Jh.) *Badecothen*[117]; *Eischott* (Kreis Gifhorn), 1324 *Eyscot*, um 1510 *Eystkote, Eyskote*[118]; *Meinkot* (Kr. Helmstedt), 1145 (1144) *Meincoten*, 1209 (A. 16. Jh.) *Meinkot*[119]; *Waddekath* östlich von Wittingen im Kr. Salzwedel; †*Wadencote* bei Vorsfelde, 1112 *Watencoten*, 1178 *Wadencote*, 1197 *Wadenkoth*; *Wennekath* östl. Lüneburg, 1190 *Wendekoten*, 1380 *in villa Wendekate*[120]; *Wendschott*, OT von Wolfsburg, 1366 *dat dorp to Wendeskote*[121].

Außerhalb des ostfälischen Sprachgebietes sind mir aufgefallen,[122] vor allem in Westfalen (eine vollständige Sammlung kann ich hier nicht bieten[123]): †*Cotene* (bei Rendsburg?), 1165 *Cotene*; *Cotten*, Gut bei Menden; Wüstung am Köterberge nahe Höxter, Trad. Corb. *Cotun, Cothun*; *Eberschütz* bei Hofgeismar, 1142 *Everscot*; *Everskotten* bei Osnabrück; *Horkotten* bei Ostercappeln; *Kotten*, Ortsname bei Marl; 10. Jh. *Kothuson*, bei Werden (Ruhr); *Kotthausen* am Diemel-Stausee, um 1115 (K. 15. Jh.) *in Cothusun*; *Kothausen* bei Schwelm, ca. 1150 *Cothuson*; *Salzkotten* in Westfalen, 1160 *Saltkoten*, 1183 *Saltkoten*.

Im Westen Deutschlands setzen sich die Namen fort z. B. in *Kotten*, Ortsname bei Winterswijk; *Kote*, Weiler bei Zwolle; *Voorschooten* bei Antwerpen, 1157 *Verschote*, ca. 1180 *Frescote*; *Zevecote* bei Gistel (Flandern), 1037 *Cota*; *Zuydkoote* bei Dünkirchen, 1121 *Soutcota*.

Zahlreiche Namen in England ergänzen das Bild, darunter etwa *Walcott, Draycot, Coton, Cotton, Fencote* usw.[124]

Basis der Namen ist germ. *kot* 'Haus, Siedlung, Abteilung'. Nach Förstemann[125] liegt in den Ortsnamen ein Wort „im Sinne von aus der Mark oder Volkland geschnittenen Landstück mit Behausung" vor. Die Streuung der Namen zeigt, wie der Kontinent mit England über Flandern verbunden ist.

---

[116] Urbare Werden, S. 173.
[117] Kleinau I, S. 37.
[118] Rund, S. 70.
[119] Kleinau II, S. 400.
[120] Kühnel, S. 401.
[121] Kleinau II, S. 695. Zu *Badekot, Meinkot* und *Wendschott* vgl. man jetzt die wichtigen Ergänzungen in NOB VII, S. 240f. [mit weiteren Verweisen].
[122] Ich biete hier keine Quellenbelege; eine Überprüfung ist im Einzelfall unumgänglich.
[123] Erste Hinweise auf die Beziehungen zwischen England und dem Kontinent bei Jellinghaus 1898, S. 301; das folgende Material zumeist nach Förstemann, Jellinghaus 1923 und Wrede. Auf jeden Fall sind die Bände des WOB zu beachten.
[124] Smith I, S. 110.
[125] Förstemann II, 1, Sp. 1720.

5.5. -lage

Dieses Element enthalten in Ostfalen u. a. die Namen *Hondelage*, OT von Braunschweig, 1179 *In Honloge*, *Hollaghe*, 1223 *Ludolfo de Honlage* usw.[126], *Schandelah* (Kr. Wolfenbüttel), (um 1200) (K. 18. Jh.) *Schanlege*, 1311 (K. 14. Jh.) u. ö. *Schanleghe*[127] und †*Walkleghe*, 1271 *Walkelege*, 1319 *Walkleghe*[128], bei Zweidorf.

Diese Namen sollen hier nur kurz behandelt werden. Ihre Deutung ist – soweit es den zweiten Teil, das Grundwort *-lage, -lege* betrifft – nicht problematisch. Es ist mit dt. *legen, liegen, Lage* zu verbinden, wahrscheinlich trifft die Vermutung einer 'freien, offenen Fläche zwischen Wäldern' zu.

Die Namen sind ausführlich behandelt worden von Siebel 1970. Ergänzungen habe ich einschließlich eines Kartierungsversuchs selbst beibringen können.[129]

5.6. -lar

Ein letztes Element: Das vieldiskutierte *-lar* fehlt auch nicht in Ostfalen, allerdings gerade dessen wichtigste Namen fehlen in der ansonsten schönen Verbreitungskarte von H. Dittmaier[130]. Hier wären zu nennen *Lehre* im Kreis Helmstedt, 830–40 (A. 12. Jh.) *Lerin*, 8./9. Jh. (A. 12. Jh.) *Lerim*, 888 *Leri*[131], *Lehrte*, 1147 (gleichzeit. A.) *Lereht*, 1274 *Lerede*, 1294 *Lerethe*[132]; *Lasfelde* (Kreis Osterode), 1174–95 *silva que dicitur Laresfelt*, 1225–26 *Larsfelde*[133].

Dabei kristallisiert sich immer mehr heraus, dass die Etymologie mit einem Wort für 'Hürde, Pferch' nicht stimmen kann.[134] Das slavische Waldwort *lĕs* ist sicher eher heranzuziehen.

Zusammenfassung

Die Auflistung des Materials hat gezeigt, dass das ostfälische Sprachgebiet eigentlich an allen altgermanischen Namenelementen Anteil hat, ja man wird das einschränkende „eigentlich" streichen müssen und folgern dürfen: Ostfalen ist an allen altgermanischen Namenelementen beteiligt. Es besitzt alte Beziehungen zum Norden und zum Westen, es zeigt in seinem Namenschatz aber darüber hinaus noch weiter Anteil an Verbindungen mit dem Baltikum und dem Slavischen, die dadurch in urgermanische Zeit hineinreichen.

---

[126] Kleinau I, S. 304.
[127] Ebd. II, S. 535.
[128] Ebd. II, S. 669.
[129] Udolph, Studien, S. 801–809.
[130] Dittmaier 1963.
[131] Casemir/Ohainski, S. 66.
[132] NOB I, S. 281f.
[133] NOB II, S. 97ff.
[134] Diese Auffassung vertritt P. Derks: *ham* und *hlâr. Zaun und Hegung in westfälischen Ortsnamen*, Lage 2019 weiterhin, jedoch tritt z. B. *-ithi* (wie in Lehrte) nicht an Appellativa an, die mit menschlicher Tätigkeit zu verbinden sind.

Es lässt sich nicht anders sagen: Die ostfälische Namenlandschaft ist zweifellos Ergebnis einer altgermanischen Namengebung. Ich zögere aber – darüber hinausgehend – immer weniger daran, den Satz etwas umzuformulieren: Sie ist mehr; sie ist Relikt der altgermanischen Namengebung, sie ist Ausfluss einer altgermanischen Siedlungsperiode, die man m. E. mit der urgermanischen gleichsetzen muss. Anders lässt sich die Vielfalt altgermanischen Ortsnamen in diesem Bereich nicht erklären.

Literatur

K. Andrießen: *Siedlungsnamen in Hessen. Verbreitung und Entfaltung bis 1200*, Marburg 1990.
Ann. Fuld. = *Annales Fuldenses sive Annales regni Francorum orientalis* (= *Scriptores rerum Germanicarum in usum scholarum separatim editi*, Bd. 7), Nachdruck Hannover 1978.
Ann. Stederb. = *Annales Stederburgenses*, in: *Monumenta Germaniae Historica. Scriptores (in folio)*, Bd. 16, Berlin 1859, S. 197–231.
Archiv St. Michael Lüneburg = *Archiv des Klosters St. Michaelis zu Lüneburg*, hg. von W. von Hodenberg, Hannover 1861.
M. Biolik: *Die Namen der fließenden Gewässer im Flußgebiet des Pregel* (= *Hydronymia Europaea*, Lfg. II), Stuttgart 1996.
Bischoff 1971 = K. Bischoff: *Der Tie* (= *Abhandlungen der Geistes- und Sozialwissenschaftlichen Klasse der Akademie der Wissenschaften und der Literatur zu Mainz*, Jg. 1971, Nr. 9). Mainz – Wiesbaden 1971.
Bischoff 1972 = K. Bischoff: *Der Tie II* (= *Abhandlungen der Geistes- und Sozialwissenschaftlichen Klasse der Akademie der Wissenschaften und der Literatur zu Mainz*, Jg. 1972, Nr. 7). Mainz – Wiesbaden 1972.
Bischoff 1978 = K. Bischoff: *Nachträge zum Tie*, in: *Jahrbuch des Vereins für niederdeutsche Sprachforschung* 101 (1978), S. 158–159.
Bischoff 1979 = K. Bischoff: *Germ. *hlaiw- ‚Grabhügel, Grab, Hügel' im Deutschen* (= *Abhandlungen der Geistes- und Sozialwissenschaftlichen Klasse der Akademie der Wissenschaften und der Literatur zu Mainz*, Jg. 1979, Nr. 3), Mainz – Wiesbaden 1979.
A. von Boetticher: *Geschichtliches Ortsverzeichnis des Landkreises Peine*, Hannover 1996.
Brem. UB = *Bremisches Urkundenbuch*, hg. von D. R. Ehmck, W. v. Bippen, H. Enholt, Bd. 1–6, Bremen 1873–1940.
Calenb. UB = *Calenberger Urkundenbuch*, hg. von W. von Hodenberg, Bd. 1–10, Hannover 1855–1859, Register v. J. Studtmann, Hannover 1938.
Casemir 1997 = K. Casemir: *Die Ortsnamen auf -büttel*, Leipzig 1997.
K. Casemir/U. Ohainski: *Niedersächsische Orte bis zum Ende des ersten Jahrtausends in schriftlichen Quellen*, Hannover 1995.
K. Casemir/J. Udolph: *Der Ortsname Ohrum*, in: *Chronik Ohrum: 747–1997*, Ohrum 1997, S. 36–40.
Dittmaier 1963 = H. Dittmaier: *Die (h)lar-Namen. Sichtung und Deutung*, Köln – Graz 1963.
I. Duridanov: *Thrakisch-dakische Studien*, 1. Teil: *Die Thrakisch- und Dakisch-Baltischen Sprachbeziehungen*, Sofia 1969.
E. Ekwall: *The Concise Oxford Dictionary of English Place-Names*, 4. Aufl., Oxford 1960.
J. F. Falke: *Codex Traditionum Corbeiensium*, Lipsiae & Guelpherbyti 1752.
E. Förstemann: *Altdeutsches Namenbuch*, Bd. 1: *Personennamen*, 2. Aufl., Bonn 1900, Bd. 2: *Orts- und sonstige geographische Namen*, 1. Hälfte A–K, 2. Hälfte L–Z und Register, hg. von H. Jellinghaus, Bonn 1913–1916.
E. Fraenkel: *Litauisches etymologisches Wörterbuch*, Bd. 1–2, Göttingen – Heidelberg 1962–1965.
J. de Vries: *Altnordisches etymologisches Wörterbuch*, 2. Aufl., Leiden 1962.

J. H. Gallée: *De namen van plaatsen in Gelderland en Overijssel*, in: *Nomina Geographica Neerlandica* 3 (1887), S. 321–368.
M. Gelling: *The Element* hamm *in English Place-Names*, in: *Namn och Bygd* 8 (1960), S. 140–162.
G. Gerullis: *Die altpreußischen Ortsnamen*, Berlin – Leipzig 1922.
Grieser = *Das Schatzregister der Großvogtei Celle von 1438 und andere Quellen zur Bevölkerungsgeschichte der Kreise Celle, Fallingbostel, Soltau und Burgdorf zwischen 1428 und 1442*, hg. von R. Grieser, Hildesheim 1961.
J. Grimm: *Deutsche Grammatik*, 2. Teil, 3. Buch, Göttingen 1826.
M. Gysseling: *Toponymisch Woordenboek van België, Nederland, Luxemburg, Noord-Frankrijk en West-Duitsland (vóór 1226)*, Bd. 1–2, (Tongeren) 1960.
H. Hammel: *Namen deutscher Gebirge*, Gießen 1933.
Jellinghaus 1898 = H. Jellinghaus: *Englische und niederdeutsche Ortsnamen*, in: *Anglia* 20 (1898), S. 257–334.
Jellinghaus 1902 = H. Jellinghaus: *Bestimmungswörter westsächsischer und englischer Ortsnamen*, in: *Jahrbuch des Vereins für niederdeutsche Sprachforschung* 28 (1902), 31–52.
Jellinghaus 1923 = H. Jellinghaus: *Die westfälischen Ortsnamen nach ihren Grundwörtern*, 3. Aufl., Osnabrück 1923.
B.-U. Kettner: *Flußnamen im Stromgebiet der oberen und mittleren Leine*, Rinteln 1972.
H. Kleinau: *Geschichtliches Ortsverzeichnis des Landes Braunschweig*, Teil 1–3, Hildesheim 1967–1968.
Kuhn, Schriften = H. Kuhn: *Kleine Schriften*, Bd. 1–4, Berlin – New York 1969–1978.
Kuhn 1978 = H. Kuhn: *Das letzte Indogermanisch (= Abhandlungen der Geistes- und Sozialwissenschaftlichen Klasse der Akademie der Wissenschaften und der Literatur zu Mainz*, Jg. 1978, Nr. 4), Mainz –Wiesbaden 1978.
P. Kühnel: *Die slavischen Orts- und Flurnamen im Lüneburgischen*, Nachdruck Köln – Wien 1982.
W. Laur: *Die Ortsnamen in Schaumburg*, Rinteln 1993.
H. Middendorff: *Altenglisches Flurnamenbuch*, Halle 1902.
R. Möller: *Dentalsuffixe in niedersächsischen Siedlungs- und Flurnamen in Zeugnissen vor dem Jahre 1200*, Heidelberg 1992.
E. Müller: *Die Ortsnamen des Kreises Heiligenstadt*, Halle 1958.
NOB I = U. Ohainski/J. Udolph: *Die Ortsnamen der Stadt und des Landkreises Hannover* (= *Veröffentlichungen des Instituts für Historische Landesforschung der Universität Göttingen* 37; *Niedersächsisches Ortsnamenbuch* I), Bielefeld 1998.
NOB II = U. Ohainski/J. Udolph: *Die Ortsnamen des Landkreises Osterode* (= *Veröffentlichungen des Instituts für Historische Landesforschung der Universität Göttingen* 40; *Niedersächsisches Ortsnamenbuch* II), Bielefeld 2000.
NOB III = K. Casemir: *Die Ortsnamen des Landkreises Wolfenbüttel und der Stadt Salzgitter* (= *Veröffentlichungen des Instituts für Historische Landesforschung der Universität Göttingen* 43; *Niedersächsisches Ortsnamenbuch* III), Bielefeld 2003.
NOB IV = K. Casemir/U. Ohainski/J. Udolph: *Die Ortsnamen des Landkreises Göttingen* (= *Veröffentlichungen des Instituts für Historische Landesforschung der Universität Göttingen* 44; *Niedersächsisches Ortsnamenbuch* IV), Bielefeld 2003.
NOB V = K. Casemir/F. Menzel/U. Ohainski: *Die Ortsnamen des Landkreises Northeim* (= *Veröffentlichungen des Instituts für Historische Landesforschung der Universität Göttingen* 47; *Niedersächsisches Ortsnamenbuch* V), Bielefeld 2005.
NOB VI = K. Casemir/U. Ohainski: *Die Ortsnamen des Landkreises Holzminden* (= *Veröffentlichungen des Instituts für Historische Landesforschung der Universität Göttingen* 51; *Niedersächsisches Ortsnamenbuch* VI), Bielefeld 2007.
NOB VII = K. Casemir/F. Menzel/U. Ohainski: *Die Ortsnamen des Landkreises Helmstedt und der Stadt Wolfsburg* (= *Veröffentlichungen des Instituts für Historische Landesforschung der Universität Göttingen* 53; *Niedersächsisches Ortsnamenbuch* VII), Bielefeld 2011.

NOB VIII = K. Casemir/U. Ohainski: *Die Ortsnamen des Landkreises Peine* (= *Veröffentlichungen des Instituts für Historische Landesforschung der Universität Göttingen* 60; *Niedersächsisches Ortsnamenbuch* VIII), Bielefeld 2017.

NOB IX = H. Blume/K. Casemir/U. Ohainski: *Die Ortsnamen der Stadt Braunschweig* (= *Veröffentlichungen des Instituts für Historische Landesforschung der Universität Göttingen* 61; *Niedersächsisches Ortsnamenbuch* IX), Bielefeld 2018.

NOB X = K. Casemir/U. Ohainski: *Die Ortsnamen des Landkreises Goslar* (= *Veröffentlichungen des Instituts für Historische Landesforschung der Universität Göttingen* 62; *Niedersächsisches Ortsnamenbuch* X), Bielefeld 2018.

J. Pokorny: *Indogermanisches etymologisches Wörterbuch*, Bd. 1, Bern – Frankfurt 1959.

Regesten Hessen = *Regesten der Landgrafen von Hessen*, Bd. I, Marburg 1929.

W.-A. Frhr. v. Reitzenstein: *Lexikon bayerischer Ortsnamen*, 2. Aufl., München 1991.

J. Rund: *Geschichtliches Ortsverzeichnis des Landkreises Gifhorn*, Hannover 1996.

W. P. Schmid: *Elbe*, in: *Reallexikon der Germanischen Altertumskunde*, Bd. 7, Berlin – New York 1986, S. 100–101.

D. Schomburg: *Geschichtliches Ortsverzeichnis des Landes Bremen*, Hildesheim 1964.

H. Siebel: *Die norddeutschen Flur- und Siedlungsnamen auf -lage/-loge*, Magisterarbeit, Münster 1970.

A. H. Smith: *English Place-Name Elements*, T. 1–2, Cambridge 1956.

Sudendorf = *Urkundenbuch zur Geschichte der Herzöge von Braunschweig und Lüneburg und ihrer Lande*, Bd. 1–10 u. Register, hg. von H. Sudendorf, Hannover 1859–1883.

Udolph, Alemannien = J. Udolph: *Alemannien und der Norden aus der Sicht der Ortsnamenforschung*, in: *Alemannien und der Norden*, hg. von H.-P. Naumann (= *Reallexikon der Germanischen Altertumskunde. Ergänzungsband* 43), Berlin – New York 2004, S. 29–56.

Udolph, Hameln = J. Udolph: *Zogen die Hamelner Aussiedler nach Mähren? Die Rattenfängersage aus namenkundlicher Sicht*, in: *Niedersächsisches Jahrbuch für Landesgeschichte* 69 (1997), S. 125–183.

Udolph, -ithi = J. Udolph: *Die Ortsnamen auf -ithi*, in: *Probleme der älteren Namenschichten. Leipziger Symposion 21. bis 22. November 1989*, hg. von Ernst Eichler (= *Beiträge zur Namenforschung. Neue Folge; Beiheft* 32), Heidelberg 1991, S. 85–145.

Udolph, Probleme und Wege = J. Udolph: *Probleme und Wege der Namenforschung im Braunschweiger Land*, in: *Braunschweigisches Jahrbuch für Landesgeschichte* 78 (1997), S. 9–33.

Udolph, Stellung = J. Udolph: *Die Stellung der Gewässernamen Polens innerhalb der alteuropäischen Hydronymie*, Heidelberg 1990.

Udolph, Studien = J. Udolph: *Namenkundliche Studien zum Germanenproblem*, Berlin – New York 1994.

Udolph, Südniedersächs. ON = J. Udolph: *Südniedersächsische Ortsnamen*, in: *Namenkundliche Informationen* 71/72 (1997), S. 76–88.

Udolph, Suffixbildungen = J. Udolph: *Suffixbildungen in alten Ortsnamen Nord- und Mitteldeutschlands*, in: *Suffixbildungen in alten Ortsnamen*, Uppsala 2004, S. 137–175.

Udolph, Weserraum = J. Udolph: *Der Weserraum im Spiegel der Ortsnamenforschung*, in: *Die Weser – Ein Fluß in Europa*, Bd. 1: *Leuchtendes Mittelalter*, hg. von N. Humburg, J. Schween, Holzminden 2000, S. 24–37.

UB Hildesheim = *Urkundenbuch des Hochstifts Hildesheim und seiner Bischöfe*, Bd. 1–6, Leipzig (– Hannover) 1896–1911.

UB Hameln = *Urkundenbuch des Stiftes und der Stadt Hameln*, T. 1–2, Hannover 1887–1903.

Urbare Werden = *Die Urbare der Abtei Werden a. d. Ruhr. A. Die Urbare vom 9.–13. Jahrhundert*, hg. von R. Kötzschke, Bonn 1906.

A. Vanagas: *Lietuvių hidronimų etimologinis žodynas*, Vilnius 1981.

Vocabulary = *Vocabulary of English Place-Names*, T. 1, Nottingham 1997.

R. Weber: *Die nordwestdeutschen Orts- und Flußnamen auf* -el, Diss., Göttingen 1949.

Westfäl. UB = *Westfälisches Urkundenbuch*, Bd. 1–10, Münster 1874–1986.

WOB 1 = M. Flöer/C. M. Korsmeier: *Die Ortsnamen des Kreises Soest* (= *Westfälisches Ortsnamenbuch* 1), Bielefeld 2009.

WOB 2 = B. Meineke: *Die Ortsnamen des Kreises Lippe* (= *Westfälisches Ortsnamenbuch* 2), Bielefeld 2010.

WOB 3 = C. M. Korsmeier: *Die Ortsnamen der Stadt Münster und des Kreises Warendorf* (= *Westfälisches Ortsnamenbuch* 3), Bielefeld 2011.

WOB 4 = B. Meineke: *Die Ortsnamen des Kreises Herford* (= *Westfälisches Ortsnamenbuch* 4), Bielefeld 2011.

WOB 5 = B. Meineke: *Die Ortsnamen der Stadt Bielefeld* (= *Westfälisches Ortsnamenbuch* 5), Bielefeld 2013.

WOB 6 = M. Flöer: *Die Ortsnamen des Hochsauerlandkreises* (= *Westfälisches Ortsnamenbuch* 6), Bielefeld 2013.

WOB 7 = B. Meineke: *Die Ortsnamen des Kreises Minden-Lübbecke* (= *Westfälisches Ortsnamenbuch* 7), 2., durchgesehene und ergänzte Aufl., Bielefeld 2016.

WOB 8 = M. Flöer: *Die Ortsnamen des Kreises Olpe* (= *Westfälisches Ortsnamenbuch* 8), Bielefeld 2014.

WOB 9 = K. Casemir/U. Ohainski: *Die Ortsnamen des Kreises Höxter* (= *Westfälisches Ortsnamenbuch* 9), Bielefeld 2016.

WOB 10 = C. M. Korsmeier: *Die Ortsnamen des Kreises Coesfeld* (= *Westfälisches Ortsnamenbuch* 10), Bielefeld 2016.

WOB 11 = B. Meineke: *Die Ortsnamen des Kreises Paderborn* (= *Westfälisches Ortsnamenbuch* 11), Bielefeld 2018.

WOB 12 = M. Flöer: *Die Ortsnamen des Märkischen Kreises* (= *Westfälisches Ortsnamenbuch* 12), Bielefeld 2018.

WOB 13 = C. M. Korsmeier: *Die Ortsnamen des Kreises Steinfurt* (= *Westfälisches Ortsnamenbuch* 13). Bielefeld 2020.

WOB 14 = M. Flöer: *Die Ortsnamen des Ennepe-Ruhr-Kreises, der Satdt Bochum und der Stadt Herne* (= *Westfälisches Ortsnamenbuch* 14), Bielefeld 2020.

WOB 15 = B. Meineke: *Die Ortsnamen der Stadt Hamm und des Kreises Unna* (= *Westfälisches Ortsnamenbuch* 15), Bielefeld 2021.

WOB 16 = M. Flöer: *Die Ortsnamen der Stadt Dortmund und des Kreises Hagen* (= *Westfälisches Ortsnamenbuch* 16), Bielefeld 2021.

WOB 17 = C. M. Korsmeier: *Die Ortsnamen des Kreises Borken* (= *Westfälisches Ortsnamenbuch* 17), Bielefeld 2022.

WOB 18 = B. Meineke: *Die Ortsnamen des Kreises Recklinghausen, der Stadt Bottrop und der Stadt Gelsenkirchen* (= *Westfälisches Ortsnamenbuch* 18), Bielefeld 2021.

WOB 19 = C. M. Korsmeier: *Die Ortsnamen des Kreises Gütersloh* (= *Westfälisches Ortsnamenbuch* 19), Bielefeld 2022.

G. Wrede: *Geschichtliches Ortsverzeichnis des ehemaligen Fürstbistums Osnabrück*, Bd. 1–2, Hildesheim 1975–1977.

Suffixbildungen in alten Ortsnamen Nord- und Mitteldeutschlands[*]

Einleitung

Es kann kein Zweifel daran bestehen, dass in der Wortbildung der germanischen Sprachen ein entscheidender Wandel stattgefunden hat: von der Ableitung oder Suffigierung zur Kompositionsbildung. Ein immer wieder aufgenommenes Wort von Jacob Grimm (1826, S. 403) darf hier nicht fehlen:

> Es ist die unverkennbare Richtung der späteren Sprache, die Ableitungen aufzugeben und durch Kompositionen zu ersetzen. Dieses betätigt uns eben, daß jetzt erloschene Ableitungen vormals lebendig, jetzt unverständliche oder zweideutige vormals fühlbar und deutlich gewesen sein müssen.

Dieses gilt selbstverständlich auch für die Ortsnamenbildung, aber es hat sehr lange gedauert, bevor man bei der Diskussion alter germanischer Siedlungsgebiete von den -*heim*-/-*dorp*- und -*sted*-Namen Abstand genommen hat und zu den Ableitungen übergegangen ist. Erst vor kurzem hat E. Nyman (2000) gezeigt, dass die mit Suffixen gebildeten Namen besonderes Interesse für sich beanspruchen dürfen.

Zum Teil unbemerkt hat sich die germanistische Ortsnamenforschung damit aber in große Nähe zur Bildungsweise europäischer Gewässernamen begeben, denn abgesehen von ganz wenigen Ausnahmen, vgl. die Diskussion zwischen Schramm (2001) und Udolph (2003), sind diese ebenfalls mit Suffixen gebildet. H. Krahes bekanntes Schema (Krahe 1964, S. 62f.) ist dafür das beste Beispiel.

Und damit stehen wir vor der immer wieder und gerade auch in Skandinavien diskutierten Frage (Andersson 1972, 1977, 1988; Kousgård Sørensen 1972, 1982; Særheim 2001), wie man die von H. Krahe aufgedeckte und von W. P. Schmid weiterentwickelte Alteuropa-Theorie denn zu verstehen habe und inwieweit in alteuropäischen Gewässernamen verwendete Suffixelemente in den Einzelsprachen weiterhin produktiv gewesen sind. Damit verbunden ist eine weitere Frage, die mit der Untersuchung der Gewässer- und Ortsnamen zusammenhängt: Wenn man die Suche nach einem ältesten Siedlungsgebiet slavischer, germanischer und keltischer Sprecher nicht aufgeben will – und ich bin dazu nach wie vor nicht bereit –, dann wird eine Entscheidung darüber davon abhängen, in welchem Gebiet wir in unmittelbarer Nachbarschaft zueinander Bildungen mit einem bestimmten Suffixelement haben, die:

---

[*] Erstmals erschienen in: *Suffixbildungen in alten Ortsnamen. Akten eines internationalen Symposiums in Uppsala 14.–16. Mai 2004.* Hg. von Thorsten Andersson und Eva Nyman, Uppsala 2004, S. 137–175.

1. unbedingt einer voreinzelsprachlichen (oder indogermanischen bzw. alteuropäischen) Schicht zugeordnet werden müssen, und
2. der betreffenden indogermanischen Einzelsprache zuzuzählen sind.

Damit verbunden ist die Frage, ob es nicht auch Namen geben kann oder sogar muss, die dazwischenstehen, d. h. sowohl mit der alteuropäischen wie mit der einzelsprachlichen Hydronymie verbunden werden können. Die bisherige Diskussion hat sich entschieden zu wenig mit dieser Möglichkeit befasst. So heißt es etwa in einer Veröffentlichung bei Laur (2004, S. 204): „Wir fragen also nach den Gebieten und Ländern, in denen als älteste Namenschicht außer den alten indogermanischen Flussnamen nur germanische Toponyme auftreten." Schematisch kann man diese Auffassung etwa wie folgt darstellen:

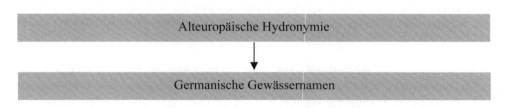

Am Beispiel des Slavischen habe ich ausführlich zu zeigen versucht, dass die Entfaltung einer indogermanischen Einzelsprache es notwendigerweise mit sich bringt, dass sich deren Entwicklung in einem Prozess vollzieht, der auch in den Gewässernamen seine Spuren hinterlassen hat (vgl. Udolph 1997a, 1998b).

Aus diesen und weiteren ähnlichen Erscheinungen lässt sich die Erkenntnis gewinnen, dass es Gewässernamen geben muss, die die alteuropäische Hydronymie mit der der jeweiligen indogermanischen Einzelsprache verbindet. Und das ist umso wahrscheinlicher, als man annehmen muss, dass sich die Entfaltung etwa der germanischen Sprachen aus einem indogermanischen Dialektgebiet über einen Zeitraum von einigen hundert Jahren erstreckt haben muss. Schematisch lässt sich dieses etwa wie folgt darstellen:

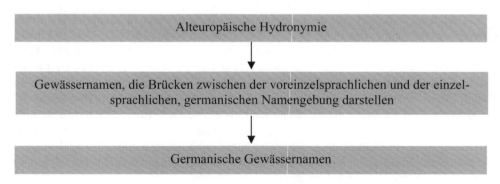

Ähnliche Auffassungen sind auch – dieser Auffassung vielleicht nicht ganz entsprechend, aber angenähert – von anderen Namenforschern vertreten worden, so etwa von Möller (2000, S. 32): „[...] es gibt im Germanischen vielfach für die Namengebung die Nachschöpfung alteuropäischer Namen". Zum Komplex besonders wichtig sind die Überlegungen bei Schmid (1994, S. 334ff.).

Untersucht man unter Berücksichtigung dieser Überlegungen das Vorkommen von Suffixen in alten Namen Nord- und Mitteldeutschlands, so gewinnt man Erkenntnisse, die für die Fragen nach Heimat, Wanderung und Expansion germanischer Völker von elementarer Bedeutung sind.

Hauptteil: Suffixbildungen in alten Ortsnamen Nord- und Mitteldeutschlands

Im Folgenden biete ich eine z. T. nur sehr knappe Auflistung von bisher untersuchten oder diskutierten Namen. Eine ausführliche Besprechung der Etymologie kann hier nicht geleistet werden, auf die entsprechenden Passagen verweist die Literatur. Kartierungen lege ich nur für das Land Niedersachsen vor.

1. -*d*-/-*t*-Suffixe (Dentalsuffixe)

Ich trenne diesen Suffixtyp aus verschiedenen Gründen von den -*ithi*-Bildungen (zu diesen s. unten) und folge im Grunde genommen einer Aufteilung, die schon Möller (1992) vorgenommen hat. Eine ausführliche Betrachtung dieses „bislang kaum in den Blick gekommene[n] ON-Typ[s]" hat Casemir (NOB III, S. 292ff.) vorgelegt, wobei auch ausführlich auf den Charakter des Dentals, wahrscheinlich -*th*-, eingegangen wird. Schon Bach (1953, S. 204) hatte auf ein kollektives -*th*-Suffix mit den Varianten -*ith*-, *uth*/-*ut*, -*oth*/-*od*, -*ath*/-*ad* u. ä. hingewiesen und es in etlichen Ortsnamen vermutet. Diesem Typus können nach bisherigen Untersuchungen folgende Namen einigermaßen sicher zugeordnet werden (kurz angesprochen bei Udolph 2002c, S. 241). Dabei versuche ich eine Unterteilung in Namen, die mit Hilfe des germanischen Wortschatzes erklärt werden, und Toponymen, bei denen eine Etymologie mit Hilfe des Germanischen nicht gelingen will. Mir ist bewusst, dass dieses auch abhängig von den Fortschritten der germanischen Ortsnamenforschung abhängig ist. Ich habe versucht, diesem Rechnung zu tragen, indem ich bei der Kartierung der Namen nur diejenigen aufgenommen habe, die relativ sicher einer der beiden Kategorien zugeordnet werden können.

a. Mit Hilfe germanischer Appellativa erklärbare Namen

Beesten (Kr. Emsland), vor 890 *Biastun*, um 900 *Bieston* (Möller 1992, S. 119); *Bieste* (Kr. Osnabrück), 1124 *Bist*, 1187 (Kopie 18. Jh.) *Byst* (Möller 1992, S. 120); *Biest*, Landschaft in den Niederlanden, 972 (Kopie 11. Jh.) *Biesuth* (Gysseling 1960, S. 142); *Denkte* (Kr. Wolfenbüttel), 947 (Fälschung 12. Jh.) *Dencthi*, 965 (Fälschung 12. Jh.) *Dengdi*, vor 1189 (Kopie 14. Jh.) *Denghte* (NOB III, S. 120ff.); *Elst* (Belgien), 977 *Elsuth* (Gysseling 1960, S. 314; Bach 1953, S. 204); *Emden* (Ohrekreis), 1022 (Fälschung 12. Jh.) *Emmode*, *Emmode* (UB Hildesheim, Nr. 67, 69), 1144 *Emmede* (UB Halberstadt, Nr. 206); *Hasselt*, mehrfach in Belgien und den Niederlanden, 718 (Kopie 12. Jh.) *Haeslaos*, bzw. 1171 (Kopie 13. Jh.) *Hasselth*, auch *Althassel* bei Moers, 10. Jh. *silua Hasloth* (Gysseling 1960, S. 454; Bach 1953, S. 204); *Ith*, Gebirgszug, 1007 (Kopie 15. Jh.) *Igath*, 1013 *Gigat* (Möller 1992, S. 129f.); *Lenthe* (Region Hannover), 1055–56 *Lente*, um 1225 (Kopie 15. Jh.) *de Lenten* (NOB I, S. 287ff.); *Sickte*, 888 *Kikthi*, 1042 (Transsumpt 1295) *Sicudi*, 1067 (Kopie 12. Jh.) *Xicthi*, 1160 *Xikthe* (NOB III, S. 300); *Telgte* bei Münster, 12. Jh. *de Telgoht, Telgot* usw., dazu und zur Deutung s. jetzt WOB 3, S. 377ff.; *Vehrte* (Kr. Osnabrück), (ca. 1240) *In Verethere*, 1350 *Verete*, 1402 *Verete* (Möller 1992, S. 125; Udolph 1999b, S. 84); *(Alt) Wallmoden*, um 941 (Fälschung) *Wallmode*, 1016 *Walmonthem* usw.; hierzu und zu einer anderen Etymologie (wahrscheinlich keine Suffixbildung) s. NOB X, S. 197ff.

b. Bildungen ohne sicheren Anschluss im germanischen Wortschatz

Ahlden an der Aller (Kr. Soltau-Fallingbostel), 1121–40 (Kopie 17. Jh.) *in ... Alethen* usw. (Möller 1992, S. 118); *Ahlen* (Kr. Emsland), um 900 *Aluthon*, Anfang 11. Jh. (Kopie 15. Jh.) *in Alodun* (Möller 1992, S. 118); *Gimte* (Kr. Göttingen), 970 *Gemmet*, 970 *Gemmet*, 970 (Fälschung 10./11. Jh.) *Gemmet* (NOB IV, S. 161f.f.); *Hinte* (Kr. Aurich), um 900 und 10./11. Jh. *Hinuti* (Möller 1992, S. 128f.); *Hunte*, Nebenfluss der Weser (Udolph 1989, S. 274ff., als Flussname nicht kartiert); *Mahlum* (Kr. Hildesheim), 1131 (Fälschung 13. Jh.) *in Maledem*, (1154) *in Maledem*, 1157 *in Maledem* (Udolph 2002c, S. 238); *Wierthe* (Kr. Peine), 1179 *in Wirite*, Variante *Wirethe*, später *Wirethe, Wirete, Wirthe, Wyrte* (Möller 1992, S. 134ff.) Wie jetzt in NOB VIII, S. 170ff. erläutert wird, wohl eher Bildung mit *-ithi*.

Fern bleiben die von Möller (1992, S. 118ff.) ebenfalls hinzugestellten Namen *Ahlten, Diemarden, Echte* (s. auch unten), *Helperde, Linderte, Wulften* (s. NOB I, S. 4ff., 87ff., 117; 2000, S. 197ff. und NOB III, S. 395).

Zum Alter des Suffixes meint K. Casemir (a. a. O.): Man wird „eher von germanischen, wenn auch altertümlichen Bildungen auszugehen haben, da das Suffix im Germanischen durchaus noch produktiv war und [...] für die Basis germanische appellativische Entsprechungen oder zumindest verwandte Bildungen ermittelt werden konnten." Allerdings beruht dieses Urteil im Wesentlichen auf den beiden Namen *Sickte* und *Denkte* und muss unter Umständen korrigiert werden.

In Nordschleswig, Ostjütland und Fünen hat Laur (1950, S. 138f.) die Ortsnamen *Solt* (Groß-, Klein-), 1352 *Sollte; Loit* (Groß-, Klein-), 1436 *Loyte; (Havetoft)loit; Drült; Röst*, 1321 *Røste; Looft*, 1281 *Louethe; Berend*, 1352 *Byernte; Barlt*, ca. 1140 *berlette* (vgl. auch Laur 1956, S. 158) und aus dem übrigen Dänemark *Loit, Dünt, Lert, Bjert, Flovt, Malt, Kolt* mit dem germ. Suffix *-itja/ *-atja*, „das zur Bildung von Kollektivnamen dient", verbunden. Es fällt auf, dass es sich dabei fast ausschließlich um Namen handelt, die mit Hilfe des germanischen Wortschatzes etymologisiert werden können.

Der Blick auf die Verbreitung der Dentalbildungen zeigt, dass diese im Wesentlichen auf den Süden Niedersachsens beschränkt sind. Einzelne Namen finden sich auch in den angrenzenden Gebieten Sachsen-Anhalts, Belgiens und der Niederlande (s. Karte 1).

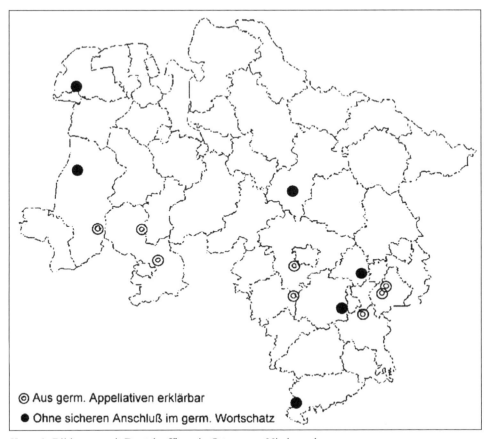

Karte 1: Bildungen mit Dentalsuffixen in Ortsnamen Niedersachsens

2. -i̯ā-Suffix

Ein altertümliches -i̯ā-Element (dazu ausführlich NOB III, S. 425ff.) lässt sich in etlichen Ortsnamen nachweisen, wobei ein eventueller Zusammenhang mit der germanischen ī-/jā-Flexion, die in Gewässernamen wie *Elbe*, *Brend*, *Streu*, *Retzbach*, *Nette* u. a. vermutet werden darf (vgl. Krahe 1964, S. 26ff.; Schmid 1986, S. 100f.), noch zu diskutieren ist (dazu Udolph 2003, S. 33).

a. Mit Hilfe germanischer Appellativa erklärbare Namen

Hier können genannt werden: (*Groß*, *Klein*) *Düngen* (Kr. Hildesheim), 1146 *in Dunge*, Variante *Dungen*, 1151 *in Dungen*, 1188 *in Dungedhe*, 1189 *Dunghede*, am ehesten aus *Dungi̯ā* (Udolph 2004, S. 41); *Eschede* (Kr. Celle), 1197 *Esge*, 1218 *in villa Esche*, 1263 *de Eschete*, 1350 *to Esche*, *de kerk van Esche*, *to Esche* (Udolph 1991, S. 97; Möller 1992, S. 42); *Fuhlen* (Kr. Hameln-Pyrmont), bei Helmold von Bosau *de Feule*, 1146 (Kopie

14./15. Jh.) *Fuelon*, 1183 *Fuelen*, 12./13. Jh. *Viulon, in Vuile*, 1183 *Fuelen* (Möller 1979, S. 57; Laur 1993, S. 35); (*Groß, Klein*) *Heere* (Kr. Wolfenbüttel), 1131 (Fälschung Anfang 13. Jh.) *Herre*, um 1154 *Herre*, 1174 *Liudoldus de Herre*, 1213 *Herre* (NOB III, S. 182ff.); *Hehlen* (Kr. Holzminden), 1. Viertel 9. Jh. (Kopie 12. Jh.) *in villa Heli*, 826–76 (Kopie 15. Jh.) *Heloon*, (1147–58) *de Helen* usw., am ehesten auf *Halįā zurückzuführen (zur Sippe um *Hall-, Halle* s. Udolph 1999c), man vergleiche zu diesem Namen jetzt aber NOB VI, S. 105ff.; *Hemme*, partiäre Wüstung bei Bremen, 1139 (Kopie um 1300) *in Wallerehem*, 1179 (Kopie aus Transsumpt 16. Jh.) *in Hemme* (Möller 1979, S. 73); *Hemmingen* (Region Hannover), nach 1124 *Hemmege*, 1185–1206 (Kopie 18. Jh.) *Hemmige*, Ende 12./Anfang 13. Jh. *Hemmige*, 1223 *Bernardus de Hemie* (NOB I, S. 203ff.); *Lesse* (Salzgitter), 1022 *Lesse*, 1022 (Fälschung 2. Hälfte 12. Jh.) *Lesse*, 1154 (ohne Datum) *Lesse* (NOB III, S. 225ff.); *Meitze* (Region Hannover), 1330–52 *in Metce*, um 1360 *tor Metze*, 1381 *to der Metze*, vielleicht aus *Makįā (NOB I, S. 423ff.); *Mulion*, unbekannt im Kr. Osnabrück, wahrscheinlich bei Ahausen, 977 (Kopie 18. Jh.) *Muliun* (Möller 1992, S. 107); *Nesse*, im Dollart versunken, um 900 *in Nasse* (Möller 1992, S. 109); *Nette*, mehrfach in Nord- und Mitteldeutschland, aus *Natįā, ausführlich behandelt von Udolph (1994, S. 54ff.; zumeist Gewässernamen, nicht kartiert); *Resse* (Region Hannover), vor 1007 (Kopie 15. Jh.) *Hrokke*, 1232–55 *de Rocze*, 1430 *tom Retze*, < *Hrokįā (NOB I, S. 274ff.); *Vörie* (Region Hannover), 1252 *Vordie*, 1257 *Vordyge*, 1267 *Vordye*, 1274 *Vordie*, < *Fordįā (NOB I, S. 457ff.); *Wehre*, †*Klein Wehre* (Kr. Wolfenbüttel), 1146 *Werre*, 1174–95 (Kopie 12. Jh.) *Werra*, 1188 *Werre* (NOB III, S. 347ff.).

b.   Bildungen ohne sicheren Anschluss im germanischen Wortschatz

Hierzu können bisher nur wenige Namen gestellt werden: *Echte*, 8./9. Jh. (Kopie 12. Jh.) *Ethi*, 973 *Ehte*, um 979 *Ehte*, um 1024 *in Hechti* usw. (s. Udolph 1997, S. 76f. und NOB V, S. 109f.); *Eckerde* (Region Hannover), 1228–38 *de Ekkere* usw., am ehesten aus einer Grundform *Akrįā zu erklären (NOB I, S. 119f.).

Eine Kartierung der mit *-įā- gebildeten Ortsnamen zeigt (s. Karte 2), dass dieser Typus vor allem in einem ganz bestimmten Gebiet Niedersachsens begegnet: Es ist der Südosten, im Wesentlichen der Raum, den man dem Ostfälischen zurechnet. Dabei muss es sich aber um Namen handeln, die zeitlich weit vor die Entstehung des ostfälischen Dialektes datiert werden müssen. Die Art und Weise der Bildung mit einem Suffix *-įā- weist den Namen ein alt- bzw. urgermanisches Alter zu.

3.   -*k*-Suffix

Hier ist zunächst die Untersuchung von R. Möller (2000, S. 21–35, auch S. 69f.) zu nennen, in der eine erste Zusammenstellung -*k*-haltiger Bildungselemente in niedersächsischen Ortsnamen vorgenommen wurde (vgl. auch Udolph 2002c, S. 238). Nicht wenige der folgenden Namen sind in ihr enthalten. Die Untersuchung von D. Hofmann (1961) hat gezeigt, dass sich dahinter häufig ein -*ik*-Formans verbirgt, das im norddeutsch-niederländisch-englischen Gebiet häufig ist und oft zur Verkleinerung dient, z. B. in engl. *hillock* 'kleiner Hügel', ostfries. *maduk* 'Made', mittelengl. *maddock*, mnd. *hoveke* 'kleiner Hof', asä. *habuk* 'Habicht', ahd. *kranuh* 'Kranich', nordfries. *dönk* 'kleine Düne', wobei auch die Variante *-uk-* begegnet. Zur nordischen Verbreitung ist Strandberg (2004) zu berücksichtigen.

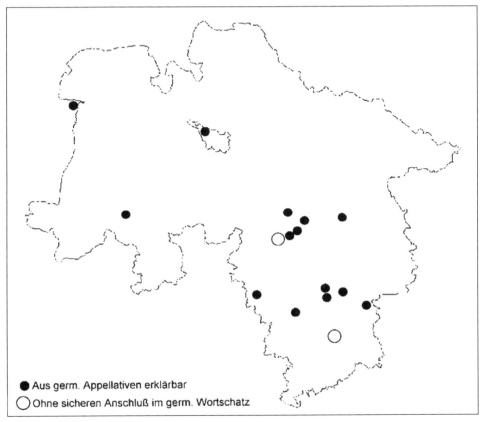

Karte 2: Bildungen mit dem Element *-i̯ā-* in Ortsnamen Niedersachsens

a.   Mit Hilfe germanischer Appellativa erklärbare Namen

Bisher sind mir bekannt geworden: *Bakede* (Kr. Hameln-Pyrmont), 1033 *in Bodukvn*, kaum Flussname (so Möller 2000, S. 22), eher zu anord. *bûð* 'Wohnung', aschwed. *bōþ*, mnd. *bōde*, mhd. *buode, bûde*, vgl. auch †*Bodeken* (Region Hannover), 1282 (Kopie 15. Jh.) *Bodeke*, 1292 (Kopie 15. Jh.) *Bodeke*, 1309 (Kopie 16. Jh.) *Bodeken* (NOB I, S. 53f.); *Fenki(gau)*, Raumname bei Lingen (Kr. Emsland), 819 (Kopie 9./10. Jh.) *Fenkiga*, vor 890 *in pago Fenkion* (Möller 2000, S. 26ff.); †*Nödeke* bei Meppen (Kr. Emsland), um 1000 (Kopie 15. Jh.) *Nadigi* (Möller 2000, S. 31ff., mit Bedenken); *Nöpke* (Region Hannover), 1153–67 *Niubike, Nobike*, um 1215 *Nobeke*, < *Hnub-ik-* (NOB I, S. 342ff.); *Thönse* (Region Hannover), 1333 *Tonce*, 1345 *Tonse*, 1361 *Tonse*, mit Zetazismus wahrscheinlich aus *Tūn-ik-* (zu germ. *tūn-*, vgl. NOB I, S. 437f.).

b. Bildungen ohne sicheren Anschluss im germanischen Wortschatz

Ammersum (Kr. Leer), um 900 *in Ambriki, in Ombriki*, 11./12. Jh. *de Ambraki, de Ambreki* (Möller 2000, S. 21); *Bannetze* (Kr. Celle), (ohne Datierung) *in benetz*, 1336 *Bonaze* (Belege aus dem UB Isenhagen und anderen Quellen); *Elze* (Kr. Hildesheim), 1068 *Alicga*, Ende 11. Jh. *Aulicam villam, Aulica*, (um 1135) *Aulica*, latinisiert aus **Alika* (s. Udolph 1995b); *Emmerke* (Kr. Hildesheim), um 1080 (Kopie 12. Jh.) *Eymbrike*, 1146 *iuxta Embrike* (Möller 2000, S. 23); *Emstek* (Kr. Cloppenburg), 947 *in Emphstete*, um 1000 (Kopie 1479) *De Emsteki*, 1159 (Kopie 15. Jh.) *Emsticke* (Möller 2000 S. 24, Udolph 2002a, S. 137); *Ermke* (Kr. Cloppenburg), 947 *in Armike*, 1805 *Armke* (Möller 2000, S. 25; Udolph 2002a, S. 137).

Man findet das Wort auch in Flurnamen (vgl. Förstemann 1913, Sp. 1551f.), etwa in *Pahlke, Röhmke, Nödicke, Oidicke, Armika, Assiki, Delicke*, sowie in Ortsnamen, etwa in *Bilk* bei Düsseldorf, alt *Bilici*; *Lierich* bei Essen, alt *Liriki*, u. a.

Die Verbreitung der mit einem -*k*-Element gebildeten Namen zeigt kein so eindeutiges Bild wie etwa bei den *-*į̄ā*-Bildungen (s. Karte 3). Es lassen sich auch Spuren im westlichen Niedersachsen feststellen, die unter Umständen als Verbindungen mit dem Vorkommen von -*k*-Suffixen im niederländischen und englischen Sprachgebiet verstanden werden können. Jedoch sind dazu weitere Untersuchungen anzustellen.

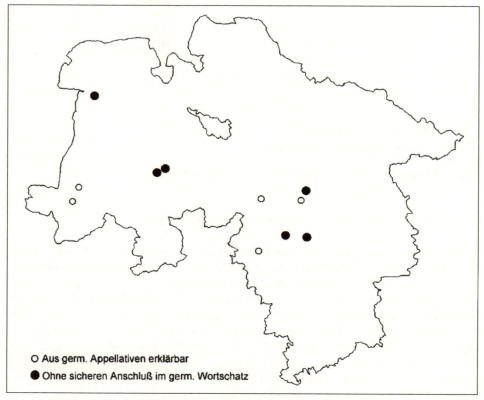

Karte 3: Bildungen mit -*k*-Suffix in Ortsnamen Niedersachsens

4.   -l-Suffix

Eine umfassende Untersuchung der mit -l- gebildeten Ortsnamen im nord- und mitteldeutschen Gebiet steht noch aus. Die Göttinger Dissertation von R. Weber (1949) war ein erster Anfang. Bei Bach (1953, §246f.) heißt es: Ein *l*-Suffix „tritt in den Formen -*al*-, -*il*-, -*ul*-, -*ol*-, -*el*-, -*l*- [...] in der Überlieferung der dt. ON auf, bes. in Gewässernamen, und zwar seit alter Zeit [...]. Viele der einschlägigen Namen sind ihrer Bedeutung nach undurchsichtig. [...] Sie drücken zunächst wohl 'Zugehörigkeit, Abhängigkeit und Ähnlichkeit' aus."

Problematisch ist vor allem die Abgrenzung von Bildungen mit dem Grundwort -*loh* 'Wald' (ausführlich behandelt bei Udolph 1994, S. 513–573), was schon von R. Weber (1949) erkannt worden ist, vgl. auch Walther (1971, S. 143), Udolph (1994, S. 515) und K. Casemir (2003, S. 448ff., = NOB III), die weitere wichtige Bemerkungen zu diesem Bildungselement gemacht haben.

Im Folgenden biete ich mit Sicherheit nur einen Teil der niedersächsischen Ortsnamen, eine Überprüfung der von R. Weber (1949) zusammengestellten Toponyme bleibt der Zukunft überlassen.

a.   Mit Hilfe germanischer Appellativa erklärbare Namen

Berel, †*Klein Berel* (Kr. Wolfenbüttel), 8./9. Jh. (Kopie 12. Jh.) *Perlôhen*, 1153–78 (Kopie 17. Jh.) *Berle*, 1188 *Berle* (NOB III, S. 87ff.); *Brackel* (Kr. Harburg), s. Derks (1999, S. 7ff.); *Dassel* (Kr. Northeim), 826–76 (Kopie 15. Jh.) *Dassila* (Udolph 2002c, S. 239, ausführlich zu diesem Ortsnamen s. jetzt NOB V, S. 86ff.); *(Niedern-, Hohen-)Dodeleben* (Bördekreis), 937 *Dudulon, item Dudulon*, 937 (Kopie 15. Jh.) *in australi Tudulon, in altera Tudulon*, 941 *Dudulon, item Dudulon* (UB Magdeburg, passim); *Hameln* an der Weser, 8./9. Jh. *Hamelon, Hamala* (mehrfach), 10. Jh. *Hamala*, 973/1059 (Kopie 12. Jh.) *Hamelo*, und *Hohenhameln* (Kr. Hildesheim), 1143 *de Hamelen*, 1146 *iuxta Hamele*, 1149 *de Hamelen*, vgl. auch *Hemeln* an der Weser und weitere Ortsnamen (NOB IV, S. 192ff.); *Melle* (Kr. Osnabrück), (Ende 12. Jh.) *Menele*, < *Man-ila* (Udolph 1999d, S. 542f.); *Roklum* (Kr. Wolfenbüttel), 1159 *Rokele*, 1160 (Kopie 14. Jh.) *Ruchele*, 1224 *Rokele* (NOB III, S. 273ff.); *Scharrel* (Region Hannover), 1298 (Kopie 14. Jh.) *de Scerle*, um 1300 (Kopie 1581) *Scherle* (NOB I, S. 392ff. mit Hinweis auf weitere niedersächsische Ortsnamen).

b.   Bildungen ohne sicheren Anschluss im germanischen Wortschatz

Assel (*Hohen-, Nordassel*) (Kr. Wolfenbüttel), 1093 (Fälschung 2. Hälfte 12. Jh.) *Asla*, 1146 *iuxta Asle* (NOB III, S. 71ff.); *Asel* (Kr. Hildesheim), (1100–1200) *Asele* (2-mal) (Udolph 2002c, S. 239); *Bründeln* (Kr. Peine), (1100–1200) *in Brundelem*, 1237 *in Brundelem*, 1237 (Kopie 15. Jh.) *Brundelem* (Udolph 1999a, S. 495, vgl. vor allem jetzt NOB VIII, S. 43ff. mit wichtigen Ergänzungen); *Grafelde* (Kr. Hildesheim), (ca. 1019–22) (Kopie 12. Jh.) *Gravelon*, 1022 (Fälschung 12. Jh.) *Grafla, Graflon* (Udolph 2002c, S. 239); *Mehle* (Kr. Hildesheim), 965–66 (Kopie 15. Jh.) *Medeli* (Udolph 2002c, S. 239); *Metel* (Region Hannover), 1221 *de Metelen*, 1232 *de Metele* (NOB I, S. 327ff.); *Okel* (Kr. Diepholz), 987 (Transsumpt 1335) *Occulen* (Udolph 2002c, S. 239); †*Stempel* im Ohrekreis (Sachsen-Anhalt), 1068 *Stimpeli*, 1211 (1212) *Stemple*, (um 1226) *Stempele* (UB Halberstadt, passim).

Die Verbreitung dieser Namen (deren Zahl, wie schon erwähnt, mit Sicherheit erhöht werden kann), lässt erste Erkenntnisse zu (s. Karte 4): Wie bei dem Element *-$i̯ā$- lassen sich vor allem im Südosten Niedersachsens sichere Spuren erkennen. Dabei ist eine enge Verflechtung zwischen Namen, die mit Hilfe des germanischen Wortschatzes erklärt werden können, und Toponymen, bei denen dieses bislang nicht gelungen ist, zu beobachten. Das spricht für Kontinuität, zumal ein -*l*-Element auch in den alteuropäischen Gewässernamen sicher nachgewiesen werden kann. Weitere Untersuchungen und vor allem eine exakte Prüfung der von R. Weber (1949) gesammelten Namen ist unerlässlich.

Karte 4: Bildungen mit -*l*-Suffix in Ortsnamen Niedersachsens

5. -*m*-Suffix

Diesem Bildungstyp hat A. Greule (2004) eine gesonderte Untersuchung gewidmet. Unter Berücksichtigung der Erkenntnisse, die wir in der letzten Zeit bei der Untersuchung der Ortsnamen Niedersachsens und Sachsen-Anhalts gewonnen haben, schien es mir sinnvoll, auf diese Zusammenstellung noch einmal einzugehen. Dabei meine ich, dass auch hier eine Trennung in Namen, die mit Hilfe des Germanischen gedeutet werden können, von denen, die bislang noch ohne sicheren Anschluss im germanischen Wortschatz sind, versucht werden kann (dass es – wie bei allen anderen Bildungstypen – Grenzfälle und Streitfragen gibt, steht außer Frage).

a. Mit Hilfe germanischer Appellativa erklärbare Namen

*Ais-m- im Gewässernamen *Esman* (Schweden) gehört nach Greule (2004, S. 95) zum Verbum anord. *eisa* 'vorwärtsstürmen'. – Germ. *far-m- vermutet Greule (2004, S. 95) in dem Gewässernamen *Fjǫrm* in Norwegen und stellt ihn P. Hovda folgend zu germ. *fara-* 'sich fortbewegen'. – Einen Ansatz *Fis-m- setzt Greule (2004, S. 95) für den norwegischen Gewässernamen *Fisma* an und verbindet ihn als Ableitung von germ. *fis(s)-* mit ndt. *fisseln* 'leicht regnen'. – Ebenfalls aus germanischer Grundlage (*Flau-m-) heraus erklärt Greule (2004, S. 95) den Flussnamen *Floem* (Groningen) und verbindet ihn mit ahd. *flouwen* 'spülen, waschen'. Der Gewässername ist allerdings umstritten, auf Einzelheiten gehe ich hier nicht ein und verweise nur auf Schönfeld (1955, S. 68) und de Vries (1962, S. 129). – Einen Ansatz *Gang-m- zu *gang-* 'gehen' erwägt Greule (2004, S. 95) zweifelnd für die alten Belege des Flussnamens *Gammelbe* in Hamburg, 1210 *Gamme*, jedoch sollten die älteren Belege des Ortsnamens *Altengamme*, *Neuengamme* ein- und vorgezogen werden: Anfang 11. Jh. *in Gamma*, 1158 *Gamma*, 1158 (Fälschung 13. Jh.) *Gamma*, usw. (Udolph 1990, S. 119ff.). Der Name steht nicht isoliert, vgl. *Gamme*, Wald bei Stötteringenburg (Kr. Halberstadt), 1310 *silvam ... dictam Gamme* (UB Stötterlingenburg, Nr. 65), und wahrscheinlich auch *Gamstedt* bei Erfurt, 1275 *Gamerstete*, 1282 *Gumestat*, 1291 *Gammenstet* (Walther 1971, S. 277, Werneburg 1983, S. 50). Man kann eine Verbindung mit anord. *gammi* 'Lappenhütte, Erdhütte', nisl. *gammi*, nnorw., ndän. *gamme* erwägen, eine der nordgermanisch-alemannischen Parallelen (schwzdt. *gämmeli* 'kleine Viehhütte, Vorstall'; zu diesem Komplex vgl. Kolb 1957; allerdings zum Wort einschränkend ebd., S. 3; Udolph 2004), wird aber für den Flussnamen *Gamme* in Hamburg und auch für den Waldnamen im Kr. Halberstadt nicht gern zu dieser Möglichkeit greifen. Näher steht die Möglichkeit einer Ablautform *ghembh-/*ghombh-/*ghm̥bh-, dessen Schwundstufe vorliegt u. a. in *Gümmer* (Region Hannover), um 1230 *Gummere*, 13. Jh. *Ghumber* (NOB I, S. 140); *Gumma*, ehemaliger Zufluss zur Ilmenau (Udolph 1990, S. 140). Zu diesem Komplex gehören nach Ohainski/Udolph (NOB I, S. 178ff.) ahd. *gumpiten* 'Weiher, Teich', bair., aleman. *gumpe* 'Teich, Tümpel; Vertiefung im fließenden Gewässer, Wirbel', mittelrhein. *kümpel* 'Vertiefung, worin sich das Wasser sammelt', mnd. *gumme* 'wasserhaltige Bodenvertiefung, Tümpel, Wassergraben, faule Grube'. – *Gli-m- (mit kurzem oder langem -i-) liegt nach Greule (2004, S. 96) in *Glieme(n)*, einem Fluss bei Gotha vor, dessen Name mit asä. *glīmo* 'Glanz' zu verbinden sei. Die Basis wird gesucht in awn. *gljá* 'glitzern', afries. *glīa* 'glühen'. – Nach Greule (2004, S. 96) steckt ein Ansatz *Glō-m- vielleicht in dem Namen der *Glume* bei Eisleben, „zum ursprünglich stV. *glō-a-* 'glühen'." Es fragt sich, ob nicht letztlich eine Vr̥ddhi-Bildung vorliegt; auf die Einzelheiten gehe ich hier nicht ein (s. Udolph 1994, S. 132–134). – Germ. *Is-m- > *Isme sieht Greule (2004, S. 96) in dem heutigen schwedischen Seenamen *Ismunden*, „schwundstufig zu awn. *eisa* 'sprühen, schäumen'", schränkt das später (Greule 2004, S. 100) aber wieder ein und hält eine direkte Ableitung von der idg.

Wurzel *eis-/*is- '(sich) heftig, schnell bewegen' für möglich. – Eine Bildung *Mar-i-m- und eine -m-Ableitung ist nach Greule (2004, S. 96) zu sehen in dem Landschaftsnamen 970 (Kopie 15. Jh.) *Merime*, 996 (Kopie 15. Jh.) *Merme*, bei Groningen. Die Verbindung mit dem Beleg Μαραρμαὶς, Μαναρμανὶς bei Gysseling (1960, S. 666) bleibt fraglich. Bei einer Ableitung von germ. **mari* ist allerdings dessen Vorkommen und Verbreitung in der Germania einzubeziehen. Der entscheidende Schwerpunkt im kontinentalen Bereich ist nicht zu übersehen (s. Udolph 1994, S. 330–377); es ist daher nicht verwunderlich, dass gerade hier eine -m-Ableitung auftaucht. – Germ. **Saig(w)m- > *Saima* und eine ablautende Form zum starken Verb **seihw-a-, *seigw-a-* 'seihen, tröpfeln' vermutet Greule (2004, S. 96) in den Ortsnamen *Sehma, Sehmatal* (Sachsen), (1367, Insert 1436) *Semo*, 1413 *Sheme, Sehme, Scheme*. Dieser gewagten Deutung wird man die auf einem ursprünglichen Bachnamen **Sēmā < *Sēm-aha* aufbauende Deutung zu ahd. *seim* 'Binse', mnd. *sēm* (HONBS 2, S. 403), vorziehen müssen. – *Silma*, Fluss in Schonen, enthält nach Greule (2004, S. 96) eine Basis **Sil-m-* und eine -m-Erweiterung zu awn. *sil* 'langsam fließendes Wasser'. Zu bestreiten ist das nicht; ob es sich aber um eine germanische Bildung handelt, kann zumindestens angezweifelt werden. Bei der Untersuchung des Namens *Schlesien* habe ich (Udolph 1995a) die umfangreiche Sippe der von idg. **sei-/*soi-/*si-* abgeleiteten Gewässernamen aufgelistet, darunter auch -m-Bildungen. Eine recht sichere Parallele dürfte *Siaume*, Flussname im Département Haute-Loire (Frankreich), 1359 *Silma*, 1504 *Sialma*, sein, unsicherer ist der Seename *Silm See* im unteren Weichsel-Gebiet. – Eine Basis **Wis-m-* liegt nach Greule (2004, S. 97) vor in *Vesma*, FlN in Norwegen, See- und Gewässername *Vismen* bzw. *Visman* sowie in einem verschwundenen Gewässernamen **Visma* in Schweden, „zu einer germanischen Verbalwurzel **wis-* 'fließen'."

b.   Bildungen ohne sicheren Anschluss im germanischen Wortschatz

**A(g)w-m- > Aum-* über slavisiert *Uma*, jetzt *Auma* zur Weida (Thüringen) und Name zweier Flüsse in Norwegen ist nach Greule (2004, S. 94) vielleicht Ableitung zu germ. **agw-* 'Wasser', z. B. in **agwijō > ahd. ouwa, nhd. Aue* (von ihm selbst später eingeschränkt: Greule 2004, S. 99f.). Es spricht auch mehr für eine alteuropäische Bildung zu idg. **au-* 'Quelle' (so Eichler 1980, S. 47; Walther 1971, S. 230), vor allem auch der ukrainische Gewässername *Uman'/Umanka* (ausführlich dazu Lučyk 1996, S. 6f.), den schon Trubačev (1968, S. 113f.) mit der *Auma* verglichen hat, wie auch der lettische Gewässername *Aumaņi* (s. Schmid 1994, S. 338). Ferner sind zu beachten die *Ohne* im Gebiet der Unstrut, mit Landschaftsnamen *Ohmfeld* und *Ohmgebirge* (Genaueres bei Walther 1971, S. 250)[1] < **Aumana* (also kein „eng begrenzter Raum"), und die von H. Krahe vorgeschlagene Reihe **Ava – *Avia – *Auma – *Avena – *Aura – *Avanta – *Ausa*. Für eine Segmentierung **Au-ma* spricht auch nachhaltig *Aumenau* zur Lahn, 1000 *Oumena*, also **Au-mena* (Krahe 1957, S. 12). Zu beachten ist auch *Ems*, rechts zur Lahn, 880

---

[1] Dieser Name ist zu streichen, denn die alten Formen weisen auf *Ōn-*, nicht auf *Ōm-*, s. J. Udolph: Inn < **Penios?*, in: *100 Jahre Verband für Orts- und Flurnamenforschung in Bayern e.V. – 80 Jahre Wolf-Armin von Reitzenstein. Ein onomastisches Geburtstagsgebinde*, hg. von R. Harnisch (= *Blätter für oberdeutsche Namenforschung* 57), 2020, S. 345–365, hier: S. 357.

Aumenzu, < **Aumantia*, die Greule selbst (1973, S. 143) mit dem Vergleich zu **Aunantia* (> *Oenz*) der alteuropäischen Hydronymie zugerechnet hatte.² – **Al-m-* als Basis von Gewässernamen in Brabant, England, Schweden und Norwegen ist nach Greule (2004, S. 95) „entweder Onymisierung eines Adjektivs **alma-* (in schwed. dial. **alm* 'frodig' [d. h. 'üppig, wuchernd'] oder Ableitung vom stV. got. *alan* 'wachsen, sich nähren'." Die germanische Etymologie ist in Anbetracht der Deutung des englischen FlNs *Yealm* in Devonshire aus **Alma* (Krahe 1957, S. 2; Ekwall 1968, S. 479; Nicolaisen 1957, S. 225f.), des Flussnamens *Alma* in Etrurien (Krahe 1962, S. 26), des *Lom* in Bulgarien (aus vorslav. **Almos* mit Liquidametathese; s. Schramm 1981, S. 288) und anderer abzulehnen. – **Dur(k)m-* sieht Greule (2004, S. 95) in *Durme*, Zufluss zur Schelde mit ON *Durmen*, 11. Jh. *Dorma, Durme, Durmen*, sowie *De oude Durme* bei Gent, 9. Jh. *Dormia*, 1203 *Dorma* (nach E. Förstemann; bessere Belege bietet Gysseling 1960, S. 293), und verbindet die Namen (nach Pokorny 1959, S. 251f.) mit mhd. *terken* 'besudeln', mnd. *dork* 'Kielwasserraum', ags. *deorc* 'dunkelfarbig'. A. Greule widerruft damit eine frühere, m. E. viel überzeugendere Deutung zu der Gewässernamensippe um **Dura*, **Duria*, *Thur* u. a. (Greule 1973, S. 192ff.; s. auch unten). Die Herleitung aus **Durkm-* bleibt mehr als fraglich; schon H. Kuhn ist von einer Grundform **Dur-m-* ausgegangen und hat *Dürrmenz, Dörrmenz, Dormitz* (< **Durmantia*) verglichen, „dessen Stamm auch in dem flandrischen Flußnamen *Durme* und den Höhennamen *Dörmen* (bei Soest) und *Dorm* (nordwestl. Helmstedt) erhalten ist" (Kuhn 1978, S. 337). Eine Etymologie bietet er allerdings nicht, jedoch sind die Flussnamen *Durme* in Belgien sicherlich von den Berg- und Ortsnamen zu trennen. Letztere gehören zu *Dorstadt* (Kr. Osterode), in dem zusammen mit *Dorestad/Wijk-bij-Duurstede* in den Niederlanden (ohne Deutung bei Quak 2004), *Dorstadt* (Niedersachsen) und wahrscheinlich auch *Thüringen* (Udolph 2001a) die *-r*-Variante (Vernersches Gesetz) zu norw. dial. *døysa* 'aufhäufen', anord. *dys* 'aus Steinen aufgeworfener Grabhügel', norw. dialekt. *dussa* 'ungeordneter Haufe', schwed. *dös* 'Grabhügel', dän., norw. *dysse* 'Steinhaufen, Dolmen, Grabhügel' gesehen werden kann (s. NOB II, S. 43ff.). Davon zu trennen sind die Gewässernamen *Durme*, die – wie oben schon erwähnt – bestens als *-m*-Erweiterung partizipialer Herkunft (s. unten) zu der Gewässernamensippe um **Dura*, **Duria* usw. gestellt werden können (Greule 1973, S. 192ff.; Schmid 1985; Udolph 1994, S. 224 [mit noch verfehlter Einbeziehung der Ortsnamen *Dorestad, Dorstadt, Dorste*]). – Einen Ansatz **Fal-m-* und germanische Herkunft vermutet Greule (2004, S. 95) in der *Valme*, Nebenfluss der Ruhr, 1315 *Valme* (später eingeschränkt: Greule 2004, S. 100). Den Beleg entnimmt er der Arbeit von Barth (1968, S. 135), ohne aber auf dessen Deutung einzugehen („Der GN *Valme* < **Falma* ist mit einem *-m*-Suffix vom Stamm **fal-*, zu idg. **pel-* 'gießen, fließen' abgeleitet (vgl. *Volme*)." E. Barth verweist mit Recht auf die *Volme*, in der die indogermanische Schwundstufe vorliegt, wodurch Ableitung von germ. **fal-* 'fallen' unmöglich wird. Zur gesamten Sippe vgl. Udolph (1994, S. 39–42), wo deutlich gemacht wird, dass die Namen aus einem europäischen Kontext heraus geklärt werden können. – Zu einer Basis **ger-m-* stellt Greule (2004, S. 95) die folgenden Namen: 918–98 (Kopie 11. Jh.) *in pago Germepi* (Niederlande); FlN *Gjermaaen* (Norwegen), mit dem Satz: „zu germ. Gewässernamen **Gera*, z. B. als *Gjera* mehrfach in Norwegen, zu stV. (ags.) *gierran* 'tönen, knarren, schwat-

---

² Nachtrag: neuer Vorschlag von A. Greule: *Die ältesten Ortsnamenschichten in Thüringen*, in: *Die Frühzeit der Thüringer*, Berlin – New York 2009, S. 107: *$Ag^W ma$*.

zen'." Der Landschaftsname *Germepi* ist sehr umstritten. Während Gysseling (1960, S. 399) ihn aus **Germ-apō-* erklärt und zu idg. **gherm-* 'brüllen' stellt (wobei natürlich auch nicht der Hinweis auf eine entsprechende Verbindung zum Namen der *Germanen* fehlt), sieht Dittmaier (1955, S. 27) in ihm das Grundwort *apa* (dazu Udolph 1994, S. 83–87), aber ferner „ein sehr dunkles Bestimmungswort, das sich aus germ. Sprachgut wohl kaum deuten lässt." Einen ganz anderen Weg schlug Schönfeld (1955, S. 116, Anm. 13 und S. 122) ein, der in *Germepi* eine Verschreibung oder Verlesung aus *Gennepi* sieht. Wie dem auch sei, klar wird daraus, dass *Germepi* ein *-apa*-Name ist und somit für das Bestimmungswort *Germ-* übrig bleibt. Damit gewinnt man aber keine germanische *-m-*Erweiterung, sondern allenfalls ein Wurzelerweiterung **ger-m-*. Diese nun ist keineswegs auf das Germanische beschränkt, wie Duridanov (1969, S. 23) mit dem thrakischen ON *Germania*, Ableitung von einem Gewässernamen **Germana(s)*, den litauischen Gewässernamen *Germona, Germantas* (vgl. auch Vanagas 1981, S. 113) und weiteren Namen gezeigt hat. – Zweifelnd setzt Greule (2004, S. 96) für die *Gramme*, Nebenfluss der Unstrut, (1265) *Gramma*, eine Grundform **Grab-m-* an, die mit **grab-a-* 'graben' verbunden werden könnte. Es empfiehlt sich, dem Vorschlag von Walther (1971, S. 227), auf dessen Beleg A. Greule aufbaut, den Vorzug zu geben: „germ. oder ahd. **Grama*, zu idg. **ghrem-* 'knarren, laut und dumpf tönen, donnern'", eine Etymologie, die schon Ulbricht (1957, S. 201f.) vorgeschlagen hat. – Eine Grundform **Hundama-* und das germ. Adjektiv **hunda-* 'schwellend' vermutet Greule (2004, S. 96) in dem Flussnamen *Hundem*, links zur Lenne, mit ON 1249 *in Hundeme*, aufbauend auf Überlegungen von Udolph (1989, S. 274–277) zu den Gewässernamen *Hunte, Honte*. Das Problem hat allerdings schon Barth (1968, S. 149) erkannt: „Vgl. *-d-* in *Hundem*, *-t-* in *Honte* [und *Hunte*]", jedoch dürfte die *-m-*Bildung in jedem Fall zu akzeptieren sein. – Ahd. *Metama* findet nach Greule (2004, S. 96) Entsprechungen in der *Medem*, Nebenfluss der Elbe; *Mettma*, im Gebiet der Wutach; *Metten*, Niederbayern, 830 *Metama*; *Mettmacher Ache* im Inngebiet (Oberösterreich), 1039 *in Metemenaha*: „Vermutlich liegt ahd. **zi metamun ahu* (und entsprechende elliptische Verkürzungen) 'das mittelste Wasser' zugrunde." Das trifft sicher nicht zu für die *Medem*, die mit Hessmann (1986, S. 452) zusammen mit dem ON *Meyn*, 1433 *medhem*, und ON *Medemblik* (Nordholland), in dem ein Gewässername vorliegt, zu behandeln ist. Zudem sprechen englische Gewässernamen wie *Meden*, 1300 *Medme*, und *Medina*, 13. Jh. *Medeme* (Krahe 1953, S. 239 u. ö.), gegen diese Auffassung. Auch stehen neben diesen *-mo-*Bildungen Entsprechungen mit *-ro-*, die auch im appellativischen Wortschatz ihre Entsprechungen haben (Krahe 1953, S. 242). Die Verankerung im Voreinzelsprachlichen, die H. Krahe überzeugend herausgearbeitet hat, ist insofern wichtig, als die von A. Greule genannten *-m-*Bildungen sämtlich im Kontinentalgermanischen zu finden sind. – Die Etymologie der *Rhume* < **Rūm-* und dessen Verbindung mit germ. **rūma* 'geräumig' (Greule 2004, S. 96) ist zurückzuweisen. Wie mehrfach gezeigt wurde (Udolph 1996; NOB IV, S. 331ff.), ist der Name nicht zu trennen z. B. von *Rumia*, ON an der Weichselmündung, Ableitung von einem Flussnamen **Rumina*, 1283 u. ö. *Rumna*; *Rūmė*, Gewässername in Litauen; *Rumacz, Rumejka, Ruminka*, Gewässernamen in Osteuropa; slovak. FlN *Rimava*, ungar. *Rima*, < **Rymava* < **Rūmava*. Die Einordnung als *-m-*Erweiterung zu der Sippe um *Ruhr, Roer, Reuß, Rühle, Rulle, Ryla, Riss* u. a. und die Etymologie mit Hilfe der indogermanischen Wurzel **reu-/*reu̯ə-/*rū̆-* ist vorzuziehen (vgl. auch Möller 1998, S. 33). – Ein Ansatz **Ser-m-*, der nach A. Greule (2004, S. 96) und R. E. Fischer (1996, S. 255) in der *Schremme* (Prignitz), 1274 *Schremme*, zu vermuten ist, steht außer Zweifel. Allerdings kann es sich kaum um einen germanischen Namen handeln, was R. E. Fischer (1996, S. 255) unter Hinweis auf H. Krahe und die indogermanische Basis *ser-/*sor- 'strömen, sich rasch und heftig bewegen' auch deutlich gemacht hat. Dagegen sprechen auch nachhaltig die Vergleichsnamen *Sirmium* (heute Belgrad); *Strjama* in Bulgarien; *Śrem*, dt. *Schrimm*, Wartheinsel; *Sermas*, Gewässername in Litauen u. a., was anzuerkennen sogar Z. Babik (2001, S. 276f.) gezwungen ist, der in seinem großen Werk über die älteste Schicht der Ortsnamen Polens alles tut, um alteuropäische Relikte zu negieren. In einem Nachtrag sieht A. Greule (2004, S. 100) daher auch die Möglichkeit einer vorgermanischen Bildung. – Den norwegischen Gewässernamen *Simoa* stellt A. Greule (2004, S. 97) in Nachfolge von P. Hovda zu einem Ansatz *Sig(w)-m- und *Sigma, „ablautend zu stV. *seihw-a-/*seigw-a- 'seihen, tröpfeln'." – *Swal-m- ist nach A. Greule (2004, S. 97) die Grundform für einen in Belgien und den Niederlanden mehrfach vorkommenden Gewässernamen *Zwalm*, in dem eine Ablautform zum stV. *swell-a-* '(an)schwellen' vorliegt. Neuere niederländische Studien sehen das z. T. anders und ordnen z. B. *Zwalm(beek)*, 1040 (Kopie um 1060) *Sualma*, der alteuropäischen Hydronymie zu (vgl. Van Durme 1992, S. 768f.). – In dem ON *Soulme*, 1057 (Kopie 18. Jh.) *Soulmes* (Wallonien) sieht Greule (2004, S. 97) eine Grundform *S(w)ul-m- und ganz entsprechend zu *Swalm-/Zwalm ebenfalls eine Ablautform „zu stV. *swell-a-* 'schwellen'." Zieht man *Sulmo* aus Italien heran (Krahe 1949–50), wird germanische Herkunft zumindestens fraglich. Zur Bildung mit -m-Formantien gerade im Germanischen vgl. auch Krahe (1953, S. 111ff.), u. a. mit Hinweis auf *Qualm, Schwarm, Walm(dach), Holm*. – Aus einer Basis *Tus-m- ist nach Greule (2004, S. 97) der Gewässername *Zusam*, rechts zur Donau, zu erklären. Als Ableitungsgrundlage erwägt er germ. *tus-/*tuz- 'aufhören, ermatten'. Der Name erinnert (falls im Anlaut von D-/T-Wechsel ausgegangen werden kann) an *Tyśmienica*, Nebenfluss zur Wieprz, in dem *Tūsmen-ica* zu altirisch *tūaimm* 'Hügel', falls aus *teus-mṇ- entstanden, vermutet worden ist (s. Mól 1990, S. 42). – Auf eine Grundform *Warma führt A. Greule (2004, S. 97) die Gewässernamen *Warme* im Wesergebiet und *Varma*, mehrfach in Norwegen, zurück und sieht in ihnen eine „Onymisierung des Adjektivs germ. *warma-* 'warm' für nicht gefrierende Gewässer." Mit dieser Auffassung kehrt A. Greule zu Auffassungen zurück, die man durch H. Krahe als überwunden glaubte. Dieser hatte mehrfach Gewässernamen wie *Vara, Vaire, Verma, Varma, Varme, Warmenau* (keine 'warme Aue'), *Wirm, Würm, Werre, Wern, Wörnitz* (9. Jh. *Warinza*), *Werse*, u. a. m. aus einzelsprachlichen Zusammenhängen herausgelöst und zu der in Gewässernamen weit verbreiteten Wurzel *u̯er-/*u̯or-/*u̯r̥- 'Wasser, Regen, Fluss' gestellt (Krahe 1964, S. 39f.). – Ganz ähnlich behandelt A. Greule den abgegangenen Gewässernamen *Verma* in Norwegen und den ON *Viemme* in Belgien, 1202 (Kopie) *Vierme*, „entspricht vielleicht germ. *werm- 'Wasser, das selten gefriert'" (Greule 2004, S. 97). Das Zögern A. Greules beruht sicherlich auf dem nicht nachgewiesenen Ablaut von germ. *warma-*. Man sollte die angeführten Namen von dem germanischen Wort trennen und mit H. Krahe (1964, S. 39f.) zu der oben angeführten Sippe um *u̯er- stellen. – Einen Ansatz *Wul-m- > Ulma sieht A. Greule in dem Flussnamen *Olma* in Norwegen sowie in dem Ortsnamen *Ulm* in Baden-Württemberg, 854 *Hulmam*, und vergleicht damit „das nordgerm. Adjektiv *wulma-* 'tobend', ablautend zu stV. *wall-a-* 'wallen'" (Greule 2004, S. 97). – Zögernd vermutet A. Greule (2004, S. 97f.) einen Ansatz *Wur(k)-m- in *Wurm*, links zur Ruhr, 830 (Kopie 10. Jh.) *Vurmius*; *Orma*, Gewässername in Norwegen; *Worm Brook*. Sollte germanisch *Wurm* nicht in Frage kommen, sei Ableitung von *werk- 'drehen', in ndl. *werken* 'sich werfen, krumm ziehen (vom Holz)', schwed. dial. *vurken* 'windschief durch Feuchtigkeit' vorzuschlagen. Die ablautende Wurzel sei dann auch in *Ork*, ON in den Niederlanden; *Orque*, Fluss in Frankreich und *Orke* → Eder, aus **Wurkana*, zu sehen. Später schließt er allerdings nicht aus (Greule 2004, S. 100), dass wegen der exakten Schwundstufenentsprechung in litauisch *Virma* auch eine alteuropäische Bildung möglich sei. Ich meine, dass man diese Verbindung einem Ansatz **wurkm-* vorzuziehen hat.

A. Greule fügt seiner Auflistung einen weiteren Abschnitt hinzu, der sich mit Erweiterungen zu mit -*m*- erweiterten Basen befasst (Greule 2004, S. 98f.). So sieht er -*n*-Erweiterungen zu -*m*-Bildungen u. a. in *Almana; Aumena; Falmana* (eingeschränkt: S. 100); *Fulmana* (eingeschränkt: S. 100); *Glimina; Swalmana; Swulmana; Warmana; Wermana; Wulmana.* „Hinzu kommen Namen mit der Suffixkonstellation **-ma-na*, für die die auf -*m*- auslautende Basis allein als Gewässername nicht nachweisbar ist: **Elmana/-ina* [...] zu germ. **elma-* 'Ulme' oder zu germ. **elm-* 'Lärm, Krach'), **Galmina* (zu germ. **galma-* 'Schall, Ton, Lärm'), *Helmana* (vielleicht zu germ. **helma-* 'weißer Fleck'), **Imina* (zu ahd. **īmo, -en* m. in südhessischen Flurnamen *Eimen, Eime* 'tiefer liegende, in der Regel feuchte oder sumpfige Stelle im Gelände; nasse Bodensenke, besonders in Wiesen; größere Wasserpfütze; Weiher am Dorfrand'" (Greule 2004, S. 99, u. a. unter Bezug auf Südhessisches Flurnamenbuch 2002, S. 321f.).

Zur Streuung heißt es (Greule 2004, S. 99): „Während die Gewässernamen mit der Suffixkonstellation -*m-a*- auf den Kontinent beschränkt bleiben, weist E. Nyman für den nordgermanischen Raum mehrere Namen nach, die das Suffix -*und*, das an eine mit -*m*-suffigierte Basis antrat, enthalten." Im Resümee der Untersuchung heißt es weiter: Es sei eine hohe Altertümlichkeit der mit -*m*-Suffix gebildeten Namen in der germanischen Toponymie zu beobachten, „ohne eine besondere Konzentration in einem der beiden Teilräume, Skandinavien oder Kontinent" (Greule 2004, S. 99), und: „Wie zu erwarten, sind zwischen den nordgermanischen und den kontinentalgermanischen Namen mit -*m*-Suffix keine Unterschiede feststellbar" (Greule 2004, S. 100).

Dazu sind zwei Anmerkungen zu machen. Zum einen lässt sich zeigen, dass die skandinavischen Gewässernamen fast ohne Probleme aus dem germanischen Wortschatz heraus erklärt werden können, während die kontinentalen Entsprechungen nur zum Teil einzelsprachlich etymologisiert werden können. Ein größerer Teil auf dem Kontinent verlangt eine Einbettung in voreinzelsprachliche, alteuropäische Zusammenhänge. Diese Beobachtung ist wichtig für die Frage, wo sich aus einem indogermanischen Dialektgebiet heraus das Germanische entfaltet haben kann.

Zum anderen sind die -*m*-*n*-Erweiterungen anders zu erklären, obwohl auch R. Möller (1998, S. 137) u. a. *Aue* < **Warmana, Ilmenau* < **Elmina, *Almana* in *Almstedt* so aufgefasst hatte und schon H. Krahe (1957) die zahlreichen Namen auf -*mana/-mina* als -*n*-Ableitungen von -*m*-haltigen Basen betrachtete (u. a. in Krahe 1964). Bezieht man ein, dass mit A. Greule (2004, S. 98) „fast alle Namen in Beziehung zu einem germanischen Verb stehen", so empfiehlt sich die Abtrennung eines suffixalen Elementes -*men*-. Dieses ist vor allem in Flussnamen nachzuweisen, worauf vor allem W. P. Schmid (1994, S. 167) anhand von *Limene, Limonia, Akmena, Almenas* u. a. m. hingewiesen hat. Letztlich liegt ein partizipiales Element vor, das im Altindischen, Altiranischen, Griechischen und in Resten im Lateinischen (*femina* 'Frau', eigentlich 'die Säugende, Stillende') bewahrt ist, und das auch in *Ehmen* (Ortsteil von Wolfsburg, alter Gewässername), um 1160 *in Imen ... Imen, ad ecclesiam in Imen*, und *Ihme* südlich von Hannover, 1091 *Herimannvs de Imina*, nach 1124 *Himenenen, in occidentali ripa Himene fluminis* zu vermuten ist und mit den litauischen Flussnamen *Eimùnis, Ejmenis* u. a. sowie lit. *eimenà, -õs, eĩmenas* 'Bach' verbunden werden kann (NOB I, S. 231ff.).

6. -*n*-Suffix

Vor allem durch die Untersuchung von R. Möller (2000) sind -*n*-haltige Ortsnamen Norddeutschlands stärker in die Diskussion gerückt worden. Dabei hat sich gezeigt, dass die Übergänge und Verbindungen zur alteuropäischen Hydronymie, die das Suffix ebenfalls kennt (**Lag-ina*, **Ar-n-a*), fließend sind, was für eine gewisse Kontinuität spricht. Aus der Fülle der Bildungen gerade in Niedersachsen kann ich nur eine Auswahl anführen (z. T. schon genannt bei Udolph 2002c, S. 238f.). Grundlegend für weitere Überlegungen sind die Ausführungen von K. Casemir (NOB III, S. 463ff.), aus denen hier einige Passagen angeführt werden sollen: „Bei der Frage nach der Funktion des *n*-Suffixes in Namen stößt man sofort auf ein Problem, die Tatsache nämlich, daß ein *n*-Suffix recht häufig in Flußnamen auftritt" (NOB III, S. 464). Sie betont aber, dass sich -*n*-Bildungen keineswegs generell als von Flussnamen abgeleitete Ortsnamen verstehen lassen und folgert: „Primäre Stellenbezeichnungen überzeugen hier mehr" (NOB III, S. 464), auch ist bemerkenswert, „daß es zu *n*-Bildungen in Namen häufig Bildungen mit *r*-Suffix zum gleichen Erstelement gibt; z. B. *Freden* und *Freren*, Kr. Emsland, *Dettum* und *Detern*, Kr. Leer."

Im Folgenden biete ich – wie gesagt – nur eine Auswahl, wobei die Zuordnung zu eher einzelsprachlichen, germanischen oder eher vorgermanischen, alteuropäischen Bildungen z. T. außerordentlich schwierig ist. Es ist im Bereich der kontinentalen Bildungen eine enge Verzahnung zwischen beiden zu beobachten, was mit hoher Wahrscheinlichkeit als Zeichen einer besonderen Kontinuität zu interpretieren ist.

a. Mit Hilfe germanischer Appellativa erklärbare Namen

Bassum (Kr. Diepholz), um 870 (Kopie 10. Jh.) *Birxinon*, 937 *Birscinun* (Möller 1998, S. 40ff.; Udolph 2002c, S. 239; Lutosch 1983, S. 51); *Borsum* (Kr. Emsland), um 1000 (Kopie 1479) *Brussina* (Möller 1998, S. 56), Deutung fraglich; *Börßum* (Kr. Wolfenbüttel), 1008–09 (Kopie 15. Jh.) *Bursine*, zu 1027 (vor 1038) *Bursinun*, Deutung schwierig (NOB III, S. 102ff.); *Döllen* in *Norddöllen*, *Wöstendöllen* (Kr. Vechta), vor 890 *in Duliun* (hierzu?), 947 *in Dulinne*, um 1000 (Kopie 1479) *in Nordulini ... in Astulini ... in Dulini* (Möller 1998, S. 65f.; Udolph 2002a, S. 135); *Döthen* (Kr. Osnabrück), Ende 12. Jh. (Kopie 16. Jh.) *In Dothene*, 1224 (Kopie 14. Jh.) *Theotenen* (Möller 1998, S. 66); *Eicken* (Kr. Osnabrück), um 1000 *Etnun* (wohl = *Ecnun*), 12. Jh. *Eknen* (Möller 1998, S. 67); *Eitze* (Kr. Verden), 860 (Kopie 11./12. Jh.) *Ekina* (Möller 1998, S. 71); *Essen* (Kr. Cloppenburg), 968–78 (Kopie 15. Jh.) *Assini*, 1185–1207 (Kopie 15. Jh.) *in Essene* (Möller 1998, S. 79f.; Udolph 2002a, S. 135); (*Bad*) *Essen* (Kr. Osnabrück), 1074–81 *Essene* (Möller 1998, S. 81f.); *Feine, Berg-, Oster-* (Kr. Vechta), 872 (Kopie 14. Jh.) *in Bergfegenon* (Möller 1998, S. 84); *Finna* (Kr. Cuxhaven), 1105 (Kopie 14. Jh.) *Feneno* (Möller 1998,

S. 90); *Freden* (Salzgitter), um 1226 *Frethen*, 1271 *Fredhene*, 1286 (Kopie 19. Jh.) *Magno Vredene*, auch *Freden* (Kr. Hildesheim), (1100–1200) *In Vreden*, 1068 *Fredenon*, 1158 (Kopie) *Walterus de Vreden* (NOB III, S. 152ff.); *Fullen* (Kr. Emsland), um 1000 (Kopie 15. Jh.) *Follun, Vollun* (Möller 1998, S. 90); *Gehrden* (Region Hannover), 837 (Kopie 1479) *Gerdinun* (NOB I, S. 162ff.); *Gerden* (Kr. Osnabrück), 1151 (Kopie 14. Jh.) *Gerden(e)* (Möller 1998, S. 92); *Giesen* (Kr. Hildesheim), 1146 *Gesim*, 1147 (Transsumpt 1573) *Iesen*, (1100–1200) *In Iesen; Jesen*, 1151 *in Iesen* (UB Hildesheim, passim); *Hemsen* (Kr. Emsland), 12. Jh. *in Hemesne* (Möller 1998, S. 95); *Hertmann* (Kr. Osnabrück), 977 *Hiritthnun* (Möller 1998, S. 95f.; Udolph 2002a, S. 238); *Hibben* (Kr. Nienburg), um 1095 (Kopie 17. Jh.) *in Hebbeni* (Möller 1998, S. 97); *Hollen* (Kr. Cuxhaven), 1004 *Holana;* ebenso *Hollen* (Kr. Emsland) und weitere Namen (Möller 1998, S. 97ff.; Udolph 2002a, S. 238); *Hüven* (Kr. Emsland), 10. Jh. (Kopie 15. Jh.) *in Huvenni* (Möller 1998, S. 101; Udolph 2002, S. 238); *Longana*, im 16. Jh. untergegangen beim heutigen Logumer Vorwerk (Emden), um 900 *in Longana* (Möller 1998, S. 107); *Merzen* (Kr. Osnabrück), 977 *Marsunnon*, 1160 *(apud) Mersene*, 1169 *Mersnen* (Möller 1998, S. 109ff.; Udolph 1999d, S. 549f.; s. zu diesem Namen jetzt auch Casemir/Udolph 2017, S. 122f.); *Mölme* (Kr. Hildesheim), 1229 *Milnem*, 1260 *in muilnem*, (1260) *in uilla Molnem* (Rosenthal 1979, S. 387); *Müschen* (Kr. Osnabrück), um 1050 *Muschinon* (Möller 1998, S. 110); †*Ören* bei Hattorf (Wolfsburg), 1330 *to Oerne*, 1341 *in dorpe to Oerne* (UB Braunschweig, passim), zur Korrektur der Überlieferungskette und zur Bestätigung dieser Deutung s. NOB VII, S. 213f.; *Rinteln* an der Weser, alt *Rintelen, Renthene, Rentene, Rinthelen* (Laur 1993, S. 116), wohl aus **Rentina; Rüssen* (Kr. Diepholz), 11. Jh. *in Ressine* (Möller 1998, S. 122; Udolph 2002a, S. 238); *Sedemünder* (Kr. Hameln-Pyrmont), 1007 (Kopie 15. Jh.) *Sidenun* (Möller 1998, S. 122f.; Udolph 2002a, S. 238); *Stemmen* (Region Hannover), 1244 *Stemme*, 1257–58 *Stemma*, 1258 *Stemmen*, um 1260 *Stemne apud Golteren;* zu vergleichen mit *Stemmen* (Kr. Rotenburg/Wümme), um 1320 (Kopie 16. Jh.) *Stemne;* Nordstemmen/Burgstemmen (Kr. Hildesheim), 996 *Stemnun*, 1022 (Fälschung 1. Hälfte 12. Jh.) *Stemnon* (NOB I, S. 427ff.); *Wulfenau* (Kr. Vechta), 1197 (Kopie 14. Jh.) *de Wlvena* (Möller 1998, S. 130; NOB II, S. 188).

b. Bildungen ohne sicheren Anschluss im germanischen Wortschatz

Banteln (Kr. Hildesheim), 997 *Bantanon* (Möller 1998, S. 39f.; Udolph 2002a, S. 238); *Berßen* (Kr. Emsland), 11. Jh. (Kopie 15. Jh.) *Birsnun, Brisnun* (Möller 1998, S. 44f.); *Betheln* (Kr. Hildesheim), 1013 *Betunun*, 1019 *in Betanun*, 1022 *in Betenun* (Möller 1998, S. 45; Udolph 1998a, S. 91); *Bettrum* (Kr. Hildesheim), 1285 *in Betenum*, 1311 *Bettenem*, 1317 *Betkenum* (Udolph 1998a, S. 91); *Bledeln* (Kr. Hildesheim), 1160 *de Blithenim*, 1189 *de Blithenem*, 1204 *de Blethenem*, 1205 *in Blethenem* (NOB I, S. 192); *Bodenfelde* (Kr. Northeim), 833 *Budinisuelt*, 10. Jh. *in Budinofeldun* (Möller 1998, S. 51, s. auch die ausführliche Behandlung des Ortsnamens in NOB V, S. 60ff.); *Böen* (Kr. Cloppenburg), 1177 *de Bodene* (Möller 1998, S. 52); *Bögen, Hogen-, Sieden-* (Kr. Vechta), um 1000 *in Baginni ... de Baginne ... in Bagini* (Möller 1998, S. 53); *Dersum* (Kr. Emsland), um 1000 (Kopie 1479) *Dersinun* (Möller 1998, S. 58; Udolph 2002a, S. 238); *Dettum* (Kr. Wolfenbüttel), um 1226 *Thitene*, 1271 *Dittene*, 1277 *Dhetthene* (NOB III, S. 125ff.); *Dissen* (Kr. Osnabrück), 895 (verunechtet 11. Jh.) *Tissene* (Möller 1998, S. 62; Udolph 2002a,

S. 238); *Einen* (Kr. Vechta), um 1000 *in Einun* (Möller 1998, S. 68); *Emen* (Kr. Emsland), um 1000 (Kopie 15. Jh.) *in Embini* (Möller 1998, S. 76); *Luttrum* (Kr. Hildesheim), 1213 *in Luthenem* (Rosenthal 1979, S. 387); *Nauen* (Kr. Goslar), um 941 (Fälschung 17. Jh.) *Nawen*, um 1131 (Fälschung 13. Jh.) *in Naun* (Kleinau 1967b, S. 413; Möller 1998, S. 113f., s. dazu jetzt auch ausführlich NOB X, S. 142ff.); *Ohsen* (Kr. Hameln-Pyrmont), 1004 (Fälschung 12. Jh.) *actum in villa Osen*, 1159 (Kopie 17. Jh.) *archidiaconus in Osen*, wahrscheinlich < **Ausana* (Udolph 1999d, S. 539); *Peine*, 1134 (Kopie 12. Jh.) *de Pames*, 1154 *de Pagin* (Möller 1998, S. 119f., ausführlich zu diesem schwierigen Namen s. jetzt NOB VIII, S. 117ff.); *Versen* (Kr. Emsland), um 900 *Firsni* (Möller 1998, S. 86; zur gesamten Sippe s. Udolph 1994, S. 35ff.); *Wachtum* (Kr. Cloppenburg), um 1000 (Kopie 1479) *Wahtnun* (Udolph 2002a, S. 238); *Zeven* (Kr. Rotenburg/Wümme), 968 *Kiuinana* (Möller 1998, S. 134f.; Udolph 2002a, S. 238).

Die Streuung der hier angeführten Namen zeigt (s. Karte 5), dass die niedersächsischen Belege fast ausschließlich im Süden des Landes vorkommen. Die Trennung ist so deutlich, dass man fast mit dem Lineal eine Linie nördlich des Vorkommens von -*n*-Bildungen ziehen könnte. Es ist klar, dass diese Verbreitung einer Erklärung bedarf. Ich werde darauf am Ende dieses Beitrages kurz eingehen. Zuvor aber sei noch ein Blick auf die Gewässernamen des Landes gestattet.

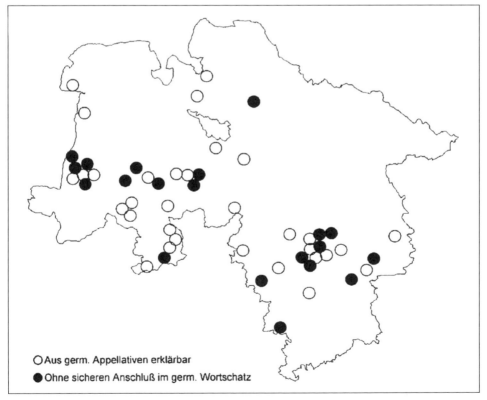

Karte 5: Bildungen mit -*n*-Suffix in Ortsnamen Niedersachsens

c. Gewässernamen

Gerade unter den niedersächsischen Gewässernamen ist ein -*n*-Suffix häufig, worauf vor allem Kettner (1972) hingewiesen hat. Dabei versucht er eine Unterscheidung in -*n*-Bildungen:

1.) Zur alteuropäischen Hydronymie gehören demnach eher *Aue* < *Audana*, rechts zur Leine (vgl. auch Möller 1998, S. 36); *Ilsenbach* < **Ilsina*/**Alsina*; *Sieber* < **Savina* (vgl. NOB II, S. 153ff.); *Warne* < **Warina*.
2.) Weitere vorgermanische Namen sieht er in *Gande* < **Gandana* (zum Komplex jetzt auch NOB IV, S. 287ff.); *Lamme* < **Lamna*; *Leine* < **Logina*; *Waake* < **Wakana* (vgl. NOB IV, S. 401ff.).
3.) Germanische Bildungen vermutet er in *Birkenbach* < **Birkina*; *Despe* < **Aspina*; *Eterna* < **Aitrana* o. ä.; *Garte* < **Gardana*; *Laute* < **Hludana*; *Muse* < **Mūsana*; *Nathe* < **Natana*; *Rustebach* < **Rustana*; *Tölle* < **Tolina*.

Ferner können genannt werden *Beke*, Gewässername bei Hellwege (Rothenburg/Wümme), Fälschung 11. Jh. *Bicinam* (Möller 1998, S. 42); *Berne*, links zur Ollen (zur Hunte), 1149 *Berna* (Möller 1998, S. 43); *Bever*, rechts zur Oste, Fälschung 11. Jh. *Bivernam* (Möller 1998, S. 46ff.); *Erthene*, Gewässername, der im ON *Artlenburg* fortlebt (Udolph 2002d, S. 66; Möller 1998, S. 34ff.); *Faristina*, Nebenfluss der Weser (Fälschung 11. Jh.) *Faristinam* (Möller 1998, S. 83); *Lehrde*, Nebenfluss der Aller, Fälschung 12. Jh., zum Jahr 786 *in Lernam* (Möller 1998, S. 106); *Örtze*, Nebenfluss der Aller, 1060 (Kopie 14. Jh.) *Ursinna* (Möller 1998, S. 116); **Osana* < **Ausana* in Osnabrück (Udolph 1999d, S. 574ff.; Möller 1998, S. 117f.); *Twiste*, Nebenfluss der Oste, Fälschung 11. Jh., zum Jahr 786 *Quistinam* (Möller 1998, S. 123); *Wikanafelde* (Kr. Holzminden), 1004 *Wikanafelde*, enthält Flussnamen *Wikana* (Möller 1998, S. 127f.); *Wietze*, Nebenfluss der Örtze, Fälschung 12. Jh., zum Jahr 786 *in ascensu Ursene in Wizenam* (Möller 1998, S. 129).

Somit kann in Niedersachsen eine Verknüpfung zwischen alteuropäischen Namen mit -*n*-Element und einzelsprachlichen germanischen Bildungen konstatiert werden. Dazwischen steht die wichtige Gruppe von Namen mit -*n*-Suffix, die keiner der beiden Schichten zweifelsfrei zugeordnet werden können. Gerade dieses spricht dafür, dass wir in Niedersachsen von einer kontinuierlichen Entwicklung aus einem indogermanischen, alteuropäischen Dialektgebiet zum Germanischen ausgehen können, ja wahrscheinlich doch wohl müssen.

7.   -*nt*-/-*nd*-Suffix

Nordisches Material zum Bildungselement -*und*- hat Nyman (2000) zusammengetragen. Ich biete im Folgenden eine sehr knapp gehaltene Übersicht über kontinentalgermanische Siedlungsnamen mit -*nt*- oder -*nd*-Formans. Weiteres und genauere Untersuchungen müssen der Zukunft überlassen bleiben.

Borken (Kr. Emsland), um 1000 (Kopie 15. Jh.) *in Rurgunden* (lies: *in Burgunden*, s. Möller 1992, S. 145); *Hehlen, Groß, Klein* (Kr. Celle), 1235 *in Helende ... in Helende*, 1248 (Kopie) *Helende*, < **Halind*- oder **Helend*- (Udolph 1999c, S. 308, vgl. zu diesem Namen und zur Ableitungsgrundlage Udolph, Hall-, vor allem S. 51); *Jessen* an der Schwarzen Elster, 1217 *Jezzant* (Walther 1971, S. 238; Teilabschnittsname?), hierher wahrscheinlich auch *Jeßnitz* (*Alt-*) bei Bitterfeld, 1288 *Jeszant* (Walther 1971, S. 238); *Kösen*, ON an der Saale, 1040 *Kusenti*, 1074 *Chusinza* (Walther 1971, S. 231; Teilabschnittsname? – wenig wahrscheinlich, vgl. Udolph, Skandinav. Wörter in deutschen Ortsnamen, S. 149f. mit Anmerkungen zum *-nt*-Suffix); *Lühnde* (Kr. Hildesheim), 1117 (Kopie 16. Jh.) *in villa Lulende*, 1147 (Transsumpt 1573) *in Lulene*, Variante: *Luuele*, 1178 (Kopie 16. Jh.) *in parochia Liulinde*, ohne Anschluss im Germanischen, vgl. lit. *liulýnas* 'quebbiger Wiesen- und Moorgrund', *liuléti* 'schwanken, quabbeln, sich geleeartig bewegen' (Udolph 1999a, S. 501); *Miminde* bei Bursfelde (Kr. Göttingen), 1093 (Fälschung 12. Jh.) *in villa, quę Miminde vocatur*, 1144 *in villa, quę Miminde vocatur*, allerdings liegt hier wohl eine Übernahme des Gewässernamens *Nieme*, 1303 *Mimede*, vor (s. NOB IV, S. 144).

Dass *-nt*-Bildungen in Gewässernamen sehr beliebt sind, sei hier nur am Rand vermerkt, aus Nord- und Mitteldeutschland gehören hierher etwa:

Aland, Zufluss zur Elbe, Fälschung 12. Jh. *Alend*, 1208 *Aland; Delvenau*, heute Stecknitz bzw. Elbe-Lübeck-Kanal, Anfang 9. Jh. *Delbende* (ON), um 1075 *in fluvium Delvundam; Ellen*(*de*), *Elte* (*Alinde*), Nebenfluss der Werra, 1014 *Alinde*, 1138 *Elendi; Ise*, Zufluss der Aller, 1007 (Kopie 15. Jh.) *in Isumdebrok et illa Isunda*, um 1008 (Kopie 16. Jh.) *Isunnam paludem;* *Lupentia in *Lupnitz*, älterer Name der Nesse (Thüringen), mit ON 778 *Lupentia*, 1277 *Lupenze* (Walther 1971, S. 231); *Scherkonde* im Gebiet der Unstrut, germ. **Skarki̯unda* (Walther 1971, S. 232); *Striegis*, Nebenfluss der Freiburger Mulde, 1185 *rivulus ... Striguz* (Walther 1971, S. 239); *Truse*, Nebenfluss der Werra, 933 *Drusanda* (Walther 1971, S. 232); *Weißandt*, Nebenfluss der Fuhne, 1259 *Wizzand*, 1265 *de Wisant* (Walther 1971, S. 239).

Letztlich werden hier Partizipial-Bildungen vorliegen, vgl. W. P. Schmid (1994, S. 167).

8. -*ing*-Suffix in Norddeutschland

Ein Element *-ing*, gelegentlich auch *-ling* (vgl. dazu ausführlich NOB III, S. 428–438), erscheint z. B. in *Emmeringen* (zu einem Personennamen), *Gröningen* (zu *grön* 'grün'), *Hehlingen* (zu *hel-* 'schräg'), *Hesslingen* (zu *Haselnuss, Haselstrauch*), *Lauingen, Reislingen* (beide noch nicht sicher geklärt). Dieses vieldiskutierte *-ing*-Suffix wird zumeist an den Beispielen *Sigmaringen* und *Sindelfingen* erläutert. Danach trat es vor allem an Personennamen an, zumeist aufgefasst als 'Siedlung des Soundso' oder 'Siedlung der Sippe des Soundso'. Man muss aber hinzufügen, dass die Verbindung mit einem Personennamen eine vor allem süddeutsche Variante ist (vgl. Blume 2001, S. 97f.).

Ostfälische *-ingen*-Namen kennen diesen Typus auch, daneben aber enthalten sie in den Ableitungsgrundlagen Appellativa, so etwa 'Birke', 'grün', 'Abhang', 'Moor', 'Sumpf', 'Wasser', 'Grenze' z. B. in *Berklingen, Gröningen, Liedingen, Mehringen, Möringen, Söllingen, Schneidlingen.* Als Ortsnamensuffix bezeichnet es die 'Stelle, wo etwas ist', z. B. *Gröningen* 'Stelle, wo es grün ist'. Dass die Suffixgruppe *-ing/-ung/-ling* keineswegs nur ON, sondern auch ganz gewöhnliche Substantive bildet, zeigen Wörter wie *Schilling, Wohnung, Lichtung, Setzling, Schößling, Nachkömmling*.

Die *-ing*-Ortsnamen treffen sich in Ostfalen mit den für die altgermanische Zeit parallel zu setzenden ursprünglichen *-ung*-Ableitungen (vgl. Munske 1964), die heute nicht selten auch ein *-ing-* enthalten, eigentlich aber (fehlender Umlaut) auf *-ung-* zurückgehen, vgl. *Duingen* (Kr. Hildesheim), 826–76 *Duthungun; Flechtingen*, 961 *flahtungun;*

Roringen bei Göttingen, um 1209 *Rorungen; Sauingen*, 1013 (Fälschung 12. Jh.) *Sawngon, Sauongon*, 1022 (Fälschung 12. Jh.) *in Sowgon, Sowngon* (Belege usw. bei Udolph 2001b, S. 15). Dieser Typus ist mit *Albungen, Bewerungen, Gerstungen* u. a. auf dem Kontinent nur in einem bestimmten Gebiet, vor allem in Hessen, Thüringen und Südostniedersachsen, nachweisbar (Verbreitungskarte bei Udolph 1994, S. 160). Und somit stehen in einem relativ eng umrissenen Gebiet Deutschlands alte Ortsnamen mit -*ing*- und -*ung*- unmittelbar nebeneinander, vgl. dazu jetzt auch unten Karte 6.

a. Mit Hilfe germanischer Appellativa erklärbare Namen

Appingen (Kr. Aurich), 8./9. Jh. (Kopie 12. Jh.) *Auinge*, 1150 *Auinge*, 1465 *Appingen* (Casemir/Ohainski 1995, S. 21; Lohse 1996, S. 48); *Becklingen* (Kr. Celle), 1231 *Bekelinge* (Verdener Geschichtsquellen 1857, Nr. 53 S. 88), vielleicht **Bak-l-ingi*, zu *bak* 'Hügel, Erhebung' (vgl. *Backeberg*)? Ndt. *bēk(e)* 'Bach' scheidet der Lage wegen offenbar aus; *Berklingen* (Kr. Wolfenbüttel), 10./11. Jh. *Berklingi*, 11. Jh. *Berklingi*, zu asä. **birika* 'Birke' (NOB III, S. 90); †*Besingen* (Kr. Osterode), 1071 (Fälschung 12. Jh.) *Besingen*, um 1216 *Theoderico de Besingen* (NOB II, S. 25ff.); *Boitzenhagen* (Kr. Gifhorn), 1310 (Kopie 15. Jh.) *Boyringen* (lies: *Boykingen*), 1330–52 *to boytighe*, mit Zetazismus < **Bōk-ing-* (Udolph 2001c, S. 144f.); *Bülstringen* (Ohrekreis), 1121 *in Bulsteringe*, 1137 *Bulsterigge*, zu germ. **bulhstra-* 'Schwellung', 'wo der Fluss anschwillt' (Blume 2001, S. 96); *Emmeringen* (Bördekreis), 1084 (Kopie 15. Jh.) *Imerga*, 1152 *in Emeringe*, 1152 (Kopie 15. Jh.) *in Emeringe* (UB Halberstadt 1, passim), nach Förstemann (1913, Sp. 1563) und Berger (1958, S. 143) von einem Personennamen *Im* abgeleitet, m. E. überzeugend zur Getreidebezeichnung *Emmer; Frielingen* (Region Hannover), 1357 *Arnold von Vrilinghe*, um 1360 *Vrilinghe* (NOB I, S. 156ff.); †*Gilgen* (Region Hannover), 1262 (Kopie 14. Jh.) *Gelinge*, 1327 *Chilinghe*, 1357 *Gylinge*, zu einer nordgermanisch-alemannischen Wortsippe um aisl. *gil* 'Felsspalt' (NOB I, S. 167f.; Udolph 2004, S. 43); (†)*Glüsig* (*Glusinge*) (Ohrekreis), 1196–97 *Glusinge*, 1197 *in Glusinke*, (1232) (Kopie) *in Glusinge*, hat Parallelen neben sich, u. a. *Glüsing* (Kr. Wesermarsch), *Glüsingen* (Kr. Gifhorn), 1112 *in Glusinge*, 1178 (Kopie 18. Jh.) *in Glusinge, Glüsingen* (Kr. Lüneburg), 1301 *Glusinghe*, 1304 (Kopie) *villa Glutzinge*, ferner einen Waldnamen bei Helmstedt, 1275 *silvis, videlicet Glusing*, sowie auch *Glüsing* bei Hennstedt-Ulzburg, um 1320 *in Glusing*, am ehesten als 'Lichtung' zu verstehen (vgl. Laur 1993, S. 273; Schneider 1988, S. 37); *Göttingen*, 953 *Gutingi*, zu ndt. *gote* 'Wasserlauf' (NOB IV, S. 159ff.); *Grauen* (*Growinge*) (Kr. Soltau-Fallingbostel), 1378 *Growinge*, 1438 *To deme Growinge* (Alpers/Barenscheer 1952, S. 22), zu ndt. *grove* 'Graben', hierher auch *Graui/*†*Grewingen* (Ohrekreis), (ca. 1150) *in Grewigge*, 1500 *Greuing; Grauingen* (Ohrekreis), 1311 *in Growing*, 1498 (Kopie) *Grauwinge* (Belege nach eigenen Sammlungen); *Grauen* bei Buxtehude, 1105 (Fälschung 12. Jh.) *Grōwine*, 1196 *Growenge*, 1229 *Growinge*, 1232 *in Grōwinge*, 1302 *Growinge* (Förste 1995, S. 35); *Graulingen* (Kr. Uelzen), 1296 *Gruwinge*, 14. Jh. *in Growing* (Kühnel 1982, S. 426); †*Gröningen* (Kr. Hameln-Pyrmont), in Hameln aufgegangen, 8./9. Jh. (Kopie 15. Jh.) *Gruningen* (Casemir/Ohainski 1995, S. 57); *Gröningen* (Bördekreis), (780–802?, Kopie 12. Jh., Cod. Eberhardi) *in Gruningen*, 934 (Kopie 18. Jh.) *Groninga*, auch sonst mehrfach in Norddeutschland und in den Niederlanden, „alte Ableitung auf altsächs. -*inga*, -*ingi* von altsächs. *grōni*, mnd. *grōne* 'grün'" (Eichler/Walther 1986, S. 120); *Hardingen*

(Landkreis Grafschaft Bentheim), 10. Jh. *Herthingi* (Casemir/Ohainski 1995, S. 56); *(Ost-, West-, Mittel-)Haringen* (Kr. Goslar), 1133 *Heriggen*, 1142 *Heriggen*, (1154) *Herigge* (Kleinau 1967b, S. 452), entgegen der Ansicht von Förstemann (1913, Sp. 1252f.) eher mit Thielemann (1968, S. 4) zu verbinden mit schwed. *har* 'steiniger Boden'; ebenso zu interpretieren ist *Hary* (Kr. Hildesheim), 1225 *in villis ... Heringe*, 1235 *de Heringe* (2-mal), Versuche, darin einen Personennamen zu sehen (Rosenthal 1979, S. 392), überzeugen nicht; *Hehlingen* (Wolfsburg), 1112 *in Helingen*, 1178 *in Helinge*, um 1250 *in Helinghe*, zu *hel-* 'schräg', s. dazu jetzt NOB VII, S. 198ff.; man vergleiche die bei Udolph (1999c, S. 433ff.) genannten Vergleichsnamen *Halingen*, *Groß*, *Klein Hehlen* (Kr. Celle), 1235 *in Helende*, *Helle* bei Wiedenbrück, Ende 12. Jh. *Helethe* u. a. sowie weitere Vergleichsnamen und Hinweise zur Ableitungsgrundlage bei Udolph, Hall-; *Hemeringen* (Kr. Hameln-Pyrmont), 1151 (Kopie Ende 15. Jh.) *Hemerynge*, 1259 *Gerhardo de Hemeringe*, 12(59) *in Hemeringe* (Westfälisches UB, passim), nach Laur (1993, S. 45) zu einem Personennamen, vielleicht eher zu anord. *hamar* 'Stein, Fels', nach Kluge/Seebold 2002, s. v. Hammer, bedeutet „anord. *hamarr* [...] auch 'Stein, Klippe' (westgermanisch vermutlich in Ortsnamen)"; *Hesslingen* (Wolfsburg), 1302 *Heslinghe*, 1311 (Kopie 14. Jh.) *in Heslinge*, 1367 *in Heslinghe* (Riedel 1838–69, passim; s. jetzt zu diesem Ortsnamen ausführlich NOB VII, S. 203f.); *Heßlingen* (Kr. Hameln-Pyrmont), 1155 *Hesligge*, 1269 *apud Heslingen sita*, *apud villam Heslingen; apud villam Heslinge* (Laur 1993, S. 44); *Heeslingen* bei Stade, 1059 *Heslinga* (Laur 1993, S. 44), am ehesten zu mnd. *hasel*, *hassel* 'Haselnuss, Haselstrauch', vgl. NOB VII, S. 204; *Hödingen* (Ohrekreis), 1162 (Kopie) *ad vadum heddigi*, 1162 (Kopie) *ad vadum heddingi*, 1264 (Kopie 16. Jh.) *villa Hedinge* (Belege aus eigenen Sammlungen); *Höfingen* (Kr. Hameln-Pyrmont), 1205 *de houengen*, zu dt. *Hof* (Laur 1993, S. 44); *Hörsingen* (Ohrekreis), 1112 *in Hursinge*, 1178 *in Hursinge*, 1251 (Kopie) *Hürsynge* (Belege nach eigenen Sammlungen); †*Hüsi(n)g* (Ohrekreis), 1327 *tho Husinghe*, (1398) *villam Husing*, ca. 1400 *Husing* (Belege nach eigenen Sammlungen); *Kneitlingen* (Kr. Wolfenbüttel), 1135 (verfälscht 1235/39, Kopie 16. Jh.) *Knetlinge*, 1141 *Cletligge*, 1147 (Kopie 18. Jh.) *Clettinge*, aus **klēt-* 'Abhang, Klippe' (NOB III, S. 214ff.); *Köchingen* (Kr. Peine), (1100–1200) *In Cochigghe*, (vor 1196–7) (Kopie 14. Jh.) *In Cogginge*, ca. 1226 *Cogginge*, zu norddt. *koog* (Udolph 2004, S. 38; s. jetzt dazu auch NOB VIII, S. 91ff.); *Köthenwald* (Region Hannover), 1406 *in dem Kotingerwolde*, 1406 (Kopie 15. Jh.) *in den Kotenwold*, < **Kot-ing-* (NOB I, S. 264f.); †*Kovingen* bei Eldagsen (Region Hannover), 1219 *Godescalcus de Covinge*, 1235 *Godescalcus de Covinge* (NOB I, S. 265f.); †*Kreitlingen* (Kr. Helmstedt), 1146 *in villa Krelinge* (2-mal), 1179 *in Crelinge* (Urk. Heinrichs d. Löwen 1960, S. 13), zu ndl. *kreel*, *kriel* 'schmale Borte', vgl. *Krehla* in Hildesheim (die Etymologie ist zu korrigieren, s. NOB VII, S. 90f.); *Küblingen* (Kr. Wolfenbüttel), heute Ortsteil von Schöppenstedt, 966 (Transsumpt 1295) *Cugelinge*, 1196–97 *Cublinge*, 1196–97 (Kopie 14. Jh.) *Cublinge* (NOB III, S. 218ff.); *Lauingen* (Kr. Helmstedt), 826–76 (Kopie 15. Jh.) *Lauuingi*, 888 *Lauhingi* (Casemir/Ohainski 1995, S. 66), zu germ. **lauha-* 'Wald', ausführlich zu diesem Ortsnamen jetzt auch NOB VII, S. 94f.; *Liedingen* (Kr. Peine), 822–75 *Lithingi*, 1146 *in Lidinge*, 1196–97 *Lithinge*, zu asä. **hliða* 'Abhang, Leite' (Blume 2001, S. 96; anders zu diesem Ortsnamen – allerdings bei Beibehaltung des *-ing*-Suffixes NOB VIII, S. 98f.); *Mehringen* (Kr. Emsland), 1181 *Maringen; Mehringen* (Kr. Nienburg), 987 (Fälschung) *Maringen*, zu germ. **mari-* '(Binnen-)Gewässer' (Udolph 1994, S. 344); hierher auch *Mehringen* (Kr. Aschersleben-Staßfurt), 1086 (Kopie) *in Merynge*, 1108 (Kopie) *in Meringon* (Schwanke 2003,

S. 85f.); *Messingen* (Kr. Emsland), um 1000 (Kopie 15. Jh.) *Massinge* (Casemir/Ohainski 1995, S. 42); *Müllingen* (Region Hannover), 1204 *Muldinke*, 1259 *Bodo de Muldingen*, 1268 *Muldinge* (NOB I, S. 332ff.); *Reislingen* (Wolfsburg), 1239 *Maiorem villam Reslinge*, (Mitte 13. Jh.) *Reslinghe* (Kleinau 1967a, S. 475), zur Deutung s. NOB VII, S. 215f.; *Reitling* (Kr. Wolfenbüttel), 1260 *Rethlinge*, 1262 *Castri quondam in Retlinge*, 1266 *Retlinche* (NOB III, S. 262ff.); *Remlingen* (Kr. Wolfenbüttel), 986 *Remninche*, 1022 *Ramnigge* (NOB III, S. 263f.); *Rüningen* (Braunschweig), 780–802 (Kopie 12. Jh.) *Riungi*, recte: *Runigi*, 1196–97 *Runinge* ... *In Runinge* (Blume 2001, S. 97ff., s. jetzt auch NOB IX, S. 122ff.); *Schneidlingen* (Kr. Aschersleben-Staßfurt), 1147 *de Snetlinge, de Snetlingen*, (1142–52) (Kopie) *de Snetlinge*, 1155 *de Snetlingen* (Schwanke 2003, S. 111f.); †*Schleningen* (Bördekreis), 1335 (Kopie 15. Jh.) *in campis Slenninge*, 1336 *auf Sleningher Mark* (Hertel 1899, S. 371); *Schöningen* (Kr. Helmstedt), 747 (Kopie 9. Jh.) *Scahaningi, Skahningi*, 784 (Kopie 9. Jh.) *Scahiningi* usw. (zum Namen ausführlich Blume 2004 und NOB VII, S. 140ff.); *Seulingen* (Kr. Göttingen), 973–75 (Kopie 15. Jh.) *Sulliggi*, 1055 (Kopie 16. Jh.) *Sulingen*, 1055 (Kopie 16. Jh.) *Suligge*, 118[6] (Kopie 16. Jh.) *Henricus de Sulinge*, Ableitung von einem Gewässernamen (NOB IV, S. 363ff.); *Söllingen* (Kr. Helmstedt), 1086–90 *Solynge*, 1090 *Solynge* (Blume 2001, S. 96 und NOB VII, S. 153ff.); *Süpplingen* (Kr. Helmstedt), 888 *Sophingi*, 1150 *Suppelinge* (Casemir/Ohainski 1995, S. 240); *Süplingen* (Ohrekreis), 1249 *Supplinge*, 1363 *Suppelinge* (Belege nach eigenen Sammlungen); *Twieflingen*, 8./9. Jh. *Tuiflinga*, 994 *Tuiflinge*, 10./11. Jh. *In Tiuflingi* (Casemir/Ohainski 1995, S. 68); *Weddingen* (Bördekreis) mit *Altenweddingen, Immenweddingen, Langenweddingen, Osterweddingen, Westerweddingen*, z. B. Altenweddingen: 946 *Aldunuattingi, aldun-Vuattingi* (UB Magdeburg, S. 16); *Weferlingen* (Kr. Wolfenbüttel), 965 (Fälschung 12. Jh.) *Weiverlingi*, 1190 (Kopie 16. Jh.) *Weuerlinggin*, 1266 *castro Weverlinge* (NOB III, S. 364ff.); dazu *Weferlingen* (Ohrekreis), 965 *Weiverlingi*, 1204 *Vivlinge*, 1226 *wevelinge*, 1236 (Kopie) *Weferlinghe* (Belege aus eigenen Sammlungen); *Wirringen* (Region Hannover), 1022 (Fälschung 1. Hälfte 12. Jh.) *Wiringi*, 1022 (Fälschung 2. Hälfte 12. Jh.) *Wiringe*, 1186–90 *Heinricus de Wirinche* (NOB I, S. 487ff.).

b.   Bildungen ohne sicheren Anschluss im germanischen Wortschatz

Beddingen (Salzgitter), 780–802 (Kopie 12. Jh.) *Bettingen*, 1018 *Beddigge*, 1157 *Beddigge*, zu idg. **bhedh-* 'graben', hier 'Mulde' (NOB III, S. 84ff.); *Brietlingen* (Kr. Lüneburg), 1004 *Britlingi*, 1017 (Kopie 15. Jh.) *Britlingi*, 1025 *Britlingi*, 1279 *in Britlinge* (Udolph 2002d, S. 69ff.); *Cremlingen* (Kr. Wolfenbüttel), 1296 *Cremmelinghe*, 1302 (Kopie 16. Jh.) *Cremlinge*, 1316 *Cremnige*, zu idg. **grem-* 'feucht' (NOB III, S. 113ff.); *Gleidingen* (Region Hannover), um 990 (Kopie 11. Jh.) *Glethingi*, 1151 *Glethingi*, 1189 *Gledinge;* zu vergleichen mit *Groß* und *Klein Gleidingen* (Kr. Peine), (780–802?) (Kopie 12. Jh.) *Sudergletinge*, 1196/97 *Gledinge* (NOB I, S. 168ff. und NOB VIII, S. 71f.); *Heiningen* (Kr. Wolfenbüttel), zu 1012 (Kopie 1573) *Heningen*, 1013 (Kopie 12./13. Jh.) *Heningi*, 1126 (Kopie 15. Jh.) *Heningensis*, 1140 *Henigge*, zu idg. **koi-no*, slav. *seno* 'Gras' (NOB III, S. 187ff.); *Jeversen* (Kr. Celle), vielleicht zu verbinden mit 10. Jh. (Kopie 15. Jh.) *in Geveringa viam* (Casemir/Ohainski 1995, S. 26), 1013 *inde usque Geueringauueg* (UB Hildesheim, S. 41); †*Körlingen* (Bördekreis), 946 *Crullingi*, 973 *Curlingon*, 1176 *in villa Curlinge* (Codex Anhaltinus, passim), etymologischer Anschluss noch unsicher; *Listrin-*

gen (Kr. Hildesheim), (1100–1200) *In Listringhe*, (1175–78) *in Listringe*, 1195 *in Linstringe*; Variante: *Listringhe* (UB Hildesheim, passim); †*Mülingen* (Kr. Wolfenbüttel), 1379–93 (Kopie 15. Jh.) *tho Mûlyngen*, 1401 (Kopie 15. Jh.) *Mulinge*, zu idg. *mūl- 'Sumpf, Moder' (NOB III, S. 244ff.); *Üfingen* (Salzgitter), 1022 (Fälschung 2. Hälfte 12. Jh.) *Wingon*, 1151 *Winge*, 1196–97 (Kopie 14. Jh.) *Uvinge*, zu idg. *ap- 'Wasser, Fluss' bzw. dessen Schwundstufe (NOB III, S. 328ff.); *Üplingen* (Bördekreis), 1049 (Transsumpt 1295) *Vpelingon*, 1118 (Kopie) *in Upplinge*, 1150 (Kopie) *in Hogen-Upplinge* (UB Halberstadt, passim); †*Üplingen* bei Badersleben (Kr. Halberstadt), 941 *Uplingi*, 941 (Kopie 11. u. 15. Jh.) *Uplingi* (UB Magdeburg, passim); (*Klein-*)*Wedringen* (Ohrekreis), 1136 *ad duo Wederigge*, 1136 (Kopie) *ad duo Wederinge* (UB S. Bonifacii, S. 293, 296); *Wehmingen* (Region Hannover), um 1226 *Olricus de Weminge*, 1251 *Weminge*, 1266 *Heynricus de Wemige* (NOB I, S. 469ff.); †*Wreningen* (Ohrekreis), 1112 *in Wreninge* (*Wereninge*), (ca. 1170) *in Wrenigge* (UB Halberstadt, passim).

Unsichere Zuordnungen weiterer Ortsnamen, bei denen ich aus Platzgründen keine Hinweise auf die Quellen biete, übergehe ich; in Frage kommen etwa:

Alvern (Kr. Celle), vor 1431? *In Alverdingk*; *Bönnien* (Kr. Hildesheim), 1143 *Herwigus de Buniggen*, 1145 *Herewigus de Bunigge*, 1178 *in villa Buninge*; *Bertingen* (Ohrekreis), 1225 *Otto de Bertigge*, 1278 (Kopie) *Bertinge*; Variante: *Berting*; *Eldingen* (Kr. Celle), 1245 *Tidericus de eldinge*, 1300 *Albertus dictus de Eldinge*; *Etingen* (Ohrekreis), 961 *Ading[e]*, 965 (Kopie 11. Jh.) *Ading, Adingi*, 973 *Atinge*; *Everingen* (Ohrekreis), 1226 *Hermanno de Eueringe*, 1227 (Transsumpt 1311) *Fredericus de Eueringe*; *Gödringen* (Kr. Hildesheim), 1103 *in villa Guderinge*, 1144 *Arnoldus ... de Guderiggen*, 1151 *in Guderinge*; *Hülptingsen* (Region Hannover), um 1382 *Hilbichtinghe*, 1436 *dat Dorp vor dem Nordwalde ... dat is Hülptinge*, 1458 *Hilptingessen*; *Ibsingen* (Region Hannover), 1438 *Ebsingborstell*, 1438 *Heine van Ibsing*, 1511 *Ipsyngen*, 1543 *van einem Ibbissinger tegeden*; *Metzingen* (Kr. Celle), 1196–97 *Metesinge*, 1196–97 *In Metzinge*, (vor 1196–97) (Kopie 14. Jh.) *In Metzinge, in Metzinge*.

9. -*ung*-Suffix in Niedersachsen

Mit den Bildungen auf -*ung*- habe ich mich (Udolph 1994, S. 154–161) ausführlich befasst. Im Folgenden gehe ich nur auf die niedersächsischen Ortsnamen und die unmittelbar an den Grenzen des Landes liegenden Orte ein. Dabei sind die Belege für die von mir bereits behandelten Namen nicht gesondert nachgewiesen.

Aluung-, Gauname im Kr. Northeim, (um 865) (Fälschung 12. Jh.) *In Aluunga marcv*, (um 865) (Fälschung 13. Jh.) *Aluunge markv*, 947 (Nachzeichnung 12. Jh.) *Aluungun*, 956 *Aluunga marcu* (Kleinau 1967a, S. 20; zu diesem Namen vgl. auch NOB V, S. 126ff.); *Beverungen* an der Weser, 826–76 *Beuerungen*, am Rand: *Beuerungen*, 12./13. Jh. *Beverungen*, zum FlN *Bever*; *Duingen* (Kr. Hildesheim), 826–76 *Duthungun*, am Rand: *Dudingen*; *Holungen* bei Worbis, 1266 *Haldungen*, 1299 *Bertolt von Haldunge*; *Kaufungen*, 1020 (Kopie Mitte 12. Jh.) *Coᵛfunga*, 1042 *Coufungon* usw.; *Koldingen* (Region Hannover), um 1215 *Koldigen*, zu asä. *kald* 'kalt' (NOB I, S. 259ff.); †*Lucienvörde* bei Hildesheim, dazu evtl. 844 *in Liuckiungun, In Liukiungun*, später *Luchingeworden*; *Mollenfelde* bei Göttingen, 1032 (Kopie 14. Jh.) *Molduggaue(l)* u. a. m. (NOB IV, S. 277ff.); *Moringen* bei Northeim, ca. 1003–05 *in Maurungen*, am Rande *Maurungen*, s. zum Ortsnamen ausführlich NOB V, S. 267ff.; *Roloven* (Region Hannover), 1304–24 *Roleghen*, Anfang 14. Jh. *Rolghe*, 1322 *Rolegen*, 1350 *Roleghe*, 1350 *Rolinghen* (NOB I, S. 383ff.); *Roringen*, 1162 (Kopie 14. Jh.) *Roringe*, 1170 *Aeico preco de Rariggen*, 1189 (Fälschung 13. Jh., Kopie um 1300) *Rorunghen*, 1196 *Rorhungen* (NOB IV, S. 341ff.); *Sauingen*, Kr. Wolfenbüttel, 1022 *Sauongon*, 1022 (Fälschung 1. Hälfte 12. Jh.) *Sawngon*, 1022 (Fälschung 1. Hälfte 12. Jh.) *Sauongon*, 1022 (Fälschung 2. Hälfte 12. Jh.) *Sowgon*, 1022 (Fälschung 2. Hälfte 12. Jh.) *Sowngon*, zu 1054 (Kopie 15. Jh.) *Sawynge* (NOB III, S. 281ff.); *Schoningen* (Kr. Northeim), 1071 (Fälschung 12. Jh.) *Sconingen*, 1278 *Sconingen*, 1282 *Hake de Sconingen*, 1288 *Sconige* (Belegsammlung in Vorbereitung, s. dazu jetzt NOB V, S. 339f.); *Tastungen* bei Leinefelde, 10[90] *Taistingen*, 1238 *in Astunghen*, 1257 *Iohannes de Tastungen;* *Uhry* (Kr. Helmstedt), 1022 *Wurungen, Wurungon*, ca. 1150 *U¹rincge*.

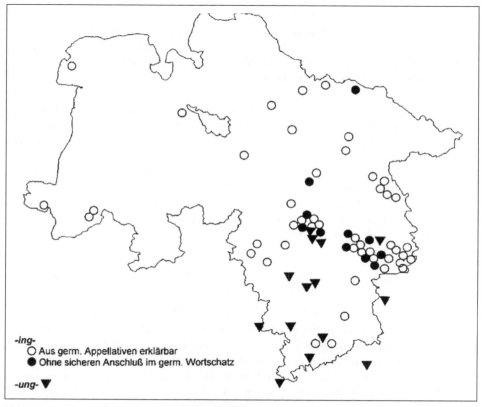

Karte 6: *-ing-/-ung-* in Ortsnamen Niedersachsens

Die Kartierung der *-ing-* und *-ung-*Namen ergibt ein überraschendes und bemerkenswertes Ergebnis (s. Karte 6). Bildungen mit *-ing-* sind am häufigsten im Südosten Niedersachsens anzutreffen, vor allem in den bisher gut untersuchten Gebieten um Hannover, Wolfenbüttel und Salzgitter. Daneben streuen sie nach Westen (Ems-Gebiet) und nach Norden hin aus. Ganz anders ist *-ung-* verbreitet. Auch hier ist der Südosten des Landes Zentrum der Bildungen, aber es fehlen Ausstreuungen nach Norden und Westen, dafür ist eine deutliche Zunahme nach Süden hin festzustellen. Zieht man die weitere Verbreitung in Hessen und Thüringen mit heran (s. Udolph 1994, Karte 22, S. 160), so ergibt sich folgendes zusammengefasstes Bild: Zentrum beider Suffixbildungen ist das südöstliche Niedersachsen; -ing- breitet sich von hieraus vor allem nach Norden und Westen aus, -ung- dagegen nach Süden. Es liegt also komplementäre Verteilung vor. Somit stehen in einem relativ eng umrissenen Gebiet Deutschlands alte Ortsnamen mit -ing- und -ung- unmittelbar nebeneinander. Da beide zu den altgermanischen Suffixen gezählt werden, spricht nur wenig dagegen, dieses Gebiet auch als altgermanisches Siedlungsgebiet anzusehen. Der Norden spielt dabei keine Rolle.

10. -r-Suffix

Die ein altertümliches -r-Element enthaltenden Namen hat Udolph (1994, S. 169–199) zusammengestellt, man vergleiche auch Casemir (NOB III, S. 467ff.). Dabei ist die Verbreitung nicht auf Niedersachsen beschränkt, man vergleiche (hier in aller Kürze genannt) etwa:

Artern bei Sangerhausen, 9. Jh. (*Aratora*, Latinisierung), 1136 *de Artera*; *Badra*; *Barver*; *Binder*; *Blender*; *Börger*; *Deter*; *Diever*; *Dinker*; *Drüber*; *Eimer*; *Engern*; *Emmer*; *Groß-*, *Klein-Fahner* bei Langensalza, 876 *Uuanari item Uanari, in Nord-uanare*; *Fehmarn*, < **Fimber*, mit -r-Suffix zu asächs. *fimba* 'aufgeschichteter Haufen', anord. *fimbul* 'groß, gewaltig'; *Freren* (alt *Friduren*); *Gitter* (Ortsteil von Salzgitter); *Gummer*; *Heger*; *Höxter*, 822 *Huxori*, 823 *Huxori*; *Iber*; *Ihren*; **Imber-*; *Inger*; *Kelbra*; *Langern*; *Letter*; *Levern*; *Limmer* (Ortsteil von Hannover); *Lüdern*; *Mahner*; *Mehler*; *Bad Münder*; *Nebra*; *Netra*; *Ölber*; *Ölper*; *Örner*; *Reiser*; *Rümmer*; *Salder*; *Schieder*; *Schlutter*; *Schwemmer*; *Secker*; *Sinthern*; *Sitter*; *Söhre*; *Steder*; *Stemmern*; *Welver*.

Aus dem Osnabrücker Raum gehören hierher (vgl. Udolph 1999d, S. 534ff.):

Atter, ca. 1240 (*de*) *Attere*, 1347 *Atter*; *Helfern*, alt *curtis Halveri* bzw. *Helveri*, *Helveren*, vgl. *Halver*, Kr. Altena, alt *Halvara*, *Halvere*, dort auch *Halverscheid* und FlN *Halver*; *Helbra* bei Eisleben, 1205 *Helbere*; *Halberstadt* (zu dt. *halb*? Motiv?); *Hilter*, alt (*in, to*) *Hiltere, to Hilteren, Hilter*, Grundform **Helteri* oder **Heltira*; *Himmern*, alt (*in*) *Himmere, Hymmer*, später auch *Hymberen, Himber*, mit -mm- < -mb- (demnach Grundform **Hembira*?); *Icker*, 1090 *Ickari*, um 1186 *Ickere*; (*Bad*) *Laer*, 851 *Lodre*, 1074 (Kopie 18. Jh.) *Lathara*, (12. Jh.) *Lathara*, 1150 *Låthere*, 1171 *Lothere*, 1246 *Lodhere*; *Lecker*, 11./12. Jh. *Lakerebrugge*, 1277 und öfter (*in*) *Leckere*, (*to*) *Lecker*, < **Lakira* zu ndt. *lake*, ags. *laku* 'Lache, seichte Stelle, Pfuhl'; *Wetter*, ab 1215 zumeist als (*in, de, ad*) *Wettere, (in, de) Wetere*, vgl. †*Wetter*, bei Wetterburg an der Twiste, ca. 1006–07 *in Watheri*, am Rand *Watere*, 1158 *Wettere*, *Wetterhof* bei Arnsberg, 1173 *Wettere*, 1191 *Wettere* und *Wetter* an der Ruhr, 1214 *Wetter*; *Wimmer* bei Preußisch Oldendorf, seit 1230 *Wimmer(e), (in) Wymmer(e)*.

Eine Kartierung dieses Ortsnamenelements findet sich bei Udolph (1994, Karte 24, S. 191). Dort ist auch zu den Konsequenzen für die Siedlungsgeschichte Stellung genommen worden, ähnliches findet sich für Ostfalen bei Udolph (2001, S. 9ff.).

11. -s-Suffix

Auch Bildungen mit einem -s-Suffix sind in letzter Zeit genauer untersucht worden (Möller 2000, Udolph 1994, S. 199–218). Hier seien nochmals genannt:

†*Blekisi*, 826–76 *in Blekisi;* †*Degese*, 1196 *Degese; Devese* bei Hannover; *Gebesee* bei Erfurt, 802–15 *Gebise;* Hünxe, 1092 *Hungese; Ilvese*, 1096 *Hilvise; Klings* bei Bad Salzungen, 869 *Clingison; Leisa* an der Eder, 8. Jh. *Lehesi, Lihesi; Linse* bei Bodenwerder, 1. Hälfte 9. Jh. *Linesi; Meensen* bei Göttingen, 990 *Manisi; Resse* bei Recklinghausen, 10. Jh. *Redese; Reese* bei Stolzenau, 11. Jh. *Raedese; Schlipps* bei Freising, zwischen 851 und 1130 *Slipfes, Slipphes, Sliphes, Schlipfs; Seelze* bei Hannover, 1160 *Selessen*, 1187 *Selesse; Vielshof* bei Salzkotten, Vita Meinwerci *Vilisi*.

Eine Kartierung bietet Udolph (1994, Karte 25, S. 212). Zu weiteren Ausführungen sei nochmals auf Möller (2000) und Udolph (1994, S. 199–218) verwiesen.

12.   -*st*-Suffix

Ähnlich steht es um die -*st*-Bildungen, die vor allem Udolph (1994, S. 218–243) zusammengestellt hat. Hierzu gehören u. a.:

866 *Alesta*, ON bei Charleroi; *Alst*, 12. Jh. *Alest; Aalst*, ON in Flandern, 866 *Alost; Aalst*, ON bei Hasselt, 1107 *Alost, Alste; Aalst* in Gelderland, um 850 *Halosta; Alst* bei Leer, Mitte 12. Jh. *Alst;* FlN *Apfelstädt*, auch ON, 775 *Aplast; Arzbach* bei Gotha, 1049 *Arestbach;* Vita Meinwerci: *Bilisti;* FlN *Burdist*, 755 *Burdist*, Zufluss des Rheins; *Ehrsten* bei Kassel, alt *Heristi, Herste; Elst* bei Nimwegen, 726 *Helistê; Ennest* bei Olpe, 1175 *Ennest; Ergste* bei Schwerte, 1096 *Argeste; Exten* bei Rinteln, 896 *Achriste;* ON *Forst* bei Holzminden, < **Farista; Haste* bei Osnabrück, 1146 *Harst; Harste* bei Göttingen 1141 *Herste, Harste;* Wüstungsname 1106 *Lammeste* nahe Hannover; ON *Landas* bei Lille, alt *Landast; Leveste* bei Hannover, 1229 *de Leueste;* ON *Pretitz* bei Zingst, 9. Jh. *Bridasti;* ON *Ranst* bei Antwerpen, 1140 *Ramst*, 1148 *Ranst; Riemst* bei Tongern, 1066 *Reijmost; Rumst* bei Antwerpen, 1157 *Rumeste; Thüste* bei Hameln, 1022 (Fälschung) *Tiuguste, Thiuguste; Villigst* bei Ergste, 1170 *Vilgeste; Zingst* bei Nebra, 1203 *Cindest*.

Auf weitere Einzelheiten gehe ich hier jetzt aus Platzmangel nicht ein. In jedem Fall handelt es sich bei diesen Bildungen um germanische Elemente, wobei die Kontinuität zu Vorgermanischem u. a. dadurch deutlich wird, dass sich einzelne Ableitungsgrundlagen mit Hilfe des germanischen Wortschatzes nicht erklären lassen (zu Einzelheiten vgl. Udolph 1994, S. 220ff.).

13.   -*str*-Suffix

Wörter mit einem -*str*-Element können als germanische Bildungen angesehen werden. Unter Bezug auf Krahe/Meid (1969, S. 184), die u. a. auf got. *awistr*, norw. *naustr*, *Laster* < **lah-stra-*, *Polster* < **bulh-stra-*, anord. *mostr* < **muh-stra-*, ae. *helustr*, *heoloster*, got. *hulistr* 'Hülle', ae. *gilister, geoloster* 'Geschwür' u. a. verwiesen haben, habe ich (Udolph 1994, S. 243–58) entsprechende Namen gesammelt, u. a.: *Alster, Elster, Alstern, Alsterån;* FlN *Ballestre* in England, 940 *Ballestran;* FlN *Beemster* bei Alkmaar, 1083 *Bamestra; Beuster*, Nebenfluss der Innerste, 1305 *Bostere*, 1308 *Botestere; Emster* bei Brandenburg, alt *Demster* oder *Emster;* norw. FlN *Imstr; Falster; Fløstr*, skand. Inselname; *Gelster*, Nebenfluss der Werra, 1246 *inter Gelstram;* norw. Gewässernamen *Jølstra*, **Jøstra; Kelsterbach*, Orts- und FlN bei Groß Gerau, 830–50 *De Gelsterbach;* engl. FlN *Medestre*, 940 (on) *Medestran;* Fjordname *Ørstr; Seester(au)*, alter Name der Krückau zur Elbe, 1141 *iuxta fluuium Ciestere,* mit ON *Seester, Seesterau; Susteren,* ON in den Niederlanden; 1277 *Rususteren,* < FlN *Suster,* 714 *Svestra; Ulster,* FlN in der Rhön, 819 *Ulstra;* schwed. Seename *Vänstern;* norw. FlN *Vinstr, Vinstra;* engl. FlN *Winster,* 1170–84 (Kopie) *Winster; Wilster,* Nebenfluss der Medem, *Wilster Au (Wilsterau),* Zufluss der Stör; *Zester,* ehemaliger FlN im Alten Land, 1197 *iuxta Szasteram,* mit verschwundenem ON *Zesterfleth,* 1221 *Sestersvlete.*

Es handelt sich um ein typisches germanisches Wort- und Namenbildungselement, wahrscheinlich um eine -*r*-Erweiterung zu -*st*-Bildungen, das sich u. a. auch daran zeigt, dass die Streuung die germanischen Altsiedelgebiete Belgien, Niederlande, Norddeutschland, Skandinavien und England umfasst (vgl. Udolph 1994, Karte 27, S. 256). Demgegenüber sind -*st*-Bildungen in der Toponymie enger begrenzt (vgl. ebd. S. 220ff.).

14.   -*ithi*-Suffix

Die in den letzten Jahren unternommenen Anstrengungen, das wichtige Ortsnamen-Element -*ithi*- besser verstehen zu können (Udolph 1991; Möller 1992; Udolph 1994, S. 258–274), haben nicht nachgelassen (s. NOB III, S. 438ff.). Ortsnamen mit diesem, wohl urgermanischen Suffix sind in ganz Norddeutschland mit über 200 Namen vertreten, darunter etwa:

Birgte, 1088 *Bergithi; Bünde,* 853 (Fälschung) *Buginithi; Coerde,* Ortsteil von Münster, ca. 1030 *Curithi; Dörenthe,* 11./12. Jh. *Thurnithi, Thurneze; Essen,* 9. Jh. *Astnide; Huckarde,* Ortsteil von Dortmund, 947 *Hucrithi; Mengede,* Ortsteil von Dortmund, 10. Jh. *Megnithi, Mengide; Meschede,* 913 *Meschede,* um 1020 *Meschethi; Sömmerda,* 876 *Sumiridi item Sumiridi; Störmede,* 822–26 *in Sturmithi; Strünkede,* 1163 *Strunkede.*

Hier soll das -*ithi*-Suffix noch einmal in einem Auszug der niedersächsischen Namen behandelt werden. Ich versuche dabei, eine Trennung herbeizuführen in Bildungen, die mit Hilfe germanischen appellativischen Materials erklärt werden können, und Namen, die bislang keine Etymologie in den germanischen Sprachen gefunden haben. Unsichere und nicht sicher zu lokalisierende Namen werden hier nicht genannt.

a.   Mit Hilfe germanischer Appellativa erklärbare Namen

14. Jh. *Alsede* an der Elße bei Schwege, Kr. Wittlage, das Suffix scheint auf den Gewässernamen übertragen worden zu sein (Jellinghaus 1923, S. 60); *Barthe,* Kr. Leer, um 900 *Birgithi,* 1500 *Berthe,* zu **berga-* (Möller 1992, S. 26); †*Bennethe* bei Dassel, 1022 *Bennethe,* 1183 *Benethe,* Grundform **Ban-ithi,* zu mnl., mnd., mhd. *bane* 'geebneter Platz, Wiese' (Möller 1992, S. 28, s. dazu jetzt NOB V, S. 49f.); ebenso zu deuten *Benthe* bei Hannover, 1183 *Bennethe* (NOB I, S. 42f.); *Beuchte* bei Goslar, 1147 *Bocthe,* 1174 *Bokethe,* zu asä. *boka* 'Buche' (Möller 1992, S. 29; ausführlich zu dem Ortsnamen NOB III, S. 92f.); *Bleckede* an der Elbe, 1209 *Blekede,* 1224 *Blekede* (Udolph 1991, S. 92); †*Bomethe* bei Osnabrück, 1147 *Bomethe* (Möller 1992, S. 30); *Brackede,* Ortsteil von Bleckede, 1564 *Brake,* 1776 *Brakede,* mundartlich *Brâk'd* (Udolph 1991, S. 91); *Bröckel* (Kr. Celle), 1215 *in villa Broclede,* 1221 *in Broclede; Broclede* (UB Hildesheim, passim), wohl **Brok-l-

ithi; Broistedt bei Wolfenbüttel, seit 1151 *Broscethe, Brozithe, Brothstethe, Brozethe*, aus *Brokithi, zu ndt. *brok* 'Bruch' (Möller 1992, S. 30); *Düna* bei Osterode, 1286 *Dunede*, 1329 (Kopie) *Dunede* (NOB II, S. 41f.); *Döhle*, ON bei Egestorf, 1394 *to Dolede*, 1394 *Hildemer van Doolde; Groß Döhren*, Kr. Goslar, 1022 *Thornithe*, 1053 *Durnidi*, zu dt. *Dorn* (Möller 1992, S. 32ff.; s. jetzt NOB X, S. 47ff.); *Döhren* bei Hannover, um 990 (Kopie 11. Jh.) *Aedthelhard de Thurnithi*, 1130–53 *Thornithe* (NOB I, S. 104); *Dörmte* bei Uelzen, 1362 *to Dormeth*, 1369 *thu Dormethen* usw. (Udolph 1991, S. 95); *Dörnte* bei Hollage, dort auch *Dörenburg*, 1442 *Dornethe* (Udolph 1991, S. 95); *Drütte*, Kr. Wolfenbüttel, 830–40 (Kopie 12. Jh.) *Tritidi*, 1022 *Thritithe*, 1022 (Fälschung 1. Hälfte 12. Jh.) *Thrittithe*, 1022 (Fälschung 2. Hälfte 12. Jh.) *Thrithide*, zu engl. *dirty* (NOB III, S. 129ff.); *Ebersheide* bei Bassum, 10. Jh. *Eƀirithi, Euurithi* (Udolph 1991, S. 96); *Groß, Klein Elbe* bei Baddeckenstedt, (1132) *Fridericus de Elvede*, 1132–41 *Elvethe*, 1151 *Elvethe*, Deutung wie bei *Dingelbe* nahe Hildesheim (NOB III, S. 139ff.); †*Elmeth/Elmuthe* bei Stadthagen, 1248 *de Elmeth*, 1265 *de Elmethe* (Udolph 1991, S. 97); *Emme*, FlurN bei Jühnde, um 1400 *De emmede*, Grundform *Eƀanithi, zu dt. *eben* (NOB IV, S. 118f.); *Erlte* bei Wildeshausen, um 1000 *De Erelithe* (Möller 1992, S. 41f.); *Egterholz* bei Visbeck, 872 (Kopie 14. Jh.) *Ivorithi*, vor 890 *Ebirithi* (Möller 1992, S. 37f.); *Falje* bei Bremervörde, 876 *Vallithi*, 1394 *Validi* (Udolph 1991, S. 98); *Farven* bei Bremervörde, um 1130 *Verwede* (Udolph 1991, S. 98); 8. Jh. *Fediritga*, nördlicher Teil der Krumhörn bei Emden, 9. Jh. *Federatgewe, Federetgewe, Federgewe* (Udolph 1991, S. 98); *Flöthe*, Kr. Wolfenbüttel, 780–802 (Kopie 12. Jh.) *Flotide*, 1013 (Kopie 12./13. Jh.) *Flathi*, 1142 *Adelbertus de Flatide* (NOB III, S. 149ff.); *Gaste*, Kr. Osnabrück, 1240 *Gerst* (Udolph 1991, S. 98f.); *Geesthacht/Marschacht*, 1216 (Kopie 1267) *in Hachede*, 1230 *Hachede* (Udolph 1991, S. 99); *Gehrde* bei Bersenbrück, 977 (Kopie 18. Jh.) *Girithi*, 1037–52 *Gerithi* (Möller 1992, S. 56); *Geitelde* bei Braunschweig, 1067 (Kopie 11. Jh.) *Getlithi*, 1194 (Kopie 14. Jh.) *Getlede, Ghetlede* u. ä. (Möller 1992, S. 52ff.; jedoch unsicher, ob *-ithi*-Bildung, s. NOB IX, S. 60ff.); *Gielde*, Kr. Wolfenbütel, 971 *Gellithi* (Möller 1992, S. 56, s. vor allem NOB III, S. 161ff.); *Grohnde*, Kr. Hameln, (1237–47) (Kopie 16. Jh.) *in Gronde*, (Mitte 13. Jh./1. Viertel 14. Jh.) *Helmicus de Gronde; Johannes de Gronede* (UB Hameln, S. 19, 108, 133; Udolph 1991, S. 100); *Heerte*, Kr. Wolfenbüttel, um 1050? (Kopie 12. Jh.) *Herte*, 1141 (verunechtet, Kopie 16. Jh.) *Herethe* (NOB III, S. 184ff.); *Heinde* bei Hildesheim, 1146 *Henede*, 1175–78 *Henethe* (Rosenthal 1979, S. 375; Möller 1992, S. 60); *Heisede* bei Hildesheim, 850 (Kopie 15. Jh.) *Hesiti*, 1022 (Fälschung 12. Jh.) *Hesithe*, 1132–41 *Hesede* (Möller 1992, S. 60f.); *Helte* bei Meppen, 10. Jh. *Hallithe*, 1037 *Hallithi* (Möller 1992, S. 61f.; Udolph 1999c und Udolph, Hall-, S. 44); *Höchte*, FlurN bei Rinteln, zu *hôhida* 'Höhe' (Arnold 1875, S. 305; Bach 1953, S. 203); †*Holmede* bei Hannover, 1330–52 *Holmede*, um 1360 *Holmede* (NOB I, S. 215); *Hörden* bei Osterode, 1367 *Hinrike van Hornde*, 1368 *unus de Horde* (NOB II, S. 82); *Hülsede* bei Springe, 9. Jh. (Kopie um 1160) *Hulside* (Möller 1992, S. 68); *Hüpede* bei Springe, 1033 *Hupida*, um 1183 *Hupethe* (NOB I, S. 225); *Hüsede* bei Osnabrück, 12. Jh. *Husedhe* (Möller 1992, S. 71f.); *Hüvede* bei Lingen/Ems, um 900 *in Huƀdie, in villa Huuida* (Möller 1992, S. 72f.); *Kalbe*, Kr. Rotenburg/Wümme, um 1500 *Kaluede* (Udolph 1991, S. 104); †*Lecheln* bei Wolfenbüttel, 1084 (Kopie 15. Jh.) *Lechidi*, 1147 *Liudolfus de Lechethe*, 1179 *Lechide* (NOB III, S. 221ff.); *Lehmden* bei Oldenburg, 1059 *Lemede* (Udolph 1991, S. 105); *Lehrte* bei Hannover, 1147 *Lereht*, 1274 *Lerede*, 1294 *Lerethe* (NOB I, S. 282); *Lemmie* bei Gehrden, 1216 *Leminethe*, 1226 *Lemmede* (NOB I, S. 285); *Lengede* bei Peine, 1151 *Lengethe*

(Möller 1992, S. 79, s. vor allem NOB VIII; S. 97f.); *Lengde*, Kr. Goslar, 1174 *in Lengithe*, 1178 *Leggethe*, *Lengede* (Möller 1992, S. 77f.; s. jetzt NOB VIII, S. 120ff.); *Lengden*, *Groß-*, *Klein-*, bei Göttingen, 8./9. Jh. (Kopie 12. Jh.) *Lengidi*, 1001–02 (Kopie 15. Jh.) *Lengithi* (NOB I, S. 250); *Leschede* bei Lingen, 1309 *Leschen* (!) (Udolph 1991, S. 106); **Lindithi* in: *Osterlinde*, *Westerlinde* (Kr. Wolfenbüttel), 1022 (Fälschung 1. Hälfte 12. Jh.) *Linnithe*, 1151 *Lindethe*, 1187 (Kopie 14. Jh.) *Conrat de Linnethe* (NOB III, S. 228f.); *Linden*, Kr. Uelzen, 1263 *in Lindethe*, 1320 *in Lindedhe*, *in Lindedhe*, *ville Lindedhe* (Udolph 1991, S. 106); *Mehle*, ON bei Elze, 1013 (Fälschung 12. Jh.) *Midilithe*, 1022 *Midilithe* (Möller 1992, S. 82f.); *Melkede*, Flur- und Wüstungsname östlich Dannenberg, 1382 *in dem Melkede*, vor 1384 *dat Melkede* (Udolph 1991, S. 107); *Oerie* bei Pattensen, 1033 *Oride*, 1153–67 *Orethe* (NOB I, S. 349); *Oesede* bei Osnabrück, 826–76 *in Osidi*, 1088 *Asithi*, 1095 (Kopie 14. Jh.) *Esethe*, Mitte 12. Jh. *in Asitha* (Udolph 1999d, S. 538f.); †*Osede*, †*Oese* bei Elze, 1022 *Asithe*, 1132 *Asede* (Udolph 1991, S. 109); *Oythe* bei Vechta, *Altenoythe* und *Friesoythe*, 947 *in Oete*, um 1000 (Kopie um 1479) *in Ogitdi* (Udolph 2002a, S. 137); *Pente* bei Bersenbrück, um 1200 *Pennethe*, nach 1200 häufig *Pennethe* (Möller, 1992, S. 87f.); *Pöhlde* am Harz, 927 (Kopie 17. Jh.) *Palithi*, 929 *Palidi*, 932 *Polida* (NOB II, S. 129); *Rhene*, Kr. Wolfenbüttel, 1141 (Kopie 16. Jh.) *Renethe*, 1151 *Renethe*, 1153–78 (Kopie 17. Jh.) *Renete* (NOB III, S. 267); *Reisenmoor* bei Bad Bevensen, 1393 *to Reynesdemůr, to Reynsedemōre*, 1396 *Reysedemůr* (Udolph 1991, S. 110); *Remsede* bei Bad Iburg, um 1050 *Hramisitha*, 1068–88 (Kopie 14. Jh.) *Hramasithi* (Möller 1992, S. 91); *Scherde*, FlurN bei Goslar, 1188 *in Scherde*, 1199 *in Scherde* (Udolph 1991, S. 111); *Schlewecke* bei Bockenem, 1174–95 (Kopie 12./13. Jh.) *Sclivede*, *Sclevethe* (Möller 1992, S. 94); *Schlewecke* bei Bad Harzburg, ca. 1147 *Slivede*, 13. Jh. *Slevedhe*, *Slyofede* (Udolph 1991, S. 112; dazu jetzt ausführlich NOB X, S. 178ff.); *Scheie* bei Rinteln, 1051 *Scoythe*, 1181 *Schogethe*, 1185, 1187 *Scoithe* (Udolph 1991, S. 112, mit falscher Zuordnung der Belege zu Scholtensen); *Sehlde* bei Hildesheim, um 1120 *Selithe*, 1183 *in Selethe* (Möller 1992, S. 98); *Sehlde*, Kr. Wolfenbüttel, 8./9. Jh. (Kopie 12. Jh.) *Seleden*, um 941 (Fälschung 12. Jh., Kopie 17. Jh.) *Selida*, 1130–53, *Selethe* (NOB III, S. 293ff.); *Sehnde* bei Hannover, 1147 (Kopie 1573) *Senethe*, 1187 *Senethe*, 1191 (Kopie 13. Jh.) *Senethe* (NOB I, S. 406); *Sickte* bei Wolfenbüttel, 888 *Kikthi*, 1042 (Transsumpt 1295) *Sicudi*, 1067 (Kopie 12. Jh.) *Xicthi*, 1160 *Xikthe* (jedoch wohl keine -*ithi*-Bildung, s. NOB III, S. 300ff.); *Söderhof* bei Salzgitter-Ringelheim, 1198 *Cheredhe*, 1209 *Tserede* (NOB III, S. 303f.); *Söhlde* bei Hildesheim, 1151 *Sulethe*, Ende 12. Jh. *in Solethe* (Möller 1992, S. 101); *Stöckte* bei Winsen/Luhe, 16. Jh. *Stockede*, *Stockethe* (Udolph 1991, S. 114); *Süllhof* bei Stolzenau, 1055 *Sullethe*, 1168 (Kopie 18. Jh.) *in Holtsullethe et in Northsullethe* (Möller 1992, S. 102); *Thiede*, Ortsteil von Salzgitter, 780–802 (Kopie 12. Jh.) *Tihide*, 1007 (Kopie 14. Jh.) *Thidhi*, 1142–59 *Burchardus de Thiethe* (NOB III, S. 320); *Uehrde*, Kr. Wolfenbüttel, 888 *Urithi*, 10./11. Jh. *Urithi*, 1067 (Kopie 12. Jh.) *Urithi*, um 1150 *urethe* (NOB III, S. 326); *Vahle* bei Uslar, 1141 (Kopie 13./18. Jh.) *Valede*, 1162 (Fälschung 14. Jh.) *Valedhe* (Möller 1992, S. 44; ausführlich dazu s. jetzt NOB V, S. 381f.); †*Valede* bei Derneburg, 14. Jh. (1318?) *to valede* (Udolph 1991, S. 116); *Wahle* bei Vechelde, 1141 *Walede*, 1181 *Welethe*, 1201 *de Welethe* (Udolph 1991, S. 117; dazu s. jetzt NOB VIII, S. 159ff.); *Wehlen* an den Seevequellen, **Wallithi*, **Wellithi* 'Quellort' (Udolph 1991, S. 118); *Weihe*, Kr. Harburg, 1348 *van Weyneden* (Udolph 1991, S. 118); *Welle*, ON bei Handeloh, 1432 *To Wilde, van Wilde, To Welde, van Welde* (Udolph 1991, S. 118); *Westerweyhe*, *Kirchweyhe* bei Uelzen, 1306 *in villa Weynedhe* (Udolph 1991, S. 119); *Wetze* bei Northeim, 1319 *Wezede* (Udolph 1991, S. 119; jedoch kaum *-ithi*-Bildung, s. zur Belegabfolge und zur Deutung NOB V, S. 406f.); *Wiesede*, ON bei Friedeburg/Ostfriesland, 1435 *to Wisede*, 1483 *Wysda* (Udolph 1991, S. 119); *Wöhle* bei Hildesheim, 1178 (Kopie 16. Jh.) *Walethe*, 1181 *Welethe*, 1183 *Wolethe* (Möller 1992, S. 112).

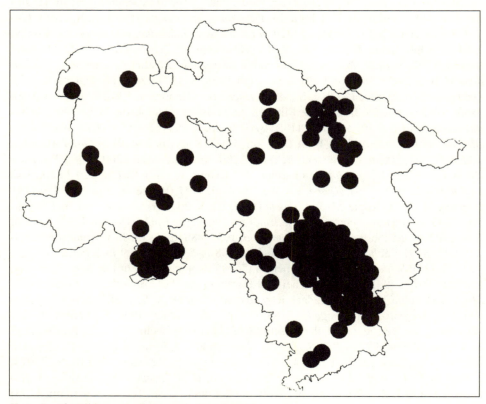

Karte 7: *-ithi*-Bildungen mit germanischem Anschluss

Die Verbreitung dieser Namen zeigt (s. Karte 7), dass erneut der Südosten Niedersachsens besonders hohen Anteil an *-ithi*-Bildungen hat. Daneben fallen zwei Zentren südlich von Hamburg und bei Osnabrück auf. Es darf angenommen werden (und die bisherigen Sammlungen bestätigen das), dass die Namen auch in Westfalen zwischen Osnabrück und dem südlichen Niedersachsen anzutreffen sind.

b. Bildungen ohne sicheren Anschluss im germanischen Wortschatz

Bislang fehlt ein sicherer appellativischer Anschluss an germanisches Wortmaterial bei den folgenden Namen:

Bersede bei Wesuwe, alt *Bersidi* (Udolph 1991, S. 123); *Bierde* bei Fallingbostel, 1259 *Birethe*, 1267 *in birede* (Udolph 1991, S. 123); *Bierden* bei Verden, 1059 *Birithi*, um 1200 (Kopie 15. Jh.) *Biride* (Möller 1992, S. 29f.); *Eilte* bei Ahlden, 1258 *de Elete*, 1267 *Elethe*

in ripa Allere, 1268 *Elthe* (Udolph 1991, S. 124); *Empede*, Region Hannover, um 1226 *Emmede*, 1237 *Bertoldus de Embede*, 1240 *Ebbethe* (NOB I, S. 136ff.); *Empelde* (Region Hannover), 826–876 (Kopie 15. Jh.) *Amplithi*, 826–76 (Kopie 15. Jh.) *Amplithi*, 840 (Kopie 10. Jh.) *Amplidi* (NOB I, S. 138ff.); *Flenithi*, Gau bei Hildesheim, 826–76 (Kopie 12./13. Jh.) *in pago ... Fleithi*, (859) (Kopie 15. Jh.) *Flethi*, 1007 (Kopie 15. Jh.) *Flenithi* (Möller 1992, S. 48; Udolph 1991, S. 125); *Groß*, *Klein Ilde* bei Bockenem, 1065 *Illidi*, 1149 *Illede*, *Suthillethe* (Udolph 1991, S. 126; ausführlich zu diesem Namen s. NOB VIII, S. 86ff.); *Ilsede* bei Peine, 1053 *Ilisede*, 1181 *Ilsethe*, wohl altes **Ilis-ithi* (NOB I, S. 236); *Leinde*, Kr. Wolfenbüttel, 1178 (Fälschung 12. Jh.) *Lentthe*, 1191 (Kopie 14. Jh.) *Lienethe*, 1210 (Kopie 14. Jh.) *Lenedhe*, 1218 (Kopie 14. Jh.) *Lenede* (NOB III, S. 223ff.); *Sarstedt* bei Hildesheim, 1196 *Stardethe* (lies: *Scardethe*), 13. Jh. *Sziarstede*, *Scharzstede* (Udolph 1991, S. 128); *Walsede*, *Kirch-*, *Ost-*, *Süder-* und *West-*, Kr. Rotenburg/Wümme, 1341 *Suderwalsede*, 1368 *Suderwalsede*, 1437 *Suderwalsede* (Udolph 1991, S. 128); *Welsede* bei Rinteln, 13. Jh. *Welzethe* (Udolph 1991, S. 128); *Wierthe* bei Vechelde, 1178 *Wirit*, 1381 *Wyrte*, *Wirethe* (Udolph 1991, S. 128; ausführlich zum Ortsnamen s. jetzt NOB VIII, S. 170ff.); *Wriedel* bei Uelzen, 1192 *Frilede*, 1309 *Writlede* (Udolph 1991, S. 129).

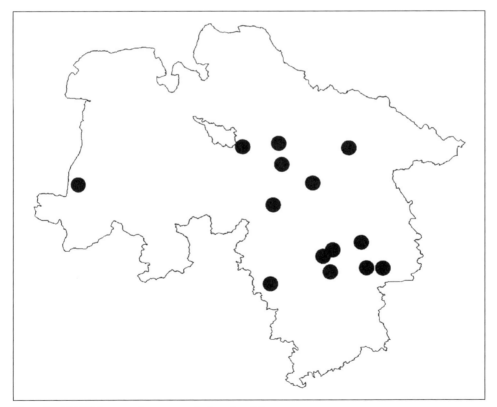

Karte 8: *-ithi*-Bildungen ohne germanischen Anschluss

Die Streuung dieser Namen zeigt (s. Karte 8), dass sich beide *-ithi*-Namengruppen eng aneinander anlehnen. Vor allem der Südosten des Landes kennt beide in gleicher Weise. Allerdings greifen die aus dem Germanischen erklärbaren Ortsnamen weiter nach Norden und Westen aus. Somit scheint die entscheidende Region der Südosten Niedersachsens zu sein.

Ergebnisse und Konsequenzen

Alle kartierten Suffixtypen sind in ähnlicher Weise in Niedersachsen verbreitet; es lassen sich etwa folgende Punkte hervorheben:
1. Der Südosten des Landes ist an allen Streuungen entscheidend beteiligt; fast immer sind hier Häufungen festzustellen.
2. Während der Süden des Landes fast immer Namen aufweist, ist der Norden z. T. nur sehr spärlich vertreten; besonders deutlich ist eine Nord-Süd-Trennung bei den Bildungen auf *-i̯ā-, -k-, -l-, -n- und -ing/-ung zu erkennen.
3. Am geringsten ist der Nachweis suffixaler Typen im Nordwesten des Landes. Wie schon an anderer Stelle ausgeführt worden ist (Udolph 1994, S. 911), dürfte dieses in dem hohen Anteil an Mooren liegen, der naturgemäß einer agrarischen Nutzung entgegensteht.
4. Nimmt man zu der auffälligen Häufung fast aller Namentypen im niedersächsischen Südosten noch die komplementäre Verteilung der -ing- und -ung-Bildungen hinzu, so verstärkt sich der auch schon an anderer Stelle geäußerte Verdacht (Udolph 2002b, S. 304), dass „die ostfälische Namenlandschaft [...] zweifellos Ergebnis einer altgermanischen Namengebung [ist]." Die hier vorgelegte Sammlung von Suffixtypen im niedersächsischen Ortsnamenmaterial bestätigt darüber hinaus auch die an gleicher Stelle noch vorsichtig formulierte Annahme, dass es sich bei dieser Konzentration um mehr handeln muss: „sie ist Relikt der altgermanischen Namengebung, sie ist Ausfluß einer altgermanischen Siedlungsperiode, die man m. E. mit der urgermanischen gleichsetzen muß. Anders läßt sich die Vielfalt altgermanischer Ortsnamen in diesem Bereich nicht erklären."

Erinnert man sich nochmals daran, dass Ableitungen in Ortsnamen der gegenüber Kompositionsbildungen ältere Bildungstyp sein muss, so wird mit dem hier vorgelegten Material, das u. a. die damals nicht behandelten Bildungen mit Dentalsuffixen (außer -ithi-) sowie mit *-i̯ā-, -k-, -l- und -n-Formantien enthält, die damals geäußerte Vermutung weiter erhärtet. Zu weiteren Schlussfolgerungen, die auch die Frage der Bodenqualitäten und der agrarischen Nutzung behandeln muss, soll an anderer Stelle zurückgekommen werden.

Literatur

P. Alpers/F. Barenscheer: *Celler Flurnamenbuch. Die Flurnamen der Stadt und des Landkreises Celle* (= *Schriften des Niedersächsischen Heimatbundes e.V. Neue Folge* 20), Celle 1952.
T. Andersson: *Norden och det forna Europa. Några synpunkter på ortnamnens ålder och samband*, in: *Namn och bygd* 60 (1972), S. 5–58.
T. Andersson: *Alteuropäische Hydronymie aus nordischer Sicht*, in: *Namenkundliche Informationen* 30 (1977), S. 18–35.

T. Andersson: *Zur Geschichte der Theorie einer alteuropäischen Hydronymie*, in: *Probleme der Namenbildung. Rekonstruktion von Eigennamen und der ihnen zugrundeliegenden Appellative. Akten eines internationalen Symposiums in Uppsala 1.–4. September 1986*, hg. von Thorsten Andersson (= *Acta Universitatis Upsaliensis. Nomina Germanica* 18), Uppsala 1988, S. 59–90.

W. Arnold: *Ansiedelungen und Wanderungen deutscher Stämme. zumeist nach hessischen Ortsnamen*, Marburg 1875.

Z. Babik: *Najstarsza warstwa nazewnicza na ziemiach polskich*, Kraków 2001.

A. Bach: *Deutsche Namenkunde 2, Die deutschen Ortsnamen 1, Einleitung. Zur Laut- und Formenlehre, zur Satzfügung, Wortbildung und -bedeutung der deutschen Ortsnamen*, Heidelberg 1953.

E. Barth: *Gewässernamen im Flußgebiet von Sieg und Ruhr* (= *Beiträge zur deutschen Philologie* 39), Gießen 1968.

D. Berger: *Stabende Gruppen unter den deutschen Ortsnamen auf -leben*, in: *Beiträge zur Namenforschung* 9 (1958), S. 129–154.

H. Blume: *Rautheim, Rennelberg, Rüningen. Drei Braunschweiger Ortsnamen*, in: *Vulpis Adolatio. Festschrift für Hubertus Menke*, Heidelberg 2001, S. 89–100.

H. Blume: *Schöningen, Rorschach, Skagen, aisl. skógr 'Wald' und Verwandtes. Zu einer germanischen Wort- und Namenfamilie*, in: *westfeles vnde sassesch. Festgabe für Robert Peters zum 60. Geburtstag*, hg. von Robert Damme und Norbert Nagel, Bielefeld 2004, S. 23–34.

K. Casemir/U. Ohainski: *Niedersächsische Orte bis zum Ende des ersten Jahrtausends in schriftlichen Quellen* (= *Veröffentlichungen der Historischen Kommission für Niedersachsen und Bremen* 2. *Studien und Vorarbeiten zum Historischen Atlas Niedersachsens* 34), Hannover 1995.

K. Casemir/J. Udolph: *Zum Ortsnamen* Merseburg, in: *Namenkundliche Informationen* 109/110 (2017 [2018]), S. 108–146.

Codex Anhaltinus = *Codes Diplomaticus Anhaltinus* 1, Dessau 1867.

P. Derks: *In pago qui dicitur Moswidi. Beiträge zur Ortsnamenkunde der Nordheide* (= *Sonderheft des Geschichts- und Museumsvereins Buchholz/Nordheide und Umgebung*), Buchholz 1999.

H. Dittmaier: *Das apa-Problem* (= *Bibliotheca onomastica* 1), Louvain 1955.

I. Duridanov: *Thrakisch-dakische Studien 1. Die thrakisch- und dakisch-baltischen Sprachbeziehungen* (= *Linguistique Balkanique* 13:2), Sofia 1969.

E. Eichler: *Alte Gewässernamen zwischen Ostsee und Erzgebirge*, in: *Beiträge zur Namenforschung. Neue Folge* 16 (1981), S. 40–54.

E. Eichler/H. Walther: *Städtenamenbuch der DDR*, Leipzig 1986.

E. Ekwall: *English river-names*, Oxford 1968.

R. E. Fischer: *Die Gewässernamen Brandenburgs* (= *Berliner Beiträge zur Namenforschung* 11. *Brandenburgisches Namenbuch* 10), Weimar 1996.

A. C. Förste: *38 neue Forschungen und Quellen zur Geschichte und Ortsnamenkunde der Buxtehuder Geest*, Moisburg 1995.

E. Förstemann: *Altdeutsches Namenbuch 2. Orts- und sonstige geographische Namen 1*, Bonn 1913.

A. Greule: *Vor- und frühgermanische Flußnamen am Oberrhein* (= *Beiträge zur Namenforschung. Neue Folge. Beiheft* 10), Heidelberg 1973.

A. Greule: *Mit -m- suffigierte germanische Gewässernamen*, in: *Namenwelten. Orts- und Personennamen in historischer Sicht*, hg. von Astrid van Nahl, Lennart Elmevik, Stefan Brink (= *Ergänzungsbände zum Reallexikon der Germanischen Altertumskunde* 44), Berlin – New York 2004, S. 93–102.

J. Grimm: *Deutsche Grammatik* 2. 3. Buch, Göttingen 1826.

M. Gysseling: *Toponymisch Woordenboek van België, Nederland, Luxemburg, Noord-Frankrijk en West-Duitsland (vóór 1226)* 1–2, Bruxelles 1960.

G. Hertel: *Die Wüstungen im Nordthüringgau* (= *Geschichtsquellen der Provinz Sachsen und angrenzender Gebiete* 38), Halle 1899.

P. Hessmann: *Rez. von: Manfred Hinrichsen, Die Entwicklung der Sprachverhältnisse im Landesteil Schleswig mit besonderer Berücksichtigung der Flurnamen in den Kirchspielen Wallsbüll und Nordhackstedt (1984)*, in: *Beiträge zur Namenforschung. Neue Folge* 21 (1986), S. 451–452.

D. Hofmann: *Die k-Diminutiva im Nordfriesischen und in verwandten Sprachen* (= *Niederdeutsche Studien* 7), Köln – Graz 1961.

HONBS = *Historisches Ortsnamenbuch von Sachsen* 1–3 (= *Quellen und Forschungen zur sächsischen Geschichte* 21), Leipzig 2001.

H. Jellinghaus: *Die westfälischen Ortsnamen nach ihren Grundwörtern*, 3. Aufl., Osnabrück 1923.

B.-U. Kettner: *Flußnamen im Stromgebiet der oberen und mittleren Leine* (= *Name und Wort* 6), Rinteln 1972.

Kleinau 1967a = H. Kleinau: *Geschichtliches Ortsverzeichnis des Landes Braunschweig* 1 (= *Veröffentlichungen der Historischen Kommission für Niedersachsen* 30; *Geschichtliches Ortsverzeichnis von Niedersachsen* 2.1), Hildesheim 1967.

Kleinau 1967b = H. Kleinau: *Geschichtliches Ortsverzeichnis des Landes Braunschweig* 2 (= *Veröffentlichungen der Historischen Kommission für Niedersachsen* 30; *Geschichtliches Ortsverzeichnis von Niedersachsen* 2.2), Hildesheim 1967.

F. Kluge/E. Seebold: *Etymologisches Wörterbuch der deutschen Sprache*, 24. Aufl., Berlin – New York 2002.

E. Kolb: *Alemannisch-nordgermanisches Wortgut* (= *Beiträge zur schweizerdeutschen Mundartforschung* 6), Frauenfeld 1957.

J. Kousgård Sørensen: *Danmark og gammeleuropa*, in: *Namn och bygd* 60 (1972), S. 59–80.

J. Kousgård Sørensen: *Danmark – del af Krahes Gammeleuropa? del af Kuhns Gammeleuropa? En midtvejsrapport*, in: *Studier i nordisk filologii* 63 (1982), S. 47–59.

H. Krahe: *Der Ortsname Sulmo und seine Verwandten*, in: *Beiträge zur Namenforschung* 1 (1949/50), S. 180–187.

H. Krahe: *Alteuropäische Flußnamen*, in: *Beiträge zur Namenforschung* 4 (1953), S. 234–243.

H. Krahe: *Fluß-(und Orts-)namen auf -mana/-mina*, in: *Beiträge zur Namenforschung* 8 (1957), S. 1–27.

H. Krahe: *Die Struktur der alteuropäischen Hydronymie* (= *Akademie der Wissenschaften und der Literatur. Abhandlungen der Geistes- und Sozialwissenschaftlichen Klasse* 1962.5), Mainz 1962.

H. Krahe: *Unsere ältesten Flußnamen*, Wiesbaden 1964.

H. Krahe/W. Meid: *Germanische Sprachwissenschaft* 3. *Wortbildungslehre von Wolfgang Meid* (= *Sammlung Göschen* 1218/1218a/1218b), Berlin 1967.

P. Kühnel: *Die slavischen Orts- und Flurnamen im Lüneburgischen* (= *Slavistische Forschungen* 34), Nachdruck Köln – Wien 1982.

H. Kuhn: *Kleine Schriften* 4, Berlin – New York 1978.

W. Laur: *Angelns älteste Ortsnamen*, in: *Nord-Angeln* 1950, S. 133–140.

W. Laur: *Schleswig-Holsteins älteste Ortsnamen*, in: *Nordelbingen* 1956, S. 153–169.

W. Laur: *Die Ortsnamen in Schaumburg*, Rinteln 1993 (= *Schaumburger Studien* 51).

W. Laur: *Die Herkunft des Germanischen im Spiegel der Orts- und Gewässernamen*, in: *Namenwelten. Orts- und Personennamen in historischer Sicht*, hg. von Astrid van Nahl, Lennart Elmevik, Stefan Brink (= *Ergänzungsbände zum Reallexikon der Germanischen Altertumskunde* 44), Berlin – New York 2004, S. 201–212.

G. Lohse: *Geschichte der Ortsnamen im östlichen Friesland zwischen Weser und Ems*, 2. Aufl. (= *Oldenburger Forschungen* 5), Wilhelmshaven 1996.

V. V. Lučyk: *Avtochtonni hidronimy seredn'oho Dnipro-Buz'koho mežyriččja*, Kirovohrad 1996.

G. Lutosch: *Die Siedlungsnamen des Landkreises Diepholz*, Syke 1983.

R. Möller: *Niedersächsische Siedlungsnamen und Flurnamen in Zeugnissen vor dem Jahre 1200* (= *Beiträge zur Namenforschung. Neue Folge. Beiheft* 16), Heidelberg 1979.

R. Möller: *Dentalsuffixe in niedersächsischen Siedlungs- und Flurnamen in Zeugnissen vor dem Jahre 1200* (= *Beiträge zur Namenforschung. Neue Folge. Beiheft* 43), Heidelberg 1992.

R. Möller: *Nasalsuffixe in niedersächsischen Siedlungsnamen und Flurnamen in Zeugnissen vor dem Jahre 1200* (= *Beiträge zur Namenforschung. Neue Folge. Beiheft* 50), Heidelberg 1998.

R. Möller: *Niedersächsische Siedlungsnamen und Flurnamen mit* k-*Suffix und* s-*Suffix in Zeugnissen vor dem Jahr 1200* (= *Studien zur Namenforschung*), Heidelberg 2000.
H. Mól: *Gewässernamen im Flußgebiet des Wieprz* (= *Hydronymia Europaea* 6), Stuttgart 1990.
H. H. Munske: *Das Suffix* *-inga/-unga *in den germanischen Sprachen. Seine Erscheinungsweise, Funktion und Entwicklung dargestellt an appellativen Ableitungen* (= *Marburger Beiträge zur Germanistik* 6), Marburg 1964.
W. F. H. Nicolaisen: *Die alteuropäischen Gewässernamen der britischen Hauptinsel*, in: *Beiträge zur Namenforschung* 8 (1957), S. 209–268.
NOB I = U. Ohainski/J. Udolph: *Die Ortsnamen der Stadt und des Landkreises Hannover* (= *Veröffentlichungen des Instituts für Historische Landesforschung der Universität Göttingen* 37; *Niedersächsisches Ortsnamenbuch* I), Bielefeld 1998.
NOB II = U. Ohainski/J. Udolph: *Die Ortsnamen des Landkreises Osterode* (= *Veröffentlichungen des Instituts für Historische Landesforschung der Universität Göttingen* 40; *Niedersächsisches Ortsnamenbuch* II), Bielefeld 2000.
NOB III = K. Casemir: *Die Ortsnamen des Landkreises Wolfenbüttel und der Stadt Salzgitter* (= *Veröffentlichungen des Instituts für Historische Landesforschung der Universität Göttingen* 43; *Niedersächsisches Ortsnamenbuch* III), Bielefeld 2003.
NOB IV = K. Casemir/U. Ohainski/J. Udolph: *Die Ortsnamen des Landkreises Göttingen* (= *Veröffentlichungen des Instituts für Historische Landesforschung der Universität Göttingen* 44; *Niedersächsisches Ortsnamenbuch* IV), Bielefeld 2003.
NOB V = K. Casemir/F. Menzel/U. Ohainski: *Die Ortsnamen des Landkreises Northeim* (= *Veröffentlichungen des Instituts für Historische Landesforschung der Universität Göttingen* 47; *Niedersächsisches Ortsnamenbuch* V), Bielefeld 2005.
NOB VI = K. Casemir/U. Ohainski: *Die Ortsnamen des Landkreises Holzminden* (= *Veröffentlichungen des Instituts für Historische Landesforschung der Universität Göttingen* 51; *Niedersächsisches Ortsnamenbuch* VI), Bielefeld 2007.
NOB VII = K. Casemir/F. Menzel/U. Ohainski: *Die Ortsnamen des Landkreises Helmstedt und der Stadt Wolfsburg* (= *Veröffentlichungen des Instituts für Historische Landesforschung der Universität Göttingen* 53; *Niedersächsisches Ortsnamenbuch* VII), Bielefeld 2011.
NOB VIII = K. Casemir/U. Ohainski: *Die Ortsnamen des Landkreises Peine* (= *Veröffentlichungen des Instituts für Historische Landesforschung der Universität Göttingen* 60; *Niedersächsisches Ortsnamenbuch* VIII), Bielefeld 2017.
NOB IX = H. Blume/K. Casemir/U. Ohainski: *Die Ortsnamen der Stadt Braunschweig* (= *Veröffentlichungen des Instituts für Historische Landesforschung der Universität Göttingen* 61; *Niedersächsisches Ortsnamenbuch* IX), Bielefeld 2018.
NOB X = K. Casemir/U. Ohainski: *Die Ortsnamen des Landkreises Goslar* (= *Veröffentlichungen des Instituts für Historische Landesforschung der Universität Göttingen* 62; *Niedersächsisches Ortsnamenbuch* X), Bielefeld 2018.
E. Nyman: *Nordiska ortnamn på* -und (= *Acta Academiae Regiae Gustavi Adolphi 70. Studier till en svensk ortnamnsatlas* 16), Uppsala 2000.
J. Pokorny: *Indogermanisches etymologisches Wörterbuch* 1, Bern – Frankfurt 1959.
A. Quak: *Zum Namen Dorestad*, in: *Namenwelten. Orts- und Personennamen in historischer Sicht*, hg. von Astrid van Nahl, Lennart Elmevik, Stefan Brink (= *Ergänzungsbände zum Reallexikon der Germanischen Altertumskunde* 44), Berlin – New York 2004, S. 252–260.
A. F. Riedel: *Codex diplomaticus Brandenburgensis* 1–4 (A, B, C, D), Supplement-Band (SB), Berlin 1838–1869.
D. Rosenthal: *Zur Diskussion über das Alter der nordwestdeutschen Ortsnamen auf* -heim. *Die Ortsnamen des ehemaligen Kreises Hildesheim-Marienburg*, in: *Beiträge zur Namenforschung. Neue Folge* 14 (1979), S. 361–411.
I. Særheim: *Hans Krahes teori om ein gammaleuropeisk hydronymi. Ei kritisk vurdering etter 50 års diskusjon*, in: *Maal og minne* 2001, S. 1–16.

W. P. Schmid: Duria, in: *Reallexikon der Germanischen Altertumskunde* 6, 2. Aufl., Berlin – New York 1985, S. 294–295.

W. P. Schmid: *Elbe. Philologisches*, in: *Reallexikon der Germanischen Altertumskunde* 7, 2. Aufl., Berlin – New York 1986, S. 100–101.

W. P. Schmid: *Linguisticae Scientiae Collectanea. Ausgewählte Schriften anläßlich seines 65. Geburtstages*, hg. von Joachim Becker et al., Berlin – New York 1994.

L. Schneider: *Orts- und Gewässernamen im Landkreis Lüneburg*, Lüneburg 1988.

M. Schönfeld: *Nederlandse waternamen* (= *Nomina geographica Flandrica. Studien* 6), Amsterdam 1955.

G. Schramm: *Eroberer und Eingesessene. Geographische Lehnnamen als Zeugen der Geschichte Südosteuropas im ersten Jahrtausend n. Chr.*, Stuttgart 1981.

G. Schramm: *Ein erstarrtes Konzept der Flußnamenphilologie. Alteuropa*, in: *Namn och bygd* 89 (2001), S. 5–20.

J. Schwanke: *Untersuchungen zu den deutschen Ortsnamen des Landkreises Aschersleben-Staßfurt*, Magister-Arbeit, Universität Leipzig, Leipzig 2003.

S. Strandberg: -k-*Suffixe in der nordischen Hydronymie*. In: *Namenwelten. Orts- und Personennamen in historischer Sicht*, hg. von Astrid van Nahl, Lennart Elmevik, Stefan Brink (= *Ergänzungsbände zum Reallexikon der Germanischen Altertumskunde* 44), Berlin – New York 2004, S. 292–307.

Südhessisches Flurnamenbuch, hg. von H. Ramge (= *Arbeiten der Hessischen Historischen Kommission. Neue Folge* 23), Darmstadt 2002.

O. Thielemann: *Namen und Alter unserer Orte im Landkreis Goslar*, in: *Heimat-Adreßbuch Landkreis Goslar* 1968, S. 1–11.

O. N. Trubačev: *Nazvanija rek pravoberežnoj Ukrainy*, Moskva 1968.

UB Braunschweig = *Urkundenbuch des Stadt Braunschweig* 1–4, Braunschweig 1862–1912.

UB Halberstadt = *Urkundenbuch des Hochstifts Halberstadt* 1, Leipzig 1883.

UB Hameln = *Urkundenbuch des Stiftes und der Stadt Hameln bis zum Jahre 1407*, Hannover 1887.

UB Hildesheim = *Urkundenbuch des Hochstiftes Hildesheim und seiner Bischöfe* 1, Leipzig 1896.

UB Isenhagen = *Urkundenbuch des Klosters der Mutter Maria zu Isenhagen*, Hannover 1870.

UB Magdeburg = *Urkundenbuch des Erzstiftes Magdeburg* 1, Magdeburg 1937.

UB S. Bonifacii = *Urkundenbuch der Collegiat-Stifter S. Bonifacii und S. Pauli in Halberstadt*, Halle 1881.

UB Stötterlingenburg = *Die Urkunden des Klosters Stötterlingenburg*, Halle 1874.

J. Udolph: *Germanische Hydronymie aus kontinentaler Sicht*, in: *Beiträge zur Namenforschung. Neue Folge* 24 (1989), S. 269–291.

J. Udolph: *Zuflüsse zur unteren Elbe (von Seege und Stecknitz bis zur Mündung)*, bearb. von J. Udolph (= *Hydronymia Germaniae* Reihe A 16), Stuttgart 1990.

J. Udolph: *Die Ortsnamen auf* -ithi, in: *Probleme der älteren Namenschichten. Leipziger Symposion 21. bis 22. November 1989*, hg. von Ernst Eichler (= *Beiträge zur Namenforschung. Neue Folge. Beiheft* 32), Heidelberg 1991, S. 85–145.

J. Udolph: *Namenkundliche Studien zum Germanenproblem* (= *Ergänzungsbände zum Reallexikon der Germanischen Altertumskunde* 9), Berlin – New York 1994.

Udolph 1995a = J. Udolph: *Der Name* Schlesien, in: *Studia Onomastica et Indogermanica. Festschrift für Fritz Lochner v. Hüttenbach*, Graz 1995, S. 335–354.

Udolph 1995b = J. Udolph: Wolga – Olše/Olza – Elze. *Ein Nachtrag*, in: *Věnováno k 100. výročí narození PhDr. Vladimír Šmilauera* (= *Acta onomastica* 36), Praha 1995, S. 249–261.

J. Udolph: Ruhr, Rhume, Rumia, Ruthe, Ryta *und Verwandtes*, in: *Hydronimia Słowiańska* 2, Kraków 1996, S. 93–115.

Udolph 1997a = J. Udolph: *Alteuropäische Hydronymie und urslavische Gewässernamen*, in: *Onomastica* 42 (1997), S. 21–70.

Udolph 1997b = J. Udolph: *Südniedersächsische Ortsnamen*, in: *Namenkundliche Informationen* 71–72 (1997), S. 76–88.

Udolph 1998a = J. Udolph: *Deutsches und Slavisches in der Toponymie des nördlichen Niedersachsen. Die Ortsnamen des Amtes Neuhaus, Kr. Lüneburg*, in: *Onomastica Slavogermanica* 23 (1998), S. 77–109.

Udolph 1998b = J. Udolph: *Typen urslavischer Gewässernamen*, in: *Prasłowiańszczyna i jej rozpad*, Warszawa 1998, S. 275–294.

Udolph 1999a = J. Udolph: *Baltisches in Niedersachsen?*, in: *Florilegium Linguisticum. Festschrift für Wolfgang P. Schmid zum 70. Geburtstag*, Frankfurt/Main 1999, S. 493–508.

Udolph 1999b = J. Udolph: *Flur-, Orts- und Gewässernamen im Norden der Gemeinde Belm*, in: *Osnabrücker Mitteilungen* 104 (1999), S. 57–89.

Udolph 1999c = J. Udolph: Hall- *in Ortsnamen*, in: *Reallexikon der Germanischen Altertumskunde* 13, 2. Aufl., Berlin – New York 1999, S. 433–442.

Udolph 1999d = J. Udolph: *Ortsnamen des Osnabrücker Raumes*, in: *Rom, Germanien und die Ausgrabungen von Kalkriese*, Osnabrück 1999, S. 527–581.

Udolph 2001a = J. Udolph: *Der Name Thüringen*, in: *Namenkundliche Informationen* 79–80 (2001), S. 125–144.

Udolph 2001b = J. Udolph: *Die Namenlandschaft der Deuregio Ostfalen*, in: *Studien zum Ostfälischen und zur ostfälischen Namenlandschaft*, hg. von Dieter Stellmacher (= *Veröffentlichungen des Ostfälischen Instituts der DEUREGIO Ostfalen* 4), Bielefeld 2001, S. 9–33.

Udolph 2001c = J. Udolph: *Slavische Ortsnamen im Kreis Gifhorn (Niedersachsen)*, in: *Onoma* 36 (2001), S. 143–163.

Udolph 2002a = J. Udolph: *Gedanken zu den Ortsnamen des Oldenburger Münsterlandes*, in: *Jahrbuch des Heimatbundes für das Oldenburger Münsterland*, Cloppenburg 2002, S. 130–140.

Udolph 2002b = J. Udolph: *Ortsnamen und Siedlungsgeschichte in Ostfalen*, in: *Ortsnamen und Siedlungsgeschichte. Akten des Symposiums in Wien vom 28.–30. September 2000*, hg. von Peter Ernst et al., Heidelberg 2002, S. 285–320.

Udolph 2002c = J. Udolph: *Orts- und Hofnamen. Kontinent § 1–4*, in: *Reallexikon der Germanischen Altertumskunde* 22, 2. Aufl., Berlin – New York 2002, S. 233–247.

Udolph 2002d = J. Udolph: *Die Orts- und Wüstungsnamen der Samtgemeinde Scharnebeck*, in: *Scharnebeck gestern und heute*, Husum 2002, S. 45–83.

J. Udolph: *Zur Kritik am Konzept der alteuropäischen Hydronymie*, in: *Namenkundliche Informationen* 83–84 (2003), S. 21–39.

J. Udolph: *Alemannien und der Norden aus der Sicht der Ortsnamenforschung*, in: *Alemannien und der Norden. Internationales Symposium vom 18.–20. Oktober 2001 in Zürich*, hg. von Hans-Peter Naumann (= *Ergänzungsbände zum Reallexikon der Germanischen Altertumskunde* 43), Berlin – New York 2004, S. 29–56.

Udolph, Hall- = J. Udolph: *Die Ortsnamen Hall, Halle, Hallein, Hallstatt und das Salz*, Bielefeld 2014.

Udolph, Skandinav. Wörter = J. Udolph: *Skandinavische Wörter in deutschen Ortsnamen*, in: *Probleme der Rekonstruktion untergegangener Wörter aus alten Eigennamen*, Uppsala 2010, S. 141–158.

E. Ulbricht: *Das Flußgebiet der Thüringischen Saale*, Halle 1957.

Urk. Heinrichs d. Löwen = *Die Urkunden Heinrichs des Löwen, Herzogs von Sachsen und Bayern*, bearb. von Karl Jordan, Stuttgart 1960.

A. Vanagas: *Lietuvių hidronimų etimologinis žodynas*, Vilnius 1981.

L. Van Durme: *Toponymie van Velzeke-Ruddershove en Bochoute* 2, Gent 1991.

Verdener Geschichtsquellen = *Verdener Geschichtsquellen* 2, hg. von Wilhelm von Hodenberg, Celle 1857.

Vita Meinwerci = *Vita Meinwerci episcopi Patherbrunnensis*, hg. von Franz Tenckhoff, Hannover 1921.

J. de Vries: *Altnordisches etymologisches Wörterbuch*, 2. Aufl., Leiden 1962.

H. Walther: *Namenkundliche Beiträge zur Siedlungsgeschichte des Saale- und Mittelelbegebietes bis zum Ende des 9. Jahrhunderts* (= *Deutsch-slawische Forschungen zur Namenkunde und Siedlungsgeschichte* 19), Berlin 1971.

R. Weber: *Die nordwestdeutschen Orts- und Flußnamen auf* -el, Diss., Göttingen 1949.

A. Werneburg: *Die Namen der Ortschaften und Wüstungen Thüringens*, Nachdruck, Köln – Wien 1983.

Westfälisches UB = *Westfälisches Urkundenbuch* 1–10, Münster 1874–1986.

WOB 3 = C. M. Korsmeier: *Die Ortsnamen der Stadt Münster und des Kreises Warendorf* (= *Westfälisches Ortsnamenbuch* 3), Bielefeld 2011.

Der Name *Schlesien**

Die Auseinandersetzung um den Namen *Schlesien*, polnisch *Śląsk,* ist zeitweise mit großer Heftigkeit und Schärfe geführt worden. Die „richtige" Etymologie wurde nachhaltig vertreten, im Laufe der Zeit entwickelte sich eine z. T. erbitterte Feindschaft zwischen Anhängern der „silingischen, germanischen" Theorie und den Vertretern der „autochthonistischen, slavischen" Deutung. Unbemerkt von den mehr lokalpatriotisch orientierten Verfechtern der beiden Varianten haben sich jedoch in letzter Zeit durch grundlegende Untersuchungen an den Gewässernamen Europas, zu denen auch unser Jubilar beigetragen hat, neue Deutungsmöglichkeiten aufgetan, die auch für den so umstrittenen Namen *Schlesien*[1] von Bedeutung sein könnten. Dabei handelt es sich um Auffassungen, die sowohl in etlichen Ländern Europas wie auch unter Indogermanisten als wenig fruchtbar angesehen werden: Es geht um eine voreinzelsprachliche Namenschicht, deren Entstehung vor die Herausbildung der indogermanischen Sprachen zu legen ist, um die *alteuropäische Hydronymie*. Die folgenden Bemerkungen versuchen, zu einer Minderung der Schärfe der bisherigen Auseinandersetzung um den Namen *Schlesien* im Lichte einer kritischen Prüfung und unter Einbeziehung von Untersuchungen zur europäischen Gewässernamengebung beizutragen[2].

Wie lebhaft bis in die jüngste Zeit hinein die Debatte um den Namen geführt worden ist, zeigt nicht zuletzt ein Beitrag von W. Mańczak.[3] Ein kurzer Abriss der Grundgedanken dieses Aufsatzes führt uns in das zentrale Problem der Diskussion: Ist der Name *Schlesien/Śląsk* von dem (offensichtlich) germanischen Namen der bei Ptolemäus genannten Σιλίγγαι abgeleitet oder nicht? Nach Vorstellung bisheriger Deutungsvorschläge, auf die wir z. T. noch kurz zu sprechen kommen werden (genannt werden z. B. Bandtke, Kozierowski, Vasmer, Rudnicki u. a.), werden die beiden Grundpositionen in einem Satz zusammengefasst:[4] „les linguists allemands sont persuadés que ce noms proviennent, en fin de compte, du nom de la tribu germanique Σιλίγγαι, alors que les linguistes polonais voient un lien entre ces noms et les mots polonais dialecteaux contenant la racine *slęg*-". Dabei geht es nach Mańczak vor allem um die Frage, ob man von **Sьlęsko* oder **Slęsko* auszugehen habe. Der polnische Linguist glaubt, die Entscheidung mit einem Blick in den *Słownik polszczyzny XVI wieku* treffen zu können. Dieser bietet im Fall des Landesnamens in Wendungen mit den Präpositionen *w* und *z* nicht *we, ze* (wie etwa bei *Lemberg*

---

*   Erstmals erschienen in: *Der Name* Schlesien, in: *Studia Onomastica et Indogermanica. Festschrift für F. Lochner v. Hüttenbach,* hg. von Michaela Ofitsch und Christian Zinko, Graz 1995, S. 335–354.
[1] Im Folgenden verwende ich fast ausschließlich die deutsche Namenvariante. Für die Deutung ist allerdings die slavische Form *Śląsk* ungleich wichtiger.
[2] In einer kurzen Bemerkung habe ich meine Auffassung schon an anderem Ort dargelegt (Udolph, Stellung, S. 322). Im Folgenden möchte ich diese knappe Passage näher erläutern.
[3] Mańczak 1991; schon früher hatte sich Mańczak (1967) zu dem Problem geäußert.
[4] Mańczak 1991, S. 49f.

und *Danzig: we Lwowie* bzw. (älter) *we Gdańsku, ze Gdańska*[5]), sondern nur die Formen *w* und *z*. Die Folgerung Mańczaks lautet (S. 53): „La seule conclusion qu'on puisse en tirer est que l'a polonais *Śląsko* est issu de **Slęsko* (est non pas de **Sьlęsko*) et n'a rien à voir avec les Σιλίγγαι". Daraus folgt seiner Ansicht nach weiter, dass beide oben skizzierten Lösungsvorschläge gleichermaßen fraglich sind, und ferner, dass sich der Name einer sicheren Deutung entzieht, demnach wahrscheinlich älter als die Herausbildung des Germanischen und Slavischen und einer indogermanischen Schicht zuzuschreiben ist. Da nach Mańczak die slavische Urheimat zwischen Oder und Weichsel gelegen habe und es eine Kontinuität der Besiedlung gegeben haben müsse, bilde der indogermanische Charakter von *Ślęza* seiner Ansicht nach kein Gegenargument gegen die slavische Ansiedlung.

In der Zuweisung des Namens zu einer indogermanischen Schicht sehe ich einen wirklichen Fortschritt, jedoch krankt Mańczaks Vorschlag wie auch der aller anderen Sprachwissenschaftler daran, dass keine Deutung des Namens vorgelegt wird. Gerade in diesem Punkt lassen sich aber heute Fortschritte erzielen. Nach einem kurzen Abriss der Forschungsgeschichte werde ich auf diesen Punkt zurückkommen.

In der Zuweisung der ursprünglichen Bedeutung des Namens *Schlesien/Śląsk* ist man sich einig: So bezieht sich der Beleg von 1203 *villa in campo Zlesie* zweifellos auf Jackschönau und „auf die Gegend am Zobten als derjenigen, welche zuerst und deshalb in der Folge noch vorzugsweise als das Land Schlesien bezeichnet worden ist [...]"[6]. Im Codex Diplomaticus Silesiae V, S. 340 heißt es dazu: „*Slezia* [ist] in dieser Zeit noch ausschließlich Niederschlesien; *duces Sleziae* heissen bis tief im 15. Jahrhundert nur die Nachkommen des ersten Boleslaus, die Nachkommen seiner Bruders Mesco dagegen *duces de Opol* [...]". Auf einer Karte von 1513 dient nach A. Heyer[7] der „Name *Schlesia* [...] zur Bezeichnung der Gegend zwischen Spree und Neißemündung, also der Lausitz". Unzweifelhaft ist nach allgemeiner Ansicht, dass die Gegend um den Zobten der ursprüngliche Geltungsbereich unseres Namens gewesen ist; von dort breitete er sich zunächst auf ganz Niederschlesien und später auch auf Oberschlesien aus.

Eine Deutung hat von den ältesten sicheren Belegen auszugehen. Ich habe mich bemüht, diese für den Stammesnamen, das Land, den Fluss *Ślęza/Lohe* und den Bergnamen *Ślęza/Zobten/Sobótka* zusammenzustellen.

1. *Silingi*. Die Lokalisierung dieses wahrscheinlich germanischen Stammes ist nicht ganz sicher. Man schwankt zwischen der Lausitz und Niederschlesien. Nach M. Schönfeld und H. Reichert[8] erscheint der Name bei Ptolemäus als Σιλίγγαι, daneben auch in den Varianten Σιλιγγας, Λίγγαι, Ειλιγγαι, im 5. Jh. (Chron. Hydat) als *Vandali cognomine Silingi*, auch *Vandalis Silingis, sylingis, Vandali Silingi, Silingos (silinguos, silinguites), silin, selingi, sylingi* (C. Hydat. Cont.; mehrfach), im 7. Jh. (Isidor von Sevilla) als *Silingos, Silingi*, wobei sie häufig als Teilstamm der Wandalen bezeichnet werden.

---

[5] Heute allerdings *w Gdańsku, z Gdańska!*
[6] H. Markgraf: *Zur Etymologie des Namens „Schlesien"*, in: *Zeitschrift des Vereins für Geschichte und Alterthum Schlesiens* 22 (1888), S. 327.
[7] A. Heyer: *Die kartographischen Darstellungen Schlesiens bis zum Jahre 1720*, in: *Zeitschrift des Vereins für Geschichte und Alterthum Schlesiens* 23 (1889), S. 177–240, hier: S. 188.
[8] M. Schönfeld: *Wörterbuch der altgermanischen Personen- und Völkernamen ...*, Heidelberg 1911, S. 207; H. Reichert: *Lexikon der altgermanischen Namen*, Teil 1, Wien 1987, S. 610.

2. *Schlesien/Śląsk* (Land und Gau Schlesien): z. J. 1017 *compluribus Cilensi et Diedesi; in pago Silensi, vocabulo hoc a quodam monte nimis excelso et grandi olim sibi indito*[9], um 1047 (K.) *Silesiam*[10], 1109 *regio Zleznensis*[11], (1138) *Slesziam*[12], 1163 *provincia Silencii*[13], 1175 *dux Zlesię*, (1202)–1203 *dux Zlesie*, 1208 *dux Zlesię*, 1208 *dux Zlesie*, 1209 *dux Slezie*, 1216 *in Zlesia*, 1218 *ducis gratia Zlesie*, 1228 *in terra Zlesie*, (vor 1230) *in terra Zlesie*, 1233 *in terra ducis Slesie*, 1234 (K.) *Theutonici Slesenses*, 1234 (Tr.) *Zlesie*, 1235 *in Zlesia*, 1238 (Tr.) *de Slesia* 1240 (K.) *in Silesia*, 1245 *duce Zelesie, duce Slesie*, Var.: *Zlesie*, 1249 (K.) *baronibus Slesie*[14], 1253 *terram Zlesie*, 1253 *terram Slezie* (mehrfach), 1259 *terra Slesiensi*, 1261 *in Slezia*, 1264 *in provincia Slesiensi*, 1264 *in districtu Slesie*, 1266 *in Slezia*, 1267 *in terra Zlesie*, 1268 (K.) *ad partes Slesie*, 1270 *districtus Slesie*, 1271 (K.) *milibus Slesiam*, 1271 (K.) *in Slesiam*, 1272 *in Slesia* (zweimal), 1273 *in Slesia*, 1275 *in Slesia terra*, 1279 *in Slesia*[15]. Dabei ist beachtenswert, dass „die Form *Silesia* für Schlesien ... vor dem XIV. Jahrhundert nicht nachzuweisen sein" [dürfte][16].

3. Der Fluss *Ślęza/Lohe:* 1155 *inter Muchobor et Selenza* (Handschrift: *Sclenza*)[17], 1202 (F. 14. Jh.) *ad fluvium Slenze; totam fluvium Slenze*[18]; 1208 *prope litus Zlenzę*[19], 1218 (F.) *per fluvium Lau*[20], 1245 *apud vadum Laui*[21], (1273) *aqua, que dicitur Laau*[22]; 1291 *Lavi*[23].

4. Der Berg *Ślęża/Zobten/Sobótka*: 1108 *in monte Silencii*[24], 1148 (K.) *ecclesie sancte Marie de monte Silencii*, (1149–50) (K.) *in monte Silencii*, 1209 (K.) *circa montem Silencii*, 1223 *monti, qui dicitur Sylencii*, 1242 *in monte Slenz*[25], 1245 *in Monte Slez*, 1247 *sub monte Zlenc; supra montem Zlenz; in monte Zlenz*, 1250 (K.) *montem, qui dicitur Zlencz*[26], 1256 (K.) *prope montem Zlencz*, 1260 *circa montem Slezie*, 1280 (K.) *In silva vero Slencz montis*[27], 1346 *Zlesia*[28], 1360 *circa montem Slesie*[29]. Seit dem 14. Jh. erscheint als Übernahme des Ortsnamens *Sobótka* die neue Bezeichnung *Sabothus, in monte Silentii alias Sobotha* usw., dann auch dt. *Zobten*[30].

---

[9] *Thietmar von Merseburg* (= *Ausgewählte Quellen zur deutschen Geschichte des Mittelalters*, Bd. IX), S. 304,420. Nach dem Hg. W. Trillmich (ebd., S. 305, Anm.) ist der Schlesiergau um den Zobten gemeint.
[10] *Codex Masoviae*, S. 11.
[11] Schwarz, Namenforschung, S. 6.
[12] *Codex Masoviae*, S. 54.
[13] Schwarz, a. a. O.
[14] Schles. UB I 27, 35, 54, 55, 64, 79, 87, 100, 105, 132, 175, 212, 229, 238.
[15] Schles. UB III 31, 50, 52, 53, 65, 88, 91, 96, 126, 142, 182, 187, 239, 248, 309, 308, 348.
[16] CDS VII, 1, S. 41.
[17] Schles. UB I 20; Schwarz, Schlesien, S. 144.
[18] Schles. UB I 253.
[19] Schwarz, Namenforschung, S. 6.
[20] Schles. UB III 349.
[21] Schles. UB II 173.
[22] Schles. UB III 150.
[23] Rospond, SSS, S. 564.
[24] Rospond 1955, S. 22; Schwarz, a. a. O.; CDS VII, 1, S. 16.
[25] Schles. UB I 12, 18, 140, 173, 268; CDS VII, Nr. 630.
[26] Schles. UB II 180, 199, 251.
[27] Schles. UB III 128, 207, 345.
[28] *Regesty śląskie*, Bd. 1, Wrocław usw. 1975, S. 162.
[29] Markgraf, op. cit., S. 327.

5. Slavischer Stammesname: Mitte 9. Jh. (A. 10. Jh.; sog. Bayer. Geograph) *Sleenzane*[31], 1086 (A. 12. Jh.) *Zlasane*[32].

Die Deutung des Namens *Schlesien* war lange Zeit fast unstrittig: Die sogenannte „traditionelle" Auffassung, in ihm eine Ableitung von dem (germanischen) Stamm der *Silingi* zu sehen, wurde nicht nur von deutschen Sprachwissenschaftlern (K. Zeuss, K. Müllenhoff, J. Hoops, E. Schwarz, M. Vasmer, R. Trautmann u. a.) vertreten, sondern auch von polnischen Linguisten, z. T. sehr nachdrücklich (A. Brückner[33], J. Rozwadowski[34]), verfochten. „Schlesien bedeutet 'Silingenland'" heißt es bei K. Müllenhoff und E. Schwarz, für J. Hoops[35] ist der slavische Name eine Umgestaltung des germanischen Stammesnamens. Auch der Flussname wurde als „Silingenfluß" aufgefasst, ebenso sah man in dem *mons Silenci* einen *Silingenberg*[36]. Die *Lohe* war für die meisten ein „unbedeutender linker Nebenfluß der Oder, aber deshalb beachtlich, weil hier wieder der germanische Stamm der Silingen indirekt erscheint [...] Die Bedeutung wird 'Bach des Siling' sein"[37]. Dass der Fluss namengebend gewesen wäre, sei „[...] ganz unwahrscheinlich, [...] wenn ein berühmter heiliger Berg die Gegend beherrscht"[38]. Darauf und auf den Namen des Flusses (auch auf die deutsche Variante) wird noch zurückzukommen sein.

In der Tat besticht die Herleitung von dem Stammesnamen *Silingi*. Die wichtigsten Überlegungen zur lautlichen Entwicklung hat bereits M. Vasmer vorgebracht[39]. Nach Auskunft der oben genannten Nachrichten saßen „südlich von den Goten [...] zu Beginn der christlichen Zeitrechnung [...] die vandilischen Stämme, zu denen auch die Silinger gehören, von denen Schlesien (poln. *Śląsk*, tschech. *Slezsko*) seinen heutigen tschechisierten Namen hat"[40]. Dazu zählen auch die von Ptolemäus erwähnten Σιλίγγαι; weiterhin „haben wir in der Nachricht des spanischen Bischofs und Chronisten Hydatius (um 470 n. Chr.) von den *Vandali cognomine Silingi* ein einwandfreies Zeugnis für die Zugehörigkeit der Silinger zu den vandalischen Stämmen", wobei „der Name der *Silinger* [schon] durch seine Endung *-ing* [...] ziemlich deutlich als ein germanischer Stammesname charakterisiert [ist]"[41]. Bei einer Herleitung von diesem Namen „braucht man auch Formen wie westslav. *sьlęzьskъ : σιλίγγαι 'Schlesien' u. a. nicht durch Lautsubstitution zu erklä-

---

[30] Rospond 1955, S. 23.
[31] E. Herrmann: *Slawisch-germanische Beziehungen im südostdeutschen Raum von der Spätantike bis zum Ungarnsturm. Ein Quellenbuch mit Erläuterungen*, München 1965, S. 212–221, hier: S. 221.
[32] *Cosmae Pragensis Chronica Boemorum* (= *Monumenta Germaniae Historica: Scriptores rer. Germ. N. S.* 2), Berlin 1923, S. 138.
[33] Z. B. in dessen *Słownik etymologiczny języka polskiego*, Kraków 1927, S. 530.
[34] J. Rozwadowski: *Olza i Śląsk*, in: *Zaranie Śląskie* 1 (1908), S. 174–178, hier: S. 177f.
[35] In: *Reallexikon der Germanischen Altertumskunde*, Bd. 4, Straßburg 1918–1919, S. 180f.
[36] Schwarz, Namenforschung, S. 6.
[37] Schwarz, Schlesien, S. 144.
[38] Ebd., S. 145f.
[39] Neben anderem vor allem in dem Beitrag *Der Name Schlesiens*, in: *Altschlesien* 6:1 (1935/36), S. 1–15 (wieder abgedruckt [und danach zitiert] in: M. Vasmer: *Schriften zur slavischen Altertumskunde und Namenkunde*, Bd. 2, Berlin – Wiesbaden 1971, S. 617–630).
[40] Vasmer I, S. 53f.
[41] Ebd. II, S. 618.

ren"[42]; die Entwicklung wäre ganz regelgerecht verlaufen: Aus *Siling-* müsste slav. *Sьlęg-* werden, „das lautgesetzlich ein *Sьlędz-* ergab, so wie uns ein slavisches *kъnьdzь* 'Fürst' aus einem altgermanischen *kuning-* bekannt ist"[43]. Auch die weitere Entwicklung als Adjektivbildung wird von Vasmer bestens erklärt[44]. Daran anschließen lässt sich ebenfalls die slavische Bildung mit dem Suffix *-'ane.*

Der hier nur knapp skizzierte Vorschlag einer Deutung aus einem germanischen Stammesnamen passt fraglos zu der berechtigten Annahme, dass es ein alte s Slaventum in Schlesien nicht gegeben habe[45]. Dafür wird auch (und wohl nicht zu Unrecht) der Ortsname *Nimptsch* (< *Němьcь* 'Deutsche'?) geltend gemacht. Auch ist zu bedenken, dass der Name *Schlesien* tschechischen Einfluss verrät: „Die deutsche Bezeichnung für *Schlesien* hat in der ersten Silbe einen Vokal, der nur im Tschechischen entstanden sein kann". Ebenso zeigt „die gelehrte lateinische Form *Silesia* [...] Spuren tschechischer Lautentwicklung in ihrem *e* und im inlautenden Siblanten"[46].

M. Vasmer ist wie A. Brückner der Meinung, dass der Name der *Silingi* im Bergnamen *Zobten* (= 'Silingerberg')[47] überlebt habe und von dort *Schlesien* seine Benennung erhalten habe. Der Name des Flusses wird – wie schon gesagt – nur am Rande erwähnt.

Dieser Meinung entgegen steht eine Erklärung aus dem Slavischen. Auch diese hat – nicht zuletzt wegen der offensichtlich slavischen Bildung in dem relativ frühen Beleg *Sleenzane* (Bayer. Geograph)[48] – ihre Berechtigung. Da zudem in diesem Beleg keine Spur des an sich zu erwartenden slavischen *-ь-* (*Sьl-* < *Sil-*) zu erkennen ist, sehen die slavischen Forscher darin ein schwerwiegendes Argument gegen die Herleitung von dem Namen der *Silinger*[49].

Man geht daher von einem ursprünglichen Ansatz *ślęg-* aus, vergleicht damit tschech. *slezak* und poln. *ślązak*, zieht weiter poln. *ślęgnąć* 'nass werden, anfeuchten', *ślęganina* 'Regenwetter, Feuchtigkeit' heran, setzt eine slavische Wurzel *slęg-* 'nass, feucht' an, schließt deshalb auf einen indogermanischen Ansatz *sleng-* : *sleng'-* und zieht dazu u. a. poln. *prześlągły* 'durchnässt', *prześlągwa* 'Seidelbast', *ślągwa* 'Unsauberkeit; Regenwetter'. Neben wurzelauslautendem *-g* liegt auch *-k* vor in poln. *śląknąć* 'nass werden, durchnässt werden, vom Regenwetter durchnässt werden, von Kälte durchzogen werden', *śląkwa* 'Regen-, Schauerwetter, mit Schnee vermischter Regen', *śląknięty* 'durchnässt; schlottrig'. Man vermutet ein altes Schwanken des Konsonantismus, etwa *-g-* : *-g'-* : ~ *-k-* : *-k'-*, wie z. B. in ahd. *slingan* : ags. *slinkan*, lett. *slāncka* : *slànga*[50].

---

[42] Ebd. I, S. 11.
[43] Ebd. II, S. 622f. mit einer guten Zusammenstellung älterer Meinungen (Lit.-Hinweise usw.).
[44] Vgl. etwa Schlimpert, S. 114.
[45] Das zeigt sich auch in den slavischen Gewässernamen, s. Udolph, Studien.
[46] Vasmer II, S. 624.
[47] Ebd., S. 623. Vgl. dazu auch Schlimpert, a. a. O.
[48] Als Grundform ist zweifellos *Slęzane* anzusetzen (s. etwa Schlimpert, S. 113). Zu den slavischen Namen auf *-any* s. z. B. E. Eichler: *Beiträge zur deutsch-slawischen Namenforschung*, Leipzig 1985, S. 158ff. (mit Hinweis auf J. Spal u. a.).
[49] Zu den Einzelheiten s. M. Rudnicki: *Zagadnienie pobytu drużyn germańskich na ziemiach polskich w czasie do VI w. w świetle imiennictwa*, in: Przegląd Zachodni 7 (1951), S. 164–181, hier: S. 177; ders.: *Prasłowiańszczyzna – Lechia – Polska*, Bd. 2, Poznań 1961, S. 242; Rospond 1955, S. 16f.; Mańczak 1991, S. 50.

Als Konsequenz ergibt sich aus dieser Zusammenstellung, dass der Flussname als primär angesehen wird.[50] Diese Etymologie hat zweifellos ihre Berechtigung, jedoch hat erneut M. Vasmer[52] auf die Problematik der slavischen Sippe um poln. *śląganina* hingewiesen: Das Alter der *-g-*Formen ist völlig unbestimmt, die Belege mit *-k-* dürfen auf keinen Fall beiseitegelassen werden. Viel eher ist ein Wechsel *k* > *g* wie in poln. dial. *wielgi* für *wielki* 'groß' anzusetzen. Dann wären die Formen mit *-g-* jung und M. Vasmer folgert wohl mit Recht:

> ich halte *śląkwa* usw. für zweifellos verwandt mit russisch *sl'akot'* 'feuchtes Wetter' und stelle es weiter zu serbokroatisch *slëka* 'Flut', auch *odsleka* 'Ebbe' (bei Vuk [...]). Die gemeinsame Grundform **slęk-* genügt zur Erklärung all dieser Formen [...] Beide polnischen Bildungen gehen, wie das *l* (nicht ł!) lehrt, auf *ę* zurück.

Von hieraus führt natürlich kein Weg zu dem Flussnamen *Ślęza*:

> Wenn in letzter Zeit der Versuch gemacht worden ist, die Benennung Schlesiens als echt slavisch zu erweisen und aus einem slavischen **sъlęk-* zu erklären, so kann dieser Versuch nicht den Anspruch darauf erheben, ernst genommen zu werden, da man in diesem Falle ein poln. **Ślącz-*, tschech. *Sleč-* erwarten müßte und die Form von poln. *Ślezák* diesen Ansatz ausschließt.[53]

Dieser Argumentation sind nicht nur E. Schwarz[54] und G. Schlimpert (a. a. O., S. 114) gefolgt; auch W. Mańczak[55] stimmt ihr zu. In einem früheren Beitrag hatte dieser zudem darauf verwiesen,[56] dass eine *-a*-Ableitung im Slavischen eigentlich auf der *-o*-Stufe aufbauen müsste und daher **slongā* und nicht **slengā* zu erwarten wäre. Somit ist auch dieser auf slavischem Material aufbauende Vorschlag mit Recht kritisiert worden.

W. Mańczak hat in seinem eingangs erwähnten Beitrag unterstrichen, dass ihn keine der beiden bisher vorgebrachten Deutungen überzeugt. Dem wird man folgen können. Wahrscheinlich enthalten aber beide Vorschläge Elemente, die einer überzeugenderen Etymologie dienlich sein können. Bevor ich darauf eingehe, seien nur knapp einige andere, völlig abweichende und z. T. völlig unbeachtete Deutungsvorschläge genannt.

So hat E. Kucharski[57] den Flussnamen *Ślęza* an eine baltische Wurzel *sil-* angeschlossen, die u. a. in lit. *sìlis*, lett. *sils* 'Vertiefung, Tal, Trog' vorliegt. Nicht unwichtig ist

---

[50] Vgl. die in Anm. 49 genannte Literatur sowie S. Kozierowski: *Pierwotne osiedlenie pogranicza wielkopolsko-śląskiego między Obrą i Odrą a Wartą i Bobrem w świetle nazw geograficznych*, in: *Slavia Occidentalis* 7 (1928), S. 172–329, 569–570, hier: S. 187ff.; Rospond, SSS, S. 560; Semkowicz, Śląska; W. Semkowicz: *Silesia, its name, territory and boundaries*, in: *Baltic and Scandinavian Countries* 3 (1937), 197–204.
[51] M. Rudnicki, Przegląd Zachodni 7:5/6 (1951), S. 177: „Nazwa *Śląsk-* od rzeczki *Ślęzy* ...".
[52] Vasmer II, S. 628.
[53] Vasmer II, S. 590.
[54] Schwarz, Schlesien, S. 145.
[55] 1991, S. 50.
[56] Mańczak 1967, S. 362ff.
[57] *Etniczne oblicze ziem polskich przed przyjściem*, in: *Sprawozdania Towarzystwa Naukowego we Lwowie* 9 (1929), S. 181–196, hier: S. 190.

seine These, der Flussname enthalte weiterhin das baltische Suffix -ing-. Es wird uns noch beschäftigen.

Übergehen kann man die verschiedentlich vorgebrachte These, es bestehe ein Zusammenhang mit poln. *ślaz* 'Malve'[58]. Ebenso ist die Meinung, der Name *Ślęzanie* sei aus einem Ansatz **żelazanie* (zu slav. *żelezo* usw. 'Eisen'), natürlich unhaltbar[59].

Einen ganz anderen Wert besitzt dagegen eine Bemerkung von I. Duridanov, die dieser an für das Problem der schlesischen Namen wenig auffälliger Stelle gemacht hat. Bei der Erörterung der Bildung der Flussnamen des Vardargebietes[60] schreibt er: „Der FlN *Treska* [...] gehört zu einem vorslavischen Bildungstypus, der auch Flußnamen wie russ. *Volga*, poln. *Wilga* [...], *Warta* [...], *Ślęga* > **Ślęza* (**sleg-*) usw. umfaßt [...]". Falls also von einem Ansatz **Ślęgjā* auszugehen wäre, würde die Wortbildung gegen eine slavische Bildung sprechen.

Damit möchte ich die Vorstellung bisheriger Deutungsvorschläge beenden und den Weg zu einem eigenen Vorschlag betreten. Dabei werden wir allerdings – wie schon erwähnt – auf einige bisher schon erwähnte Punkte zurückgreifen.

Bisher noch nicht zur Sprache gekommen ist die Frage, wie der offensichtlich germanische Name der *Silingi* erklärt werden kann. Dieser ist bisher keineswegs sicher gedeutet[61]. Der einzig ernst zu nehmende Vorschlag kommt von M. Vasmer[62]:

> In einer gründlichen Untersuchung [...] hat [...] Elof Hellquist auch einen schwedischen Ortsnamen *Silinge* in Södermanland nachgewiesen, wo auch ein Seename *Silingen* sich findet. Den Ortsnamen hält er für das ursprünglichere und ist geneigt, ihn im Zusammenhange mit dem ostgermanischen Stammesnamen der *Silingi* zu erklären.

Vasmer stellt auch weitere Parallelen zwischen skandinavischen und ostgermanischen Namen her und schließt daher für die *Silingi* auf einen „alten Stammesnamen bei den Germanen".

Das Problem bei dem Vergleich ist ihm ist nicht entgangen: Der schwedische Name besitzt in der Wurzelsilbe einen Langvokal und differiert damit von dem wandalischen Stammesnamen (mit Kürze). Er glaubt diesen Unterschied mit weiteren Beispielen aufheben zu können.[63] E. Schwarz ist ihm darin aber nicht gefolgt und hat wegen der Quantitätsdifferenz die jüngste Deutung des germanischen Stammesnamens aufgegriffen: 'Leute mit dem Sielengeschirr'. „Diese Deutung wäre ansprechend, weil sie den vermutlich kultischen Charakter des Stammesnamens betont"[64]. Der Quantitätsunterschied wird auch

---

[58] W. Bogusławski, *Dzieje słowiańszczyzny północno-zachodniej do połowy XIII w.*, Bd. 2, Poznań, 1889, S. 115f.
[59] L. Łakomy: *Skąd pochodzi nazwa Śląsk*, in: *Śląsk* 1 (1966), Nr. 5–6, S. 27–29.
[60] *Die Hydronymie des Vardarsystems als Geschichtsquelle*, Köln – Wien 1975, S. 299.
[61] Vgl. etwa Rospond 1955, S. 37, der auf die Zweifel bei T. E. Karsten: *Die Germanen*, Berlin 1928, S. 81f. hinweist.
[62] Vasmer II, S. 618 mit Hinweis auf Hellquist, ortnamnen, S. 121. S. dazu jetzt auch Hellquist, sjönamnen, S. 528f.
[63] S. Vasmer II, S. 619, Anm. 9.
[64] Schwarz, Schlesien, S. 142.

von W. Mańczak[65] kritisch betrachtet; eine Beziehung zum schwedischen Ortsnamen wird aus diesem Grund auch von S. Rospond[66] abgelehnt.

Bezeichnenderweise gibt es noch eine ganz andere Deutung des Völkernamens: E. Lidén stellt ihn[67] „zu abulg. *sila* 'Gewalt, Kraft'" und folgt damit einem Vorschlag von L. Laistner[68]. Diese These überzeugt allerdings kaum und hat auch keine Anhänger gefunden.

Ich habe mich bemüht, den schwedischen Orts- oder Seenamen *Silinge(n)* einer genaueren Prüfung zu unterziehen. Man muss lange suchen, bevor man ihn findet. So fehlt er in dem geographischen Standardwerk *Sverige*,[69] das immerhin auf einem Maßstab von 1 : 300 000 aufbaut und alle dann belegten Namen auflistet. Allein in Ritters Sammlung geographischer Namen[70] ist er zu entdecken. Er fehlt auch in dem jüngst erschienenen Band von S. Strandberg über die Seenamen in Södermanland[71] und kann kaum überregionale Bedeutung besitzen. Auch von hieraus ergeben sich weitere Zweifel an der Zusammenstellung.

Diese Bedenken werden weiter erhöht, wenn man sich dem von deutscher Seite stark vernachlässigten Flussnamen *Ślęza/Lohe* zuwendet. Vor allem M. Vasmer hat sich dagegen gewandt, dass ein Flussname als Ausgangspunkt der Namensippe um *Schlesien – Śląsk – Ślęza* zu betrachten sei, und hat mit aller Entschiedenheit die Ansicht vertreten, dass von dem Stammesnamen auszugehen sei:

> Ein weiterer Einwand gegen die 'deutsche' Auffassung, der von verschiedenen [...] sehr ernst genommen wird, besteht in der Behauptung, daß topographische Bezeichnungen nicht von Stammesnamen ihren Ursprung haben können. Ich halte dieses Argument für [...] nichtssagend [...].

Vasmer verweist auf Beispiele wie *Frankenbach, Sachsengraben, Merskaja Reka* und äußert zusammenfassend zu diesem Punkt: „Angesichts solcher Beispiele ist mir vollkommen unbegreiflich, wie man behaupten konnte, daß Gewässernamen nicht von Stammesnamen gebildet sein könnten".[72] Gleichermaßen hart vertrat er die Ansicht, dass auch der Bergname *Ślęza* so zu erklären sei: Unter Hinweis auf den *Fläming* bemerkt er[73]: „[...] dann ist es nicht zu verstehen, warum es nicht auch einen *Silingerberg* hat geben können. Wer solche Bedeutungen für unmöglich hält, der hat eben kein Recht, über Ortsnamenforschung zu reden". Wie groß die Vernachlässigung des Flusses und seines Namens bei Vasmer und Brückner war, zeigt die folgende Passage: Man glaubte annehmen zu können,

---

[65] 1991, S. 50.
[66] 1955, S. 37.
[67] *Einige Bildungen der Wz.* si- *'mitto'*, Beiträge zur Kunde der indogermanischen Sprachen 19 (1893), S. 283–284, hier: S. 283, Anm. 3.
[68] *Germanische Völkernamen*, in: Württembergische Vierteljahrshefte für Landesgeschichte. Neue Folge 1892, S. 1–57, hier: S. 32, Anm. 2.
[69] *Sverige. Land och folk*, hg. von H. W. Ahlmann, Bd. 1–3, Stockholm 1966.
[70] *Ritters Geographisch-Statistisches Lexikon*, Bd. 1–2, 10. Aufl., Leipzig 1910.
[71] S. Strandberg: *Studier över sörmländska sjönamn*, Uppsala 1991.
[72] Vasmer II, S. 625.
[73] Ebd., S. 626.

der Bergname stamme von dem Flußnamen. Schon Brückner hat wiederholt auf die große Unwahrscheinlichkeit dieser Theorie hingewiesen, die den großen Berg seinen Namen von dem unbedeutenden Fluß beziehen läßt und annehmen zu dürfen glaubt, das ganze Land Schlesien sei von dem unansehnlichen Fluß benannt.[74]

Es lohnt sich, diesen „unansehnlichen" Fluss in seinen Ausmaßen etwas näher zu betrachten. Zusammen mit seinem rechten Nebenfluss *Mała Ślęza* (*Kleine Lohe*) bildet er zwischen Bystrzyca und Oława mit einer Gesamtlänge von ca. 70 km ein bedeutendes linksseitiges Zuflussgebiet der Oder südlich von Breslau. In der nächsten Umgebung von Breslau ist er neben der Oder eindeutig der wichtigste Wasserlauf und umläuft im Westen und Nordwesten das gesamte Gebiet der Stadt. Stellt man diesen Fluss in seiner Länge deutschen Flüssen gegenüber, so lassen sich damit in etwa vergleichen (ca. 40–90 km): Ahr, Brigach, Lauchert, Günz, Mindel, Zusam, Vils, Traun, Rott, Mattig, Hase, Hunte, Eder, Fulda, Wümme, Rhume, Innerste u. a. m. Handelt es sich auch hier um „unansehnliche" Flüsse? Oder ist man etwa voreingenommen gewesen? Man sollte gewiss nicht die herausragende Lage des *Zobten* übersehen, aber auch nicht den Fluss und damit seinen Namen als möglichen Ursprung der Benennungskette.

Hinzu kommt ein weiteres Argument, dass vor allem von polnischer Seite eingebracht worden ist und seine Berechtigung hat.[75] Es gibt nur außerordentlich wenige Beispiele dafür, dass ein Stammesname zu einem Gewässernamen geworden ist. Vasmers Hinweis auf *Sassenbach* und ähnliches zeigt, dass es sich in den allermeisten Fällen um recht junge Benennungen handelt.

Für die Annahme, dass von dem Gewässernamen auszugehen ist (auf die entscheidende Frage, ob es auch eine überzeugende Etymologie für diesen gibt, werden wir noch kommen), spricht auch die slavische Benennung *Ślęzanie*, tschech. *Slezane*, schon 9./10. Jh. (Bayer. Geograph) *Sleenzane*. Dieser Typus stellt ist im Slavischen nicht nur, aber sehr häufig eine Ableitung von einem Gewässernamen dar. Das gilt auch und gerade für die ältere Zeit. In polnischer Lautung nenne ich *Wiślanie, Wiercanie, Bobrzanie, Wkrzanie, Sprewianie, Połabianie, Nyszanie, Morawianie, Bużanie*. Vielleicht gehört sogar der Name der *Slaven* selbst, poln. *Słowianie*, hierher.[76]

Die deutsche Form *Lohe* hilft uns in diesem Punkt nicht.[77] Offenbar ist weder der alte Name des Berges noch der des Flusses von Slaven an nach Osten einwandernde Deutsche übermittelt worden. Nur im Landschaftsnamen *Schlesien/Śląsk* überlebte die alte Bezeichnung. Hat es sich dabei wirklich so abgespielt, wie A. Brückner es uns in seinem Artikel über *Schlesien* und *Golęsici*[78] glauben machen wollte, die Herleitung des Namens aus der Gewässerbezeichnung müsse daran scheitern, „daß die alte Zeit, wie wir es aus Thietmar wissen, den imposanten Zobten, nicht die unbedeutende Lohe berücksichtigte"? Können wir diesem wirklich folgen? Oder hat A. Brücker nicht vielleicht mit seiner folgenden Passage, die das Unwahrscheinliche dieser Annahme nochmals herausstreicht,

---

[74] Ebd., S. 627.
[75] Vgl. z. B. Rospond 1955, S. 36.
[76] S. etwa Semkowicz, Śląska sowie Rospond 1955, S. 35f.
[77] Zur Deutung dieses Namens s. Schwarz, Schlesien, S. 146; Rospond, SSS, S. 564 (beide ziehen eine slavische Etymologie vor).
[78] *Etymologien*, in: *Slavia* 13 (1934), S. 272–280; hier: S. 277.

ins Schwarze getroffen? Er fährt nämlich fort: „[...] es bleibt der merkwürdige Zufall bestehen, daß ein kleiner Germanenstamm seinen Namen bis in die slavische Zeit rettete, während Namen großer Stämme spurlos schwanden ..." [Unterstreichung von mir, J. U.].

Hat nicht vielleicht eher E. Fraenkel in der knappen Bemerkung „die *Lohe* = *Slęza* aus *Silingia*" die Grundform des Flussnamens richtig erfasst[79] (auch wenn hier wieder der Stammesname als Grundlage angesehen wird)? Folgt man versuchsweise dieser mutmaßlichen Grundform, so wird man sich Gedanken über ein mögliches Suffix -*ing*- machen müssen. Um die germanische Ableitung zu retten, greift man gern zu nordischem Material, so auch E. Schwarz: „Es gibt [...] vor allem im Norden eine Menge von germanischen Flußnamen, die tatsächlich auf -*ing* ausgehen"[80]. Aus slavischer Sicht glaubte W. Semkowicz einwenden zu können, dass die Annahme, der GN hätte ursprünglich *Silinga* geheißen, verfehlt sei, da -*ingi*- auf eine patronymische Bildung weise und in einem Flussnamen nicht begegnen könne.[81]

An dieser Stelle sind die Erkenntnisse aus Untersuchungen an europäischen Flussnamen durch H. Krahe und seine Nachfolger einzufügen. Wir werden sogleich sehen, dass die Einbindung des Flussnamens *Ślęza* in das Netz der alteuropäischen Hydronymie mühelos gelingt. Zuvor möchte ich jedoch diejenigen offenen Fragen, die in diesem Zusammenhang bedeutsam und in den vorliegenden Seiten angeschnitten worden sind, nochmals kurz auflisten.

1. Der Name *Schlesien/Śląsk* bezog sich ursprünglich auf den Zobten und dessen nähere Umgebung. Der Stammesname der *Silingi*, aber auch der der *Sleenzane*, der Name des Landes, des Flusses und des Berges gehen wohl auf einen Ursprung zurück.
2. Die Herleitung aller Namen von dem der *Silingi* überzeugt aus mehreren Gründen nicht. Der Name der *Silingi* selbst ist bisher ungedeutet.
3. Rein lautlich ist allerdings ein Ansatz *Silingi̯ā* durch keinen besseren zu ersetzen. Damit lassen sich sowohl die Ptolemäischen Σιλίγγαι wie polnisch *Śląsk* 'Schlesien' verbinden. Die Deutung muss demnach von einem Ansatz *Sil- (offensichtlich mit Kürze) ausgehen.
4. Gegenüber polnisch *Śląsk* und dessen Grundform *Sьlęzьskъ darf der frühe und wichtige Beleg *Sleenzane*[82] (Bayer. Geograph) doch nicht überbewertet werden.
5. Die Verbindung mit einem angeblich alten slavischen Element *slęg- 'nass, feucht' ist aufzugeben. Die Formen mit -*g*- sind jung.
6. W. Mańczaks Kritik an den beiden bisher vor allem diskutierten Interpretationen ist berechtigt. Seine These von voreinzelsprachlicher Herkunft des Namens *Schlesiens* würde man gern folgen; nur wurde auch von ihm kein überzeugender Vorschlag vorgelegt.
7. Alte topographische Bezeichnungen sind fast nie von Stammesnamen abgeleitet.

---

[79] F. Solmsen/E. Fraenkel: *Indogermanische Eigennamen als Spiegel der Kulturgeschichte*, Heidelberg 1922, S. 38.
[80] Schwarz, Schlesien, S. 146.
[81] Semkowicz, Śląska, S. 14.
[82] Der auf einen Anlaut *Sl- zu weisen scheint.

8. Der Flussname wurde auf deutscher Seite entschieden vernachlässigt. Für die Herleitung vom Gewässernamen spricht auch die slavische Bildung Ślężanie, tschech. Slezane.
9. Die „unbedeutende" Lohe/Ślęza gehört mit ca. 70 km Länge zu den größeren Flüssen im Odergebiet.
10. Das Suffix -ing- muss aus der Gewässernamengebung heraus betrachtet werden. Eine Beziehung zum baltischen -ing-Suffix hat E. Kucharski erwogen. Zur Kenntnis genommen wurde sein Vorschlag nicht.

In Anbetracht der Lage und Bedeutung Schlesiens im Spannungsfeld zwischen Deutschen, Polen und Tschechen und der wechselvollen Geschichte seiner Besiedlung ist innerhalb der Namenlandschaft mit erheblichen Verschiebungen zu rechnen. Die historische Siedlungsabfolge hat auf verschiedene Namenschichten gewirkt, man denke an die voreinzelsprachlichen Gewässernamen, die auf eine indogermanisch-alteuropäische Namengebung weisen, an den frühen germanischen Einfluss, der nicht auszuschließen ist, an die Übernahme durch slavische Einwanderer, an den eindeutig nachweisbaren tschechischen Einfluss, an die Eindeutschung durch Siedler aus dem Westen und an das ständig vorhandene slavische Element. Es dürfte im Einzelnen nicht mehr möglich sein, alle Beziehungen oder gegenseitigen Beeinflussungen heute noch zweifelsfrei ermitteln zu können. Wenn man weiter bedenkt, dass in unserem Fall ein Stammesname, ein Flussname, ein Bergname und ein daraus entstehender Gebietsname in fast ständigem Kontakt miteinander verwendet und verändert wurden, so halte ich es für ausgeschlossen, anhand von Materialien aus dem 16. Jahrhundert Lautungen ermitteln zu wollen, die vor fast 2000 Jahren bestanden haben sollen. Aus diesem Grund halte ich auch Mańczaks Argumente[83] für nicht überzeugend.

Wie problematisch die gegenseitige Beeinflussung zweier Namen schon in historischer Zeit sein kann, lässt sich anhand eines mutmaßlichen -ing-Namens, nämlich des Sollings in Südniedersachsen, dank der sorgfältigen Analyse durch W. Kramer[84] gut nachvollziehen. Das Verhältnis zwischen Solling und dem Ortsnamen Sohlingen ist gekennzeichnet durch einen ständigen Austausch und durch fortwährende gegenseitige Beeinflussung. Eine „Übersicht über die Leitformen" beider Namen[85] macht dieses besonders deutlich. Um wieviel schwieriger ist noch der Versuch, in einem Grenzbereich in vorhistorische Zeit vorzudringen und Grundformen für Berg-, Stammes-, Fluss- und Landesnamen ermitteln zu wollen! Was uns allenfalls gelingen kann, ist die ungefähre Bestimmung des zugrundeliegenden Elements. Dieses wird – nach allem, was hier zusammengetragen wurde – am ehesten der Name des Flusses sein. Ihn gilt es, einer näheren Prüfung zu unterziehen. Dabei ist die heutige amtliche polnische Schreibung Ślęza nicht verwertbar; sie entstand erst nach 1945 auf Grund einer Empfehlung der Komisja Ustalania Nazw Miejscowych.[86]

Die mit dem Berg-, Stammes- und Landesnamen verbundenen Deutungsprobleme lösen sich vollständig auf, wenn man von dem Flussnamen mit einer durchaus überzeu-

---

[83] Mańczak 1991.
[84] *Der Name* Solling. *Mit einer Bemerkung zu den südniedersächsischen* -ingen-*Namen*, in: *Beiträge zu Namenforschung. Neue Folge* 6 (1971), S. 130–150.
[85] Ebd., S. 146.
[86] Mańczak 1967, S. 362.

genden Grundform *Sĭlingi̯ā ausgeht. Eigentlich ist es sogar verwunderlich, dass man diesen relativ leicht zu beschreitenden Weg bisher nicht gegangen ist. Es genügt, den Blick von Schlesien abzuwenden und in Europa nach einer „Wasserwurzel" *sil- zu suchen.

Schon bald stößt man auf den Beitrag von H. Krahe, *Einige Gruppen älterer Gewässernamen, 1. Namen mit Sil-*[87], französisches Material hat L.-F. Flutre bereitgestellt[88], und schon vor dem Zweiten Weltkrieg hat J. Pokorny einige Namen zu einer Wurzel *Sil-* gezogen[89]. Im Folgenden gebe ich eine Auflistung der inzwischen bekannt gewordenen Namen. Der Wurzel entsprechend handelt es sich fast ausschließlich um Gewässernamen.

An erster Stelle sind nicht erweiterte Formen zu nennen, die – der alteuropäischen Hydronymie entsprechend – mit -os oder -a gebildet sind. Man vergleiche: *Sil*, Flussname in Galicien, ist nach J. Pokorny[90] „aus *Sîl-*" entstanden und mit ags. *sioloþ* 'Meer', anord. *sil* 'stilles Wasser' u. a. m. zu verbinden; *Sihl*, Zufluss der Limmat in Zürich, 1018 *fluvius Sylaha*, 1217 *Altsila* usw., dazu auch Flurname *Sihlalp*, 1018 *id est alpem Syla vocatam* usf., s. die ausführliche Darstellung bei A. Greule[91]: „*Sila* gehört zu irisch *silid* 'tröpfelt, fließt' (Pokorny)"; *Sila*, vorgermanischer Name der Reuss, lebt fort im Ortsnamen *Silenen* im Urner Reusstal, 857 *Silana* usw., nach A. Greule, a. a. O., S. 147f. ist die Grundform für den Fluss als *Sila*, für das Tal als *Silāna* anzusetzen; man beachte weiter 1322 *Sela*, Flussname in Portugal (?), < *Sila* (mit Kürze in der Wurzelsilbe)[92]; *Sila*, seit 1195 belegt, Ausfluss des Lago di Pinè, Grundform *Sîla*[93]; *Sile*, Fluss in Venetien, alt (Plinius, Geograph von Ravenna u. a.) *Silis*, *Sile*[94]; 956–74 *rivulum Silo*, „wahrscheinlich im Dép. Haute-Loire"[95]; *Le Syl*, 1090 *Sil*, Fluss bei Lavau, Dép. Loire-Inf.[96]; *Sil*, 11./12. Jh. *ad flumen Silum*, l. Zufluss d. Minho (Galizien), auf *Sîl* oder evtl. *Silos* zurückzuführen[97]; *Sila* (mit Kürze) in *la Selle*, Zufluss der Somme und des Escaut, auch *la Selle de Beauvoisin*, Fluss im Dép. Hautes-Alpes[98].

Hier angeschlossen werden kann auch der Flussname *Hyle* in Essex, 958 (K. 12. Jh.) *(innán, andlang) Hile, (andlang) ealdan Hilæ*, ca. 1250 (K. 15. Jh.) *Hyle* usw., davon abgeleitet ist der Ortsname *Ilford*, 1086 *Illefort* usw. Nach E. Ekwall[99] ist ein Ansatz *Silgut möglich, so dass eine Verbindung zu *Sile* (Italien), bei Plinius *Silis*, usw. hergestellt werden kann. Wörtlich heißt es: „The exact base is found in Ir *silim* 'drop, distil, sow, spit', W *hil* 'seed'"[100].

---

[87] Krahe 1965, S. 221–222.
[88] *Recherches sur les Éléments prégaulois dans la toponymie de la Lozère*, Paris 1957. Darin: *Sîl-/*Sil-, thème de noms de rivières*, S. 249–250.
[89] J. Pokorny: *Zur Urgeschichte der Kelten und Illyrier*, Sonderdruck Halle 1938, S. 170.
[90] Ebd.
[91] Greule, S. 150ff.
[92] Flutre, S. 249.
[93] Greule, S. 151; Flutre, a. a. O.
[94] Krahe 1964, S. 8; ders., 1965, S. 221; Greule, S. 151.
[95] Greule, ebd.
[96] Ebd.; Flutre, S. 249.
[97] Greule, a. a. O.; Flutre, a. a. O.; Krahe 1964, S. 8; ders., 1965, S.221 und 222, Anm. 3.
[98] Flutre, S. 249.
[99] *English River-Names*, Oxford 1968, S. 206f.
[100] Ebd., S. 207.

Schließlich sind noch zu nennen *Sylys*, Seename in Litauen, offenbar mit Länge in der Wurzelsilbe[101], und auch die mit dem baltischen Wasserwort *upe, upis* komponierten Namen *Sìlupis, Sylupis* in Litauen, sowie und *Silupç, Silupîte*, Gewässername in Lettland[102].

Auch Bildungen mit dem Formans *-i̯os/-i̯a* fehlen nicht: **Silius*, jetzt *Sillo*, Fluss in Huelva (Andalusien) und in Badajoz (Westspanien); **Silius*, jetzt *Selho*, 926 *Selio*, Gewässername bei Guimarães, enthält Kürze in der Wurzelsilbe wie auch **Silia*, jetzt *Sella*, 926 *Seliam*, Fluss in Asturien, ebenso **Siliôn-*, 933–67 *rivo que vocitant Selione*, Prov. Santander, Nordspanien[103].

Bei der Behandlung der Flussnamen des Bodensee- und Oberrheingebietes hatte A. Greule (op. cit., S. 152) noch an sicherer Zugehörigkeit zur alteuropäischen Schicht gezweifelt: „Nichts steht im Wege, die beiden schweizer. FlNN. *Sila/Sihl* und **Sila/Reuß* auf Grund von mir. *silid* als kelt. FlNN. anzusprechen, wobei *Sila* einen alteurop. Typus repräsentieren kann". Ich möchte dieses – wegen der baltischen Entsprechungen und nicht zuletzt aufgrund des noch folgenden Materials – bezweifeln. Darunter befinden sich nämlich auch Bildungen, die aus einer Einzelsprache heraus nicht erklärt werden können.

Etwas unsicher sind zwar *-m*-Bildungen, aber sie dürfen dennoch nicht ganz übergangen werden. Notiert habe ich *Siaume*, Flussname im Dép. Haute-Loire, 1359 *Silma*, 1504 *Sialma*, nach A. Dauzat, G. Deslandes und Ch. Rostaing[104] 'obscur'. Vielleicht gibt es dazu eine Entsprechung im Seenamen *Silm See* im unteren Weichsel-Gebiet[105], aber die Überlieferung ist sehr schwankend (*Silben, Silven*).

Weitaus besser steht es um die *-n*-Bildungen. Hier ist vor allem osteuropäisches Material zu nennen, was durchaus mit bisherigen Erkenntnissen über die Streuung dieses Bildungselementes in der alten Hydronymie korrespondiert.[106] Zu nennen sind hier *Silenka*, Fluss im Gebiet des Sož', auch Flussnamen im Desna-Gebiet[107] und *Silinka*, Flussname im Gebiet von Wolga und Oka[108].

Besondere Aufmerksamkeit wandte man dem Nebenfluss des Narew *Ślina*, 1533 *Slina*, zu[109]. In ihm sahen Toporov-Trubačev, S. 207 wohl mit Recht eine Grundform **Silina*, wobei von Kürze in der Wurzelsilbe auszugehen ist. Weitere im slavischen Gebiet liegende Gewässernamen wie *Silna* usw. werden hier wahrscheinlich anzuschließen sein. Da aber eine sichere Trennung von slav. *sila, silny* 'Kraft, Stärke, stark' nicht erreicht werden kann und immer wieder auf (angeblichen) Wasserreichtum oder starke Strömung

---

[101] M. Biolik, *Hydronimia dorzecza Pregoły z terenu hydronimia Polski*, Olsztyn 1987, S. 207 nach Vanagas, LHEŽ, S. 298.

[102] Greule, S. 151; Krahe 1964, S. 8; Vanagas, LHEŽ, S. 298, z. T. nach J. Endzelin, der noch in *Die lettländischen Gewässernamen*, in: *Zeitschrift für Slavische Philologie* 11 (1934), S. 112–150, hier: S. 123 an das bekannte baltische Heide- und Forstwort dachte; nach Vanagas und Krahe kann aber auch und vielleicht besser die europäische Sippe um *Sil-* herangezogen werden.

[103] Greule, S. 151; Flutre, S. 249.

[104] *Dictionnaire étymologique des noms de rivières et de montagnes en France*, Paris 1978, S. 84.

[105] *Hydronimia Wisły*, Teil 1, Wrocław usw. 1965, Nr. 752.

[106] Vgl. Udolph, Stellung, S. 320ff.

[107] Toporov-Trubačev, S. 207.

[108] Wurde von V. V. Sedov: *Baltskaja gidronimika Volgo-Okskogo meždureč'ja*, in: *Podmoskov'e*, Moskva 1971, S. 99–113, für baltisch gehalten.

[109] *Iura Masoviae terrestria*, Bd. 3, Warszawa 1974, S. 92.

Bezug genommen wird, habe ich auf eine Auflistung verzichtet. Genannt werden muss aber noch der Gewässername *Silynç* in Litauen[110].

Unsicher ist ein Ansatz **Silina* für einen bei Plinius erwähnten Namen zwischen Irland und Britannien[111], der hier einen guten Anschluss finden würde.

Von besonderer Bedeutung sind die viel zitierten *-nt-*Bildungen in der alteuropäischen Hydronymie. An erster Stelle ist hier der Name der *Schlenze* in Thüringen, eines linken Nebenflusses der Saale, zu nennen. Allerdings bauen alle bisherigen Deutungen[112] auf einem ziemlich unsicheren Beleg auf[113], so dass man große Vorsicht bei der Heranziehung walten lassen sollte[114].

In einem ganz anderen Landstrich ist dagegen vielleicht eine andere, sicherere *-nt-*Bildung aufgetaucht. Es geht um den Namen eines der größten Flüsse der Ukraine, den *Sluč'*, der häufig mit slavischem Material verbunden worden ist, aber m. E. weitaus überzeugender als **Sъločь* aufgefasst und auf **Silantios* zurückgeführt werden kann.[115]

Weiterhin kann die Grundform **Silantios* auch gefunden werden in dem Namen eines Baches bei dem Ort *Mała Słońca*, dt. *Klein Schlantz;* die alten Belege 1248 *castrum meum Slanciam*, 1280 *villa Slancza* usw. weisen nach H. Górnowicz, S. 33 mit dem Suffix *-ja* auf eine Wurzel **sleng-/*slenk-* 'feucht, nass, schlüpfrig, glatt', die rekonstruierte Form **Ślęǵza* ist seines Erachtens „vielleicht vorslavisch, die lautliche Entwicklung slavisch". Für E. Rzetelska-Feleszko und J. Duma[116] blieb der Name unklar, eine Herleitung aus **Sīlantjos* habe ich schon an anderer Stelle unterbreitet.[117]

Eine weitere starke Stütze der Hydronymie sind *-r-*Bildungen. Auch sie sind nachweisbar: *Sele*, Gewäsername in Campanien, alt *Silarus* usw.[118], zur Deutung s. J. Pokorny, Urgeschichte, S. 170 (enthält Kürze); *Sillaro*, Nebenfluss des Reno, alt *Sîlarus*, Tab. Peut. *fl. Silarum; Silarum fl.*[119]; venetisch *Sîlis*, ligurisch *Sîlarus*, Nebenfluss des Po in der Aemilia, gehört nach J. Pokorny, Urgeschichte, S. 170 zu ags. *siolop* 'Meer', anord. *sil* 'stilles Wasser'; *Célé*, Var. *Celès*, 818 *fluvio Celeris*, 844 *fluvium Celeris*, 972 *super*

---

[110] Vanagas, LHEŽ, S. 298.

[111] A. L. F. Rivet/C. Smith: *The Place-Names of Roman Britain*, Princeton, N. J., 1979, S. 457ff.

[112] Vasmer II, S. 627f.; E. Ulbricht: *Das Flußgebiet der Thüringischen Saale*, Halle 1957, S. 240; Krahe 1964, S. 8; ders. 1965, S. 221; Greule, S. 151.

[113] „Ohne Jahr und Quellenangabe bei Fr. Günther, Der Harz, Hannover 1888, S. 34" (s. Ulbricht, a. a. O.).

[114] Darauf weist auch Schlimpert, S. 115, hin: „ohne alte sichere Belege".

[115] J. Udolph: *Gewässernamen der Ukraine und ihre Bedeutung für die Urheimat der Slaven*, in: *Slavistische Studien zum IX. Internationalen Slavistenkongreß in Kiev*, Köln – Wien 1983, S. 579–595, hier: S. 591f.

[116] *Nazwy rzeczne Pomorza między dolną Wisłą a dolną Odrą*, Wrocław usw. 1977, S. 109.

[117] S. J. Udolph: *Zu neuen Arbeiten der polnischen Namenforschung*, in: *Zeitschrift für Ostforschung* 30 (1981), S. 75–95, hier: S. 92 mit Vergleich zum *Sluč'*, aber unkorrektem Ansatz **Sūlotis* < **Silantis*.

[118] Eine ausführliche Behandlung der Überlieferung bietet Rix, Bausteine, S. 112f.; zur Deutung s. Greule, S. 151; Krahe 1964, S. 8; ders. 1965, S. 221.

[119] Nach Nissen I, S. 192, II, S. 259; Miller, S. 388 u. a., s. Rix, Bausteine, S. 31; A. Schmid: *Die ältesten Namenschichten im Stromgebiet des Neckar (Fortsetzung)*, in: *Beiträge zur Namenforschung* 13 (1962), S. 53–69, hier: S. 58; Greule, S. 151; Flutre, S. 249; Krahe 1964, S. 8; ders. 1965, S. 221.

Der Name *Schlesien* 313

alveum Sileris, 1456 *aqua Sileris*, 1470 *Celé*, enthält kurzes *-i-*[120]; 1153 *focem de Selir*, 1183 *Selyr sicut intrat in mare*, Flussname in Portugal (?), enthält kurzes *-i-*[121]. Der Stammesname der *Silures* (Plinius, Tacitus, Ptolemäus usw.)[122] bleibt wohl fern.

Auffällig ist die bei diesen *-r-*Ableitungen die Kürze des Wurzelvokals. Sie entspricht aber vollkommen der indogermanischen Wortbildung und weist die Namen damit eher einer voreinzelsprachlichen Schicht zu.

An *-s-*Bildungen ist nur bekannt *Silisia*, Nebenfluss der Meduna (zur Livenza), südlich von Ampezzo.[123]

Eine bisher unbeachtete *-u̯-*Bildung darf vermutet werden in *Selwa*, Ortsname bei Allenstein/Olsztyn, 1402–08 *Silwen*, auch Seename *Silwa*, heute *Lemańskie Jezioro*, 1402–08 *Silwen*, später *Silben* usw. Der Ortsname basiert auf einem preußischen Seenamen, die deutschen und polnischen Varianten *Selwa* weisen aber eher auf eine Grundform **Sil(u)vā* mit dem Suffix *-uw-*[124].

Neben diesen eher alteuropäischen Bildungen sind vor allem im germanischen und baltischen Bereich Namen belegt, die darauf verweisen, dass die zugrundeliegende Wurzel bis in die Ausbildung der einzelnen indogermanischen Dialekte produktiv gewesen ist. In aller Kürze nenne ich hier *Sielbek*, Flussname in Schleswig-Holstein, entsprechende Bildungen finden sich auch in anderen Teilen Deutschlands; *Silaaen* (→ Grenfjeldaaen) in Norwegen, und *Silen*, schwedischer Seename, zu schwed. *sîla* 'langsam strömen' [125].

Problematisch sind Ortsnamen aus Deutschland wie *Seel, Söhl, Sielen, Siliburin, Silihem, Silehurst, Silehusen*, auch *Silinga (via)* bei Oudenburg (Westflandern)[126]. Es fällt schwer, bei allen an das Wasserwort *sil-* zu denken, bei einigen wird man aber kaum eine bessere Lösung finden, so wohl auch nicht bei den hochaltertümlichen germanischen Bildungen *Silithi* in *Sylda* und *Siele*[127].

Aus dem Baltischen gehören hierher *Seiliupis, Seĩlė, Seilinė*[128].

Die hier angesprochenen Namen finden eine sichere Erklärung in der Zuordnung zu der indogermanischen Wurzel **sil-*/**sîl-*. Sie liegt u. a. vor in „ags. *seoloþ* 'See', anord. *sîl* 'ruhiger Flussabschnitt', schwed. dial. *sel* 'ruhig fließendes Wasser in einem Fluß', lit. *seilė* 'Speichel, Geifer'"[129]. Wohl mit Recht betrachten J. U. Hubschmied und J. Po-

---

[120] Flutre, S. 249; A. Dauzat/G. Deslandes/Ch. Rostaing: *Dictionnaire étymologique des noms de rivières et de montagnes en France*, Paris 1978, S. 34; Greule, S. 151.

[121] Flutre, a. a. O.

[122] Vgl. Rivet/Smith, op. cit., S. 459ff.

[123] Greule, S. 151; Flutre, S. 249; A. Schmid, BNF. 13 (1962), S. 58; Krahe 1964, S. 8; ders. 1965, S. 221.

[124] Zum gesamten Komplex vgl. R. Przybytek: *Ortsnamen baltischer Herkunft im südlichen Teil Ostpreußens* (= Hydronymia Europaea, Sonderband), Stuttgart 1993, S. 261.

[125] S. G. Kvaran Yngvason: *Untersuchungen zu den Gewässernamen in Jütland und Schleswig-Holstein*, Diss., Göttingen 1981, S. 13; E. Förstemann: *Altdeutsches Namenbuch*, Bd. 2, Teil 2, Bonn 1916, S. 729.

[126] S. Förstemann, a. a. O., S. 729f.

[127] S. dazu J. Udolph: *Die Ortsnamen auf -ithi*, in: *Probleme der älteren Namenschichten*, Heidelberg 1991, S. 113, 115.

[128] S. Vanagas, LHEŽ, S. 293.

[129] Greule, S. 151 nach Pokorny, IEW, S. 889 und Krahe 1965, S. 222.

korny „*sil-/*sîl-, *seil-* als eine durch *l* determinierte Erweiterung der idg. Wz. **sei-* : **soi-* : **sēi-* : **si-/*sī-* 'tröpfeln, rinnen, feucht'"[130]. Neben der Erweiterung mit *-l-* schließt A. Greule[131] mit Berechtigung an[132]: **sei-* + *-u-* z. B. in got. *saiws*, dt. *See* usw.[133], **sei-* + *-r-* in baltischen Namen, **sei-* + *-m-* in ahd. *seim*, dt. *Honigseim* usw., ablautend in aisl. *simi* 'Meer', mit Gewässernamen *Simmer* u. a., **sei-* + *-n-* in verschiedenen Namen, so in *Sejna*, *Simbs*, *Sena* u. a. m., **sei-* + *-p-/-b-* in etlichen indogermanischen Sprachen (s. Pokorny, IEW, S. 894); **sei-* + *-d(h)-* in *Sitter* (s. Greule, § 2.30); **sei-* + k^w in idg. **seik^w-* 'ausgießen, seihen, rinnen', auch in *Seine*, alt *Sequana*; **sei-* + *s* in *Sissle*, s. Greule, § 2.29. Es gibt kaum Wortgruppen, die besser in den indogermanischen Bestand eingefügt werden können.

Es bleibt nun nur noch die Frage, ob hier auch ein Ansatz **Siling-* angereiht werden kann. Wie oben ausführlich behandelt wurde, ist dieser für den linken Nebenfluss der Oder *Ślęza* wahrscheinlich zu machen. Es kann nun nicht ganz ausgeschlossen werden, dass hier auch der schwedische See- und Ortsname *Silinge(n)* hinzugestellt werden kann, allerdings wird man in diesem Fall eher an eine einzelsprachliche, germanische Bildung denken dürfen, denn sowohl Basis wie Suffix sind im Germanischen lange produktiv gewesen. Bezeichnenderweise hat Hellquist bei der ausführlichen Behandlung der Seenamen *Silinge* (zwei Namen im Villattinge härad bzw. Oppunda härad, Södermanland, 1399 *Silinge*) z. T. eine Ableitung von einem Ortsnamen angenommen, aber auch an eine Verbindung zu derselben Basis wie bei den schwedischen Seenamen *Silen*, *Sillen* u. a. gedacht.[134] Dabei fällt an dieser Stelle bei Hellquist kein Hinweis auf den Namen *Schlesien*.

Es kann weiter auch nicht ganz ausgeschlossen werden, dass ein Ansatz *Siling-* auch für einen Namen in Ostpreußen anzusetzen ist. Es geht dabei um den Seenamen *Jezioro Szeląg Wielki*, dt. *Schilling*, bei Ostróda/Osterode, 1324 *Schilling*, 1327 *an den sehe Schilling* usw., dort auch Seename *Szeląg Mały*, 1477 *clein Schilling genant* usw.[135], auch Ortsname *Szelągowo*, dt. *Schillings*, 1340–48 *ad villam ... Schilingam* usw.[136], den M. Biolik als preußischen Namen zu einer Grundform * *Sīlings* auffasst und mit lit. *šìlas* 'Heide, Wald' verbindet. Andere Deutungsmöglichkeiten können bei R. Przybytek (s. Anm. 135) eingesehen werden.

Zwar bleiben sowohl die schwedischen wie die ostpreußischen Beispiele unsicher, kein Zweifel kann jedoch darin bestehen, dass die schlesische *Ślęza* auf *Sīlingia zurückgeführt werden kann und ein Anschluss die oben genannte „Wasserwurzel" **sil-* die größte Wahrscheinlichkeit für sich hat. Allerdings verlangt die Wortbildung des Namens noch einen kurzen Kommentar.

In H. Krahes Konzeption der alteuropäischen Hydronymie war für das Suffix *-(i)ng-* noch kein Platz. Gerade Osteuropa bietet dazu aber wichtiges Material. Vor allem im

---

[130] Greule, a. a. O.
[131] Ebd., S. 151f.
[132] Ich fasse mich im Folgenden sehr kurz.
[133] Dazu s. jetzt W. P. Schmid: *Nhd.* See *und Alteuropa*, in: *Corolla Iranica*, Frankfurt/Main usw. 1991, S. 151–156.
[134] Hellquist, sjönamnen, S. 527ff., mit Hinweis auf den Flussnamen *Silaha* (s. o.).
[135] M. Biolik: *Hydronimia górnej Drwęcy od Jeziora Drwęckiego do Kanału Elbląskiego*, in: *Onomastica* 32 (1988), S. 85–107, hier: S. 89.
[136] Przybytek, op. cit., S. 289.

Baltischen ist es als hydronymisches Bildungselement sehr beliebt, man vergleiche die Angaben bei G. Gerullis[137], F. Daubaras[138], A. Vanagas[139] und Udolph, Stellung, S. 322. Aber auch außerhalb des sicher baltischen Sprachgebietes gibt es wichtige Zeugen in der Hydronymie. Ich nenne abschließend in aller Kürze: *Leut-ing-iā > Luciąża/Luciążna, *Lûtingios > Lautensee, *L(o)upingiā > Łupięża, Lupenze, Stollensen, Tollense, Strwiąż sowie aus Deutschland Mömling/Mümling < *Nemaninga[140].

Hier kann der schlesische Flussname Ślęza < *Sil-ing-ia mühelos angeschlossen werden. Er lässt sich somit von der Wurzel her gut in die alteuropäische Hydronymie einpassen, während sein Suffix auf eine engere Verbindung zur osteuropäischen Namengebung weist, was angesichts seiner Lage nur zu begreiflich ist.

Die Frage, ob der Name Schlesien slavischer oder germanischer Herkunft ist, löst sich m. E. dahingehend auf, dass keiner der beiden Vorschläge akzeptiert werden kann. Der zugrundeliegende Flussname Ślęza entstand vor der Herausbildung der beiden großen indogermanischen Dialektgruppen. Er ist weder germanischer noch slavischer Herkunft, sondern gehört der alteuropäischen Hydronymie an.

Eine letzte Bemerkung soll der Streuung der mit Ślęza < *Silingia verwandten voreinzelsprachlichen Namen gewidmet sein. Neben Häufungen in Frankreich ließen sich vor allem in Norditalien verwandte Hydronyme nachweisen. Dieses deckt sich recht gut mit denjenigen Ergebnissen, die bei der Untersuchung der alteuropäischen Bestandteile Polens und deren Beziehungen zu anderen Gebieten Europas erzielt werden konnten:[141] man denke an das Nebeneinander von Cybina – Tiber, Ełk/Lyck – Livenza, Ner/Nurzec – Nure, Noteć – Natisone/Natissa, Oder – Adria, Stoła – Stiluppe, Stilums und an die Liste von Übereinstimmungen zwischen dem Baltikum und der Adria,[142] die gelegentlich im polnischen Sprachgebiet Stützen in Gewässer- und Ortsnamen finden. Diese und andere Gemeinsamkeiten wie etwa Małapanew – lat. pandus[143] sowie die Verbindungen zwischen dem Ortsnamen Wien und polnischem Material[144] passen bestens zu der hier ermittelten Verflechtung zwischen der Ślęza und den norditalienischen Flussnamen Sila < *Sîla; Sile, alt Silis, Sile; Sillaro; Sîlis/Sîlarus und Silisia. Auch in diesem Punkt lässt sich somit der Flussname Ślęza (und damit der meines Erachtens davon abgeleitete Name Schlesien[145]) bestens in die (alt)europäische Namenlandschaft einbetten.

---

[137] Die altpreußischen Ortsnamen, Berlin – Leipzig 1922, S. 247.
[138] Priesagos -ng- Prūsų hidronimai, in: Baltistica 17:1 (1981), S. 84–91.
[139] Lietuvos TSR hidronimų daryba, Vilnius 1970, S. 168f.
[140] Udolph, Stellung, S. 322 mit Hinweis auf die Literatur.
[141] Udolph, Stellung, hier speziell S. 335f.
[142] H. Krahe, Vorgeschichtliche Sprachbeziehungen von den baltischen Ostseeländern bis zu den Gebieten um den Nordteil der Adria, Mainz – Wiesbaden 1957 (Versuch einer Kartierung: Udolph, Stellung, S. 43).
[143] J. Udolph: Mała Panew/Malapane, in: Onomastyka, historia języka, dialektologia [= Gedenkschrift für H. Borek], in: Zeszyty Naukowe Wyższej Szkoły Pedagogicznej w Opolu, Językoznawstwo XIII, Opole 1991, S. 307–312.
[144] Neues zur Etymologie des Namens Wien, in: Österreichische Namenforschung 13:1 (1985), S. 81–97.
[145] Auf den Flussnamen gehen meines Erachtens auch der Stammesname Silingi wie auch der des Berges zurück.

Abgekürzt verwendete Literatur

CDS = *Codex diplomaticus Silesiae*, Bd. 1–36, Breslau 1857–1933.
Codex Masoviae = *Codex diplomaticus et commemmorationum Masoviae generalis*, Bd. 1, Varsoviae 1919.
Flutre = L.-F. Flutre: *Recherches sur les Éléments prégaulois dans la toponymie de la Lozère*, Paris 1957.
Górnowicz = H. Górnowicz: *Gewässernamen im Flußgebiet der unteren Weichsel* (= Hydronymia Europaea 1), Wiesbaden – Stuttgart 1985.
Greule = A. Greule: *Vor- und frühgermanische Flußnamen am Oberrhein*, Heidelberg 1973.
HE = *Hydronymia Europaea*, hg. von W. P. Schmid, Bd. 1ff., Wiesbaden – Stuttgart 1985ff.
Hellquist, sjönamnen = E. Hellquist: *Studier öfver de svenska sjönamnen*, Stockholm 1903–1906.
Hellquist, ortnamnen = *Om de svenska ortnamnen på -inge, -unge, ock -unga* (= Göteborgs Högskolas Årsskrift 11), Göteborg 1905.
Krahe 1964 = H. Krahe: *Über einige Flußnamenkomposita auf alteuropäischer Grundlage*, in: *Beiträge zu Namenforschung* 15 (1964), S. 1–10.
Krahe 1965 = H. Krahe: *Einige Gruppen älterer Gewässernamen. 1. Namen mit Sil-*, in: *Beiträge zu Namenforschung* 16 (1965), S. 221–229.
Mańczak 1991 = W. Mańczak: *La Silésie et les Σιλίγγαι*, in: *Onomastica* 36 (1991), S. 47–54.
Mańczak 1967 = W. Mańczak: *O etymologii nazwy Śląska*, in: *Onomastica* 12 (1967), S. 362–365.
Pokorny, IEW = J. Pokorny: *Indogermanisches etymologisches Wörterbuch*, Bd. 1, Bern – Frankfurt 1959.
Pokorny, Urgeschichte = J. Pokorny: *Zur Urgeschichte der Kelten und Illyrier*, Sonderdruck Halle 1938.
Rix, Bausteine = H. Rix: *Bausteine zu einer Hydronymie Alt-Italiens*, Diss., Heidelberg 1950.
Rospond 1955 = S. Rospond: *Ślęza i jej derywaty*, in: *Onomastica* 1 (1955), S. 7–40.
Rospond, SSS = S. Rospond: *Słownik Starożytności Słowiańskich* IV, Kraków 1972.
Schles. UB = *Schlesisches Urkundenbuch*, Bd. 1–4, (Wien) – Köln – (Graz) 1963–1988.
Schlimpert = G. Schlimpert: *Die Ortsnamen des Kreises Jüterbog-Luckenwalde*, Weimar 1991.
Schwarz, Schlesien = E. Schwarz: Nimptsch, Zobten, Lohe *und* Schlesien, in: *Schlesien. Kunst – Wissenschaft – Volkskunde. Vierteljahrsschrift* Jg. 1961, S. 134–149.
Schwarz, Namenforschung = E. Schwarz: *Zur Namenforschung und Siedlungsgeschichte in den Sudetenländern*, Nachdruck Hildesheim 1975.
Semkowicz, Śląska = W. Semkowicz: *Historyczno-geogrficzne podstawy Śląska*, in: *Historia Śląska*, Bd. I, Kraków 1933, S. 1–16.
SSS = *Słownik starożytności słowiańskich*, Bd. 1ff., Wrocław usw. 1961ff.
Udolph, Stellung = J. Udolph: *Die Stellung der Gewässernamen Polens innerhalb der alteuropäischen Hydronymie*, Heidelberg 1990.
Udolph, Studien = J. Udolph: *Studien zu slavischen Gewässernamen und Gewässerbezeichnungen. Ein Beitrag zur Frage nach der Urheimat der Slaven*, Heidelberg 1979.
Toporov-Trubačev = V. N. Toporov/O. N. Trubačev: *Lingvističeskij analiz gidronimov Verchnego Podneprov'ja*, Moskva 1962.
Vanagas, LHEŽ = A. Vanagas: *Lietuviṗ hidronimṗ etimologinis žodynas*, Vilnius 1981.
Vasmer I = M. Vasmer: *Russisches Etymologisches Wörterbuch*, Bd. I, Heidelberg 1953.
Vasmer II = M. Vasmer: *Russisches Etymologisches Wörterbuch*, Bd. II, Heidelberg 1955.

IV
Baltisch, Slavisch und Indogermanisch

Die Bedeutung des Baltischen für die niedersächsische Ortsnamenforschung[*]

Gemeinsam mit Kirstin Casemir

Dass zwischen dem Baltischen und Germanischen engere sprachliche Beziehungen bestehen, ist namentlich seit den Arbeiten von Wolfgang P. Schmid bekannt und anerkannt. Zu nennen sind hier insbesondere Beiträge,[1] in dem detailliert baltisch-germanische Gemeinsamkeiten in der Bildung des Verbums, der Morphologie (doppelte Adjektivflexion u. Ä.), dem Pronominalsystem usw. gegenüber den anderen indogermanischen Sprachen dargestellt werden. Ebenfalls W. P. Schmid ist es zu verdanken, dass die zentrale Position der baltischen Sprachen innerhalb der alteuropäischen Hydronymie erkannt wurde.[2] Zahlreiche Arbeiten von W. P. Schmid und Jürgen Udolph[3] zeigen darüber hinaus, dass sich auch und gerade im Bereich der alteuropäischen Hydronymie die im nichtonomastischen Bereich festgestellten engen Beziehungen zwischen dem Baltischen und Germanischen bestätigen und festigen lassen. Jüngst wurde von J. Udolph die Frage *Baltisches in Niedersachsen?*[4] aufgeworfen, also die Betrachtung auf einen kleineren Raum beschränkt. Zudem lag das Augenmerk nicht auf Hydronymen, sondern Toponymen. Toponyme oder im engeren Sinne Ortsnamen gelten gegenüber Hydronymen[5] in der Regel als deutlich jüngere und vor allem einzelsprachliche Namensschicht. Insofern ist sein Resümee bemerkenswert:

> Auffällig ist dabei allerdings, daß sich die Gemeinsamkeiten nicht nur auf die Hydronymie beziehen, sondern auch die Toponymie betroffen ist. Der Grund für diese auffällige Erscheinung mag in der besonderen Position des niedersächsischen Raumes innerhalb der Germania liegen, ein Phänomen, das in Ansätzen schon behandelt wurde, das aber noch weiterer intensiver Aufarbeitung bedarf.[6]

Das 1998 begründete *Niedersächsische Ortsnamenbuch* (NOB), von dem bislang vier Bände erschienen sind,[7] hat sich die sukzessive Aufarbeitung aller niedersächsischen Land-

---

[*] Erstmals erschienen in: *Baltų onomastikos tyrimai. Aleksadrui Vanagui atminti*, hg. von Laimutis Bilkis, Vilnius 2006, S. 114–136.
[1] Schmid 1986, S. 155–167; 1986b, S. 711–721; 1989, S. 241–250. Wiederabgedruckt in: Schmid 1994, S. 334–346, 347–357, 430–439.
[2] Zu nennen ist hier insbesondere: Schmid 1972, S. 1–18. Wiederabgedruckt in: Schmid 1994, S. 175–192.
[3] Udolph 1990; 1994a.
[4] Udolph 1999a, S. 493–508.
[5] Das gilt selbstverständlich nicht für Hydronyme generell, denn zahlreiche *Mühlenbäche* oder *Weißwasser* sind jungen oder jüngsten Datums. Gemeint sind die der alteuropäischen Hydronymie angehörenden bzw. einer sehr alten (einzelsprachlichen) Schicht zuzurechnenden Gewässernamen.
[6] Udolph 1999a, S. 505.

kreise mit seinem Ortsnamenbestand inklusive der Wüstungen zum Ziel gesetzt. Damit würde sich die von J. Udolph konstatierte „besondere Position des niedersächsischen Raumes" gegebenenfalls ermitteln und die Forderung nach „intensiver Aufarbeitung" erfüllen lassen. Kirstin Casemir, die Verfasserin des dritten Bandes des NOB, kommt für den von ihr untersuchten Bereich des Landkreises Wolfenbüttel und der Stadt Salzgitter zum Schluss:

> Weiterhin zeugen auch die BW [Bestimmungswörter] von einem altbesiedelten Gebiet, von denen viele BW nur durch Sprachvergleich zu ermitteln waren. Dabei erwiesen sich neben den anderen germanischen Sprachen vor allem das Baltische (und Slavische) als wichtigste Parallelen.[8]

Auch wenn noch die weitaus meisten Teile des niedersächsischen Raumes nicht durch Ortsnamenbücher erschlossen sind, sollen die Aussagen von J. Udolph und K. Casemir zum Anlass genommen werden, diejenigen in den erschienenen Bänden des NOB behandelten Ortsnamen vorzustellen, die nach den gewonnenen Erkenntnissen Beziehungen zwischen dem Baltischen und dem Germanischen erkennen lassen.[9] Da die Namen in den jeweiligen Bänden ausführlich behandelt wurden, wird im Folgenden auf eine detaillierte Begründung für die Einzeldeutung verzichtet.[10]

†**Aspa**, ca. 1 km nordöstlich Spanbeck (Göttingen).[11]
970–72 (A. 15. Jh.) *Assapa*, 1055 (A. 16. Jh.) *Aspa*, 1281 *Aspe*, 1525 *Aspe*. Der Gewässername *Esper Bach* ist erst jünger überliefert (1571 *das Wesserlein an der Aspe(n)*, 1638 *in der Asper bach*), genau wie ein Bergname *Aspe* (1571 *gehölze, die Aspe genand*). Die nicht abschließend geklärte Deutung geht von einer Bildung mit -*apa* aus. Das Erstelement wird, einem Gedanken von W. P. Schmid folgend,[12] mit Gewässer- und Ortsnamen wie *Asse*, *Ossa*, *Ossawa*, *Asopos*, *Asupis*, *Asphe* zu einer Basis idg. **as-* < **os-*, eine Ablautform zu idg. **es-* 'brennen', gestellt, die mit lit. *asỹs* 'Schachtelhalm, Binsengewächs', lit. *aslà* 'gestampfter Lehmboden', dt. *Asche* und *Esse* zu verbinden ist und wohl eine Grundbedeutung 'trocken' besitzt.

†**Asseburg**, bei Wittmar (Wolfenbüttel).[13]
1220 (K. 1549) *Assenburg*, 1234 *datum Asseburg*, 1274 *Asseborg*, 1368 *Asseborch*, 1422 *Asseborch*. Der Ortsname enthält neben dem Grundwort -*burg* als Erstelement den Namen des Höhenzuges Asse. Ein Element *As(s)-* ist in *Aspa* und weiteren Namen wie *Asselburg*, *Nord-* und *Hohenassel*, Kr. Wolfenbüttel, †*Asse* bei Stade, *Bad Essen*, Kr. Osnabrück, *Asel*, Kr. Hildesheim, †*Asseburg*, Kr. Pinneberg, und vielleicht dem Bergnamen

---

[7] Ohainski/Udolph 1998 (= NOB I); Ohainski/Udolph 2000 (= NOB II); Casemir 2003 (= NOB III); Casemir/Ohainski/Udolph 2003 (= NOB IV).
[8] NOB III, S. 541.
[9] Sehr unsichere oder höchst umstrittene Namen wurden dabei nicht berücksichtigt.
[10] Die Belegstellennachweise sind den jeweiligen Ortsartikeln zu entnehmen. Es wurde nur eine kleine Belegauswahl geboten, um die Überlieferung zu verdeutlichen. Weitere Belege finden sich im entsprechenden Ortsartikel.
[11] NOB IV, S. 30f.
[12] Schmid 1982–1983, S. 9ff.
[13] NOB III, S. 68ff.

Kahler Asten enthalten. Wie bei *Aspa* wird eine Verbindung mit idg. **as-* < **os-*, eine Ablautform zu idg. **es-* 'brennen', in der Bedeutung 'trocken' erwogen. Unsicherheiten bleiben jedoch.

(Nord- und Hohen-)Assel (Wolfenbüttel).[14]

1093 (F. 2. Hälfte 12. Jh.) *Asla*, 1146 *iuxta Asle*, 1153–78 (o. D., K. 17. Jh.) *Nortassle*, 1213 *ecclesie apud Asle*, 1316 *Northasle*, um 1318 (K. 14. Jh.) *Sud Asle*, 1397 *Honassele*, 1437 *Hoenasle*. Es wird eine Grundform *As-la erschlossen, eine Bildung mit einem -*l*-Suffix, das ohne anlautenden Vokal an die Basis tritt. Wie bei *Aspa* und *Asseburg* ist das Erstglied wohl mit idg. **as-* < **os-*, eine Ablautform zu idg. **es-* 'brennen', in der Bedeutung 'trocken' zu verbinden. Der Burgname †*Asselburg*, Kr. Wolfenbüttel, enthält den Ortsnamen *Assel* als Bestimmungswort.[15]

Bartolfelde (Osterode).[16]

1222 (Druck 19. Jh.) *Hermannus de Bardevelt*, 1228 *fratres de Bardenevelt*, um 1230 *fratres de Bardenevelde*, 1303 *Henricus de Bardelevelde*, 1372 *Wedekind faber de Bardeneveld*. Der Ortsname ist mit dem Grundwort -*feld* gebildet. Für das Bestimmungswort ist *Bardene-*/*Bardena-* anzusetzen, d. h. eine Bildung mit einem -*n*-Suffix. *Bordenau* und eine Reihe weiterer Fluss- und Ortsnamen wie *Burdist*, *Boorne*, *Burdinne*, *Burdapa*, *Burdipta*[17] enthalten das gleiche Erstglied. Zu nennen ist hier besonders *Barmke*, Kr. Helmstedt, 1158 als *villam, que dicitur Bardenbike* belegt. Es zu idg. **bhr̥dho-*, Schwundstufe zu *bhrodos, zu stellen, das gut bezeugt ist in lit. *bradà* 'Schlamm', *bredù* 'wate', *birdà* 'nasser Kot' und slav. *brod* 'Furt'.

Barum (Salzgitter).[18]

1140 *Arnolt de Barem*, 1256 *Barem*, 1323 *Barem*, 1362 *Barum*. Für das Bestimmungswort des mit -*heim* gebildeten Ortsnamens, der eine genaue Entsprechung in *Barum*, Kr. Lüneburg, besitzt, bieten sich zwei Deutungsmöglichkeiten an. Bevorzugt wird eine Rückführung auf die Grundform germ. *bar-a, *bar-az, die mit idg. **bher-* 'fließen, rinnen' verbunden wird. Sie ist in der dehnstufigen Form **bhāra-* gut im Slavischen bezeugt,[19] vgl. z. B. ukr. *bar* 'feuchter Ort zwischen Hügeln', slov. *bára* 'Sumpf, Morast', bulg. *bára* 'stehendes Wasser', skr. *bàra* 'Sumpf, Morast, Tümpel',[20] in der anzusetzenden Schwundstufe aber im Altindischen und Baltischen. Anzuführen ist mit W. P. Schmid[21] der litauischen Gewässernamen *Barỹs*. Die Lage an der Fuhse stützt diese Deutung. Auch Barum, Kr. Lüneburg, liegt in sehr feuchtem Gebiet.[22]

†**Besingen**, ca. 3,2 km südlich Osterode bei dem im 19. Jh. angelegten Wohnplatz Beierfelde (Osterode).[23]

---

[14] NOB III, S. 71ff.
[15] Vgl. dazu NOB III, S. 74f.
[16] NOB II, S. 19ff.
[17] Vgl. dazu Krahe 1959, S. 4–6 und Kuhn III, S. 124ff.
[18] NOB III, S. 82ff.
[19] Zu den zahlreichen hierher zu stellenden slavischen Namen vgl. Udolph 1979, S. 57ff.
[20] Vgl. dazu auch Vasmer I, S. 53.
[21] Schmid 1979, S. 410.
[22] NOB III, S. 83 führt eine Reihe weiterer Namen an, die als Erstelement *Bar-* enthalten, so *Barlage*, Kr. Osnabrück, *Barle*, Kr. Ahaus, *Barby*, Kr. Schönebeck. Ob diese alle ebenfalls hierher zu stellen sind, wäre im Einzelfall zu prüfen, da auch andere Anschlussmöglichkeiten zu erwägen sind.
[23] NOB II, S. 25ff.

1071 (F. 12. Jh.) *Besingen*, um 1216 *Theoderico de Besingen*, 1282 *dictus de Beysingen*, 1327 *Besinghe*, 1479 *Besinghen*. Ein identisch gebildeter Ortsname ist *Bessingen*, Kr. Hameln-Pyrmont. Beide Ortsnamen sind mit dem Suffix -*ingen* gebildet, enthalten ursprünglich einen Langvokal im Erstglied und sind auf germ. **Bais-* zurückzuführen. Letztlich überzeugt aufgrund der lokalen Gegebenheiten (Schwefelquellen) ein Anschluss slav. *besъ* 'Teufel, Satan, böser Geist', lit. *baisà* 'Schreck', *báisioti* 'beschmieren', *baisùs* 'greulich, abscheulich' sowie lat. *foedus* 'garstig, widerwärtig, ekelhaft, scheußlich'. Für diese Verbindung mit einem Ortsnamen spricht auch das Vorkommen des baltischen Wortes in baltischen Ortsnamen, so etwa in *Baisógala*, *Baislacken* u. a.[24] Die Namengebung nimmt Bezug auf Vorkommen von Stinkdolomit (Besingen) bzw. schwefelhaltigem Gewässer (Bessingen) und ist in etwa als 'Stelle, an der es abscheulich ist' (bezogen auf den Geruch) zu verstehen.

†**Bodeken**, ca. 1,6 km westlich von Müllingen (Hannover).[25]
1282 (A. 15. Jh.) *Bodeke*, 1292 (A. 15. Jh.) *Bodeke*, 1327 *Bodeken*, 1458 *Boddeken*. Der Name ist nicht zu trennen von dem früher belegten und dadurch besser zu analysierenden Ortsnamen *Bakede* (Kr. Hameln-Pyrmont), 1033 *Bodukvn*, 1264 *Bodeke*, 1277 *Bodeken*, 1286 *Bodike*, 1291 (A. 14. Jh.) *Bodeke;* weiterhin *Büdecken*, alt *Bödecken*, im 13. Jh. *Budiken*, und *Baden*, bei Achim, alt *Botegun*, *Bodegen*.[26] Es ist von einem Ansatz **Boduk-* oder **Bodak-* im Dativ Plural auszugehen, d. h. es liegt eine Bildung mit einem -*k*-Suffix vor. Die Ableitungsgrundlage **Bud-* findet sich in verschiedenen Ablautstufen in germanischen Wörtern wie dt. *Bude*, mhd. *buode*, mnd. *bode*, ano. *búð* 'Wohnung, Hütte, Bude', die Langvokal voraussetzen. Zu nennen ist aber auch mit kurzem Vokal air. *both* 'Hütte' und vor allem lit. *bùtas* 'Haus, Hütte'.

†**Bordel**, ca. 1,5 km westlich Varlosen (Göttingen).[27]
1447 *wostenunge tom Bordelbeke*, 1489 *Bordele*, 1504 *dat woste dorp Bordele*, 1512 *Bordel*. Grundlage des Ortsnamens ist ein Gewässername, der als **Bordala* oder **Bordila* anzusetzen und auf germ. **Burdala* oder **Burdila* zurückzuführen ist. Die Basis der -*l*-Bildung dürfte wie bei *Bartolfelde* und *Bortfeld*, Kr. Osterode, *Bördel*, Kr. Göttingen, sowie *Bordenau*, Kr. Hannover, in idg. **bhr̥dho-*, Schwundstufe zu **bhrodos* zu finden sein, das gut bezeugt ist in lit. *bradà* 'Schlamm', *bredù* 'wate', *birdà* 'nasser Kot' und slav. *brod* 'Furt'.

Bördel (Göttingen).[28]
1093 (F. 12. Jh.) *Burdala*, 1152 (F. 12. Jh.) *Burdula*, 1322 *Bordal*, 1398 *Bordel*, um 1616 *Bördell*. Analog zu *Bordel* ist von einem dem Ortsnamen zugrundeliegenden Gewässernamen auszugehen, der als germ. **Burdala* oder **Burdila* anzusetzen ist und als -*l*-Bildung mit idg. **bhr̥dho-*, Schwundstufe zu **bhrodos*, gut bezeugt in lit. *bradà* 'Schlamm', *bredù* 'wate', *birdà* 'nasser Kot' und slav. *brod* 'Furt' zu verbinden ist.

Bordenau (Hannover).[29]
889 *Portanaha*, nach 1124 *Bordenou*, um 1291 *Bordeno*, 1299 *Bordenouwe*, 1376 *Bordenowe*, 1438 *Bordenauwe*. Der Ortsname ist entweder mit dem Grundwort -*au* 'Land

---

[24] Vgl. dazu Toporov I, S. 183 und Kurschat I, S. 260.
[25] NOB I, S. 52f.
[26] Zu den letzten beiden Namen vgl. Förstemann, S. 494.
[27] NOB IV, S. 65f.
[28] NOB IV, S. 66ff.
[29] NOB I, S. 58ff. Vgl. auch Udolph 1999a, S. 494f.

am Wasser' gebildet oder auf älteres *Bordana*, d. h. eine suffixale -*n*-Bildung, zurückzuführen. Eine Reihe weiterer Fluss- und Ortsnamen wie *Burdist*, *Boorne*, *Burdinne*, *Burdapa*, *Burdipta*[30] enthalten das gleiche Erstglied. Es ist als Grundlage idg. *bhṛdho-*, Schwundstufe zu *bhrodos* anzusetzen, das gut bezeugt ist in lit. *bradà* 'Schlamm', *bredù* 'wate', *birdà* 'nasser Kot' und slav. *brod* 'Furt'.

Börßum (Wolfenbüttel) und benachbart † **Klein Börßum**.[31]

1008–09 (K. 15. Jh.) *Bursine*, zu 1027 (vor 1038) *Bursinun*, 1174 *Erpo de Bursne*, 1213 *Borsne*, 1380 *Borsne*, 1413 *Borssen*. Es liegt eine -*n*-Bildung vor und die Ableitungsgrundlage *Burs-* ist wohl mit idg. *bheres-* 'schnell' zu verbinden, das appellativisch nicht im Germanischen, wohl aber im Baltischen und Slavischen bezeugt ist, vgl. lit. *burzdùs* 'beweglich, rührig', russ. *borzój* 'schnell, rasch (von Windhunden)', 'Windhund' (in dieser Bedeutung auch entlehnt in das Deutsche). Im Falle von *Börßum* ist von Schwundstufe auszugehen. Ob weitere Namen, wie *Borsum*, Kr. Emsland, ebenfalls hier anzuschließen sind, wäre zu prüfen.[32]

†**Bortdorf**, ca. 1,7 km nordwestlich Tettenborn (Osterode).[33]

1306 (A.) *Bartdorff*, 15. Jh. *Bortorff*, 1557 *Bartoff*, 1593 *Bortdorf*. Auch das Bestimmungswort des mit -*dorf* gebildeten Ortsnamens wird wie *Bartolfelde* und *Bordenau* mit idg. *bhṛdho-*, Schwundstufe zu *bhrodos* zu verbinden sein, das in lit. *bradà* 'Schlamm', *bredù* 'wate', *birdà* 'nasser Kot' und slav. *brod* 'Furt' bezeugt ist. *Bortfeld*, Kr. Peine, das 1169 als *de Bortuelde*, (1186–90) als *de Borthveld* belegt ist, dürfte als direkter Vergleichsname anzuführen sein.

Bothfeld (Hannover).[34]

1274 *Botvelde*, um 1318 (A. 14. Jh.) *Botfelde*, 1406 *Botuelde*, 1500 *Bothfelde*, 1612 *Bottfelt*. Das Bestimmungswort des -*feld*-Namens ist wohl mit Namen wie *Bauda*, dt. *Baude-Fluss*, in Ostpreußen, 1255 *Bauda*, 1389 *Bawde*, dazu lit. *Baudỹs*, *Baũdė*, *Baudeikà*, auch *Bud-upe*, *Bud-upis* in Ostpreußen (*upe* = 'Fluss'), sowie lit. *Bùdasas* zu verbinden.[35] Zahlreiche weitere baltische Namen wie *Budisch*, *Budike*, *Budde* nennt Toporov.[36] Weiter sind aus dem Baltikum zu nennen: *Budwity*, Ortsname bei Allenstein, 1321 *Buditien*. Trotz des zahlreich vorhandenen Vergleichsmaterials ist eine sichere Deutung bislang nicht möglich, da sich kein Wort finden lässt, das eine Klärung herbeiführen würde. Angesichts der baltischen Gewässernamen dürfte es etwas mit 'Wasser, Feuchtigkeit' zu tun haben.

Cramme (Wolfenbüttel).[37]

zu 1015 (vor 1165) *Crammo*, um 1150 *Cramme*, 1209 *Cramme*, 1306–20 *Cramme*. Für den Ortsnamen lässt sich eine Grundform *Cramma*, die auf *kramnō* zurückgeht, ansetzen. Sie ist mit idg. *grem-* 'feucht (sein)' zu verbinden.[38] Diese Wurzel ist bezeugt in anord. *kramr* 'feucht, halbgetaut von Schnee' und wohl got. *qrammiþa* 'Feuchtigkeit'.

---

[30] Vgl. Krahe 1959, S. 4–6 und Kuhn III, S. 124ff.
[31] NOB III, S. 102ff.
[32] Vgl. Greule 1973, S. 105ff., der mehrere Flussnamen *Birs* hier anschließt und sie für einzelsprachliche Bildungen hält.
[33] NOB II, S. 29ff.
[34] NOB I, S. 64ff.
[35] Vanagas 1981, S. 60.
[36] Toporov I, S. 183.
[37] NOB III, S. 111. Vgl. auch Udolph 1999a, S. 496.
[38] Vgl. dazu auch Udolph 1994b, S. 87–91.

Das Slavische und Baltische haben überwiegend die Wurzelerweiterung *gremd-, so z. B. in lit. *grimstù* 'versinken', aksl. *gréza* 'Kot'.³⁹

(Groß und Klein) Denkte (Wolfenbüttel).⁴⁰

947 (F. 12. Jh.) *Dencthi*, 965 (F. 12. Jh.) *Dengdi*, vor 1189 (o. D., K. 14. Jh.) *Denghte*, 1248 *parvo Dencthe*, 1340 *Groten Denkte*, 1344–60 *minori Denkthe*, 1400 *Magna Dengkte*. Es handelt sich um eine Bildung mit einem vokallosen Dentalsuffix, germ. *-þ-.⁴¹ Die Ableitungsbasis germ. *dang-* ist zur idg. Wurzel *dhem-* 'stieben, rauchen, dunkelfarbig' bzw. einer Erweiterung *dhenguo-, *dhonguo-* 'neblig' zu stellen, die in anord. *dǫkk*, norw. *dokk*, schwed. *dank* 'Vertiefung in der Landschaft' (aus germ. *dankṷō*), ferner norw. *(d)jokk* und schwed. dial. *dänke* (aus germ. *dankṷia*) 'morastiger Boden', weiterhin lett. *danga* 'kotige Pfütze, morastiges Land' belegt ist. Weitere hierher gehörige Namen sind nach W. P. Schmid⁴² die Gewässernamen Dengsø und Døngh in Dänemark sowie Dange im Memelgebiet.

Dolgen (Hannover).⁴³

973–75 (A. 15. Jh.) *Thologun*, 1224 *Dolgem*, 1358 *Dolghen vor dem Nortwolde*, 1558 *Dolgen*, 1615 *Dolgen*. Gleich gebildet ist eine bei Langelsheim, Kr. Goslar liegende Wüstung *Dolgen*, 1154 *Wostentholgen*, vor 1189 (A. 17. Jh.) *Tholgen*. Es ist von *Tholgun* auszugehen, d. h. eine germanische Schwundstufe, die auf älteres *tḷgh-* zurückzuführen ist und zur indogermanischen Wurzel *tēu-, təu-, teu̯ə-* 'schwellen' gehört, die vor allem im Baltischen bezeugt ist: lit. *pa-tulžęs* 'aufgeschwollen', lett. *tulzums* 'Geschwulst', *tulzne* 'Brandblase, Blase', lit. *tulžìs* 'Galle'; hinzu kommt wohl urslav. *tъlstъ* 'geschwollen, dick' in aksl. *tlъstъ* 'dick', russ. *tolstyj* 'dick'. Zugrunde liegt die Vorstellung des Anschwellens, Schwellens. Davon abgeleitete Substantiva weisen auf 'Erhebung, Hügel, Geschwulst'. Dazu passt die Lage von Dolgen bestens. Nähert man sich dem Ort etwa von Süden aus, erkennt man deutlich die sanft ansteigende Höhe, auf der Dolgen liegt.

Dramfeld (Göttingen).⁴⁴

1229 (A. 15. Jh.) *Dramfelde*, 1246 *Gugo de Dranuelde*, 1259 *Dranuelt*, 1278 *Dramvelt*, 1301 *Dranfelt*, 1498 *Dranfelde*, 1514 *Dramfelde*. Der Ort liegt an der Dramme (1386 *ouer der Dramme, geyt uppe de Dramme*). Der mit dem Grundwort *-feld* gebildete Ortsname enthält im Bestimmungswort diesen Flussnamen. Es ist eine Grundform *Dran(n)a* anzusetzen. Eine Verbindung mit idg. *dhren-* 'tönen, schallen' oder lett. *dranas* 'feuchte, oft überschwemmte Wiese'⁴⁵ ist möglich, wobei die Bearbeiter des NOB IV Ersteres leicht bevorzugen.

Dransfeld (Göttingen).⁴⁶

960 *Trhenesfelde*, 1022 (F. 1. Hälfte. 12. Jh.) *Dransuelt*, 1144 *Dransfelde*, 1282 *Dransueld*, 1306 *Transvelt*, 1376 *Dransfelde*, 1537 *Dransfeldt*. Für den mit dem Grundwort *-feld* gebildeten Namen ist eine Grundform *Thranas-/*Thranes-feld* anzusetzen. Das Bestim-

---

³⁹ Vgl. dazu Vasmer I, S. 315f. Auch lat. *grāmiae* 'Augenbutter' ist hier anzuschließen sowie kelt.-lat. *gronna, grunna* 'Morast', das wohl auf idg. *gromnā* zurückgeht.
⁴⁰ NOB III, S. 120ff. Vgl. auch Udolph 1999a, S. 496f.
⁴¹ Überzeugender als bei Udolph 1999a, S. 496, der von einem *-ithi*-Suffix ausgeht.
⁴² Schmid 1986a, S. 338.
⁴³ NOB I, S. 104ff. Vgl. dazu auch Udolph 1999a, S. 497.
⁴⁴ NOB IV, S. 101ff.
⁴⁵ Vgl. dazu Udolph 1999b, S. 73.
⁴⁶ NOB IV, S. 104. Vgl. auch Udolph 1999a, S. 497f.

mungswort ist als -s-haltige Ableitung zu interpretieren und mit dem thrakischen Ortsnamen *Tranupara*, dem lett. Flurnamen *Trani*, *Tranava* und den litauischen Flussnamen *Tranỹs*[47] zu verbinden, die zu lit. *trenėti* 'modern, faulen', lett. *trenêt* (*tręnu* oder *trenu*) 'modern, verwittern' gehören.

Drütte (Salzgitter)[48].
830–40 (K. 12. Jh.) *Tritidi*, 1022 *Thritithe*, um 1150 *Thrittethe*, 1240 *Drettede*, 1306–20 *Druttede*, 1398 *Druttede*, 1406 *Drutte*. Der aus dem Germanischen erklärbare *-ithi*-Name enthält ein Substantiv, das in engl. *dirt*, mnd. *drūt(e)*, *drēt*, mnl. *drēte*, nnl. *dreet* 'Kot', aber auch in lit. *trìdė* 'Durchfall' sowie lett. *trūdi* 'Moder' bezeugt ist; eine in Anbetracht der Lage Drüttes an einem Bruchgebiet plausible Deutung.

Duderstadt (Göttingen)[49].
927 (A. 17. Jh.) *Dudersteti*, 929 *Tutersteti*, 974 *Dudersteti*, 1184–1203 *Duderstat*, 1236 *Duderstat*. Im Bestimmungswort des mit *-stedt* gebildeten Ortsnamens ist ein Flussname enthalten, der selbst nicht mehr überliefert und als *Dudara* anzusetzen ist. Er ist mit Flussnamen wie *Dautphe*[50] zu verbinden, die in den baltischen Gewässernamen *Dūdà*, *Dūdupỹs* und *Dūdupe* Entsprechungen besitzen.[51] Sie werden zur idg. Wurzel *dheu-dh-* 'durcheinanderwirbeln, schütteln, verwirren' gestellt.

Eckerde (Hannover)[52].
1228–38 *Heinricus de Ekkere*, 1266 *dicti de Eckere*, 1357 *Eckere*, 1585 *Eckere*, 1660 *Eckerde*. Es handelt sich um eine *-r*-Bildung, und der Anschluss an die idg. Wurzel *ak-*, *ok-* 'spitz' oder genauer, mit *-r-* erweitert der Ansatz *agro-* oder *egro-* 'Spitze, oberstes, erstes, Anfang', bietet sich an, der in aind. *ágra* 'Spitze', lett. *agrs* 'früh', *agri* 'frühzeitig' u. ä. belegt ist. Ein idg. Ansatz *agri̯ā* wird germ. zu *akri̯ā* und *ekre*, durch Gemination (Verdoppelung) zu *ekkre* und schließlich durch Entwicklung eines Sproßvokals zu *ekkere*.

Esebeck (Göttingen).[53]
1118–37 (F. 13. Jh.; A. 15. Jh.) *Esebeke*, 1279 *Esbecke*, 1328 *Esbeke*, 1395 *Esbeck*, 1448 *Ezebecke*. Der Ort liegt am Esebach (1393–1421 [A. 15. Jh.] *uppe den Ezebek*, nach 1420 [A. 15. Jh.] *upp den Eßbeck*). Ähnlich wie bei *Aspa*, *Asseburg*, *Assel* (s. oben) wird im Erstglied des mit *-beke* gebildeten Namens ein Flussname, eine Verbindung mit idg. *as-*, eine Ablautform zu idg. *es-* 'brennen', hier in der Bedeutung 'trocken', erwogen. Es bleiben jedoch Zweifel.

Heiningen, Gem. Heiningen (Kr. Wolfenbüttel).[54]
zu 1012 (K. 1573) *Heningen*, 1140 *Henigge*, 1146 *Heninge*, 1222 *Heningin*, 1385 (K. 14. Jh.) *Heninghe*, 1481 *Heyninghe*. Das Erstelement des mit dem Suffix *-ingen* gebildeten Namens liegt auch im Namen *Heinde*, Kr. Hildesheim (1146 *Henede*, 1175–78 *Henethe*), vor und ist germ. als *hain-* oder *hēn-* anzusetzen. Einzige überzeugende Anschlussmöglichkeit besteht in einem vor allem im Baltischen und Slavischen bezeugten Wort,

---

[47] Vgl. dazu Udolph 1999a, S. 497f. und Duridanov 1969, S. 70.
[48] NOB III, S. 129ff.
[49] NOB IV, S. 110ff. Vgl. auch Udolph 1999a, S. 498.
[50] Vgl. dazu Schmid 1994, S. 143.
[51] Zu weiteren baltischen Namen vgl. Vanagas 1981, S. 94.
[52] NOB I, S. 118ff.
[53] NOB I, S. 118ff.
[54] NOB III, S. 187ff.

nämlich lit. *šiēnas*, lett. *sìens*, ukr. *síno*, bulg. *sěnó*, tschech. *seno*, poln. *siano* alle in der Bedeutung 'Gras, Heu', das zu idg. **k̑oi-no-* 'Gras' gehört.

Ihme (Hannover).[55]

1091 *Herimannvs de Imina*, nach 1124 *Himenenen*, 1310 *Ymene*, 1385 *Ymene*, um 1430 *Ymen*. Dazu der Flussname *Ihme*: nach 1124 *in occidentali ripa Himene fluminis*, 1351 *supra aquam dictam Ymene*, 1360 *bi der Ymene*. Dem Ortsnamen liegt also ein Flussname zugrunde. Als Grundform des Flussnamens ist **Imina*, **Imena*, d. h. vorgerm. **Eimena* anzunehmen. Der Name hat eine fast genaue Parallele in *Ehmen*, Ortsteil von Wolfsburg, 942 *in villa Gimin*, um 1160 *ecclesiam in Imen*, 1224 *Eemen*, 1269 (A. 17. Jh.) *Emen*. Der einzige Unterschied liegt im Genus: Während *Ihme* einen Ansatz *Imina*, *Imena* und somit femininen Genus voraussetzt, verlangt *Ehmen* mit den alten Belegen eine Vorform *Imen*, die auf **Imenos* und maskulinen Genus hinweisen. Die Namen enthalten das im Germanischen nicht mehr belegbare Partizipialsuffix *-meno-/-mono-* sowie die Verbalwurzel **ei-* 'gehen, eilen, laufen'. Eine Bestätigung für diese Deutung findet sich in dem genau übereinstimmenden Litauischen *eimenà*, *-õs*, *eĩmenas* 'Bach'.

Ilten (Hannover).

(1225–47) (A. 15. Jh.) *Olricus de Ilthene*, 1240 *Iltene*, 1246 *Bodonem de Ylthene*, 1355 *van Iltene*, 1458 *Ilten*. Als Grundwort ist germ. **tūna-* 'Siedlung, Stadt', auch 'Zaun' anzusetzen. Für das Bestimmungswort *Il-* sind Parallelnamen anzuführen: *Ilfeld* bei Nordhausen, 1154 *Ilevelt*, 1155 *Ilfelt*, 1157 *Ilvelt*; *Groß* und *Klein Ilde* bei Bockenem, 1065 *Illidi*, 1149 *Illede*, *Suthillethe*; †*Ilse* bei Boffzen, 1031 *Ilisa*; *Ilsede* bei Peine, 1053 *Ilisede*, 1181 *Ilsethe*, und *Ilefeld* bei Langensalza. Als Anschluss ist ein slavisches 'Lehm-, Schlamm-' Wort heranzuziehen, nämlich ukr. *il* 'Schlamm, Letten, Ton, Lehm', wruss. *il* 'dünner Schmutz organischer Herkunft im Wasser, auf dem Boden eines Wasserloches, sumpfiges, graues oder weißfarbiges Land', russ. *il* 'Schlamm'.[56] Ein derartiges Appellativ muss auch dem Baltischen bekannt gewesen sein: Der bekannteste davon abgeleitete Name dürfte *Preußisch Eylau* sein.

Jühnde (Göttingen).[57]

960 *Iuniun*, 12. Jh. *June*, 1240 (A. 15. Jh.) *Iunen*, 1305 *June*, 1473 *June*, um 1588 *Junen*, um 1616 *Junde*. Der Name geht auf einen alten Gewässernamen (Grundform **Iuni-* oder **Iunia-*) zurück, der mit anderen Namen wie *Jaunthal* in Kärnten, *Jona* (Fluss bei Zürich), *La Jouanne* (Fluss in Haute-Saône) oder dem schlesischen Flussnamen *Junica* zu verbinden ist[58]. Er wird wie diese zu idg. **i̯eu-* 'bewegen' gestellt, das in lit. *jaunù*, *joviaũ*, *jauti* 'heißes Wasser darüber gießen' usw. belegt ist.

†Jürsenbostel, 1,5 km südwestlich von Mellendorf (Hannover).[59]

um 1360 *Jursenborstle*, 1381 *Jursenborstele*, 1438 *Jursenborstel*. Hinzu kommt ein Gewässername *Jürsenbach* (rechts zur Leine). Der mit *-borstel* gebildete Ortsname enthält im Bestimmungswort den Gewässernamen, der als *Jürse* anzusetzen ist und auf **Jurisa* zurückgeht. Er gehört zu einer idg. Basis **jūr-*, die vor allem in Osteuropa zur Bildung von Gewässernamen verwendet wurde. Hierher gehören u. a. *Jura*, Zufluss der Narew in Polen; *Jūra*, *Jūre*, Orts- und Flussnamen im Baltikum; *Iuras*, in der Antike bezeugter

---

[55] NOB I, S. 230ff. Vgl. dazu auch Udolph 1999a, S. 500.
[56] Vgl. dazu ausführlicher Udolph 1979, S. 152–163.
[57] NOB IV, S. 230ff.
[58] Vgl. dazu Udolph 2002, S. 763–772.
[59] NOB I, S. 244f. Vgl. dazu auch Udolph 1999a, S. 500f.

Flussname in Thrakien; *Jorka*, dt. *Jauer Fließ*, in Ostpreußen.[60] Die Namen besitzen vor allem im Baltischen sichere appellativische Entsprechungen: apreuß. *iurin* (Akk. Sing.) 'Meer', lit. *jūra, jūros*, lett. *jura, jùre* 'Meer, Ostsee, große Wasserfläche', lit. *jáura, jáurė* 'sumpfige, unzugängliche Stelle, Morast, quellenreicher Ort'.

†**Lameste**, ca. 1 km nördlich von Gümmer am anderen Ufer der Leine (Hannover).[61]
1211 *Lammeste*, 1282 (A. 15. Jh.) *Lameste*, 1330–52 *Lamesten*, 1362 *Lameste*. Es handelt sich um eine Bildung mit einem *-st*-Suffix. Weitere Namen mit demselben Erstglied sind die Flussnamen *Lammer* bei Salzburg und *Lamme*, Nebenfluss der Innerste (mit Ortsname *Lamspringe*), ferner *Lamme*, Ortsteil von Braunschweig, 780–802 (A. 12. Jh.) *Lammari*, später nur *Lamme*. Zugrunde liegt wohl ein 'Wasserwort', das sich vor allem im Osten Europas findet, so in baltischen und slavischen Wörtern wie *lom* 'Bruch, Windbruch', *lomà* 'niedrige Stelle auf dem Acker', *lāma* 'Pfütze, Grube'. Die Lage von Lameste im Niederungs- und Überschwemmungsgebiet der Leine passt zu dieser Deutung.

Lonau (Osterode).[62]
1260 (A. 18. Jh.) *silvam nostram Lodenowe et Stenowe, nominibus fluminum sic vocatam*, 1260 (A. 18. Jh.) *silvam holtmarke vulgariter nuncupatam, que de Lodenowe et Stenowe separata noscitur et divisa*, 1601 *Lonau*. Dem Wald- und Ortsnamen liegt ein Gewässername zugrunde, der wie folgt belegt ist: 1577 *die Lonau*, 1596 *Kleine Lonau*, 1596 *Grosse Lonau*, 1601 *uff dem Waßer die Laune genandt*. Als Grundform ist **Lodenā* anzusetzen, das auf **Ludana*, eine *-n*-Bildung, zurückgeht. Anschluss des Erstgliedes ist in **luth- < *lut-* zu lat. *lutum* 'Dreck, Kot', air. *loth* 'Schmutz', lit. *liūtynas, liutynė* 'Pfuhl, Lehmpfütze; Ort, an dem sich viele Quellen befinden' zu finden, das in zahlreichen Gewässernamen wie *Lutynia, Lutenze, Ljutina, Lucimia, Lutosa, Lutava* bezeugt ist[63] und auch bei *Lotbergen* und *Luthe*, Kr. Hannover, angesetzt wird.

†**Lotbergen**, ca. 2,8 km nordöstlich Eldagsen (Hannover).[64]
Ende 12. Jh. *Lotberge*, 12./13. Jh. *Lotberghe*, 1306 *Lotberghe*, 1357 *Lothberghe*, 1363 *Lodberghen*, 1436 *Lotberghen*. Das Bestimmungswort des mit *-berg* gebildeten Namens ist mit idg. **leud(h)-*, zur Wurzel **leu-, lu-* 'Schmutz, beschmutzen' zu verbinden, belegt in lat. *lutum* 'Dreck, Kot', air. *loth* 'Schmutz' und lit. *liūtýnas* 'Pfuhl, Lehmpfütze'. Gut bezeugt ist die Wurzel vor allem in mittel- und osteuropäischen Orts- und Flussnamen, so in *Liáudiyė, Ludina, Ludonka*.[65]

Luthe (Hannover).[66]
1228 (A. 16. Jh.) *Lute*, 1316 *Luthen*, 1376–79 *Lute*, 1421 *Lute*, 1502 *Lute*. Der Ort liegt am Luther See, dem Rest eines Altarms der Leine. Luthe ist auf eine germanische Grundform **Lūtā* zurückzuführen und in *Lūt-* + *ā* zu zerlegen. Wie bei *Lothbergen* findet sich ein Anschluss mit idg. **leud(h)-*, zur Wurzel **leu-, lu-* 'Schmutz, beschmutzen' (vgl. dazu *Lothbergen*).

† **Mülingen** bei Kissenbrück (Wolfenbüttel).[67]
1379–93 (K. 15. Jh.) *tho Mŭlyngen*, 1401 (K. 15. Jh.) *Mulinge bii Kissenbruge*, 1401 (K. 15. Jh.) *to Mulinge*. Der mit dem Suffix *-ingen* gebildete Name wird zu einer idg. Wur-

---

[60] Vgl. dazu ausführlich Udolph 1990, S. 128ff.
[61] NOB I, S. 272f.
[62] NOB II, S. 103ff.
[63] Vgl. dazu Udolph 1999a, S. 157ff.
[64] NOB I, S. 301f.
[65] Vgl. dazu Udolph 1999a, S. 157ff. mit weiteren Namen.

zel *meu-, mu- 'feucht, modrig' gestellt, die in poln. *muł*, ukr. *mul,* tschech. *mula* 'Schlamm, Sumpf, Moder' belegt ist und mit lit. *mùlti* 'schmutzig werden' verwandt ist.[68]

Otternhagen (Hannover).[69]

1215 *Otherenhagen,* 1245 *inferiori Oterenhagen,* 1309 *Conradus de Oterenhaghen,* 1359 *Uterenhaghen,* 1493 *to dem Othernhagen,* 1588 *Otternhagen.* Der mit *-hagen* gebildete Ortsname enthält, da weder ein Appellativ noch ein Personenname in Frage kommt, im Bestimmungswort einen Flussnamen (1588 *die Oter,* heute die *Auter*), der als *ōterna, *ōtarna, *ōtrena, *ōtrana anzusetzen ist und seinerseits als suffixale *-n-*Bildung zu interpretieren ist. Mit diesen Ansätzen gelangt man zu einer Sippe um die Gewässernamen *Attersee, Adria* u. a. Mit W. P. Schmid[70] ist eine idg. Doppelwurzel *at-/*ad- anzusetzen, die als *At- fortlebt in *Ata,* See in Lettland, dt. *Etsch* bzw. lit. *Atesě, Atesỹs,* alt *At(h)esis,* und als *Ad- in *Attersee, -gau,* der *Oder* und *Adria.* Der Flussname *Auter* < *ōrana o. ä. weicht allerdings gegenüber diesen Namen im Anlaut und Wurzelvokal ab. Er verlangt idg. *ā- oder *ō- (beides erscheint im Germ. als *-ō-*). Damit erweist sich der Flussname *Auter* als ein alter, auf indogermanischer Grundlage stehender Name mit deutlichen Spuren einer frühgermanischen Veränderung.

Rhumspringe (Göttingen).[71]

um 1200 (A. 16. Jh.) *in Rumispringe,* 1286 (A. 16. Jh.) *Rumespringe,* 1328 *Hunoldus de Rumespringe,* 1424 *Rumespring.* Der Ort liegt an der Rhume, die alt bezeugt ist: 1105 (F. 12. Jh.) *in aqua, que Ruma dicitur,* 1154 *de rivo, qui Ruma dicitur,* 1265 *aqua que dicitur Ruma.* Das bedeutet, dass im Bestimmungswort des mit *-spring* 'Quelle' gebildeten Ortsnamens ein Gewässername *Rhume* enthalten ist. Mit J. Udolph,[72] der sich ausführlich mit den zu einer idg. Wurzel *reu-, ru- 'aufreißen, graben, aufwühlen' zu stellenden Namen befasst, ist hier *Rhume* als ein der alteuropäischen Hydronymie angehörender Name anzuschließen. Genaue Parallelen finden sich in baltischen Namen wie *Rūmě, Rumacz, Rumejka.*

Seinstedt (Wolfenbüttel).[73]

996 (o. D.) *Sianstidi,* 1022 (F. 2. Hälfte 12. Jh.) *Senstid,* 1187 *Senstide,* 1217 *Senstide,* 1383 *Senstidde,* 1403 *Seynstede.* Für das Bestimmungswort des mit *-stedt* gebildeten Ortsnamens bietet sich ein überzeugender Anschluss nur mit der idg. Wurzel *seu-, *sū- 'Feuchtes, rinnen' an, die in ahd. *sou,* ae. *sēaw* 'Saft' belegt ist. Eine für *Seinstedt* anzusetzende *-n-*Erweiterung ist nicht im Germanischen, wohl aber im Baltischen bezeugt, nämlich lett. *sûnas* 'Moos'. Hierher gehört auch der Flussname *Sunka* im Gebiet des Pregel.[74] Bei *Seinstedt* ist jedoch von *seu-n-,* nicht von *su-n-* auszugehen. Eine Deutung als 'Feuchtigkeit, Moor' überzeugt aufgrund der Lage an einem ausgedehnten Bruch- und Sumpfgebiet.

Seulingen (Göttingen).[75]

973–75 (A. 15. Jh.) *Sulliggi,* 1055 (A. 16. Jh.) *Suligge,* 1278 *Sulinghen,* 1362 *Sulinghen,* 1588 *Seulingenn.* Der Ort liegt an der Suhle (1664 *fur der Suhle*), so dass die *-ingen-*

---

[66] NOB I, S. 305f.
[67] NOB III, S. 244f.
[68] Vgl. dazu Vasmer II, S. 172.
[69] NOB I, S. 355f.
[70] Schmid 1994, S. 181f.
[71] NOB IV, S. 337ff.
[72] Udolph 1996, S. 93–115.
[73] NOB III, S. 296f.
[74] Zu weiteren Namen vgl. Udolph 1999c, S. 74.

Bildung einen Gewässernamen als Ableitungsbasis enthält. Dessen Grundform ist als *sūlā anzusetzen und wie *Seinstedt* zu idg. **seu-, su-* 'Saft, Feuchtes; regnen, rinnen' zu stellen. Hier ist jedoch eine *-l*-Erweiterung anzusetzen, die in mhd. *sol* 'Kotlache', ahd. *sol* 'Lache, Pfütze, Tümpel', mnd. *sol* 'Dreckpfütze, Teich', ags. *sol* 'Schlamm, nasser Sand' und lit. *sulà* 'abfließender Baumsaft', lett. *sula* 'sich absondernde Flüssigkeit', apreuß. *sulo* 'geronnene Milch' bezeugt ist (jeweils jedoch mit kurzem *-u-* und nicht, wie für *Seulingen* nötig, mit Langvokal).[76]

Üfingen (Salzgitter).[77]
1022 (F. 2. Hälfte 12. Jh.) *Wingon*, 1196–97 (K. 14. Jh.) *Uvinge*, 1236 *Vfingun*, 1297 *Uvinghe*, 1441 *Ufynghe*, 1630 *Üfingen*. Der mit dem Suffix *-ingen* gebildete Name enthält ein Element, das unter Einbeziehung des Namens *Üfte*, Kr. Wesel, als germ. **Uf-* anzusetzen ist und damit eine genaue Entsprechung in lit. *ùpė* 'Fluss' besitzt, das zur verbreiteten Wurzel **ap-* 'Wasser, Fluss' gehört.[78] Berücksichtigt man den Ortsnamen *Upen* (1153–78 *Upponis*), Kr. Goslar, sowie *Üplingen*, Kr. Bördekreis, und die Wüstung *Üplingen*, Kr. Halberstadt, würde sich daneben auch eine Wurzelvariante mit idg. **-b-* ergeben, die neben der für *Üfingen* anzusetzenden **-p-*Form steht.

Waake (Göttingen).[79]
1022 (F. 1. Hälfte 12. Jh.) *Wachana*, um 1245 *Hildebrant de Wakene*, 1288 *Wakene*, 1318 *Wakene*, 1444 *Wakene*, 1528/29 *Waken*. Es handelt sich um eine Bildung mit einem *-n-*Suffix und als Grundform ist germ. **Wakana* anzusetzen. Es wird eine Verbindung mit den litauischen Flussnamen *Vagà, Ugra* erwogen und ein Anschluss an die idg. Wurzel **u̯eg̑u-, *u̯og̑u-* 'feucht, netzen' vorgenommen.[80] Allerdings bieten sich auch germanische Wörter wie engl. *wake* 'Kielwasser', ndl. *wak* 'feucht, nass' an, die ebenfalls zu dieser Wurzel gestellt werden.[81]

Obwohl sie noch nicht im *Niedersächsischen Ortsnamenbuch* behandelt sind, seien noch einige weitere, in Udolphs Beitrag *Baltisches in Niedersachsen?* genannten Namen aufgeführt, für die das Baltische eine wichtige Rolle spielt. Es handelt sich um:

Bründeln (Hildesheim)[82], 1200 *Brundelem*, 1237 *Brundelem*, 1259 *Brundelen*, 1260 *Brundelen*, *Brundelem* wird auf einen Ansatz **bhr̥nd-l-* zurückgeführt und mit der idg. Wurzel **bhrendh* 'aufschwellen, schwanger' verbunden, die vor allem im Baltischen gut bezeugt ist, vgl. lit. *bréstu, bréndau* 'schwelle, reife', *lett. briêsti* 'aufquellen, reifen' usw.[83] In Namen ist diese Wurzelzugehörigkeit in den Flussnamen *Brend, Brenz* in germanischem Gebiet nachzuweisen. *Bründeln* enthält jedoch nicht die Voll-, sondern die Schwundstufe.

---

[75] NOB IV, S. 369ff.
[76] Zu weiteren Belegen und hier anzuschließenden (alteuropäischen) Namen vgl. die Ausführungen bei NOB IV, S. 371.
[77] NOB III, S. 328f.
[78] Vgl. dazu auch Schmid 1983, S. 413.
[79] NOB IV, S. 407.
[80] Zur Diskussion, ob es sich bei *Waake* um einen germanischen oder um einen älteren, d. h. der alteuropäischen Hydronymie angehörenden Namen handelt, vgl. NOB IV, S. 408f.
[81] Der Ortsname *Weetzen*, Kr. Hannover, wird in NOB I, S. 465ff. ebenfalls an diese Appellative angeschlossen, und es wird eine Verbindung mit *Waake* erwogen. Hier ist jedoch eher von germanischer Bildung (da es sich um eine *-ithi*-Ableitung handelt) auszugehen.
[82] Dazu Udolph 1999a, S. 495.
[83] Vgl. dazu Toporov I, S. 249f.

Goslar, eine *-lar*-Bildung, die den Flussnamen *Gose* (1181–89 *Gosam*, 1259 *Gosam*) enthält, sowie *Jues-See* bei Herzberg (Osterode), *Gosewerder* im Amt Neuhaus und weitere[84] werden mit anord. *gjósa, gaus* 'hervorbrechen, sprudeln' verbunden, das in lit. *gausùs, gausìngas* 'reichlich, ergiebig, fruchtbar', *gausìnga ùpė* 'reichliche Wassermengen führender Fluss' enge Verwandte besitzt (sofern im Anlaut von idg. **gh-* ausgegangen werden kann).

Lühnde, Kr. Hildesheim, 1117 (A. 16. Jh.) *Lulende*, 1147 (Transsumpt 1573) *Lulene*, 1157 (A.) *Lulene* wird auf eine Grundform **Lulindi* zurückgeführt[85] und ist mit baltischen Namen wie *Liùlenčia, Liūlȳs, Liūl-iupȳs* zu verbinden.[86] Die Namen werden mit lit. *liūlióti* 'schwanken, wogen' verbunden. *Lühnde* bzw. dessen Grundform **Lulindi* ist dabei als Partizip Präsens zu interpretieren.

Für **Sarstedt**, Kr. Hildesheim, 1046–56 *Scersteti*, 1222 *Zerstede*, 1222 *Tserstide*[87], wird ein Ansatz **Skerd-ithi*, d. h. eine *-ithi*-Bildung, und für das Erstelement eine Verbindung zu lit. *skardùs* 'steil' erwogen; ein Element, das sich in baltischen Namen wie *Skardupe, Skardis* u. Ä. findet.

Obgleich die vier Bände des *Niedersächsischen Ortsnamenbuches*, aus dem die oben aufgeführten Namen, vermehrt um die genannten Vergleichsnamen, stammen, nur einen kleinen Teil von Niedersachsen abdecken, zeigt sich doch schon jetzt die wichtige Rolle, die die baltischen Sprachen und Namen für die Deutung der niedersächsischen Ortsnamen spielen. Gleichzeitig lassen sich an den angeführten Namen unterschiedliche Arten der Beziehungen feststellen. Dabei handelt es sich erstens um auf Gewässernamen beruhende Ortsnamen wie *Otternhagen, Dramfeld, Duderstadt, Ihme, Jürsenbostel* oder *Rhumspringe*, die der alteuropäischen Hydronymie oder einer ihr nahestehenden Namenschicht angehören. Hier bestehen die baltisch-germanischen Beziehungen eher darin, dass entsprechend gebildete Namen sowohl im Baltikum als auch in Niedersachsen vorkommen. So können die in den Ortsnamen enthaltenen Gewässernamen für Forschungen zur alteuropäischen Hydronymie herangezogen werden. Ob alle Namen der alteuropäischen Hydronymie angehören oder nach analogen Bildungsmustern in die einzelsprachliche Zeit hineinreichen, wäre im Einzelfall zu klären.

Eine zweite Gruppe von Namen enthält Basen oder Elemente, die nicht aus dem Germanischen erklärbar sind, da sich keinerlei appellativischer Anschluss finden lässt bzw. eine entsprechend vorauszusetzende Wurzel nicht im germanischen Wortschatz produktiv geworden ist. Hier bildet wie bei *Börßum, Heiningen* oder *Lühnde* das Baltische den Anhaltspunkt, um den Namen deuten zu können, die anders nicht erklärbar sind. Es wird sich entweder „um voreinzelsprachliche Reste einer Sprachschicht handeln, die besonders enge Beziehungen zum Baltischen besitzen oder z. T. besonders gut im Baltischen bewahrt wurden"[88], d. h. die zentrale Position des Baltischen belegen, oder aber – in die germanische Einzelsprachlichkeit hineinreichend – dazu beitragen, für das Germanische nur im Baltischen bewahrte Appellative bzw. Stämme zu sichern.

---

[84] Vgl. dazu Udolph 1999a, S. 499.
[85] Vgl. dazu Udolph 1999a, S. 501f.
[86] Vgl. dazu Vanagas 1981, S. 194.
[87] Vgl. dazu Udolph 1999a, S. 502.
[88] Udolph 1999a, S. 505.

Eine dritte Gruppe von Namen schließlich enthält Basen, deren Verwandte zwar im Germanischen nachweisbar sind, aber dennoch, um zu einer überzeugenden Deutung zu gelangen, des Baltischen bedürfen. Das betrifft etwa wie bei *Seinstedt* die für den Ortsnamen anzusetzenden Wurzelerweiterungen, die nicht im Germanischen, wohl aber im Baltischen belegt werden und so auch für den jeweiligen Ortsnamen wahrscheinlich gemacht werden können. Viertens gehören dazu auch wie bei *Dolgen* oder *Üfingen* germanisch belegte Basen, die in der entsprechenden Ablautstufe ebenfalls nicht im Germanischen, sondern nur im Baltischen bezeugt sind.

In diesem Zusammenhang ist abschließend auf die Bildung der Ortsnamen selbst einzugehen. Germanische und damit niedersächsische Toponyme können auf drei Arten gebildet werden. Es kann sich erstens um Simplizia handeln. Zweitens ist eine Ableitung mittels verschiedenster Suffixe (wie -ithi-, -ingen-, -n-, -s-, -r- usw.) möglich. Diese Bildung wird als die gegenüber der Komposition ältere und zunehmend von der Komposition ersetzte angesehen. Drittens schließlich ist die weitaus überwiegende Anzahl der Ortsnamen aus einem Grundwort und einem Bestimmungswort zusammengesetzt. Sowohl Ableitung als auch Komposition kommen bei den behandelten Namen vor, bei denen eine engere Beziehung zum Baltischen angenommen werden muss. Dabei sind Namen des Typs *Rhumspringe* oder *Duderstadt* insofern ein Sonderfall, als hier an einen existenten (alteuropäischen) Flussnamen sekundär ein Grundwort antritt, um die an dem jeweiligen Fluss entstehende Siedlung zu bezeichnen. Auf diese Weise entstehen wie bei *Otternhagen* Kombinationen aus altem (voreinzelsprachlichem) Flussnamen und als jung einzustufendem Grundwort. Hierbei sind sowohl „echte" Siedlungsnamengrundwörter wie -bostel (*Jürsenbostel*) als auch Stellen- oder Flurbezeichnungen wie -feld (*Dramfeld*) oder -springe (*Rhumspringe*) möglich.

Neben diesen „Sonderfällen" (Bildung aus einem vorhandenen Namen mit einem Grundwort) kommen sowohl Ableitungen als auch Kompositionen vor. Als Ableitungssuffixe erscheinen sowohl „typisch" germanische Suffixe wie -ithi (*Sarstedt*) oder -ingen (*Besingen*, *Heiningen*) als auch über die Indogermania verbreitete Suffixe wie -n- (*Börßum*, *Lonau* usw.), -r- (*Eckerde* usw.), -l- (*Assel*, *Bördel*, *Bordel*, *Bründeln* usw.) bei denen eine sprachliche oder altersmäßige Zuordnung nicht ohne weiteres möglich ist. Interessant ist jedoch vor allem der letzte Bildungstyp, die Komposition mit einem Grundwort. Hier kommen sowohl Grundwörter wie -berg (*Lotbergen*) oder -feld (*Bothfeld*) vor, die nicht als primäre Siedlungsgrundwörter einzustufen sind, sondern Stellenbezeichnungen – Flurbezeichnungen – darstellen, als auch primäre Siedlungsnamengrundwörter wie -heim (*Barum*) oder -tun (*Dolgen*, *Ilten*). Beide Arten von Grundwörtern sind deutlich dem Germanischen oder Altsächsischen, d. h. der Zeit nach Entfaltung des Germanischen, zuzurechnen. Gleichwohl enthalten die Bestimmungswörter Elemente, die die engen Sprachbeziehungen zum Baltischen verdeutlichen oder nur mit Hilfe des Baltischen erklär- und deutbar sind.

Wie hoch der Anteil dieser Art von Namen ist und ob sich bestimmte räumliche Verdichtungen ergeben oder ob Bildungen wie *Ilten* oder *Barum* gegenüber suffixalen Bildungen deutlich seltener sind, wird erst die Aufarbeitung des niedersächsischen Raumes zeigen. Dennoch machen bereits die anhand vierer Landkreise gewonnenen Ortsnamen deutlich, dass die gestellte Frage „Baltisches in Niedersachsen?" keine Frage, sondern eine Aussage ist. Abschließend sei noch einmal betont, dass nicht nur die Hydronymie, sondern in hohem Maß auch die Toponymie wertvolle Erkenntnisse über die baltisch-germanischen Beziehungen liefern kann und die Bedeutung des Baltischen für die niedersächsische Ortsnamenforschung nicht zu unterschätzen ist.

Literatur

I. Duridanov: *Thrakisch-dakische Studien. Erster Teil. Die thrakisch- und dakisch-baltischen Sprachbezieheungen* (= Linguistique Balkanique 123:2), Sofia 1969.
E. Förstemann: *Altdeutsches Namenbuch. Orts- und sonstige geographische Namen* 2:1, Bonn 1913.
A. Greule: *Vor- und frühgermanische Flußnamen am Oberrhein*, Heidelberg 1973.
H. Krahe: *Über einige Gewässernamen mit st-Suffix. 3. Burdist*, in: *Beiträge zur Namenforschung* 10 (1959), S. 4–6.
H. Kuhn: *Kleine Schriften* I–IV, Berlin – New York 1969–1978.
A. Kurschat: *Litauisch-deutsches Wörterbuch* I–IV, Göttingen 1968–1973.
NOB I = U. Ohainski/J. Udolph: *Die Ortsnamen des Landkreises und der Stadt Hannover* (= Veröffentlichungen des Instituts für Historische Landesforschung der Universität Göttingen 37; Niedersächsisches Ortsnamenbuch I), Bielefeld 1998.
NOB II = U. Ohainksi/J. Udolph: *Die Ortsnamen des Landkreises Osterode am Harz* (= Veröffentlichungen des Instituts für Historische Landesforschung der Universität Göttingen 40; Niedersächsisches Ortsnamenbuch II), Bielefeld 2000.
NOB III = K. Casemir: *Die Ortsnamen des Landkreises Wolfenbüttel und der Stadt Salzgitter* (= Veröffentlichungen des Instituts für Historische Landesforschung der Universität Göttingen 43; Niedersächsisches Ortsnamenbuch III), Bielefeld 2003.
NOB IV = K. Casemir/U. Ohainski/J. Udolph: *Die Ortsnamen des Landkreises Göttingen* (= Veröffentlichungen des Instituts für Historische Landesforschung der Universität Göttingen 44; Niedersächsisches Ortsnamenbuch IV), Bielefeld 2003.
W. P. Schmid: *Baltische Gewässernamen und das vorgeschichtliche Europa*, in: *Indogermanische Forschungen* 77 (1972), S. 1–18.
W. P. Schmid: *Der griechische Gewässername Asōpós*, in: *Ponto-Baltica* 2–3 (1982–1983), S. 9–13.
W. P. Schmid: *Gewässernamen zwischen Danuvius und Don*, in: *Slavisches Spektrum. Festschrift für Maximilian Braun zum 80. Geburtstag*, hg. von R. Lauer et al. (= *Opera Slavica. Neue Folge* 4), Wiesbaden 1983, S. 410–422.
Schmid 1986a = W. P. Schmid: *Alteuropa und das Germanische*, in: *Germanenprobleme in heutiger Sicht*, hg. von H. Beck (= *Ergänzungsbände zum Reallexikon der Germanischen Altertumskunde* 1), Berlin – New York 1986, S. 155–167.
Schmid 1986b = W. P. Schmid: *Bemerkungen zum Werden des „Germanischen"*, in: *Sprache und Recht. Beiträge zur Kulturgeschichte des Mittelalters. Festschrift für Ruth Schmidt-Wiegand*, hg. von K. Hauck et al., Berlin – New York 1986, S. 711–721.
W. P. Schmid: *Zu den germanisch-baltischen Sprachbeziehungen. Die Komparative der Adjektiv*, in: *Indogermanica Europaea. Festschrift für Wolfgang Meid*, hg. von K. Heller et al. (= *Grazer Linguistische Monographien* 4), Graz 1989, S. 241–250.
W. P. Schmid: *Linguisticae Scientiae Collectanea. Ausgewählte Schriften von Wolfgang P. Schmid anläßlich seines 65. Geburtstages*, hg. von J. Becker et al., Berlin – New York 1994.
Toporov I = V. N. Toporov: *Prusskij jazyk. Slovar'. A–D*, Moskva 1975.
J. Udolph: *Studien zu slavischen Gewässernamen und Gewässerbezeichnungen* (= *Beiträge zur Namenforschung. Neue Folge, Beiheft* 17), Heidelberg 1979.
J. Udolph: *Die Stellung der Gewässernamen Polens innerhalb der alteuropäischen Hydronymie* (= *Beiträge zur Namenforschung. Neue Folge, Beiheft* 31), Heidelberg 1990.
Udolph 1994a = J. Udolph: *Namenkundliche Studien zum Germanenproblem*, Berlin – New York 1994.

Udolph 1994b = J. Udolph: *Der Ortsname* Grom *bei Olsztin*, in: *Universytet Gdanski. Zeszyty Naukowe – Prace Językoznawscze* 19–20 (1994), S. 87–91.
J. Udolph: *Ruhr, Rhume, Rumia, Ruthe, Ryta und Verwandtes*, in: *Hydronimia Słowianska* 2 (1996), S. 93–115.
Udolph 1999a = J. Udolph: *Baltisches in Niedersachsen?*, in: *Florilegium Linguisticum. Festschrift für Wolfgang P. Schmid zum 70. Geburtstag*, hg. von E. Eggers et al., Frankfurt/Main 1999, S. 493–508.
Udolph 1999b = J. Udolph: *Zur Schichtung der Gewässernamen in Südniedersachsen*, in: *Südniedersachsen* 29 (1999), S. 72–82.
Udolph 1999c = J. Udolph: *Flur-, Orts- und Gewässernamen im Norden der Gemeinde Belm*, in: *Osnabrücker Mitteilungen* 104 (1999), S. 57–89.
J. Udolph: *Junica – Jühnde – Jauntal*, in: *Namen, Sprachen und Kulturen. Festschrift für Heinz-Dieter Pohl zum 60. Geburtstag*, hg. von P. Anreiter, Wien 2002, S. 763–772.
A. Vanagas: *Lietuvių hidronimų etimoginis žodynas*, Vilnius 1981.
M. Vasmer: *Russisches etymologisches Wörterbuch* I–III, Heidelberg 1953–1958.

Alteuropäische Hydronymie und urslavische Gewässernamen*

Einleitung

Der Versuch, in etwa denjenigen Bereich abzustecken, in dem sich die slavischen Sprachen aus einem Sprachgebiet indogermanischer Dialekte heraus entfaltet haben, und in dem weiten Bereich zwischen Wolga und Elbe, zwischen der Ostsee und dem Balkan unter den Zehntausenden von slavischen Gewässernamen nach „urslavischen Typen" zu suchen, kann nicht allein aus slavistischem Blickwinkel heraus gelingen. Zwar bieten Sammlungen und Interpretationen slavischer Flussnamen selbstverständlich dasjenige Material, das in diesem Zusammenhang interessiert, aber ein mutmaßlich sehr alter slavischer Flussname muss notwendigerweise in einem gewissen Zusammenhang mit der voreinzelsprachlichen, also mit der indogermanisch geprägten, oder mit den Worten von Hans Krahe, mit der *alteuropäischen*, Hydronymie[1] in Beziehung stehen. Wir müssen daher vor dem Blick in die slavischen Gewässernamen wenigstens grob die wichtigsten Kriterien dieser Theorie umreißen, wobei auf die Arbeiten von W. P. Schmid[2] nachdrücklich zu verweisen ist. Für einen Teilbereich Osteuropas darf ich auch eigene Arbeiten nennen.[3]

A   Alteuropäische Hydronymie

Bei der Aufdeckung der alteuropäischen Hydronymie war Hans Krahe zu der Erkenntnis gekommen, dass die Flussnamen häufig aus einer Wurzel und unterschiedlichen Ableitungselementen zusammengefügt sind. In einem Schema hat er diese Möglichkeiten etwa wie folgt angeordnet:[4]

-a (-o-)	-ia (-io-)	-ua (-uo-)	-ma- (-mo-)	-na (-no-)	-ra (-ro-)	-la (-lo-)	-nta	s(i)a-, -s(i)o	-sta (-sto)	-ka (-ko)	-ta (-to-)
*Ala	*Alia	*Alava	*Alma	*Alna	*Alara		*Alanta	*Alsa	*Alesta		
*Drava	*Druja			*Druna			*Druantia				*Druta

---

* Erstmals erschienen in: *Onomastica* 42 (1997), S. 21–70.
[1] Vgl. H. Krahe: *Unsere ältesten Flußnamen*, Wiesbaden 1964; ders., zahlreiche Aufsätze in den *Beiträgen zur Namenforschung*, Bd. 1–16 (1949/50–1965).
[2] Vor allem: W. P. Schmid: *Linguisticae Scientiae Collectanea. Ausgewählte Schriften*, Berlin – New York 1994.
[3] Vgl. J. Udolph: *Die Stellung der Gewässernamen Polens innerhalb der alteuropäischen Hydronymie*, Heidelberg 1990; ders., *Ruhr, Rhume, Rumia, Ruthe, Ryta und Verwandtes*, in: *Hydronimia Słowiańska*, Bd. 2, Kraków 1996, S. 93–115.
[4] H. Krahe: *Unsere ältesten Flußnamen*, Wiesbaden 1964, zwischen S. 62 u. 63.

Es unterliegt keinem Zweifel, dass dieser Entwurf heute zum Teil anders aussehen würde und Korrekturen angebracht sind. Die Grundlagen dieses Vorschlages haben jedoch bis heute ihre Gültigkeit bewahrt, wie nicht zuletzt die Anwendung auf die vorslavischen Gewässernamen Polens deutlich gemacht hat.[5]

Hans Krahe selbst hatte seinerzeit die slavische Hydronymie kaum berücksichtigt. Dieses trug ihm von seiten einiger Slavisten herbe Kritik ein.[6] Inzwischen kann man – nicht zuletzt durch die in der *Hydronymia Europaea* erschienenen Arbeiten zur Hydronymie Polens[7] – slavische Gewässernamen sehr viel besser in das System der alteuropäischen Hydronymie einarbeiten. Ich habe dieses vor einigen Jahren in Mogilany zu zeigen versucht[8] und das Schema des Kraheschen Systems auf die weit verstreuten Flussnamen der indogermanischen Wurzel *reu-, *reu̯ə-, *rū- 'aufreißen, graben, aufwühlen' übertragen.

Ableitungen zur Wz. *reu-/*reu̯ə-, rū-/*rŭ- (osteurop. Namen = **fett gesetzt**)									
-a (-o-)	-ia (-io-)	-ma- (-mo-)	-na (-no-)	-ra (-ro-)	-la (-lo-)	-nta	-s(i)a, -s(i)o-	-g(i)a	-ta, -to-
rovъ, rāvas, riava	reja (?)		runa (mediterran?)					*rugia (roman.)	
Rawa, Rāvas	**Ruja, Rujas**	**Rhume, Rumia**	**Runa,** Rauna	Ruhr, Roer, Rulle, **Rurzyca**	Rühle, Rulle, **Ryla, Rila**	**Reut, Revuca** (?)	Reuß, Riß, **Ros', Rusa**	Ruga, Rügen (?)	Rut(h)e, **Ryta, Rutь** u. a.

Diese Tabelle zeigt deutlich, wie stark der Anteil Osteuropas an der Streuung der Namen ist. Die Existenz dieser Parallelen nehmen Namenforscher des westlichen Europa nicht immer zur Kenntnis;[9] andererseits ist auch darauf zu verweisen, dass osteuropäisches Material ebenfalls nicht für sich allein oder isoliert von mittel- und westeuropäischen Parallelen behandelt werden darf.

B   Alteuropäische Hydronymie und slavische Gewässernamen

Aufbauend auf der alteuropäischen Hydronymie gelingt es viel besser, aus dem Bestand der Gewässernamen der slavischen Länder diejenigen Flussnamen auszusondern, die das Prädikat „urslavisch" verdienen. Im Vergleich zu rein slavischen Namen fallen derartige Namen etwa durch folgende Punkte auf:

---

[5] Vgl. Udolph, Stellung.
[6] Vgl. z. B. M. Rudnicki: *O niektórych nazwach rzecznych podejszanych o obce pochodzenie na ziemiach polskich i o urojonym „najézdzie" Venetów*, in: Slavia Antiqua 15 (1968), S. 243–261, hier: S. 257.
[7] Reihe *Hydronymia Europaea*, hrsg. v. W. P. Schmid, Bd. 1–18 und 3 Sonderbände, Wiesbaden 1985–2005.
[8] Gedruckt: Ruhr, Rhume, Rumia, Ruthe, Ryta *und Verwandtes*, in: *Hydronimia Słowiańska*, Bd. 2, Kraków 1996, S. 93–115.
[9] Das betrifft in letzter Zeit in hohem Maße auch die Versuche von T. Vennemann.

1. Sie enthalten vom Standpunkt des Slavischen aus unproduktive Bildungsmittel (Suffixe, Formantien); dieses sichert ihr relativ hohes Alter.
2. Hinsichtlich des indogermanischen Ablauts und dessen Vorkommen in slavischen Gewässernamen können zwei Erscheinungen von Bedeutung sein:
   a) zum einen Flussnamen, deren Ableitungsgrundlage im Gegensatz zum appellativischen Bestand ein Abweichen im Ablaut aufweist. Oder mit anderen Worten: Während die Grundstufe *Kek-[10] appellativisch im Slavischen bekannt ist, erscheint die Abtönung *Kok- nur im Namenbestand. Derartige Hydronyme dürfen als wichtige Bindeglieder zwischen vorslavischer Namengebung und slavischer Namenschicht angesehen werden.
   b) Da die Ablauterscheinungen sich gegenseitig bedingen, ist für den mutmaßlichen Raum der slavischen Ethnogenese der Nachweis von Gewässernamen, die auf zwei oder mehr Ablautvarianten beruhen, sowie deren benachbart auftretende Streuung von höchstem Interesse. Sie sind wesentliche Zeugen für den Raum, in dem sich die Ausgliederung aus dem indogermanischen Sprachgebiet vollzogen haben dürfte.
3. Das Prädikat „urslavisch" verdienen weiter Gewässernamen, die mit <u>slavischen</u> Suffixen von <u>voreinzelsprachlichen</u>, d. h. <u>alteuropäischen</u> Basen abgeleitet sind.
4. Während man zu Beginn der Aufdeckung der alteuropäischen Hydronymie zunächst undifferenziert alles zusammenstellte, was unter den Begriffen „alteuropäisch, indogermanisch, voreinzelsprachlich" gesammelt werden konnte, hat sich in den letzten Jahren immer mehr gezeigt, dass es unter Umständen gelingen wird, innerhalb dieser alten Namenschicht gewisse Schichtungen, Abstufungen oder territoriale Abgrenzungen zu ermitteln, die Hinweise auf eine Untergliederung der Hydronymie geben könnten. Für die Frage nach alten Gewässernamen auf slavischem Gebiet lassen sich vielleicht aus einer schon des Öfteren vertretenen Theorie, die von einer näheren Verwandtschaft des Slavischen mit dem Baltischen und Germanischen ausgeht, neue Aspekte für die Bestimmung urslavischer Gewässernamen gewinnen. Hydronyme, die dieses widerspiegeln, zeigen zumeist Wurzelerweiterungen indogermanischer Basen und sind von besonderer Bedeutung für die Frage, in welchen Bereichen sich die drei genannten Sprachgruppen entwickelt haben könnten.

Im Folgenden soll der Versuch unternommen werden, die genannten Möglichkeiten mit Material zu füllen.

I   Suffixbildungen

Unproduktive und daher relativ alte Suffixe in slavischen Gewässernamen hat schon M. Vasmer als wichtige Zeugen für die alten Wohnsitze der Slaven herangezogen.[11] Er behandelte Bildungen auf *-ostь* (*Dobrost', Černost', Mokrost', Sudost', Snagost'*), *-ujь* (*Bobruj, Berezuj*), *-ajь* (*Borzaj, Berezaj, Ilovaj*), *-yni* (*Goryn', Medyn', Vjazyn', Volyn'*), *-anь* (*Lu-*

---

[10] *K* = beliebiger Konsonant.
[11] M. Vasmer: *Schriften zur slavischen Altertumskunde und Namenkunde*, hg. von H. Bräuer, Bd. 1, Berlin – Wiesbaden 1971, S. 86f.

gan', *Chvorostan'*, *Ptan'*), -*men*- (*Vjaz'ma* : *Vjaz' men'*, *Tismenica*), -*nt*-Partizipia ohne die sonst im Slavischen übliche -*i̯*-Erweiterung (*Reut*, *Gremjatka*), alte -*ū*-Stämme vom Typus *svekry*, *svekrъve* (*Bagva*, *Mokva*), Bildungen auf -*oč'* (*Bìloč'*), adjektivische Formen ohne die im Slavischen früh eintretende Weiterbildung mit -*ko*- (*Glubo*), alte -*l*-Partizipia (*Piskla*, *Vorskla*), Bildungen wie russ. *Bìleja*, *Ljuteja*.

Soweit ich sehe, ist diese Auflistung seit ihrem Erscheinen (1941) nicht zusammenhängend diskutiert worden.[12] Ich meine, dass es an der Zeit ist, dieses zu tun. Neue Sammlungen und neue Theorien können uns helfen, der Frage nachzugehen, inwieweit M. Vasmers Zusammenstellung heute noch Gültigkeit hat. Dabei sollen uns Kartierungen helfen.

1. -*ostь*

Die von M. Vasmer genannten Bildungen mit -*ostь* wie *Dobrost'*, *Černost'*, *Mokrost'*, *Sudost'*, *Snagost'* hat dieser etwas später noch ergänzt durch *Kunost'*, *Molost'* und *Smolost'*.[13] H. Krahe hat Vasmers Bemerkungen aufgegriffen[14] und sie als Ausgangspunkt einer Betrachtung anderer mit -*st*- gebildeter Namen (vor allem außerhalb des slavischen Bereiches) genommen.[15]

Betrachtet man sich diese Gruppe etwas näher, so spricht manches dafür, dass hier Verschiedenes zusammengeflossen ist.

Der Flussname *Černost'* (→ *Kun'ja* im ehemaligen Kreis Toropec[16], Gouv. Pskov), auch See bei Režica (Gouv. Pskov), liegt weit außerhalb des altslavischen Siedlungsgebietes; im Vergleich zu den folgenden Namen wird sich zeigen, dass der Aussagewert der beiden Namen sehr gering ist.

Dobrost' ist nach V. N. Toporov und O. N. Trubačev[17] nur eine spätere, offenbar slavisierte Form des älteren Namens *Dobrososna*.

Mokrost' findet sich weder im *Russischen Geographischen Namenbuch* noch im *Wörterbuch der russischen Gewässernamen!*

Sudost' als Name eines bedeutenden rechten Nebenflusses der Desna (G. Černigov u. Orel) kann zwar eine Bildung mit einem slavischen Suffix sein, wahrscheinlicher ist aber eine Slavisierung einer vorslavischen Vorlage.[18]

Das Suffix des Flussnamens *Snagost'* (linker Nebenfluss des Sejm) hatte schon J. Rozwadowski[19] mit außerslavischem Material verbunden und damit den Blickwinkel er-

---

[12] Auch J. Prinz ging in seinem Beitrag *Zur Bestimmung der ältesten slavischen Namenschicht anhand der Gewässernamen*, in: *Actes du XIe Congres International des Sciences Onomastiques*, Bd. 2, Sofia 1975, S. 181–187 nicht darauf ein.

[13] Vasmer, Schriften II, S. 774.

[14] H. Krahe: *Über einige Gewässernamen mit st-Suffix*, in: *Beiträge zur Namenforschung* 10 (1959), S. 1–17; hier: S. 1.

[15] Zu den -*st*-Bildungen vgl. jetzt auch J. Udolph: *Namenkundliche Studien zum Germanenproblem*, Berlin – New York 1994, S. 218–242.

[16] Aufgrund des herangezogenen Materials übernehme ich bei der Lokalisierung der Namen z. T. die frühere administrative Zugehörigkeit und Schreibung.

[17] *Lingvističeskij analiz gidronimov Podneprov'ja*, Moskva 1962, S. 184.

[18] In diesem Sinne: Toporov/Trubačev, Lingvističeskij analiz, S. 210; zum Namen vgl. auch K. Moszyński: *Pierwotny zasiąg języka prasłowiańskiego*, Wrocław – Kraków 1957, S. 189.

weitert. Für V. N. Toporov und O. N. Trubačev[20] ist der Name unklar, M. Vasmer dachte an Zusammenhang mit skr. *snaga* 'Kraft', auch aruss. *snaga, snagota* 'Kraft'. Diese Deutung stieß aber auf Skepsis, vgl. P. Arumaa[21] und J. Prinz[22].

Kunost' kann als südlicher Zufluss eines Sees im ehemaligen Kr. Belozersk (Gouv. Novgorod) kaum slavischer Herkunft sein. Eine Verbindung mit russ. *kuna* 'Marder' ist für Flussnamen äußerst unwahrscheinlich; nimmt man mit germanischer Lautverschiebung Namen wie *Haune, Hönne, Hunze* (alt *Hunesa*), *Hunte, Honte, Hunne* und auch *-apa*-Namen wie *Honnef, Hunnepe, Honepe* hinzu, vergleicht weiter baltisches Material um *Kawniten, Kawnyne, Kaunas, Kàunata, Kaunen See, Kunà, Kune, Kunas, Kun-upe* u. v. a. m. (zahlreiche Namen) und verbindet dieses mit lit. *kune* 'sumpfige Stelle, morastiger Ort', so findet sich auch für *Kunost'* ein Anschluss, der allerdings wenig Raum für Slavisches lässt.

Molost' ist in dieser Form im *Wörterbuch der russischen Gewässernamen* nicht bezeugt, nur im Lokativ als *Moloste*, woraus *Molosta* (Fluss im ehemaligen Kr. Kozel'sk, Gouv. Černigov) gewonnen wird[23].

Smolost' ist nur eine Variante eines sonst als *Sloust', Sloust* bezeugten Flusses im ehemaligen Kr. Ihumen (Gouv. Minsk) und bleibt besser fern.[24]

Die Ausbeute alter slavischer *-ost'*-Namen ist also sehr gering.

2.   *-ujь*

Für altertümlich hält M. Vasmer auch das Suffix *-ujь*, das in zwei Namen (*Bobruj, Berezuj*) nachgewiesen werden kann.[25] Aber auch hier bleiben erhebliche Zweifel. Der Flussname *Bobrujka* (poln. *Bobrujka*), ein rechter Nebenfluss der Berezina (samt ON *Bobrujsk*) wird einerseits zum slavischen Wort für den 'Biber' (*bobr* usw.) gestellt,[26] andererseits wird er aber auch dem baltischen Substrat zugerechnet, das einer Slavisierung unterzogen worden ist.[27] Wie dem auch sei, zu den alten, einer urslavischen Schicht angehörenden Namen wird man ihn nicht zählen dürfen, da die *-o*-Variante des slavischen Biberwortes eine Neuerung darstellt.[28]

---

[19] *Studia nad nazwami wód słowiańskich*, Kraków 1948, S. 200.
[20] Lingvističeskij analiz, S. 220.
[21] *Sur les principes et méthodes d'hydronymie russe: Les noms en* gost', in: *Scando-Slavica* 6 (1960), S. 144–175, hier: S. 164.
[22] Zur Bestimmung, S. 184.
[23] Wörterbuch der russisches Gewässernamen, Bd. 3, Berlin u. a. 1965, S. 303.
[24] S. Toporov/Trubačev, Lingvističeskij analiz, S. 208.
[25] Vasmer, Schriften I, S. 86.
[26] J. Otrębski: *Miscellanées onomastique*, in: *Lingua Posnaniensis* 1 (1949), S. 196 mit Hinweis darauf, dass die ältere Form des GN *Bobruja* lautete und *Bobrujka* eine jüngere, wohl nach dem ON neu gewonnene Bildung ist (B.-U. Kettner: *Flußnamen im Stromgebiet der oberen und mittleren Leine*, Rinteln 1972, bezeichnet diese Erscheinung als „Back-Formation"; J. Udolph: *Slavisch *bobrъ, *bebrъ, *bübrъ in Appellativa und Namen*, in: *Festschrift für H. Bräuer*, Köln – Wien 1986, S. 656.
[27] Toporov/Trubačev, Lingvističeskij analiz, S. 177.
[28] Vgl. Udolph, Slavisch **bobrъ, *bebrъ, *bъbrъ*, S. 647-665.

Den Namen *Berezuj, Berezujka* tragen sieben Flüsse in den ehemaligen Gouv. Kaluga und Tver'.[29] Allein wegen ihrer geographischen Lage (das wird unten näher begründet) scheiden sie als Zeugen urslavischer Namengebung aus.

3.   *-ajь*

Eine altertümliche Bildung sieht M. Vasmer auch in dem *-ajь*-Suffix, das in den Flussnamen *Berezaj, Borzaj, Ilovaj, Zamglaj* vorliegen soll.[30] Auch hier führt eine genauere Prüfung zu erheblichen Zweifeln.

Berezaj ist der Name eines Nebenflusses der Msta im ehemaligen Kr. Valdaj und des Quellsees dieses Gewässers.[31] In der Nähe liegen ein ON *Berezaj* und ein GN *Berezajka.* Ich habe einen älteren Beleg ermittelt: 1654 *na Berezai*[32]. Ju. O. Otkupščikov[33] verbindet diesen Namen gemeinsam mit weiteren ostslavischen Entspechungen keineswegs mit *bereza* 'Birke', sondern mit bulg. *bŭrzej* 'Schwelle im Fluss, Stromschnelle, Oberlauf eines Baches', aksl. *brŭ-žaj* 'Fluss, Fließen'.

Borzaj fehlt im *Wörterbuch der russischen Gewässernamen*, bezeugt ist nur *Borzajka*, Nebenfluss der Wolga im Kr. Myškin, ehemaliges Gouv. Jaroslavl'. Der Name enthält sicher kein urslavisches Suffix, sondern basiert auf einem Appellativum, das dieses bereits enthält.

Gleiches gilt für *Ilovaj*, rechter Nebenfluss des Voronež im ehemaligen Gouv. Tambov;[34] es liegt eine direkte Ableitung von russ. *ilovaj* 'Niederung, Marschland' vor[35], und somit kein urslavischer Typ.

Zamglaj ist zum einen der Name eines Sumpfes im ehemaligen Kr. Černigov, zum andern der eines rechten Nebenflusses der Desna im ehemaligen Gouv. Černigov.[36] Zugrunde liegt ein Kompositum mit der Präposition *za*, zum zweiten Element vgl. Ju. S. Vynohrads'kyj:[37] „Nazva maje, očevydno, tej samyj korin' *-mgl-*, ščo i v slovi *mgla* ...".

Versucht man, M. Vasmers Basis zu erweitern, so gelingt dieses vielleicht mit *Strużaj*, einem Flussnamen im Warthe-Gebiet, allerdings betonen J. Rieger und E. Wolnicz-Pawłowska: „funkcja sufiksu niejasna"[38].

Das Suffix ist als Element alter slavischer Gewässernamen nur schwer fassbar. V. N. Toporov und O. N. Trubačev[39] bieten etliche Namen auf *-ajka* (*Jasajka, Možajka, Žertajka,*

---

[29] Wörterbuch der russischen Gewässernamen I, S. 144.
[30] Vasmer, Schriften I, S. 86.
[31] Wörterbuch der russischen Gewässernamen I, S. 127.
[32] Russkaja istoričeskaja biblioteka V, S. 94.
[33] *Iz gidronimiki (Reki Berezina i Borisfen)*, in: *Acta Linguistica Academiae Scientiarum Hungaricae* 24 (1974), S. 277–292, hier: S. 282.
[34] Wörterbuch der russischen Gewässernamen II, S. 134.
[35] Vgl. J. Udolph, *Studien zu slavischen Gewässernamen und Gewässerbezeichnungen. Ein Beitrag zur Frage nach der Urheimat der Slaven*, Heidelberg 1979, S. 153 und 160; s. auch S. Rospond: *Słowiańskie nazwy miejscowe z suf. -ŭsk-*, Wrocław 1969, S. 128.
[36] Wörterbuch der russischenGewässernamen II, S. 56.
[37] *Nazvy mist, sil ta ričok Černihivščyny*, in: *Movoznavstvo* 14 (1957), S. 29–39, hier: S. 37.
[38] *Nazwy rzeczne w dorzeczu Warty*, Wrocław usw. 1975, S. 154.
[39] Lingvističeskij analiz, S. 69.

Černjajka, Šarajka), betonen aber wenig später (S. 79) mit Recht die baltische Herkunft des Suffixes. Etwas differenzierter werden in der Arbeit von O. N. Trubačev[40] die 17 Gewässernamen mit einem Suffix *-aj* (wobei allerdings einige mehrfach bezeugt sind) betrachtet: Sie sind sehr unterschiedlicher Herkunft. *Dovgaj, Bakaj* und *Bugaj* sind slavischer Herkunft, jedoch enthalten die zugrunde liegenden Appellativa bereits das Suffix[41], es können also ganz junge Namen vorliegen; *Udaj* wird dem iranischen Substrat zugerechnet, *Šaraj* ist unklar, aber kaum slavisch; in *Kavraj/Kovraj* sieht O. N. Trubačev Komposita mit Ka-, Ko- (ob zu Recht, soll hier nicht entschieden werden), während *Žartaj* dem Baltischen zugezählt wird. Somit bleiben kaum urslavische Bildungen übrig.

Schon früher hatte J. Prinz[42] *-aj* vor allem dem Baltischen zugeschrieben, allerdings auch nicht ausgeschlossen, dass es in einzelnen slavischen Ortsnamen (er nennt vor allem *Goraj*) vorkomme. Auch nach V. Kiparsky[43] ist *-ajka* ein vornehmlich baltisches Bildungsmittel.

Am ehesten spricht für die Verwendung als altslavisches Bildungsmittel die Sippe um slavisch *dunaj*, das sowohl im appellativischen Bestand wie im Namenschatz des Slavischen gut bezeugt ist. Zwar muss eine teilweise Beeinflussung durch *Dunaj* 'Donau' angenommen werden, aber alle Namen werden damit nicht erklärt, so kaum der des *Dunajec*. Ausführlich wurde von mir zu dieser Sippe (mit Kartierung) an anderer Stelle gehandelt.[44]

4. *-yn'/-ynja*

Während die bisherigen Suffixbildungen sehr viel Zweifelhaftes enthielten, ergibt sich bei der Untersuchung des Elements *-yni*, das M. Vasmer[45] in den Flussnamen *Goryn'* (zu *gora* 'Berg'), *Medyn'* (zu *medъ* 'Honig, Met'), *Vjazyn'* (zu *vęzъ* 'Ulme') und *Volyn'* sieht, ein ganz anderes Bild. Abgesehen davon, dass die Etymologie von *Goryn'* und *Medyn'* so nicht stimmen kann, ist das Bildungsmittel *-yn-/-ynja*, das von E. Dickenmann ausführlich behandelt worden ist,[46] deshalb besonders interessant, weil es sowohl in slavischen Namen (*Wodynia*) wie in Toponymen, die in ihrer Zuordnung umstritten sind (*Wolhynien, Goryn'*), und schließlich in Gewässernamen, die in der alteuropäischen Hydronymie einen besseren Anschluss finden als im Slavischen, auftritt. Dazu zähle ich u. a. *Lutynia, Łydynia* und *Cetynia*.[47]

Wir berühren damit einen Punkt, der in der Vergangenheit häufig falsch interpretiert worden ist. Während man sich früher darum bemühte, bei der Suche nach der Slaven-

---

[40] O. N. Trubačev: *Nazvanija rek pravoberežnoj Ukrainy*, Moskva 1968, S. 190f.
[41] Zu *bugaj* zuletzt: Udolph, Stellung, S. 79f.
[42] *Der Reflex des baltischen Substrats in von* *berž- *'Birke' abgeleiteten russischen Orts- und Gewässernamen*, in: Beiträge zur Namenforschung 15 (1964), S. 261–281, hier: S. 263f.
[43] *Rez. von V. N. Toporov/O. N. Trubačev, Lingvističeskij analiz gidronimov Verchnego Podneprov'ja, Moskva 1962*, in: Zeitschrift für slavische Philologie 31 (1963), S. 424–434, hier: S. 426.
[44] Udolph, Studien, S. 359–365.
[45] Schriften I, S. 86.
[46] E. Dickenmann: *Das slavische Suffix* -yńi *(-ynja) unter besonderer Berücksichtigung des Serbokroatischen*, Münster 1978.
[47] Udolph, Stellung, S. 321–322.

heimat ein Gebiet zu ermitteln, in dem es vorrangig oder ausschließlich Gewässernamen slavischer Herkunft geben sollte, hat die Aufdeckung der alteuropäischen Hydronymie zu einer neuen (gleichzeitig aber auch schon früher herausgearbeiteten) Überlegung geführt: Die Entfaltung einer indogermanischen Einzelsprache setzt immer auch eine <u>kontinuierliche Entwicklung aus einem voreinzelsprachlichen Substrat</u> voraus.

Wenn es z. B. bei J. Prinz heißt: „Da das Gebiet zwischen Karpaten und Dnjepr deutliche Zeugnisse eines vorslavischen Substrats aufweist, sollte man die vorangehende Urheimat der Slaven deshalb im baltoslavischen Bereich nördlich des Pripjať suchen"[48], so liegt hierin eine falsche Schlussfolgerung: Die Ethnogenese kann sich nur in einem Gebiet vollzogen haben, das in der Toponymie und Hydronymie <u>Bindeglieder</u> zwischen voreinzelsprachlicher (d. h. alteuropäischer) und einzelsprachlicher Namengebung aufweist. Oder mit anderen Worten: In diesem Gebiet müssen notwendigerweise vorslavische Gewässernamen, die die Verbindung mit der alteuropäischen Hydronymie und mit den indogermanischen Schwestersprachen dokumentieren, vorhanden sein. Und das gilt auch für das Slavische. Aus diesem Grund darf man in Gewässernamen, die -yni/-ynja-Ableitungen von <u>slavischen</u> Grundwörtern enthalten, wichtige Zeugen einer älteren slavischen Sprachstufe sehen.

5.   -anь

Weniger überzeugend ist die Annahme eines altertümlichen slavischen Suffixes -anь in den Namen *Lugan'*, *Chvorostan'* und *Ptan'*.[49]

Lugan', ein rechter Nebenfluss des Severskij Donec im ehemaligen Gouv. Jekaterinoslav,[50] liegt in einem Gebiet, in dem -an'-Bildungen nicht selten sind[51]. Darunter befinden sich aber Namen wie *Kuban'* und andere, die kaum slavisch sind, daneben aber auch sicher slavische Typen wie *Rogan'* und *Prosjana*. Aber es darf des Weiteren nicht übersehen werden, dass es auch Anklänge an die alteuropäische Hydronymie geben könnte: *Lugan'* erinnert an den deutschen Flussnamen *Lahn*, der gut auf *Lugana zurückgeführt werden kann.[52] Andererseits ist slavische Herkunft nicht zu bestreiten bei südslavischen Namen wie *Lȋganj* auf der Insel Brač[53] und *Lugàńa*, FlurN auf Krk[54].

Ob der linke Nebenfluss des Don *Chvorostan'* ein slavisches Suffix enthält, wie M. Vasmer meint,[55] ist kaum anzunehmen. Der Name dürfte nichtslavischer Herkunft sein.[56]

Ptan' heißen zwei Flüsse in den ehemaligen Gouv. Orel und Tula[57]. M. Vasmers Verbindung mit slav. *ptica* 'Vogel' usw.[58] wird kaum zutreffen. Hier dürften eher volksety-

---

[48] Zur Bestimmung, S. 186.
[49] Vasmer, Schriften I, S. 86.
[50] Wörterbuch der russischen Gewässernamen III, S. 128.
[51] Vgl. I. V. Muromcev: *Slovotvorči typy hidronimiv (bassejn Siversk'koho Dincja)*, Kyïv 1966, S. 10.
[52] A. Greule: *Vor- und frühgermanische Flußnamen am Oberrhein*, Heidelberg 1973, S. 136.
[53] P. Šimunović: *Toponimija otoka Brača*, Supetar 1972, S. 205.
[54] I. Jelenović: *Mikrotoponimija dobrinjskog područja na otoku Krku*, in: *Hrvatski dijalektološki zbornik* 3 (1973), S. 151–318, hier: S. 218.
[55] Schriften I, S. 86.
[56] Vgl. etwa V. P. Zagorovskij: *Istoričeskaja toponimika Voronežskogo kraja*, Voronež 1973, S. 123.
[57] Wörterbuch der russischen Gewässernamen III, S. 807.

mologische Einwirkungen vorliegen. Gewässernamen des Typs 'Vogelbach, Vogelfluß' gehören keineswegs zu einer altertümlichen Gewässernamenschicht.

Und so wundert man sich nicht, dass es nach nach V. N. Toporov und O. N. Trubačev[59] vollständig westlich des Dnjepr, also im alten slavischen Siedlungsgebiet, fehlt. Hinzu kommt, dass Namen wie *Vagan, Jeszman, Ivan', Tran', Steržan'* nicht gerade einen slavischen Eindruck machen. Dem entspricht durchaus O. N. Trubačevs Untersuchung der rechtsufrigen Ukraine: Er sieht in Namen wie *Skibin', Ljuban', Saksagan', Berezan', Samotkan', Savran'* mit Recht türkische, iranische und andere nichtslavische Elemente.[60] Schließlich ist darauf zu verweisen, dass sich hinter einem *-an-*Suffix auch alteuropäische Bildungen verbergen können, wie man es für den polnischen Flussnamen *Orunia*, 1338 *Orana*, 1356 *Orana* usw. annehmen kann.[61]

6. *-men-*

Einen alten slavischen Bildungstyp vermutet M. Vasmer[62] in Flussnamen mit dem Element *-men-*, so in *Vjaz'men'* (: *Vjaz'ma*), zu russ. *vjazkij* 'schlammig', und *Tismenica,* zu *tichъ* 'ruhig, still'.

Auch hier sind erhebliche Korrekturen anzubringen. *Vjazmenka* oder *Vjazmen'* ist der Name eines Flusses im Gebiet der Westlichen Düna.[63] Die slavistische Deutung M. Vasmers wurde im Allgemeinen akzeptiert, so von V. N. Toporov und O. N. Trubačev[64] und P. Arumaa[65]. Dafür könnte auch eine Entsprechung in Bulgarien sprechen: nach J. I. Ivanov[66] liegt diese vor in dem ON *Vezme*, auch *Vezmen, Vezem, Vuzme, Vuzmen, Vuzem*.

Aber es gibt erhebliche Zweifel an den Vorschlägen: *Vjaz'ma* findet sich als Flussname siebenmal im ostslavischen Gebiet in den ehemaligen Gouv. Kaluga, Moskau, Smolensk, Tver' und Vladimir. Das ist eine Streuung, die die Ukraine völlig ausschließt und damit nicht gerade als urslavische Bildung anzusprechen ist.

Das wird dann besonders deutlich, wenn man damit eine andere *-men-*Bildung, nämlich *strumen', strumen, strumień* 'Bach, Strom, Quelle, schnelle Strömung' vergleicht. Während dieses Wort angesichts der sicheren außerslavischen Parallelen *sraumuõ, stràume*, ῥεῦμα, *straumr, Strom* bestens mit den Schwestersprachen verbunden werden kann, steht es um *vjazkij* sehr viel schlechter. Blickt man in die Namen, erhärtet sich der Befund.

Von slavisch *strumen'* liegt eine Untersuchung des Namenmaterials samt Kartierung vor[67] (s. Karte 1). Auf Einzelheiten gehe ich hier nicht ein. Die Verbreitung macht aber deutlich, welche Bereiche Anteil an der Streuung haben: Es sind nicht die von *Vjaz'ma*

---

[58] Schriften I, S. 86.
[59] Lingvističeskij analiz, S. 118.
[60] Trubačev, Nazvanija rek, S. 231.
[61] S. Udolph, Stellung, S. 219.
[62] Schriften I, S. 86.
[63] Wörterbuch der russischen Gewässernamen I, S. 405.
[64] Lingvističeskij analiz, S. 217.
[65] *Das Geschlecht der ostslavischen Gewässernamen*, in: *Annales Societatis Litterarum Estonicae in Svecia* 5 (1970), S. 16–34, hier: S. 24.
[66] *Mestnite imena meždu dolna Struma i dolna Mesta*, Sofija 1982, S. 89.
[67] Udolph, Studien, S. 272–276 mit Karte 31.

berührten Territorien, sondern genau die, die davon ausgespart sind: Ukraine, Polen, Weißrussland. Dass diese Konstellation kein Zufall ist, werden wir anhand weiterer Karten noch sehen.

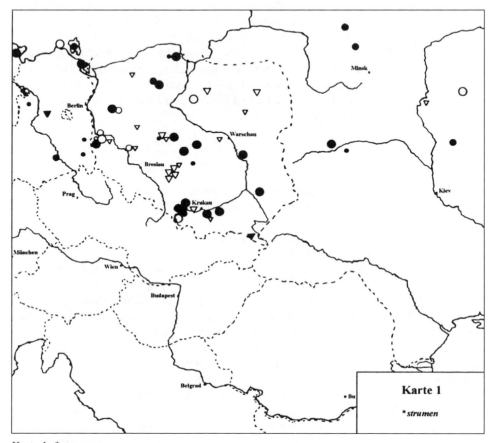

Karte 1: *strumen*

Von hieraus fällt neues Licht auf die Etymologie der *Vjaz'ma*-Namen: Weit eher als die Verbindung mit russ. *vjazkij* 'schlammig, sumpfig' wird man darin die indogermanische Wurzel *$\mu eng(h)$- 'gebogen, krümmt', hier wahrscheinlich als Satem-Variante *$\mu en\hat{g}(h)$-, sehen dürfen.

Der Fluss *Tismenica* oder besser *Tys'menycja* in Galizien ist ebenfalls sehr strittig. Zusammen mit weiteren Parallelen (*Tyśmienica* u. a.) hat man ihn im Allgemeinen wie M. Vasmer zu slav. *tichy* usw. gestellt.[68] In einer jüngeren Arbeit[69] wurde aber auch eine etwas überraschende Verbindung mit altirisch *tūaimm* 'Hügel' erwogen, ein Wort, das auf *$teusm\underline{n}$- zurückgeführt wird und somit morphologisch durchaus passen könnte.

[68] Vgl. Trubačev, Nazvanija rek, S. 266f. (mit Lit.).
[69] H. Mól: *Gewässernamen im Flußgebiet des Wieprz* (= Hydronymia Europaea, Lfg. 6), Stuttgart 1990, S. 41f.

Die Durchsicht hat gezeigt, dass sowohl *Vjaz'men'* wie auch *Tys'menycja* nicht so sichere Zeugen für urslavische Hydronyme sind, wie bisher angenommen. Ein ganz anderes Ergebnis zeigte der Fall *strumen'*, vor allem die Verbreitung der Namen hat uns – so denke ich – einen Schritt vorangebracht.[70]

7. -*nt*-Bildungen

Auch in bestimmten -*nt*-Partizipia sieht M. Vasmer altertümliche slavische Bildungen. Es geht dabei um Namen, die ohne die im Slavischen sonst übliche -*jo*-Erweiterung gebildet sind und das -*t*- durch die slavische Palatalisierung umgestaltet hätte. Dazu gehört nach seiner Meinung „*Reut* aus **Revǫtъ* 'brüllender' (Fluß) neben dem späteren *Revuča*, *Gremjatka* als 'tönend' neben *Gremjačij*, *Ržatъ* als 'wiehernd' u. a."[71]

Betrachtet man sich die Namen, was bisher noch nicht geschehen ist (der Vorschlag von M. Vasmer ist fast einhellig akzeptiert worden[72]), etwas genauer, so erheben sich einige Fragen, aus denen bald Zweifel werden. *Reut*, *Reutinka*, *Reuticha* und *Reucel* (mit rumänischem Suffix), die angeblich mit dem höchst altertümlichen -*t*-Suffix ohne slavische Palatalisierung gebildet sein sollen, sind Gewässernamen in Bessarabien, im ehemaligen Gouv. Kursk, Smolensk, Vladimir, Perm' und Kostroma[73]. Das sind zum Teil Bereiche, die die Ostslaven erst in den letzten Jahrhunderten des ersten Jahrtausends n. Chr. erreicht haben. Dass in diesen Namen, die zudem noch mit einem Suffix erweitert worden sind, noch urslavische Lautveränderungen manifestiert sein sollen, ist absolut unwahrscheinlich. Hier ist wohl eher der Wunsch der Vater des Gedankens gewesen. Vergleicht man außerdem mit diesen, angeblich höchst altertümlichen Namen die mutmaßlich jüngere Form *Revuč*-, so ergibt sich aus dem im Folgenden aufgelisteten Material eine weitere Frage.

Es geht um *Reučij Ovrag*, Variante *Reučaja*, im ehemaligen Gouv. Char'kov[74]; *Revučaja*, zwei Flüsse in den ehemaligen Gouv. Nižnij Novgorod und Poltava, *Revučee*, See (!) im ehemaligen Kr. Gomel', Gouv. Mogilev[75], *Revučij*, Nebenfluss der Apočka (ehemaliges Gouv. Kursk) und Arm des Dnjepr im ehemaligen Gouv. Poltava[76].

Diese Namen sind nicht zu trennen von *Revun*, fünf verschiedene Arme des Dnjepr (ehemaliges Gouv. Jekaterinoslav) und ein Bach im ehemaligen Gouv. Vjatka[77], *Revucha*, sechs Flussnamen im Don-Gebiet und nahe Kiev[78] sowie *Revuckogo Balka*, GN im ehemaligen Gouv. Char'kov[79].

---

[70] Zur Einbettung der mit -*men*- gebildeten Typen in die europäische Namenschicht vgl. auch P. Arumaa: Zu den slavischen und baltischen Gewässernamen auf -*men*-, in: *Commentationes linguisticae et philologicae* (= Festschrift für E. Dickenmann), hg. von F. Scholz, Heidelberg 1977, S. 1–16.

[71] Vasmer, Schriften I, S. 86.

[72] Vgl. H. Krahe: *Alteuropäische Flußnamen. 6. Slavische Namen*, in: *Beiträge zur Namenforschung* 3 (1952), S. 153–170, hier: S. 153 (mit Nennung weiterer Literatur); G. Schramm: *Eroberer und Eingesessene*, Stuttgart 1981, S. 52; Trubačev, Nazvanija rek, S. 220.

[73] Wörterbuch der russischen Gewässernamen IV, S. 47f.

[74] Wörterbuch der russischen Gewässernamen IV, S. 48.

[75] Wörterbuch der russischen Gewässernamen IV, S. 34.

[76] Wörterbuch der russischen Gewässernamen IV, S. 35.

[77] Wörterbuch der russischen Gewässernamen IV, S. 34.

Festzuhalten ist zunächst, dass in der Verbreitung der beiden Typen keine komplementäre Verteilung festzustellen ist (wir werden entsprechende Beispiele noch kennenlernen): Es ergibt sich eine bunte Streuung beider Varianten. Und zum Zweiten: Es handelt sich in hohem Maße um Flüsse, die im Bereich der südrussischen Steppe und Halbsteppe liegen (man beachte z. B. die Kombination mit *balka* 'längere Erosionsschlucht in der südrussischen Lösssteppe'). Die Vasmersche Etymologie knüpft an aksl. *revìti* 'brüllen' an. Es erheben sich aber nachhaltig Zweifel daran, Gewässer der südrussischen Landschaft als 'brüllende, rauschende' Flüsse zu interpretieren; auch der oben genannte Seename (!) *Revučee* spricht eindeutig gegen diese Etymologie.

Viel sinnvoller ist eine Verbindung mit der im Slavischen bestens bekannten Sippe um *rvat'*, *rovъ* 'reißen, Graben, Vertiefung', worauf ich an anderer Stelle bereits hingewiesen habe,[80] sowie die Annahme, dass verschiedene Suffixe an die slavische Basis angetreten sind. Nur so erklärt sich die gegenseitige Durchmischung beider Varianten. Eine chronologische Differenzierung zwischen den *Reut*- und *Revuč*-Namen lässt sich nicht feststellen.

Noch eindeutiger ist die Situation im Fall von *Gremjatka*: Hierin wurde eine morphologisch identische Variante wie bei *Reut* gesehen und der Name als 'tönendes Gewässer' zu russ. *gremet'* usw. gestellt. Die „echt slavische" Bildung soll in *Gremjačij* vorliegen. Ich habe mich bemüht, einen Flussnamen *Gremjatka* oder eine entsprechende Bildung nachzuweisen; es gelingt nicht. Das *Wörterbuch der russischen Gewässernamen* enthält neben zahlreichen Belegen wie *Gremucha*, *Gremučaja*, *Gremučee*, *Gremučij*, *Gremučka* (31 Namen)[81] nur Formen mit normaler slavischer Partizipialbildung wie *Gremjač*, *Gremjač*, *Gremjača*, *Gremjačaja*, *Gremjačev*, *Gremjačevka*, *Gremjačevskij*, *Gremjačij*, *Gremjačka*, *Gremjač'* (81 Namen), aber keinen einzigen Beleg *Gremjat-*, *Gremjatka* o. ä. Man hat sich offenbar auf einen Irrtum gestützt.

Die kommentarlos übernommenen Etymologien M. Vasmers sollten zukünftig wesentlich genauer geprüft werden. Das gilt auch für die hier nicht behandelten Fälle *Kipetka* gegenüber *Kipjača*, ferner *Kičat'* sowie Βερούτζη gegenüber *Ovrut*[82].

8. -ū/-ъve-Bildungen

In ganz andere und offenbar belastbare Kombinationen gerät man dagegen bei der Behandlung von alten -ū-Stämmen vom Typus *svekry*, *svekrъve* und deren Auftreten in der Hydronymie. M. Vasmer selbst hatte darunter genannt: *Bagva* (zu *bagno* 'Sumpf, Morast'), *Mokva* (zu *mokrъ* 'feucht').[83] Inzwischen ist die Materialbasis erheblich erweitert worden und in jüngster Zeit wurden diese Bildungen in zwei Beiträgen ausführlich diskutiert (s. u.).[84]

---

[78] Wörterbuch der russischen Gewässernamen IV, S. 34.
[79] Wörterbuch der russischen Gewässernamen IV, S. 34.
[80] Udolph, Ruhr, Rhume, S. 93–115.
[81] Wörterbuch der russischen Gewässernamen I, S. 518f.
[82] M. Vasmer: *Alte slavische Partizipia*, in: *Mélanges linguistiques offerts à M. Holger Pedersen*, Aarhus 1937, S. 393–396, hier: S. 393ff., aufgegriffen von Krahe, Alteuropäische Flußnamen, S. 154f.
[83] Vasmer, Schriften I, S. 86; zu *Bagva* ders.: *Russisches etymologisches Wörterbuch*, Bd. I, Heidelberg 1953, S. 36.

Angesichts der zahlreichen Bildungen kann ich hier nur knapp auf die bisherigen Deutungen und eigene Vorstellungen zur Etymologie eingehen.

Der von M. Vasmer mit *bagno*[85] verbundene GN *Bagva* begegnet mehrfach[86] in der Ukraine; eine ausführliche Diskussion habe ich an anderer Stelle (vgl. die Anmerkungen) geführt. M. Rudnickis Versuch[87], eine Verbindung mit slav. *baga, bagna, bagr-, bagъr-* 'Buche' herzustellen (offenbar, um eine korrekte Entsprechung zu lat. *fāgus* zu finden) scheitert an den im Ukrainischen bestens bezeugten Appellativen *bahvá, bahvyšče* u. a. m.[88].

Mokva ist ein rechter Nebenfluss des Sejm bei Kursk.[89] M. Vasmers Verbindung mit slav. *mokry* 'feucht, nass' könnte zutreffen, zumal in Griechenland eine Parallele vorzuliegen scheint.[90] M. Vasmer verweist auch auf den Ort *Mokvin* in Wolhynien am Fluss Sluč' (1445 belegt als *otъ Mokvina*[91]), V. N. Toporov und O. N. Trubačev[92] ergänzen dieses durch den Hinweis auf russ. dial. (Don-Gebiet) *mokva* 'Feuchtigkeit, Regen, Schmutz'. Es gibt noch einen weiteren Namen: A. P. Korepanova[93] verzeichnet einen GN *Mokvyšče* im Raj. Černigov und stellt ihn zu *mokva*.

Wie im Fall von *Bagva* besteht zwischen den Namen und dem Slavischen eine enge Verbindung; umso bedeutsamer ist die Lage der betreffenden Namen. Eine Kartierung, zu der wir noch kommen werden, wird dazu weitere Aufschlüsse geben.

M. Vasmer hatte nur zwei Namen genannt. Inzwischen sind zahlreiche weitere Fälle ermittelt worden, die kurz diskutiert werden sollen. So hat O. N. Trubačev[94] etliche Namen herangezogen.

Čakva, rechts und links zum Goryn', wird von ihm[95] mit ukrainischen Dialektwörtern für 'Sumpfpflanze' verbunden. Man sollte aber nicht die idg. Wurzel *$\hat{k}eku$- 'Mist, Dünger, Schmutz'[96] übersehen. Gerade der Wurzelauslaut könnte für einen Vergleich mit den Flussnamen sprechen.

Goltva erscheint mehrfach und auffällig konzentriert im Gebiet des Psël. Die türkische Etymologie von O. S. Stryžak[97] wird m. E. mit Recht von O. N. Trubačev[98] abgelehnt. Da der Flussname früh als *Gъlta, Gъltъ* in den Quellen erscheint, erwägt er eine Verbindung mit russ. *glotat'* 'schlucken'. Man sollte die litauischen Gewässernamen *Gìltinę, Giltinẽ* usw.[99] nicht außer Acht lassen (ob die vorgeschlagene Etymologie mit Hilfe einer Gottheit des Todes zutrifft, soll hier nicht diskutiert werden).

---

[84] Zuvor auch schon P. Arumaa: *Zur Geschichte der u-stämmigen Gewässernamen im Baltischen und Slavischen*, in: *Aus dem Namengut Mitteleuropas* (= Festgabe für E. Kranzmayer), Klagenfurt 1972, S. 1–12.
[85] Dazu ausführlich Udolph, Studien, S. 324ff.
[86] S. ebd., S. 333f. mit Karte 41 auf S. 332.
[87] *Niektóre ciekawsze etymologie*, in: *Slavia Occidentalis* 30 (1972), S. 115–126, hier: S. 115–117.
[88] Vgl. Udolph, Studien, S. 333.
[89] Wörterbuch der russischen Gewässernamen III, S. 294.
[90] S. M. Vasmer: *Die Slaven in Griechenland*, Nachdruck Leipzig 1970, S. 41.
[91] *Slovnyk staroukraïns'koï movy XIV–XV st.*, Bd. 1, Kyïv 1977, S. 607.
[92] Lingvističeskij analiz, S. 219.
[93] *Slovotvorči typy hidronimiv basejnu Niž'noï Desny*, Kyïv 1969, S. 83.
[94] Nazvanija rek.
[95] Trubačev, Nazvanija rek, S. 267.
[96] J. Pokorny: *Indogermanisches etymologisches Wörterbuch*, Bd. 1, Bern – Frankfurt 1959, S. 544.
[97] *Nazvy ričok Poltavščyny*, Kyïv 1963, S. 43.
[98] Nazvanija rek, S. 72.

Der Name *Ikva*, den vier Gewässer im Gebiet des Südlichen Bug, im Kr. Perejaslavl' (Gouv. Poltava) und im Gebiet des Styr' tragen, ist schon häufiger besprochen worden. Angesichts der schwierigen Deutung verfiel man z. T. auf den Gedanken, darin germanische Relikte zu sehen.[100] Die dann versuchte Verbindung mit dem Wort für die 'Eiche', ndt. *ēk* (< **aik*-) scheitert aber bereits an dem Vokal. Am ehesten gehören die Namen als -*k*-Erweiterung zu der auch in Gewässernamen nachweisbaren idg. Wurzel **ei-* 'gehen',[101] man denke an dt. *eilen* und andere Wörter, deren Auftreten in Flussnamen erwartet werden kann. Mit dieser Annahme ist die Sippe um *Ikva* der alteuropäischen Hydronymie zuzuordnen und aus dem Slavischen nicht zu erklären. Man erinnere sich aber an die oben gemachten Bemerkungen, wonach auch im Gebiet der mutmaßlichen Heimat des Slavischen alteuropäische, indogermanische, voreinzelsprachliche Relikte notwendigerweise zu erwarten sind.

Den Flussnamen *Ipatva*, einen rechten Nebenfluss der Polkva (ebenfalls -*ū*-Stamm) im Gebiet des Goryn' stellt O. N. Trubačev[102] zu der ON-Sippe um *Patav-ium* und einer Wurzel **pat-*. Es fällt schwer, den Namen in *I-pat-* zu trennen, sollte man nicht eher eine Deutung suchen, die die Flussnamen *Ipa, Ipel', Ipf, Ipoly/Ipul, Ipps, Ypern, Iput'* mit umfasst? Auch hier bietet sich unter Umständen die Wurzel **ei-* 'gehen' an; eine umfassende Behandlung dieser Sippe könnte hier weiterhelfen. Bei Heranziehung von Namen auf germanischem Gebiet ist zudem mit wurzelauslautendem Wechsel des Konsonanten zu rechnen.

Lukva, rechter Nebenfluss des Dnjestr, kann als -*ū*-Stamm betrachtet und zu slav. *luk-* 'Krümmung, Bogen' gezogen werden.[103] Es kann aber auch das im Südslavischen bestens bezeugte *lokva* 'Tümpel, Pfütze, kleiner See' zugrunde liegen und eine volksetymologisch verursachte Veränderung zu dem im West- und Ostslavischen bekannten *luk-* vorliegen.[104] In jedem Fall ist es ein Name, der dem Slavischen zuzurechnen ist. Illyrisches[105] bleibt fern.

Mostva heißen ein rechter Nebenfluss des Uš' (→ Pripjat') und ein linker Zufluß zur Stviga, Pripjat'-Gebiet. Der viel diskutierte Name[106] könnte zwar als -*ū*-Stamm zu slav. *most* 'Brücke' gestellt werden, aber alte Flussnamen sind kaum nach menschlichen Einrichtungen benannt worden, so dass man wohl mit Recht einen Weg über **Mъsta* < **Mъd-sta* < **Mūd-ta* oder besser **Mъd-tū-* zur gut bezeugten indogermanischen Sippe um griech. μύδος 'Nässe, Fäulnis', dt. *Moos*, bulg. *muchul* 'Schimmel', ndt. *Modder*, mnd. *mudde* 'dicker Schlamm' usw. gesucht hat.

Murakwa, auch *Murachva, Murafa*, links zum Dnjestr, sollte erst diskutiert werden, wenn eine saubere Chronologie der Überlieferung vorliegt. Ohne ältere Belege kann der Name nicht richtig beurteilt werden.

---

[99] A. Vanagas: *Lietuvių hidronimų etimologinis žodynas*, Vilnius 1981, S. 115.

[100] Z. B. M. Vasmer: *Osteuropäische Ortsnamen*, Dorpat 1921, S. 6f.; F. Zimmermann: *Zur Entwicklung und Typologie der mehrsprachigen Ortsnamengebung im burgenländischen Raum*, in: Beiträge zur Namenforschung 11 (1960), S. 187–201, 213–253, hier: S. 233.

[101] So schon Rozwadowski, Studia nad nazwami, S. 90ff.; zu weiteren Ableitungen von **ei-* 'gehen' s. Udolph, Stellung, S. 122ff. (unter *Ina*).

[102] Nazvanija rek, S. 72.

[103] Vasmer, Schriften II, S. 775.

[104] Vgl. Udolph, Studien, S. 516f.

[105] Trubačev, Nazvanija rek, S. 256.

[106] T. Lehr-Spławiński: *O pochodzeniu i praojczyźnie Słowian*, Poznań 1946, S. 71; Moszyński, Pierwotny zasiąg, S. 172 u. ö., Rozwadowski, Studia nad nazwami, S. 132f.

Mytva, rechter Nebenfluss des Pripjať, gehört nach O. N. Trubačev[107] zu den baltischen Relikten. Er vergleicht lit. *Mìtuva*, *Mìtva*, *Mituvà*, bei denen jedoch z. T. altes **-in-* zugrunde liegt[108]. Vielleicht doch eher als altertümliche **-ū-*Bildung zu slav. *myt-* 'waschen, spülen' zu stellen.

Ničva, rechter Nebenfluss des Seret, scheint aufgrund der ukrainischen Lautung *Ničva*[109] in der Wurzelsilbe doch wohl **-o-* besessen zu haben. Auszugehen wäre damit von **Nočva*. Da sich für **Noki̯-* kaum eine Lösung anbietet, ist vielleicht eher an **Noti̯-* zu denken, womit sich ein Anschluss an *Noteć*, *Neetze*, *Natissus* usw.[110] vereinbaren lässt.

Der Name der *Polkva*, rechts zum Goryn' (→ Pripjať), schwankt in der Überlieferung und ist auch als *Poltva* bezeugt.[111] Daher hat wohl O. N. Trubačev recht,[112] wenn er von der zweiten Variante ausgeht und den Namen mit *Peltew* und anderen Parallelen zur *Fulda* zieht. Zur Beurteilung der Sippe werden wir noch kommen (s. u.).

Tykva, auch *Polonka*, links zum Styr' (Ukraine), stimmt mit ukrain., russ. *tykva* 'Kürbis' überein, worin aber kaum die Grundlage des Namens liegen wird. Eher besteht eine Beziehung zu dem bulgarischen GN *Tiča* < *Tyča*, in dem I. Duridanov[113] slav. *tykati* 'stoßen, stechen' sieht, aber andere Parallelen verbieten eine slavische Etymologie und sprechen eher für einen auch auf Gewässernamen weitaus besser passenden Zusammenhang mit der indogermanischen Wurzel **tēu-*, **tū̆-*.[114]

Mehr Probleme bereiten die Namen *Vyživka*, zweimal in der Ukraine belegt.[115] Als Ausgangsform bietet sich ein Ansatz **Vigi-* an, der am ehesten zu idg. **u̯eig-* 'biegen, sich krümmen' gehört.

Soweit das von O. N. Trubačev herangezogene Material. Wir hatten gesehen, dass es in sich etliche Schichten vereint: Neben einer eindeutig slavischen (hierzu zähle ich *Bagva*, *Mokva*, *Lukva*) steht eine zweite, die zwischen dem Slavischen und Alteuropäischen steht, indem die dorthin gehörenden Namen Beziehungen sowohl zum Slavischen wie zum voreinzelsprachlichen Bestand besitzen. Eine dritte Gruppe besitzt keine deutlich sichtbaren Verbindungen zum Slavischen und ist der alteuropäischen Hydronymie zuzurechnen.

Damit ist die Diskussion um die auf einen *-ū-*Stamm weisenden Flussnamen aber noch keineswegs erschöpft. J. Domański hat in einem längeren Artikel[116] die Sippe behandelt. Er sieht in den Namen hauptsächlich slavische Bildungen und in erster Linie deverbale Ableitungen. Auch auf die von ihm herangezogenen Namen will ich – sofern sie oben nicht behandelt wurden – kurz eingehen.

Den Flussnamen *Bečva* in Mähren stellt J. Domański[117] zu tschech. *bečeti* 'blöken, heulen, greinen', also eine onomatopoetische Basis. Wer sich intensiver mit Gewässer-

---

[107] Nazvanija rek, S. 71.
[108] Vgl. Vanagas, Lietuvių hidronimų, S. 218.
[109] *Slovnyk hidronimiv Ukraïny*. Kyïv 1979, S. 390.
[110] Zuletzt: Udolph, Stellung, S. 185ff.
[111] Vgl. Slovnyk hidronimiv Ukraïny, S. 436.
[112] Nazvanija rek, S. 72.
[113] *Probleme der Ortsnamenforschung und der historischen Geographie der Balkanländer*, in: *Actes du XIe Congres International des Sciences Onomastiques*, Bd. 2, Sofia 1975, S. 273–280, hier: S. 278.
[114] Vgl. J. Udolph: Zur Toponymie Pomesaniens, in: *Beiträge zur Namenforschung. Neue Folge* 16 (1981), S. 422–443, hier: S. 431f.
[115] Slovnyk hidronimiv Ukraïny, S. 101; vgl. Trubačev, Nazvanija rek, S. 61f.
[116] *Nazwy rzeczne na -y, -ew, -wa, -wia*, in: *Onomastica* 40 (1995), S. 15–41.

namen befasst, wird diese Deutung für den Namen eines 120 km langen Flusses von vornherein für fraglich halten. Allerdings hat sich bislang keine andere, bessere Lösung finden lassen (zur Diskussion vgl. auch P. Arumaa, op.cit., S. 7f.).

Die Etymologie von *Branew*, auch *Braniew*, *Bronew* sowie von *Brnew* im San-Gebiet mit Hilfe des zum poln. Verbums *brnąć* 'durch den Sumpf waten, stapfen'[118] kann angesichts der sicheren Verbindung mit slav. **brъn-/*bryn-* 'Sumpf, Kot, Schlamm' usw. (s. u.) nicht überzeugen.[119]

Erneut bemüht J. Domański im Einklang mit dem gegenwärtigen Stand der Forschung[120] zur Erklärung des *Giełczew*, links zum Wieprz[121] eine lautnachahmende Sippe um poln. *giełczeć* 'lärmen'.

Diesen Weg schlägt er auch im Fall des *Hoczew*, links zum San ein:[122] Der Name gehört seines Erachtens wie *Huczew/Huczwa*, links zum Westlichen Bug, zu ukrain. *hučaty* 'klingen, lärmen, schreien'. Man sollte aber nicht beiseiteschieben, dass es auch eine ganz andere Möglichkeit gibt: Das bekannte lateinische Wasserwort *aqua* wird nicht nur in der *Oka* gesucht, sondern auch in *Hoczew* und *Huczew*.[123]

Der viel diskutierte Name der *Mała Pądew*, dt. *Malapane* macht auch J. Domański Schwierigkeiten (S. 20ff.). Da im ersten Teil des Namens keineswegs slav. *mały* 'klein' vorliegt, halte ich an meinem eigenen Vorschlag[124] fest und sehe darin nach wie vor einen Ansatz *Malŭpandū-* und wie in dem gegenüber der Malapane einmündenden *Osobłoga* eine Bildung aus Substantiv + Adjektiv.

Zustimmung verdient die Etymologie von *Mątew*, *Mątwa*, eines Teilabschnittsnamens des Noteć, mit Hilfe von poln. *mącić* 'mischen, trüben' u. a. m.,[125] eine Deutung, die schon seit S. Kozierowski Bestand hat. Zu dieser Sippe gehören auch *Odmęt* und weitere Namen, darunter das bekannte *Admont*[126].

Verfehlt ist dagegen die Verbindung des Flussnamens *Meglew*, heute *Stawek* (links zum Wieprz), auch ON *Mełgiew*, mit apoln. *meglić*, *meglować* 'ausglätten, glätten, schlagen'.[127] Die alten Belege des ON *Meglewa*, *Melgwi*, *Moglwa*, *Meglew*, *Melgiew* verlangen am ehesten einen Ansatz *Mļgy, *Mļgъve*[128]. Dieser findet sich in der indogermanischen Wurzel *melĝh-* 'schwellen'[129] unter der Voraussetzung, dass hier die nicht satemisierte Variante vorliegt.

---

[117] Ebd., S. 17.
[118] Ebd., S. 17f.
[119] S. auch J. Rieger: *O niektórych polskich i ukraińskich hydronimach na -*ū-*, in: *Hydronimia Słowiańska* II, Kraków 1996, S. 149–153, hier S. 151.
[120] Vgl. Mól, Gewässernamen, S. 13f.
[121] Domański, a. a. O., S. 19.
[122] Domański, S. 19f.
[123] Vgl. J. Rieger, a. a. O., S. 152 und E. Bilut: *Gewässernamen im Fußgebiet des Westlichen Bug* (= Hydronymia Europaea, Lfg. 10), Stuttgart 1995, S. 54f.
[124] *Mała Panew/Malapane*, in: *Onomastyka. Historija Języka. Dialektologia* (= Gedenkschrift für H. Borek), Zeszyty Naukowe WSP w Opolu, Językoznawstwo XIII, Opole 1991, S. 307–312.
[125] Domański, a. a. O., S. 22.
[126] Vgl. J. Udolph: *Admont*, in: *Ernst Eichler zum 60. Geburtstag* (= Studia Onomastica 6), Leipzig 1990, S. 329–338.
[127] Domański, a. a. O., S. 22.
[128] S. Mól, Gewässernamen, S. 36.
[129] Pokorny, IEW, S. 723.

Die Verbindung zwischen dem großen Fluss *Narew* und einem altpolnischen Iterativum *narzać* 'zanurzać w wodę'[130] widerspricht nachhaltig der Wahrscheinlichkeit. Damit zerschneidet man die klaren Beziehungen zwischen diesem Namen und Entsprechungen in England, Weißrussland, Litauen, Frankreich und anderswo[131] und setzt eine einzelsprachliche Iterativbildung ein, die schon an der Wortbildung des Namens scheitern muss. Der Wurzelvokal *-a-* erscheint hier wie bei *Drama, Drawa, Stradunia* als Zeichen früher Slavisierung.[132]

Der Erklärung des Namens *Omulew*, rechts zum Narew, durch poln. *omulić* 'mulem albo błotem omazać'[133] widersprechen schon Belege wie 1426 *Omelew*, 1428 *Omolew*. Zur Ableitungsbasis vergleiche man die Zusammenstellung von Appellativa und Namen, die ich an anderem Ort vorgelegt habe.[134]

Der Versuch, *Pełty/Pełtew, Połtew/Pełtew* sowie *Połtwa* mit einem slavischen Verbum (*bełtać*) zu verbinden,[135] ist mit dem Anlaut nicht zu vereinen. Die Namen gehören zusammen mit *Polkva* und der *Fulda* in einen ganz anderen Zusammenhang (s. dazu unten).

Deutlich einzelsprachlicher, slavischer Herkunft ist der Typus *Ponikev, Ponikiew, Ponikva*,[136] er gehört zu slav. *poniknǫti*. Es gibt aber weit mehr Namen, als J. Domański genannt hat,[137] wie eine erneute Kartierung zeigt (s. Karte 2). Zu weiteren Schlussfolgerungen werden wir noch kommen.

Die Etymologie der Namen *Skrwa*, links zur Weichsel, und *Skrwa*, früher *Strkwa*, rechts zur Weichsel, mit Hilfe des polnisches Verbs *styrkać* 'stolpern, steckenbleiben, (den Fuß) stoßen, anstoßen'[138] ist offensichtlich eine Verlegenheitslösung. *Skrwa* verlangt zunächst eine Vorform *Skъr-y, -ъve*, die man weiter auf *skŭr-* zurückführen kann. Von hier aus gewinnt man leicht Anschluss an eine mit dem Wasser eng verbundene Sippe, gemeint ist die in dt. *Schauer*, got. *skūra windis* 'Sturmwind' vorliegende, offensichtlich mit *s*-mobile ausgestattete Wurzel *(s)keur-*, vgl. lat. *caurus* 'Nordwestwind', lit. *šiaurę* 'Norden', slav. *sìverъ* 'Norden'. W. P. Schmid[139] hat dazu auch griech. σκῦρος 'Steinsplitter', einen Inselnamen Σκῦρος sowie den Namen eines Arms des Rheindeltas *Scheur* gestellt.

Mit anderem Suffix gehören dazu dt. *Schaum* < germ. *skūma-* und auch *Skawa*, Flussname in Südpolen < *Skou̯a*.

Strkwa wird man dagegen als *Strъk-y, -ъve* zunächst auf *Strŭk-y* zurückführen können, worin am ehesten die bekannte Fließwurzel *sreu-* (aind. *srávati*, griech. ῥέω 'fließe', altir. *sruth* 'Fluss', dt. *Strom*, lit. *srutà* 'Jauche', poln. *strumień* 'Bach', slav. *ostrov* 'Insel') vorliegen kann: Die Veränderung von *sr-* > *str-* ist regelgerecht, das Problem

---

[130] Domański, a. a. O., S. 22ff.
[131] Udolph, Stellung, S. 170ff.
[132] Vgl. W. P. Schmid, Linguisticae Scientiae Collectanea, S. 259f.
[133] Domański, a. a. O., S. 24.
[134] Udolph, Germanenproblem, S. 247ff., ders.: *Alteuropäische und germanische Namen in Brandenburg und seiner Umgebung*, in: *Beiträge zur Entstehung und Entwicklung der Stadt Brandenburg im Mittelalter*, Berlin – New York 1993, S. 1–28.
[135] Domański, a. a. O., S. 26f.
[136] Ebd., S. 26ff.
[137] Vgl. Udolph, Studien, S. 240.
[138] Domański, a. a. O., S. 28, 29.
[139] *Skawa*, in: *Onomastyka. Historija Języka. Dialektologia* (= Gedenkschrift für H. Borek), Zeszyty Naukowe WSP w Opolu, Językoznawstwo XIII, Opole 1991, S. 279–282, hier: S. 282.

liegt in der Ableitung, denn eine -k-Bildung ist neben den -t-, -men- und anderen Bildungen noch nicht nachgewiesen. Immerhin sind -k-Formantien gerade im östlichen Europa eine überaus beliebte Ableitungsform, so dass der hier vorgelegte Versuch vielleicht nicht allzu gewagt ist.

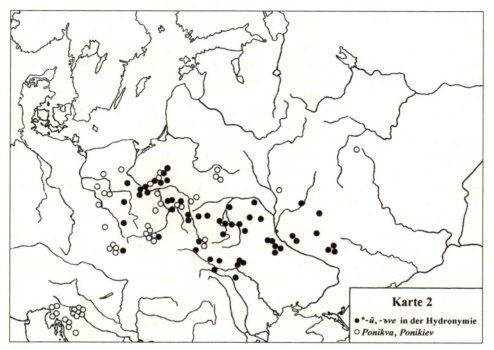

Karte 2:
- ● *-ū-, -ъve in der Hydronymie
- ○ Ponikva, Ponikiev

Słodew, heute *Słudwia*, links zur Bzura, gehört nach J. Domański[140] zu dem Verbum *słodzić* 'Fluss, der süßt' (wahrscheinlich in übertragenem Sinn). Vergleicht man damit die zahlreichen baltischen Namen wie *Sáldus*, *Salda*, *Saldę* usw. bei A. Vanagas[141] und dessen Deutungsvorschläge (berührt wird z. B. norw. *sylt* 'Meeresstrand usw.'), so wird man zumindestens Zweifel an einer slavischen, einzelsprachlichen Deutung haben müssen.

Das betrifft ebenfalls *Słunew*, früher Zufluss des Styr in der Ukraine, heute ukrain. *Slonivka*[142], und dessen Verbindung mit slav. *sloniti* 'salzen'[143]. Die Basis *sel-, *sol- mitsamt *Saale*, *Sala*, *Zala* usw. ist zu weit verbreitet, als dass man den Weg zu einer Lösung über eine jeweils einzelsprachliche Etymologie finden könnte.

Strzykiew oder *Szczekiew*, später und heute *Skwa*, lautet der Name eines Zuflusses des Narew, dessen Name nach J. Domański[144] auf eine Grundform *Szczekiew oder *Strzykiew

---

[140] A. a. O., S. 28.
[141] Lietuvių hidronimų, S. 288.
[142] Slovnyk hidronimiv Ukraïny, S. 510.
[143] Domański, a. a. O., S. 28.

zurückzuführen ist. Im ersten Fall gehört er seines Erachtens zu poln. *szczekać* 'bellen', im zweiten Fall zu poln. *strzykać* 'spritzen, sprudeln, sprühen'. Im ersten Fall dürfte das Ergebnis einer Volksetymologie als Ausgangsform angenommen worden sein; zufriedenstellen kann das nicht. Der zweite Vorschlag überzeugt natürlich mehr.

Den seit J. Rozwadowski und T. Lehr-Spławiński zu einem alten Wort für 'Binse', idg. *$\hat{k}uendhro$-* 'Binse', vgl. lat. *combretum*, lit. *švendria* 'typha latifolia', gezogenen Flussnamen *Swędnia*, älter *Swędra* (→ Prosna), stellt J. Domański[145] nun zu poln. *swędrać (się)* 'spähen, umherstreifen, schlendern' und sieht darin einen Fluss, der mäandriert. Ganz abgesehen von der für alte Gewässernamen äußerst ungewöhnlichen Verbindung mit einem Verbum für 'umherstreifen, schlendern' fragt sich aber, wie man dann das Verhältnis zu *Švendra* im Gebiet der Venta, zu lit. *Švendrupė* und anderen Namen sehen will. Die einzelsprachliche Erklärung löst vielleicht <u>ein</u> Problem, schafft aber etliche andere neue.

Der Name des *Tanew*, in dem J. Domański[146] poln. *ciąć* (*$t\ę$-ti* 'spannen') usw. sieht, gehört zu slav. *tyn, *$tynja$ (nicht *tin, *$tinja$[147]) 'Sumpf, Schlamm, Schlick'.

Uszew, *Uszwa*, heute *Uszwica*, rechts zur Weichsel, nach J. Domański[148] zu einer verbalen Grundlage in *uszyć* < *$ušiti$, Ableitung von *szyć* 'nähen' zu stellen, ist sicher anders zu erklären.[149]

Eine weitere Ableitung zu *uszyć* 'nähen' sucht J. Domański[150] in *Výživka*, zwei Flussnamen in der Ukraine, indem von *vy-šįvъ* ausgehend ursprüngliches *vy-šįy* rekonstruiert und an ukrain. *vyšyty*, poln. *wyszyć* angeschlossen wird. Wir hatten die schon von O. N. Trubačev herangezogenen Namen bereits behandelt (s. o.) und die gut bezeugte indogermanische Wurzel *$ueig$-* 'biegen, sich krümmen' herangezogen.

Schließlich bleibt noch *Żółkiew*, heute *Żółkiewka*, links zur Wieprz, übrig, wobei J. Domański[151] die gängige Verbindung mit poln. *żółknąć* 'vergilben, gelb werden' (< urslav. *$žь̣lk'$-nǫti*) anführt. Inzwischen sind zu diesem Namen auch andere Überlegungen angestellt worden.[152]

J. Domańskis Beitrag ist geprägt von dem Versuch, die meisten der besprochenen Namen mit Hilfe einer verbalen Grundlage und auf der Basis slavischer, speziell polnischer Ethyma zu erklären. Es ist dieses ein legitimes Verfahren, nur fragt es sich, ob man damit dem hohen Alter der -*ū*-Bildungen gerecht werden kann. In diesem Punkt berühren wir uns mit Gedanken, die J. Rieger in einem jüngst erschienenen weiteren Beitrag zu der hier in Frage stehenden Namengruppe geäußert hat.[153]

Unter Bezug auf *Narew*, *Pełtew*, *Tanew*, *Ikva*, *Lukva*, *Polkva*, *Tykva* und andere betont J. Rieger zunächst das hohe Alter der *-ū*-Deklination im Slavischen, dessen Schwund

---

[144] A. a. O., S. 28f.
[145] A. a. O., S. 30.
[146] A. a. O., S. 31.
[147] Vgl. Udolph, Studien, S. 416ff.
[148] A. a. O., S. 32.
[149] S. K. Rymut: *Rechte Zuflüsse zwischen Soła und Dunajec* (= Hydronymia Europaea, Lfg. 12), Stuttgart 1996, S. 210f.
[150] A. a. O., S. 33.
[151] Ebd.
[152] Mól, Gewässernamen, S. 48.
[153] Rieger, O niektórych polskich.

in den älteren slavischen Sprachstufen noch erfasst werden kann.[154] Schon allein durch diese allseits bekannte Tatsache wird die Erklärung von damit gebildeten Gewässernamen mit Hilfe von einzelsprachlichen und jungen, z. T. präfigierten Verben auf keinen Fall gelingen.

Ebenfalls völlig zurecht betont J. Rieger[155], dass die Namen mit Bezeichnungen für 'Wasser, Sumpf' usw. verbunden sein müssen: „[…] trzeba zaliczyć nazwy z sufiksem -*ū-, wiążą się przede wszystkim z różnymi określeniami 'wody', 'błota', 'mokrości' […]". Auch aus diesem wichtigen Punkt ergeben sich erhebliche Diffenerenzen zu dem Beitrag von J. Domański.

J. Riegers Aufsatz enthält noch einige Einzelheiten, die aufgegriffen werden müssen. So weist er auf zwei noch nicht genannte Flussnamen aus dem ostslavischen Gebiet hin: Es sind Čečva im oberen Dnjestr-Gebiet, alt Czeczew, und Čečva im Einzugsbereich des Psël. Obwohl die Namen eine Entsprechung in einer Landschaftsbezeichnung Čečko, auch Čečka, Čeč in den Rhodopen besitzen, trägt diese Verbindung nach J. Rieger zur Deutung nicht bei. Man darf vielleicht wie oben bei Čakva die idg. Wurzel *k̂eku̯- 'Mist, Dünger, Schmutz' heranziehen. Entsprechende Wörter finden sich gern sowohl in Gewässer- wie in Landschaftsnamen.

Beachtenswert ist J. Riegers Hinweis (S. 151) auf den (inzwischen verschwundenen?[156]) Flussnamen Płyćwia im Gebiet der Bzura, den er mit Recht zu slav. płyć 'fließen, rinnen, strömen' gestellt hat.

Damit können wir die Auflistung der behandelten Namen abschließen. Die Diskussion hat gezeigt, dass die oben bereits gezogenen Folgerungen bestätigt worden sind: Wir hatten drei Schichten herausgearbeitet: eine eindeutig slavische, eine zweite, die zwischen dem Slavischen und Alteuropäischen steht, und eine dritte Gruppe, die voreinzelsprachlicher Herkunft ist.

Das von J. Domański und J. Rieger herangezogene Material, das vor allem aus dem polnischen Sprachgebiet stammt, stützt diese Einteilung: Slavisches findet sich zweifelsfrei in den Namen Braniew, Bronew, Mątew/Mątwa, Ponikiew, Tanew und Płyćwia, Hinweise auf eine baltisch-germanisch-slavische „Zwischenstufe" wohl in Pełty/Pełtew, Połtew usw. und voreinzelsprachliche Bildungen ohne Verbindung zum slavischen Wortschatz vielleicht in Hoczew, Huczew/Huczwa, sicher aber in Mala Pądew, Narew, Omulew und Skrwa.

Was bedeutet dieses für die Frage nach dem Bereich, in dem sich das Slavische entfaltet haben könnte? Dazu ist eine Kartierung der genannten Namen sehr hilfreich (vgl. Karte 2). Betrachtet man sich zunächst die Verbreitung der auf *-ū- weisenden Typen in ihrer Gesamtheit, so zeigt sich, dass es ein sich relativ deutlich abzeichnendes Gebiet gibt, in dem sie auftreten: Es ist im Westen mehr oder weniger von der Oder begrenzt, besitzt kaum Entsprechungen in den ehemals baltischen Gebieten nördlich des Pripjat', umfasst vom ostslavischen Sprachraum nur die Ukraine und unmittelbar daran angrenzende Bereiche Weißrusslands und Russlands und fehlt auf dem Balkan.

Allein Slovenien hat daran Anteil, aber bezeichnenderweise nur mit dem einwandfrei slavischen Typ Ponikiev, Ponikva, der zudem als „verschwindender Fluss" in den Karstgebieten dieses Gebietes natürlich zu erwarten ist und eine verhältnismäßig junge

---

[154] Vgl. H. Bräuer: *Slavische Sprachwissenschaft* II, 1. Teil, Berlin 1969, S. 175ff.
[155] Rieger, a. a. O., S. 150.
[156] Vgl. Hydronimia Wisły, Red. P. Zwoliński, Wrocław usw. 1965, S. 215.

Namengebung sein kann. Überhaupt zeigt die Streuung der *Ponikva*-Namen, dass davon – bis auf wenige Ausnahmen im Dnjestr- und oberen Weichsel-Gebiet – vor allem die Peripherie des -*ū*-Raumes betroffen ist: Mähren, Oder- und Warthe-Raum, Weißrussland, Westrussland. Es zeigt sich hier ein Kern, der Verbindungen zur alteuropäischen Hydronymie besitzt und eine Peripherie, die einzelsprachliche Bildungen aufweist. Besser kann man die verschiedenen Phasen einer Namengebung kaum deutlich werden lassen.

Damit könnte man diesen Namentyp verlassen, aber es hat den Anschein, als habe man bisher einen ganz entscheidenden Punkt übersehen. So lange man der Ansicht war und ist, hinter den oben genannten Namen würden sich Spuren der slavischen *-ū-Deklination verbergen, konnte man sich mit einer Erklärung aus dem Slavischen begnügen. Sobald man aber den Horizont erweitert und außerslavische Elemente ins Spiel bringt, wird man sich fragen müssen, ob wirklich bei allen herangezogenen Namen der Bezug auf die slavische Deklinationsklasse korrekt ist, oder ob nicht vielmehr bei einigen oder sogar den meisten Namen (streicht man die eindeutig slavischen Fälle *Braniew*, *Bronew*, *Mątew/Mątwa*, *Ponikiew*, *Tanew* und *Płyćwia*) zwar der Eindruck erweckt wird, es lägen Spuren der slavischen *-ū-Klasse vor, in Wirklichkeit sich dahinter aber Bildungen verbergen, die bei der Slavisierung der voreinzelsprachlichen Namen in die *-ū-Deklination integriert wurden, sie aber ursprünglich gar nicht besessen hatten.

Dieser Gedanke ist auch deshalb von Bedeutung, weil dadurch Licht auf Namen fällt, die eine an und für sich unerklärliche Erweichung zeigen: *Hoczew*, *Huczwa* ist – falls die Verbindung mit lat. *aqua* stimmen sollte – ein Paradebeispiel[157] dafür.

Unter diesem Aspekt verwundert es etwas, dass man nicht den Weg zu den wichtigen baltischen Parallelen[158] gefunden hat. Wir verdanken A. Vanagas die Zusammenstellung einer großen Zahl von Gewässernamen, die sowohl ein Formans -*uv*-, -*iuv*- wie auch -*(i)uvę*, -*(i)uvis* besitzen.[159] Aus der Fülle der Namen hier nur eine kleine Auswahl: *Daug-uva*, *Lank-uvà*, *Alg-uvà*, *Áun-uva*, *Gárd-uva*, *Lat-uvà*, *Mìt-uva* (vgl. oben die Diskussion um *Mytva*), *Ring-uvà*, *Týt-uvà*, *Vad-uvà*, *Várd-uva*, *Gil-ùvę*, *Audr-uvìs*, *Med-uvìs*, *Dìt-uva*. Was liegt näher, als in diesen z. T. einzelsprachlichen, z. T. alteuropäischen Bildungen dieselben Bildungsmittel wie in den slavischen Typen auf -*y*, -*va* aus -ъ*va*, *-ŭva* bzw. *-ъva*, *-jva* zu sehen, die im Verlauf der Einbettung in das Slavische mit Angleichung an die altertümliche *-ū-Bildungen integriert worden sind? Damit wird das hohe Alter der Namen nicht gemindert, sondern vielmehr unter Einbeziehung der Namenstreuung gezeigt, in welchen Bereichen das Slavische früh alteuropäische Typen übernommen und in eine archaische Klasse überführt hat.

Nichts spricht dagegen, in dem sich durch die Verbreitung der -*wa*/-*va*-Hydronyme abzeichnenden Gebiet, also in Südpolen und in der Ukraine dasjenige Territorium zu sehen, in dem sich das Slavische aus einer indogermanischen Grundlage heraus entfaltet hat. Die rein slavischen Gewässernamen stimmen damit – wie ich schon früher ausgeführt habe[160] – nachhaltig überein.

Die Gewässernamen auf -*y*, -ъ*ve* verraten aber nicht nur Übernahme aus einem voreinzelsprachlichen Namenbestand, sondern durch ihre andauernde Produktivität bis in das

---

[157] S. dazu auch die Bedenken von Rieger, O niektórych polskich, S. 152.
[158] Man vergleiche allerdings Arumaa, op.cit. Zur Bedeutung des Baltischen für die Hydronymie s. auch W. P. Schmid, Linguisticae Scientiae Collectanea, passim.
[159] A. Vanagas: *Lietuvos TSR hidronimų daryba*, Vilnius 1970, S. 211f.
[160] Udolph, Studien.

Slavische hinein (erinnert sei erneut an *Braniew, Bronew, Mątew/Mątwa, Ponikiew, Tanew* und *Płyćwia*) Kontinuität von alteuropäischer Namengebung bis in die slavische Namenschichten.

Die Verlegung der slavischen Heimat nach Asien, in das obere Oka-Gebiet, in die südöstliche Ukraine oder auf den Balkan muss, an diesem Namentyp gemessen, als entschieden verfehlt betrachtet werden.

M. Vasmer hatte, als er vor 60 Jahren die zwei Namen *Bagva* und *Mokva* nannte, noch nicht wissen oder ahnen können, welche Konsequenzen sich daraus ergeben würden. Erst die Aufdeckung der alteuropäischen Hydronymie hat hier die entscheidenden Impulse gegeben.

Nach diesen längeren Ausführungen kommen wir zu den letzten von M. Vasmer für altertümlich gehaltenen Namentypen.

9.   *-oč'*

Nur knapp hat M. Vasmer Namen auf *-oč'* mit der Bemerkung „Bildungen auf *-oč': Bìloč'* zu *bìlъ* 'weiß'"[161] angesprochen. Inzwischen ist weiteres Material hinzugekommen.

Bei V. N. Toporov und O. N. Trubačev[162] findet sich nur *Svisloč'*, im südlich daran angrenzenden ukrainischen Gebiet bietet O. N. Trubačev[163] eine Auflistung von Namen ohne weiteren Kommentar. Neben dem schon erwähnten *Beloč'* sind danach in der Ukraine noch bezeugt *Levoč', Vidoloč', Vydoloč'* und *Protoč'*. Aus Polen sind hinzuzufügen *Liwocz* und *Liwoczka*, Flussnamen bei Busko und Tyniec.

Von diesen scheiden wohl aus: *Svisloč'* als baltischer Name,[164] *Vidoloč'* und *Vydoloč'*, die den Eindruck von Komposita machen und somit kein Suffix *-oč'* enthalten dürften, ferner *Protoč'*, offenbar eine präfigierte Bildung zu *pro + tok* 'fließen'.

Es bleiben *Levoč', Liwocz* und *Liwoczka* übrig, wobei man sich sofort fragt, ob nicht ein Zusammenhang zwischen diesen Namen und eine Verbindung mit dem slovakischen Fluss- und Ortsnamen *Levoča* besteht.[165] Des Weiteren wird man nicht an dem Suffix *-ok-* vorbeigehen dürfen, dass uns unten bei der Diskussion im *Wisłok, Wisłoka* und *Sanok* noch beschäftigen wird.

10.   Adjektivformen ohne *-ko-*

Eine weitere alterümliche Erscheinung begegnet nach M. Vasmer in adjektivischen Formen ohne die im Slavischen früh eintretende Weiterbildung mit *-ko-*, z. B. in dem Seenamen *Glubo* gegenüber appellativischem *glubokij*.[166]

Das ist ein durchaus interessanter Gedanke, der aber verkennt, dass es von slavisch **glǫb-* 'tief' auch Bildungen ohne *-ok-* gibt. Vasmer selbst hat einige genannt: russ. *glub'*,

---

[161] Vasmer, Schriften I, S. 87.
[162] Lingvističeskij analiz, S. 126.
[163] Nazvanija rek, S. 238.
[164] Toporov/Trubačev, Lingvističeskij analiz, S. 207.
[165] In diesem Sinne behandelt bei Udolph, Stellung, S. 143f.
[166] Vasmer, Schriften I, S. 87.

glubina 'Tiefe', man vergleiche weiter poln. *gląb*, sloven. *glob* 'Tiefe', slav. **glǫbina* in Ortsnamen[167]. Es ist daher äußerst schwierig zu entscheiden, welche der folgenden ostslavischen Namen zu einer ohne *-ok-* erweiterten Adjektivform gehören oder aber ganz normale Ableitungen zu der slavischen Basis **glǫb-*, ostslav. *glub-*, *hlub-*: *Glubá*, auch *Glubaja Balka* bei Odessa;[168] *Gluben'*, See bei Svencjany, liegt zudem im ehemals eindeutig baltischen Gebiet; *Glubi*, See und Ort im ehemaligen Gouv. Tver'; *Glubinec*, ukrain. *Glybynéc'*, Fluss im Teterev-Gebiet (Ukraine) und *Glubinka*, Fluss im Gebiet der Desna, dort auch ON *Gluboe*, enthält sicher eine Ableitung von dem oben genannten slavischen *glubina*, **glǫbina*[169]; *Glubica*, Brunnen im Kr. Drissa, im ehemals baltischen Gebiet; *Hlubiczyca*, rechter Nebenfluss des Dnjepr bei Kiev, nur im *Słownik Geograficzny* bezeugt,[170] fehlt auch im *Slovnyk hidronimiv Ukraïny*, Kyïv 1979; *Glubo*, Quellsee der Drissa in den ehemaligen Kreisen Polock und Nevel'[171]; schließlich *Gluboe*, eventuell Druckfehler, See im Kr. St.-Bel'sk, ehemaliges Gouv. Char'kov[172].

Die Basis ist zu dünn, als dass man darauf bauen kann. Eine saubere Trennung zwischen *glub*-Namen, die als adjektivische Bildungen kein *-ok-* besessen haben, und den ganz normalen Ableitungen von einer slavischen Ausgangsform **glǫb-* 'tief' kann nicht gezogen werden.

11. Alte *-l*-Partizipien

Als vorletzten Punkt seiner Zusammenstellung altertümlicher slavischer Gewässernamen nennt M. Vasmer „alte *-l*-Partizipia wie: *Piskla* zu russ. *piščat'* 'piepen, quäken', *Vorskla* zu russ. *vorčat'* 'murren', poln. *wrzask* 'Geschrei'"[173], *Vymkla*, Fluss im Kr. Roslavl'[174], wobei *Vorskla* in der Bedeutung mit „russ. *Vorča*, Flußname im G. Tver', und *Vorčal*, Bachname im Kr. Toržok, daselbst"[175] verglichen wird.

Die Etymologien erwecken durch ihre onomatopoetischen Verbindungen Zweifel. Daher wird man in *Pisklja*[176] wahrscheinlich eher eine Beziehung zu den in südslavischen Sprachen bezeugten Wort *pîšćak* 'Quelle' suchen können, wobei allerdings auch darin eine lautnachahmende Basis **piskati* gesucht wird.[177]

Unzutreffend ist auf jeden Fall die Deutung von *Vorskla*, da historische Belege wie 1105 *Vъrъskla*, 1545 *Vorskla* gegen eine Verbindung mit *vorčat'* sprechen.[178]

---

[167] Vgl. Ph. Malingoudis: *Studien zu den slavischen Ortsnamen Griechenlands*, Bd. I, Wiesbaden 1981, S. 40f.
[168] Wörterbuch der russischen Gewässernamen I, S. 440; Slovnyk hidronimiv Ukraïny, S. 138.
[169] Wörterbuch der russischen Gewässernamen I, S. 440.
[170] Wörterbuch der russischen Gewässernamen I, S. 440.
[171] Wörterbuch der russischen Gewässernamen I, S. 641.
[172] Wörterbuch der russischen Gewässernamen I, S. 440.
[173] Vasmer, Schriften I, S. 87.
[174] Vasmer, Schriften I, S. 240 (ohne Deutung).
[175] Ebd.
[176] In dieser Form im Wörterbuch der russischen Gewässernamen III, S. 668 verzeichnet.
[177] Vgl. L. V. Kurkina: *Rez. zu: B. Jurišić, Rječnik govora otoka Vrgada, Zagreb 1973*, in: *Ėtimologija 1980*, Moskva 1982, S. 180–186, hier: S. 185.
[178] Vgl. E. Eichler: *Rez. zu: Slovnyk hidronimiv Ukraïny, Kyïv 1979*, in: *Namenkundliche Informationen* 38 (1980), S. 66–70, hier: S. 68.

Der Gedanke von M. Vasmer ist sicher richtig, aber eine genaue Trennung alter *-l*-Partizipen von den gerade in Osteuropa so häufigen *-l*-Bildungen in der Hydronymie (*Wisła*, *Sula*, *Orel*, *Voskol*, *Psël*) wird kaum gelingen.

12.   *-eja*

Es bleibt ein Kommentar zum letzten der von M. Vasmer angeführten altslavischen Namentypen. In Gewässernamen wie russ. *Bìleja*, *Ljuteja* sieht M. Vasmer ein altertümliches slavisches Suffix *-eja*.

Der Flussname *Beleja* liegt im Kr. Duchovščina im ehemaligen Gouv. Smolensk,[179] der Gewässername *Ljuteja* im Kr. Beloj desselben Gouvernements[180]. Schon allein aufgrund dieser Lage sind erhebliche Zweifel daran angebracht, diese Namen als Beweis für frühe slavische Namengebung heranzuziehen. Im Bereich südlich des Pripjať, den wir aufgrund der *-ū-, -ъve*-Bildungen weit eher favorisieren müssen, machen die *-eja*-Bildungen, etwa *Manžaleja*, *Bakšaleja*, *Sugakleja*, *Čakikleja* einen unslavischen, zumeist turksprachlichen Eindruck.[181] In Weißrussland favorisiert man baltische Herkunft.[182] Auch das Auftreten als slavisches Suffix wird im Zusammenhang mit dem Baltischen gesehen.[183] In diesem Zusammenhang können die beiden im alten baltisch-slavischen Kontaktgebiet liegenden Gewässernamen *Beleja* und *Ljuteja*, deren Ableitungsbasen gut slavischen Ursprungs sein können, gesehen werden.

Damit können wir die Durchsicht der von M. Vasmer als altertümlich angesehenen slavischen Namentypen beenden. Wir haben erkennen können, dass etliche der herangezogenen Typen aus diesem Bestand zu streichen sind, andere aber sehr bedeutsame Schlussfolgerungen (es nochmals an die *-ū-, -ъve*-Namen erinnert) erlauben.

Es gibt noch weitere Namentypen, die M. Vasmer gestreift hat. Zu einer muss auf jeden Fall Stellung genommen werden. Es sind *-ava*-Namen.

13.   *-ava*

Diesen Typ hat auch M. Vasmer als alt angesprochen.[184] Es handelt sich in der Tat um einen morphologisch interessanten und alten Typ, der zudem noch sichere Verbindungen zu den außerslavischen Schwestersprachen und zur alteuropäischen Hydronymie aufweist[185] und somit auf Kontinuität hindeutet.

---

[179] Wörterbuch der russischen Gewässernamen I, S. 109.
[180] Wörterbuch der russischen Gewässernamen III, S. 166.
[181] Trubačev, Nazvanija rek, S. 241.
[182] Vgl. etwa L. M. Hryhor'eva: *Ajkonimy hidranimičnaga nachodžannja basejna Zachodnij Dzviny*, in: *Belaruskaja anamastyka*, Minsk 1977, S. 29–42, hier: S. 32ff.
[183] Vgl. *Slownik Prasłowiański*, Bd. 1, hg. von F. Sławski, Warszawa 1974, S. 87f.
[184] Vasmer, Schriften II, S. 774.
[185] Vgl. W. P. Schmid: *Zur Geschichte des Formans *-āu̯on-, -āu̯o, -ā*, in: *Indogermanische Forschungen* 74 (1969), S. 126–138.

Alteuropäische Hydronymie und urslavische Gewässernamen 359

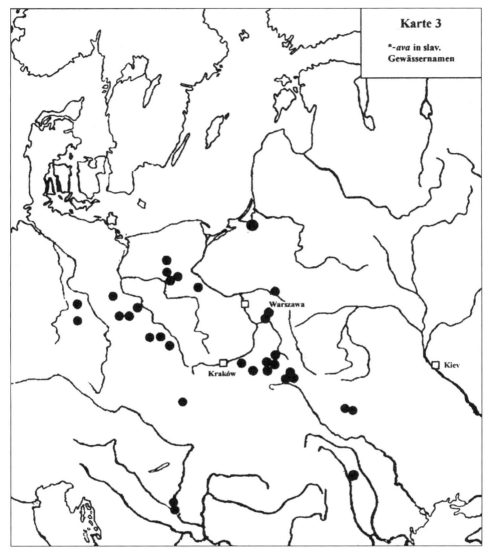

Karte 3: *-ava in slav. Gewässernamen

In -(j)ava liegt ein typisches Bildungsmittel slavischer Namen vor, das sich in erster Linie in den Gewässernamen findet, man denke an *Grzęzawa, Kałava, Týnava, Nakława, Virawa, Wirawa, Vodava, Ilava, Gliniawa, Morawa* u. a. m. Seine Altertümlichkeit und Streuung ist schon verschiedentlich behandelt worden[186]. Ich lege hier eine Verbreitungskarte vor (s. Karte 3), die sehr anschaulich zeigt, dass es gewisse Bereiche des slavischen Siedlungsgebietes gibt, die höheren Anteil an der Streuung haben. Es sind in

---

[186] Vgl. J. Udolph: *Studien zu slavischen Gewässernamen und Gewässerbezeichnungen*, Heidelberg 1979, S. 555f. (mit Hinweis auf weitere Literatur).

groben Zügen die gleichen Räume, die schon bei der Kartierung der *-ū, -ьve-Namen aufgefallen waren: Südpolen und die Ukraine.

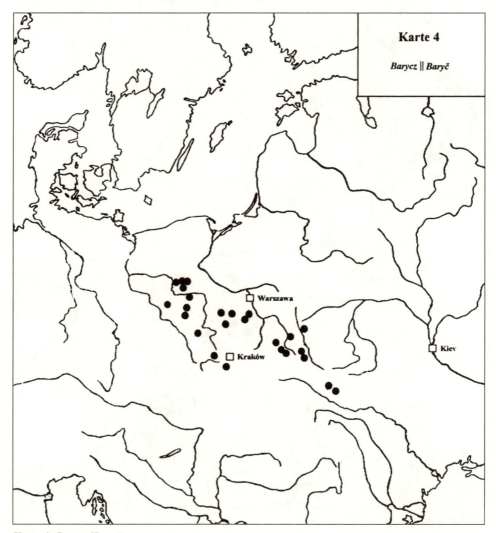

Karte 4: *Barycz/Baryč*

14.   *-yčь

Ein weiteres, von M. Vasmer allerdings nicht genanntes Suffix ist slavisch *-yčь. Die Altertümlichkeit dieses Suffixes ist allgemein anerkannt. Es begegnet in Namen wie *Drohobycz*, *Werbycz*, *Starycz*, *Radobycz*, *Radycza*, besonders eng ist aber die Verbindung mit slavisch *bar-* (altruss. *bara* 'Sumpf, stagnum', ukrain. *bar* 'feuchter Ort zwischen Hügeln', tschech., slovak. *bara* 'Schlamm, Schmutz, Sumpf' usw.)[187]. Als *Barycz* begegnet es in einem Dutzend Flussnamen vornehmlich im Süden Polens (zur Streuung vgl. Karte 4).

Die bisher genannten Namen und deren Kartierung haben gezeigt, dass der eindeutige Schwerpunkt altslavischer Bildungen nördlich der Karpaten liegt. Ganz anders ist das Bild bei einem typischen slavischen hydronymischen Suffix, bei *-ica* (s. Karte 5).

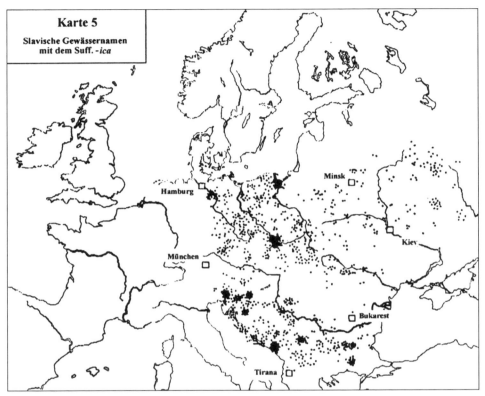

Karte 5: Slavische Gewässernamen mit dem Suffix *-ica*

Hier zeigt sich eine Streuung über weite Bereiche der slavischen Besiedlung, womit sich die oben behandelten und kartierten Namentypen im Vergleich als wertvolle Zeugen für die Frage nach der Heimat der Slaven erweisen.

II   Ablaut

In meinen einleitenden Ausführungen hatte ich als zweiten Punkt angeführt, dass diejenigen Flussnamen besonderes Interesse verdienen, deren Ableitungsgrundlage im Gegensatz zum appellativischen Bestand ein Abweichen im Ablaut aufweist. Da der Ablaut auf indogermanische Grundlagen zurückgeht, sind entsprechende Namen von besonderer Bedeutung.

[187] Udolph, Studien, S. 63ff.; zum Material vgl. auch A. Bańkowski: *Barycz. toponim i apelatyw małopolski*, in: *Nazwy własne a wyrazy pospolite w języku i tekście*, Opole 1986, S. 47–53, hier: S. 47f. (mit allerdings kaum richtiger Etymologie).

Allerdings sind Spuren des Ablauts im Slavischen – im Gegensatz etwa zum Germanischen – nur noch in geringem Maße nachzuweisen, so dass auch in der Hydronymie nur mit wenigen Relikten zu rechnen ist. Diese allerdings sind dann von ganz besonderem Wert und ihr Vorkommen und ihre Verbreitung sollten in besonderem Maße beachtet werden.

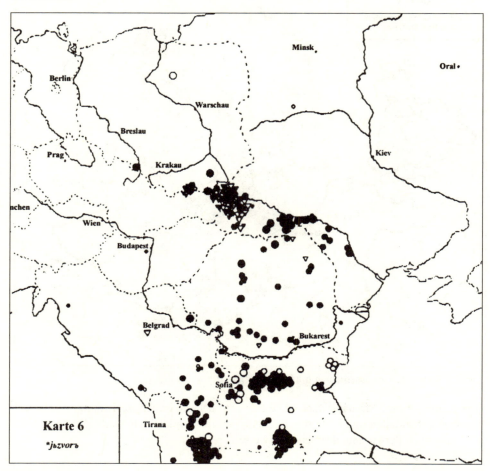

Karte 6: *jьzvorъ

1. *jьz-vorъ

Das unter anderem in altrussisch izvorъ 'Quelle', ukrainisch izvir 'kleiner Gebirgsbach', serbisch, kroatisch izvor 'Quelle, Born, Strudel' belegte Wort enthält eine altertümliche Komposition, denn das Slavische kennt zwar das Verbum vьrěti 'sprudeln', aber kein selbständiges *vor-.[188] Daher ist die Streuung der Namen (s. Karte 6) von besonderer Be-

---

[188] Zum Material vgl. Udolph, Studien, S. 163–170; vgl. auch W. P. Schmid, Linguisticae Scientiae Collectanea, S. 260f.

deutung. Die Annahme, es könne sich bei dem Vorkommen im Karpaten- und Beskidengebiet um Ausläufer einer jüngeren, südslavischen Namengebung handeln, verbieten sich angesichts des aus der indogermanischen Vorstufe ererbten Ablauts. Die im Dnjestr- und San-Gebiet liegenden Namen entstammen vielmehr einer Sprachstufe, die das zugrunde liegende Appellativum noch kannte. Das kann nur eine Vorstufe der slavischen Einzelsprachen gewesen sein, d. h. mit anderen Worten, eine gemeinslavische oder urslavische Sprachschicht.

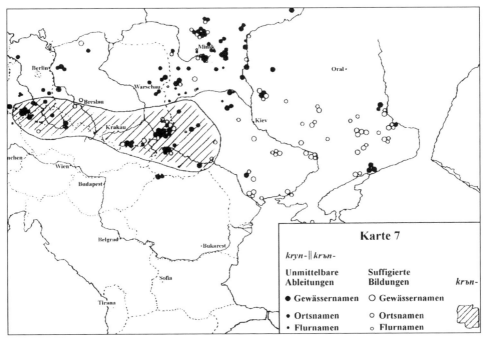

Karte 7: *kryn-/krъn-*

2. *krynica*

Weißrussisch *kryníca* 'kleiner See; Wasserlauf, der aus der Erde dringt, Quelle', ukrainisch *krynica* 'Quelle', polnisch *krynica*, *krenica* 'Quelle, Brunnen' usw. verlangen ein *krūn-ica*.[189] Es liegt eine Dehnstufe vor, die in ukrainisch (dialektal) *kyrnýcja*, *kernýc'a* 'Quelle', altpolnisch *krnicza* 'rivus', slovenisch *krnica* 'tiefe Stelle im Wasser, Wasserwirbel, Flusstiefe' ihre kurzvokalische Entsprechung (*krŭn-*) besitzt. Betrachtet man sich das Vorkommen der *krynica*-Namen, die ein weites Gebiet umfassen, und konfrontiert dieses mit der Streuung der kurzvokalischen Ablautvariante (s. Karte 7), so wird ein Bereich deutlich, in dem b e i d e V a r i a n t e n n e b e n e i n a n d e r a u f t r e t e n. Das sich dadurch herauskristallisierende Territorium ist mit Sicherheit als altes slavisches Siedlungsgebiet zu betrachten. Versuche, die Ethnogenese des Slavischen in das Oka-Gebiet,[190] nach

---

[189] Zu den Einzelheiten s. Udolph, Studien, S. 367ff.
[190] Zuletzt Z. Gołąb: *The Origins of the Slavs. A Linguist's View*, Columbus (Ohio) 1992.

Asien[191] oder auf den Balkan[192] zu verlegen, müssen an diesen Verbreitungen scheitern. Es wäre nötig, sich intensiver mit diesen Fakten auseinander zu setzen, zumal sich ähnliche Erscheinungen auch für die Frage nach Germanenheimat und -expansion nachweisen lassen. Ganz ähnlich liegt der nächste Fall.

3. *brъn-/bryn-

Die lange umstrittene Grundform der slavischen Sippe um altserbisch brna 'Kot, Erde', bulgarisch-kirchenslavisch brъnije 'Kot, Lehm', altkirchenslavisch brъna 'Kot', slovenisch brn 'Flussschlamm' usw. löst sich unter Einbeziehung des onomastischen Materials einwandfrei auf:[193] Gegen die Annahme, man müsse von einem Ansatz *bьrn- ausgehen, sprechen bereits nachhaltig zahlreiche Gewässernamen des Typs Brynica, Brenica, Branica und vor allem ostslavische wie Bronica, Bronnica, Brono (s. Karte 8). Die zugrunde liegende Wurzel muss als *brъn- angesetzt werden, da auch die im Slavischen appellativisch nicht bezeugte dehnstufige Variante *bryn- in geographischen Namen bestens bezeugt ist (Brynica, Brynówka, Brynec). Slavisch *bryn- verlangt einen Ansatz *b(h)rūn- und trifft sich problemlos mit germanisch *bhrūn- in niederdeutsch brūn-, hochdeutsch braun.

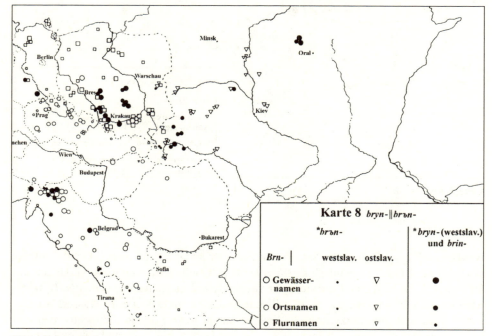

Karte 8: bryn-/brъn-

[191] Jüngst: H. Kunstmann: *Die Slaven. Ihr Name, ihre Wanderung nach Europa und die Anfänge der russischen Geschichte in historisch-onomastischer Sicht*, Stuttgart 1996.
[192] O. T. Trubačev (in zahlreichen jüngeren Arbeiten).
[193] Zu den Einzelheiten s. Udolph, Studien, S. 499–514; ders.: *Zum kirchenslavisch-ostslavischen Dualismus in der Toponymie*, in: *International Journal of Slavic Linguistics and Poetics* (= Festschrift für H. Birnbaum) 31/32 (1985), S. 473–479.

Das Nebeneinander beider slavischer Ablautvarianten *brъn-/*bryn- zeigt sich in der Namenlandschaft sehr deutlich und besitzt ein eindeutiges Zentrum in Südpolen und der Ukraine. Gleiches läßt sich für unsere letzte Ablautvariante zeigen.

4.   *gręz-/*grǫz-

Neben dem bekannten russischen Appellativum grjaz' 'Schmutz, Kot, Schlamm', das unter anderem in weißrussisch hrjaz' 'aufgeweichte Stelle auf einem Weg, Sumpf, Schmutz', ukrainisch hrjaz' 'Sumpf, Pfütze, Schlamm' und slovenisch gręz 'Moor, Schlamm' Entsprechungen besitzt, und einen urslavischen Ansatz *gręz- voraussetzt, kennt das Slavische auch die Abtönung *grǫz-, zum Beispiel in ukrainisch hruz' 'Sumpf, Moor, Morast', weißrussisch hruzála, hruzalo 'schmutziger Ort, sumpfige Stelle', polnisch grąz, -ęzu 'morastiger Sumpf'.[194] Dabei ist bereits zu beachten, dass das Südslavische die Abtönung *grǫz- nicht kennt, also an der urslavischen Ablautvariante keinen Anteil hat.

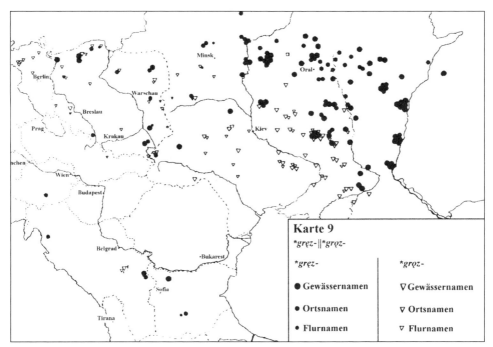

Karte 9: *gręz-/*grǫz-
● = *gręz-   ▽ = *grǫz-

Dem entspricht die Verbreitung in den Namen durchaus (s. Karte 9): Die Namen sind weit gestreut, eine besondere Produkivität ist im Ostslavischen zu beobachten, das Südslavische hat nur mit der *gręz-Variante Anteil. Eine Heimat des Slavischen auf dem Balkan schließt sich damit einwandfrei aus (es geht hier um urslavische Ablautvarian-

---

[194] Ausführlich diskutiert bei Udolph, Studien, S. 142–152.

ten, deren Produktivität und Wirkung lange vor dem Eindringen auf den Balkan anzusetzen ist). Das Slavische kann sich auf Grund dieser Fakten nur nördlich der Karpaten entfaltet haben.

Dafür sprechen – zusammenfassend gesagt – nicht nur das soeben behandelte Wortpaar *grjaz'/hruz*, sondern nachhaltig auch die zuvor behandelten Gruppen um *izvor'/vьrěti*, *krynica* und vor allem auch *brъn-/bryn-*, das durch die sichere Verbindung mit einem germanischen Farbwort im urslavischen Wortbestand zusätzlich verankert ist.

III   Alteuropäische Gewässernamen + slavische Suffixe

Als drittes Kriterium für die Zuweisung zu einer urslavischen Gewässernamenschicht hatte ich eingangs auf die Erscheinung verwiesen, dass an alteuropäische Gewässernamen altertümliche slavische Suffixe getreten sein können.

1.   *-ok-*

Nach dem Urteil des *Słownik Prasłowiański*, Bd. 1, S. 92, stellt das Suffix *-ok-* einen urslavischen Archaismus dar. Es begegnet appellativisch zum Beispiel in *sъvìdokъ*, *snubokъ*, *vidokъ*, *edok*, *igrok*, *inok* u. a., seine Altertümlichkeit zeigt sich aber unter anderem auch darin, dass es an archaische athematische Stämme hinzugefügt wird.

Umso beachtenswerter ist die Tatsache, dass es an Gewässernamen angetreten ist, die mit Sicherheit der vorslavischen Schicht der alteuropäischen Hydronymie angehören. Ich meine die Namen von *Sanoczek* samt *Sanok* und *Sanoka* und *Wisłok* beziehungsweise *Wisłoka*. Mit der Variante *-očь* gehören hierzu auch *Liwocz* und *Liwoczka*, Flussnamen bei Busko und Tyniec.

Über die Etymologie von *Wisła*[195] und *San*[196] soll hier nicht näher gehandelt werden, aber es ist zu betonen, dass an ihrer vorslavischen Herkunft kein Zweifel sein kann. Welche Deutung man für diese alten Namen finden kann, steht hier nicht zur Debatte. Wichtiger für die Bestimmung der alten slavischen Siedlungsgebiete ist die Tatsache, dass die Suffigierung mit Hilfe eines archaischen slavischen Suffixes, eben *-ok-/-očь*, erfolgte und das alle genannten Namen sich in einem Bereich befinden, der sich auch aufgrund der schon behandelten Namentypen als altes slavisches Siedlungsgebiet erwiesen hat.

Ich betone nochmals: Die Existenz vorslavischer, alteuropäischer Namen in einem mutmaßlich alten Siedlungsgebiet einer indogermanischen Einzelsprache spricht nicht g e g e n die Annahme, dass dieses sich dort befunden hat, s o n d e r n   i s t   d i e   n o t w e n d i g e   K o n s e q u e n z aus der Tatsache, dass sich die indogermanischen Einzelsprachen nicht aus einem luftleeren Raum entwickelt haben, sondern sich auf einer breiten indogermanischen Basis aus einer Schicht alteuropäischer Namen entfaltet haben, ja man darf sagen, entfaltet haben müssen.

---

[195] S. Udolph, Stellung, S. 303–311.
[196] S. Udolph, Stellung, S. 264–270.

2. -og

Die Altertümlichkeit des slavischen Suffixes -og-, etwa in *batog, barloh, rarog, tvarog, ostrog* usw. wird allgemein anerkannt. Umso bedeutsamer ist es, dass dieses Bildungsmittel auch an vorslavische Hydronyme angetreten ist. Am auffälligsten vielleicht in dem Flussnamen *Minożka*, auch *Minoga*, rechter Nebenfluss der Dłubnia, mit ON *Minoga*, 1257 *Mlynoga*, 1262 *Mlynoga*, 1367 *Minoga*, 1470–80 *in flumine Mninoga* usw. Er besitzt offenbar Entsprechungen in *Minaga*, See in Litauen, *Mnoha*, GN in der Ukraine und *Mnoga*, Nebenfluss der Velikaja zum Peipus-See.[197]

Die Namen gehören zusammen mit *Mień, Mienia*, dem *Main* und anderen zu lit. *mýnę* 'Sumpf, Morast', lett. *miņa* „morastige Stelle", *maiņa* 'Sumpf, Morast'.[198] Es liegt ein alteuropäischer Typus vor, wofür schon seine Streuung von Portugal bis zum Baltikum spricht. Für den Osten Europas ist auffällig, dass sich dort (und sonst kaum) -g-haltige Ableitungen nachweisen lassen; ein Bildungstyp, den H. Krahe noch unberücksichtigt gelassen hatte, der aber gerade in Osteuropa – man denke an den Namen der *Wolga*[199] – seine Spuren hinterlassen hat.

Minoga, Minaga, Mnoga zeigen, dass an alteuropäische Basen einzelsprachliche (hier: baltische und slavische Suffixe) antreten können. Da es sich nun bei -og- um ein archaisches Suffix handelt, können die hier genannten Namen einer älteren Stufe zugewiesen werden. Sie sind daher als Bindeglieder zwischen alteuropäischer und slavischer Hydronymie anzusehen.

Ich habe im Fall der altertümlichen slavischen Suffixe nur eine Auswahl getroffen. Es gibt weitere Bildungsmittel, die hier angeführt werden könnten. Ich möchte jedoch zum Abschluss meiner Ausführungen auf eine Erscheinung aufmerksam machen, die erst vor wenigen Jahren in ersten Ansätzen behandelt werden konnte und die für die Frage, wo sich etwa das Slavische aus einem indogermanischen Dialektgebiet entfaltet hat, von einiger Bedeutung ist.

IV Baltisch-Slavisch-Germanisch in der Hydronymie

Es geht um die oben schon angesprochene nähere Verwandtschaft des Baltischen, Slavischen und Germanischen innerhalb der indogermanischen Sprachgruppe. Diese ist schon lange bekannt und immer wieder diskutiert worden. Ich will auf diese Tatsache nur mit einigen wenigen Zitaten hinweisen; wichtiger ist für uns heute die Untersuchung der Frage, ob sich im Namenbestand dieser drei indogermanischen Sprachzweige Besonderheiten nachweisen lassen.

Aufgrund der schon aufgefallenen Übereinstimmungen wie bekannter „-m-Kasus", Zahlwörter für „1000", „11" und „12" u. a. m. hatte schon J. Grimm eine nahe Verwandtschaft des Germanischen mit dem Baltischen und Slavischen angenommen. Jüngere Untersuchungen haben das erhärtet. Ich erwähne hier nur summarisch die Beiträge und Stel-

---

[197] Udolph, Stellung, S. 160ff.
[198] Ebd., S. 161ff.
[199] Dazu zuletzt: J. Udolph: *Wolga – Olše/Olza – Elze. Ein Nachtrag*, in: *Acta Onomastica* 36 (= Gedenkschrift für V. Šmilauer), Praha 1995 [1996], S. 249–261.

lungnahmen von W. Porzig,[200] E. C. Polomé[201] und E. Seebold.[202] Den Wortschatz hat C. S. Stang aufgearbeitet[203] und zahlreiche Übereinstimmungen zwischen den drei Sprachgruppen festgestellt. In seiner Arbeit findet sich auch (S. 5–9) ein Abriss der Geschichte der Forschung, auf die ich hier jetzt nicht mehr eingehe.

In einem eigenen Versuch bin ich von namenkundlicher Seite an diese Dreiheit herangegangen.[204] Dabei sind mir einige Namengruppen aufgefallen, die für eine gewissen Zusammenhang sprechen können.

1. *bhelgh-/*bholgh-

Polnische und ostslavische Gewässernamen wie *Bloga*, Nebenfluss der Pilica (auch Ortsname *Blogie Stare*, *Szlacheckie*); *Blogie*, Sumpf bei Radom; *Boloživka*, *Bolozivka*, Flussname in der Ukraine (auch ON *Boloživka*, *Blozev*; *Bluj*, dt. *Bluggen See*, bei Miastko in Pommern; *Blh*, ungar. *Balog*, 1244/1410 *Balogh*, Flussname in der Slovakei, besitzen Entsprechungen im ehemaligen und jetzigen baltischen Gebiet, so in *Balge*, Ortsname und Name eines Teils des Frischen Haffs,[205] in *Balga*, Flussname in Lettland, dort auch ON *Piebalga*; *Bologoe*, ON bei Valdaj, dort auch Seename *Bologoe*, *Bologovskoe*; *Bologoe*, auch *Balagoj*, ON im ehemaligen Kr. Cholm; *Balagoe*, auch *Bologovo*, ON im ehemaligen Kr. Velikie Luki, dort auch ON *Balagoe*. Es dürfte Verwandtschaft bestehen zu einem Ansatz *bolg-, der auch in dem Flussnamen *Osobłoga*/*Osoblaha*, Nebenfluss der Weichsel, dt. *Hotzenplotz*, vorliegt.

Ein Ansatz *bholg- darf als Abtönung zu einer Wurzel *bhelg- aufgefasst werden. Ein sicherer Anschluss hat sich für die genannten Namen noch nicht finden lassen. Hier kann das Germanische helfen: Ein norddeutsches Küstenwort, das noch heute lebendig ist, lautet *balge*, *balje*. Es bezeichnet neben anderem die mit Wasser gefüllten Vertiefungen, Rinnen und Gruben, die bei Ebbe zurückbleiben, daneben auch einen niedrigen, sumpfiger Ort, den Arm eines größeren Flusses oder eine tiefe Rinne zwischen Sandbänken an der Küste.

In nicht wenigen Namen Norddeutschlands, darunter in *Balge*, ON bei Nienburg sowie alter Name des Hafens in Bremen, ferner mit altertümlicher -r-Bildung in *Beller*, ON bei Brakel, ca. 993–96 *in Balgeri*, ferner in Belgien und in den Niederlanden, aber auch in England, begegnet das Wort zudem toponymisch.

---

[200] *Die Gliederung des indogermanischen Sprachgebiets*, Heidelberg 1955, S. 140–145.

[201] *Germanic and the other Indo-European languages*, in: *Toward a Grammar of Proto-Germanic*, Tübingen 1972, S. 43–70, hier: S. 51–55 (kritisch); ders.: *Rez. zu: J. Untermann/B. Brogyanyi (Hrsg.), Das Germanische und die Rekonstruktion der indogermanischen Grundsprache, Freiburg 1981*, in: *Kratylos* 34 (1989), S. 14–17, 112–116, hier: S. 115.

[202] *Die Konstituierung des Germanischen in sprachlicher Sicht*, in: *Germanenprobleme aus heutiger Sicht*, 2. Aufl., Berlin 1999, S. 168–182, hier: S. 177.

[203] *Lexikalische Sonderübereinstimmungen zwischen dem Slavischen, Baltischen und Germanischen*, Oslo usw. 1971.

[204] Das Folgende vor allem nach Udolph, Germanenproblem, S. 16–49.

[205] Deutsche Herkunft ist allerdings nicht ausgeschlossen, man vergleiche aber auch E. Blesse: *Gedanken zu russischen und baltischen Fluß- und Ortsnamen*, in: *Beiträge zur Namenforschung* 4 (1953), S. 289–291, hier: S. 290f.

Damit erschöpft sich die Verbreitung. Karte 10 zeigt, dass eine Wurzel *bhelgh- im Namenmaterial eines Gebietes vorkommt, aus dem später das Germanische, Baltische und Slavische entstanden sind. Der Balkan spielt keine Rolle.

2. *dhelbh-/*dholbh-*dhḷbh-

Ein Ansatz *dhelbh- wird fast allgemein in Wörtern des Baltischen, Slavischen und Germanischen vermutet, so etwa in poln. *dłubać* 'höhlen, meißeln', tschech. *dlub* 'Vertiefung', sloven. *dolb* 'Aushöhlung', ahd. *bi-telban* 'begraben', ae. *(ge)delf* 'Steinbruch', ndl. *delf, dilf* 'Schlucht, Graben, Gracht', lit. *délba, dálba* 'Brechstange'. Die Reflexe dieser Wurzel zeigen sich also nur in einem begrenzten Bereich der indogermanischen Sprachen. Ihre Grundbedeutung kann etwa mit 'vertiefen, aushöhlen' beschrieben werden.

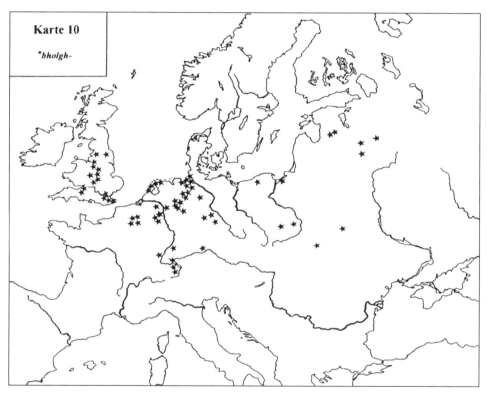

Karte 10: *bholgh-

Da die Verbreitung appellativisch beschränkt ist, ist der Nachweis im toponymischen Bereich umso bedeutsamer, weil sich aus der daraus ergebenden Verbreitung Schlüsse für das mutmaßliche Entfaltungsgebiet der drei genannten Sprachgruppen ergeben.

Der bekannteste osteuropäische Vertreter der hier genannten Sippe ist der Name des Flusses *Dłubnia*, der bei Nowa Huta in die Weichsel mündet.

Dieser Name enthält indogermanistisch gesprochen, die Schwundstufe der Wurzel, nämlich *dhḷbh-. Diese tritt nun auch in einem ganz anderen Land auf, in einem Fluss in der Rhön in Deutschland: *Thulba*, auch ON *Thulba*, *Oberthulba*, und auch in *Dölbau*, Ortsname bei Halle, alt *Tolben*, *Tolbe*.

Aber auch die Vollstufe **dhelbh-* ist bezeugt, u. a. in *Dölbe*, Nebenfluss der Innerste in Niedersachsen, alt *Delve*, ferner in *Delve*, ON in Schleswig-Holstein, in dem bekannten niederländischen Ortsnamen *Delft* und in der *Delvenau* bei Lübeck, die eine Grundform **Dhelbh-anda* oder **Dhelbh-unda* verlangt.

Schließlich ist auch die Abtönung **dholbh-* bezeugt, am ehesten in einem Orts- und Gewässernamen *Dolobьskъ* bei Kiev.

Weitere hierhergehörende Namen übergehe ist. Der Nachweis der drei Ablautstufen **dhelbh-*, **dholbh-*, **dhḷbh-* innerhalb eines begrenzten Gebietes zeigt die engen Beziehungen, die diese Wurzel zur indogermanischen Grundlage besitzt. Erneut ist bedeutsam, in welchem Gebiet die Namen begegnen (s. Karte 11). Es ist der Raum, der uns bisher immer wieder aufgefallen ist: Das Gebiet zwischen Rhein, Dnjepr und Ilmen-See hat Anteil an der Streuung, jüngere germanische Ausläufer mit einzelsprachlichen Bildungen in Flandern und England dürfen nicht überbewertet werden. Ein Zusammenhang mit dem Oka-Gebiet, mit Asien oder dem Balkan existiert nicht. Man kann bei der Suche nach alten slavischen Siedlungsgebieten auf diese Gebiete verzichten.

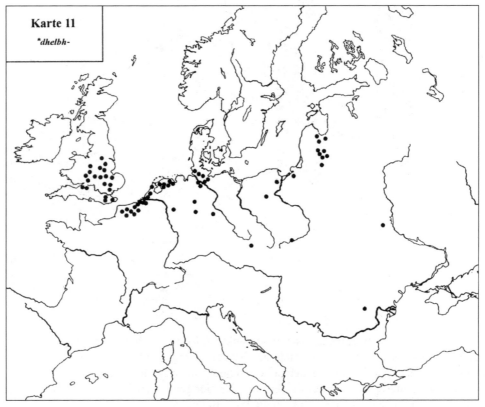

Karte 11: **dhelbh-*

3. Wurzelerweiterung *per-s-*

Eine indogermanische Wurzelerweiterung *per-s-* mit der Bedeutung 'sprühen, spritzen, Staub, Tropfen' ist in etlichen Sprachen nachweisbar, so etwa schon in hethitisch *papparš-* 'spritzen, sprengen', altind. *pŕ̥ṣat* 'Tropfen', avest. *paršuya-* 'vom Wasser', lit. *purslas, pursla* 'Schaumspeichel', lett. *pàrsla, pęrsla* 'Flocke', slav. **porsa-* '*Staub*' (vgl. altkirchenslavisch *prachъ* usw.), tocharisch A, B *pärs-* 'besprengen' und im Nordgermanischen (dän., norw., anord.) *foss, fors* 'Wasserfall'.

Von einer baltisch-slavisch-germanischen Eigentümlichkeit kann vom appellativischen Standpunkt also aus nicht gesprochen werden. Das Bild verändert sich jedoch, wenn man die hiervon abgeleiteten Gewässernamen einbezieht.

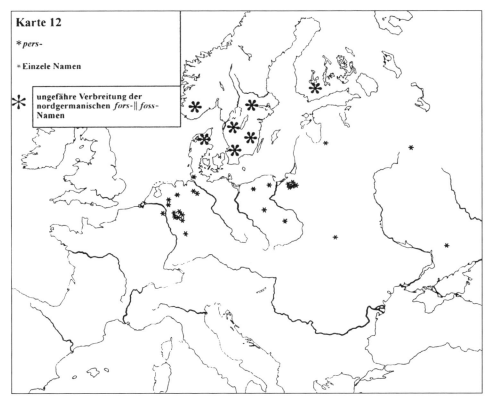

Karte 12: **pers-*

Der wahrscheinlich bekannteste Name, der hier zu nennen ist, ist die *Parsęta*, dt. *Persante*, Zufluss zur Ostsee; daneben nenne ich aus Osteuropa nur noch *Pereseja/Pčrse*, Stromschnelle der Westlichen Düna; *Perscheln, Persem, Perses, Persink*, Orts- und Flurnamen im ehemaligen Ostpreußen, dort auch *Prośno*, dt. *Pörschken See*, 1486 *Persk*, sowie die ON *Persk* und *Perszk;* wichtig noch die *Peresuta*, GN in der Ukraine, *Prosna*, linker Nebenfluss der Warthe, die *Pirsna*, abgegangener GN im Gebiet der Pilica und *Pirsna*, Landschaft an der unteren Weichsel; weiter nach Osten liegen *Porosna*, Fluss im Gebiet des Donec; *Presnja*, linker Nebenfluss der Moskva sowie Flussname im Gebiet der Oka.

Das deutsche Sprachgebiet besitzt Entsprechungen in *Veerse* und *Veersebrück*, ON an der *Veerse* bei Scheeßel, um 1290 *in Versene*, in *Veerßen* an der Ilmenau bei Uelzen, 1296 *Versene*, 1306 *Versena* usw. und weiteren Namen, die ich hier übergehe.

Auch hier zeigt die Verbreitung ein nun schon bekanntes Bild (s. Karte 12): Die Namen liegen nördlich der europäischen Mittelgebirge in dem Bereich, der auch schon durch andere Verbreitungskarten aufgefallen war. An einem letzten Fall soll diese Streuung nochmals deutlich werden.

4.   Wurzelerweiterung **pel-t-*, **pol-t-*, **pl̥-t-*

Die Wurzelerweiterung **pel-t-*, **pol-t-*, **pl̥-t-* einer in den indogermanischen Sprachen weit verbreiteten Sippe um **pel-/pol-* 'gießen, fließen usw.', deren Reflexe vom Armenischen über das Baltische und Slavische bis zum Keltischen reichen, begegnet appellativisch im Baltischen, vgl. lett. *palts*, *palte* 'Pfütze, Lache'.

Geht man aber zum Namenbestand über, so scheint darüber hinaus auch das ehemals slavische Gebiet daran Anteil gehabt zu haben. Außerhalb des später slavischen, baltischen und germanischen Gebietes fehlen bisher sichere onymische Entsprechungen, wie die nun folgende Zusammenstellung deutlich machen wird, und es kann daher der Verdacht geäußert werden, dass die Dentalerweiterung auf diesen indogermanischen Dialektbereich beschränkt gewesen ist.

Zunächst biete ich einen Überblick möglichst aller erreichbaren Bildungen zu der unerweiterten Wurzel **pel-/pol-*. Dass das Material noch erweitert werden kann, ist unbestritten.

Man vergleiche: *Fal* bei *Falmouth*, England; *Fala*, FlN in Norwegen; *Falbćk* in Dänemark; *Falen Å* in Dänemark; *Fils*, GN im Neckargebiet; *Filsbćk* in Dänemark; *Paglia*, Zufluss des Tiber; *Palà*, GN in Litauen, auch in Lettland; *Palae*, ON in Thrakien; *Palancia*, Zufluss zum Mittelmeer bei Murviedro, Prov. Valencia; **Palantia* im ON *Palencia* in Altkastilien; *Paleja*, FlN in Litauen; *Palejas*, FlurN in Lettland; *Palma*, ON in Thrakien; *Palminys* u. a. m., FlNN im Baltikum; *Palo*, Fluss zum Mittelmeer bei Nizza; *Palõnas*, *Palona*, GNN. In Litauen; *Palva*, Fluss in Lettland; *Palwe*, ON in Ostpreußen; *Pelà*, Fluss in Litauen; *Péla*, *Pelîte*, FlNN in Lettland; *Polendos* bei Segovia, *Palmazanos* und *Paociana* in Portugal; *Palancia*, Zufluss zum Mittelmeer bei Murviedro, Prov. Valencia; *Palangà*, ON nördlich Memel (Klaipėda), evtl. hierzu; **Palantia* im GN *Palancia* in Altkastilien; *Pelega*, *Peleška*, FlNN im alten Gouv. Novgorod; *Pelesà*, *Pelesõs ēžeras*, GNN in Litauen; *Pelso* 'Plattensee'; *Pelva*, ON in Illyrien; *Pelyšà*, FlN in Litauen; *Pielnica* mit ON *Pielnia*, im San-Gebiet, < **Pela; Pola*, Fluss zum Ilmensee; *Polova*, FlN bei Gorodok, Weißrussland; *Valme*, Nebenfluss der Ruhr; *Velpe* bei Tecklenburg; *Vielserbach*, auch ON *Vielse(rhof)*, 1015–24 *Vilisi*, Zufluss zur Heder im Gebiet der Lippe; *Vils*, *Große Vils*, *Kleine Vils*, mit ON *Vilshofen*, im Donaugebiet, sowie *Vils*, Zufluss zum Lech; *Volme*, Zufluss zur Ruhr. Unsicher ist die Zugehörigkeit des österreichischen FlN *Pielach*.

Zur Verbreitung der Namen s. Karte 13. Man sieht deutlich, dass die Streuung weite Gebiete Europas umfasst und daher eine einzelsprachliche Erklärung nicht mehr möglich ist. Wir haben eine typische alteuropäische Sippe vor uns.

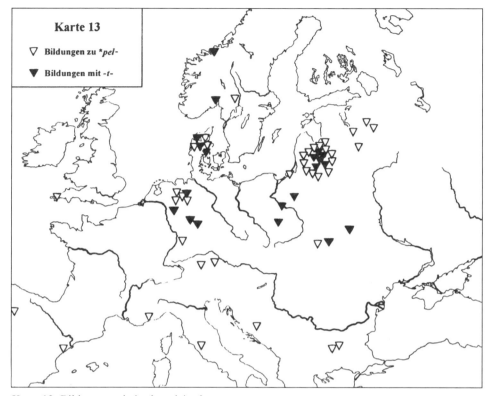

Karte 13: Bildungen mit *pel- und *pelt-

Ganz anders sieht es aus, wenn man sich diejenigen Namen betrachtet, die als -t-Ableitung einer Wurzel *pel-/pol- gelten können.[206] Dabei lassen sich alle drei indogermanischen Ablautstufen belegen.

1) Die Grundstufe *pel-t- liegt vor in: Polota, ON Polock (< *Pelta); Pełty, ON bei Elbing, 1323 usw. Pelten, Pleten; Płock, ON an der Weichsel.
2) Die Abtönung *pol-t- in: Páltis, Pãltys, Palt-upis, Paltę u. a. m., GNN und FlurN in Litauen, vielleicht auch in Palten, GNN in Österreich.
3) Die Schwundstufe in Pilica, l. Nebenfluss der Weichsel, < *Pl̥tiā; Poltva/Pełtew, FlN bei Lwów (Lemberg); Pełta oder Pełtew, Nebenfluss des Narew; Poltva, Nebenfluss der Horyn' in der Ukraine sowie im Namen der Fulda < *Pl̥ta.

Das Ergebnis liegt offen zutage: Die Basis *pel-/pol- ist sowohl appellativisch wie hydronmyisch viel weiter gestreut als die Erweiterung *pel-t-/pol-t-. Die -t-haltigen Ableitungen bzw. Bildungen treten im Namenbestand nur in einem begrenzten Gebiet auf, das in einem Dreieck zwischen Hessen, dem Baltikum und der Ukraine liegt.

---

[206] Zu den Einzelheiten s. Vanagas, Lietuvių hidronimų, S. 242; W. P. Schmid: Donum Balticum, Stockholm 1970, S. 475; J. Udolph: Ex oriente lux – Zu einigen germanischen Flußnamen, in: Beiträge zur Namenforschung. Neue Folge 16 (1981), S. 84–106, hier: S. 95ff.; Udolph, Stellung, S. 243ff.

Erneut zeigt sich damit, dass es einen relativ sicher zu bestimmenden Bereich gegeben hat, auf dem sich das Baltische, das Slavische und das Germanische aus einem indogermanischen Dialektgebiet entfaltet haben dürften.

Zusammenfassung und Ergebnisse

1. Es gab einen vergleichsweise engen Kontakt zwischen dem sich entwickelnden Baltischen, Slavischen und Germanischen.
2. Die darauf hinweisenden Gewässernamen umfassen einen Raum nördlich der mitteleuropäischen Mittelgebirge zwischen dem Rhein im Westen, Nord- und Ostsee im Norden und dem Baltikum und westlichen Russland im Osten.
3. In Kombination mit den eingangs behandelten altertümlichen slavischen Bildungen der Hydronymie ergibt sich für die mutmaßliche slavische Urheimat aufgrund der Gewässernamen, dass etwa ein Gebiet zwischen der oberen Weichsel, den Pripjat'-Sümpfen, den Karpaten und dem Dnjepr alle Gewässernamentypen aufweist, die Voraussetzung für die Annahme einer alten slavischen Besiedlung sind.

Nach der Pannonien-These O. N. Trubačevs hat Z. Gołąb das obere Don-Gebiet als Heimat slavischer Stämme ausmachen wollen. Nimmt man noch die letzten Arbeiten Schelesnikers hinzu, so wäre die südöstliche Ukraine zu favorisieren. H. Kunstmann sucht die slavischen Quellen in Asien. Man fragt sich, warum man nicht dort nach Slavischem sucht, wo es die Hydronymie zwingend vorschreibt: im Raum zwischen Pripjet' und Karpaten sowie Dnjepr und unterer Weichsel.

Aufgrund der Gewässernamen, den wichtigsten Zeugen alter Sprachschichten, kann die Suche nach einer slavischen Heimat im Oka-Gebiet, in Asien, in der südöstlichen Ukraine und auf dem Balkan aufgegeben werden.

Baltisch, Slavisch, Germanisch – Kontakte und Beziehungen aus onomastischer Sicht*

Die von mir seit Jahrzehnten unternommenen Untersuchungen zu Orts-, Flur- und Gewässernamen sind die Grundlagen für die Frage, wie die Kontakte zwischen dem Baltischen, Slavischen und Germanischen zu beurteilen sind. Es lassen sich die folgenden Aussagen machen:
1. Das Baltische ist seit langer Zeit als Sprachgruppe ohne größere geographische Veränderungen im Baltikum zu lokalisieren.
2. Das Slavische entstand am Nordhang der Karpaten.
3. Das Germanische hatte seinen Kern in Nord- und Mitteldeutschland; entscheidend dafür war auch guter Ackerboden nördlich der deutschen Mittelgebirge.
4. Es gibt Gewässernamen, die nur in dem Bereich dieser drei Sprachgruppen zu finden sind.
5. Das Keltische spielte dabei keine Rolle; seine Heimat dürfte im Westalpengebiet gelegen haben.
6. Alle genannten Sprachfamilien entstanden aus einem indogermanischen Dialektgebiet heraus; Spuren dieser Vorstufe finden sich in der Alteuropäischen Hydronymie.

1. Bedeutung der geographischen Namen

Es ist keine Erkenntnis der Neuzeit, dass die Untersuchung der geographischen Namen wichtige Aufschlüsse für die Vor- und Frühgeschichte Europas erbringen kann. Bekannt ist eine Aussage von J. Grimm (1845, S. 5; 1871, S. 297) über die Bedeutung der Namen:

> Es gibt ein lebendigeres Zeugnis über die Völker, als Knochen, Waffen und Gräber, und das sind ihre Sprachen [...] Ohne die Eigennamen würde in ganzen frühen Jahrhunderten jede Quelle der deutschen Sprache versiegt sein, ja die ältesten Zeugnisse, die wir überhaupt für diese aufzuweisen haben, beruhen gerade in ihnen [...] Eben deshalb verbreitet ihre Ergründung Licht über die Sprache, Sitte und Geschichte unserer Vorfahren.

Innerhalb der geographischen Namen aber haben sich die Gewässernamen als die konservativsten erwiesen; auch das ist schon lange bekannt. Bereits im Jahr 1704 konstatierte G. W. Leibniz (Leibniz 1882, S. 264): „Et je dis en passant que les noms de rivieres, estant ordinairement venus de la plux mieux le vieux langage et les anciens habitans, c'est pourquoy ils meriteroient une recherche particuliere".

---

* Erstmals erschienen in: *Early Germanic Languages in Contact*, hg. von John Ole Askdal, Hans Frede Nielsen (= *Nowele Supplement Series* 27), Amsterdam 2015, S. 39–74.

Und dazu eine Ergänzung aus dem letzten Jahrhundert:

> Fluss-, Berg- und Siedlungsnamen [sind] für uns kostbarstes Material, das einzige oft für die ethnographische Erforschung frühester Zeiten, und vor allem das s i c h e r s t e, denn wo Ortsnamen einer bestimmten Sprache in größerer Zahl sich finden, da muss auch die betreffende Sprache selbst gesprochen worden sein und müssen Angehörige des diese Sprache sprechenden Volkes gelebt haben (Krahe 1949, S. 9).

2. Slavisch-baltisch-germanische Übereinstimmungen (einleitende Bemerkungen)

Die nähere Verwandtschaft des Baltischen, Slavischen und Germanischen innerhalb der indogermanischen Sprachen ist immer wieder diskutiert worden. Auf Grund der schon aufgefallenen Übereinstimmungen wie bekannter „-*m*-Kasus", Zahlwörter für „1000", „11" und „12" und Ausbildung einer doppelten Adjektivflexion waren bereits J. Grimm dem „Germanischen nächstverwandt […] das Baltische und Slavische. Er griff damit eine These von Caspar Zeuss auf, die dann von August Schleicher weiter ausgebaut, doch von der Mehrheit der Indoeuropäisten schließlich verworfen werden sollte" (Lötzsch 1985, S. 706). Eine wertvolle, zusammenfassende Darstellung des Problemkreises verdanken wir P. U. Dini (2005c).

Von besonderer Bedeutung aber ist die Frage, ob sich Gemeinsamkeiten zwischen den drei Sprachgruppen auch in der Toponymie finden lassen, denn in diesem Fall wäre es möglich, auch ungefähr den Raum abgrenzen zu können, in dem die Kontakte oder die gemeinsame Zwischenstufe nach einer Ablösung von einer indogermanischen Vorstufe angesetzt werden könnten. Kaum bemerkt wurde dabei, dass schon der Altmeister der deutschen Namenforschung Ernst Förstemann (1863, S. 258, 331) die Bedeutung des Baltischen für das Germanische erkannt hatte:

> Kein Sprachgebiet ist uns, wenn wir unsere alte Sprach- und Volksgeschichte rekonstruieren wollen, von größerer Bedeutung, als das der sogenannten baltischen Sprachen, die […] dem Germanischen besonders nahe stehn […], weil in der Tat das Litauische unter allen Sprachen genealogisch der nächste Verwandte des Germanischen ist.

Dabei meint Förstemann mit „litauisch" die gesamten baltischen Sprachen. Vom heutigen Wissen aus betrachtet wird man wohl vor allem das Altpreußische und andere Sprachen von z. T. nicht mehr sicher zu ermittelnden westbaltischen Völkern als enge Verwandte des Germanischen betrachten müssen.

Es ist die Aufgabe der heutigen Ortsnamenforschung, diese Erkenntnisse zu beachten und zu prüfen, ob mit dem inzwischen zur Verfügung stehenden erheblich angewachsenen Material eine Bestätigung oder Überprüfung der Thesen E. Förstemanns gelingt. Bevor man aber zu der Frage kommen kann, ob es Gemeinsamkeiten zwischen dem Baltischen, Slavischen und Germanischen gibt, sollte wenigstens in großen Zügen geklärt werden, wo etwa in der Zeit um Christi Geburt die Heimat der drei indogermanischen Sprachzweige angesetzt werden kann. Auch hier ist, so meine ich, der Griff zu den Orts- und Gewässernamen von entscheidender Bedeutung, denn man sucht ja nicht nach einer

Kultur- oder Religionsgemeinschaft, auch nicht nach Gemeinsamkeiten in der materiellen Kultur, sondern nach Völkerschaften, die sich durch die Sprache definieren lassen.

A. Das Baltische aus namenkundlicher Sicht

Von Sprachwissenschaftlern und Namenforschern wird immer wieder die Kontinuität in der Besiedlungsgeschichte des Baltischen betont. Größere Wanderungsbewegungen lassen sich kaum erkennen, dagegen jedoch ein Prozess, der eine erhebliche Verkleinerung des ehemals baltischen Siedlungsgebietes erkennen lässt (eine auf den Publikationen von M. Gimbutas beruhende, im Einzelnen zu korrigierende Karte bietet Schmid 1976, S. 15):

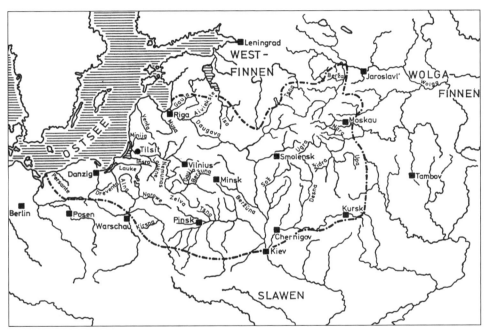

Karte 1: Verbreitung baltischer Gewässernamen
(Schmid 1976, S. 15 nach M. Gimbutas: *The Balts*, London 1963, 30f.)

Im Wesentlichen sind es slavische Stämme, die das Baltische von Osten, Süden und Südwesten aus assimiliert haben, deutlich erkennbar in Teilen Nordwestrusslands, in Weißrussland und in Nordostpolen. Aus hydronymischer Sicht ist dabei eine Verbreitungskarte von Gewässernamen interessant, die nach Meinung von J. Rozwadowski (1948) als „slavisch" bezeichnet werden können (Karte 2). Es handelt sich dabei aber keineswegs um slavische, sondern um voreinzelsprachliche, indogermanische Gewässernamen. Das machen schon die Überschriften einzelner Abschnitte seiner Studien wie „*dreu-* (*Drwęca, Drawa* …)", „*Isa*", „*Isana*", „*Isara*", „*Oła i jej grupa: pierwiastek el-*" deutlich, die z. T. fast identisch mit den viel späteren Untersuchungen von H. Krahe sind.

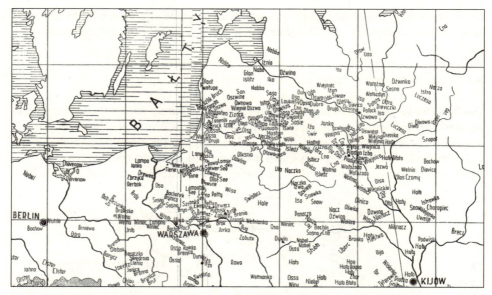

Karte 2: Von J. Rozwadowski (1948) behandelte „slavische Gewässernamen"

Ähnliches zeigt in Ansätzen auch eine Karte aus einer neueren Publikation (Babik 2001, S. 92–93), denn auf dieser ist eine deutliche Zunahme vorslavischer Gewässernamen in den an das ehemals baltische Siedlungsgebiet im Nordosten Polens angrenzenden Territorien zu erkennen.

Inzwischen hat sich, wie ich schon angemerkt habe, gezeigt, dass die von J. Rozwadowski für slavisch gehaltenen Gewässernamen anders interpretiert werden müssen: Zu einem geringen Teil gehören sie zum baltischen Substrat in Russland, Weißrussland, der nördlichen Ukraine und in Nordpostpolen, zum weitaus größeren Teil aber zu dem Bestand der seit H. Krahe so bezeichneten Alteuropäischen Hydronymie, einem Netz von Gewässernamen, das voreinzelsprachlicher, indogermanischer Herkunft ist (Krahe 1949–1965, 1964; Schmid 1994; Udolph 1990).

Und noch eine weitere, wichtige neue Erkenntnis konnte gewonnen werden: Innerhalb der alteuropäischen, voreinzelsprachlichen, indogermanischen Gewässernamen in Europa besitzt das Baltische eine Sonderstellung, die W. P. Schmid (1994, S. 175–192, 226–247) herausgearbeitet hat. Die Hydronymie im ehemals und jetzigen baltischen Siedlungsgebiet zeichnet sich zum einen durch eine große Dichte voreinzelsprachlicher Namen aus, zum anderen ist eine Stetigkeit und Kontinuität in der Bildung der Gewässernamen von frühester indogermanischer Zeit bis in die einzelsprachliche baltische Periode erkennbar und schließlich gibt es innerhalb der Alteuropäischen Hydronymie nur im Baltikum Gewässernamen, die Entsprechungen in vielen europäischen Regionen haben. Beispiele sind etwa *Atesỹs*, *Atesė*, Gewässernamen in Litauen : *Etsch/Adige* (in der Antike überliefert als *Atesis, Athesis*), *Eisa : Aisė, Limena : Limenė* in Litauen u. a. m. (Auflistung mit Kartierung: Schmid 1994, S. 184f.). Ich habe Ähnliches auch bei der Untersuchung der vorslavischen Namen in Polen feststellen können (Udolph 1990, zusammenfassend: S. 331ff.). Die besondere Stellung der baltischen Hydronymie zwingt nach W. P. Schmid (1994, S. 226ff.) dazu, dem Baltischen innerhalb der indogermanischen

Sprache eine zentrale Rolle zuzuschreiben. Ich betone auch an dieser Stelle, dass es hier ausschließlich um Fakten geht, die mit Hilfe der Namen und ihrer Verbindungen gewonnen werden können. Ob sich damit Erkenntnisse der Archäologie, Volkskunde oder Genetik in Einklang bringen lassen, lasse ich offen. Allerdings möchte ich schon an dieser Stelle auf Brather (2004) hinweisen, der sehr deutlich gemacht hat, dass aufgrund der materiellen Kultur ethnische Interpretationen kaum zulässig sind.

Die Richtigkeit der Auffassung, dass die Gewässernamen des Baltikums eine Sonderstellung innerhalb der Namenlandschaft Europas einnehmen, hat sich in jüngerer und jüngster Zeit immer wieder bestätigt. Sie darf und muss daher als ein Faktum in der Diskussion um die Gliederung der indogermanischen Sprachen betrachtet werden.

B. Slaven und das Slavische aus namenkundlicher Sicht

Nach meiner Auffassung muss man bei der Frage nach Heimat, Ausbreitung und Wanderung der slavischen Stämme aus einer anzunehmenden Heimat den Weg gehen, den schon vor Jahrzehnten M. Vasmer (1971, S. 71) wie folgt empfohlen hat: „Die slavische Urheimatfrage kann in erster Linie gefördert werden durch gründliche Lehnwörter- und Ortsnamenforschungen und möglichst vollständige Berücksichtigung aller alten historischen und geographischen Quellen". Was die Lokalisierung betrifft, so möchte ich hinzufügen, dass für diese Frage Lehnwörter weniger in Frage kommen als vielmehr die Untersuchung der geographischen Namen. In mehreren Arbeiten habe ich mich seit 1979 immer wieder mit diesem Thema auseinandergesetzt, beginnend mit meiner Dissertation (Udolph 1979). Verfeinert und ergänzt habe ich meine Überlegungen und Gedanken vor allem in Untersuchungen zur Landnahme ostslavischer Stämme (Udolph 1982), zur Entfaltung des Slavischen aus einem indogermanischen Dialektgebiet heraus (Udolph 1998), zu den baltisch-slavisch-germanischen Übereinstimmungen in der Toponymie (Udolph 2005a) und zusammenfassend aus neuerer Sicht in verschiedenen neueren Beiträgen (z. B. Udolph 2005b, Udolph 2010a).

Die meines Erachtens wichtigsten Ergebnisse möchte ich hier noch einmal darlegen, ohne die Quelle im Einzelnen noch einmal genau anzugeben.

1. Die allmähliche Entwicklung der slavischen Sprachgruppe aus einer indogermanischen Vorstufe muss sich im Wesentlichen in den Jahrhunderten um Christi Geburt bis etwa zur Mitte des ersten Jahrtausends hin vollzogen haben. Da das schriftlich bezeugte Altkirchenslavisch dem postulierten Urslavischen noch recht nahesteht, darf vielleicht noch im 5. bis 6. Jahrhundert nach Christus mit einer relativ einheitlichen slavischen Sprache gerechnet werden.

2. Die Bemühungen, mit Hilfe der geographischen Namen Näheres über die ältesten Siedlungsgebiete der Slaven zu gewinnen, basieren im Wesentlichen immer noch auf der „Ausschlussmethode" von Max Vasmer. Ihm gelang es, das ursprünglich slavische Gebiet dadurch einzugrenzen, dass er alle Territorien aussonderte, in denen sich in Ortsnamen ein ugrisches, iranisches oder baltisches Substrat finden lässt (Vasmer 1971, S. 101–202, 203–249, 251–534), später ergänzt durch Toporov und Trubačev (1962) und Trubačev (1968). So konnte M. Vasmer mit dieser bis heute gültigen Ausgrenzungsmethode

zeigen, dass sich das Slavische wahrscheinlich im Raum südlich des Pripjet' und westlich des Dnjepr herausgebildet haben musste.

3. In den ältesten Siedlungsgebieten müssen altertümliche slavische Gewässernamen nachweisbar sein. Alte Gewässernamen beruhen nach H. Krahe (1964, S. 34 und öfter) in erster Linie auf sogenannten „Wasserwörtern", also Bezeichnungen für das Wasser und dessen Eigenschaften. Somit kommen etwa für das Slavische die seit alter Zeit bezeugten Wörter *rěka* 'Fluss', **bolto* 'Sumpf, Morast', **ezer-/*ezor-* 'See', **more* 'Binnensee', *potok* 'Bach' u. a. m. in Betracht, ausführlich samt Kartierung der Namen behandelt in Udolph (1979). Hier nur ein Kartierungsbeispiel, s. Karte 3:

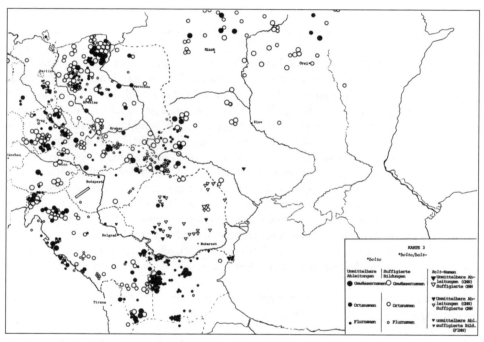

Karte 3: Slavisch **bolto* 'Sumpf, Morast' in geographischen Namen
(aus: Udolph 1979, S. 78)

Es zeigte sich, dass als mutmaßlich altslavisches Siedlungsgebiet das Gebiet nördlich der Karpaten etwa zwischen Zakopane und der Bukowina in Frage kommt. Von besonderem Gewicht sind dabei zum einen Gewässernamen, die sich nur mit Hilfe von südslavischen Appellativen lösen lassen (Udolph 1979, S. 497–538; 1982b), denn sie setzen bei ihrer Verwendung als Grundlagen der Gewässernamen eine gemeinslavische Sprachstufe voraus, zum anderen Gewässernamen, die auf verschiedenen Ablautstufen beruhen und nebeneinander begegnen wie **brъn-/*bryn-* 'Kot, Schmutz, Schlamm', **kryn-/*krъn-* 'Quelle' und **gręz-/*grǫz-* 'Schmutz, Morast' (Udolph 1998). Auch daraus nur eine Kartierung, s. Karte 4:

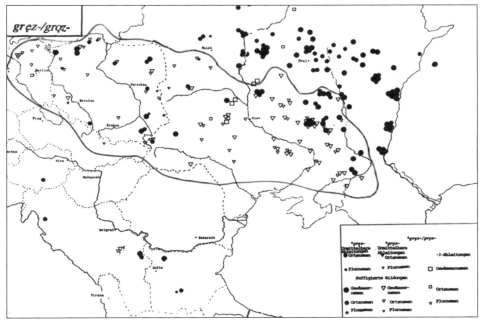

Karte 4: Slavisch *gręz- = ●, *grǫz- = ▽ 'Schmutz, Morast'; umrandet = Bereich der Namen, die auf *grǫz- beruhen
(aus: Udolph 1979, S. 151)

4. In weiteren Beiträgen ging ich der Frage nach, inwieweit sich innerhalb des dichten slavischen Namenguts und Polens vorslavische Relikte finden lassen (Udolph 1990) und ob es Namen gibt, die die Entwicklung des einzelsprachlich-slavischen Namenbestandes aus einer voreinzelsprachlich-indogermanisch-alteuropäischen Schicht erkennen lassen (Udolph 1997, 1998). Zur zweiten Gruppe gehören Namen mit altertümlichen Suffixen wie -yń/-ynja, -yčьč und -ava oder deren Grundlage alte -ū-Stämme sind, z. B. Bagva, Bečva, Branew/Bronew/Brnew, Bukva, Hoczew, Mała Pądew (Malapane, Mątew/Mątwa, Meglew). Letztere zeigen, dass enge Beziehungen zu baltischen Hydronymen mit den Formantien wie -uv-, -iuv- und -(i)uvė, -(i)uvis und Gewässernamen wie Daug-uva, Lank-uvà, Alg-uvà, Áun-uva, Gárd-uva, Lat-uvà usw. bestehen. Auch voreinzelsprachlich-alteuropäische Gewässernamen, die slavisch-einzelsprachliche Bildungen mit altertümlichen Suffixen neben sich haben wie etwa Wisła – Wisłok, Wisłoka und San – Sanok, Sanoczek spielen hier eine wichtige Rolle.

5. Man hat in der Vergangenheit immer wieder versucht, die Ergebnisse der Philologie und Namenforschung mit denen der Archäologie in Deckung zu bringen. Die Untersuchung von Brather (2004) hat deutlich gemacht, dass nur allein aufgrund der materiellen Kultur und deren Untersuchung Schlussfolgerungen für die ethnische Zugehörigkeit der Nutzer der Gegenstände kaum möglich, ja wahrscheinlich unmöglich sind.

6. Es gibt aber die Erkenntnisse einer anderen Naturwissenschaft, die genutzt werden sollten. Ich meine die Bodenforschung und Agrarwissenschaft – und hier speziell die Verbreitung der besten Böden, die zumeist auch Lössböden sind. Eine neuere Karte der

Lössverbreitung in Europa (Haase et al. 2007) zeigt für die Ukraine das folgende Bild (s. Karte 5):

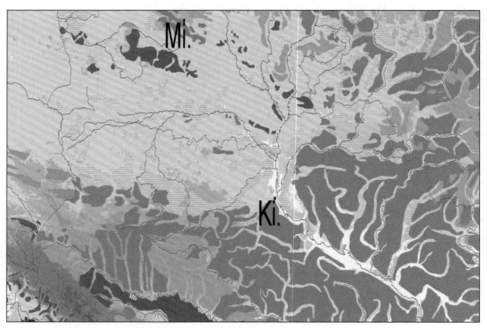

Karte 5: Lössverbreitung in der Ukraine (Mi. = Minsk, Ki. = Kiev)

Es ist deutlich erkennbar, dass die Lössverbreitung in der Ukraine südlich des Pripjet'-Gebietes und nördlich der Karpaten mit dem Zentrum der altslavischen Gewässernamen korrespondiert. Aus agrarhistorischer Sicht darf man wohl konstatieren: Ein guter Boden führt im Allgemeinen zu guten und besseren Ernten als auf schlechteren Böden. Die Folge ist eine geringere Kindersterblichkeit und eine höhere Lebenserwartung. Die Bevölkerung nimmt zu, was wiederum zu einer gewissen Überbevölkerung führt; Abwanderungen und Ausbreitung der Sprache der Sprecher aus dieser Region sind die Folge. Im Fall des Slavischen ist es der Lössgürtel zwischen Pripjet'-Sümpfen und Karpaten; der gute Boden korrespondiert mit alten Ortsnamen. Man kann beobachten, dass genau dieselbe Situation für die mutmaßliche Heimat der germanischen Stämme gegeben ist. Das zeigen die Überlegungen im folgenden Abschnitt.

C.   Heimat und Expansion des Germanischen aus namenkundlicher Sicht

Die Entwicklung des germanischen Sprachstammes aus einer indogermanischen Vorstufe muss wohl zeitlich eher als im Fall des Slavischen angesetzt werden. Um 500 n. Chr. lassen sich innerhalb des Germanischen bereits deutliche Unterschiede in den Sprachstrukturen, etwa zwischen Ostgermanisch (Gotisch), Nordgermanisch (Runen, Urnordisch) und Westgermanisch erkennen. Nach Auffassung der meisten Sprachwissenschaftler darf man die Entfaltung des Germanischen als eigenständigen Zweig, zu beobachten

u. a. an der Wirkung der ersten (germanischen) Lautverschiebung, etwa in die Zeit um 500 v. Chr. ansetzen. Diese hat in ihren Auswirkungen – entgegen etwa den Ergebnissen der zweiten (hochdeutschen) Lautverschiebung – offenbar sehr einheitlich und ohne große Differenzen alle germanischen Sprachzweige erfasst. Ich vertrete die Auffassung, dass sich dieser Prozess in einem relativ kleinen geographischen Gebiet abgespielt haben muss, denn anderenfalls wären sicherlich größere Unterschiede in den Reflexen der Lautverschiebung entstanden. Offenbar ist das nicht der Fall. Es fragt sich, ob sich die These, dass die germanische Urheimat in einem relativ kleinen geographischen Gebiet zu finden sein muss, mit Hilfe altertümlicher germanischer Orts- und Gewässernamentypen bestätigen lassen.

Wenn man sich mit altgermanischen Ortsnamen und deren Bildung beschäftigt, so wird man bald zu einem alten, aber vor allem für die Morphologie der Namen immer noch gültigen Wort von Jacob Grimm (1826, S. 403) geführt. Er hatte vor fast 200 Jahren betont: „Es ist die unverkennbare Richtung der späteren Sprache, die Ableitungen aufzugeben und durch Kompositionen zu ersetzen". Mit anderen Worten ausgedrückt: Ableitungen, d. h. Suffixbildungen, sind auch in den germanischen Ortsnamen zumeist ältere Bildungen als Komposita oder Kompositionsbildungen. Eine Untersuchung, die den älteren Wohnsitzen germanischer Stämme gewidmet ist, sollte sich also vor allem – wenn auch nicht ausschließlich – den suffixalen Bildungen zuwenden.

In einer umfassenden Untersuchung über Gewässer-, Orts- und Flurnamen germanischer Herkunft (Udolph 1994) habe ich mich diesem Themenkomplex in seiner Gesamtheit zugewendet; Ableitungen standen wenig später im Zentrum weiterer Beiträge (Udolph 2004a, 2010b). Für Niedersachsen sind auch Studien von R. Möller (1992, 2000) zu beachten.

Sammlungen und Verbreitungskarten von germanischen Wasserwörtern wie *hor* 'Sumpf, Morast', *mar(sk)* 'Binnensee, Sumpf', *Riede* 'Bach, Fließ', von Suffixbildungen mit *-ithi-*, *-ing-/-ung-*, *-st-*, *-str-* und von Ortsnamengrundwörtern wie *-hude* 'Furt, Anlegeplatz am Wasser', **-sētjanez/-sēt[j]ōz* 'Siedler', *kot* 'Siedlung', *tun* 'Stadt, Siedlung', *tie* 'Versammlungs-, Gerichtsplatz', *sel(e)* 'Wohnung, Dorf, Siedlung', *klint* 'Hügel, Abhang', *wedel* 'Furt' und viele andere mehr zeigen in eindeutiger Weise, dass sich das Germanische im kontinentalgermanischen Raum, genauer: im südlichen Niedersachsen, im westlichen Sachsen-Anhalt und in Teilen Thüringens aus einem gut erkennbaren indogermanischen Substrat heraus kontinuierlich entwickelt hat.

Von besonderer Bedeutung ist weiterhin eine auf die ersten Tage der Indogermanistik zurückgehende Beobachtung, dass innerhalb der indogermanischen Sprachen und hier besonders im Germanischen im Wurzel- und Stammauslaut bei den Konsonanten *-b-/-p-*, *-d-/-t-* und *-k-/-g-* ein Wechsel zu beobachten ist (Auflistung der Literatur bei Udolph 1994, S. 50f.), der auch in den geographischen Namen nachgewiesen werden kann (Udolph 1994, S. 50–118). Nur auf diesem Weg kann das Nebeinander von altnord. *flattr* – lit. *platùs*, *Nessel* – lit. *noterė*, *weiß* – altind. *śveta*, *nass* – griech. νότιος und *wīk* (in *Braunschweig*, *Bardowik*) gegenüber lat. *vīcus*, *Neetze* gegenüber *Noteć*/*Netze*, *apa* in *Ennepe*, *Olpe*, *Aschaff*, *Honeff* gegenüber balt. *apa* in *Goldap*, *Angerapp* usw. sinnvoll erklärt werden. Die weitere Aufarbeitung der mittel- und norddeutschen Namen in den Reihen Niedersächsisches Ortsnamenbuch und Westfälisches Ortsnamenbuch fördert ständig weitere Belege zu Tage.

Dabei lassen sich von diesem zentralen Raum aus frühe Beziehungen nach Westen (Westfalen, Flandern, Nordfrankreich, England) und nach Norden (Dänemark, Schweden, weiter nach Norwegen) erkennen. Dazu hier zwei Beispiele:

1. Das germanische Suffix *-ithi* wurde schon mehrfach behandelt (Udolph 1991; 1994, S. 258–288; Möller 1992; Casemir 2003, S. 438–446). Es ist ein hochaltertümliches Bildungselement, das vor allem in der Namenbildung deutliche Spuren hinterlassen hat. Ca. 250 Ortsnamen in Nord- und Mitteldeutschland enthalten es, darunter auch bedeutende und bekannte Orte wie etwa *Weende, Sömmerda, Tilleda, Lengede, Bleckede, Geesthacht, Meschede, Essen* u. a. Die Verbreitung zeigt eine deutliche Konzentration nördlich der deutschen Mittelgebirge (s. Karte 6); letzte Ausläufer haben noch mit westgermanischen Einwanderern England erreicht – und ganz offensichtlich über den Ärmelkanal hinweg.

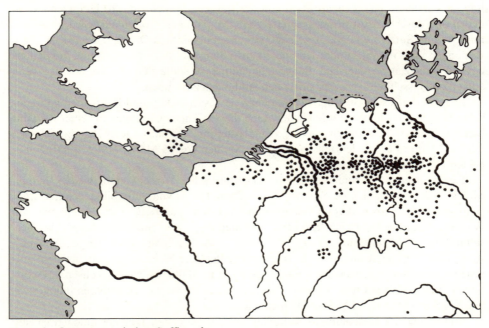

Karte 6: Ortsnamen mit dem Suffix *-ithi*
(aus: Udolph 1994, S. 272)

Ähnliche Verbreitungen kann man bei weiteren suffixalen Bildungen germanischer Ortsnamen beobachten, etwa bei *-ung-/-ing-*, *-st-* im Gegensatz zu *-str-* und anderen mehr.

2. Namenverbindungen mit dem Norden kann man in mehreren Fällen beobachten. Einer Studie von K. Bischoff (1975; vgl. auch Udolph 1994, S. 859–863) verdanken wir genauere Kenntnis über die Verbreitung des Wortes **haugaz* im Germanischen, das u. a. bezeugt ist in anord. *haugr* 'Hügel, Grabhügel', man beachte ferner in ähnlichen Bedeutungen isl. *haugur*, fär. *heyggjur, heygur*, norw. *haug*, schwed. *hög*, altdän. *høgh*, dän. *høi*. Es findet sich aber auch in Ortsnamen Deutschlands, eine Verbreitungskarte bietet Bischoff (1975, Beilage), s. Karte 7:

Baltisch, Slavisch, Germanisch – Kontakte und Beziehungen aus onomastischer Sicht 385

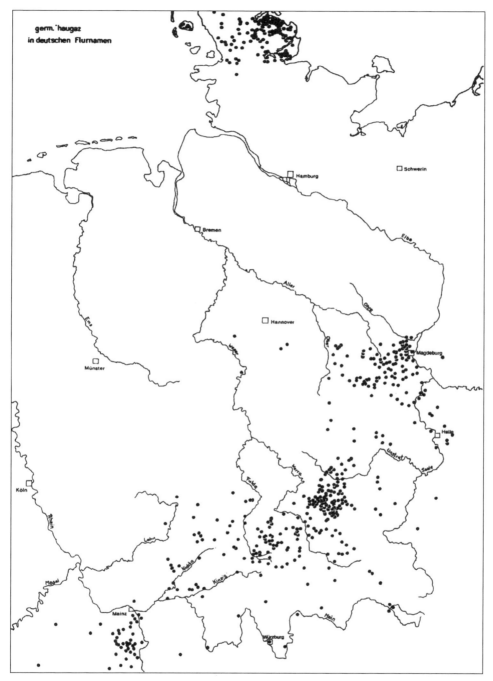

Karte 7: Verbreitung von *hauga-* in geographischen Namen
(nach Bischoff 1975, Beilage)

Die auffällige Verbreitung mit einer Lücke in Norddeutschland hat eine Entsprechung bei weiteren Namen, so etwa bei *-leben/-lev* und *-malm*. Die Verbindungen mit dem skandinavischen Norden sind auch in einer Besonderheit zu finden, die darin liegt, dass ausschließlich im Nordischen bezeugte Appellativa auch in Namen des kontinentalgermanischen Bereichs zu finden sind (ausführlich behandelt und interpretiert bei Udolph (2000, 2004b, 2010c). Wir kennen inzwischen mehr als drei Dutzend derartiger Fälle, dazu gehören u. a. die Namen *Braunlage, Dorstadt/Dorestad, Kösen, Ohrum, Oerie, Rhön, Scheuen, Scheie*. Sie können nur einer alt-, gemein- oder urgermanischen Periode entstammen und zeigen, dass die zugrunde liegenden Appellativa dieser alten Schicht angehört haben müssen.

Unter dem dichten Netz einzelsprachlich-germanischer Orts- und Gewässernamen lassen sich in Nord- und Mitteldeutschland vorgermanische Hydronyme in großer Anzahl erkennen, etwa in der Studie von Kettner (1972; man vergleiche jetzt auch Greule 2014); durch Hinweise auf die entsprechende Literatur auch zu ermitteln durch die Reihe *Hydronymia Germaniae*.

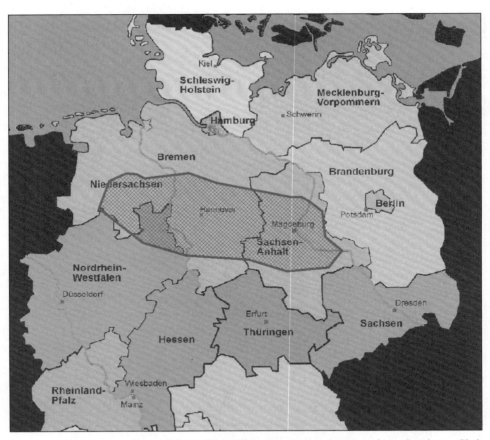

Karte 8: Aufgrund von altertümlichen germanischen Ortsnamentypen anzunehmendes ältestes Siedlungsgebiet altgermanischer Siedler

Versucht man, die Streuung altgermanischer Namen kartographisch darzustellen, so ist nach meiner Meinung der entscheidende Punkt darin zu sehen, dass es gelingen muss, sowohl für die nach Westen ausgreifenden Namentypen (etwa Bildungen mit den Suffixen *-ithi*, *-st-* und mit den Appellativen *hor*, *mar-*, *Riede*, *Hude*, *[h]lar* u. a. m.) wie auch für die den kontinentalgermanischen Raum mit Skandinavien verbindenden Suffixe und Wörter eine gemeinsame geographische Basis zu finden. Ich habe diese zu beschreiben versucht (Udolph 1994, S. 925ff.) und füge dem heute eine Kartierung bei, die ungefähr das Gebiet umreißt, das ich auf Grund der geographischen Namen als Heimat und Expansionsraum altgermanischer Sprecher ansehen muss (s. Karte 8).

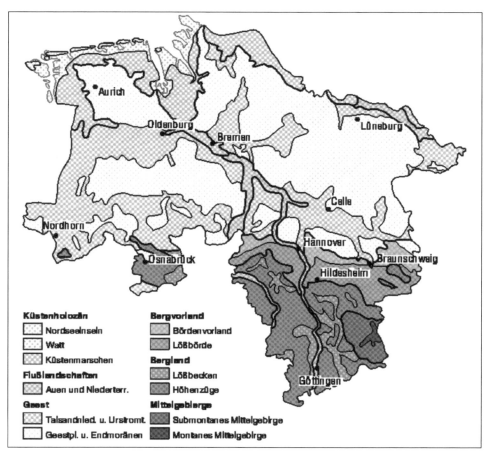

Karte 9: Ertragsmesszahlen (Niedersachsen)
(Quelle: s. Anm. 1 auf S. 388)

Es ist mir bewusst, dass diese Kartierung Kritik herausfordert. Ich möchte aber nochmals betonen, dass die Gewässer- und Ortsnamen durchaus für diesen Raum sprechen. Und es gibt – wie schon oben bei der Diskussion um das Slavische angesprochen – ein weiteres, wichtiges Argument, das von Historikern und Agrarwissenschaftlern durchaus immer wieder herangezogen wird: ich meine die Bodengüte, die Bodenarten. Kartierungen, z. B. der Bodenarten in Niedersachsen, zeigen nämlich eine fast komplette Deckung der besten Böden mit den oben angesprochenen altertümlichen germanischen Namen und deren Verbreitung. Ich habe dazu eine Karte Niedersachsens ausgewählt, die die Ertragsmesszahlen des Landes zeigen – die besten Böden erscheinen in dunklen Färbungen, s. Karte 9.[1] In der Quelle, aus der diese Kartierung stammt, heißt es noch erläuternd:

> Nur an der Küste und südlich des Mittellandkanals überwiegen gute Böden. Im Sandmeer von Geest und Heide schwimmen ein paar 'Fettaugen' mit guten, lehmigen Böden, wie wenige Fettaugen auf einer kargen Suppe (Uelzen; Lüchow; Weser-, Leine-, Allertal; Artland; Hoya-Syke-Goldenstedt).

Die Übereinstimmung zwischen Bodenqualität und altertümlichen Ortsnamen macht die folgende vergleichende Karte besonders deutlich, s. Karte 10:

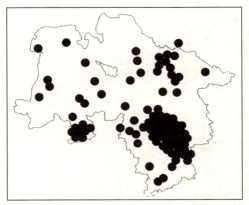

Karte 10: -*ithi*-Namen[2]   Ertragsmesszahlen[3]

Wir können daher dieselben Schlussfolgerungen wie schon bei der Diskussion um die slavische Heimat ziehen: Es ist klar erkennbar, dass die Verbreitung der besten Böden Mittel- und Norddeutschlands mit den altgermanischen Gewässer- und Ortsnamen übereinstimmt. Es ist bekannt, dass die Börden (Soester Börde, Calenberger Lössbörde, Hildesheimer Börde, Magdeburger Börde) im norddeutschen Altmoränengebiet am Rande der Mittelgebirge Schwarzerdeböden besitzen, die zu den besten Böden Deutschlands gehören. Jeder Landwirt weiß, was es bedeutet, wenn von 80 und mehr Bodenpunkten gesprochen wird. Wie ich oben bei der Diskussion um das Slavische schon angeführt habe, führt ein guter Boden im Allgemeinen zu guten und besseren Ernten als schlechtere Böden. Die Folge ist eine geringere Kindersterblichkeit und eine höhere Lebenserwartung. Die Bevölkerung nimmt zu, was wiederum zu einer gewissen Überbevölkerung, Abwanderung und Ausbreitung der Sprache der Sprecher dieser Region führt. Aufsehenerregende Funde wie die in der Lichtensteinhöhle bei Osterode und die Erkenntnis, dass die dort vor 3.000 Jahren lebenden Menschen noch heute Nachkommen in diesem Raum

---

[1] Entnommen aus: http://www.nls.niedersachsen.de/Tabellen/Landwirtschaft/internetseite2002/hochschulen.pdf.
[2] Quelle: Udolph 2004, S. 167.
[3] Quelle: http://www.nls.niedersachsen.de/Tabellen/MitteldeutschlandsLandwirtschaft/internetseite 2002/hochschulen.pdf (Zugriff: 7.7.2013).

haben (nachgewiesen durch DNA-Analysen; aufgegriffen und aus onomastischer Sicht behandelt und vor allem unter Einbeziehung der vorgermanischen Gewässernamen *Rhume*, *Sieber*, *Oder* und *Söse* ergänzt von Udolph 2009a), zeigen, dass von einer Siedlungskontinuität im Umkreis des Harzes mit Sicherheit ausgegangen werden kann.

D. Älteste Siedlungsgebiete des Baltischen, Slavischen und Germanischen (Zusammenfassung)

Aus Sicht der Namenforschung lassen sich für die ursprünglichen Wohnsitze baltischer, slavischer und germanischer Stämme die folgenden Aussagen machen: Das Baltische war ursprünglich über weite Teile im Nordosten Polens, in Weißrussland, im Norden der Ukraine, im Nordwesten Russlands wie in Litauen und Lettland verbreitet. Vor allem Gewässernamen zeigen das sehr deutlich. Mit Ausbreitung des Slavischen etwa seit dem 5./6. Jahrhundert n. Chr. wurde das Baltische immer weiter zurückgedrängt.

Aus namenkundlicher Sicht lässt sich in weiten Bereichen des ehemaligen und jetzigen baltischen Siedlungsgebietes eine bemerkenswerte Kontinuität seit indogermanischer Zeit feststellen, die sich vor allem darin zeigt, dass die Bildungsmittel der Alteuropäischen Hydronymie zum Teil bis heute hin noch immer produktiv sind. Zudem kann es keinen Zweifel daran geben, dass es sich aus der Sicht der Gewässernamen um ein Kontinuitätszentrum handelt (herausgearbeitet vor allem durch W. P. Schmid 1994, S. 118–131).

Das Slavische hat sich erst relativ spät aus einem indogermanischen Dialektgebiet heraus entwickelt. Als Keimzelle kann aufgrund der slavischen Gewässer- und Ortsnamen, aber auch durch alteuropäische Namen in diesem Bereich, die einen stetigen Übergang zum Slavischen zeigen, der Raum nördlich der Karpaten etwa zwischen Krakau, den Pripjet'-Sümpfen und der Bukovina bestimmt werden. Gestützt wird diese Annahme durch die Fruchtbarkeit der ukrainischen Lössböden, die vor allem im Süden des Landes – hier vor allem wichtig: der Südwesten des Landes – verbreitet sind. Altslavische Namen und Lössböden decken sich.

Das gilt entsprechend auch für das Germanische. Die ältesten Siedlungsgebiete muss man nach Ausweis der alten Namen, die vor allem in den Suffixbildungen zu suchen sind, im Raum rund um den Harz, vor allem im Bereich der mitteldeutschen Börden sehen. Und diese zu den besten Böden zählenden Ackerflächen bestätigen die Annahme, dass sich das Germanische hier aus einem indogermanischen Dialektgebiet heraus entfaltet hat.

Nach diesem Abriss der mutmaßlich ältesten Siedlungsgebiete der Balten, Slaven und Germanen möchte ich mich den Beziehungen zwischen jeweils zwei der drei Sprachzweige zuwenden.

3. Beziehungen zwischen zwei der drei Gruppen

A. Baltisch – Germanisch

Da man mit W. P. Schmid (1994, S. 226ff.) erkennen kann, dass dem Baltischen und der baltischen Hydronymie eine zentrale Rolle innerhalb der Indogermania zukommt, darf und muss man auch damit rechnen, dass es mehr oder weniger deutliche Gemeinsamkeiten mit dem Germanischen gibt. W. P. Schmid hat sich dazu in mehreren wichtigen Beiträgen geäußert (Schmid 1994, S. 334–346, 347–357, 430–439).

Aus morphologischer, phonetischer und appellativischer Sicht hat P. U. Dini (2005a) zu diesem Themenkomplex gehandelt; linguistische und onomastische Überlegungen sind in eine neuere archäologische Untersuchung über die Aisten eingeflossen (Jovaiša 2012). Ich beschränke mich im Folgenden auf onomastische Auffälligkeiten und fasse mich sehr kurz, weil darüber in den letzten Jahren mehrfach geschrieben worden ist (Casemir/Udolph 2006; Udolph 1999, 2011). In meinem Versuch, Heimat und Expansion des Germanischen aus onomastischer Sicht zu fassen (Udolph 1994), bin ich schon vor 20 Jahren immer wieder auf Gemeinsamkeiten zwischen dem germanischen Ortsnamenmaterial und dem Baltischen gestoßen und kann auch hier noch einmal darauf verweisen, dass die nun schon 150 Jahre alte These von Ernst Förstemann (1863, S. 258, 331), wonach für das Deutsche kein Sprachgebiet von größerer Bedeutung ist als das der baltischen Sprachen, „weil in der Tat das Litauische unter allen Sprachen genealogisch der nächste Verwandte des Germanischen ist", durch neuere und neueste Forschung bestätigt wird.

Wie gesagt, fasse ich mich kurz. Die Übereinstimmungen zwischen dem Baltischen und dem Germanischen können nicht angezweifelt werden; im Gegenteil: Die Untersuchung der Ortsnamen Niedersachsens und Westfalens (*Niedersächsisches Ortsnamenbuch; Westfälisches Ortsnamenbuch*) fördert immer wieder weitere Übereinstimmungen zu Tage. Die vielleicht auffälligsten Übereinstimmungen sehe ich in den folgenden Gleichungen:

Ihme, Fluss in Hannover, Grundform **Eimena*, vgl. balt. GN *Eimùnis, Ejmenis* (Varianten *Eymenis, Eimenys*) und lit. *eimuo, eimenà, -õs, eĩmenas* 'das Fließ, der Bach' (Ohainski/Udolph 1998, S. 230ff.).

Dransfeld bei Göttingen kann verglichen werden mit den lettischen Flurnamen *Trani, Tranava*, dem litauischen Flussnamen *Tranỹs*, žemaitisch *Tronis* und lit. *trenėti* 'modern, faulen', lett. *trenêt (tręnu* oder *trenu) '*modern, verwittern' (Casemir/Ohainski/Udolph 2003, S. 103ff.).

Üfingen, Ortsname in Salzgitter, seit dem 12. Jahrhundert *Uvinge, Vfingun, Uvinghe, Ufynghe*, ist am sichersten zu verbinden als **Up-ing-* mit lit. *ùpė* 'Fluss' (Casemir 2003, S. 328ff.).

Lühnde, Ortsname im Kreis Hildesheim, seit 1117 *Lulende, Lulene, Lulene*, kann am ehesten auf eine Grundform **Lulindi* zurückgeführt und verbunden werden mit baltischen Namen wie lit. *Liùlenčia*, lett. *Liūlỹs, Liūl-iupỹs* und mit lit. *liūlioti* 'schwanken, wogen' (Udolph 1999, S. 501f.).

Ich sehe in diesen und den weiteren, durchaus zahlreichen Parallelen eine weitere Bestätigung für die zentrale Position der baltischen Hydronymie und Toponymie in der Indogermania.

B. Baltisch – Slavisch

Die umstrittene Frage, ob man nach Abtrennung von einem indogermanischen Dialektgebiet mit einer balto-slavischen Zwischenschicht, also einer gemeinsamen Entwicklungsperiode beider Sprachzweige zu rechnen hat, ist in zahlreichen Publikationen zum Teil heftig diskutiert worden. Ich fasse mich hier kurz und verweise auf eine Zusammenfassung, die Dini (2005b) vorgelegt hat. In dieser geht er ausführlich unter Berücksichtigung der relevanten Literatur auf die Geschichte der Diskussion um diese Frage ein, wägt das Für und Wider ab und schließt mit einem Satz, der vor allem unter Berufung auf Pohl (1972) und W. P. Schmid (1994, S. 211–215) nach meiner Einschätzung den Sachverhalt korrekt umschreibt:

> Danach stellt sich die sog. „balto-slaw. Einheit" als ein Problem im Rahmen der Areallinguistik […] dar, wobei die Übereinstimmungen auf ein gemeinsames, von einem nördlichen Urindogermanischen herrührendes Erbe zurückgeführt werden. Dahingegen werden alle anderen Berührungspunkte als das Ergebnis teils paralleler Entwicklung, teils in Nachbarschaftsbeziehungen gründender gegenseitiger Beeinflussung gedeutet.

Aus onomastischer Sicht kann die Frage einer balto-slavischen Zwischenstufe noch sehr viel deutlicher beantwortet werden: Während wir auf dem (ehemaligen und jetzigen) Gebiet der baltischen Völker in der Hydronymie eine kontinuierliche Entwicklung von indogermanischer Zeit bis zu den baltischen Einzelsprachen beobachten können und die baltische Hydronymie Gewässernamen besitzt, die Entsprechungen in weiten Bereichen Europas besitzen, sind die Verhältnisse im altslavischen Siedlungsgebiet, wie oben schon angesprochen, ganz anders geartet. Das Slavische bildete sich aus einem indogermanischen Dialektgebiet unabhängig von den Prozessen im Baltischen eigenständig heraus. Für ein „Balto-Slavisch" sehe ich aus namenkundlicher Sicht keine Argumente.

Auf Gemeinsamkeiten zwischen den baltischen und slavischen Namen habe ich vor allem in zwei Monographien (Udolph 1979, 1990) hingewiesen. Hier möchte ich nur auf eine Erscheinung hinweisen, die ich ausführlicher an anderer Stelle behandelt habe (Udolph 1998, S. 35–48). Es geht um Gewässernamen, die morphologisch als slavische -$\bar{u}$-Stämme erscheinen (man denke an appellativische Entsprechungen wie *svekry, svekrъve* usw.).

Auf die vom slavischen Standpunkt aus gesehen hohe Altertümlichkeit hatte schon M. Vasmer (1971, S. 86) hingewiesen. Inzwischen ist die Materialbasis erheblich erweitert worden. Aus dem von mir zusammengetragenen Material, das nicht nur slavische Namen umfasst wie etwa *Braniew, Bronew, Mątew/Mątwa, Ponikiew, Tanew* und *Płyćwia*, sondern auch voreinzelsprachliche Bildungen, die an die urslavische Morphologie angepasst worden sind, wie etwa *Narew, Pełtew, Tanew, Ikva, Lukva, Polkva*. Eine Kartierung dieser altertümlichen Namen zeigt Karte 11, ergänzt durch jüngere slavische Namen, die *ponik(va)* 'im Boden verschwindes Gewässer' (vgl. Udolph 1970, S. 245ff.) enthalten: Bei einigen dieser Namen darf als sicher gelten, dass sie ursprünglich nicht als slavische -$\bar{u}$-Stämme flektierten, sondern erst an das morphologische System des Slavischen angeglichen worden sind. Wendet man sich nämlich dem Baltischen zu, so entdeckt man dort nicht wenige Gewässernamen, die ähnlich, aber nicht gleich gebildet sind. Wir verdanken A. Vanagas (1970, S. 211f.) die Zusammenstellung einer großen Zahl von Gewässernamen, die sowohl ein Formans *-uv-, -iuv-* wie auch *-(i)uvė, -(i)uvis* besitzen. Aus der Fülle der Namen hier nur eine kleine Auswahl: *Daug-uva, Lank-uvà, Alg-uvà, Áun-uva, Gárd-uva, Lat-uvà, Mìt-uva, Ring-uvà, Týt-uva, Vad-uvà, Várd-uva, Gil-ùvė,*

Audr-uvìs, *Med-uvìs*, *Dìt-uva*. Was liegt näher, als in diesen z. T. einzelsprachlichen, z. T. alteuropäischen Bildungen dieselben Bildungsmittel wie in den slavischen Typen auf *-y*, *-va* aus *-ьva*, **-uva* bzw. **-ьva*, **-įva* zu sehen, die im Verlauf der Einbettung in das Slavische mit Angleichung an die altertümliche **-ū*-Bildungen integriert worden sind? Damit wird das hohe Alter der Namen nicht gemindert, sondern vielmehr unter Einbeziehung der Namenstreuung gezeigt, in welchen Bereichen das Slavische früh alteuropäische Typen übernommen und in eine archaische Klasse überführt hat.

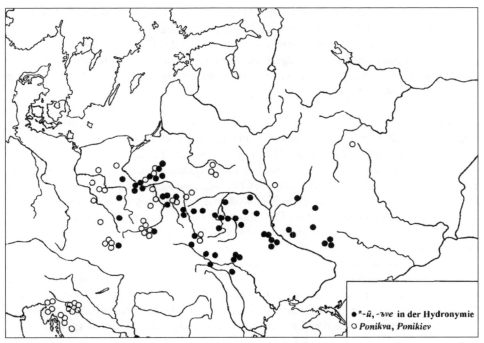

Karte 11: Slavische oder slavisch beeinflusste **-ū-*, *-ьve*-Bildungen in der osteuropäischen Hydronymie

Der hier besprochene Gewässernamentypus spricht nicht für eine balto-slavische Zwischenstufe, sondern „nur" dafür, in dem sich durch die Verbreitung der *-wa/-va*-Hydronyme abzeichnendem Gebiet, also in Südpolen und in der Ukraine, dasjenige Territorium zu sehen, in dem sich das Slavische aus einer indogermanischen Grundlage heraus entfaltet hat. Die rein slavischen Gewässernamen stimmen damit nachhaltig überein.

C. Slavisch – Germanisch

Die Beziehungen zwischen dem Slavischen und dem Germanischen sind seit Jahrzehnten Gegenstand der Forschung. Ich habe mich bemüht, in einem Überblicksartikel (Udolph 2005c) Geschichte und Stand der Diskussion zum umreißen. Schon früh kam man zumeist zu der Erkenntnis, dass es angesichts der alten Kontakte zwischen dem sich entwickelnden Germanischen und Baltischen im Gegensatz dazu zwischen dem Germanischen und Slavischen erst nach unabhängiger Entwicklung voneinander zu Kontakten gekommen ist. Allerdings sind diese dann über Jahrhunderte hinweg niemals abgerissen, was vor allem für das Westslavische zutrifft. Aus sprachlicher Sicht lassen sich germanisch-slavische Berührungen in erster Linie im Wortschatz (ich übergehe in diesem Punkt die Einzelheiten) und vor allem im Namenbestand nachweisen. Eine immer wieder angesprochene Frage ist die nach gotischen oder germanischen Relikten im unteren Weichselgebiet, Nordisches wurde u. a. vermutet in *Elbing/Elbląg*, *Gdańsk/Danzig*, *Gdynia/Gdingen*, *Heisternest*, älter *Osternese*, poln. *Jastarnia* u. a. Inzwischen ist man in dieser Hinsicht sehr viel vorsichtiger geworden. Das gilt auch für die früher ebenfalls stark diskutierte Frage, ob es in Böhmen und Mähren eine ununterbrochene Kontinuität von germanischer zu deutscher Besiedlung gegeben hat. Heute überwiegt die Skepsis. Fasst man die Diskussion aus heutiger Sicht zusammen, so darf man etwa konstatieren: In den Beziehungen zwischen germanischen und slavischen Sprachen sind zwei Perioden zu unterscheiden: 1. In einer jüngeren Phase kommt es etwa seit dem 2. Jahrhundert n. Chr. zu intensiveren Berührungen, die vor allem durch die Expansion germanischer Stämme im östlichen Mitteleuropa ausgelöst wurden. Die Phase germanischer Expansion wird etwa seit dem 5. Jh. abgelöst durch slavische Siedlungsbewegungen, die ein ursprünglich von germanischen Stämmen besiedeltes Gebiet in Besitz nehmen. 2. Erst in den letzten Jahren hat die Forschung bei Ortsnamen im altgermanischen Siedlungsgebiet Spuren eines weitaus älteren Kontaktes ermittelt, die in die Zeit der Entfaltung der germanischen und slavischen Sprachen aus einem indogermanischen Dialektgebietes reichen. Es handelt sich dabei um Gemeinsamkeiten, die zumeist das Baltische mitumfassen und daher im nächsten Abschnitt behandelt werden müssen. Gelegentlich können allerdings im altgermanischen Siedlungsgebiet Ortsnamen mit slavischem Wortmaterial verbunden werden, die auf alte gemeinsame Grundlagen zurückgehen können. Dazu gehören *Empelde* bei Hannover, **Amplithi* ~ slavisch **ǫbl-* in polabisch *wûmbal* 'Brunnen', bulg. *vumbel*, *vubel*, *vubeľ*, *vôbel*, *ubel* 'Brunnen oder Quelle in einem Tal'; *Heiningen* (Kr. Wolfenbüttel) ~ lit. *šienas*, slav. *seno* 'Heu'; *Hude* 'Holzlagerplatz, Stapelplatz an einer Wasserverbindung, Fährstelle, Hafen' < nordseegerm. **hūth-* < **hunþ-* ~ slavisch **kǫtъ* in russ. *kut* 'Ende eines tief in das Land hineinreichenden Flussarms', ukrain. *kut* 'enge, winkelförmige Bucht', poln. *kąt* '(zumeist) Rest eines alten Flussbettes oder ein Flussarm'; die Ortsnamen *Ilfeld*, *Ilten*, *Ilde*, *Ilsede*, bei denen Salz eine Rolle spielt ~ slavisch *il* 'Lehm, Schlamm', weißrussisch *il* 'dünner Schmutz organischer Herkunft im Wasser, auf dem Boden eines Wasserloches, sumpfiges, graues oder weißfarbiges Land'.

Diese Gemeinsamkeiten sprechen nicht unbedingt dafür, dass es früher direkte Kontakte zwischen den sich entwickelnden germanischen und slavischen Sprachfamilien gegeben hat, sondern nur dafür, dass es in beiden Familien Wort- und Namengut gibt, das sich aus gemeinsamem Erbe heraus bewahrt hat. Es kann sich aber auch um sprachliche Gemeinsamkeiten handeln, die – vielleicht mit anderen, zwischen dem Germanischen und Slavischen anzusetzenden, aber heute nicht mehr zu ermittelnden indogermanischen Dialekten zusammen – entstanden sind.

Damit komme ich nun nach einem Abriss der Siedlungsgeschichte der drei indogermanischen Sprachfamilien aus namenkundlicher Sicht zu der Frage, ob sich in der Toponymie Gemeinsamkeiten finden lassen, die nur oder fast nur allen drei Zweigen eigen sind.

4. Slavisch-baltisch-germanische Übereinstimmungen in der Toponymie

Im Folgenden bin ich gezwungen, mich auf meine eigenen Versuche zu beschränken; Von anderer Seite ist in dieser Hinsicht leider nur wenig beigetragen worden. Ich greife dabei vor allem auf Material zurück, das schon an anderer Stelle (Casemir/Udolph 2006; Udolph 1990, S. 348–350 [Zusammenfassung]; Udolph 1994, S. 16–49; Udolph 2011) ausführlich vorgestellt worden ist. Letztlich geht es um die Frage, inwieweit sich die Schicht der alteuropäischen Hydronymie weiter untergliedern lässt, denn keineswegs handelt es sich bei den zahlreichen voreinzelsprachlichen Gewässernamen um Relikte aus einer einheitlichen, etwa „ur"indogermanischen Schicht. Die Realitäten sind komplexer. Unter diesem Aspekt müssen die folgenden Gleichungen daher auch als Argumente für eine Ausgliederung aus einer weiter gestreuten alteuropäischen Hydronymie gesehen werden.

1. *bhol-gh-. Ausgehend von dem deutschen Appellativum *Balge*, bezeugt u. a. in niederdeutsch *balge* 'niedriger, sumpfiger Ort, Wasserlauf', *balje*, *balge* 'Graben oder Aushöhlung, darin noch etwas Wasser übrigbleibt, wenn gleich das andere abgelaufen', niederdeutsch dial. *balge* 'Flussrinne, Arm eines größeren Flusses, tiefe Rinne zwischen Sandbänken an der Küste', mittelniederdeutsch *balge*, *ballige* 'Vertiefung im Watt, die auch bei der Ebbe voll Wasser bleibt', kann man etliche Orts- und Gewässernamen in Norddeutschland anschließen, so etwa *Balge*, *Balje*, *Sielbalje*, *Baljer Loch*, *Ossenbalge*. Man findet Entsprechungen aber auch in den Niederlanden, Belgien und Nordfrankreich (*Bailly*, 1061 *Allodium de Balgiis*; *Balgooi* in Gelderland, 1172 *in pago qui Balgoie nuncupatur*, und auch im deutschen Binnenland: *Balge*, Ortsname bei Nienburg/Weser, um 1080 (Kopie) 12./13. Jh.) *Balga*; *Balge*, ehemaliger Hafen in Bremen, 1384 *Iuxta Balgam*. Hierher gehören wohl auch altertümliche suffixale Ableitungen wie *Beller*, Ortsname bei Brakel, ca. 993–96 *in Balgeri*. Hier anzuschließen sind auch englische Ortsnamen, die im Allgemeinen mit altengl. *bealg*, *balg* 'a rounded hill' verbunden werden, was bei Gewässernamen aber nicht überzeugt.

Überträgt man einen Ansatz germanisch *balg-, wahrscheinlich mit einer Grundbedeutung 'tief', in das Slavische, so ist dort den Regeln der Liquidametathese entsprechend im Polnischen *Błog- und im Ostslavischen *Bolog- zu erwarten. Von hier aus lassen sich bislang ungeklärte Orts- und vor allem Gewässernamen heranziehen: *Błoga*, Nebenfluss der Pilica, mit Ortsnamen *Błogie Stare*, *Szlacheckie*; *Błogie*, Sumpf im ehemaligen Kreis Radom; *Boloživka*, *Bolozivka*, Flussnamen in der Ukraine, mit Ortsnamen *Boloživka*, *Blozev*; Seename *Bluj*, dt. *Bluggen See*, bei Miastko/Pommern; slovakischer Flussname *Blh*, ungarisch Balog, 1244/1410 *Balogh*; *Balge*, Ortsname und Name eines Teils des Frischen Haffs; *Balga*, Flussname in Lettland, dort auch Ortsname *Piebalga*; *Bologoe*, Ortsname im ehemaligen Kreis Valdaj, dort auch Seenamen *Bologoe*, *Bologovskoe*; *Bologoe*, auch *Balagoj*, Ortsname im ehemaligen Kreis Cholm; *Balagoe*, auch *Bologovo*, Ortsname im ehemaligen Kr. Velikie Luki, dort auch Seename *Balagoe*; *Osobłoga/Osoblaha/Hotzenplotz*, Nebenfluss der Oder in Schlesien.

Eine Verbreitungskarte (Karte 12) zeigt, dass die zugrunde liegende Wurzel *bhelgh-/*bholgh- (wahrscheinlich *bhelĝh-, im Slavischen offenbar als „Kentum"-Reflex mit -g- anstatt -z- vertreten) nur in Gewässer- und Ortsnamen eines Gebietes begegnet, in dem die ältesten Wohnsitze des entstehenden Baltischen, Slavischen und Germanischen zu suchen sind.

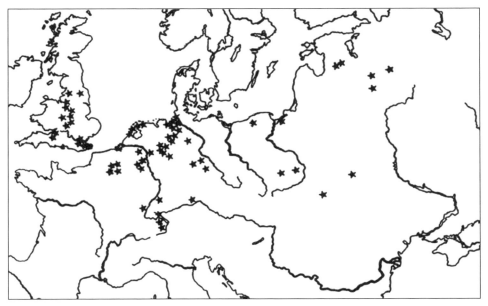

Karte 12: *bholgh- in Orts- und Gewässernamen

2. *dhel-bh-. Reflexe dieser Wurzel mit einer Grundbedeutung 'vertiefen, aushöhlen' und in verschiedenen Ablautstufen sind im Baltischen, Slavischen und Germanischen belegt (zu der griechischen Entsprechung Τέλφουσα s. Neumann [1979]; tocharische Entsprechungen sind nach dem LIV [2001, S. 143] sehr unsicher): poln. dłubać 'höhlen, meißeln', tschech. dlub 'Vertiefung', ahd. bi-telban 'begraben', ae. (ge)delf 'Steinbruch', ndl. delf, dilf 'Schlucht, Graben, Gracht', lit. délba, dálba 'Brechstange'.

Wichtig ist dessen Vorkommen in geographischen Namen und deren Streuung: Delf, Dilf, Delft und Ableitungen in deutschen, belgischen und niederländischen Namen; Delve in Schleswig-Holstein; Delvenau, heute Stecknitz bzw. Elbe-Lübeck-Kanal, Anfang 9. Jh. Delbende (Ortsname), um 1075 in fluvium Delvundam; Delventhal; Dölbe, Nebenfluss der Innerste; Thulba in der Rhön, seit 9. Jh. Tulba(m), Dulba; in England Delph; 972 Kingesdelf; Delves u. a.; baltisch 1423 Delbenen; Dĩlbas, Dĩlbi, Dulbis, Dilbės; ferner Dłubnia, Gewässername bei Krakau; Dlubina, Ortsname in Böhmen; Dłubała, Flurname bei Głuszyna (Polen); Dłubowo, Ortsname im unteren Weichselgebiet; *Dolobskъ, Orts- und Gewässername bei Kiev. Zu beachten ist, dass in den geographischen Namen alle drei Ablautstufen (*dhelbh-, *dholbh-, *dhḷbh-) vorliegen.

Die Streuung der Namen (Karte 13) entspricht im Wesentlichen derjenigen von *bholgh-. Natürlich sind nicht alle Namen gleich alt; im Germanischen und Baltischen war die Wurzel offensichtlich über eine längere Zeit hinweg produktiv.

Diese Verteilung ist insofern von Bedeutung, als bei der Sippe um indogermanisch *dhelbh- keine Zweifel an der Zuordnung der Namen auftauchten und die appellativische Verankerung im Baltischen, Germanischen und Slavischen unzweifelhaft ist.

3. *eis-l-/*ois-l-/*is-l-. Die indogermanische Wurzel *eis-/*ois-/*is- '(sich) heftig, schnell bewegen; antreiben' ist schon früh zur Erklärung von Gewässernamen herangezogen worden. Die weitere Aufarbeitung der Sippe führte auch zum Nachweis von -l-Ablei-

tungen. Diese nun wiederum scheinen auf das Gebiet beschränkt zu sein, das sich bei *bholgh- und *dhelbh- auch schon herauskristallisiert hatte (das Folgende zumeist nach Udolph 1989): *Iłżanka* in Polen < **Is-l-ugiā* (Udolph 1989; die Kritik von Babik [2001, S. 134] an dem angesetzten Suffix *-ьža* ist angesichts von *Łomża* < **Lom-ŭgiā*, *Romže* < **Rom-ŭgiā* und *Przemsza* nicht überzeugend); *Isła*, auch *Zawadka*, Flussname im Gebiet der Wisłoka; *IJssel*, zwei Flussnamen in den Niederlanden, 797 (Kopie 10. Jh.) *iuxta Hislam*, 814 (Kopie um 1170) *Hisla*, 1. Hälfte 9. Jh. (Kopie 11. Jh.) *Isla*, bzw. 9. Jh. (Kopie 10. und 11. Jh.) *Isla*, mit Ortsname *IJsselgouw, IJselmonde, IJselmuiden*, auch *IJsselmeer; Jieslà*, Bach bei Kaunas.

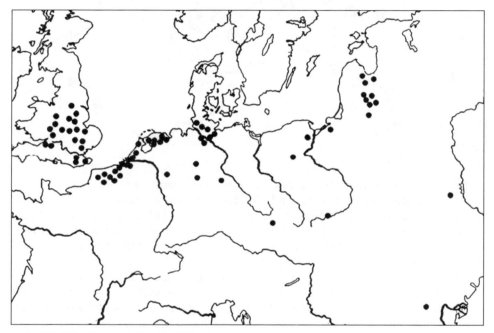

Karte 13: **dhelbh-* 'vertiefen, aushöhlen'

4. **deuk-l-/*deug-l-*. Die Diskussion um den bekannten Passnamen *Dukla* in den Wald-Karpaten führte zu der Erkenntnis, dass bei der Etymologie eine Wurzel mit stammauslautendem Konsonantenwechsel zugrunde liegen dürfte und die verwandten Namen fast ausschließlich im baltischen, slavischen und germanischen Gebiet zu suchen sind (das Folgende vor allem nach Udolph 1988, 1997). Die Grundlagen **deu-g-* und **deu-k-* finden wir u. a. in *Thüste* (Kr. Hameln-Pyrmont), 1022 (F. 1. bzw. 2. Hälfte 12. Jh.) *Tiuguste, Thiuguste*, 1306 *Tust*, mit *-st-*Suffix gebildet; *Tuchtfeld* bei Bodenwerder, 8./9. Jh. (Kopie Anfang 12. Jh.) *Ducfelden*, (um 1510) *Tuffelde*, (um 1525) *Tugfelde* (jetzt ausführlich diskutiert bei Casemir/Ohainski 2007, S. 199f.).

Für unsere Frage bedeutsamer sind Ableitungen mit einem *-l-*Suffix, wobei dieses z. T. schon appellativisch vorhanden ist, z. B. im Slavischen mit slovakisch *dúčel, dúčela* 'Röhre', polnisch dial. *duczal, duczala, ducola* 'Wune im Eis', slovenisch *dukelj, duklja* 'hoher, oben verengter Topf, großer Trinkbecher, Humpen' und im Deutschen mit mittelhochdeutsch *tiuchel* 'Röhre, Rinne; Röhre für Wasserleitungen', *tauchen, ducken*. Demnach ist von den Auslautvarianten *dheug- und *dheuk- auszugehen, die auch in Namen des baltisch-slavisch-germanischen Siedlungsgebietes zu finden sind: *Dukla*, Pass- und Ortsname in den Waldkarpaten, der zahlreiche Entsprechungen in Ortsnamen wie *Dukla*, *Dukiełka* neben sich hat; *Dykula*, Talname in der Slovakei; *Dučaľina,* Bergname in der Orava; *Dukały*, Flurname in Schlesien; *Teichel* bei Rudolstadt, 1076 usw. *Tucheldi, Tuchelde*, 1417 *Tuchelde*, um 1450 *Tuchilde*, *-ithi*-Bildung (zu mhd. *tuchil* 'Röhre, Rinne'); *Duklja*, bei Ptolemäus Δόκλεα, in Montenegro; *Dukeli, Dukiele*, Ortsnamen in den ehemaligen Gouvernements Kaunas und Wilna, *Dukulevo/Dukulava, Dukuli* (Weißrussland).

Abgesehen von dem bei Ptolemäus erwähnten Ortsnamen Δόκλεα in Montenegro liegen alle Toponyme in dem Gebiet, das sich als Heimat des sich entwickelnden Germanischen, Slavischen und Baltischen abzeichnet.

5. **pel-t-/*pol-t-/*pl̥-t-*. Mit Wurzelablaut und unterschiedlicher Stammbildung lassen sich für die indogermanischen Sprachen die Ansätze **pel-to-*, **pol-to*, **pl̥-to* wahrscheinlich machen (dazu ausführlich Schmid 1994, S. 161f.). In Gewässernamen darf eine Verbindung mit der in etlichen indogermanischen Sprachen belegten Sippe um **pel-/pol-* 'gießen, fließen usw.' nahegelegt werden.

Hierher gehören *Polota*, Flussname in Weißrussland mit Ortsnamen *Polock*, aus **Pelta* oder **Polta*; *Pełty*, Ortsname bei Elbing, 1323 usw. *Pelten, Pleten*, zu lett. *pelte* 'Regenbach, Fließ', wie auch der lettische Name *Pelti*; *Płock*, Ortsname an der Weichsel; *Páltis, Paĩtys, Palt-upis, Paltė* u. a., Flussname und Flurname in Litauen; *Pilica*, linker Nebenfluss der Weichsel < **Pl̥tiā* (die heutige Form mit *-ica* ist Ergebnis einer Slavisierung: Eine aus dem Polnischen nicht erklärbare Form 1228 *Pilciam, Pilca, Pylcze* wurde mit dem hydronymischen Suffix *-ica* umgestaltet); *Poltva/Pełtew*, linker Nebenfluss des Westlichen Bug; *Pełta* oder *Pełtew*, Fluss bei *Pułtusk* (vom Gewässernamen abgeleiteter Ortsname); *Poltva*, Nebenfluss des Horyn' in der Ukraine; *Fulda < *Pl̥ta*. Die Kartierung der Namen (Karte 14) zeigt, dass die *-t*-haltigen Ableitungen bzw. Bildungen nur in einem begrenzten Gebiet begegnen, das in einem Dreieck zwischen Hessen, dem Baltikum und der Ukraine liegt.

Demgegenüber sind die zahlreichen Gewässernamen, die auf **pel-/*pol-*, also ohne eine *-t*-Erweiterung, zurückgehen, wie etwa *Fal* bei *Falmouth; Fala; Falbæk; Falen Å; Fils; Paglia; Palà* usw. (Auflistung s. Udolph 1994, S. 39f.) ganz anders, nämlich viel weiter über Europa gestreut. Auf Karte 14 sind die beiden Typen durch gesonderte Symbole gekennzeichnet. Es folgt eine letzte Zusammenstellung von Gewässernamen, die offenbar nur in einem beschränkten Gebiet der Indogermania zu finden sind.

6. **per-s-/*por-s-/*pr̥-s-*. Die appellativischen Reflexe eines indogermanischen Ansatzes **per-s-* sind weit verbreitet, sie sind nicht auf das Germanische, Baltische und Slavische beschränkt. Hierher gehören u. a. hethitisch *papparš-* 'spritzen, sprengen', aind. *pr̥ṣat* 'Tropfen', avestisch *paršuya-* 'vom Wasser', lit. *puřslas, puřsla* 'Schaumspeichel', lett. *pàrsla, pę̀rsla* 'Flocke', slav. **porso-* 'Staub' in aksl. *prach-*, tocharisch *pärs-* 'besprengen' und nordgerm. norw. *foss*, schwed. *fors* 'Wasserfall'.

Man ist sich einig, dass eine Erweiterung einer Wurzel *per-* 'sprühen, spritzen' vorliegt. Von einer baltisch-slavisch-germanischen Eigentümlichkeit kann daher vom appellativischen Standpunkt aus nicht gesprochen werden. Das Bild verändert sich jedoch, wenn man die hiervon abgeleiteten Namen (fast ausschließlich Gewässernamen) einbezieht: *Parsęta/Persante*, Zufluss zur Ostsee; *Pereseja/Pèrse*, Stromschnelle der Westlichen Düna; *Perscheln/Piersele*, Ortsname bei Allenstein/Olsztyn; *Peresuta*, Gewässername in der Ukraine; *Pirsna*, verschwundener Gewässername im Gebiet der Pilica; *Pirsna*, Landschaft an der unteren Weichsel; *Porosna*, Fluss im Gebiet des Donec; *Presnja*, linker Nebenfluss der Moskva sowie Flussname im Gebiet der Oka; *Prosna*, linker Nebenfluss der Warthe.

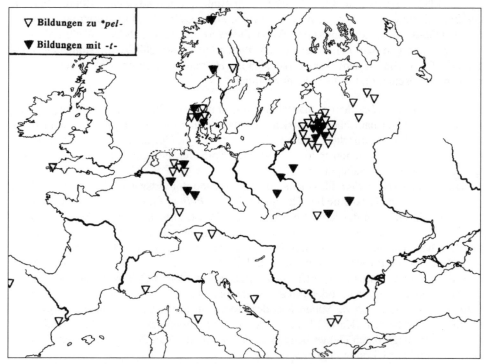

Karte 14: Gewässernamen zur Basis **pel-*, **pel-t-*

Schon E. Förstemann (1916, S. 874) notiert: „*Vers*. In Flussnamen". Dem ist zu folgen und in den meisten der folgenden Namen durch Lautverschiebung aus **P-* entstandenes *F-* (graphisch häufig *V-*) zu sehen: *Veerse* und *Veersebrück*, Ortsname an der *Veerse* bei Scheeßel, um 1290 *in Versene*; *Veerßen*, Ortsname an der Ilmenau, 1296 *Versene*, 1306 *Versena* (Teilabschnittsname des Gewässers); *Alten-, Kirchvers*, Ortsname an der *Vers* bei Marburg, 1196 *Verse*, 1260 *Virse*; *Versbach*, Ortsname bei Würzburg, 1184 *in Versbach*; *Verse*, Nebenfluss der Lenne, Ortsname *Verse*, *Versevörde*, 1254 *in Versevurdhe*, 1255 *Verse*; *Versen* (liegt an einer Schleife der Ems), *Versenerfeld*, Ortsteil von Meppen, 9./10. Jh. *Firsni*, 1000 *Fersne*; *Viersen*, alter Name des Dorper Baches, auch Ortsname im Regierungsbezirk Düsseldorf, 12. Jh. *Virschen*, 1185 *Uersene* und andere mehr.

Die Namen zeigen, dass drei Ablautstufen (**pers-*, **pors-*, **pr̥s-*) als Grundlage dienten, dass also eine voreinzelsprachliche Basis anzunehmen ist. Sie zeigen aber auch in ihrer Verbreitung (Karte 15), dass nur ein bestimmter Bereich Europas daran Anteil hat, im Wesentlichen der Raum, in dem die Entfaltung des Germanischen, Baltischen und Slavischen vermutet wird. Dabei fällt aber auch auf, dass Skandinavien daran nur mit eindeutig einzelsprachlichen *fors-/foss*-Bildungen Anteil hat, während im kontinentalen

Bereich die im Wortschatz des Germanischen nicht belegte Vollstufe *pers- vorherrscht, während in Osteuropa alle drei Ablautstufen begegnen.

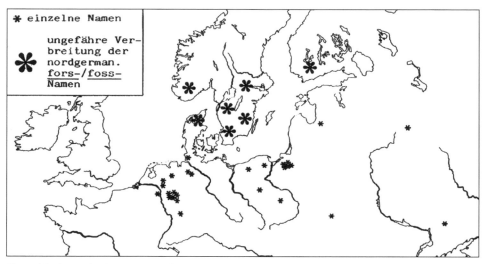

Karte 15: *pers- in Gewässer- und Ortsnamen

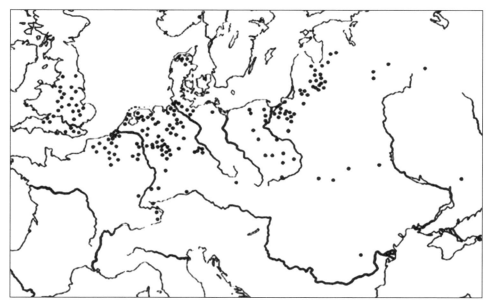

Karte 16: Baltisch-slavisch-germanische Gemeinsamkeiten in der Toponymie (synoptische Kartierung)

Der Versuch, die im appellativischen Bereich diskutierten besonderen Beziehungen zwischen dem Germanischen, Baltischen und Slavischen anhand der Namen zu überprüfen, scheint bei den herangezogenen Namengruppen um *bhelgh-, *dhelbh-, *duk-l-, *pers-, *pel-t- und anderen Grundlagen zu einigen Ergebnissen zu führen. Eine zusammenfassende Kartierung (Karte 16, aus Udolph 1994, S. 49) gibt zu erkennen, dass – bezogen auf das Germanische – die kontinentalgermanischen Gewässernamen starke Verbindungen zum Osten Europas besitzen.

Das betrifft vor allem Norddeutschland, die Niederlande und Teile Belgiens. Eine gewisse Lücke zwischen Elbe und Oder ist nicht zu übersehen. Es spricht einiges dafür, dass die appellativisch schon lange postulierten germanisch-baltisch-slavischen Gemeinsamkeiten in der Namengebung ihre Spuren hinterlassen haben, wobei auffällig ist, dass Skandinavien an der Verbreitung der Namen so gut wie keinen Anteil hat.

Als vorläufiges Ergebnis darf ferner festgehalten werden, dass – mit Ausnahme des Skandinavischen – die germanische und deutsche Hydronymie in besonderer Weise mit dem Osten Europas verbunden ist. Fragen nach der Ethnogenese der germanischen Stämme sollten daran nicht vorbei gehen.

Resümee

Anhand der Orts-, Flur- und Gewässernamen habe ich zu zeigen versucht, dass

1. für das Baltische seit der Entstehung aus einem indogermanischen Dialektgebiet heraus von einer recht konstanten Lage mit Kern im heutigen Baltikum, aber auch mit Teilen Nordpolens, Weißrusslands, Russlands und der nördlichen Ukraine zu rechnen ist, wofür die Kontinuität in der Hydronymie spricht.
2. für das Slavische von einem Kerngebiet nördlich der Karpaten in Südostpolen und der Westukraine auszugehen ist, wobei sowohl Hydronymie als auch Bodenqualität entscheidende Faktoren sind.
3. für das Germanische als Heimat und Ausgangsbereich der Expansionen das südöstliche Niedersachsen, Teile Sachsen-Anhalts und Thüringens in Frage kommen. Auch hier spielen die Orts- und Gewässernamen und der sehr gute Ackerboden eine entscheidende Rolle.
4. was die frühen Kontakte zwischen den drei Sprachgruppen angeht, sich in der Hydronymie der Siedlungsgebiete, in denen sich die drei Sprachfamilien entwickelt haben, Gemeinsamkeiten erkennen lassen, die es erlauben, von einer „Zwischenschicht" zwischen voreinzelsprachlicher Zeit und späteren, einzelsprachlichen Namen zu sprechen.
5. das Keltische bei allen diesen Prozessen keine Rolle spielt. Seine Heimat darf seit neueren Forschungen von P. Busse (2007) und J. Udolph (2009b) in dem schon lange „verdächtigen" Westalpengebiet im Zuflussgebiet der Rhône vermutet werden. Auch dort gibt es weite Bereiche guter Böden.

Man darf es nach meiner Meinung aufgrund der geographischen Namen, die Lokalisierungen von alten Siedlungsgebieten zulassen, wagen, die ursprünglichen Gebiete der vier kurz behandelten indogermanischen Sprachgruppen Germanisch, Slavisch, Keltisch und Baltisch in skizzenhafter Form kartographisch darzustellen. Dass dieses in hohem Maße riskant ist, ist mir durchaus bewusst.

Ich wage es dennoch und hoffe begründet zu haben – hier ist auch auf die umfangreiche Literatur hinzuweisen – warum ich das Germanische auf dem Kontinent vermute, warum das Baltische einen relativ großen Raum eingenommen hat, warum das Slavische am Nordhang der Karpaten angesetzt werden darf und der Westalpenraum als mutmaßliches Ausgangsgebiet keltischer Expansion angesehen werden darf.

Ich betone, dass vor allem die Grenzen der skizzierten Siedlungsgebiete relativ unklar sind und Sicherheit darüber kaum wird gewonnen werden können. Ich wage es dennoch. Ich würde die ungefähre Lage der in diesem Beitrag besprochenen Sprachgruppen auf der Basis der Gewässer- und Ortsnamen und unter Einschluss der Bodenqualität etwa wie folgt skizzieren (wobei die schraffierten Regionen die Altsiedelgebiete des Keltischen, Germanischen, Baltischen und Slavischen symbolisieren sollen), s. Karte 17.

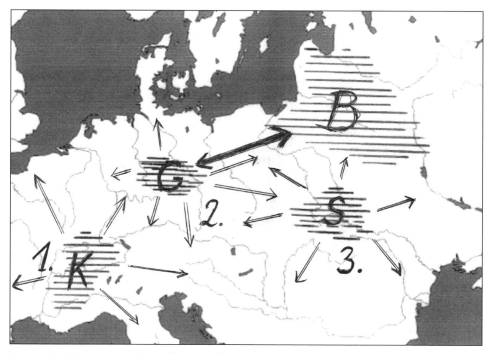

Karte 17: Schematische Darstellung der Kernbereiche und Expansionen des Slavischen, Germanischen, Baltischen und Keltischen
(Darin bezeichnen: K = Keltisch; G = Germanisch; B = Baltisch; S = Slavisch; die Ziffern 1–3 die zeitlich unterschiedlichen Expansionen: 1 = Keltisch, weit vor Chr. Geburt; 2 = Germanisch, beginnend um Chr. Geburt, 3 = Slavisch, beginnend ab ca. 300–400 n. Chr.)

Meine Aufgabe war es, aus Sicht der Onomastik die Kontakte und Beziehungen zwischen dem Baltischen, Slavischen und Germanischen zu beschreiben. Ich denke, man kann es wagen, aufgrund der nur in diesem Bereich auftretenden Gewässer- und Ortsnamen von einer Periode zu sprechen, in die sich drei Sprachgruppen sehr nahe gestanden haben müssen. Die schon lange beobachteten Gemeinsamkeiten im appellativischen Bestand (Wortschatz, Morphologie u. a.) dürften aus dieser Zeit stammen.

Literatur

Z. Babik: *Najstarsza warstwa nazewnicza na ziemiach polskich*, Kraków 2001.
K. Bischoff: *Germ. *haugaz 'Hügel, Grabhügel' im Deutschen*, Mainz – Wiesbaden 1975.

S. Brather: *Ethnische Interpretationen in der frühgeschichtlichen Archäologe*, Berlin 2004.

P. Busse: *Hydronymie und Urheimat. Ein neuer Ansatz zur Lokalisierung der Urheimat der Kelten?*, in: *Kelten-Einfälle an der Donau*, hg. von H. Birkhan, Wien 2007, S. 89–98.

K. Casemir: *Die Ortsnamen des Landkreises Wolfenbüttel und der Stadt Salzgitter*, Bielefeld 2003.

K. Casemir/U. Ohainski: *Die Ortsnamen des Landkreises Holzminden*, Bielefeld 2007.

K. Casemir/U. Ohainski/J. Udolph: *Die Ortsnamen des Landkreises Göttingen*, Bielefeld 2003.

K. Casemir/J. Udolph: *Die Bedeutung des Baltischen für die niedersächsische Ortsnamenforschung*, in: *Baltų onomastikos tyrimai* (= Gedenkschrift A. Vanagas), hg. von L. Bilkis, A. Ragauskaitė, D. Sinkevičiūtė, Vilnius 2006, S. 114–136.

Dini 2005a = P. U. Dini: *Germanisch-baltische Sprachbeziehungen*, in: *Reallexikon der Germanischen Altertumskunde* (2. Aufl.), Bd. 29, Berlin 2005, S. 67–69.

Dini 2005b = P. U. Dini: *Slawisch-baltische Sprachbeziehungen*, in: *Reallexikon der Germanischen Altertumskunde* (2. Aufl.), Bd. 29, Berlin 2005, S. 73–78.

Dini 2005c = P. U. Dini: *Slawisch-baltisch-germanische Sprachbeziehungen*, in *Reallexikon der Germanischen Altertumskunde* (2. Aufl.), Bd. 29, Berlin 2005, S. 59–64.

E. Förstemann: *Altdeutsches Namenbuch 2, Orts- und sonstige geographische Namen*, 3., um 100 Jahre (1100–1200) erweiterte Aufl., hg. von H. Jellinghaus, 2. Hälfte, Bonn 1916 [Nachdruck München – Hildesheim 1967].

A. Greule: *Deutsches Gewässernamenbuch*, Berlin – Boston 2014.

J. Grimm: *Deutsche Grammatik* 2, 3. Buch, Gütersloh 1826.

J. Grimm: *Geschichte der deutschen Sprache*, Leipzig 1845.

J. Grimm: *Kleinere Schriften*, Bd. 5, Berlin 1871.

D. Haase et al.: *Loess in Europe – its spatial distribution based on a European Loess Map, scale 1:2,500,000*, in: *Quaternary Science Revue* 26:9–10 (2007), S. 1301–1312 (= http://dx.doi.org/10.1016/j.quascirev.2007.02.003).

E. Jovaiša: *Aisčiai. Kilmė. I knyga*, Vilnius 2012.

H. Krahe: *Ortsnamen als Geschichtsquelle*, Heidelberg 1949.

H. Krahe: *Alteuropäische Flußnamen* [Aufsatzreihe], in: *Beiträge zur Namenforschung* 1–16 (1949–1965).

H. Krahe: *Unsere ältesten Flußnamen*, Wiesbaden 1964.

G. W. Leibniz, C. I. Gerhard (Hrsg.): *Die philosophischen Schriften*, Bd. 5, Berlin 1882.

LIV 2001 = *Lexikon der indogermanischen Verben. Die Wurzeln und ihre Primärstammbildungen*, 2. Aufl., bearb von Martin Kümmel u. Helmut Rix, Wiesbaden 2001.

R. Lötzsch: *Jacob Grimm über die Verwandtschaftsverhältnisse der indogermanischen, finnougrischen, baltischen, slavischen und germanischen Sprachen und Dialekte*, in: *Zeitschrift für Phonetik Sprachwissenschaft und Kommunikationsforschung* 38 (1985), S. 704–711.

R. Möller, *Dentalsuffixe in niedersächsischen Siedlungs- und Flurnamen in Zeugnissen vor dem Jahre 1200*, Heidelberg 1992.

R. Möller: *Niedersächsische Siedlungsnamen und Flurnamen mit k-Suffix und s-Suffix in Zeugnissen vor dem Jahr 1200*, Heidelberg 2000.

G. Neumann: *Τέλρουςα*, in: *Zeitschrift für vergleichende Sprachforschung* 93 (1979), S. 85–89.

H. D. Pohl: *Die baltoslawische Spracheinheit – areale Aspekte*, in: *Indogermanisch, Slawisch und Baltisch. Materialien des vom 21.–22. September 1989 in Jena in Zusammenarbeit mit der Indoeuropäischen Gesellschaft durchgeführten Kolloquiums*, hg. von B. Barschel et al., München 1972, S. 137–164.

J. Rozwadowski: *Studia nad nazwami wód słowiańskich*, Kraków 1948.

W. P. Schmid: *Baltische Sprachen und Völker*, in: *Reallexikon der Germanischen Altertumskunde* (2. Aufl.), Bd. 2, Berlin 1976, S. 14–20.

W. P. Schmid: *Linguisticae Scientiae Collectanea. Ausgewählte Schriften*, Berlin 1994.

C. S. Stang: *Lexikalische Sonderübereinstimmungen zwischen dem Slavischen, Baltischen und Germanischen*, Oslo 1972.

V. N. Toporov, O. N. Trubačev, *Lingvističeskij analiz gidronimov Verchnego Podneprov'ja*, Moskva 1962.

O. N. Trubačev: *Nazvanija rek pravoberežnoj Ukrainy*, Moskva 1968.

J. Udolph: *Studien zu slavischen Gewässernamen und Gewässerbezeichnungen*, Heidelberg 1979.

Udolph 1982a = J. Udolph, *Die Landnahme der Ostslaven im Lichte der Namenforschung*, in: *Jahrbücher für Geschichte Osteuropas* 29 (1982), S. 321–336.

Udolph 1982b = J. Udolph: *Südslavische Appellativa in nordslavischen Namen und ihre Bedeutung für die Urheimat der Slaven*, in: *Proceedings of the Thirteenth International Congress of Onomastic Sciences*, Vol. 2, Warszawa – Kraków 1982, S. 565–574.

J. Udolph: *Zu Deutung und Verbreitung des Namens* Dukla, in: *Beiträge zur Namenforschung. Neue Folge* 23 (1988), S. 83–102.

J. Udolph: *Zum Flußnamen Iłżanka*, in: *Hydronimia Słowianska*, hg. von K. Rymut, Wrocław 1989, S. 197–201.

J. Udolph: *Die Stellung der Gewässernamen Polens innerhalb der alteuropäischen Hydronymie*, Heidelberg 1990.

J. Udolph: *Die Ortsnamen auf -ithi. Probleme der älteren Namenschichten*, in: *Probleme der älteren Namenschichten. Leipziger Symposion 21. bis 22. November 1989*, hg. von E. Eichler (= *Beiträge zur Namenforschung. Neue Folge; Beiheft* 32), Heidelberg 1991, S. 85–145.

J. Udolph: *Namenkundliche Studien zum Germanenproblem*, Berlin 1994.

J. Udolph: *Balkanische Heimat der Slaven und Kroaten im Lichte niedersächsischer Ortsnamen*, in: *Folia onomastica Croatica* 6 (1997) [1999], S. 159–187.

J. Udolph: *Alteuropäische Hydronymie und urslavische Gewässernamen*, in: *Onomastica* 42 (1998), S. 21–70.

J. Udolph: *Baltisches in Niedersachsen?*, in: *Florilegium Linguisticum. Festschrift für Wolfgang P. Schmid zum 70. Geburtstag*, hg. von E. Eggers et al., Frankfurt/Main 1999, S. 493–508.

J. Udolph: *Nordisches in niedersächsischen Ortsnamen*, in: *Raum, Zeit, Medium – Sprache und ihre Determinanten* (= Festschrift für H. Ramge), hg. von G. Richter, J. Riecke, B.-M. Schuster, Marburg 2000, S. 59–79.

Udolph 2004a = J. Udolph: *Suffixbildungen in alten Ortsnamen Nord- und Mitteldeutschlands*, in: *Suffixbildungen in alten Ortsnamen*, hg. von T. Andersson, E. Nyman, Uppsala 2004, S. 137–175.

Udolph 2004b = J. Udolph: *Nordisches in deutschen Ortsnamen*, in: *Namenwelten. Orts- und Personennamen in historischer Sicht*, hg. von A. van Nahl, L. Elmevik, S. Brink, Berlin 2004, S. 359–371.

Udolph 2005a = J. Udolph: *Slavisch-Baltisch-Germanische Übereinstimmungen in Toponymie und Hydronymie*, in: *Reallexikon der Germanischen Altertumskunde* (2. Aufl.), Bd. 29, Berlin 2005, S. 64–67.

Udolph 2005b = J. Udolph: *Germanisch-Slawische Sprachbeziehungen*, in: *Reallexikon der Germanischen Altertumskunde* (2. Aufl.), Bd. 29, Berlin 2005, S. 69–73.

Udolph 2005c = J. Udolph: *Slawen. Namenkundlich*, in: *Reallexikon der Germanischen Altertumskunde* (2. Aufl.), Bd. 29, Berlin 2005, S. 44–50.

Udolph 2009a = J. Udolph: *Lichtensteinhöhle, Siedlungskontinuität und das Zeugnis der Familien-, Orts- und Gewässernamen*, in: *Historia archaeologica. Festschrift für Heiko Steuer*, Berlin 2009, S. 85–105.

Udolph 2009b = J. Udolph: *Les hydronymes paléoeuropéens et la question de l'origine des Celtes*, in: *Nouvelle Revue d'Onomastique* 51 (2009), S. 85–121.

Udolph 2010a = J. Udolph: *Die Heimat slavischer Stämme aus namenkundlicher Sicht*, in: *Sprache und Leben der frühmittelalterlichen Slaven. Radoslav Katičić zum 80. Geburtstag gewidmet*, Frankfurt/Main 2010, S. 161–188.

Udolph 2010b = J. Udolph: *Morphologie germanischer Toponyme*, in: *Proceedings of the 21st International Congress of Onomastic Sciences*, Bd. 5, Uppsala 2010, S. 254–267.

Udolph 2010c = J. Udolph: *Skandinavische Wörter in deutschen Ortsnamen*, in: *Probleme der Rekonstruktion untergegangener Wörter aus alten Eigennamen*, Uppsala 2010, S. 141–158.

J. Udolph: *„Baltisches" und „Slavisches" in norddeutschen Ortsnamen*, in: *Interferenz-Onomastik. Namen in Grenz- und Begegnungsräumen in Geschichte und Gegenwart*, hg. von W. Haubrichs, H. Tiefenbach, Saarbrücken 2011, S. 313–331.

A. Vanagas: *Lietuvos TSR hidronimų daryba*, Vilnius 1970.

M. Vasmer: *Schriften zur slavischen Altertumskunde und Namenkunde*, hg. von H. Bräuer, Bd. 1–2, Berlin – Wiesbaden 1971.

V
Populäre Darstellungen

Zogen die Hamelner Aussiedler nach Mähren?
Die Rattenfängersage aus namenkundlicher Sicht*

Einleitung – Namenkundlicher Aspekt

Es gibt nicht wenige Stimmen, die sich in letzter Zeit dafür ausgesprochen haben, dass die wissenschaftliche Untersuchung des historischen Kerns der bekannten Sage vom Rattenfänger von Hameln kaum noch neue Argumente wird bieten können. In diesem Sinne heißt es etwa bei W. Mieder, S. 113: „Vor allem die Arbeiten von W. Krogmann (1934), Wolfgang Wann (1949), Heinrich Spanuth (1951) und Hans Dobbertin (1970) haben eine detaillierte Geschichte der Sage ausgearbeitet, so daß die historische Erforschung als abgeschlossen erklärt werden kann". Es muss daher Verwunderung auslösen, wenn ich nochmals versuche, zu der Sage einen Beitrag zu liefern. Ich wage es, weil es eine wissenschaftliche Disziplin gibt, die in der bisherigen Diskussion oft herangezogen worden ist und die durchaus zu einer gewissen Klärung des zugrundeliegenden historischen Ereignisses beitragen kann, die aber eine strenge Methodik verlangt, die von fast keinem der bisherigen Interpreten der Sage beherrscht wurde: das Feld der Namen und ihrer Erforschung. Das mag zum Teil darin begründet sein, dass man als Historiker geneigt ist, dieses Gebiet als „Hilfswissenschaft" zu bezeichnen. Man kann aber nicht umhin festzuhalten, dass die Namen Aussagemöglichkeiten gerade dann bieten, wenn historische Quellen fehlen; und das sollte man nutzen.

Ich werde im Folgenden daher keineswegs zum Sagenstoff selbst beitragen oder beitragen können, sondern nur zu einem Teilbereich, der allerdings dann wiederum seine Bedeutung für den Kern der Sage gewinnt: gemeint ist die schon lange diskutierte Frage, *wohin* die Aussiedler aus dem Hamelner Raum gezogen sein könnten, vorausgesetzt, die Ostkolonisationstheorie liegt der Erzählung wirklich zugrunde. Mein Beitrag wird sich im Wesentlichen auf die Diskussion bisheriger Vorschläge beschränken, dabei aber zeigen können, wie leichtfertig und oberflächlich man doch gelegentlich mit dem Namenmaterial umgegangen ist, zumeist wenn es darum ging, die Richtigkeit *einer* These zu beweisen.

Namenforschung und bisherige Thesen zum Kern der Sage

Am Anfang meines Beitrages soll ein knapper Überblick über die Geschichte der Forschung stehen, wobei natürlich besonderer Wert auf die Berücksichtigung namenkundlicher Argumente gelegt wird. Eine – wie mir scheint – nüchterne und auf die wesentlichen Punkte beschränkte Zusammenstellung des Sagengerüstes haben R. Frenzel und M. Rumpf

---

* Erstmals erschienen in: *Niedersächsisches Jahrbuch für Landesgeschichte* 69 (1997), S. 125–183. — Für Ergänzungen und Korrekturen danke ich W. Brednich (Göttingen), H. Dobbertin (Eldagsen), L. Enders (Potsdam), N. Humburg (Hameln) und S. Wauer (Berlin).

1962/63 geboten. Allerdings haben sie – darauf wird noch zurückzukommen sein – diese Nüchternheit bei ihrer eigenen Interpretation gegen Ende ihres Beitrages aufgegeben und sind bei dem Griff nach einem Namen (*Coppenbrügge*) einem Irrtum verfallen. Erstaunt war ich, dass W. Krogmann in seiner Studie von 1934 die Namen kaum berücksichtigte; sie spielen auch in der wichtigen Sammlung von H. Dobbertin (1970) keine Rolle (zu anderen Arbeiten des Herausgebers werden wir noch kommen).

Nüchterne Beobachter der vielfältigen Diskussion haben schon bald aus den unterschiedlichen Interpretationen gefolgert, dass mit hoher Wahrscheinlichkeit die Ostkolonisation hinter der Sage zu vermuten ist. Die Nichtberücksichtigung dieser These erzeugte sogar Erstaunen außerhalb von Europa:

> Sonderbarerweise hat ein wirklich wichtiges politisches Ereignis des mittelalterlichen Europa bei den früheren Forschern, die dem Rattenfänger auf der Spur waren, nur flüchtige Beachtung gefunden: das Phänomen der Massenauswanderung nach dem Osten, der ständige Strom deutscher Kolonisten [...].[1]

Nicht nur H. Dobbertin, dessen Thesen uns – wie gesagt – noch beschäftigen werden, hat sich dieser Auffassung angeschlossen. Auch aus anderer Richtung fand dieses Zustimmung, so etwa bei M. Kroner, S. 170:

> Für die Deutung des historischen Kerns der Sage hat die Wissenschaft bisher verschiedene Erklärungen angeboten. Wir nennen schlagwortartig folgende: Kinderkreuzzug, Naturkatastrophe, großes Kindersterben, priesterlicher Ritualmord, Tanzwut (Veitstanz), Erinnerung an die großen Verluste Hamelns in der Schlacht von Sedemünde (1260), Ostkolonisation. Von allen Erklärungen hat die im Zusammenhang mit der deutschen Ostkolonisation den höchsten Wahrscheinlichkeitsgrad.

Siebenbürgen?

Gelegentlich ist – wie auch in der Fassung der Rattenfängergeschichte bei den Brüdern Grimm angedeutet – Siebenbürgen als Ziel der Wanderung angegeben worden. So sah man auch schon früher in dem Rattenfänger einen Werber, „der Kolonisten für Siebenbürgen geworben habe"[2]. „Obwohl diese Deutung für Siebenbürgen selbst nicht zutrifft", dürfte sie nach den Worten von M. Kroner, S. 170 „für andere Gebiete des deutschen Ostens Gültigkeit haben. Die Urheimatforschung der Siebenbürger Sachsen hat nämlich ergeben, daß ausgerechnet nach Niedersachsen, in dem Hameln liegt, keine Herkunftsspuren hinführen [...] Die Erklärung, die man gelegentlich dafür gibt, es handele sich um eine assoziative Mißdeutung einer bei Hameln gelegenen Ortschaft *Seeberge* in *Siebenbürgen*, leuchtet mir nicht ein". Das Siebenbürgen nicht in Frage kommt, betont auch A. Ostermeyer[3].

---

[1] O'Donell, S. 57f.
[2] So etwa im Jahre 1704 in einer Ausgabe *Auserlesener Anmerkungen über allerhand wichtige Materien und Schriften*, s. Soetemann 1984, S. 10.
[3] 1982/84, S. 59f.

Es sind vor allem sprachwissenschaftliche und namenkundliche Argumente, die dagegen sprechen, als Ziel der Auswanderung den Balkan anzunehmen. Wenn man diesen Bereich ausnimmt, dann wird man sich andererseits fragen müssen, ob nicht Sprachwissenschaft und Namenforschung dazu beitragen können, das mutmaßliche Gebiet zu ermitteln. Denn meines Erachtens wird man mit M. Kroner, S. 172 festhalten können: „Die Rattenfängersage dürfte nichtsdestoweniger mit der Besiedlung anderer Gebiete in Osteuropa in Verbindung stehen". Allerdings „gehen (die) Ansichten weit auseinander. Man ist sich nicht nur uneins darüber, mit welcher Region der deutschen Ostsiedlung der Hamelner Vorgänge verknüpft sein könnte"[4], sondern es ist nach Meinung mancher Forscher auch immer noch sicher, „ob ein solcher Zusammenhang überhaupt bestanden hat"[5].

Die Mähren-Theorie

Greift man mit diesem Wissensstand zu den beiden großen deutschen Enzyklopädien, so findet man in einer[6] als ersten Titel in dem alphabetisch nicht geordneten Literaturteil die Arbeit von W. Wann (1949) und in der anderen[7] den Satz „Kern ist vielleicht die Anwerbung von Hamelner Burschen und Mädchen durch den Bischof von Olmütz zur Besiedlung Mährens". Prüft man diese Angaben weiter nach, so wird man auf die in der Anmerkung 15 genannte Würzburger Dissertation von Wolfgang Wann (1949) geführt und schon bald mit der These konfrontiert, dass Aussiedler aus dem Weserbergland in Mähren eine neue Heimat gefunden hätten und dass dieses seinen Niederschlag in Orts- und Flurnamen gefunden habe. Folgt der Namenforscher diesem Weg, so wird er schon bald zu einer Diskussion herausgefordert. Nimmt er sie auf, so muss der Weg der Sage verlassen werden und die wissenschaftliche Auseinandersetzung mit den Details beginnen. Das soll im Folgenden versucht werden.

Bruno von Schaumburg

Es kann gar kein Zweifel daran bestehen, dass es enge Beziehungen zwischen dem Weserbergland und Mähren gegeben hat:[8] Sie kristallisierten sich vor allem in der Person des Bischofs von Olmütz *Bruno von Schaumburg* heraus. An dessen Kolonisationswerk kann nicht vorbeigegangen werden. Auf Einzelheiten ist hier nicht einzugehen, man vergleiche etwa die Ausführungen bei H. Schiffling[9], F. v. Klocke[10] und anderen. Nach eigenen Erklärungen ließ Bruno von Schaumburg unter anderem[11] „die Wälder roden und die deutschen Dörfer *Petersdorf, Johannesthal, Hennersdorf, Arnsdorf, Batzdorf, Pittarn, Liebenthal, Röwersdorf, Peischdorf* und die Burgen zu *Füllstein* und *Hotzenplotz* anle-

---

[4] Soetemann, S. 10.
[5] Ebd.; zu Einzelheiten vgl. etwa Humburg 1985/86.
[6] *Brockhaus Enzyklopädie,* 19. Aufl., Bd. 18, Mannheim 1992, S. 88.
[7] *Meyers Enzyklopädisches Lexikon*, Bd. 19, Mannheim usw. 1977, S. 603.
[8] Allgemein zu den Beziehungen zwischen Westfalen und Mähren: v. Klocke, S. 30–44.
[9] 1980, S. 30.
[10] 1940, S. 30ff.
[11] Ebd., S. 33.

gen".[12] Unzweifelhafte Zeugnisse sind unter anderem die Burg *Schauenstein* etwa 15 km östlich der Mährischen Pforte und *Schaumburg* bei Holštejn.[13]

Selbstverständlich befanden sich in seiner Gefolgschaft auch Schaumburger. Bei Wann heißt es dazu:

> Seine ritterliche und geistige Gefolgschaft, die sich allmählich um ihn sammelte […], stammte zwar aus dem gesamten Reich, die meisten aber kamen doch aus dem Weserbergland und waren hier insbesonders zwischen Minden und Höxter beheimatet. Dazu gehörten, um aus der reichen Fülle nur einige zu nennen, z. B. die *Bardeleben, Bose, Cul, Dassel, Emse, Fülme-Füllstein, Heimsen, Hohenbüchen, Homburg, Hörstel, Höxter, Kämmerer, Lachdorf, Landsberg, Meinsen, Romberg, Rottorf, Eisbergen, Spenthove, Stockvisch, vom Turm, Vrolebsen, Wertinghausen* und viele andere mehr.[14]

Auch Fortsetzer seines Werkes sind bekannt.[15] Bezeichnenderweise erscheinen bei dieser Argumentation die Ortsnamen mit an erster Stelle, es wird daher zu prüfen sein, ob sie die gezogenen Konsequenzen stützen können.

Ortsnamen aus dem Wesergebiet in Mähren?

Es ist nicht verwunderlich, dass ausgehend von der Kolonisationstätigkeit Brunos von Schaumburg in Mähren die Vermutung entstehen musste, es könne ein Zusammenhang mit der Rattenfängersage bestehen. Die von Wolfgang Wann entwickelte These[16] basiert nach seinen eigenen Worten – und das ist nicht immer genügend beachtetet worden – auf namenkundlichen Argumenten: „Ich habe […] im Laufe der Jahre dieses gesamte Kolonisationsgebiet eindringlichst kennen und oft gerade dort, wo es schon längst slawisch geworden war und wo nur mehr die Steine, die die Urkunden oder die Familien- und Flurnamen sprachen, lieben gelernt."[17]

Diese Bemerkungen sind für einen Namenforscher bedenklich, wenn nicht alarmierend: Die Aufdeckung eines namenkundlichen Substrats gehört zu den schwierigsten Aufgaben, denen sich ein Onomast unterzieht. Hier aber wagt ein auf diesem Gebiet nicht ausgewiesener Laie weitreichende Schlussfolgerungen, die den Weg bis in unsere Enzyklopädien finden. Den Grund dafür nannte ich schon anfangs: Die Namenforschung ist eine „Hilfswissenschaft".

Ohne Prüfung durch die Onomastik fand die These von W. Wann Anklang. So heißt es bei H. Spanuth:[18]

---

[12] Zu den [von Bruno von Schaumburg] benannten Siedlungen vgl. Wann/Scherzer, S. 30. Zu einzelnen Namen s. u.
[13] Wann/Scherzer, S. 31; Dobbertin 1980/81, S. 82.
[14] 1948, S. 53.
[15] Ebd., S. 56f., vgl. auch Wann 1949, S. 50.
[16] Zusammenfassend: Wann 1949.
[17] 1948, S. 57.
[18] 1951, S. 120.

Ich bin davon überzeugt, daß er [...] den Nachweis erbracht hat, daß die mittelalterliche Besiedlung seiner Heimat, des Gebietes des alten Bistums Olmütz, durch Kolonisten aus unserem engeren Heimatgebiet, darunter auch der Stadt Hameln, erfolgt ist. Darüber hinaus hat er es nach meiner Überzeugung bis zu einem an Gewißheit grenzenden Grade wahrscheinlich gemacht, daß der Hamelner Anteil an dieser kolonisatorischen Leistung den Ursprung der alten Ortssage vom ‚Exodus Hamelensis', dem ‚Auszug der hämelschen Kinder', bildet [...].

Und weiter: Wann hat

den Nachweis geführt, daß die deutsche Besiedlung seiner mährischen Heimat im letzten Drittel des 13. Jahrhunderts durch den damaligen Bischof von Olmütz, einen Grafen Bruno von Schaumburg, und seinen Nachfolgern auf Veranlassung des böhmischen Königs Ottokar durchgeführt worden ist, dessen vertrauter Ratgeber Bruno war [...].[19]

Etwas vorsichtiger wurde die These von anderen aufgenommen:

Wann (und unabhängig von ihm von Klocke) haben den Nachweis versucht (der freilich von Schnath 1980 [G. Schnath, Die Rattenfängersage aus der Sicht des Historikers, Vortrag anläßlich des 61. Niedersachsentages in Hameln 1980] infragegestellt wurde [...]), daß im letzten Drittel des 13. Jahrhunderts (also zur Zeit des Hamelner Geschehens) die deutsche Besiedlung des dünnbesiedelten Raumes der ‚Mährischen Pforte' durch den damaligen Bischof von Olmütz, einen Grafen Bruno von Schaumburg und seine Nachfolger, auf Anordnung des böhmischen Königs Ottokar durchgeführt worden sei [...]. Es ist selbstverständlich, daß der aus dem Wesergebiet stammende Bischof Bruno von Schaumburg wie seine wohl ebenfalls aus dem Wesergebiet kommenden adligen Locatoren und die von ihnen abgesandten Werber die Siedler in erster Linie aus ihrem eigenen Heimatgebiet zu gewinnen suchten.[20]

Eine Lösung der strittigen Frage kann nur von seiten der Namenforschung kommen, denn den

stärksten Beweis für diese Annahme bietet die Identität vieler Geschlechternamen im Heimatgebiet und dem Siedlungslande. Unabhängig von Wann hat auch der westfälische Historiker von Klocke enge Beziehungen zwischen Westfalen bzw. dem Wesergebiet und dem mährischen Bistum Olmütz nachgewiesen.[21]

H. Spanuths recht positive Aufnahme der Thesen von W. Wann[22] fand zum großen Teil in den Besprechungen ihre Fortsetzung, so etwa bei K. Brüning:[23] Spanuth

---

[19] Ebd., S. 121.
[20] Soetemann, S. 11.
[21] Kroner, S. 172.
[22] In seiner oben genannten Monographie.

weist nach, [...] daß [...] der Troppauer Archivar Wann die richtige Erklärung gefunden hat: Der Rattenfänger ist ein Werber, der zahlreiche junge Leute aus dem Wesergebiet, darunter viele Hamelner ‚Stadtkinder' als Kolonisten nach Mähren brachte, wo sie in der Olmützer Gegend angesiedelt wurden.

Etwas vorsichtiger war K. Ranke:[24]

> [...] Wann versucht als erster in einer anscheinend sehr sorgfältigen Untersuchung über die Besiedlung des Bistums Olmütz auf Grund von lokalen und namenkundlichen Forschungen den exakten Nachweis zu erbringen, daß der Hamelner Anteil an dieser kolonisatorischen Leistung den Ursprung unserer Sage gebildet habe,

jedoch bliebe die Publikation der Dissertation abzuwarten. Schon sicherer heißt es bei U. Stille:[25]

> Mit namenkundlichen und siedlungsgeschichtlichen Untersuchungen vor allem hat Wann diese Deutung beweiskräftig belegen können – soweit Spanuth darüber berichtet, denn die Arbeit von Wann selbst liegt bislang leider nur als maschinenschriftliche Würzburger Dissertation vor. Die Erklärung erscheint jedoch recht einleuchtend, und sie scheint die Auflösung des Rätsels der Sage zu bedeuten.[26]

Die angesprochene Dissertation wurde nicht publiziert und liegt nur in maschinenschriftlicher Form vor. Bekannt sind die Thesen von W. Wann aber dennoch, zum einen durch die positive Aufnahme bei H. Spanuth, zum andern dadurch, dass 35 Jahre nach der Promotion die Theorie anhand von nachgelassenen Manuskripten im Auftrag des Sudetendeutschen Archivs von Walter Scherzer neu formuliert wurde.[27] Die für unsere Aufgabe wichtigsten beiden Punkte erscheinen in diesem Buch zum einen auf S. 19 in Abschnitt 5 „Auswanderung im Zuge der Ostkolonisation, die wahrscheinlichste Deutung", und zum anderen auf S. 20 in der Wendung:

> Wann waren bei der Erforschung der Siedlungsgeschichte seiner Heimat nicht nur die nicht zu übersehende Zahl niederdeutscher Orts- und Familiennamen, sondern auch die durch den Olmützer Bischof Bruno von Schaumburg (1245–1281) gegebenen Familienbeziehungen zur unmittelbar benachbarten Stadt Hameln aufgefallen.

Nach dieser knappen Vorstellung der Mähren-These von W. Wann, die von H. Spanuth im Wesentlichen übernommen worden ist und durch die Herausgabe durch W. Scherzer einer breiten Öffentlichkeit bekannt gemacht wurde, ist es an der Zeit, die Konzeption anhand der im Einzelnen vorgebrachten Argumente zu überprüfen. Ich beginne bei den

---

[23] 1951, S. 303.
[24] 1954, S. 190.
[25] 1952, S. 193.
[26] Vgl. auch noch die Besprechung von E. Rath in: *Österreichische Zeitschrift für Volkskunde* 56 (1953), S. 80–82.
[27] Wann/Scherzer 1984.

Ortsnamen, gehe dann zu den Flurnamen über und beschließe diesen Abschnitt mit den Personennamen.

Eine wichtige Stütze – für den Namenkundler sogar die wichtigste – liegt in dem Versuch, mit Hilfe etlicher Ortsnamen zu versuchen, die Beziehungen zwischen Mähren und dem Weserbergland herauszuarbeiten und darin Beweise für eine Aussiedlung aus dem Hamelner Raum zu sehen. Eine gute Übersicht über die meisten der im Folgenden herangezogenen Ortsnamen bietet die von W. Scherzer herausgegebene Publikation (im Folgenden abgekürzt als Wann/Scherzer) in einer Karte im Anhang des Buches.

Kritik der mährischen Ortsnamen

Ich beginne die Diskussion mit einer Passage bei F. v. Klocke über Bruno von Schaumburg:[28] „Nach seiner eigenen Erklärung ließ er dort die Wälder roden und die deutschen Dörfer *Petersdorf, Johannesthal, Hennersdorf, Arnsdorf, Batzdorf, Pittarn, Liebenthal*[29], *Röwersdorf*[30], *Peischdorf* und die Burgen zu *Füllstein* und *Hotzenplotz* anlegen." Zum Beweis, dass es sich dabei um Namen handelt, die sich auch im Weserbergland finden, wird zunächst nichts ausgeführt (auf den sicher dazugehörenden Namen *Füllstein* komme ich noch zurück). Aber es wird wenige Seiten weiter betont:

> Die Dörfer bei Hotzenplotz führten auch zunächst typisch niederdeutsche Namensformen, die sich erst später verloren, so 1255 *Godevridestorp* (*Gottfriedsdorf*, später *Füllstein* genannt) und *Rudolveswalt* (heute *Roßwald*), 1256 *Henrikestorp* (heute *Hennersdorf*), *Levendal* (heute *Liebenthal*) und *Renverdestorp* (heute *Röwersdorf*; erstes Stammwort *Reinfried*), 1267 *Janestorp* (heute *Johannesthal*), *Arnoldestorp* (heute *Arnsdorf*), *Bertoldestorp* (heute *Batzdorf*), *Peterswalde* (heute *Petersdorf*), *Pizkerstorp* (heute *Peischdorf*).[31]

Aus den niederdeutschen Formen wird sofort anschließend gefolgert: „Hier, im sogenannten Olmützer Bistumsland von Hotzenplotz ist mit westfälischer Bauernkolonisation sicher zu rechnen",[32] später hätten dann mitteldeutsche und schlesische Kräfte zu einer Assimilation und Aufgabe der niederdeutschen Formen geführt.

Diese Ausführungen finden sich auszugsweise bei Wann/Scherzer, S. 28 wieder, indem an niederdeutschen Ortsnamen im Bistum Olmütz angeführt werden: *Arnoldestorph* (zuletzt *Arnsdorf*), *Janestorph* bzw. *Jansdorf* bzw. *Johannesthal*, *Henrikestorph* (*Hennersdorf*), *Bertholdestorph* (*Batzdorf*), *Renfridestorph* (eine Wüstung).

Der Namenforscher fragt sich zum einen, ob der niederdeutsche Charakter der Ortsnamen zweifelsfrei ist, und zum andern, ob es Hinweise auf westfälische Herkunft gibt. Meine Durchsicht der Namen führte zu folgendem Ergebnis:
a) **Petersdorf** (*Peterswalde*), tschech. heute *Petrovice*. Die alten Belege zeigen, dass ein ursprünglich slavischer Ortsname vorliegt: 1208 *in Petrouich*, 1267 *in villa Petrowiz*, 1389 *Petersdorf*, 1570 *Petersdorf* usw.[33] Niederdeutsches ist nicht festzustellen.

[28] 1940, S. 33.
[29] Ebd., S. 35, wird präzisiert: von Helembert vom Turm errichtet.
[30] Ebd., S. 35, wird präzisiert: von Helembert vom Turm errichtet.
[31] Ebd., S. 39.
[32] Ebd.

b) **Johannesthal**, tschech. *Janov*, erscheint in seinem ältesten Beleg 1267 als *Ianestorph*, später: 1446 *Janow*, 1595 *jiným johantalskym*.[34] Bei v. Klocke und Wann/Scherzer wird unsauber zitiert „1267 *Janestorp*". Dadurch wird niederdeutscher Einfluss (*dorp*) suggeriert, der aber gar nicht vorhanden ist (1268 *Ianestor**ph***). Der Name enthält offenbar den slavischen Personennamen *Jan*, erst später setzt sich *Johann* durch. Der Versuch, durch eine später in diesem Ort bezeugte Person *Haemler* eine Beziehung zu Hameln herzustellen,[35] wird damit gegenstandslos. Zudem wird eine Quelle für diesen Beleg nicht genannt.

c) **Hennersdorf**, heute tschech. *Jindřichov*, darf als Gründung aus der Zeit Brunos von Schaumburg angesehen werden: 1256 *Henrikestorp*, 1267 *Henrikestorph* usw.[36] Auch der niederdeutsche Charakter des Personennamens darf als sicher gelten.[37] Als Beweis für eine Zuwanderung aus dem Wesergebiet reicht dieses allerdings keineswegs aus.

d) **Arnsdorf**, tschech. *Arnultovice*, 1267 *Arnoldestorph*, 1320 *in Arnoldisdorf* usw.,[38] zeigt keine speziell niederdeutsche Lautung.

e) **Batzdorf**, tschech. *Bartultovice*, ist in den Quellen wie folgt belegt: 1267 *Bertoldesdorph*, 1320 *in Pertoldisdorf*, 1389 *Bertoldi villam* usw.[39] Niederdeutsches ist nicht zu entdecken; vielmehr spricht der Beleg von 1320 für oberdeutschen Einfluss.

f) **Pittarn** ist ein Ortsname unklarer Herkunft.[40] Er ist zweifellos älter als die deutsche Ostsiedlung.

g) **Liebenthal**, tschech. *Liptaň*, ist ursprünglich ein niederdeutscher Name: 1256 *Leuendal*, 1262 *Luptyn*[41], 1267 *Leuendal*, 1280 *in Luptyn*, 1300 *in Lybental*, 1320 *in Liebental* usw.[42] Daneben muss allerdings auch ein slavischer Name *Luptin* bestanden haben. Die niederdeutsche Form scheint auf eine Siedlung *am leven dale* (= hochdeutsch *am lieben Tale*) zurückzugehen, jedoch kann auch ein sehr alter Name (die tschechische Form erweckt diesen Verdacht) vorliegen. Eine spezielle Beziehung zum Weserbergland oder zu Westfalen lässt sich aber nicht entdecken.

h) **Röwersdorf**, tschech. *Třemešna*, ist alt wie folgt belegt: 1256 *Renuerdostorp*, 1267 *Renfridestorph*, 1320 *in Rinfridisdorff*, 1389 *Reynersdorff* usw.[43] In dem Bestimmungswort, d. h. in dem Personennamen, kann man eine niederdeutsche Form sehen (vor allem der Beleg von 1256 spricht dafür). Damit gewinnt man aber noch lange keine Verbindung mit Westfalen oder dem Weserbergland.

i) **Peischdorf**, tschech. *Piskořov*, erscheint in den Quellen wie folgt: 1267 *Piskerstorph*, 1317 *villam Piskersdorf*, 1318–26 *Piskersdorf*, 1318 *Piskořov*, 1389 *Pikorzaw*.[44] Der

---

[33] Hosák/Šrámek II, S. 237f.
[34] Hosák/Šrámek I, S. 342.
[35] Wann/Scherzer, S. 40.
[36] Hosák/Šrámek I, S. 368.
[37] Vgl. auch E. Schwarz: *Die Ortsnamen der Sudetenländer als Geschichtsquelle*, 2. Aufl., München 1961, S. 285 und 373.
[38] Hosák/Šrámek I, S. 49.
[39] Hosák/Šrámek I, S. 54.
[40] Hosák/Šrámek I, S. 249f. mit Zusammenstellung der Belege.
[41] Gehört nicht zu *Liptin* bei Katscher (Glatz), vgl. H. Borek: *Górny Śląsk w świetle nazw miejscowych*, Opole 1988, S. 141.
[42] Hosák/Šrámek I, S. 536.
[43] Hosák/Šrámek II, S. 616.

Name ist nicht ganz leicht zu erklären, man wird am ehesten von einem Personennamen im ersten Teil ausgehen dürfen, der mit dem tschechischen Fischnamen *piskoř* 'Schlammbeißer' zu verbinden ist. Die slavische Fischbezeichnung ist in das Deutsche entlehnt worden. Für niederdeutsche oder weserländische Siedlung spricht nichts.

j) **Hotzenplotz**. Der Name dieses Ortes geht auf den Flussnamen *Hotzenplotz*, tschech. *Osoblaha,* poln. *Osobłoga*, zurück, der vorslavischer Herkunft ist,[45] Für unsere Problemstellung ist dieses ohne Wert.

k) **Rudolveswalt**, tschech. *Rudoltice*, 1255 *Rudolueswalt*, 1389 *Rudolswald* usw.,[46] zeigt keinerlei Spuren eines niederdeutschen Einflusses.

Das Resümee der Überprüfung ist kurz: Nichts weist auf spezielle Beziehungen zum Weserbergland hin. Allein ein Name, der von v. Klocke und von Wann/Scherzer angeführt worden ist, kann dafür herangezogen werden: der Burgname *Füllstein*, auf den noch zurückzukommen ist.

Es hat sich gezeigt, dass eine genaue Überprüfung der vorgebrachten Argumente nicht nur notwendig ist, sondern zu fundierten Aussagen führen kann. Diese Methode soll daher auch bei weiteren Ortsnamen, die als Beweis für eine westfälisch-weserländische Besiedlung gewertet worden sind, angewendet werden.

l) **Branekesdorf**, eine Wüstung bei Blansko (heute Ortsteil dieser Stadt) nördlich von Brünn, ist nur einmal 1277 als *Branekesdorp* erwähnt.[47] Es lag in der Nähe des Ortes *Hamlíkov*, der als wichtiges Argument für eine Beziehung zu *Hameln* angeführt wird (s. u.) und trug nach Wann/Scherzer, S. 42 einen niedersächsischen Namen. Zusammen mit zwei anderen Orten gehörte er „seit 1277 den […] Herren von *Stango* […]".[48] Ich habe mich bemüht, einen niederdeutschen Personennamen *Branek* o. ä. nachzuweisen. Die einschlägigen Wörterbücher kennen jedoch keinen. Nimmt man weiter zur Kenntnis, dass die Silbe -ek- auch ein slavisches Suffix widerspiegeln kann, so gewinnt die slavische Deutung bei Hosák/Šrámek I, S. 106 an Gewicht.

m) „Die nach Bischof Bruno benannten Siedlungen"[49] sind nach Wann/Scherzer, S. 30: 1.) *Braunsberg*, 2.) *Brunswerde* (nach Wann/Scherzer „Ausgangssiedlung für Braunsberg und daher später *Altendorf* genannt"), 3.) *Brunseifen*, 4.) *Braunseifen* (so auch bei Klocke, S. 33: „*Braunseifen*, d. h. soviel wie *Brunostal*"), 5.) *Brunthal*, „der zweite Name für die Stadt Freudenthal", 6.) *Brunos*, Wüstung bei Walachisch-Meseritsch. Eine Überprüfung ist notwendig.

Zu **Braunsberg**, tschech. *Brušperk*: Sowohl die alten Belege (1269 civitatem, quem Brunsperch nuncupavi ... Brunsperh, 1270 in Brunsperg usw.[50]) als auch die historische Überlieferung zeigen aufgrund der Formen mit -s-, dass keine Brunonische Gründung vorliegen kann. Zudem weisen die Ortsnamen im zweiten Teil auf oberdeutsche Lautung (-*perg* für -*berg*) hin. Niederdeutsches -*barg* ist nicht zu erkennen.

---

[44] Hosák/Šrámek II, S. 247.
[45] S. J. Udolph: *Die Stellung der Gewässernamen Polens innerhalb der alteuropäischen Hydronymie*, Heidelberg 1990, S. 227ff.
[46] Hosák/Šrámek II, S. 397.
[47] Hosák/Šrámek I, S. 106.
[48] Wann/Scherzer, S. 42.
[49] Abschnitt 14 bei Wann/Scherzer.
[50] Hosák/Šrámek I, S. 118.

Zu **Brunswerde**: Ein Teil der Nachfolgesiedlung trägt heute den Namen *Stará Ves*, an alten Belegen sind zu nennen 1267 *Bruneswerde*, 1269 *Brunswerde*, 1389 *in Braunswerde*, 1403 *in Brunswerd*, 1408 *super bonis illis Bravnswerd*, 1466 *de Antiqua villa vulgariter z Starewsy*, 1518 *v Stare Wsy*, ... 1718 *Altendorf*.[52] Der Zusammenhang mit dem Namen *Brunos von Schaumburg* ist unstrittig.

Zu **Brunseifen/Braunseifen**: Mir gelingt nur der Nachweis eines Ortsnamens *Braunseifen*, tschech. *Brunzejf*, heute *Rýzoviště*. Aufgrund der alten Belege (1320 *Brunsif*, 1408 *super Brunzyw*, 1437 *de oppido Brunsiffi* usw.[53]) ist ein Zusammenhang mit dem Namen *Brunos* möglich. Da aber das Genetivformans fehlt (*Brunosseifen* wäre zu erwarten), vermuten Hosák/Šrámek durch die Assimilation des ersten -*s*- an das zweite -*s*- frühen Ausfall des Genusformans. Das kann man akzpetieren, es fällt aber zum einen auf, dass der Name im Gegensatz zu sonstigen Gründungen Brunos sehr viel später erwähnt ist und dass eine unmittelbare Verbindung mit mittelhochdeutsch *brun* + *seifen* 'Bach, Wasserlauf' auch von P. Vogt, dem wir eine gründliche Zusammenstellung der einschlägigen Namen verdanken,[54] angenommen worden ist. Vogt hat auf weitere Namen im ehemaligen Kreis Olmütz (*Brandseifen, Goldseifen, Kaltenseifenmühle, Rabenseifen, Seifenmühle, Stubinseifen*) aufmerksam gemacht hat. Es spricht somit einiges dafür, in dem Namen von einem Adjektiv auszugehen und den Bischofsnamen fernzuhalten.

Im Fall von **Brunthal**, dem „zweiten Namen für die Stadt Freudenthal"[55], ist die Ansicht bei Wann/Scherzer, S. 40, der ON *Bruntál* bei Troppau sei „später umbenannt in *Freudenthal*" und „nach dem Bischof Bruno benannt", verfehlt. Die alten Belege lauten zwischen 1220 und 1405 nur *Freudental, Wrowdintal, Vreudental* u. ä., erst 1456 begegnet zum ersten Mal *starosta bruntalsky*[56], daher lehnten Hosák und Šrámek auch mit Recht einen Zusammenhang mit dem Namen des Bischofs ab: „Rovnež nelze v místní jméně hledat osobní jméno olomouckého biskupa Bruna ze Schauenburku".

Im Gegensatz zu dem vorigen Namen wird der der Wüstung **Brunos** (woher diese Form stammt, ist mir unklar geblieben) bei Walachisch-Meseritsch auch von Hosák/Šrámek I, S. 111 anhand der Belege 1297 *villam Brunnow*, 1505 *Brniow*, 1535 *ves Brniow* usw. mit Bruno von Schaumburg in Verbindung gebracht, wobei man sich vor allem auf den ersten Beleg von 1297 stützt. Mich überzeugt das nicht; viel eher wird eine Schreiberumdeutung des ursprünglichen tschechischen Namens *Brnov* vorliegen. Dieser wiederum gehört viel eher zu dem im Slavischen weit verbreiteten Sumpf- und Morastwort *brn*, an das auch *Brno/Brünn* angeschlossen werden kann.[57]

n) Wann/Scherzer, S. 42 nennen als deutschen Ortsnamen bei Hamlíkov *Birchow*, um auch dadurch die Beziehungen nach *Hameln* zu stützen. Offenbar (letzte Sicherheit konnte nicht gewonnen werden) handelt es sich um den 1320 einmal bezeugten Wüstungsnamen *Briczow*[58]. Deutsche Herkunft scheidet angesichts dieses Beleges aus.

---

[52] Hosák/Šrámek I, S. 116; II, S. 686.
[53] Hosák/Šrámek I, S. 117.
[54] *Die Ortsnamen auf* -seifen, -siefen, -siepen, -siek, -seih, Programm Kassel 1900.
[55] Wann/Scherzer, S. 30.
[56] Vgl. die Auflistung bei Hosák/Šrámek I, S. 116.
[57] Vgl. J. Udolph: *Studien zu slavischen Gewässernamen und Gewässerbezeichnungen*, Heidelberg 1979, S. 499–514.

o) Nach Wann/Scherzer, S. 34 hält der ON **Bu(t)schafka** bei Hotzenplotz wie der ehemalige *Buschhof* südlich von Hotzenplotz „die Erinnerung wach an die *von dem Bussche*". Der skeptischen Haltung von H. Dobbertin[59], dass es erst recht nicht zutreffe, „daß die niedersächsische Adelsfamilie von dem Bussche etwas mit dem Buschhof südlich Hotzenplotz und mit der Ortschaft Bu(t)schafka zu tun hatte", kann nur zugestimmt werden. Sucht man die historischen Belege für den Ort *Butschafka*, tschech. *Bučávka*, bei Hosák/Šrámek I, S. 126 auf, so findet man dort: „1570 *Bischofka*, 1582 *ves Bussowecz*, 1720 *Buschaweg*". Es ist schon erschreckend, wie hier von seiten der Vertreter der Mährenthese gearbeitet worden ist.

p) Unzweifelhaft schaumburgischen Einfluss verrät der Burgenname **Füllstein** bei Hotzenplotz, tschech. *Fulštejn*, heute *Bohušov*. Seine Belege, die hier nicht aufgeführt zu werden brauchen,[60] sowie die geschichtliche Überlieferung weisen klar darauf hin, dass der Name eine Übertragung einer aus Schaumburg nach Mähren ausgesiedelten Adelsfamilie ist.[61] Nur am Rande sei erwähnt, dass Spuren dieser Familie bis in die Ukraine zu verfolgen sind.[62]

q) Nach Wann/Scherzer, S. 28f. erinnert „das 1267 erstmals urkundlich erwähnte Kolonisationsdorf **Grabowe** (heute eingemeindet in Groß-Ostrau) [...] direkt an niedersächsische Familien. Dieses großbürgerliche Geschlecht wird zwischen 1247 und dem 14. Jahrhundert in Hameln oft erwähnt". Nichts davon lässt sich halten. Der ON, heute tschech. *Hrabová*, 1297 *in Grabow*, 1389 *ville Antiquae Grabouie* usw.[63] stand in Beziehung zu dem Ortsnamen *Hrabůvka*, 1389 *Nouam Grabouiam* usw.,[64] und gehört zu den unzähligen slavischen Ableitungen von *grab*, *hrab* 'Weißbuche'.[65]

r) **Hamlíkov**. Dieser Wüstungsname nordöstlich von Brünn ist ein besonders wichtiges Argument für einen angeblichen Zuzug aus Hameln, denn er stellt nach Wann/Scherzer, S. 41

> die enge Beziehung zwischen dem Olmützer Bistumsgebiet und Hameln besonders klar heraus [...] Die Siedlung wird unter der Bezeichnung *Hemlincow* erstmals 1353 in der Olmützer Landtafel als zur Herrschaft Holstein gehörend genannt. Doch da für die Eintragungen in die alten Landtafeln in der Regel nur die tschechischen Namensformen maßgebend waren, ist *Hemlincow* bereits die ins Tschechische abgewandelte Schreibweise eines deutschen Ortsnamens, zumal der Tscheche seit Ende des 13. Jahrhunderts stimmhaftes *g* nicht mehr kennt. Die Schreibweisen in späteren Landtafeln lauten daher *Hamlikow* und sogar *Hamakow*, wobei dem deutschen *Hamling(en)* oder *Hemlin-*

---

[58] Hosák/Šrámek I, S. 126.
[59] 1986, S. 38.
[60] Vgl. Hosák/Šrámek I, S. 226f.
[61] Zu den Einzelheiten s. Dobbertin 1981, S. 2 und 19; 1959, S. 135f.; Klocke, S. 34; zur Beschreibung der Burg vgl. ebd., S. 40.
[62] Wann 1948, S. 56.
[63] Hosák/Šrámek I, S. 288.
[64] Hosák/Šrámek I, S. 289.
[65] Vgl. E. Dickenmann: *Über buk und grab in der russischen geographischen Nomenklatur*, in: *Beiträge zur Namenforschung. Neue Folge* 7 (1972), S. 233–244 und P. Hanke: *Die Baumnamen in der russischen geographischen Nomenklatur*, Phil. Diss., Münster 1974, S. 71ff.

g(en) die slawische Ableitungssilbe -ow (= Dorf u. ä.) angefügt worden ist. Der Name *Hemlincow* ist im gesamten Osten einmalig und aus dem Alttschechischen nicht zu erklären. Wohl aber darf man in der deutschen Namensform *Hamling(en)* bzw. *Hemling(en)* ein Patronymicum, d. h. Ableitung von einem Namen vermuten [...].

Die Konsequenz lautet: „*Hemlincow-Hamlingen* wäre demnach die Siedlung, in der sich Abkömmlinge aus Hameln niedergelassen haben."[66] Diesem schloss sich H. Spanuth[67] an:

Selbst den Namen einer Siedlung, der aus dem der Stadt *Hameln* abgeleitet ist, hat Wann festgestellt, das inzwischen wüst gewordene *Hamelingow* (-*kow*), bei dem das Stammwort *Hamel* durch die eine Siedlung bezeichnende Silbe -*ing* und überdies durch das gleichbedeutende slawische -*ow* erweitert ist. Hamelner Herkunft beweisen auch die Familiennamen *Hamlinus*, *Hämler* und *Hamel*.

Diese These versuchen Wann/Scherzer, S. 44 auch mit einem Blick in Hosák/Šrámek zu stützen: „[...] zumal auch tschechische Siedlungs- und Ortsnamenforscher den Namen *Hemlincow* aus dem Deutschen ableiten, so zuletzt L. Hosák und R. Šrámek in dem von ihnen bearbeiten Ortsnamenbuch Mährens und Schlesiens (1970, S. 239)."

Die Auffassung dieses Ortsnamens als eine „Siedlung, in der sich Aussiedler aus Hameln niedergelassen haben", blieb jedoch nicht ohne Widerspruch. Zunächst hat H. Dobbertin[68] nur ganz allgemein Zweifel angemeldet, dann vertrat er zunächst die Auffassung, „das winzige mährische Dorf [sei ...] in Wirklichkeit nach einem *Amelung (Ameling, Hamelinus)*" benannt.[69] Wenige Jahre später verwies er auf einen Beitrag von E. Černý,[70] der sich mit der Geschichte des Dorfes intensiv beschäftigt hatte, jedoch irrtümlich *Hamlíkov* mit dem 1349 erwähnten Holštejner Dorf *Hertwigslog* gleichsetzte.[71] Konkreter heißt es an gleicher Stelle:

Die Schreibweise *Hamlingen* kommt urkundlich gar nicht vor. Die von Dr. Wann gemeinte winzige Siedlung heißt 1353 *Hemlynkov* und *Hemlikov*, 1385 *Hamlicow*, 1407 *Hamlyko*, 1437 *Hamlinkow*, 1511 *Hamakow* und gehörte zu den überwiegend deutschen Rodungsdörfern im Distrikt der erstmalig 1283 genannten Burg *Holstejn* zwischen Brünn und Olmütz.[72]

---

[66] Wann/Scherzer, S. 42.
[67] 1951, S. 122f.
[68] 1955, S. 48f.
[69] 1975, S. 63, Anm. 125.
[70] E. Černý: *K historii zaniklé vsi Hamlíkova u Podomí* (Zur Geschichte des wüsten Dorfes Hamlíkov bei Podomí), in: *Zprávy okresního Vlastivědného muzea ve Vyškově* 21 (1959), S. 1–6; vgl. auch ders.: *Příspěvek k povrchovému průzkumu půdorysy zaniklých středověkých osad na Drahanské vrchovině a jeho vztahu k plužině*, in: *Zanikle středověké vesnice v ČSSR ve světle archeologických výzkumů*, Uherské Hradiště 1971, S. 187–202.
[71] Dobbertin 1980/81, S. 79.
[72] Ebd.

Auch an dieser Stelle nimmt H. Dobbertin an, „*Hamlíkov* als Gründung eines Locators namens *Hamelinus* = *Ameling/Amelung* aufzufassen (vgl. das seit 1466 bezeugte nach einem *Ruprecht* benannte Nachbardorf *Rupprecht/Ruprechtov*"[73]. Dabei wird die Deutung von Hosák/Šrámek I, S. 239 kritisiert: „Entschieden abzulehnen ist die von [...] Šrámek vorgeschlagene Ableitung des Ortsnamens *Hamlíkov* vom deutschen Wort *Hammel* (L. Hosák, R. Šrámek, ... I, 239)"[74]. Wieder etwas anders heißt es bei H. Dobbertin an anderer Stelle[75]: „Heute leite ich den Ortsnamen *Hamlingow* [...] von dem in Mähren vereinzelt, in Frankreich häufig auftretenden Personennamen *Hamelinus* (*Ameling, Amelung*) ab, nicht aber von dem Namen der Stadt *Hameln* (*Quernhameln*) [...]." Einen weiteren Vorschlag aus dem Jahr 1986 „(*Hemlynkow* (1353) [...] dürfte von Österreich aus besiedelt sein, denn sie hieß 1349 *Merhlinslag*"[76]) hat er selbst später revidiert.[77] Später nahm er an, dass der Beleg 1349 *Merhlin-slag* aus *Hemlin-slog* verlesen sei und auf einen deutschen Lokator namens *Hamelinus* (*Ameling, Amelung*), der frühestens um 1250 bei Gedwitz wirkte, zurückgehe.[78] Damit steht für ihn fest, dass eine Herleitung des Namens vom dt. Wort *Hammel* im Sinne von Hosák/Šrámek I, S. 239 ein Fehlgriff ist.

Die hier keineswegs in ganzer Breite dargestellte Diskussion zeigt, wie gering die Kenntnisse der Autoren auf namenkundlichem Sektor sind. Die Belege werden je nach Bedarf hin und her geschoben, eine saubere Chronologie wird nicht geleistet, auf lautliche und morphologische Fakten wird nicht geachtet, ein Vorschlag folgt dem nächsten, die Deutung basiert zum Teil auf aus der Luft gegriffenen Belegen usw. Man wagt sogar, den ausgewiesenen Fachvertretern der Onomastik ihre Kenntnis abzusprechen. Dabei bieten L. Hosák und R. Šrámek[79] eine Chronologie der Überlieferung des umstrittenen Namens und eine fundierte Deutung. Der Name *Hamlíkov*, inzwischen wüst, ist wie folgt überliefert: 1385 *Hamlicov*[80], 1407 *in Hamlyko*, 1437 *Hamlinkow*, 1511 *vsi pusté ... Hamakow (!)*, in ihm liegt eine Ableitung von einem Personennamen *Hamlík* vor, der seinerseits auf dt. *Hammel* beruht.

Die obigen Deutungen stecken voller Fehler: Ein Suffix -*ing*- ist nicht vorhanden; eine Form *Hemlincow* ist nicht belegt; der Name *Hameln* bleibt fern; Hosák und Šrámek leiten den Namen keineswegs aus dem Deutschen ab, sondern von einem tschechischen Personennamen, der mit slavischem Suffix -*ik*- von dt. *Hammel* abgeleitet ist (das ist zu beachten!); Dobbertin wirft *Amelung, Ameling, Hamelinus* ohne Kommentar in einen Topf.

Unser Resümee ist kurz: Der Name hat mit *Hameln* nichts zu tun. Alle Vermutungen, die in diese Richtung gingen, sind verfehlt.[81]

---

[73] Ebd.
[74] Ebd., S. 82.
[75] 1981, S. 1; ähnlich auch schon ders. 1985, S. 94.
[76] 1986, S. 45.
[77] Vgl. ders. auch schon 1980/81, S. 82.
[78] H. Dobbertin: *Die Kinder von Hameln und das große Sterben 1330*, in: *Deister- und Weserzeitung, Hameln*, 11.05.1996, S. 12.
[79] Hosák/Šrámek I, S. 239.
[80] Černý, K historii, S. 1 kennt noch einen Beleg von 1353 *Hemlynkov, Hemlíkov*, der schon wegen der Schreibung -*í*- zur Vorsicht mahnt.

s) **Hombok**, ein mährisches Angerdorf, nach H. Dobbertin[82] bezeugt seit 1351, ist seiner Ansicht nach eine Gründung des in Quellen zwischen 1231 und 1277 erscheinenden Hildesheimer Edelherren *Ulrich von Hohenbüchen*. Dieses ist aus der Luft gegriffen.

Die Überlieferung des Namens zeigt (1364 *parua Hluboky*, 1365 *Hlubiczki*, 1391 *mediam villam Hlubeczkeho* usw.[83]), dass tschechisch *hluboký* 'tief' vorliegt.[84] Der erste Beleg, der deutschen Einfluss zeigt, stammt aus dem Jahre 1691 *Hohnbockh*. Man sieht, dass auch H. Dobbertin die Grundlagen der slavistischen Namenforschung nicht beherrscht.

t) Der Ortsname **Hochwald**, tschechisch *Hukvaldy*, südlich von Mährisch Ostrau, geht dagegen zweifelsfrei auf den Namen der Grafen von *Hückeswagen* zurück:[85] 1234 *Arnulfhus comes de Hucesvage*, 1235 *de Hugensvald*, 1285 *de Hukenswald* usw.,[86] deren westfälischer Heimatort außer Frage steht.

u) Hinsichtlich des Ortsnamens **Rosenowe**, tschechisch *Rožnov*, heißt es bei Wann/Scherzer, S. 29:

> Zu diesen Ortsnamenbildungen ist wohl auch die zu den älteren Brunonischen Gründungen gehörende Stadt und Burg *Rosenowe* (zuletzt *Roschnau* genannt) an der der unteren Betschwa ... zu rechnen, kommt doch der Familienname *Rosenau* heute noch in Hamburg und im Holsteinischen vor. Auch wird im Ratzeburger Bistumszehntverzeichnis von etwa 1230 im Grenzbereich Ratzeburg gegen Holstein gleichfalls ein Ort *Rosenowe* genannt.

Auch hier irren die Autoren. Während Hosák/Šrámek I, S. 390f. nach Auflistung der Belege (1267 *Rosenowe*, 1366 *zu Rosenow* usw.) noch die deutsche Deutung referieren, aber auch eine slavische erwägen, sind sich R. Trautmann[87] und H. Wurms[88] in Bezug auf den Ortsnamen bei Ratzeburg einig: Die slavische ist vorzuziehen. Personennamen aus Hamburg und Schleswig-Holstein können als Gegenargument kaum belastet werden.

v) **Schauenstein**, Burg etwa 15 km östlich der Mährischen Pforte, zwischen 1270 und 1280 erbaut, „erinnert an die im Schaumburger Land bei Obernkirchen zwischen Hannover und Minden gelegene Burg gleichen Namens."[89] Dem ist angesichts der historischen Überlieferung (1293 *Schornstein*, 1307 *in nouo Castro*, 1347 *castra nostra*

---

[81] Eine ausführliche Kritik der in diesem Sinne herangezogenen Personennamen *Hamlinus, Hamelinus* u. a. kann daher unterbleiben. Diskutiert wurden diese – allerdings auch nicht immer fachgerecht – von Dobbertin 1957/58, S. 144; 1955, S. 4; Cammann 1957, S. 69.

[82] 1981, S. 4; ebenso ders. 1959, S. 132.

[83] Hosák/Šrámek I, S. 260.

[84] Vgl. ebd., S. 260f. mit ausführlicher Auseinandersetzung um die polnisch-tschechische Überlieferung und Interpretation.

[85] Vgl. Wann/Scherzer, S. 31; Dobbertin 1959, S. 137f.; 1986, S. 38.

[86] Hosák/Šrámek I, S. 306.

[87] 1949, S. 78; 1950, S. 12 und 231.

[88] H. Wurms: *Das Ratzeburger Zehntregister von 1230*, in: *Slawen und Deutsche im Lande Lauenburg*, hg. von H.-G. Kaack, H. Wurms, Ratzeburg 1983, S. 242.

[89] Wann/Scherzer, S. 30.

Schowensteyn usw.[90]) nur zuzustimmen. In der Nähe der Burg liegt der heutige tschechische Ort *Kopřivnice*, dt. *Nesseldorf*. Diesen Namen vergleichen Wann/Scherzer, S. 30 mit *Nesselberg* (*Nettelberg*), „auf dem die Stammburg der Schaumburger Grafen oberhalb des Wesertals erbaut worden ist". Diese Ansicht ist zwar angesichts der historischen Überlieferung (1511 *od hranice kopřivnický*, 1517 *z Koprziwnicze*, 1581 *ves Koprżywnicze ...*, erst 1846 *Nesseldorf*[91]) verfehlt, jedoch folgen die tschechischen Autoren des mährischen Ortsnamenbuches (und das kennzeichnet ihre integre Haltung gegenüber den Namen) der Ansicht von J. Pilnáček[92], der das Motiv der Namengebung in dem Wappen Brunos von Schaumburg, dem Nesselblatt (tschech. *kopřivný list*) sieht, wodurch schaumburgischer Einfluss doch vorhanden wäre. Ich muss gestehen, dass mich diese These nicht überzeugt. Der Ortsname geht viel eher auf den den Ort durchfließenden Bachnamen *Kopřivnice* zurück, einer ganz gewöhnlichen Ableitung zu dem tschechischen Wort für die 'Brennessel' *kopřiva*.

w) Unstritig ist die Verbindung zur Weser im Fall des Burgennamens **Schauenburg**, tschechisch *Šaumburg*, 1282 *de Schowenburg*, 1292 *de Schowenburg*, 1297 *de Schonwenburg* usw.,[93] dessen Bau nach Wann/Scherzer, S. 31 1272 von Bischof Bruno geplant und in den nächsten Jahren durchgeführt worden ist. Diesem stimmt auch H. Dobbertin[94] zu.

x) Die Burgruine **Stangow** bei Dieditz im Kr. Wischau erinnert nach Wann/Scherzer, S. 34 „an das Geschlecht *der (von) Stange (Stango)*". Es könne daher auf Beziehungen zum Weserbergland geschlossen werden. Erneut liegt ein schwerer Fehler vor: Es gibt einen einzigen Beleg für diese Ruine: 1361 *Dyedycz ... in duobus castris videlicet Nouo, quod Stagnow dicitur*.[95] Es ist äußerst schwierig, aufgrund dieser einen Nennung den Namen deuten zu wollen,[96] aber ein deutscher Personenname liegt auf keinen Fall zugrunde.

y) Ebenso verfehlt ist die Vermutung, der Ortsname **Stangendorf** in Nordböhmen erinnere „an das Geschlecht *der (von) Stange (Stango)*".[97] Der Ortsname ist slavischer Herkunft: 1407 *Trnecz de Stanowicz*, 1457 und 1473 *in Stanowiczich* usw., erst 1665 *Stangendorff*.[98]

Mährische Ortsnamen – Zusammenfassung

Wir sind am Ende der Durchsicht der herangezogenen Ortsnamen. In der Beurteilung kann ich mich kurzfassen: Entgegen der von W. Wann vorgebrachten und so überzeugend klingenden These, dass die Forschungen zu den „einmaligen Beziehungen zwischen

---

[90] Hosák/Šrámek II, S. 439.
[91] Hosák/Šrámek I, S. 423f.
[92] *Příspěevky k slezskému místopisu a rodopisu*, in: *Slezský sborník* 46 (1948), S. 151–152, hier: S. 152.
[93] Hosák/Šrámek II, S. 439.
[94] 1980/81, S. 82.
[95] Hosák/Šrámek II, S. 482.
[96] Vgl. die vorsichtige Argumentation bei Hosák/Šrámek II, S. 482.
[97] Wann/Scherzer, S. 34.
[98] A. Profous: *Místní jména v Čechách*, Bd. 4, Praha 1957, S. 160.

der Mährischen und der Westfälischen Pforte ein ganz neues und reichhaltiges Material an Familien-, Orts- und Flurnamen [...]" erbracht hätten,[99] muss festgehalten werden, dass die herangezogenen Ortsnamen nur in wenigen Fällen belastet werden können. Vieles steht auf tönernen Füßen oder ist mehr als fraglich.

Für eine Verbindung zum Wesergebiet sprechen folgende Namen: *Braunsberg/Brušperk*, *Brunswerde* (jeweils zum Namen Brunos von Schaumburg), *Füllstein/Fulštejn* (Adelsname aus Schaumburg), *Hochwald/Hukvaldy* (enthält den Adelsnamen *Hückeswagen* aus Westfalen) sowie die für sich sprechenden Burgennamen *Schauenstein* und *Schauenburg*.

Vor weiteren Schlussfolgerungen sollen aber zunächst die Flur- und Personennamen geprüft werden.

Trotz W. Wanns energisch vertretener Auffassung, es ließen sich auch Flurnamen als Beweis für engste Beziehungen zwischen Mähren und dem Weserbergland nachweisen, hat er selbst keinen einzigen Namen erwähnt. Da auch bei anderen Autoren entsprechendes Material nicht behandelt worden ist, kann eine Überprüfung hier nicht geleistet werden. Ob eine kritische Durchsicht mährischer Flurnamenarbeiten zu einem Erfolg führt, wage ich nicht zu beantworten. Herangezogen werden könnten z. B. zwei Abhandlungen von J. Skutil: *Místopisný slovník obcí okresu Blansko*, Blansko 1966 und *Mikrotoponymie a oronymie Drahanské vrchoviny*, Blansko 1968.

Deutsche Personennamen in Mähren

Ein anderes Bild zeigt sich bei Argumenten, die mit Hilfe von Personennamen angeführt worden sind. In diesem Bereich scheinen die Vertreter der Mähren-These mehr Erfolg zu haben. Schon im Jahre 1940 meinte F. v. Klocke im Hinblick auf die Kolonisation in Mähren:[100]

> [...] die dem Schaumburger und Mindener Weserlande entstammenden Ritter oder Rittergenossen *Rutger v. Bardeleben*, *Johann Kämmerer*, *Heinrich* und *Bruno v. Spenthofen*, *Dietrich v. Rottorf*, *Konrad v. Lachdorf*, *Johann v. Cul* und der tecklenburgische Ritterbürtige *Eberhard v. Hörstel* gehörten irgendwie zum Olmützer Gefolgschaftskreise.

Bei W. Wann heißt es daran anschließend über Bruno von Schaumburg:

> Seine ritterliche und geistige Gefolgschaft, die sich allmählich um ihn sammelte [...], stammte zwar aus dem gesamten Reich, die meisten aber kamen doch aus dem Weserbergland und waren hier insbesonders zwischen Minden und Höxter beheimatet. Dazu gehörten, um aus der reichen Fülle nur einige zu nennen, z. B. die *Bardeleben, Bose, Cul, Dassel, Emse*[101], *Fülme-Füllstein, Heimsen, Hohenbüchen, Homburg, Hörstel, Höxter, Kämmerer, Lachdorf, Landsberg, Meinsen, Romberg,*

---

[99] 1948, S. 53.
[100] 1940, S. 37.
[101] Es handelt sich in diesem Fall aber wohl um die „Brüder *Bertold*, *Gottfried* und *Heinrich von der Ems*, Söhne eines bei Rheda angesessenen Rittergeschlechtes, die 1270 Stolzmütz, nicht weit von Hotzenplotz als Vasallenbesitz durch Brunos Hand bekamen" (Klocke, S. 37).

Rottorf, Eisbergen, Spenthove, Stockvisch, vom Turm, Vrolebsen, Wertinghausen und viele andere mehr.[102]

H. Spanuth war von den Thesen überzeugt:

> Diese[s] […] beweist Wann […] vor allem durch den Nachweis der gleichen Geschlechternamen im Heimatgebiet wie im Siedlungslande[103]

und daran anschließend:

> Die stärksten Beweise […] gewinnt er […] auf rein historischem Wege. In mühsamer Arbeit hat er aus Urkunden seiner alten Heimat eine große Zahl von Bürgernamen gesammelt, die gleichzeitig in Alt-Hamelner Quellen bezeugt sind, darunter so charakteristische und wenig häufige Namen wie *Leist, Rike, Fargel, Hake, Ketteler* u. a. Diese Reihen wiegen umso schwerer, als bürgerliche Familiennamen damals erst aufkamen und überdies nur ein Bruchteil von ihnen in den stark dezimierten Urkunden der Stadt Hameln überhaupt vorkommt.[104]

Dieses letzte Argument allerdings haben R. Frenzel und M. Rumpf zurückgewiesen:[105] „Es handelt sich um in ganz Mitteldeutschland gebräuchliche Namen wie *Leist, Rike, Hake, Ketteler* – also kein Beweis."

Es bleiben somit zur Prüfung die oben von W. Wann genannten Personennamen und weitere, vor allem bei Wann/Scherzer angeführte Namen. Ich werde sie im Folgenden im Einzelnen anführen und kurz besprechen.

Den Familiennamen **Apole** glauben Wann/Scherzer, S. 33 mit dem Ortsnamen *Apelern* zusammenbringen zu können. Das ist vom sprachwissenschaftlichen Standpunkt aus gesehen unmöglich. Der Vergleich überzeugt nicht.

Das Geschlecht derer von **Bardeleben** ist im *Urkundenbuch von Hameln* gut bezeugt. W. Wann stützt sich aber vornehmlich auf eine Urkunde von 1264, zu der H. Dobbertin[106] einzusehen ist.

Eine besondere Beziehung zwischen dem Familiennamen **Bose** in Schaumburg und Mähren[107] vermag ich nicht zu entdecken.

Zu der Verbindung des Familiennamens **von dem Busche** (Schaumburg) mit mährischen Namen wurde oben schon ablehnend Stellung genommen.

Der Familienname **Cul** (Schaumburg) erscheint in der strittigen Urkunde von 1264, zu der Anm. 105 zu vergleichen ist.

Die Heranziehung des Familiennamens **Eisbergen** überzeugt mich nicht. Genauere Angaben fehlen.

Zum Namen **Emse**, der mit Schaumburg nicht zu tun hat, wurde oben schon Stellung genommen.

---

[102] 1948, S. 53.
[103] 1951, S. 121.
[104] Ebd., S. 122f.; relativ positiv dazu auch Soetemann, S. 11.
[105] 1962/63, S. 58. Vgl. auch Dobbertin 1981, S. 15.
[106] 1986, S. 40.
[107] Wann/Scherzer, S. 33.

Akzeptiert werden können die Beziehungen der Familie **Fülme-Füllstein** mit Mähren, die sich in dem oben diskutierten mährischen Burgennamen niedergeschlagen haben.

Spezielle Verbindungen zu Hameln glauben Wann/Scherzer, S. 40 in den Personennamen „*Hamel* (*Hamal*) im Boskowitzer Bezirk westlich von Olmütz", ferner in einem gewissen „*Hamelinus* aus der nach Bischof Bruno benannten Siedlung *Bruntal* (später umbenannt in Freudenthal) und vor allem ein *Haemler* in [...] Janestorph (Johannesthal, Kreis Jägerndorf)" erblicken zu können. Nichts davon lässt sich halten. Der Ort *Bruntal* ist nicht nach Bischof Bruno benannt (s. o.), der Personenname *Haemler* verrät Umlaut und damit Ableitung von dem altdeutschen Namen *Hamilo*, *Hemilo*[108], bei allen drei Namen kommt eher der *Hammel* als Übername in Betracht als der Ortsname *Hameln*.

Unstrittig ist die Herkunft derer von **Hemenhusen** aus dem Wesergebiet, die nach Olmütz und in die Nähe von Hotzenplotz ausgewandert sind,[109] auch wird man nicht bestreiten können, dass „sich mit Achilles von Heimsen [... und anderen] Bürger und Bauern aus Hameln und Umgebung in Olmütz angesiedelt haben können."[110] Und dennoch gibt es gegenüber der These, dass der Auszug über die Uckermark nach Pommern erfolgt ist, gewichtige Unterschiede, auf die noch einzugehen sein wird.

Verfehlt ist der Versuch, in dem mährischen Ortsnamen **Hombok** den Namen derer von *Hohenbüchen* (bei Alfeld/Leine) zu sehen (s. o.). Die Familie ist aber in Mähren nachweisbar und offenbar aus Südniedersachsen eingewandert. Eine spezielle Beziehung zu Hameln lässt sich allerdings nicht nachweisen.[111]

Ein Ritter mit dem Namen **Eberhard von Horstelau** erscheint in der umstrittenen Urkunde von 1264, zu der oben schon Stellung genommen wurde.

Genauere Angaben zu einem Familiennamen **Höxter** fehlen.

Die Herkunft der Familie von **Hückeswagen** (an der Wupper) ist unzweifelhaft. Über ihr Wirken in Mähren war schon oben die Rede. Eine besondere Beziehung zu Hameln besteht aber nicht.[112]

Für den Familiennamen **Kämmerer** sind besondere Beziehungen zum Wesergebiet nicht nachzuweisen.

Konrad von Lachdorf erscheint in der strittigen Urkunde von 1264 und war wahrscheinlich Bürger von Minden.[113]

Das Geschlecht von **Landisbergen** ist an Weser bei Leese und Estorf beheimatet; Hameln liegt weit ab.[114]

Beziehungen zwischen Hameln und Mähren spiegeln sich dagegen in dem Namen des Ritters *Tethardus* **Lothe** wider.[115]

Den Namen des Ortes **Meinsen** bei Minden trägt offenbar *Herbordus de Meynhusen*, „der [...] beim schlesischen Kloster Heinrichau begütert war."[116] Aber auch dieser Ort liegt von Hameln weiter entfernt.

---

[108] S. E. Förstemann: *Altdeutsches Namenbuch*, Bd. 1: *Personennamen*, 2. Aufl., Bonn 1900, S. 744. Vgl. auch M. Gottschald: *Deutsche Namenkunde*, 5. Aufl., Berlin – New York 1982, S. 234.
[109] Vgl. Dobbertin 1958, S. 57; Klocke, S. 37.
[110] Dobbertin 1955, S. 4.
[111] Ebd., S. 2.
[112] Vgl. Dobbertin, Hildesheimer, S. 40.
[113] Ebd.
[114] Ebd., S. 38.
[115] Dobbertin 1955, S. 4.

Auf die Umgebung von Rinteln verweist der von Wann herangezogene Familienname **Rottorpe**, nämlich auf die Wüstung *Rottorf* östlich von Rinteln.[117] Allerdings handelt es sich erneut um einen Beleg der umstrittenen Urkunde von 1264.

Die unzweifelhaft vorhandenen Beziehungen zwischen Schaumburg und Mähren schlugen sich auch darin nieder, dass **Nikolaus von Schaumburg** 1263 von Bruno ein Lehen zu Choryn bei Wallachisch-Meseritz erhielt.[118]

Nicht ganz so sicher sind die Beziehungen der in Mähren genannten **von Spenthove**.[119]

Für spezielle Verbindungen zu Hameln nahmen W. Wann und W. Scherzer den Familiennamen **Stockvisch** in Anspruch.[120] H. Dobbertin hat jedoch mit Recht darauf verwiesen,[121] dass ein Ritter namens *Stocvisch* 1283 in Diensten der Grafen von Schwerin gestanden hat. Auch zu diesem Gebiet hat Mähren unzweifelhaft Beziehungen unterhalten.

Besser steht es um den 1256 genannten **Helmbert de Turri**, einen Getreuen Brunos, „der vom Turmhofamt bei Möllenbeck abstammte."[122]

Das betrifft auch einen „nicht genauer bezeichneten Beamten Brunos: Johann **Vrolenwezen** oder *Frolebsen* aus der Gegend von Hameln, der 1273 mit 10 Hufen zu Katscher bei Troppau belehnt wurde."[123] H. Dobbertin meint zwar, dass es sicherlich nicht zutreffe, dass „dieser Knappe *Johannes Vrolewezensis* (1273) nach der Wüstung *Frolibeshusen* südlich Hameln benannt sei"[124], aber er nennt nur die aus der Wende des 8. bis 9. Jahrhunderts stammende Belegform der Fuldaer Tradition *Frolibeshusen*, während Formen des 14. Jahrhunderts wie die um 1350 belegte Variante *in Vrolevessen*[125], 1365 *Vrolevessen*[126] und auch spätere Belege wie z. B. 1534 *im Frolevser Feld*[127] doch eindeutig für eine Verbindung des Familiennamens mit der Wüstung bei Hagenohsen sprechen.

Verfehlt ist allerdings die Annahme von W. Wann und W. Scherzer[128], mit der Person **Hermann von Wertinghausen** (seit 1273 Erbvogt in Müglitz, 32 km von Olmütz entfernt) ließen sich spezielle Verbindungen mit Hameln als „Angehöriger eines in Hameln vielgenannten Geschlechtes" herstellen.[129] vgl. die ausführlichen Gegenargumente von H. Dobbertin.[130]

---

[116] Ebd., S. 43; vgl. auch Klocke, S. 38.
[117] Vgl. Laur 1993, S. 73.
[118] Klocke, S. 36.
[119] Man vgl. Dobbertin, Hildesheimer, S. 40f.
[120] Wann/Scherzer, S. 39.
[121] Dobbertin 1955, S. 3f.
[122] Wann/Scherzer, S. 36; Klocke, S. 34; vgl. auch Dobbertin, Hildesheimer, S. 42f.
[123] Klocke, S. 36f.
[124] 1986, S. 38.
[125] P. Wigand: *Das älteste Corveysche Lehnsregister*, in: *Archiv für Geschichte und Altertumskunde Westfalens* 7 (1838), S. 293–308, hier: S. 299.
[126] Dürre, S. 114.
[127] H. Berner: *Das Amt Ohsen*, Göttingen 1954, S. 35.
[128] Die auf Klocke, S. 37 zurückgeht.
[129] Wann/Scherzer, S. 39.
[130] Dobbertin 1955, S. 2; 1986, S. 43f.

Mährische Personennamen - Auswertung

Damit sind wir am Ende der Betrachtung derjenigen Argumente angekommen, denen Personennamen als Basis zugrunde gelegt wird. Wir konnten einige nicht als Beweis für enge Beziehungen zwischen Mähren und Hameln (oder der näheren Umgebung) akzeptieren, aber einige Gleichungen sind sicher und nicht zu erschüttern. Wer sich jedoch in namenkundlichen Arbeiten auskennt, weiß, dass bei der Diskussion von strittigen Beziehungen die Flexibilität von Personen gegenüber der Beharrung von Ortsnamen eine geringere Aussagekraft besitzt. Natürlich kann es keinen Zweifel daran geben, dass es Kontakte zwischen dem Weserbergland und Mähren gegeben hat. Es fragt sich nur, ob es nicht einen anderen Bereich gegeben hat, der zu Hameln und seiner Umgebung engere, festere und (das ist angesichts der mutmaßlichen Datierung des „Auszugs der Hamelner Kinder" nicht unwichtig) auch nach dem Ende der Tätigkeit von Bruno von Schaumburg andauernde Beziehungen unterhalten hat.

Ich übergehe den Glauben von W. Wann und W. Scherzer daran, dass zu unserer Frage Vornamen etwas beitragen könnten („Vornamen wie etwa *Balduin*, *Christian*, *Ewerhard*, *Henning*, *Herbord*, *Lambert*, *Mauriz*, *Steven*, *Tilman*, *Witigo* weisen nach Niedersachsen"[131]), da das zu dünnes Eis ist, um darauf etwas zu bauen, und komme zu einer zusammenfassenden Wertung der Thesen von W. Wann.

Kritik der Mähren-Theorie

Wie schon mehrfach angesprochen, meinte Wann, dass die

> Forschungen der letzten Jahre, insbesondere in den mährischen Archiven, [...] zu diesen einmaligen Beziehungen zwischen der Mährischen und der Westfälischen Pforte ein ganz neues und reichhaltiges Material an Familien-, Orts- und Flurnamen, an Wappen, rechtshistorischen und volkskundlichen Denkmalen [erbrachten].[132]

Seine Thesen gipfeln in der Behauptung, dass diese Beziehungen „gleichzeitig einen Bestandteil innerhalb eines komplizierten Beweissystems, mit dem der endgültige Verbleib der Hämelschen Kinder präzise dokumentiert aufgezeigt werden kann, [bilden]."[133] Darin stimmte ihm W. Scherzer zu, wenn er in dem Vorwort zur Neuausgabe 1984 meinte: „Die von ihm [W. Wann, J. U.] nach Niedersachsen und Hameln weisenden Belege sind zahlreich und bei weitem reichhaltiger als die Unterlagen früherer Deutungsversuche zur Rattenfängersage".[134] Dass diese Auffassung nicht zu halten ist, werden wir bei einem Vergleich der Orts- und Personennamen des Wesergebietes mit denen der deutschen Ostsiedlung noch sehen.

Jedoch sind die Auffassungen von W. Wann und W. Scherzer auch bereits von anderer Seite nachhaltig kritisiert worden:

---

[131] Wann/Scherzer, S. 34.
[132] Wann 1948, S. 53.
[133] Ebd.
[134] Wann/Scherzer, S. 10.

Die von Wann gebrachten Namen überzeugen nicht. Es sind Namen, wie sie in Mittel- und Norddeutschland üblich sind. Überdies wäre auch eine genaue Ableitung der Namen und der Heimat der Träger keineswegs ein stichhaltiger Beweis dafür, daß diese Namensträger unbedingt den Rattenfängerzug mitgemacht hätten.[135]

Nachdenklich stimmt auch die folgende Bemerkung von A. Cammann:[136]

> Im mährischen Urkundenbuch ist nach Dobbertin keine Hamelner Bürgerfamilie des 13. Jahrhunderts genannt, niemand von den *Werengisi*, *Gruelhut*, *Lotho*, *von Wenge* u. a. m. Dagegen sind sie in Pommern und an der Heerstraße Hameln-Magdeburg-Stettin-Kolberg häufig nachzuweisen.

In dieselbe Richtung geht die knappe Bemerkung von H. Dobbertin: „Hamelner Patriziernamen des 13. Jahrhunderts hat *Wann* in oder bei Olmütz nicht nachgewiesen."[137] Ebenso bedeutsam sind die Anmerkungen von R. Frenzel und M. Rumpf:[138]

> Wann behauptet, es habe sich um die niederen Schichten der Bevölkerung gehandelt. Dazu wäre zu sagen: Diese Bevölkerungsschichten hatten im 13. Jahrhundert noch keine Familiennamen. Die bürgerlichen Familiennamen bildeten sich damals erst langsam beim Patriziat heraus.

Dass die niederen Schichten gerade keinen Anteil an der Siedlung in Mähren hatten, hat auch – vielfach unbemerkt – der so gern von W. Wann und W. Scherzer herangezogene F. v. Klocke Jahrzehnte vorher bemerkt:

> So wird durch günstige Urkundenüberlieferung für das Schaumburg-Olmützer Kolonisationsbemühen einmal der westfälische Ritteranteil am Ostunternehmen […] nach Umfang und Bedeutung klar erkennbar […] <u>Hingegen bleibt der Anteil westfälischer Bauern an der Schaumburger Siedlung in Mähren viel unklarer als der in Holstein</u>"[139] [Unterstreichung von mir, J. U.].

Hinzu kommt, dass das mit der Rattenfängersage zusammenhängende Ereignis zeitlich später als die mährische Kolonisation schaumburgischer Adeliger anzusetzen ist. Das unterstrich – ganz unabhängig von der Rattenfängersage – der von W. Wann und W. Scherzer gern zitierte F. v. Klocke: „Daß der ländliche Siedlungsbereich in Mähren nach Brunos Tod noch nennenswerten Nachschub aus Westfalen erhielt, läßt sich nicht annehmen."[140] Ein halbes Jahrhundert später führte G. Schnath diese Tatsache als für ihn wichtigstes Argument gegen die Mährenthese an: „Anläßlich des 61. Niedersachsentages in

---

[135] Woeller 1961, S. 188; vgl. auch dies. 1956/57, S. 138.
[136] 1957, S. 69.
[137] Dobbertin 1957/58, S. 144.
[138] 1962/63, S. 58.
[139] 1940, S. 38.
[140] Ebd., S. 44.

Hameln 1980 [lehnte ...] Schnath [...] Wanns Auslegung ab, weil die Besiedlung des Bistums Olmütz schon 1240/50 stattgefunden habe."[141]

Bischof Bruno starb 1281. Der Einfluss aus dem Wesergebiet ließ rapide nach. W. Wanns Behauptung, im 13. Jahrhundert habe

> von den [...] zur engeren Wahl stehenden fünf Ländern: Neumark, Brandenburg, Oberschlesien, Westgalizien, Nordmähren und Oberungarn [...] letztlich nur eine einzige Landschaft [...] zur fraglichen Zeit nachweisbar enge und in ihrer Art auffallende Kolonisationsbeziehungen zumindestens zur unmittelbaren Hamelner Nachbarschaft unterhalten [...]: das einen Bestandteil Alt-Mährens bildende Olmützer Bischofsland[142],

ist falsch und entschieden zurückzuweisen. Sie berücksichtigt nicht die entscheidende Bedeutung der Schlacht bei Bornhöved (1227). Die Niederlage des dänischen Königs führte zum Zusammenbruch der dänischen Vormachtstellung und zum Aufstieg des deutschen Ostseehandels. Die Barrieren für die deutsche Ostsiedlung, vor allem in die ostseenahen Länder Mecklenburg, Pommern, Ostpreußen und in das Baltikum, waren durchbrochen. Dieses sollte sich auch in den Orts- und Flurnamen dieser Gebiete niederschlagen und ist deshalb von erheblicher Bedeutung, weil für W. Wann die aus dem Namenmaterial erarbeiteten Parallelen die <u>entscheidenden Argumente</u> für Mähren als Ziel des „Rattenfängerauszuges" darstellen. Diese Tatsache sind auch von Kritikern der Wannschen These nicht immer genügend beobachtet worden.

Die Gegenposition: Pommern und benachbarte Gebiete

Wir hatten bereits gesehen, dass W. Wann auf onomastischem Gebiet entscheidende und schwerwiegende Fehler unterlaufen sind. Von seinem Material bleibt nur im Bereich der Personennamen Belastbares übrig. Ganz anders sieht es dagegen bei einem Vergleich der Namen des Weserberglandes und dessen Umgebung mit denen Pommerns, der Uckermark und weiterer Ziele der deutschen Ostkolonisation aus. Dazu soll jetzt übergegangen werden.

Es darf schon hier bemerkt werden, dass ich im Wesentlichen mit der Meinung von H. Dobbertin übereinstimme, der in zahlreichen Beiträgen[143] den Nachweis zu erbringen versuchte, dass die Beziehungen des Hamelner Raumes mit denen Pommerns und den angrenzenden Gebieten viel enger als mit denen Mährens waren. Es wird allerdings auch darauf verwiesen werden müssen, dass ihm – ebenso wie W. Wann – bei der Behandlung der Orts- und Personennamen schlimme Fehler unterlaufen sind.

Die mit der deutschen Ostsiedlung verbundenen Aspekte sind vielfach behandelt worden. Ich werde darauf nur am Rande eingehen und nur insoweit, wie sie für das Weserbergland und den Hamelner Raum von Bedeutung sind. Hinweise dazu fand ich vor allem in den Beiträgen von C. Krollmann (1912), F. Bertheau (1915), E. Weise (1956), F. Morré

---

[141] Soetemann, S. 15.
[142] Wann 1949, S. 49f.
[143] Vgl. die in der Literaturliste verzeichneten Beiträge.

Morré (1942), W. Kuhn (1955/57) und in dem Sammelband *Die deutsche Ostsiedlung des Mittelalters als Problem der europäischen Geschichte*.[144]

Ortsnamen

Uns soll im Folgenden nur der namenkundliche Aspekt beschäftigen, vor allem die Frage, ob die nach Osten wandernden Siedler durch mitgenommene Namen etwas zu ihrer Herkunft aussagen können. An erster Stelle stehen dabei die Ortsnamen.

Durch die fortschreitende Bearbeitung der mitteldeutschen Namen sind die Vergleichsmöglichkeiten in der letzten Zeit erheblich besser geworden. Nicht zuletzt durch die Arbeiten am Brandenburgischen Namenbuch[145] ist die Basis für Vergleiche zwischen westdeutschen und mitteldeutschen Namen erheblich verbessert worden. Dabei haben sich die Autoren auch den Namenübertragungen zugewandt; jeder Band des Brandenburgischen Namenbuchs enthält einen Abschnitt, in dem mutmaßliche Namenentsprechungen diskutiert werden.

Nach diesen einleitenden Bemerkungen soll zu einzelnen Ortsnamen, die im Zusammenhang mit der deutschen Ostsiedlung als Übertragungen diskutiert worden sind und Hinweise auf die Herkunft der Siedler geben könnten, übergegangen werden.

1) *Altfelde* bei Marienburg. H. Dobbertin vermutete,[146] „daß der Vogt *Johann von Alfeld* 1283 in Masuren als Vasall des *Grafen Nikolaus von Spiegelberg* verschollen ist', auch mit weiteren genealogischen Perspektiven, z. B. auf Gründung des Dorfes *Altfelde* bei Marienburg". Diese Gleichsetzung ist in jeder Hinsicht verfehlt, sowohl hinsichtlich des ON *Alfeld* (Leine), der mit ndt. *old* 'alt' nichts zu tun hat, wie auch des ON *Alt(en)feld(e)* bei Marienburg, heute polnisch *Stare Pole*, 1330 *Aldenvelt*, 1398 *Aldefeld*, 1565 *Althfelth alias Stare Pole* usw.[147] Schon an diesem einen Beispiel kann man sehen, dass auch den Gegnern der Mähren-These W. Wanns auf namenkundlichem Sektor grundlegende Kenntnisse fehlen.

2) *Altschaumburg* an der Oder (nördlisch von Küstrin), 1460 *Schawenborch*, heute polnisch *Szumiłowo*, ist von H. Dobbertin zunächst[148] als „nach den beiden gleichnamigen Grafenfamilien des Weserberglandes benannt" aufgefasst worden. Später präzisierte er diese Angabe und sah in dem Ortsnamen einen Bezug auf die Brandenburger Markgräfin *Heilwigis von Schaumburg-Holstein*[149]. In jedem Fall ist seine Be-

---

[144] *Reichenau Vorträge 1970–1972*, hg. von W. Schlesinger, Sigmaringen 1975.
[145] R. E. Fischer: *Die Ortsnamen der Zauche*, Berlin 1965; ders.: *Die Ortsnamen des Kreises Belzig*, Weimar 1970; G. Schlimpert: *Die Ortsnamen des Teltow*, Weimar 1972; R. E. Fischer: *Die Ortsnamen des Havellandes*, Weimar 1976; G. Schlimpert: *Die Ortsnamen des Barnim*, Weimar 1984; S. Wauer: *Die Ortsnamen der Prignitz*, Weimar 1989; G. Schlimpert: *Die Ortsnamen des Kreises Jüterbog-Luckenwalde*, Weimar 1991; C. Willich: *Die Ortsnamen des Landes Lebus*, Weimar 1994; S.Wauer: *Die Ortsnamen der Uckermark*, Weimar 1996.
[146] Brieflich an A. Cammann, vgl. Cammann 1984, S. 48.
[147] Vgl. die ausführliche Darstellung des Namens bei Górnowicz, S. 29 sowie Czopek-Kopciuch, S. 146.
[148] 1957/58, S. 145.
[149] Dobbertin 1981, S. 19.

merkung wichtig, dass der Name nicht beweise, dass „die Grafen von Schaumburg-Holstein einseitig die Olmützer Kolonisation unterstützt haben."[150]

3) Verschiedentlich ist vermutet worden, dass der nahe bei Hindenburg (zu diesem Namen s. u.) in der Uckermark liegende ON **Baßdorf** von Lippe übertragen worden sei.[151] Dabei ist aber der westfälische Vergleichsname nicht genannt worden, ich vermute, dass man an *Basdorf*, eine Wüstung bei Minden, oder an *Basdorf* bei Korbach (Hessen-Waldeck) gedacht hat. In jedem Fall muss der Vergleich aufgegeben werden, da die alten Belege für *Baßdorf* (Uckermark) 1335 *Bartoldesdorp*, 1375 *Bartilsdorp*, 1486 *Berstorff*, 1527 *Bergestroff* usw., um 1720 *Barsdorff*[152], eindeutig auf Ableitung von einem stark flektierenden Personennamen *Barthold* weisen,[153] während die beiden westdeutschen Toponyme ganz anderer, z. T. noch ungeklärter Herkunft sind: *Basdorf* bei Korbach in Waldeck ist nach dem *Westfälischen Urkundenbuch*, den Zusammenstellungen bei Erhard, Regesta Historiae Westfaliae und anderen Quellen alt nur überliefert als *Barstorp*, *Borstorp*. Eine Ableitung von *Berthold*, *Barthold* liegt keineswegs vor. Die ältesten Belege für die Wüstung *Bastorpe* bei Minden am Bach *Bastau* sind 1181 *Bastorpe*, ca. 1191 *Basthorpe*[154], worin E. Förstemann[155] vielleicht mit Recht eine Ableitung von dt. *Bast* sieht. Die Verbindung mit dem Osten ist m. E. nicht überzeugend.

4) In dem ON **Beweringen**, heute poln. *Bobrowniki* (Stargard), einem ON bei Marienfließ, poln. Marionowo (östlich von Stargard), sieht H. Dobbertin[156] mit Recht eine Übertragung von *Beweringen* bei Pritzwalk und weiter von *Beverungen* an der Weser. Jüngere Untersuchungen bestätigen diese Auffassung nachhaltig. So hat S. Wauer den ON *Beweringen* bei Pritzwalk behandelt und ihn aufgrund der alten Belege 1368 *Beueringhe*, 1376 *in Beueringen* usw. als Übertragung von *Beverungen* an der Bever bei Höxter angesprochen. Wichtig ist ihre Bemerkung, dass keine Bildung „PN. *Bever* ‚Biber' + *-ingen*" vorliegen kann, „da zur Zeit der mittelalterlichen deutschen Ostsiedlung Namen mit dem Suffix *-ingen* nicht mehr gebildet wurden."[157] Zum ON *Beverungen* an der Weser, 826–76 *Beuerungen*, am Rand: *Beuerungen*, 1155 *de curia Beueringen*, (1162) *de curia Beveringen*, (1205-16) *Heinricus de Beveringen*, (1223–54) *Conradus de Beverunge*, 1238 (K.) *Conrado de Beverungen*, 1252 *Conradus de Beuerungen*, 1252 *Conradus de Beuerunge*, 1256 *dictus de Beuerungen*, 1300 (oder 1306) (A.) *in Beverungen*, 1266 *Bertoldus de Beverungen*, 1262 *miles de Beverungen*, 1283 *villa Beuerungen*, (vor 1284) *in inferiori Beverungen* (Nieder-Beverungen), 1284 *in minori Beverungen* (Nieder-Beverungen), 1399 *an Beverungen*[158], einer hochaltertümlichen Ableitung zum Flussnamen *Bever*, habe ich an anderem Ort Stellung ge-

---

[150] Dobbertin 1955, S. 47.
[151] Enders 1992, S. 50.
[152] Enders 1986, S. 48.
[153] So auch mit Recht von Enders 1992, S. 48 angenommen.
[154] Regesta Historiae Westfaliae Nr. 420; UB Hameln 1, Nr. 8.
[155] E. Förstemann: *Altdeutsches Namenbuch*, Bd. 2: *Orts- und sonstige geographische Namen*, l. Hälfte A–K, hg. von H. Jellinghaus, Bonn 1916, S. 372.
[156] 1959, S. 146f.
[157] Wauer 1989, S. 61.
[158] Regesta Historiae Westfaliae, S. 47, 80; Westfäl. UB 4, S. 16, 82, 181, 302, 369, 470, 539, 818, 835, 836; Sudendorf, Bd. 8, S. 348.

nommen.¹⁵⁹ Anders jetzt aber zu dem Ortsnamen K. Casemir/U. Ohainski, WOB 9, S. 51. Dass der Ortsname nach Osten hin übertragen worden ist, bleibt allerdings davon umberührt. Der Wechsel zwischen -ing- und -ung- ist häufiger zu beobachten; man kann im allgemeinen eine Entwicklung von -ung- > -ing- feststellen. Die Beobachtung von S. Wauer ist deshalb so bedeutsam, weil es sich bei den Namen in der Prignitz und in Pommern aufgrund des nicht mehr produktiven Suffixes nur um eine Namenübertragung handeln kann und nicht um Schöpfungen aus dem lebendigen Wortschatz.

5) Dem Vorschlag von L. Enders,¹⁶⁰ in der Namenparallelität **Bischofshagen**, Wüstung bei Greiffenberg (Uckermark) – *Bischofshagen* (bei Löhne in Westfalen) eine Übertragung aus dem Westen zu sehen, ist S. Wauer gefolgt.¹⁶¹ *Bischofshagen* bei Greiffenberg ist wie folgt belegt: 1375 *Byscoppeshaghen*, 1416 *to Byschopshagen*, 1481 *zu Bischofshagen*, 1498 *zu pischoffeshagen* usw.,¹⁶² für *Bischofshagen* in Westfalen vgl. die ausführliche Behandlung durch B. Meineke, WOB 4, S. 54f. Zu weiteren *-hagen*-Ortsnamen wird weiter unten noch Stellung genommen.

6) Bei jedem Namen ist sorgfältig zu prüfen, ob die Verbindungen korrekt sind. Nach S. Wauer ist der Versuch von L. Enders,¹⁶³ den uckermärkischen ON **Boisterfelde** („bis ins 19. Jahrhundert hinein „Biesterfelde" gesprochen [...]"), auf *Biesterfeld* in Westfalen (südlich von Lügde bei Bad Pyrmont) zurückzuführen, abzulehnen, denn dieser „kann nicht auf *Biesterfeld*/Westfalen zurückgehen, da dieser Ort weit jünger ist."¹⁶⁴ Für sich genommen ist das richtig, aber offenbar sind die Verhältnisse bei dem westfälischen Namen etwas komplizierter.¹⁶⁵ Klar dürfte sein, dass der uckermärkische Name auf altes *Bi(e)sterfeld* zurückgeht: 1375 *Bistervelt*, 1528 *Biestenfeldt*, 1629 *Biesterfeldt* (FlurN).¹⁶⁶

7) Auf Beziehungen zwischen Bischof Bruno und Ostpreußen weisen Wann/Scherzer selbst hin: Dessen Teilnahme an einem Feldzug „scheint mit der Benennung der wohl 1254 gegründeten Stadt **Braunsberg (Brunsberg)** im preußischen Ermland honoriert worden zu sein."¹⁶⁷ Allerdings ist diese weit verbreitete Annahme mit einem kleinen Fragezeichen zu versehen: *Braunsberg*, heute poln. *Braniewo*, ist bereits 1249 in der Form *Brusebergue* überliefert, erscheint zwar 1254 als *Brunsberg*, dann aber (1274–75) wieder etwas abweichend als *Brunenberch*, und gewinnt erst später Stabilität in den Formen *Brunsberg*, *Braunsberg*.¹⁶⁸ Der Ortsname wird ausführlich in dem Sammelband *Nazwy miejscowe Polski*, Bd. 1, Kraków 1996, S. 331 behandelt und überzeugend mit dem Namen des Missionars Brun von Querfurt verbunden.

8) Auf Beziehungen zur Weser weist aber der ON **Dahlhausen** bei Pritzwalk in der Prignitz hin. Seine historischen Belege (der Name wird ausführlich in WOB 9, S. 96f. be-

---

¹⁵⁹ J. Udolph: *Namenkundliche Studien zum Germanenproblem*, Berlin – New York 1994, S. 155.
¹⁶⁰ 1992, S. 50.
¹⁶¹ 1996, S. 68.
¹⁶² Ebd., vgl. auch Enders 1986, S. 86.
¹⁶³ 1992, S. 50; vgl. auch dies. 1987, S. 85.
¹⁶⁴ Wauer 1996.
¹⁶⁵ Vgl. WOB 2, S. 77f.
¹⁶⁶ Wauer 1996, S. 72.
¹⁶⁷ Wann/Scherzer, S. 23f.
¹⁶⁸ Rospond 1984, S. 37; Rymut, S. 41.

handelt) stützen die von S. Wauer[169] angenommene Übertragung von *Dalhausen* bei Beverungen an der Weser, 9.–11. Jh. (auch K. 1479) *Daelhusen*. Nicht zuletzt die Nähe zu *Beverungen* bzw. *Beveringen* bei Pritzwalk spricht nach ihrer Ansicht für diese Auffassung.

9) Ähnlich verhält es sich mit dem ON **Eberstein** bei Naugard, heute poln. *Wojcieszyn*. Es handelt sich zweifelsfrei um eine Übertragung, die auf Burg, Herrschaft und Familie *(von) Everstein* bei Holzminden zurückgeht (zu diesem Ortsnamen s. die ausführliche Behandlung in NOB VI, S. 83ff.). Ausführlich hat sich dazu und zu den intensiven Verbindungen der Familie mit Pommern H. Dobbertin geäußert,[170] man vergleiche auch die Ausführungen von A. Hofmeister.[171]

10) Dass man seine Phantasie auch gelegentlich zügeln muss, zeigt der ON **Fanger**, jetzt poln. *Węgorza*, bei Naugard, 1461 *Vanger*. Dass diesem ON slavisch *vǫgorь 'Aal' zugrunde liegt, hätte schon ein Blick in die wirklich nicht unbekannten Arbeiten von R. Trautmann[172] gezeigt; auch für H. Dobbertin[173] ist dieses ein „zweifellos slavischer Ortsname". Dennoch hat auch er damit spekuliert, dieser Name könne in Verbindung mit den benachbarten *Pipenborg* und *Roden Vehr* zur Namenbildung und Vorstellung von einem 'Rattenfänger' und 'Piper'/Pfeifer beigetragen haben.[174] Noch weiter ging A. Cammann mit der Vermutung, ob sich nicht „aus dem Herrschaftsnamen *Roden Vehr – Fanger* der Beiname *Rattenfänger* [hätte] bilden können für jenen Nikolaus [...]? Das sind gewagte Thesen, aber des Nachdenkens wert"[175]. Diese Spekulationen führen viel zu weit, selbst wenn man zugestehen muss, dass die hier angesprochene Gegend von Hameln aus besiedelt worden ist.[176]

11) Fraglich ist auch die Ansicht von H. Dobbertin,[177] der Name der Familie *von Mansfeld*-**Friedeberg** (*Vredeberch*, *Vriberch*) lebe angeblich in etlichen Ortsnamen der Neumark, Schlesiens und Mährens fort, so in 1. *Friedeberg*, poln. *Strzelce Krajeńskie* (in der Nähe auch *Mansfelde*, heute poln. *Lipie Góry*, also wahrscheinlich übertragen von *Mansfeld*), nahe der Netzemündung, 1272 *(Strzelecz)*, 1334 *Vredebreg*, 1433 *Strzelcze*, 1440 *Strzelce*[178], 2. in *Friedeberg*, heute poln. *Mirsk*, bei Grünberg, 1337 *Fridberge*, 1346 *Frideberg*, 1687 *Fridberg*[179], 3. in *Hohenfriedeberg* bei Striegau, heute poln. *Dobromierz*, 1565 *Hochfridberg* usw.[180], 4. in *Friedeberg* am Altvatergebirge, tschech. *Frýdberk*, heute *Žulová*, 1325 *Vredberg*, 1348 *castrum Vredberg* usw.[181] und schließ-

---

[169] 1989, S. 79.
[170] 1959, S. 145f.; 1955, S. 47ff., 54; 1981, S. 19; 1962, S. 40f.; 1986, S. 268; 1957/58, S. 145; 1957.
[171] A. Hofmeister: *Zur Genealogie und Geschichte der Grafen von Everstein in Pommern*, in: *Monatsblätter der Gesellschaft für pommersche Geschichte und Altertumskunde* 51 (1937), S. 17–28.
[172] 1949, S. 61; 1950, S. 159.
[173] 1958, S. 54.
[174] H. Dobbertin: *Die Diözese Hildesheim in Vergangenheit und Gegenwart* 43 (1975), S. 63.
[175] 1957, S. 73.
[176] Dobbertin 1985, S. 90.
[177] 1981, S. 19; 1959, S. 133f.
[178] Rospond 1984, S. 372.
[179] Rymut, S. 153.
[180] *Słownik etymologiczny nazw geograficznych Śląska*, Bd. 2, Warszawa – Wrocław 1985, S. 119.
[181] Hosák/Šrámek I, S. 222f.

lich 5. in *Frideberch*, tschech. *Místek* bei Mährisch Ostrau, 1267 *Frideberch*, 1288 *Vridberg* usw.[182]

Eine Überprüfung der einschlägigen onomastischen Literatur (S. Rospond, K. Rymut, Hosák/Šrámek) zeigt, dass die genannten Namen kaum anders als typische „Gründungsnamen" mittelalterlicher Städte[183] aufgefasst werden können und zu dt. *Friede* und *Berg* bzw. *Burg* gehören. Damit wird in diesem Fall – unbeabsichtigt – die Möglichkeit einer Verbindung zwischen dem Mansfeldischen und Nordmähren, die W. Wann und W. Scherzer vielleicht nicht unwillkommen gewesen wäre, höchst unwahrscheinlich.

12) Ebenfalls zurückzuweisen ist die von L. Enders[184] vermutete Beziehung zwischen **Fürstenau** in Westfalen und *Fürstenau* in der Uckermark, man vergleiche die Kritik von S. Wauer.[185]

13) Ganz anders steht es mit den *-hagen*-Ortsnamen, deren besondere Problematik in Verbindung mit dem Hägerrecht hier gar nicht diskutiert werden soll.[186] Wichtig sind hier nur Verbindungen zwischen *-hagen*-Namen. So betonten W. Wann und W. Scherzer,[187] dass *Wüstenhagen* im Olmützer Gebiet besonders an die „in der Grafschaft Schaumburg zahlreichen *-hagen*-Siedlungen – ehemalige Rodungssiedlungen – […]" erinnere.

Setzt man dem die Verhältnisse in Brandenburg, Pommern, der Neumark und weiteren durch die deutsche Ostsiedlung erreichten Territorien gegenüber, so zeigen einige Zitate den bedeutend größeren Umfang:

> Fast ganz auf das pommersche Uckerland beschränkte sich bei der Namenbildung die Verwendung des Grundwortes *-hagen*. Es verweist auf westfälischen Siedlungseinfluß, der von Schaumburg-Lippe ausgehend über Mecklenburg und Pommern anhand zahlreicher Namenbelege erkennbar und unter pommerscher Herrschaft bis in die Uckermark gelenkt worden ist[188],

> Planmäßige Hagensiedlungen entstanden, von Schaumburg-Lippe ausgehend, in Mecklenburg und Pommern, vorwiegend an der Ostseeküste und am Oderhaff, doch auch im Binnenland, vornehmlich auf dem Territorium der Fürsten von Werle-Güstrow, in einem breiten Landstreifen zwischen Müritz- und Kummerow-See bis zur Tollense hin. Die unter pommerscher Herrschaft bis 1250 im Uckerland vollzogene Gründung der *Hagen*-Dörfer kann nicht isoliert von diesem Trend geschehen sein, zumal die Siedler zu einem Teil aus dem westfälischen Hagen-Gebiet stammten[189].

---

[182] Ebd. II, S. 78f.
[183] Dazu vgl. C. Stühler: Die „Gründungsnamen" der mittelalterlichen Klöster, Burgen und Städte in Hessen, Frankfurt/Main 1988, speziell S. 82ff.
[184] 1987, S. 85.
[185] 1996, S. 106f.
[186] Hinzuweisen ist in diesem Zusammenhang auf die Göttinger Magisterarbeit von T. Dahms: *Untersuchungen zu den Hagen-Orten im Harzvorland*, 1995.
[187] 1984, S. 28.
[188] Enders 1992, S. 52.
[189] Dies. 1987, S. 87.

Speziell zur Uckermark bemerkt S. Wauer[190]: „Das im nördl. Teil der Uckermark häufig vertretene GW steht mit dem Siedlungszug von Westfalen nach Mecklenburg und Pommern in Verbindung."

Eines der Ausgangsgebiete hat jüngst W. Laur namenkundlich bearbeitet[191] und zur Verbreitung ähnliche Schlussfolgerungen gezogen: „Die ersten Erwähnungen von -*hagen*-Namen finden wir in Westfalen [...]. Von hier aus haben sie sich wohl mit den Schaumburgern nach Schleswig-Holstein verbreitet und vom östlichen Niedersachsen weiter nach Nordosten."[192] Man vergleiche dazu auch die Ausführungen von R. Weiß[193] und F. Engel[194].

Ich denke, dass diese Bemerkungen ausreichen, um die intensiven Kontakte des Wesergebietes mit dem Nordosten deutlich zu machen. Spärliche Spuren nach Mähren können das nicht ausgleichen.

14) Hameln und dessen engere und weitere Umgebung stand bei den bisherigen Namenparallelen schon des Öfteren zur Debatte. Dass sich dieses in der Diskussion um die Beziehungen des Mutterlandes mit den ostdeutschen Kolonisationsgebieten gut einpassen lässt, machen einige Zitate deutlich. Dem zwanzig Kilometer entfernten Kloster Wülfinghausen schenkt 1250 der Herzog Barnim von Pommern seine Kirche in Pyritz (südlich von Stargard). „Der Geleitbrief des Erzbischofs von Magdeburg zeigt, daß Vertreter des Klosters in der betreffenden Zeit im Osten unterwegs waren, um Stiftungen zu erhalten [...]"[195]. Die ungewöhnliche Beziehung blieb in den historischen Quellen ohne Folgenotizen, aber der Vorfall als solcher ist schon bemerkenswert. Für die nördliche Uckermark unterstreicht L. Enders,[196] dass sie „von Norden und Nordwesten her aus dem holsteinisch-mecklenburgischen und westfälisch-niedersächsischen Raum beeinflußt" ist[197]. Schon seit 1158 holte „Erzbischof Wichmann von Magdeburg [...] Kolonisten, unter anderm aus Flandern und Westfalen, in seine ostelbischen Besitzungen."[198]

In dieses Umfeld gehört wohl eine der auffälligsten Namenparallelen zwischen dem Hamelner Gebiet und dem Nordosten: die Verbindung zwischen *Hamelspringe* im Kreis Hameln-Pyrmont und *Hammelspring* in der Uckermark.

Hamelspringe am Süntel westlich von Bad Münder erscheint seit 1163 mit geringen Schwankungen als *Hamelspring*, in Verbindung mit Personennamen als *Hamelspringe* und *Hamelsprynghe*.[199] Die Deutung des Namens ist einfach: Hier entspringt die *Hamel*, die später bei Hameln in die Weser mündet. Dieser durchsichtige

---

[190] 1996, S. 329.
[191] Laur 1993, S. 93–100.
[192] Ebd., S. 94.
[193] *Über die großen Kolonistendörfer des zwölften und dreizehnten Jahrhunderts zwischen Leine und Weser („Hagendörfer")*, in: Zeitschrift des Historischen Vereins für Niedersachsen 1908, S. 147–174.
[194] *Das Rodungsrecht der Hagensiedlungen*, Hildesheim 1949.
[195] Klost. Wülf. UB, S. 3 [Einleitung].
[196] 1992, S. 51.
[197] Vgl. auch Enders 1987.
[198] Enders 1992, S. 45 (mit Literaturhinweisen).
[199] Westfäl. UB; Cal. UB; Schiffling 1991; Würdtwein 1772–1780; Aspern 1850; Klost. Rint. UB.

Name ist in die Uckermark übertragen worden[200] und heißt dort heute *Hammelspring* (bei Zehdenick). Der älteste Beleg stammt aus dem Jahr 1375: *Havelspryng*, wenig später (1438) erscheint *Hamelspringe*.[201] Der erste Beleg suggeriert, dass hier die Havel entspringen würde; diese liegt jedoch etliche Kilometer entfernt und spielt für den Namen des Ortes keine Rolle.[202] Die Übertragung des Ortsnamens darf als gesichert bezeichnet werden.[203] Es besteht Grund zu der Vermutung, dass Conrad II. von Hamelspringe entscheidend bei der Kolonisation in die Gebiete nördlich von Berlin mitgewirkt hat.[204] In der Chronik von Hamelspringe heißt es dazu bei H. Schiffling:

> Auf der damals kürzesten Wegeverbindung in den pommerschen Kolonisationsraum, über Magdeburg, Brandenburg, Havelberg, Stettin in die Siedlungsgebiete Gollnow-Hindenburg-Naugard, mußte man hinter Havelberg über das Kloster Zehdenick und Prenzlau. Zwischen diesen beiden Städten gibt es unter anderen Angerdorfgründungen zwei Orte namens *Hindenburg* und einen Ort *Hammelspring*. Es besteht die Vermutung, ... daß die Gründung von Hammelspring und die Orte Hindenburg auf das siedlungsunternehmerische Betreiben Conrads II. von Hamelspringe zurückgeht.[205]

15) Die nötige Sorgfalt im Umgang mit den Namenmaterial ist vor allem in umstrittenen Fällen besonders wichtig. H. Dobbertin glaubt, einen 1254 in Riga erwähnten Begleiter des Grafen Adolf von Schaumburg mit dem Namen **Heyde** von *Heyen* bei Bodenwerder herleiten zu können.[206] Vergleicht man damit die etwa zeitgleich belegten Formen dieses Ortsnamens im Kreis Holzminden (1004 *Hegen*, 1017 (A. 15. Jh.) *Hegen*, 1025 *Heigen* usw., entnommen NOB VI, S. 111f., wo der Name auch überzeugend gedeutet wird), so wird deutlich, dass diese Interpretation zurückzuweisen ist.

16) Die schon genannten Orte **Hindenburg** sind ein weiterer wichtiger Aspekt in den Verbindungen des Weserberglandes mit dem Nordosten. Ausgangspunkt ist nach H. Dobbertin[207] und anderen die bei dem heutigen Ort *Hinnenburg*, Ortsteil von Brakel westlich von Höxter, früher gelegene Burg und um 1265 von Edelherrn Bertold von Brakel gegründete Herrschaft Hindenburg,[208] 1237 *Bertoldus de Hindeneburg*, 1238 *de Hindeneburg*, um 1254 *de Hindeneborgh*, 1267 *castrum Hyndeneborch* usw.[209] Die „Familie *Hindenburg* stammt aus der Gegend von Beverungen", heißt es knapp bei A. Cammann.[210]

---

[200] Vgl. Enders 1987, S. 85; Wauer 1996, S. 124.
[201] Enders 1986, S. 398; Wauer 1996, S. 124.
[202] Netzel, S. 43; Dobbertin 1959, S. 143; Wauer 1996, S. 124.
[203] Schiffling 1991, S. 8, 30f.; Enders 1992, S. 50; Wauer 1996, S. 124.
[204] Vgl. Schiffling 1980, Bd. 1, S. 30f.; Dobbertin 1955, S. 88f.; Kapitel „Die Kolonisationsepoche des Edelhauses *de Hamelspring* als äußere Kolonisation" in: Schiffling 1991, S. 66ff.
[205] Schiffling 1980, S. 30.
[206] Dobbertin 1962, S. 36.
[207] 1957/58, S.145; 1955, S. 36f.
[208] Dobbertin 1958, S. 54.
[209] H. Schneider: *Die Ortschaften der Provinz Westfalen bis zum Jahre 1300 nach urkundlichen Zeugnissen und geschichtlichen Nachrichten*, Münster 1936, S. 65.
[210] 1957, S. 70.

Mit hoher Wahrscheinlichkeit finden sich Übertragungen des Ortsnamens in den östlichen Kolonisationsgebieten in folgenden Orten wieder:

a) *Hindenburg*, heute poln. *Kościuszki*[211], bei Naugard, 1317 *territorium Hyndenborch*, 1331 *castra ... Hindenborgh* usw.[212], nach H. Dobbertin[213] von Hameln aus besiedelt und ursprünglich Wohnsitz der Familie von Hindenburg.[214]

b) *Hindenburg* bei Stendal in der Altmark[215], wo nach S. Wauer[216] eine Burg nachzuweisen ist, 1283 *jhm dorffe Hindenburg*, 1327 *ville Hindenburg*, 1441 *dorffe zcu Hindenborg*, 1464 *Conrades to hindenborch*, 1471 *to hyndenborch* (2-mal)[217], nach H. Dobbertin[218] vermutlich gegründet um 1208, da in diesem Gebiet 1208 ein *Reynerus de Hindenburg* bezeugt ist.[219]

c) *Lindenhagen* bei Prenzlau, erst 1949 umbenannt aus *Hindenburg*, 1269 *Fredericus de Hyndenborg*, 1321 *in villa Hindenborch*.[220] Eine Übertragung des Namens aus Westfalen nehmen auch L. Enders[221] und S. Wauer[222] an.

d) *Hindenburg* bei Templin, 1369 *tu Hindenborch bi Templin*, 1375 *Hyndenborch* usw., auch erwähnt 1438/73, wo keine Burg nachzuweisen ist.[223] Dieses Dorf ist nach H. Dobbertin[224] besonders interessant: „es wird nämlich 1438 und 1473 – zusammen mit dem unmittelbar westlich angrenzenden Dorfe *Hammelspring* – als Zubehör des Schlosses Zehdenick [...] erwähnt". Eine Übertragung des Namens aus Westfalen nehmen auch L. Enders[225] und S. Wauer[226] an.

e) Nicht ganz sicher ist, ob hier auch *Hindenberg* bei Neuruppin einzureihen ist. Die Überlieferung zeigt kein Grundwort *-burg*: 1365 *domus hindenberghe; Nycolaus hyndenberch*, 1520 *die veltmarckenn hindenbergk ...*, 1540 *der feldtmarck hinneberg*.[227] Vielleicht liegt eher eine Bildung 'hinter (dem) Berg' vor".

Ich halte es für möglich, dass hier auch

f) *Hindenberg* bei Luckau in der Niederlausitz anzuschließen ist. Dessen Überlieferung weist nicht auf *-berg*, sonder auf *-burg*: 1411 *Hindenburg*, 1482 *Hindberg*,

---

[211] Zur polnischen Form vgl. A. Belchnerowska: *Die Namen der stehenden Gewässer im Zuflußgebiet der Ostsee zwischen unterer Oder und unterer Weichsel* (= *Hydronymia Europaea* 7), Stuttgart 1991, S. 84.
[212] Ebd.
[213] 1985, S. 90; 1955, S. 43f.
[214] Dobbertin 1959, S. 142; übertragen auch nach Enders 1992, S. 50; 1987, S. 85.
[215] Dobbertin, a. a. O.; Enders, a. a. O.
[216] 1996, S. 131.
[217] Codex diplomaticus Brandenburgensis, Serie A, S. 21, S. 231, 234, 235, Bd. 17, S. 479, Bd. 25, S. 318.
[218] 1955, S. 44.
[219] Zur Problematik vgl. auch Wauer 1996, S. 131.
[220] Enders 1986, S. 587; Wauer 1996, S. 165.
[221] 1992, S. 50; 1987, S. 85.
[222] 1996, S. 131.
[223] Wauer 1996, S. 131.
[224] 1955, S. 44.
[225] 1992, S. 50; 1987, S. 85.
[226] Wauer 1996.
[227] Codex diplomaticus Brandenburgensis, Reihe A, Bd. 4, S. 299, 301, 453, Bd. 7, S. 276.

Hindeberg, 1525 *Hindenborg, Hindenborg, Hindenborgk,* [1527] *Hindebergk*. S. Körner, aus dessen Arbeit[228] die Belege stammen, etymologisiert den Namen als „Siedlung am Hirschkuhberg zu ahd. *hinta* 'Hirschkuh'".

Fern bleiben *Hindenburg* in Oberschlesien, früher und jetzt *Zabrze,* und *Hindenburg*, Kr. Labiau in Ostpreußen, früher *Groß-Friedrichsgraben,* die zu Ehren des Feldmarschalls *Hindenburg* (der zwar aus der Familie derer von Hindenburg stammt, was für unsere Frage aber ohne Bedeutung ist) so benannt worden sind.[229]

17) Nicht immer kann man jedoch den Ausführungen von H. Dobbertin, die im Fall des Vergleichs der *Hindenburg*-Orte überzeugen, folgen. So sind ihm bei dem Versuch,[230] den ON **Hohenbocka** bei Senftenberg, angeblich bezeugt seit 1351, als eine Gründung des in Quellen zwischen 1231 und 1277 erscheinenden Hildesheimer Edelherren *Ulrich von Hohenbüchen* zu deklarieren, schwere Fehler unterlaufen. Dieser Adelige trägt den Namen des Dorfes *Hohenbüchen* im Kr. Holzminden, dessen alte Belege nach H. Kleinau[231] und anderen[232] zunächst in latinisierter Form auftreten (1209 *Conradus de Alta fago*, 1211 *Conradus de Alta fago;* 1214 *Conradus de Alta fago* usw.), wenig später erscheint der Name in deutscher Form (1219 *Conradus de Honboken*), was zeigt, dass der Name schon immer aus zwei Elementen (*hoch* + *bōk-* 'Buche') bestanden hat.

Ganz anders dagegen *Hohenbocka*. H. Dobbertin hätte bei E. Eichler und H. Walther[233] nachlesen können, dass die ältesten Formen des Namens seit 1451 *Bugkow, Bockow, Bockaw, Bucke* usw. lauten, dass er slavischer Herkunft ist und „das differenzierende *Hohen-* […] erst im ausgehenden 16. Jh. an den Namen an[trat]". Der Vergleich ist daher zu streichen.

Ebenso verfehlt ist H. Dobbertins Glaube, dass „das Dorf *Hombok* östlich Olmütz […] vermutlich seinen Namen [d. h. den von *Ulrich von Hohenbüchen,* J. U.] trägt.[234] Der Blick in das Standardwerk der mährischen Onomastik[235] zeigt, dass der Name einwandfrei zu tschech. *hluboký* 'tief' gehört: 1364 *parua Hluboky*, 1365 *Hlubiczki* (!), 1391 *mediam villam Hlubeczkeho*. Ein Zusatz *Hohen-* erscheint erst sehr viel später: 1691 *Hohnbockh*. Damit bleibt auch dieser Name fern.

Dass allerdings auch in diesem Fall die Verbindungen des Wesergebietes mit dem deutschen Osten eine weitere Stütze erfahren können, erweist der in einer auf dem Zobten ausgestellten Urkunde von 1242 erwähnte *Vlricus de alta fago*[236], der mit *Hohenbüchen* im Kr. Holzminden zu verbinden ist und offensichtlich identisch ist mit den Nennungen in folgenden Belegen: 1240 *Olricus de Alta fago*[237], 1248 *Olricus de honboken*[238].

---

[228] S. Körner: *Ortsnamenbuch der Niederlausitz*, Berlin 1993, S. 164.
[229] S. Dobbertin 1955, S.43f.
[230] 1981, S. 4; 1981, S. 19; 1959, S. 132.
[231] Kleinau 1967, S. 290.
[232] S. die ausführliche Behandlung des Ortsnamens in NOB VI, S. 115f.
[233] E. Eichler/H. Walther: *Ortsnamenbuch der Oberlausitz* I. *Namenbuch*, Berlin 1975, S. 34.
[234] 1959, S. 132.
[235] Hosák/Šrámek I, S. 260.
[236] Dobbertin 1959, S. 131.
[237] Hoch. Hild. UB 2, S. 282.
[238] Cal. UB 4, S. 24; Klost. Wülf. UB, S. 46.

18) Eine onomastische Perspektive enthält auch die Diskussion um einen Teil der Inschrift am Hamelner Rattenfängerhaus. Es ist die Passage *To Calvarie bi den Koppen verloren*. Auf die verwickelten Verhältnisse der Überlieferung will ich hier gar nicht eingehen. Vielleicht hat dieser Zusatz sowieso nur eine untergeordnete Bedeutung, denn in der Lüneburger Fassung ist „die Ortsbezeichnung **Koppen**, die mit *Kopahn*, einem Johanniterhof bei Rügenwalde gleichgesetzt wird", nicht erwähnt.[239]

Daran scheitert wahrscheinlich auch schon die These von G. Spanuth, dass die Kinder beim Tanzen auf der Brücke „in den Koppen" versunken seien. Es bleibt aber das Problem: Was war oder ist *bi den Koppen*?

Einige sehen darin einen Flurnamen bei Hameln, so W. Wann,[240] der einen Beleg von 1356 *Die sogenannten Koppen* für den Ausgangspunkt hält und andere Namenformen wie *Der Koppen, Koppenberg, Köpfelberg* als spätere und jüngere Formen für weniger belastbar erklärt.

Nach G. Spanuth[241] muss *Koppen*

> ein ganz bestimmter, eng begrenzter topographischer Begriff sein, der auch als Ortsname *Coppenbrügge* zur Erklärung herangezogen werden muß. Mittelniederdeutsch *kopp* m. heißt 'Becher, Hirnschale' und geht erst allmählich im 17. Jh. in die Bedeutung 'Kopf, Bergspitze' über. Dafür steht mnd. *höved* = hd. *haupt* [...].

In eine ganz andere Richtung gehen Vermutungen von A. Cammann, H. Dobbertin, C. Soetemann[242] und anderen. Sie entdeckten den Ort *Kopahn*, poln. *Kopań*, bei Rügenwalde, der

> 1270 bis 1294 urkundlich als Johanniterhof (*Cuppen, Kopan, Cvpan* usw.) bezeugt [ist], bevor die Johanniter nach (Alt-)Schlawe übersiedelten. Das heutige Dorf *Kopahn* liegt in Küstennähe am Nordhang einer bis mehr als 40 Meter über den Meeresspiegel ansteigenden Anhöhe nördlich von 'Kopfberg' der Stadt Rügenwalde, die 1270 durch Fürst Wizlaw II. von Rügen(-Stralsund) auf dem Berge 'Thirlou' (Darlow) westlich Kopahn gegründet ist [...] und 1312 auf den heutigen Platz an die Wipper verlegt wurde.[243]

Allerdings gibt es Identifizierungsprobleme, wie H. Dobbertin[244] selbst einräumt: „Ob *Kopahn*, wie Lisch (Namenregister zum Meckl. UB I–IV) meinte, mit dem bis 1294 bezeugten pommerschen Johanniterhof *Kopan* gleichzusetzen ist, der in Gollnow bei Stettin begütert war, muß dahingestellt bleiben".

Auch in diesem Komplex sind einige Korrekturen vorzunehmen. Nach F. C. Müller[245] gibt die Bezeichnung *bi den Koppen*

---

[239] Frenzel/Rumpf, S. 59.
[240] 1949, S. 39.
[241] 1958, S. 368.
[242] 1984, S. 12.
[243] Dobbertin 1966, S. 39, Anm.; ähnlich ders. 1957/58, S. 154; zum Ortsnamen vgl. man jetzt die Bearbeitung in: *Nazwy miejscowe Polski*, Bd. 5, Kraków 2003, S. 125.
[244] 1981, S. 8.

einen Hinweis auf die Wanderrichtung der aus Hameln entführten Kinder, die die Stadt durch das Osttor verließen. Die *Koppen* (= Kuppen) sind Hügel ostwärts des mittelalterlichen Hameln, jetzt in das Stadtgebiet einbezogen, im Zuge von Eisenbahn- und Industriebauten eingeebnet.

Dem wird man vielleicht zustimmen können, kaum aber den Folgerungen in einer damit verbundenen Bemerkung, „die Bezeichnung *Koppe* […] wiederholt sich für Berge in Schlesien und im Sudetenland, wie zum Beispiel *Schneekoppe*".
Es ist unzulässig, aus der zufälligen Ähnlichkeit der Hamelner *Koppen* mit einem slavischen Ortsnamen bei Rügenwalde (*Kopahn – Kopań*) oder dem Namen der *Schneekoppe* Folgerungen zu ziehen. *Koppe* ist eine Nebenform zu *Kuppe*, es „ist ein typisches Wort Mitteldeutschlands zur Bezeichnung von Bergen […], das […] vor allem durch rheinische und hessische Siedler nach dem Osten bis ins Riesengebirge getragen wurde",[246] das sich in Dutzenden von Namen findet (eine Verbreitungskarte bietet Kandler 1955, S. 69). Allein 45 Namen bietet diese Arbeit auf S. 121f. für Mitteldeutschland. Der Versuch, aus diesen eine etwaigen Vergleichsnamen für *bi den Koppen* zu finden, ist ohne Sinn.

19) Besser steht es wahrscheinlich um die Vermutung von H. Dobbertin,[247] der ON **Leine** bei Pyritz (heute poln. *Linie*) sei „benannt von der *Leine*". Ältere Belege zu dem Ortsnamen habe ich nicht gefunden, aber eine Ortsnamenform auf niederdeutschem Gebiet, die einen Diphthong -ei- enthält, erfordert immer besondere Aufmerksamkeit. Nicht klar ist mir, ob der Name einer gut bezeugten adeligen pommerschen Familie *von der Leine, de Leine, Leyne* mit dem Ortsnamen in einen Zusammenhang gehört oder ob die folgenden Belege des Familiennamens direkt an die Leine, Zufluss der Aller angeschlossen werden können: 1248 *Theodericus de Leine*, 1248 (K. 1560) *Theodericus de Leine*, 1250 (A. 16. Jh.) *Teodericus de Leine*, 1320 *Theodericus de Leyne*, 1320 *Theodericus de Leyne*, 1320 *Thidericus de Leyne*.[248] Da sich ein slavischer Anschluss für diesen Ortsnamen nicht findet, halte ich die Vermutung H. Dobbertins – gleichgültig, ob der Familienname dem Ort dem Namen gab oder nicht – für gerechtfertigt.

20) Nur am Rand will ich – da es weniger um das Wesergebiet geht – auf einen weiteren Vergleich eingehen. A. Poschmann hat[249] auf der Grundlage einer älteren Arbeit[250] für sicher angesehen, dass **Lichtenau**, 15 km südöstlich Paderborn, 131(2?) *in castro Masenheim sive Lechtenowe*[251] (ein offensichtlich jüngerer Ortsname, der durch Zusammenlegung von Dörfern und Stadtgründung neben dem alten Kirchort entstanden ist[252]), der Namenpate für *Lichtenau* im Ermland bei Braunsberg (heute polnisch *Lechowo*) gewesen ist.

---

[245] *Zum Hintergrund der Rattenfängersage*, in: *Jahrbuch Landkreis Holzminden* 3 (1985), S. 49.
[246] Kandler, S. 69.
[247] 1959, S. 122.
[248] Pomm. UB 1, S. 551, 562, 615, Bd. 5, S. 527, 535, 548f.
[249] 1962, S. 82ff.
[250] J. Höschen: *Die Verbindung vom westfälischen Lichtenau zum ermländischen Lichtenau*, in: *Lichtenau 1326–1976*, hg. von der Stadt Lichtenau, Paderborn 1976, S. 116–122.
[251] Westfäl. UB 9, S. 477.
[252] *Westfälische Geschichte*, Bd. 1, hg. von W. Kohl, Düsseldorf 1983, S. 254f. Zu diesem Ortsnamen s. die ausführliche Behandlung in WOB 11, S. 281ff.

Dessen darf man sich aber nicht sicher sein. Es gibt genug Orte, die den Namen *Lichtenau* tragen und ebenfalls für eine Übertragung in Frage kämen. Noch wahrscheinlicher ist aber, dass es sich um voneinander unabhängige Bildungen mit der Bedeutung 'Ort in der hellen, freundlichen, belichteten Aue' handelt. Der Ortsname ist zu untypisch, um belastet werden zu können. Hinzu kommt, dass *Lichtenau* in Ostpreußen bereits 1254 genannt ist: *ad terminos ville, que dicitur Lichtenowe ... predictis de Lichtenowe*[253], also etliche Jahrzehnte vor der ersten Nennung von *Lichtenau* in Westfalen.

21) Ebenso ist es zu vermeiden, lautlich ähnliche Namen ohne Kontrolle als übertragen zu erklären. Das tut H. Dobbertin[254] im Fall von **Mellen** östlich Daber, das nach *Mölln* bei Ratzeburg benannt sei. Wie die historische Belege zeigen, ist der Vergleich abzulehnen: *(Groß-)Mellen* bei Daber, 1252 *Melna*, 1263 *Melne*, 1264 *Melne* usw.[255] gegenüber *(Alt-)Mölln*, 1194 *ad Antiquum Mulne*, um 1200 *procedens Molne*, 1212 *Thiethardus de Mulne*, 1230 *Mvlne*, *Ad antiquum Mulne* usw.[256] Die Deutung der Namen kann hier unterbleiben.

22) Bei der Erörterung eines Märchen- und Sagenkomplexes in Ostpreußen, bei der es auch um eine Rattenfängersage aus Dziergunken-Mühle geht, zitiert A. Cammann[257] J. Herrmann, der für den in der Nähe liegenden Ort **Nickelsdorf** (heute polnisch *Nikielkowo*) erwogen hat: „nach Graf Nikolaus?". A. Cammann setzt diesem hinzu: „Vielleicht aber auch nach *Nikolaus Sprenz*".

Nichts davon lässt sich halten. Man hätte schon bei V. Röhrich[258] nachlesen können, welcher Familie der Namenspatron wahrscheinlich angehört hat. Den Namen selbst behandeln ausführlich B. Czopek-Kopciuch[259] und A. Pospiszylowa[260], die u. a. erwähnt, dass das Dorf 1366 *Nicolao de Wopen* als Lehen übertragen wurde.

23) Die Gegend um **Piepenburg**, poln. *Wyszogóra*, bei Labes wurde nach H. Dobbertin[261] von Hameln aus besiedelt. Für den Ort habe ich nur einen Beleg aus dem Jahre 1320 als *Pipenborg*[262] gefunden. Während A. Cammann[263] erwägt, ob diese „verdächtigen" Ortsnamen „vielleicht auch zur Namensbildung und Vorstellung von einem ‚Rattenfänger' und ‚Piper'/Pfeifer beigetragen haben könnten", ist er für H. Dobbertin „wahrscheinlich eine Variante des Namens der Hildesheimer *Poppenburg* [...]"[264], denn „vielleicht haben Graf *Bernhard von Poppenburg* und die Grafen Hermann und Heinrich von Wohldenberg [...] die Ortschaften *Piepenburg* (= *Poppenburg?*) und *Woldenburg* [...] gegründet."[265] An anderer Stelle heißt es bei demselben: „Sehr wahrscheinlich

---

[253] Preuß. UB 1, S. 214.
[254] 1958, S. 54.
[255] E. Rzetelska-Feleszko/J. Duma: *Dawne słowiańskie nazwy miejscowe Pomorza Szczecińskiego*, Warszawa 1991, S. 131.
[256] A. Schmitz: *Die Ortsnamen des Kreises Herzogtum Lauenburg und der Stadt Lübeck*, Neumünster 1990, S. 229f.
[257] 1984, S. 48.
[258] *Geschichte des Fürstbistums Ermland*, Braunsberg 1925, S. 209.
[259] 1995, S. 173.
[260] 1987, S. 106.
[261] 1985, S. 90.
[262] Pomm. UB 5, S. 528.
[263] 1984, S. 25.
[264] 1958, S. 58.

ist *Piepenburg* nach dem Grafen *Bernhard von Poppenburg-Spiegelberg* benannt [...] Der Ortsname *Piepenburg* kommt anderweitig nicht vor".[266]

Auch hier muss energisch Einspruch eingelegt werden. Zum einen ist zu beachten, dass der Ort *Piepenburg* und nicht *Pieper(s)burg* hieß (in dem man dann vielleicht so etwas wie einen *Piper* (Pfeifer) vermuten könnte, was aber auch kaum anzunehmen wäre), zum andern dürfte niemand in Hameln bis 1945 gewusst haben, dass es ein Dorf im fernen Pommern gegeben hat, das *Piepenburg* heißt und dadurch etwa die Erfindung eines Pfeifers (der in der Sage ja ein späterer Zusatz ist) beeinflusst worden wäre.

Der Name ist ganz anderen Ursprungs und kann auch keineswegs wie bei H. Dobbertin erklärt werden. *Poppenburg* bei Nordstemmen ist sehr früh überliefert: 1049 *ad Bobbenburg habuimus*, 1056 *castelli Poppenburg*, 1141 (K.) *Fridericus de Poppenburg* usw.,[267] die Formen mit -o- sind absolut konstant und gelten auch im 13. und 14. Jahrhundert: 1241 *omnes milites de Poppenburg*, 1353 *to Poppenborch*.[268] Eine Interpretation als *Pi(e)penburg* ist völlig verfehlt. Der Name steht keineswegs so isoliert wie von H. Dobbertin vermutet. Im Kreis Labes liegt auch *Piepenhagen* und in Stettin gab es den Ortsteil *Piepenwerder*. Zugrunde liegt entweder ndt. *piep* 'Pfeife, Röhre, Abzugsgraben'[269] oder – wahrscheinlich eher – das z. B. im Westfälischen bekannte *pîpe*, das sich vor allem auf das „Pfeifengras (Molinia coerulea, eine in Mooren, feuchten Wiesen und lichten Wäldern häufig auftretende Grasart") bezieht.[270] Der Rattenfänger bleibt fern.

24) Zu Spekulationen hat auch der ON **Rothenfier** (bei S. Rospond[271] *Rothenflier!*), poln. *Czermnica*, ON bei Naugard, 1461 *Roden Vehr*[272], Anlass gegeben. Da die Umgebung des Ortes von Hameln aus besiedelt worden sei[273] und neben Rothenfier auch Piepenborg lag, meinte H. Dobbertin:[274]

> Der Name *Rothenfier* bezeichnete wie der 1268 bei Gollnow bezeugte Waldname *Ekfir* und wie die Dorfnamen *Eichfier*, *Deutschfier*, *Hasenfier* (= *Hassos Fier!*) vermutlich eine viereckige Rodungsfläche. Das Zusammentreffen dieser beiden merkwürdigen, anderweitig in Deutschland nicht vorkommenden Ortsnamen an der Westgrenze der um 1263 bis 1274 vom Weserbergland aus besiedelten Herrschaften Hindenburg und Naugard gibt [...] zu denken.

---

[265] Ebd., S. 55f.
[266] 1959, S.151.
[267] Hoch. Hild. UB 1, S. 82, 83, 204; Greiffenhagen 1915, S. 146 nach Leibniz: *Scriptores rerum Brunsvicarum*, Bd. 1, S. 766.
[268] Greiffenhagen, S. 149; Bartels, S. 24.
[269] So Laur 1992, S. 518 für den Wüstungsnamen *Pipenbrink*.
[270] G. Müller: *Das Vermessungsprotokoll für das Kirchspiel Ibbenbüren*, Köln usw. 1993, S. 282 unter Bezug auf die Flurnamen *Piepenbrink*, *Piepenbrok*, *Piepenflage*, *Piepengrawen*, *Piepenpohl*.
[271] 1951, S. 674.
[272] Dobbertin 1958, S. 54. Der Band *Nazwy miejscowe Polski*, Bd. 2, Kraków 1997, behandelt den Namen und sieht in der deutschen Form eine Übersetzung des polnischen Namens. Der von H. Dobbertin beigebrachte Beleg ist dabei aber nicht berücksichtigt worden.
[273] Ebd., S. 90.
[274] Ebd., S. 54.

Eine Verbindung zum Rattenfänger suchte A. Cammann (wenn auch zugebend, dass es sich um „gewagte Themen" handele) herzustellen: „Hätte sich nicht aus dem Herrschaftsnamen *Roden Vehr – Fanger* der Beiname *Rattenfänger* bilden können für jenen Nikolaus [...]?"[275]

Die Überlegungen enthalten nichts, was sich halten ließe. Über den pommerschen Flurnamen *Vier* oder *Fier* hat R. Holsten[276] in aller Ausführlichkeit unter Nennung von fast 100 Flurnamen und unter Bezug auf historische Belege gehandelt. Auf Einzelheiten soll hier nicht eingegangen werden. Sicher ist nur, dass es sich bei dem Ortsnamen *Rothenfier* um einen Namen handelt, der aus dem pommerschen Wortschatz heraus ohne irgendeinen Bezug auf Hameln oder den Rattenfänger gebildet worden ist.

25) Ganz anders steht es dagegen mit dem ON **Rutenberg** in der Uckermark, 1300 *Rutenbergk*[277], für die mit Recht angenommen worden ist, dass ihn „die „niedersächsische(n) Familie(n) *v. Rutenberg* [...] bei ihrer Wanderung ins Kolonisationsgebiet [...] gegründet haben."[278] Die Familie *von Rutenberg* verdankt ihren Namen dem Ort *Rautenberg* bei Hildesheim, an ältesten Belegen kenne ich 1226 *Heinricus de Ruthenberge*, 1227 *Sifridus de Rutenberg*, 1232 *Sifridus de Rutenberge*[279], zur Geschichte der Familie vergleiche man G. Weber[280], Emil Frhr. v. Orgies-Rautenberg[281], V. Röhrich[282] und T. Penners[283].

E. Weise hat zudem völlig recht, wenn er darauf verweist[284], dass der Name auch noch einmal im Ermland vorkommt. Es ist *(Groß, Klein) Rautenberg* bei Gumbinnen, poln. *Wierzno Wielkie, Małe,* 1347 *Tylo de Rutenberg,* 1348 (A. 14., 15. Jh.) *Tylo de Rutenberg, Tilone de Rutenberg,* 1357 *(Tilo von) Rutenberg*[285].

Ich denke, dass die Verbindung zwischen der Familie *Rautenberg* und beiden Ortsnamen Bestand hat.

26) Der heute nur noch in der Domäne *Hof Spiegelberg* östlich des Ith im Kreis Hameln-Pyrmont erhaltene Ortsname **Spiegelberg** ist der letzte Rest des einst in der Wesergegend nicht unbedeutenden Geschlechts derer *von Spiegelberg,* dessen Hauptsitz Coppenbrügge gewesen ist. Auf Einzelheiten kann hier nicht eingegangen werden; die Literatur zur Geschichte der Familie enthält die notwendigen Angaben.[286]

---

[275] 1957, S. 73.
[276] *Die pommersche Flurnamensammlung,* Köln – Graz 1963, S. 46–54.
[277] Enders 1986, S. 840.
[278] Enders 1992, S. 50; Wauer 1996, S. 211; ferner auch (auf Rautenberg im Ermland bezogen) Weise, S. 57.
[279] Hoch. Hild. UB 2, S. 81, 96, 153.
[280] *Die Freien bei Hannover,* Hannover 1898.
[281] *Geschichte der von Rutenberg und von Orgies, gen. Rutenberg,* Doblen 1899.
[282] *Die Kolonisation des Ermlandes,* in: *Zeitschrift für die Geschichte und Altertumskunde Ermlands* 13 (1901), S. 325–487, 742–980 hier: S. 454ff.
[283] *Untersuchungen über die Herkunft der Stadtbewohner im Deutschen Ordensland Preußen,* Leipzig 1942; ders.: *Untersuchungen über die Herkunft der Stadtbewohner im Deutschen Ordensland Preußen,* 2. Teil (ungedrucktes Manuskript, früher im Staatl. Archivlager Göttingen, HS. Nr. 6, S. 348, Nr. 1358, jetzt in der Bibliothek Stiftung Preuß. Kulturbesitz in Berlin).
[284] 1956, S. 57.
[285] Preuß. UB, Bd. 4, S. 199, 274, 341 und Bd. 5, S. 307.
[286] Vgl. *Handbuch der Historischen Stätten Deutschlands,* Bd. 2: *Niedersachsen und Bremen,* hg. von K. Brüning u. H. Schmidt, 5. Aufl., Stuttgart 1986, unter *Coppenbrügge* und *Lauenstein;* Hart-

Die Kolonisationstätigkeit der Familie führte zweifelsfrei zur Übertragung des Namens nach Osten. Zu nennen ist vor allem *Spiegelberg*, ON bei Pasewalk (Uckermark).[287] Die Verbindung mit slavisch *śpik* 'Mergel, fetter Boden' als 'Mergelberg'[288] ist aufzugeben. Als zweiter Name ist *Spiegelberg*, poln. *Spręcowo*, ON nördlich von Allenstein zu nennen,[289] für den jetzt eine gute Zusammenstellung der historischen Belege durch A. Pospiszylowa (allerdings mit der Erklärung aus einem PN *Spiegel* + *-berg*) vorliegt:[290] 1360 *Spiegelberg*, 1388 *Spiegelberg*, 1564–80 *Spiegelberg*, 1625 *Spiegelberg*, 17. Jh. *Sprencowo*, 1656 *Sprecowo*, 1673–74 *Spzencowo*, um 1790 *Spiegelberg*, 1820 *Spiegelberg alias Sprencowo* usw.[291]

Fern bleibt dagegen *Spiegelberg*, poln. *Poźrzadło*, Orts- und Bergname bei Sternberg. Zwar hat H. Dobbertin recht, dass der Ort 1350 genannt ist,[292] aber bezeichnenderweise teilt er den Beleg nicht mit. Dieser lautet nämlich *Speghelberg*[293], und in dieser, im Bestimmungswort niederdeutsch aufscheinender Form ist die Familie derer *von Spiegelberg* nie geschrieben worden. H. Dobbertins Vermutungen, der Ort könne „nach den gleichnamigen Grafenfamilien des Weserberglandes benannt worden sein"[294], ist schon aus diesem Grund abzulehnen.

Zu weit führen auch andere, damit zusammenhängende Vermutungen von H. Dobbertin:[295]

> Der ungewöhnliche Ortsname *Spiegel* tritt nur in Bayern (Weiler bei Bad Tölz), zwischen Küstrin und Landsberg/Warthe (Forstort bei Döllensradung) und in Pommern (*Gr. u. Kl.-Spiegel* bei Kallies) auf. Hermann I. Spiegel v. Desenberg führte 1252 [...] einen Rundspiegel im Siegel [...] Später hatten die Spiegel v. Desenberg 3 (2,1) Rundspiegel im Wappen wie anscheinend auch der 1442/43 in *Spiegelsdorf* (bei Boltenhagen zwischen Greifswald und Wolgast) ansässige *Hennink Speygelstorp* [...] Ferner sei hier auf *Spiegelhagen* (bei Perleberg) hingewiesen, das an einer der Straßen von Amelungsborn zum Amelungsborner Klosterhof Dranse (b. Wittstock i. d. Prignitz) liegt [...].

Hier sind wiederum verschiedene Dinge zurechtzurücken. Der ON *Spiegel* westlich von Landsberg/Warthe, heißt heute polnisch *Poźrzadło*. Weder von dieser noch

---

mann 1929; 1941; ders.: *Urkundensammlung zum Grafengeschlecht der Spiegelberger* (= Handschrift im Staatsarchiv in Hannover, Sign. Kl. Erwerbungen A 25); Rudorff: *Das Amt Lauenstein*, in: *Zeitschrift des Historischen Vereins in Niedersachsen* 1858, S. 209–384; zu den slavischen Familienbeziehungen der Coppenbrügger Grafen von Spiegelberg s. die Auflistung bei Dobbertin 1981, S. 3.

[287] Man vgl. Dobbertin 1959, S. 155; zustimmend Enders 1992, S. 50; 1987, S. 85.
[288] B. Mätzke: *Heimatkalender für den Kreis Prenzlau*, Eberswalde 1958, S. 39.
[289] In diesem Sinn behandelt von Dobbertin 1957/58, S. 148; 1986, S. 37; 1986, S. 267; Hartmann 1941, S. 117–191; vgl. auch den Abschnitt „Die Pommernreisen der Grafen von Spiegelberg" bei Dobbertin 1955, S. 55ff.; Cammann 1984, S. 29ff.
[290] 1987, S. 147.
[291] Vgl. ebd. auch über die ON-Variante *Spręcowo*.
[292] 1959, S. 155.
[293] Kozierowski, S. 364.
[294] 1957/58, S. 145. Vgl. auch ders. 1986, S. 267f.
[295] 1955, S. 41.

von jener Form führt der Weg zu der Familie *Spiegelberg*. Ebenso wenig trifft das für *Groß* und *Klein Spiegel* südlich von Dramburg/Drawsko in Pommern zu, heute ebenfalls polnisch *Poźrzadło*. Für beide gibt es ältere Belege: 1337 *Spiegel, Spigel*, 15. Jahrhundert *Spygel, Spigel*, im Landbuch Kaiser Karls IV. *Spiegel*[296]. Nicht übersehen darf man, dass die Orte am *Spiegel See* liegen.[297]

E. Mucke hatte beide Namen zunächst für slavisch gehalten und als ursprünglich *Spikel* bzw. *Spikle* zu *spik*, poln. *śpik* 'fetter Boden, Mergel' gestellt.[298] In den „Berichtigungen und Ergänzungen" zu diesem Aufsatz[299] korrigiert er allerdings: „die gegebene Erklärung ist fraglich, da das polnische Wort *spik* nicht vor dem 14. Jahrhundert aus dem Deutschen entlehnt ist; der Name kann daher auch deutschen Ursprungs sein". Dem kann man sich nur anschließen. Sehr wahrscheinlich wird von dem Gewässernamen auszugehen sein, der auf einen ruhigen, flachen See Bezug genommen hat.

Von der Familie *Spiegelberg* fernzuhalten ist ebenfalls der ON *Spiegelsdorf* östlich von Greifswald, 1360 *speghelstorp*, 1439 *Spegelstorp* usw., der eine Ableitung von einem PN *Spëgel* enthält.[300]

Das gilt schließlich auch für *Spiegelhagen*, ON bei Perleberg, 1293 *Spighelhaghen*, 1303 *spighelhaghen*, 1323 *speghelhaghen* usw., man vergleiche die ausführliche Behandlung des Namens bei S. Wauer.[301]

27) Weniger strittig ist die Vermutung, daß der Ort **Tiefenau** (heute poln. *Tychnowy*) nahe der Marienburg nach *Dietrich von Depenow* benannt worden ist. Das nahm nicht nur H. Dobbertin an[302], der zugleich als Herkunftsort des Familiennamens auf eine „noch als Burgwall vorhandenen Burg bei Heeßel westlich Burgdorf bei Hannover" hinwies[303], sondern auch A. Cammann[304], E. Weise[305] und der Bearbeiter der Ortsnamen des Danziger Weichselgebietes H. Górnowicz[306], der eine gute Zusammenstellung der historischen Überlieferung des Ortsnamens vorgelegt hat: 1250 *a castro Dypenowe*, 1285 *de Tyfenow, in Typhenov*, 1294 *castri Tifenouwe* usw., sowie jetzt auch B. Czopek-Kopciuch[307].

---

[296] F. Lorentz: *Slawische Namen Hinterpommerns*, Berlin 1964, S. 116; E. Mucke: *Abhandlungen und Beiträge zur sorbischen Namenkunde*, hg. von E. Eichler, Köln – Wien 1984, S. 206.

[297] *Nazwy miejscowe Polski*, Bd. IX, Kraków 2013, S. 222 (mit allerdings nicht überzeugender Erklärung des deutschen Namens aus dem Polnischen).

[298] Mucke a. a. O., S. 206.

[299] Ebd., S. 269.

[300] T. Witkowski: *Die Ortsnamen des Kreises Greifwald*, Weimar 1978, S. 140.

[301] 1989, S. 235.

[302] 1981, S. 19; 1958, 56; 1962, S. 24 und 30.

[303] 1959, S. 157. Zur Lokalisierung vgl. auch D. v. Holle: *Beiträge zur Geschichte und Verfassung der Stadt und des Amts Burgdorf*, in: *Neues vaterländisches Archiv* 3 (1823), S. 323–359, hier: S. 324 und R. Scheelje: *Zur Geschichte und Lokalisierung der Burg Depenau bei Burgdorf (Ldkr. Hannover)*, in: *Nachrichten aus Niedersachsens Urgeschichte* 53 (1984), S. 183–195, hier: S. 190ff.

[304] 1957, S. 70.

[305] 1956, S. 57.

[306] 1980, S. 160.

[307] 1995, S. 122, 174.

28) Eine Übertragung aus Westfalen nimmt L. Enders für den Ortsnamen **Vorwerk** in der Uckermark an: „Westfälisch sind auch die Ortsnamen [...] *Vorwerk* [...]."[308] Alte Belege scheinen zu fehlen.[309] Nach einer Phase, in der nur von dem „wüsten Feld Vorwerk" gesprochen wird,[310] entstanden im 1. Drittel des 18. Jahrhunderts neue Vorwerke, darunter auch *Vorwerk*.[311] Der Übertragungsthese hat S. Wauer zunächst zugestimmt, später aber nicht wieder aufgegriffen.[312]

Ich vermag dem nicht zu folgen. Meine Suche nach westfälischen Ortsnamen führte zu vier Namen, von denen ältere Belege nicht zu erbringen sind. Ich habe den Eindruck, dass sowohl im Westen wie im Osten unabhängig voneinander Namen des Typs *Vorwerk* entstanden sind. Eine Verbindung sollte über dem Zufall erhaben sein; das ist hier nach meiner Einschätzung nicht der Fall.

29) Nicht ohne Bedeutung ist der Nachweis eines Wüstungsnamens **Westfalen** bei Kyritz in der Prignitz, 1315 *in campo westualia*, 1429 *auf dem uestualischen felde* usw.[313] Es handelt sich einwandfrei um einen Hinweis auf Siedler aus Westfalen.

30) Dagegen wird man der Vermutung von H. Dobbertin,[314] in dem ON **Wohnsdorf** bei Allenburg (Ostpreußen), 1288 *Wonssdorf*,[315] eine Benennung nach einem Grafen *von Wunstorf* zu vermuten, kaum zustimmen können. In der zweiten Hälfte des 13. Jahrhunderts[316] hieß *Wunstorf* wie folgt: 1250 *prope Wunnestorp*, um 1260 *Wunstorpe*, 1290 *de Rad tho Wnstorpe*, um 1290 *Johannes comes de Wunstorpe*, 1300 *juxta Wunstorpe*, 1325 *in Wunstorppe*, 1325 *tho ... Wounstorppe*.[317] Ich sehe keine Möglichkeit, die jeweilige Überlieferung miteinander zu verbinden.

31) Etwas besser steht es vielleicht – wobei Sicherheit nicht zu gewinnen ist – mit H. Dobbertins zweifelnd vorgetragenem Vergleich zwischen **Wohldenberg** bei Hildesheim und *Woldenburg* in Pommern, heute poln. *Dąbie*: „[Wir] wissen [...] nicht, ob wir den Namen der seit 1248 bei Plathe bezeugten Burg *Woldenberg* oder *Woldenburg* des Ritters Friedrich von der Osten mit den Hildesheimer Grafen von Wohldenberg in Verbindung bringen dürfen."[318] Der Ort bei Hildesheim ist bestens bezeugt, auch die daher stammende Familie ist in Dutzenden von Belegen bekannt. Hier eine Auswahl um die Mitte des 13. Jahrhunderts: 1245 *comitum de Woldenberge*, 1245 *Heinrici de Waldenberg*, 1246 *comites de Waldenbergk*, 1247 *comes de Woldenberg*, 1249 *in Woldenberc*, 1251 *comites de Waldenberg; comes de Woldenberg*, 1251 *dictus de Woldenberg; senior de Woldenberge*, 1251 *Ludolfus de Woldenberg*, (nach 1251) *in Woldenberg*, (nach 1251) *Heinrici de Waldenberch*, 1253 *Hermannus de Wåldenberg*.[319] Für keinen anderen Ort Norddeutschlands habe ich bisher entsprechend zahlreiche Bele-

---

[308] 1992, S. 50; vgl. dies. 1987, S. 85.
[309] Enders 1986.
[310] Enders 1992, S. 211.
[311] Ebd., S. 466.
[312] 1996, S. 246.
[313] Wauer 1989, S. 262.
[314] 1959, S. 125.
[315] Ebd., S. 127.
[316] Die älteren Belege ab 871 (A. 10.Jh.) *in Uuonheresthorp* spielen in diesem Zusammenhang keine Rolle.
[317] Man vergleiche die ausführliche Behandlung des Ortsnamens in NOB I, S. 493f.
[318] 1959, S. 157.

ge sammeln können. Ich denke, dieser Vergleich ist überzeugender als mancher andere.

32) Das trifft jedoch nicht für den ON **Wünsdorf** bei Jüterbog und der mutmaßlichen Verbindung mit *Wunstorf* zu. H. Dobbertin[320] glaubte diese Verknüpfung damit stützen zu können, dass *Wünsdorf* eine Gründung des Grafen Ludolf von Roden-Wunstorf gewesen sei. Er führt dazu an Belegen an: 1430 *gerichte thu ferren Wunstorf*, 1668 *negst Wundssdorf*.[321]

Die Untersuchungen der Ortsnamen Brandenburgs stützen diese Ansicht nicht und korrigieren auch die von H. Dobbertin erwähnten Belege: G. Schlimpert hat zunächst darauf verwiesen,[322] dass aus den beiden ursprünglichen Siedlungen *Fernwünsdorf* und *Nächstwünsdorf* erst 1874 der Name *Wünsdorf* entstanden ist (H. Dobbertins Belege beziehen sich also auf zunächst unterschiedene Siedlungen). *Fernwünsdorf* ist wie folgt überliefert: 1346 *Wustdorf(f)*, *Wusttorf*, 1430 *thu ferren Wunstorf*, 1501 *in den beyden dorffern wonsdorff*, 1583 *Ferne Wunsdorff*, 1624 *Fern Wünstorff* usw., der Nachbarort *Nächstwünsdorf*: 1501 *in den beyden dorffern wonsdorff*, 1583 *Das dorff Negst Wunsdorff ... Negst Wünsdorff* usw.

Eine Verbindung mit *Wunstorff* ist nicht möglich, da dieser Name keinen Umlaut (*-ü-*) zeigt, während *Wünsdorf* diesen zwingend voraussetzt und das *-ü-* auch schon im 14. Jahrhundert sehr wahrscheinlich gesprochen wurde. Die mittelniederdeutschen und mittelhochdeutschen Schreiber hatten aber noch kein Zeichen für das *-ü-*, es wurde wie *-u-* unterschiedslos als *-u-* realisiert. Der Vergleich ist abzulehnen.

Auswertung

Wir sind am Schluss unserer detaillierten Betrachtung möglicher Verbindungen des Weser- und Leinegebietes mit den Ortsnamen des deutschen Ostens angelangt. Dass sich diese auch außerhalb der Ortsnamen aufzeigen lassen, ist kein Geheimnis. Einige wenige Zitate mögen das belegen. So betont E. Weise den Landweg der Ostfahrer und meint:[323] „Deutsche Bauern [...] benutzten [...] lieber die Landbrücke über Frankfurt-Thorn oder den Weg an die Küste entlang. Der Bauer treckt, er fährt nicht gern über See", und kurz davor: „Die Besitzungen des Deutschen Ordens lagen ganz überwiegend im südlichen Niedersachsen [...]."[324] So war auch Doberan eine Tochtergründung – „man sagte damals direkt *filia*" – des Weserklosters Amelunxborn.[325] In der Klosterkirche von Doberan stand ein Grabstein des 1304 bezeugten mecklenburgischen Ritters *Hinricus de Wesere*.[326] Im Jahre 1240 schenkte Herzog Barnim von Pommern dem Kloster Wülfinghausen seine Kirche in Pyritz.[327]

---

[319] G. Bode: *Entwurf einer Stammtafel der Grafen von Wöltingerode, Woldenberg, Woldenbruch, Harzbuerg, Werder und Woldenstein*, in: Zeitschrift des Harzvereins 1890, S. 1–98, hier: S. 17, 22, 23, 26, 29, 31, 34.
[320] 1959, S. 156.
[321] Ebd., S. 127.
[322] *Die Ortsnamen des Teltow*, Weimar 1972, S. 205f.
[323] 1956, S. 54f.
[324] Ebd., S. 55.
[325] Ebd., S. 50.

Ich denke, es ist deutlich geworden, dass es unzweifelhafte Verbindungen zwischen dem Weser- und Leinegebiet und dem Raum nördlich von Berlin (vor allem in der Prignitz und der Uckermark) gibt. Nach Streichung von etlichen falsch interpretierten Fällen bleiben an sicheren Übertragungen von Orts- und Familiennamen auf Orte im Osten übrig: *Beverungen – Beweringen, Everstein, Schaumburg, Bischofshagen, Biesterfelde – Boisterfelde, Dalhausen – Dahlhausen, Hamelspringe – Hammelspring, Hindenburg, Rautenberg – Rutenberg, Spiegelberg, Depenau – Tiefenau, Westfalen, Wohldenberg – Woldenburg*.

Damit präsentiert sich bereits durch die Basis der Ortsnamen (die aber mit Sicherheit die überzeugendste Basis für derartige Vergleiche bieten) dieser Komplex als wesentlich überzeugender als der von W. Wann und W. Scherzer bevorzugte mährische Raum (wobei nicht bestritten werden soll und kann, dass es auch – davon war eingangs schon ausführlich die Rede – dorthin eindeutige Namenübertragungen gegeben hat). Ein kurzer Blick in die Familien- und Personennamen wird diesen Eindruck noch verstärken.

Coppenbrügge – ein exemplarischer Fall

Zuvor sei jedoch an einem exemplarischen Fall nochmals demonstriert, wie leichtfertig gelegentlich in der bisherigen Diskussion mit namenkundlichen Argumenten umgegangen wurde: Gemeint ist der Ortsname *Coppenbrügge* östlich von Hameln.

Obwohl auch ältere Belege eindeutig zeigen, dass im Grundwort von ndt. -*brugge* 'Brücke' auszugehen ist (vgl. unten die Auflistung der Belege), indem man an Namen wie etwa *Brüggen* an der Leine und *Brügge* in Flandern anschließen kann, vertraut W. Woeller[328] auf die Namdeutung von S. D. G. Freydanck,[329] sieht daher im Grundwort -*burg*, denkt bei dem Verschwinden der Kinder an einen Sumpfkessel bei Coppenbrügge und begründet dieses mit dem Ortsnamen: Er „trug den Namen *Copenbrug* und war eine altgermanische Opferstätte. Als 1303 […] eine feste Burg errichtet wurde, ging der Name auf die Burg und den mit ihr entstehenden Ort über."[330] In einer Anmerkung verweist W. Woeller nochmals auf die Arbeit von Freydanck, „in der bereits versucht wurde, zwischen *Koppen* und *Coppenbrügge* eine Verbindung herzustellen."[331]

Dazu ist zunächst zu bemerken, dass Freydancks Untersuchung zu den schlechtesten und zugleich phantasievollsten Arbeiten über niedersächsische Ortsnamen gehört.[332] Mit allem Nachdruck ist auf die zahlreiche Korrekturen enthaltenen Ausführungen von L. Bückmann[333] hinzuweisen. Dennoch haben auch R. Frenzel und M. Rumpf, die eine m. E. nüchterne und auf die wesentlichen Punkte beschränkte Zusammenstellung des Sagengerüstes

---

[326] Dobbertin 1959, S. 122.
[327] Klost. Wülf. UB, S. 46f., zu Einzelheiten vgl. auch ebd., S. 3f.
[328] 1956/57, S. 141ff.
[329] Freydanck, Bedeutung, S. 88, wo der Name zu *kupa* 'Opferschale' und *burg* (nicht *Brücke*!) gestellt wird und auf eine Erhöhung, nicht eine Brücke, Bezug genommen wird.
[330] Woeller, a. a. O., S. 141; vgl. auch dies. 1961, S. 194.
[331] Woeller, 1956/57, S. 141, Anm. 24.
[332] Das betrifft auch Freydanck, Coppenbrügge.
[333] *Über die Ortsnamen des Kreises Hameln*, in: *Niedersachsen* 35 (1930), S. 310–315.

geboten haben,[334] diese Nüchternheit in diesem Fall aufgegeben und sind den Ausführungen W. Woellers gefolgt. Es ist schon erstaunlich, wie leichtfertig man mit dem Ortsnamenmaterial umzugehen bereit ist.

Coppenbrügge ist wie folgt belegt: 10. Jh. (A. 15. Jh.) *ad Cobbanbrug*, 1013 *per summitatem montis Gigath ... usque ad Cobbanberg*, 1033 *usque ad Cobbanberg*, 1062 *tendit Choppenbrukke, de Choppenbrukke*, 1281 *in villa Cobbenbrukke*, 1381 *Johanns de Kobbenbrughe*, 1388 *von der Kopenbrügge*, 1393 *van der Cobbenbrugge*.[335] Die Belege von 1013 und 1033 beziehen sich auf eine Erhebung bei Coppenbrügge. Dass der Name ansonsten eindeutig Bezug auf eine Brücke nimmt, zeigen die Belege ganz deutlich. Aber noch neueste Veröffentlichungen bieten Erstaunliches. So sieht A. Gercke[336] in dem Beleg *a loco Kobbanbrug* das Bestimmungswort *brug* = Bruch, folgert daraus, dass es sich nicht um das damalige Dorf handelt, sondern offensichtlich um den Bruch, der 1062 als *Choppenbrukke* dem Bischof Hezilo von Hildesheim verliehen wurde. Noch schlimmer wird es, wenn er fortfährt: „Daß es um 1000 schon vorhanden war, kann daraus geschlossen werden, daß der Ortsname *Coppenbrügge* ein keltisches Wort ist, wie es Edward Schröder erkannt hat."

Natürlich liegt in *Kobbanbrug* nicht *brug* = Bruch vor, denn im Raum Coppenbrügge kann nur von niederdeutscher Lautung ausgegangen werden, wo es nur *brok* heißt, niemals *brug*, zum zweiten sollte man Keltisches aus Norddeutschland endlich verbannen; noch nicht einmal in Hessen wird man auch nur einen einzigen Ortsnamen finden, der mit Sicherheit dem Keltischen zuzuzählen ist.

Mit den Rattenfängersage hat der Name *Coppenbrügge* nichts zu tun.

Familiennamen von Weser und Leine im Osten

Es bleibt noch übrig, einen Blick in die weserländischen Familien- und Personennamen zu tun und zu prüfen, inwieweit diese den Weg nach Osten gefunden haben. Da einige schon bei der Behandlung der Ortsnamen zur Sprache gekommen sind, können wir uns hier relativ kurzfassen.

Dass Kolonisten aus dem Weserbergland den Weg nach Pommern und benachbarten Gebieten gefunden haben, ist unbestritten. H. Dobbertin hat in seinem Beitrag über *Livland- und Preußenfahrten westdeutscher Fürsten, Grafen und Edelherren im 13. Jahrhundert* (1962) u. a. behandelt: *Gottschalk von* **Pyrmont** (1207), *Ludolf von* **Hallermund**, *Dietrich von* **Adensen** (1209), *Helmold von der* **Plesse** (1211), *Adolf von* **Dassel** (1220), *Bodo von* **Homburg** (1221), wahrscheinlich hat auch *Hermann II. Spiegel von* **Desenberg** (1252–98) in Pommern kolonisiert.[337]

Die von **Duding(h)e**, eine um 1230 nach Mecklenburg eingewanderte Ritterfamilie stammt aus *Duingen* bei Alfeld.[338] Zu dieser Zeit erscheint der Ortsname wie folgt: 1238

---

[334] 1962/63, S. 47–64.

[335] Hoch. Hild. UB 1, S. 30, 41, 101, Monumenta Germaniae historica, Urkunden Konrads II., S. 255, Cal. UB 9, S. 29, UB Hameln 1, S. 462, 481, 498.

[336] *Bevor Hannover entstand*, in: Hannoversche Geschichtsblätter. Neue Folge 41 (1987), S. 28.

[337] Dobbertin 1955, S. 21–29, hier: S. 47.

[338] Dobbertin 1985, S. 93.

filius suus de Dudinge, (um 1264) *Dutinge*, 1272 *Hermannus de Dudinge*; 1277–84 *Iohannes Dudinges*, 1291 *de Dudingen*, 1308 *Hartmannus de Dudingen*, 1308 *Hartmanno de Dudinge*, 1317 *Hartmannus de Dudighe*.[339]

Beteko **Gruelhut** und andere Angehörige dieser Familie sind an Ostlandfahrten mehrfach beteiligt;[340] mehrfach erscheint ein Familienname **Hamel** in Pommern,[341] z. B. 1317 *Lodekinus de Hamel*, 1318 *Thilo de Hamel* (in Berlin ansässig),[342] worunter sich auch gelegentlich ein Abkömmling aus Hohenhameln bei Hildesheim befinden kann.

Ein starkes Argument für die Beziehungen Hamelns mit dem Odergebiet führt H. Dobbertin auch mit dem Hinweis auf Personen an, die **Quernhamel** heißen. Die Beziehung zu der mittelalterlichen Ortsnamenvariante *Hamelns* ist evident. Gerade im 14. und 15. Jahrhundert wird *Hameln* oft so genannt: 1323 *in Quernhamelen*, 1337 (K.) *in opido Hamelensi, alias dicti Quernhamelen*, (1338) (K.) *quod dictus locus aliquando nominetur Hamelen, aliquando Quernhamelen*, 1345 *in oppido nostro Hamelen alias Quernhamelen vulgariter nominato*, (ca. 1368) *Ad consules in Quernhamelen*, 1372 *to Querenhamelen*, 1373 *uppe Querenhamelen*, 1407 *unse stadt Querenhamelen*.[343] Daher ist für Personen, die diesen Namen tragen, oder für ihre Eltern oder Großeltern Hameln als Herkunftsort mit Sicherheit anzunehmen.

Zu nennen sind hier *Wedego Quernhamel*, 1357 Bürger von Danzig,[344] 1377/78 *Coneke von Querrehamel*, Grundstücksbesitzer ebenda,[345] aus Frankfurt/Oder: 1441 *peter vnd hanse, gebrudern, gnannt die quernhamele*,[346] 1473 *Thewes Schulz vnd Quernhammel, Herrn des Raths*,[347] 1486 *Hans Qwerenhamer; hans Qwernhammer; Hans Qwernhamer; hanns Quernhamer*.[348] Bis Riga weisen die Spuren: 1303 *Hermannus, Thiedemannus Quernehamel*.[349]

Vergleicht man mit diesen überzeugenden und unzweifelhaften Herkunftsnamen die Versuche von W. Wann und W. Scherzer, mit aller Macht in dem Wüstungsnamen *Hamlíkov* bei Brünn einen Zusammenhang mit *Hameln* zu entdecken, so wird die Diskrepanz zwischen Fakten und Wünschen besonders deutlich.

Die Familie derer von **Spiegelberg** wurde oben schon bei der Behandlung der Ortsnamen behandelt.

In dem ON *Pottholtensen* bei Wennigsen am Deister steckt ursprünglich eine Form *Spolenholthusen*, die später zu *Pottholtensen* entstellt worden ist. Im ersten Teil des Namens liegt ein Familienname vor, wie einige älter ON-Belege zeigen: 1222–27 *Dominum* **Spolen** *de Holthusen*, 1241 *fratres et milites de Spollenholthusen*, 1243 *Con. et Thidericus de Spolenholthusen*, 1247 *fratres et milites de Spolenholthusen*, 1304–24 *in Spolholthusen*.[350] Zu gleicher Zeit ist im Calenberger Land auch die Familie *Spole* bezeugt: 1234–

---

[339] Hoch. Hild. UB 3, S. 42, 147, 251, 253, 779, 782, Bd. 4, S. 187.
[340] Dobbertin, Abschließendes, S. 268f.
[341] Dobbertin 1955, S. 5.
[342] Dobbertin 1985, S. 88.
[343] UB Hameln 1, S. 138, 240, 259, 300, 417, 432, 436, 547.
[344] Cammann 1957, S. 69; Dobbertin 1955, S. 5.
[345] Dobbertin a. a. O., S. 6.
[346] Codex diplomaticus Brandenburgensis, Reihe A, Bd. 23, S. 219.
[347] Ebd., Reihe D, Bd. 1, S. 338.
[348] Ebd., Reihe A, Bd. 23, S. 289, 290, 292.
[349] Feyerabend, S. 96; Soetemann, S. 14.

42 *Conradus et Didericus Spolones*, 1243 *Thidericus Spole*, 1245 *Conradus et Tidiricus fratres spolones dicit*, ca. 1248 ... *Spole*, 1252 *fratres et milites dicti Spolen* ... *Datum Holthusen*.[351]

Wie nun einige Belege aus Mecklenburg und Brandenburg zeigen, war „zumindestens ein Mitglied [...] an der Ostkolonisation beteiligt"[352]: 1261 *Hinricus Spole*[353], 1304 *Her Spole*[354].

Weitere Ostlandfahrer befanden sich unter den *Stanges*[355] und den *Trampes*[356].

Diese knappen Bemerkungen machen deutlich, dass auch die familiären Verbindungen zwischen dem Wesergebiet und Pommern, Brandenburg, Mecklenburg usw. sehr viel enger waren als diejenigen mit Mähren. H. Dobbertins These scheint mir auch in diesem Fall gut begründet.

Kritik der Pommern-Theorie

Allerdings ist „seine Theorie einer auf dem Weg nach Pommern untergegangenen ‚mittelalterlichen Adelswanderung' seit Jahrzehnten immer wieder als die einzig mögliche Erklärung des Sagenkerns zu beweisen"[357], auch kritisiert worden.

So etwa von W. Ueffing 1982/84, der schon das Datum 1284 bezweifelt. Des Weiteren von B. U. Hucker, der darauf verwiesen hat, „wie dicht die personellen Beziehungen hin und her waren" und deshalb meint: „Von einem spurlosen Verschwinden der Hamelner hätte keine Rede sein können und eine erfolglose Suche der Mütter bliebe angesichts der Funktionstüchtigkeit des Schiffsverkehrs und des Informationsnetzes im Hanseraum ziemlich rätselhaft."[358]

Zur genauen Datierung des Auszugs der Hamelner Jungleute vermögen die Ortsnamen natürlich nichts beizutragen. Aber immerhin lässt sich sagen, dass sich das anvisierte Jahr sehr gut in die Hochphase der deutschen Ostkolonisation einpasst. Notiert man die Ersterwähnungen der in diesem Beitrag behandelten sicheren Ortsnamenübertragungen (wobei mir klar ist, dass das über das Entstehungsjahr nur bedingt Auskunft gibt) und zwei Personennamen, die mit den Flüssen Weser und Leine zu verbinden sind, so ergibt sich folgende Reihe: 1460 *Schawenborch*, 1386 *Beueringhe*, 1375 *Byscoppeshaghen*, 1375 *Bistervelt*, 1487 *Dalehusen*, 1375 *Havelspryng*, 1317 *Hyndenborch*, 1283 *jhm dorffe Hindenburg*, 1269 *Fredericus de Hyndenborg*, 1369 *tu Hindenborch*, 1248 *Theodericus de Leine*, 1300 *Rutenbergk*, 1347 *Tylo de Rutenberg*, 1360 *Spiegelberg*, 1250 *a castro Dypenowe*, 1315 *in campo westualia*, 1248 *Woldenberg*, 1304 *Hinricus de Wesere*.

---

[350] Hauptmeyer, S. 43, 45, 50.
[351] Ebd., S. 41, 42, 44.
[352] Ebd., S. 49.
[353] Ebd., S. 45 nach Meckl. UB 2, Nr. 912, S. 176f.
[354] Ebd., S. 45 nach Codex diplomaticus Brandenburgensis, Reihe B, Bd. 1, S. 253, Nr. 322.
[355] Zur Frage der Herkunft dieser Familie vgl. Morré, S. 475 (mit Lit.-Hinweisen) und Krollmann 1912 (zu *Stange* ausführlich: S. 23ff.).
[356] Vgl. O. Grotefend: *Die Familie von Trampe*, in: *Baltische Studien. Neue Folge* 27 (1925), S. 1–157 und Morré, S. 472.
[357] N. Humburg: *Neueste Forschungen zur Hamelner Rattenfängersage*, in: *Jahrbuch Museumsverein Hameln* 1982/84, S. 59f.
[358] Hucker, S. 97.

Auf den Einwand von B. U. Hucker, ein spurloses Verschwinden könne angesichts der engen Verbindungen zwischen Heimat und Kolonisationsgebiet nicht angenommen werden, hat H. Dobbertin selbst wie folgt geantwortet: „Die Verhältnisse in Osteuropa waren zwar nicht Wildwest-Verhältnisse [...], aber es gab gewiß unzählige Vermißtenschicksale [...]", die den Stoff für sagenhafte Ausschmückungen hergegeben haben dürften. Ich denke, dass H. Dobbertin auch in diesem Punkt recht hat. Auswandern ist immer mit Risiken behaftet; einige wenige Unglücksfälle reichen aus, um in der Heimat zu gewaltigen Katastrophen umgedeutet zu werden.

Zusammenfassung

Ich bin am Ende meiner Überprüfung der namenkundlichen Seite bisheriger Theorien zur mutmaßlichen Auswanderung Hamelner Jungbürger. Nochmals sei betont, dass nicht zu bestreiten ist, dass es Verbindungen zwischen Mähren und dem Weserbergland gibt, aber ohne Frage bestehen viel sicherere Namengleichungen zwischen dem Wesergebiet und den Kolonisationsgebieten nördlich von Berlin, vor allem der Prignitz, der Uckermark und mit Pommern. Die Gleichung *Hamelspringe – Hammelspring* spricht für sich.

Ich hoffe deutlich gemacht zu haben, dass eine sorgfältige Untersuchung der geographischen Namen doch sehr klare Hinweise auf das Ziel der Auswanderer geben kann. Gerade dieses ist bisher oft bestritten worden. So etwa von M. Kroner, der durchaus der Auswanderungstheorie den Vorzug gibt und unterstrichen hat: „Wenn dem so ist, hat die deutsche Ostkolonisation, über die es nur spärliche dokumentarische Nachrichten gibt, im Kleide der Fabel den Stoff für die bekannteste deutsche Sagengestalt geliefert."[359] Zugleich schränkt er aber ein: „Das Niederlassungsgebiet konnte sich von der Ostsee bis nach Mähren erstreckt haben."

Diese Skepsis findet sich auch bei H. E. Mayer,[360] der m. E. zu Recht gegenüber H. Dobbertin Zurückhaltung empfiehlt:

> Der Vf. ist der sich in unserer Wissenschaft immer stärker bemerkbar machenden Versuchung erlegen, die Klärung der Vergangenheit bis zur letzten Konsequenz und zum letzten Detail treiben zu wollen (so etwa, wenn er glaubt, das Schiff mit den Auswanderern sei 1284 Juli 22 vom Johanniterhof Cuppen bei Rügenwalde zum letztenmale gesehen worden).

Allzu skeptisch heißt es dann aber weiter: „Daß der Zug ins Kolonialland ging, sei als Möglichkeit gerne geglaubt. Zu weiteren Vermutungen reichen die Quellen nicht hin".

Dem möchte ich die Aussagefähigkeit von Ortsnamen, die von einer Bevölkerung entweder mitgenommen werden oder aber aus ihrer Sprache, mit Hilfe derer ihre Herkunft oft genug bestimmt werden kann, in ihrer neuen Heimat nach alten Mustern neu geschaffen wurden, entgegensetzen.[361] Dass mit dieser Untersuchung der geographischen

---

[359] 1984, S. 172.
[360] *Rez. zu: H. Dobbertin, Neues zur Hamelner Rattenfängersage, Fabula 1(1957)*, S. 144–155, in: *Deutsches Archiv für Erforschung des Mittelalters* 14 (1958), S. 583–584, hier: S. 584.
[361] Wendet man diese Methode bei der Frage nach der Heimat derjenigen germanischen Stämme an, die England besiedelten, so ergeben sich ebenfalls sehr deutliche Hinweise: vgl. J. Udolph:

Namen nur ein Teil des die Sage umspannenden dichten Netzes von Vermutungen, Ausmalungen und dichterischen Veränderungen etwas gelockert worden ist, liegt in der Natur der Sache. Wahrscheinlich verhält es sich so, wie E. Weise vermutet hat, dass es „die Erinnerung an einen starken Menschenverlust durch die Ostkolonisation [ist], die in der Sage festgehalten wird."[362]

Und dass von allen angebotenen Theorien (Kinderkreuzzug, Naturkatastrophe, großes Kindersterben, priesterlicher Ritualmord, Tanzwut [Veitstanz], Erinnerung an die großen Verluste Hamelns in der Schlacht von Sedemünde [1260], Ostkolonisation) die Suche nach einer neuen Existenz im Osten mit hoher Wahrscheinlichkeit hinter der Sage zu vermuten ist, wird immer wieder angenommen, ja gelegentlich erzeugte die Nichtberücksichtigung dieses Vorschlags sogar Erstaunen. Ich zitiere nochmals J. P. O'Donell:[363]

> Sonderbarerweise hat ein wirklich wichtiges politisches Ereignis des mittelalterlichen Europa bei den früheren Forschern, die dem Rattenfänger auf der Spur waren, nur flüchtige Beachtung gefunden: das Phänomen der Massenauswanderung nach dem Osten, der ständige Strom deutscher Kolonisten […].

A.   Verbindungslinien zwischen Weser- und Leinegebiet und dem Osten

1   Beverungen (Weser) – Beveringen (bei Pritzwalk) – Beweringen (bei Stargard i. Pomm.)
2   Everstein (bei Holzminden) – Everstein (bei Naugard)
3   Schaumburg (bei Hess. Oldendorf) – Altschaumburg (nördl. Küstrin)
4   Bischofshagen (bei Löhne/Westf.) – Bischofshagen (b. Greiffenberg/Uckermark)
5   Biesterfelde (südl. Bad Pyrmont) – Boisterfelde (bei Prenzlau/Uckermark)
6   Dalhausen (bei Beverungen/Weser) – Dahlhausen (bei Pritzwalk/Prignitz)
7   Hamelspringe (westl. Bad Münder) – Hammelspring (bei Templin/Uckermark)
8   Hindenburg (westl. Höxter) – Hindenburg (Altmark) – Hindenburg (bei Templin) – Hindenburg (bei Prenzlau) – Hindenburg (Pommern)
9   Rautenberg (bei Hildesheim) – Rutenberg (südöstl. Neustrelitz)
10 Spiegelberg (südl. Coppenbrügge) – Spiegelberg (bei Pasewalk/Uckermark) – Spiegelberg (bei Allenstein/Ostpreußen)
11 Depenau (bei Burgdorf/Han.) – Tiefenau (an der Marienburg)
12 Westfalen (Ländername) – Westfalen (bei Kyritz/Prignitz)

B.   Verbindungen nach Mähren

a   Fülme (Porta Westfalica) – Fulštejn (bei Hotzenplotz, tschech. Osoblaha)
b   Schaumburg – Šaumburk (bei Olmütz)

Die Landnahme Englands durch germanische Stämme im Lichte der Ortsnamen, in: *Nordwestgermanisch* (= *Reallexikon der Germanischen Altertumskunde. Ergänzungsband* 13), Berlin – New York 1995, S. 223–270.

[362] 1956, S. 49.
[363] 1956, S. 57f.

Diesem wollte ich nachgehen. Auf der einen Seite ging es mir darum, die z. T. erheblichen Unzulänglichkeiten, ja Unkenntnisse auf namenkundlichem Sektor deutlich zu machen (das betraf Anhänger wie Gegner der Mährentheorie gleichermaßen), zum anderen habe ich zu zeigen versucht, welch sichere Zeugnisse für Wanderungsbewegungen die Ortsnamen in sich bergen. Gar zu gern werden diese Aussagemöglichkeiten von Archäologen und Historikern übersehen oder für unerheblich erachtet. Um so wichtiger ist es, die historisch bezeugte Ostkolonisation anhand der Ortsnamen einer Prüfung zu unterziehen.

Trägt man die aus dem Weser- und Leinegebiet sicher übertragenen Namen auf einer Karte ein (s. Karte 1), so erscheinen diese Aussagen noch plastischer. Deutlich erkennbar sind die engen Verbindungen mit dem Nordosten, wobei zu betonen ist, dass nicht Pommern das eigentliche Ziel war, sondern die Prignitz und die Uckermark. Hier finden sich fast alle Namen des Weser- und Leinegebietes wieder. Erst in einem weiteren Vordringen wird offenbar die Oder überschritten. Die Zusammenstellung der Namen und ihre Kartierung zeigen, dass die erste Kolonisationswelle aus dem Wesergebiet über die Altmark hinweg führte (*Hindenburg* als Ortsname einmal belegt) und dass sich die Kolonisten zunächst nördlich von Berlin niedergelassen haben. Benachbarte Orte wie *Hindenburg* und *Hammelspring* sowie *Beveringen* und *Dahlhausen* deuten auf gewisse Konzentrationen der Siedler aus dem Wesergebiet hin.

Dem gegenüber ist die Zahl der sicher übertragenen Namen nach Mähren verschwindend gering. Sie reicht nicht im Mindesten an die Streuung nach Nordosten heran.

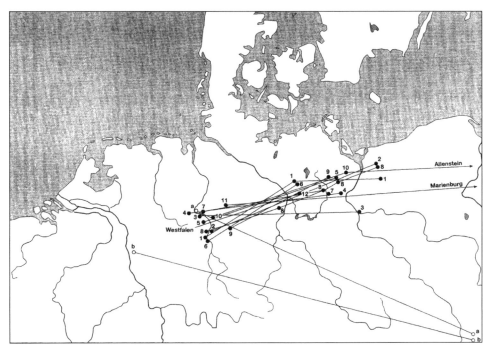

Karte 1

Schlusswort

Das Ergebnis zeigt, dass historische Überlieferung und Streuung der Ortsnamen zu einer gewissen Deckung gebracht werden können. Daraus dürfen verschiedene Folgerungen gezogen werden:

1.) Eine sorgfältige Analyse der Ortsnamen erlaubt es, Aussagen über Heimat und Expansionsgebiet zu machen.
2.) Übertragungen von Ortsnamen aus neuerer Zeit sind gut bekannt. Man denke an die Besiedlung Amerikas durch Europäer (Namen wie *Stanton*, *New Orleans*, *Hannover*, *Berlin*), an die Einwanderung von Europäern nach Südafrika (*Heidelberg*, *Heilbronn*, *Rijswijk*), an die die Eroberung und Besiedlung Sibiriens durch russische Kolonisten, an Hugenottenumsiedlungen (*Salzburg* im Kreis Hameln-Pyrmont).
3.) Daraus folgt, dass die Orte *Hammelspring*, *Beveringen*, *Hindenburg*, *Spiegelberg*, *Rutenberg* in der Prignitz, in der Uckermark und in Pommern im Zug der deutschen Ostkolonisation dorthin gekommen sein müssen. Der Anteil des Wesergebietes ist bedeutend. Es gibt gute Gründe, die Ortsnamen des Ostens mit dem Ziel der Hamelner Auswanderer in Verbindung zu bringen.
4.) Die Kontakte mit Mähren waren in erster Linie mit der Person des Bischofs *Bruno von Schaumburg* verknüpft. Nach dessen Tod 1281 erlosch die Zuwanderung aus dem Wesergebiet, während die deutschen Ostgebiete bis zum Baltikum den Siedlern weiter offenstanden.
5.) Wenn es einen Rattenfänger gegeben haben sollte (es handelt sich aber wohl um einen zweiten Erzählstrang, der erst spät ausgeprägt wurde), dann hätte er die Hamelner mit Sicherheit weder nach Siebenbürgen oder nach Mähren, sondern nur nach Brandenburg, in die Prignitz, die Uckermark oder nach Pommern geführt. Das jedenfalls besagen die Ortsnamen.

Nachtrag (Dezember 2022)

Heute kann ich nach der Veröffentlichung dieser Studie zur Rattenfängersage aus namenkundlicher Sicht (1997) noch zwei Punkte ansprechen, die die These, dass hinter der Sage mit großer Wahrscheinlichkeit Ereignisse aus der Zeit der deutschen Ostsiedlung stehen dürften, weiter stützen können.

1.   Ratten in Hameln?

In meinem Beitrag bin ich nicht darauf eingegangen, inwieweit die Ratten, die in der Sage vom Rattenänger ja eine wichtige Rolle spielen, auch mit Hilfe der Namenforschung nachgewiesen werden können.

Wie ich inzwischen festgestellt habe, gibt es aber im Namenbestand Hamelns einen eindeutigen Hinweis, der auf die Existenz von (zahlreichen) Ratten und Mäuse schließen lässt: Es ist der Name der Stadt Hameln selbst.

Man hat bisher nicht darauf geachtet, dass Hameln jahrhundertelang nicht *Hameln* hieß, sondern *Quernhameln*. Hier ein Auszug aus den zahlreichen Belegen, die sich vor allem im Urkundenbuch von Hameln finden:

(12. Jh.) *in villa publica cui nomen Quernhamele* (Helmold von Bosau, Slavenchronik, 3. Aufl, Hannover 1937, S. 84);
(12. Jh.) *Saxonie vicus Quernhamele* (Helmold, S. 224);
1196 *De Hamele ... Locus in Quernhamelen* (UB Hameln 1, Nr. 9, S. 6);
1265 *oppidi Quernhamele;* Variante: *Qerenhamele* (UB Hameln 1, Nr. 55, S. 41);
1265 *de Quernehamelen* (UB Hameln 1, Nr. 56, S. 42);
1323 *in Quernhamelen* (UB Hameln 1, Nr. 204, S. 138);
1337 (K.) *in opido Hamelensi, alias dicti Quernhamelen* (UB Hameln 1, Nr. 331, S. 240);
(1338) (K.) *quod dictus locus aliquando nominetur Hamelen, aliquando Quernhamelen* (UB Hameln 1, Nr. 342, S. 259);
1345 *in oppido nostro Hamelen alias Quernhamelen vulgariter nominato* (UB Hameln 1, Nr. 394, S. 300);
(ca. 1368) *Ad consules in Quernhamelen* (UB Hameln 1, Nr. 566, S. 417);
1372 *to Querenhamelen* (UB Hameln 1, Nr. 598, S. 432);
1373 *uppe Querenhamelen* (UB Hameln 1, Nr. 604, S. 436);
1407 *unse stadt Querenhamelen* (UB Hameln 1, Nr. 789, S. 548).

Der Zusatz *Quern-*, der hier immer wieder erscheint, gehört zu dem alten germanischen Wort für 'Mühle', das seit dem Vorkommen im Gotischen in zahlreichen germanischen Sprachen bezeugt ist: got. *qaírnus* (*asilu-qaírnus* 'Eselsmühle', vgl. ae. *esul-cweorn* 'Eselsmühle'), aisl. *kvern*, schwed. *qvarn*, asä. *quern*, mnd. *querne*, afries. *quern*, ae. *cweorn*, *cwyrn*, *cweorne*, ahd. *quirin*, *chuirna*, tiefstufig *churn*, mhd. *kurn*, *kürne*.[364] Zu Hameln als Mühlenstadt liegt auch eine Studie von I. Göbel vor.[365]

Damit erklärt sich auch das Auftreten von zahlreichen Ratten (und wahrscheinlich Mäusen), für die die beim Mahlen herunterfallenden Körner natürlich ein natürlicher Anziehungspunkt gewesen sind.

2. Verbreitung und Streuung von Familiennamen, die mit dem Namen *Hameln* zu verbinden sind

Ich hatte in meinem Beitrag schon darauf verwiesen, dass man auch Familiennamen nutzen kann, um Ausgangsbereich und Richtung der deutschen Ostsiedlung näher zu umreißen. Was ich damals aber zu wenig berücksichtigt habe, ist, dass es Familiennamen gibt, die eindeutig auf den Ortsnamen *Hameln* als Quelle des Familiennamens hinweisen. Ich bin auch nicht näher darauf eingegangen, dass H. Dobbertin entsprechende Familiennamen schon behandelt hat und daraus eine Wanderungsbewegung in das Odergebiet wahrscheinlich gemacht hat. H. Dobbertin behandelte Familiennamen wie *Quernhamel*, die offensichtlich ihren Namen von der mittelalterlichen Ortsnamenvariante *Hamelns*, die ich eben angesprochen habe, ableiten.

Daher ist für Personen, die diesen Namen tragen, oder für ihre Eltern oder Großeltern Hameln als Herkunftsort mit Sicherheit anzunehmen.

---

[364] Ausführlich behandelt – auch dessen Vorkommen in Ortsnamen bei Udolph, Germanenproblem, S. 573–587.
[365] I. Göbel: *Die Mühle in der Stadt. Müllerhandwerk in Göttingen, Hameln und Hildesheim vom Mittelalter bis ins 18. Jahrhundert*, Bielefeld 1993.

Zu nennen sind hier etwa *Wedego Quernhamel*, 1357 Bürger von Danzig[366], 1377/78 *Coneke von Querrehamel*, Grundstücksbesitzer ebd.[367], aus Frankfurt/Oder: 1441 *peter vnd hanse, gebrudern, gnannt die quernhamele*[368], 1473 *Thewes Schulz vnd Quernhammel, Herrn des Raths*[369], 1486 *Hans Qwerenhamer; hans Qwernhammer; Hans Qwernhamer; hanns Quernhamer*[370]. Bis Riga weisen die Spuren: 1303 *Hermannus, Thiedemannus Quernehamel*[371].

Seit 1997 hat es in der Untersuchung der Familiennamen, vor allem durch die Entwicklung der EDV und des Internets, weitere Recherchemöglichkeiten gegeben. Darauf möchte ich hier kurz eingehen.

Vorauszuschicken ist, dass der Ortsname *Quernhameln* als Familienname z. T. verändert wurde. Hier anzuschließen sind die Namen *Querhammer* und *Querhammel*. Auf einer Telefon-CD von 2002 erscheint *Querhammel* 8-mal und *Querhammer* 23-mal. Eine gemeinsame Kartierung beider Varianten zeigt Karte 2. Man erkennt, dass die Träger mit diesen Familiennamen zum einen den Weg nach Norden genommen haben, zum anderen den Weg nach Osten.

Karte 2

Nun gilt es zu bedenken, dass durch die starken Bevölkerungsverschiebungen, die es vor allem in der Folge des 2. Weltkriegs gegeben hat, die ursprünglichen Siedlungsverhältnisse verändert worden sein können. Hier helfen ältere Belege für die entsprechenden Familiennamen, die man vor allem genealogischen Datenbanken entnehmen kann. Hilfreich sind dabei u. a.:

> *Familysearch*, die Datenbank des Projekts der *Genealogical Society of Utah*, einer Organisation der Kirche *Jesu Christi der Heiligen der Letzten Tage (Mormonen);*

---

[366] Cammann 1957, S. 69; Dobbertin 1955, S. 5.
[367] Dobbertin, a. a. O., S. 6.
[368] Codex diplomaticus Brandenburgensis, Reihe A, Bd. 23, S. 219.
[369] Ebd., Reihe D, Bd. 1, S. 338.
[370] Ebd., Reihe A, Bd. 23, S. 289, 290, 292.
[371] Feyerabend, S. 96; Soetemann, S. 14.

die *Gedbas*-Datei des Vereins für Computergenealogie;
die Daten der *Ancestry Ireland Unlimited Company*.

Aus diesen Dateien führe ich hier einige Belege an, wobei die genannten Orte für die Frage, wohin Hamelner Bürger vor allem gewandert sind, besonders wichtig sind:

Amalie Friederike Querhammer, Heirat: 29.7.1824, Prenzlau
Anna Henriette Caroline Querhammer, getauft 27.8.1843, Stettin
Anna Maria Dorothea Querhammer, geboren 7.6.1868, Lübeck
Johann Gottlieb Querhammer, Heirat: 21.11.1830, Prenzlau
Martha Agnes Querhammer, getauft 30.5.1869, Stargard
Ottilie Agnes Helene Querhammer, getauft 27.7.1845, Stettin
Rosalie Marie Louise Querhammer, getauft 1.12.1839, Stettin
Sophia Maria Querhammer, Heirat: 28.4.1824 Woggersin (Mecklenburg-Vorpommern)
Ulrike Auguste Emilie Querhammer, getauft: 9.5.1841 Stettin
Querhammer (mehr nicht bekannt), lebte 1677 in Küstrin
Elisabeth Dorothea Querhammer, lebte 1725–1775 in Anklam
Querhammel, 1822 in Berlin erwähnt
Querhammel, 1737 in Bahn (Pommern) erwähnt
Querhammel, 1659 in Königsberg (Neumark) erwähnt
Christianus Querhammer, getauft 22.12.1663 in Berlin
u. a. m.

Es gibt inzwischen auch die Möglichkeit, die historischen Daten und die Angaben aus heutigen Telefon-CDs gemeinsam zu kartieren. Diese Entwicklung hatte Mario Fraust, damals Student in Leipzig, entwickelt und in seiner Magisterarbeit detailliert beschrieben.[372]

Mit Hilfe dieses Programms wurde die Karte 3 entwickelt. Sie zeigt die Verbreitung des Familiennamens *Querhammer*.

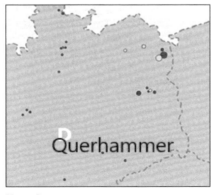

Karte 3

---

[372] M. Fraust: *Das Genevolu Projekt. Die historische Verbreitung unserer Ruf- und Familiennamen in der Zeit*, Magisterarbeit Leipzig 2008.

Die Familiennamen *Querhammel* und *Querhammer* gehen auf den Ortsnamen *Hameln* zurück. Die Veränderung von *Quernhamel* zu *Querhammer* bzw. *Querhammel* ist dadurch verständlich, dass man den Ortsnamen *Quernhameln* nicht mehr kannte und zu Umdeutungen griff.

Die Kartierungen machen auch deutlich, dass diese Siedler genau den gleichen Weg wie die Ortsnamen, nämlich vor allem nach Osten, nach Mecklenburg-Vorpommern, Brandenburg und z. T. auch noch weiter hinaus, gegangen sind; es spricht alles dafür, in ihnen Spuren der deutschen Ostsiedlung zu sehen.

Aus heutiger Sicht möchte ich die folgenden Schlussfolgerungen ziehen: Die Rattenfängersage basiert auf zwei zunächst voneinander unabhängigen Ereignissen:

1. Der alte Name von *Hameln* lautete *Quernhameln*, was 'Mühlenhameln' heißt. Man darf also davon ausgehen, dass es etliche Mühlen in der Stadt gab. Bei diesen fiel natürlich immer wieder Korn hinunter, es wurden dadurch Ratten und Mäuse angelockt, welche daher vielleicht auch eine Plage waren.
2. Die Ostsiedlung, beginnend nach der Schlacht von Bornhöved 1227, wurde gerade auch durch Siedler aus dem Wesergebiet getragen.

Die Sage hat offenbar die beiden Ereignisse aufgegriffen und zu einer Geschichte verwoben.

Literatur

F. A. v. Aspern: *Urkundliches Material zur Geschichte und Genealogie der Grafen von Schauenburg*, Bd. 2, Hamburg 1850.
H. Bartels: *Nordstemmen von der Vorzeit bis zur Gegenwart*, Burgstemmen 1983.
F. Bertheau: *Die Wanderungen des niedersächsischen Adels nach Mecklenburg und Vorpommern*, in: *Zeitschrift des Historischen Vereins für Niedersachsen* 80 (1915) S. 1–37, 351–395.
Braunschw. UB = *Urkundenbuch der Stadt Braunschweig*, Bd. 1–3, Neudruck Osnabrück 1975–1994.
Cal. UB = *Calenberger Urkundenbuch*, Bd. 1, Lfg. 3-10, Hannover 1855-1938.
Cammann 1984 = A. Cammann: *Der Rattenfänger von Hameln und der Untergang in Masuren 1284–1984*, in: *Jahrbuch für ostdeutsche Volkskunde* 27 (1984), S. 1–58.
Cammann 1957 = A. Cammann: *Rattenfängersage und Ostsiedlung nach dem derzeitigen Stande der Forschung, Heimat und Volkstum*, in: *Jahrbuch für bremische niedersächsische Volkskunde* (= Grohne Gedenkschrift), Bremen 1957, S. 66–76.
Cammann 700 Jahre = A. Cammann: *700 Jahre „Rattenfänger von Hameln" (1284-1984) und die These vom Ende in Masuren*, in: *Preußenland* 22 (1984), S. 1–3.
Codex diplomaticus Brandenburgensis, hg. von A. F. Riedel, Berlin 1838–1869.
B. Czopek-Kopciuch: *Adaptacje niemieckich nazw miejscowych w języku polskim*, Kraków 1995.
Dobbertin 1955 = H. Dobbertin: *Wohin zogen die Hämelschen Kinder (1284)?*, Hildesheim 1955.
Dobbertin 1957 = H. Dobbertin: *Die Piastin Richza von Everstein und ihre Verwandtschaft*, in: *Archiv für schlesische Kirchengeschichte* 15 (1957), S. 1–14.
Dobbertin 1957/58 = H. Dobbertin: *Neues zur Hamelner Rattenfängersage*, in: *Fabula* 1 (1957/58), S. 144–155.
Dobbertin 1958 = H. Dobbertin: *Der Auszug der Hämelschen Kinder (1248). Ein Vermißtenschicksal der Kolonisationszeit wurde zur Volkssage*, in: *Jahrbuch für Volkskunde der Heimatvertriebenen* 4 (1958), S. 35–68.

Dobbertin 1959 = H. Dobbertin: *Westdeutsche Burg-, Städte- und Ritternamen wurden zu ostdeutschen Ortsnamen*, in: *Jahrbuch für Volkskunde der Heimatvertriebenen* 5 (1959), S. 121–160 (und Karte nach S. 312).

Dobbertin 1962 = H. Dobbertin: *Livland- und Preußenfahrten westdeutscher Fürsten, Grafen und Edelherren im 13. Jahrhundert*, Sonderdruck, Dortmund 1962.

Dobbertin 1966 = H. Dobbertin: *Die Hamelner Glasbildinschrift als Hauptquelle der Rattenfängersage*, in: *Zeitschrift für Volkskunde* 62 (1966), S. 29–42.

Dobbertin 1970 = H. Dobbertin: *Quellensammlung zur Hamelner Rattenfängersage*, Göttingen 1970.

Dobbertin 1977 = H. Dobbertin: *Berichtigungen und Ergänzungen zur Hamelner Kinderausfahrt (1284)*, in: *Niedersächsisches Jahrbuch für Landesgeschichte* 49 (1977), S. 315–320.

Dobbertin 1980/81 = H. Dobbertin: *Neues über* Hamlingen *(*Hamlikov*)*, in: *Jahrbuch Museumsverein Hameln* 1980/81, S. 79–82.

Dobbertin 1981 = H. Dobbertin: *Beiträge zur Hamelner Kinderausfahrt (1284)*, 2. Aufl., Eldagsen 1981.

Dobbertin 1985 = H. Dobbertin: *Personen- und Landesgeschichtliches zur Rügenwalder Gertrudkirchensage und zur Hamelner Kinderausfahrt (1284)*, in: *Jahrbuch für ostdeutsche Volkskunde* 28 (1985), S. 77–103.

Dobbertin, Abschließendes = H. Dobbertin: *Abschließendes zur Rattenfängersage*, in: *Jahrbuch für ostdeutsche Volkskunde* 29 (1986), S. 245–273.

Dobbertin, Hildesheimer = H. Dobbertin: *Hildesheimer und Schaumburger Ritter in Schlesien und Mähren*, in: *Heimatblätter Hessisch Oldendorf* 1 (1986), S. 34–46.

Dobbertin 1987 = H. Dobbertin: *Urkundliches, Genealogisches und Heraldisches zum Kolonistendorf Spiegelberg bei Allenstein*, in: *Preußenland* 25 (1987), S. 35–39.

Dobbertin 1990 = H. Dobbertin: *Hamelns älteste Quellen zur Kinderausfahrt*, in: *Niedersächsisches Jahrbuch für Landesgeschichte* 62 (1990), S. 311–315.

Dobbertin 1996 = H. Dobbertin: *Quellenaussagen zur Rattenfängersage*, Hameln 1966 [erweiterte Aufl., Hameln 1996].

H. Dürre: *Die Regesten der Edelherren von Homburg*, in: *Zeitschrift des Historischen Vereins für Niedersachsen* 1880, S. 1–168.

Enders 1986 = L. Enders: *Historisches Ortslexikon für Brandenburg*, Teil VIII: *Uckermark*, Weimar 1986.

Enders 1987 = L. Enders: *Siedlung und Herrschaft in Grenzgebieten der Mark und Pommerns seit der zweiten Hälfte des 12. bis zum Beginn des 14. Jh. am Beispiel der Uckermark*, in: *Jahrbuch für Wirtschaftsgeschichte* 2 (1987), S. 73–128.

Enders 1992 = L. Enders: *Die Uckermark. Geschichte einer kurmärkischen Landschaft vom 12. bis zum 18. Jahrhundert*, Weimar 1992.

L. Feyerabend: *Die Rigaer und Revaler Familiennamen im 14. und 15. Jahrhundert. Unter besonderer Berücksichtigujng der Bürger*, Köln – Wien 1985.

R. Frenzel/M. Rumpf: *Deutungen zur Rattenfängersage*, in: *Heimat und Volkstum. Bremer Beiträge zur niederdeutschen Volkskunde* 1962/63 [1966], S. 47–64.

Freydanck, Bedeutung = S. D. G. Freydanck: *Die Bedeutung der Ortsnamen des Kreises Hameln-Pyrmont*, Hameln 1929.

Freydank, Coppenbrügge = S. D. G. Freydanck: *Was bedeutet der Ortsname Coppenbrügge?*, in: *Ekkehard* 5 (1929), S. 103–104.

H. Gehrts: *Zur Rattenfängersage*, in: *Zeitschrift für deutsche Philologie* 74 (1955), S. 191–207.

H. Górnowicz: *Toponimia Powiśla Gdańskiego*, Gdańsk 1980.

C. Greiffenhagen: *Die Geschichte der Burg Poppenburg bei Nordstemmen a. d. Leine*, in: *Hannoverland* 9 (1915), S. 146–191.

UB Hameln = *Urkundenbuch des Stiftes und der Stadt Hameln bis zum Jahre 1407*, Bd. 1–2, Hannover 1987–1093.

Hartmann 1929 = W. Hartmann: *Der Streit zwischen Spiegelberg und Lippe um das Erbe der Grafen von Pyrmont (1494–1525)*, in: *Hannoversches Magazin* 5 (1929), S. 1–11.

Hartmann 1941 = W. Hartmann: *Die Grafen von Poppenburg-Spiegelberg. Ihr Archiv, ihre Genealogie und ihre Siegel*, in: *Niedersächsisches Jahrbuch für Landesgeschichte* 18 (1941), S. 117–191.

C. H. Hauptmeyer: *Holtensen, Gemeinde Wennigsen. Dorfgeschichte als Beitrag zur Dorferneuerung*, Hannover 1982.

Hoch. Hild. UB = *Urkundenbuch des Hochstifts Hildesheim und seiner Bischöfe*, Bd. 1-6, Hannover 1896–1911.

L. Hosák/R. Šrámek: *Místní jména na Moravě a ve Slezsku*, Bd. 1–2, Praha 1970–1980.

B. U. Hucker: *Der Auszug der Hämelschen Kinder 1284 aus quellenkritischer Sicht*, in: *Geschichten und Geschichte*, hg. von N. Humburg, Hildesheim 1985, S. 89–102.

Humburg 1984 = N. Humburg: *Der Rattenfänger von Hameln. Ein Lese-, Lieder-, Bilderbuch*, Hameln 1984.

Humburg 1985 = N. Humburg (Hrsg.): *Geschichten und Geschichte. Erzählforschertagung in Hameln Oktober 1984*, Hildesheim 1985.

Humburg 1985/86 = N. Humburg: *Neueste Forschungen zur Hamelner Rattenfängersage*, in: *Rheinisches Jahrbuch für Volkskunde* 26 (1985/86), S. 197–208.

C. Kandler: *Bergbezeichnungen in Bereich der deutschen Mittelgebirge*, Phil. Diss., Halle – Wittenberg 1955.

H. Kleinau: *Geschichtliches Ortsverzeichnis des Landes Braunschweig*, Teil 1, Hildesheim 1967.

F. v. Klocke: *Westfalen und der deutsche Osten vom 12. bis zum 20. Jahrhundert*, Münster 1940.

Klost. Rint. UB = *Urkundenbuch des Klosters Rinteln*, bearb. von H.-R. Jarck, Hannover 1982.

Klost. Wülf. UB = *Urkundenbuch des Klosters Wülfinghausen*, bearb. von U. Hager, Hannover 1990.

S. Kozierowski: *Niektóre nazwy geograficzne na dawnym pograniczu wielkopolsko-pomorskim*, in: *Symbolae grammaticae in honorem Ioannis Rozwadowski*, Bd. 2, Cracoviae 1928, S. 335–372.

Krogmann 1934 = W. Krogmann: *Der Rattenfänger von Hameln. Eine Untersuchung über das Werden der Sage*, Berlin 1934.

Krogmann 1967 = W. Krogmann: *Der Rattenfänger von Hameln*, in: *Rheinisch-westfälische Zeitschrift für Volkskunde* 14 (1967), S. 130–150.

C. Krollmann: *Die Herkunft der deutschen Ansiedler in Preußen*, in: *Zeitschrift des Westpreußischen Geschichtsvereins* 54 (1912), 1–103.

M. Kroner: *Der Rattenfänger von Hameln und die Siebenbürger Sachsen*, in: *Südostdeutsche Vierteljahrsblätter* 33 (1984), S. 169–172.

W. Kuhn: *Geschichte der deutschen Ostsiedlung in der Neuzeit*, Bd. 1–2, Köln – Graz 1955/57.

O. Lauffer: *Altertumskundliche Beiträge zur Erklärung der Sage von den Hämelschen Kindern*, in: *Vom Geist der Dichtung. Gedächtnisschrift für Robert Petsch*, hg. von F. Martini, Hamburg 1949, S. 306–315.

Laur 1992 = W. Laur: *Historisches Ortsnamenlexikon von Schleswig-Holstein*, 2. Aufl., Neumünster 1992.

Laur 1993 = W. Laur: *Die Ortsnamen in Schaumburg*, Rinteln 1993.

Meckl. UB = *Meklenburgisches* [sic!] *Urkundenbuch*, Bd. 1–25, Schwerin 1863–1977.

O. Meinardus: *Der historische Kern der Hamelner Rattenfängersage*, in: *Zeitschrift des Historischen Vereins für Niedersachsen* 1882, S. 256–304.

W. Mieder: *Die Sage vom Rattenfänger von Hameln in der modernen Literatur, Karikatur und Werbung*, in: *Geschichten und Geschichte*, hg. von N. Humburg, Hildesheim 1985, S. 113–128.

F. Morré: *Der Adel in der deutschen Nordostsiedlung des Mittelalters*, in: *Deutsche Ostforschung. Ergebnisse und Aufgaben seit dem ersten Weltkrieg* 1 (1942), S. 463–485.

W. Netzel: *Hamelspringe, ehemaliges Zisterzienserkloster an der Hamelquelle*, in: *Der Söltjer* 1976, S. 36–57.

NOB I = U. Ohainski/J. Udolph: *Die Ortsnamen der Stadt und des Landkreises Hannover* (= *Veröffentlichungen des Instituts für Historische Landesforschung der Universität Göttingen* 37; *Niedersächsisches Ortsnamenbuch* I), Bielefeld 1998.
NOB VI = K. Casemir/U. Ohainski: *Die Ortsnamen des Landkreises Holzminden* (= *Veröffentlichungen des Instituts für Historische Landesforschung der Universität Göttingen* 51; *Niedersächsisches Ortsnamenbuch* VI), Bielefeld 2007.
J. P. O'Donell: *Der Rattenfänger von Hameln*, in: *Der Monat. Eine Internationale Zeitschrift* 93 (1956), S. 54–61.
A. Ostermeyer: *Siebenbürgen und die Rattenfängersage. Was die Hamelner Sage weltberühmt machte*, in: *Jahrbuch Museumsverein Hameln* 1982/84, S. 59–60.
Pomm. UB = *Pommersches Urkundenbuch*, 2. Aufl., Bd. 1, 2. Aufl., Köln und Wien 1970.
A. Poschmann: *Westfalen und Ermland*, in: *Nordrhein-Westfalen und der deutsche Osten* 1962, S. 79–115.
A. Pospiszylowa: *Toponimia południowej Warmii*, Olsztyn 1987.
Preuß. UB = *Preußisches Urkundenbuch*, Bd. 1–4, Marburg 1882–1964.
Regesta Historiae Westfaliae = *Regesta Historiae Westfaliae accedit Codex Diplomaticus*, bearb. von H. A. Erhard, Bd. 2, Teil 1, Münster 1851.
Rospond 1951 = S. Rospond: *Słownik nazw geograficznych Polski zachodniej i północnej*, Wrocław – Warszawa 1951.
Rospond 1984 = S. Rospond: *Słownik etymologiczny miast i gmin PRL*, Wrocław usw. 1984.
M. Rumpf: *Die Hamelner Rattenfängersage medizinisch gedeutet*, in: *Geschichten und Geschichte*, hg. von N. Humburg, Hildesheim 1985, S 29–37.
K. Rymut: *Nazwy miast Polski*, Wrocław usw. 1980.
Schiffling 1980 = H. Schiffling: *Chronik Hamelspringe*, Bad Münder 1980.
Schiffling 1991 = H. Schiffling: *Hamelspringe. Die Geschichte eines Ortsteiles der Stadt Bad Münder am Deister*, Bad Münder 1991.
H. Scholz: *Zur Ehrenrettung des Rattenfängers von Hameln*, in: *Der Monat. Eine Internationale Zeitschrift* 94 (1956), S. 82–88.
C. Soetemann: *Die Hamelner Rattenfängersage und ihre Bezüge zur ostdeutschen Kolonisation*, in: *Nordost-Archiv* 74 (1984), S. 1–16.
Spanuth, Diss. = H. Spanuth: *Der Rattenfänger von Hameln. Vom Werden und Sinn einer alten Sage*, Diss. (masch.), Göttingen 1951.
Spanuth 1951 = H. Spanuth: *Der Rattenfänger von Hameln*, Hameln 1951.
Spanuth 1958 = G. Spanuth: *Neuer Deutungsversuch des Exodus Hamelensis*, in: *Forschungen und Fortschritte* 32 (1958), S. 367–368.
Spanuth 1959 = G. Spanuth: *Eine überraschende Forschungsbestätigung*, in: *Forschungen und Fortschritte* 33 (1959), S. 380.
H. Sudendorf (Hg.): *Urkundenbuch zur Geschichte der Herzöge von Braunschweig und Lüneburg und ihrer Lande*, Hannover 1859.
Trautmann 1949 = R. Trautmann: *Die Elb- und Ostseeslavischen Ortsnamen*, Teil 2, Berlin 1949.
Trautmann 1950 = R. Trautmann: *Die slawischen Ortsnamen Mecklenburgs und Holsteins*, 2. Aufl., Berlin 1950.
W. Ueffing: *Die Hamelner Rattenfängersage und ihr historischer Hintergrund*, in: *Jahrbuch Museumsverein Hameln* 1982/84, S. 70–84.
Wann 1949 = W. Wann: *Die Lösung der Hamelner Rattenfängersage*, Phil. Diss., Würzburg 1949.
Wann 1948 = W. Wann: *Von der Westfälischen zur Mährischen Pforte*, in: *Der Klüt* 1948, S. 46–57.
Wann/Scherzer = W. Wann: *Der Rattenfänger von Hameln. Hamelner Landeskinder zogen aus nach Mähren*, für den Druck bearbeitet von W. Scherzer, München 1984.
Wauer 1989 = S. Wauer: *Die Ortsnamen der Prignitz*, Weimar 1989.
Wauer 1996 = S. Wauer: *Die Ortsnamen der Uckermark*, Weimar 1996.

L. Weinerth: *Was hat die Rattenfängersage von Hameln mit Olmütz zu tun?* (= *Schriftenreihe des Heimatverbandes Olmütz und Mittelmähren* 12), Steinheim/Main 1971.

E. Weise: *Niedersachsens Leistung für den deutschen Osten*, in: *Stader Jahrbuch* 1956, S. 43–69.

Westfäl. UB = *Westfälisches Urkundenbuch*, Bd. 1–111, Münster 1847–2005.

WOB 2 = B. Meineke: *Die Ortsnamen des Kreises Lippe* (= *Westfälisches Ortsnamenbuch* 2), Bielefeld 2010.

WOB 4 = B. Meineke: *Die Ortsnamen des Kreises Herford* (= *Westfälisches Ortsnamenbuch* 4), Bielefeld 2011.

WOB 9 = K. Casemir/U. Ohainski: *Die Ortsnamen des Kreises Höxter* (= *Westfälisches Ortsnamenbuch* 9), Bielefeld 2016.

WOB 11 = B. Meineke: *Die Ortsnamen des Kreises Paderborn* (= *Westfälisches Ortsnamenbuch* 11), Bielefeld 2018.

Woeller 1956/57 = Woeller: *Zur Sage vom Rattenfänger zu Hameln*, in: *Wissenschaftliche Zeitschrift der Humboldt-Universität zu Berlin, Gesellschafts- und sprachwissenschaftliche Reihe* 6 (1956/57), S. 135–145.

Woeller 1961 = W. Woeller: *Zur Entstehung und Entwicklung der Sage vom Rattenfänger von Hameln*, in: *Zeitschrift für deutsche Philologie* 80 (1961), S. 180–206.

S. A. Würdtwein: *Subsidia Diplomatica Ad Selecta Juris Ecclesiastici Germaniae Et Historiarum Capita Elucidanda*, Heidelberg – Bamberg 1772–1780.

Woher hat der Riesling seinen Namen?*

Das Standardwerk der deutschen Winzersprache[1] schreibt kurz und bündig: „Herkunft unklar", wobei man sich auf „Kluge" beruft,[2] aber auch das Werk von Rézeau[3] erwähnt. In der neuesten Ausgabe des „Kluge"[4] stehen nur wenige, aber wichtige Zeilen: „[bezeugt seit dem] 15. Jh. Zuerst als *rüßling* bezeugt. Herkunft unklar. Vielleicht zusammen mit der Walliser Weinsorte *La Rèze* (nhd. *Resi*) als ʼrätischer Weinʼ zu erklären." Ähnlich heißt es im *Etymologischen Wörterbuch des Deutschen:*[5] „westmd. *Rußling* (Ende 15. Jh.), *Rißling* (Mitte 16. Jh.). Herkunft unerklärt."

Wichtige Hinweise gibt das *Deutsche Wörterbuch:*[6] Zunächst wird die Erklärung aus „Rätischer Wein" kritisch bewertet, dann werden ältere Belege geboten: in Wormser Urkunden 1490 *funff virteil wingart ist ruszlinge hinder kirszgarten,* 1494 *ein ruszling wingart,* 1565 *riszling,* 16. Jh. *rüszling,* 18. Jh. *rieslinge, riszlinge.* Ab dieser Zeit sind fast nur noch die Formen mit -*i*-, -*ie*- bezeugt, aber gelegentlich auch noch -*u*-, -*ü*-Varianten. Wichtig ist auch der Hinweis in diesem Wörterbuch: „der Rießling stammt ursprünglich aus dem Rheingau, woselbst er allgemein angebaut wird". Damit wird schon eine Etymologie im Sinne von ʼrätischer Weinʼ mehr als unwahrscheinlich.

Die heute allgemein als ältester Beleg angesehene Quelle für das Wort ist eine Marburger Urkunde, bei der es um eine Rüsselsheimer Rechnung von 1435 geht. In der Wikipedia[7] wird dieser Beleg, anderen Vorschlägen folgend, wie folgt gelesen: *Item 22 ß umb seczreben rießlingen in die wingarten.*[8] Man kann im Netz auch die Originalschreibung dieses Satzes finden:[9]

---

*   Erstmals erschienen in: *Suevia Pannonica. Archiv der Deutschen in Ungarn* 41/42 (2014/2015), S. 169–183.
[1] *Wörterbuch der deutschen Winzersprache* (http://190807.webhosting17.1blu.de/site/wdw/onlinewb/; Zugriff: 12.10.2015).
[2] Gemeint ist F. Kluge/E. Seebold: *Etymologisches Wörterbuch der deutschen Sprache.*
[3] P. Rézeau: *Dictionnaire des noms de cépages de France. histoire et étymologie,* 1. Aufl., Paris 1998, 2. Aufl. Paris 2008.
[4] F. Kluge/E. Seebold: *Etymologisches Wörterbuch der deutschen Sprache,* 25. Aufl., bearb. von E. Seebold, Berlin – Boston 2011, S. 767.
[5] 2. Aufl., Berlin 1993, S. 1128.
[6] *Deutsches Wörterbuch,* hg. von Jacob Grimm und Wilhelm Grimm, Nachdruck, München 1984, Bd. 14, Sp. 954f.
[7] Zugriff: 12.10.2015.
[8] Ich finde Hinweise im Internet, dass der Riesling 1348 als *Rüsseling* im Elsass erwähnt worden sein soll (https://traubenshow.de/informationen-zu-rebsorten/ertragsrebsorten-auswahl-in-deutschland-a-z/121-r/riesling-weisser), jedoch dürfte damit nicht die Rebe genannt worden sein (http://datab.us/i/Riesling; Zugriff: 17.10.2015).
[9] http://www.graf-von-katzenelnbogen.de/rieslingde.html [Zugriff: 12.10.2015]. Dazu finden sich bei O. Volk: *Weinbau und Weinabsatz im späten Mittelalter. Forschungsstand und Forschungsprobleme,* in: *Weinbau, Weinhandel und Weinkultur. Sechstes Alzeyer Kolloquium,* Stuttgart 1993, S. 49–164 die folgenden ergänzenden Angaben: Karl E. Demandt: *Regesten der Grafen von*

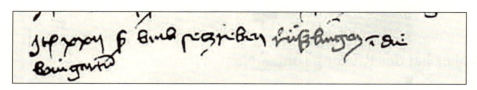

Dieser Beleg spielt auch eine Rolle in einem Beitrag, der sich detailliert mit der Herkunft des Wortes *Riesling* befasst hat.[10] Unter Bezug auf Vorschläge von Schenk und Türke heißt es [S. 2] dort:[11]

> Die Etymologie des Namens *Riesling* (an der Ahr *Rüssel*, bei Erfurt *Rösslinger* […]) dürfte noch immer nicht mit letzter Sicherheit geklärt sein. Dabei wird sein Name einerseits von dem 'bei ungünstigen Umweltverhältnissen zur Blütezeit oft zu beobachtenden Rieseln oder Abrieseln der Blüten am Geschein' zurückgeführt wie auch als Abwandlung von 'Rus' = dunkel 'event. auf dunkles Holz hinweisend und schließlich durch Umlaut zu *Rüßling* als einen Lautwechsel deuten(d) ' erklärt als auch wegen seiner rassigen Säure auf den 'reißenden' Geschmack verwiesen.

Weiter heißt es bei O. Volk:

> Über die Herkunft des Rieslings sind zahlreiche Vermutungen angestellt worden, jedoch deutet manches darauf hin, dass er im Rheingau oder in der Pfalz aus Sämlingen gezogen wurde und dass daran auch die am Oberrhein heimischen Wildreben beteiligt waren. Der bisher älteste Beleg für den Riesling findet sich in einer Rüsselsheimer Kellereirechnung für das Jahr 1435.

Aber die Lesung der offenbar ältesten Erwähnung des Rieslings in dieser Kellereirechnung ist durchaus nicht sicher! Selbst ein nicht so geübter Leser dieser Handschrift wird Zweifel daran haben, dass zwischen *R* und *ß* – beide klar erkennbar – wirklich die Buchstabenfolge *-ie-* steht. Auf meine Nachfrage schreibt mir U. Ohainski vom Institut für Historische Landesforschung der Universität Göttingen, mit dem ich seit Jahrzehnten zusammenarbeite:

> Die Schreibung ist problematisch. Ein *-ie-* kann man nach dem graphischen Befund in jedem Fall ausschließen, da der zweite Schaft ein einfacher Schaft und für ein *-e-*, das immer nach rechts ausgreift, viel zu klein ist. Ein *-u-* könnte es sein, da sich häufiger über dem *-u-* ein Punkt findet, nur macht hier der zweite etwas größere Strich Probleme. Ein *-ii-* ginge auch, aber auch hier ist der zweite etwas größere Strich irgendwie falsch […] Am ehesten würde ich aber auch zum *-u-* tendieren.

Katzenelnbogen 1060–1486 (= *Veröffentlichungen der Historischen Kommission für Nassau* 11), Bd. 3, 1956, Nr. 6216.2 nach der Reinschrift der Kellereirechnung Rüsselsheim zum 13. Feb. 1435 (StA Marburg, Samtarchiv, Katzenelnbogische Akten Bd. 16): „Item XXII s. umb seczreben rießlingen in die wingarten".

[10] Volk, a. a. O.
[11] Ebd., S. 106, Anm. 323.

Ich komme auf diesen Beleg noch einmal zurück.

Betrachten wir uns die sich chronologisch anschließenden Belege für den Riesling. Als zweitältester Beleg wird angesehen: 1453 *iß sy frentsche, rueßelinge, huntsche ader roit ader sust wylcherley ander win da inne waschende were*, in Rüdesheim-Aulhausen, als das Kloster Aulhausen seinen Hof und seine Weinberge in Diebach verpachtete.[12] Es folgen: 1464 in Trier: *ruesseling reben*[13]; 1477 **rissling** im Elsass[14]; 1480 **rüssling**[15]; 1490 (Worms) **rüszlinge**; 1494 *ein ruszling wingart*; 1511 *einen halben morgen **rissling** wingart* in Pfeddersheim[16]; 1546 **Rissling**[17]; 1552 **Riesling**[18]; 1562 in Trittenheim *gute **roehslingstöcke***[19]; 1565 *riszling*[20]; 1577 **Rißling**[21]; 16. Jh. *rüszling*[22]; 1658 **Rischling** [S. 3] (Elsass)[23]; 1660 *ryssling*[24]; 1672 **Rißling-Holz**[25]; 1703 **Rußling**[26]; 1747 **Rußling**[27];18. Jh. *rieslinge, riszling*[28]; 1803 **Rüßlinge**[29]; **1868 Rischling** (Elsass).[30]

Es gibt zahlreiche Erklärungsversuche für das Wort, eine von O. Volk versuchte Zusammenfassung hatte ich eingangs schon erwähnt. Kurz und knapp findet sich eine entsprechende Zusammenstellung auch auf der Internetseite Wiktionary (Zugriff 12.10.2015): „Es ist nicht eindeutig geklärt, auf welchen Tatbestand der Name „Riesling" zurückzuführen ist. Diskutiert werden insbesondere folgende Möglichkeiten (nach W. Flitsch: *Wein verstehen und genießen*, 2. erw. Aufl., Berlin 1999, S. 26):

---

[12] Ebd., S. 107 mit Anm. 327.
[13] Ebd., S. 107 mit Anm. 328.
[14] F. Price, *Riesling Renaissance*, London 2004, S. 90–92.
[15] R. Majut: *Die hippologisch gebildeten Pflanzennamen im Deutschen. Ein Beitrag zur vergleichenden Metaphorik*, Leipzig/Stuttgart 1998, S. 144 (nach F. Kluge/E. Götze: *Etymologisches Wörterbuch der deutschen Sprache*, 24. Aufl., Berlin 2002, S. 1023).
[16] http://www.weinstadt-worms.de/weinstadt/aktuelles/500-Jahre-Riesling/Rielinggeschichte.php (Zugriff: 16.10.2015).
[17] Hieronymus Bock, Kreütter Buch, Straßburg 1546 (s. https://www.weingut-wendel-bingen.de/shop/weissweine/riesling-classic-trocken-2020/).
[18] Bock, Kräuterbuch nach R. Winkelmann: *Die Entwicklung des oberrheinischen Weinbaus* (= Marburger Geographische Schriften 16), Marburg 1960, S. 15 mit Anm. 5.
[19] W. Bermich: *Die Mosel. Landschaft, Geschichte, Kultur: Wanderfahrten von Trier bis Koblenz*, Bachem 1973, S. 65.
[20] *Deutsches Wörterbuch*, hg. von Jacob Grimm und Wilhelm Grimm, Nachdruck, München 1984, Bd. 14, Sp. 954.
[21] F. Staab: *550 Jahre Rheingau und Riesling 1435–1985*, in: *Heimatjahrbuch des Rheingau-Taunus-Kreises*, Jg. 37, Eltville 1986, S. 54.
[22] *Deutsches Wörterbuch*, Bd. 14, Sp. 954.
[23] *Wörterbuch der elsässischen Mundarten*, bearb. von E. Martin und H. Lienhard, Strassburg 1899–1907 Bd. 2, Sp. 289b.
[24] *Rheinisches Wörterbuch*, Bd. 7, bearb. von J. Müller et al., Berlin 1948–1958, Sp. 420.
[25] Staab 550 Jahre Rheingau und Riesling, S. 54.
[26] Ebd., S. 55.
[27] https://traubenshow.de/informationen-zu-rebsorten/ertragsrebsorten-auswahl-in-deutschland-a-z/121-r/riesling-weisser.
[28] *Deutsches Wörterbuch*, Bd. 14, Sp. 954.
[29] Diesen Beleg bietet F. Staab (vgl. Anm. 25) in einem bemerkenswerten Zusammenhang. Der letzte Fuldische Kellermeister im Rheingau bestimmt im Jahre 1803: „In dem ganzen Rheingau darf keine andere Traubensorte zur Verfertigung der Weine gepflanzt werden, als nur Rüßlinge".
[30] *Wörterbuch der elsässischen Mundarten*, Bd. 2, Sp. 289b.

1. Der Name der Traube und der des Weines leiten sich von der rissigen Borke des Weinstocks ab.
2. Namensgebend ist die fatale Neigung der Rebe, bei kühlem Wetter zu verrieseln, d. h. nur wenige und kleine Beeren auszubilden.
3. Namensgebend ist das dunkel gefärbte Rebholz der Rebe, was sich auch in dem alten Synonym „Rußling" widerspiegelt.
4. Namensgebend ist die rassige bis reißende Säure der Rieslingweine.

Ein Teil dieser Deutungen kann mit ziemlicher Sicherheit abgelehnt werden. Warum? Es spricht alles dafür, dass die grundlegende Form, die für die Etymologie des Wortes und Namens entscheidend ist, nicht *Ri(e)sling* oder *Ri(e)ßling* lautete, sondern *Rußling*. Man erkennt das sehr rasch, wenn man sich nochmals alle obengenannten historischen Belege in Kurzform vor Augen hält:

1435 *Rießlingen*
1453 *rueßelinge*
1464 *ruesseling*
1477 *rissling*
1480 *rüssling*
1490 *rüszlinge*
1494 *ruszling*
1511 *rissling*
1546 *Rissling*
1552 *Riesling*
1562 *roehslingstöcke*
1565 *riszling*
1577 *Rißling*
16. Jh. *rüszling*
1658 *Rischling*
1660 *ryssling*
1672 *Rißling-Holz* [S. 3]
1703 *Rußling*
1747 *Rußling*
18. Jh. *rieslinge, riszlinge*
1803 *Rüßlinge*
1868 *Rischling*

Vielleicht ist die -*u*-Form sogar noch bis heute belegt. Dafür könnte der Beleg *Rüssel, deck u. dönn Rüəsel* an der Ahr[31] sprechen. Im 15. Jh. sprechen nur zwei Belege dagegen, darunter allerdings der älteste, nämlich der schon besprochene von 1435 *Rießlingen* sowie 1477 *Rissling*. Letzterer stammt allerdings aus dem Elsass und ist daher vielleicht nicht unbedingt belastbar. Aber wie steht es um den ältesten von 1435? Ist dort wirklich *Rießling(en)* zu lesen? Ich hatte oben schon auf die Problematik der Lesung hingewiesen. Aber es gibt auch ein sprachwissenschaftliches Argument dagegen, dass dort -*ie*- geschrieben wurde.

---

[31] *Rheinisches Wörterbuch*, Bd. 7, S. 420.

Wir sind im 15. Jh. in einer Zeit, in der mittelhochdeutsche Dialekte geschrieben wurden. Ein *-ie-* zu dieser Zeit ist im Allgemeinen entstanden aus einem alten Diphthong *-iu-*. Das *-e-* ist somit eigentlich die Fortsetzung eines alten *-u-*. Wenn wir heute *Riesling* mit *-ie-* schreiben, dann ist das eine ganze andere Geschichte: Es handelt sich um eine Dehnung eines ursprünglich kurzen *-i-*. Das *-e-* in diesen, auf Dehnung beruhenden Vokalen zeigt an: Ich, das *-i-*, bin lang, nicht kurz. Und dann erhebt sich die Frage, wann man begann, für langes *-i-* die Schreibung *-ie-* zu verwenden.

Im Standardwerk zur deutschen Sprache dieser Zeit heißt es zur Schreibung von *-ie-* für langes *-i-* unter anderem:[32] Diese graphische „verläuft weitgehend im Frühneuhochdeutschen"; und an anderer Stelle:[33] „Die Verwendung des *e* als Längenmarkierung ist [...] bis ins 15. Jh. eingeschränkt. Im Mitteldeutschen nimmt die Verwendung in der 2. Hälfte des 15. Jhs. erheblich zu [...]" Ähnlich schreibt P. v. Polenz zur *-ie-*Schreibung:[34] „In vielen Fällen wurde die Bezeichnung der langen Vokalquantität in der Schrift durch behelfsmäßige Längezeichen üblich, vor allem seit der 2. Hälfte des 16. Jh.". Für das Gebiet um Rüsselsheim gibt es zu dieser Schreibung nun einschlägige Studien, vor allem von R. Steffens.[35] In einer Matrix hat er den Unterschied der Schreibungen von *diser* und *dieser* für den Zeitraum von 1285–1437 in einer Mainzer Datenbank zusammengestellt:[36]

Zeitraum	*diser*	*dieser*
1285–1329	69%	31%
1330–1359	67%	33%
1360–1389	68%	32%
1390–1437	48%	52%

Und R. Steffens folgert daraus: „Pauschal lässt sich formulieren, dass seit Anfang des 15. Jahrhunderts im Mainzer Frühneuhochdeutschen digraphische Repräsentanten [also die *-ie-*Schreibung, J. U.] von mhd. *i* in offener Silbe in der Mehrzahl sind." Es geht in diesem Fall allerdings um ein *-i-* in offener Silbe (*die-ser*); bei *Ries-ling* handelt es sich um eine [S. 5] geschlossene. Und da sieht es doch anders aus. Nachlesen kann man das in einer anderen Veröffentlichung von R. Steffens:[37] Nach ausführlicher Auflistung vieler Schreibvarianten für mittelhochdeutsch *-i-* in den Fällen, in denen wir heute *-ie-* schreiben, folgert er: „Es zeigt sich die Tendenz, Monographe [also *-i-*, *-y-* u. ä., J. U.] für mhd. *i* in geschlossener Silbe und Digraphe [d. h. *-ie-*, *-ye-* u. ä., J. U.] in offener Tonsilbe zu setzen."

---

[32] *Frühneuhochdeutsche Grammatik*, hg. von R. P. Ebert et al., Tübingen 1993, S. 67.
[33] Ebd., S. 33.
[34] *Deutsche Sprachgeschichte vom Spätmittelalter bis zur Gegenwart*, Bd. 1, 2. Aufl., Berlin – New York 2000, S. 150.
[35] *Zur Graphemik domanialer Rechtsquellen aus Mainz (1315–1564). Ein Beitrag zur Geschichte des Frühneuhochdeutschen anhand von Urbaren*, Wiesbaden 1988.
[36] R. Steffens: *Mittelrheinische Kanzleisprache*, in: *Kanzleisprachenforschung. Ein internationales Handbuch*, hg. von A. Greule, J. Meier und A. Ziegler Berlin 2012, S. 475–494; hier: S. 481.
[37] Steffens, Zur Graphemik.

Auf unseren Fall angewendet heißt das: Selbst wenn man annimmt, dass die Schreibung im Beleg von -ie- in 1435 *Rießlingen* wirklich als Hinweis auf ein langes -i- interpretiert werden kann, so sprechen fast sämtliche folgende Belege, die -u- besitzen, dagegen! Da man keinen Wandel von -i- zu -u- innerhalb von ein paar Jahren annehmen kann, bleibt als Ergebnis einer genaueren Analyse des Belegs von 1435 sowohl aus graphologischer wie aus sprachwissenschaftlicher Sicht nur übrig – und alles spricht dafür –, den Beleg nicht als *Rießlingen*, sondern als *Rußlingen*, vielleicht aus *Rueßlingen*, zu lesen. Das hat zur Konsequenz, dass man von folgender Schreibabfolge für den Riesling ausgehen muss:

1435 *Ru(e)ßlingen*
1453 *rueßelinge*
1464 *ruesseling*
1477 *rissling*
1480 *rüssling*
1490 *rüszlinge*
1494 *ruszling*
1511 *rissling*
1546 *Rissling*
1552 *Riesling*
1562 *roehslingstöcke*
1565 *riszling*
1577 *Rißling*
16. Jh. *rüszling*
1658 *Rischling*
1660 *ryssling*
1672 *Rißling-Holz* [S. 3]
1703 *Rußling*
1747 *Rußling*
18. Jh. *rieslinge, riszlinge*
1803 *Rüßlinge*
1868 *Rischling*

Langer Rede kurzer Sinn: Eine Etymologie des Wortes und Namens Riesling hat von *Rus(s)ling* auszugehen. Daraus ergibt sich aber eine weitere Frage: Wenn das richtig ist, warum heißt die Rebe dann heute *Riesling*?

Das erklären zwei sprachliche Prozesse. Wenn man von einer Form *Rusling* ausgeht, dann bewirkt das in der zweiten Silbe stehende -i- eine Veränderung des -u- der ersten Silbe und zwingt es sozusagen dazu, sich zu -ü- zu wandeln. Seit Jacob Grimm nennt man diesen Prozess Umlaut. Das Problem dabei ist, dass es zunächst noch kein Zeichen in der Schrift gab, was uns zeigen würde, dass der Umlaut schon eingetreten ist. Es kann also durchaus sein, dass wir die ältesten Belege der eben aufgelisteten Reihe der ältesten Riesling-Belege wie folgt lesen müssten [S. 6]:

1435 *Rü(e)ßlingen*
1453 *rüeßelinge*
1464 *rüesseling*

1477 *rissling*
1480 *rüssling*
1490 *rüszlinge*
1494 *rüszling*

Es ist dabei unklar, ob die Schreibungen 1453 und 1464 mit *-ue-* schon als *-ü-* zu lesen sind. Man gewinnt also durch den Umlaut eine neue Lautform *Rüs(s)ling* (nochmals gesagt: auch wenn noch kein *-ü-* geschrieben wurde bzw. geschrieben werden konnte).

Und noch etwas ist dann passiert: Aus *Rüs(s)ling* wurde allmählich *Risling*, *Rißling*, *Rießling*. Das liegt an einem sprachlichen Prozess, der in weiten Bereichen des deutschen Sprachgebiets gut bezeugt und beobachtet werden kann: Es ist die sogenannte Entrundung. Hierbei wird die Rundung des Mundes bei *-ü-* aufgegeben, der Mund wird „entrundet", und das *-ü-* wechselt allmählich zu *-i-*, man sagt dort eben *sieß* für *süß*, *Kiche* für *Küche*, *Glick* für *Glück* usw.

Und damit komme ich nun zu einem Vorschlag zur Etymologie des *Riesling*-Wortes, von dem ich glaubte, es sei mein Einfall gewesen. An einer recht verdeckten Stelle ist er aber schon vorgetragen und von einem Rezensenten akzeptiert worden. Versteckt deshalb, weil kaum jemand in einem Buch mit dem Titel *Die hippologisch gebildeten Pflanzennamen im Deutschen. Ein Beitrag zur vergleichenden Metaphorik* eines schon 1981 verstorbenen Autors[38] einen Deutungsvorschlag für das Wort und den Namen Riesling vermuten dürfte. Ich stieß darauf durch die Rezension von R. Hildebrandt.[39]

R. Majut macht sich in dem angezeigten Buch Gedanken zur Herkunft des Rieslings und schreibt u. a.:[40] Die älteren Formen des Wortes Riesling „sprechen ebenso für *u* als den ursprünglichen Vokal wie das von Marzell[41] genannte, alemannische *rüesling*[42], das man ohne Bedenken zu alemannisch *rues* = *Ruß* stellen kann", und weiter[43]: Daß *rüßig* als Farbwort gebraucht wird, ergibt sich eindeutig aus [einigen Textstellen. Dort] wird die *gesprengt Farb* des Lindwurms als *gelb*, *graw*, *braun*, *rüßig* beschrieben [und in einem anderen Text] wird die *Ruß*-Farbe von der *Rost*-Farbe abgehoben [...]: Die Welt ist *rostig*, *schimlig*, *seyger*, *kamig*, *vnfletig*, *schwartz*, *rüßig* und *ramig*". R. Majut macht sich auch Gedanken über das Motiv: „Die Riesling-Trauben haben die sonderbare Eigenschaft, daß sich ihr Gelb im reifsten Zustand zu Braun verdunkelt. 'Verrussen' sie gewissermaßen?".

In seiner Rezension des Buches hat sich R. Hildebrandt diesem angeschlossen und meint:[44]

> R. Majut [...] geht ausführlich auf das etymologische Problem des Riesling ein und nimmt vom ältesten Beleg *Rüssling* her die plausibelste Deutung als 'rußfarbig' an, weil die Riesling-Trauben die sonderbare Eigenschaft haben, daß sich ihr Gelb im reifsten Zustand zu braun verdunkelt (rußiges Rot)!

---

[38] Verfasst von R. Majut, hg. von R. Frisch, Stuttgart/Leipzig 1998.
[39] In: *Zeitschrift für Dialektologie und Linguistik* 68 (2001), S. 118f.
[40] A. a. O., S. 144f.
[41] H. Marzell, *Wörterbuch der deutschen Pflanzennamen*, Bd. 1, Nachdruck, Köln 2000, Sp. 620.
[42] Es handelt sich um den Pilz Rotkappe (Boletus rufus), der nach H. Marzell den Namen *Rüesling* „wegen des wie angerußt aussehenden Stiels" trägt.
[43] Majut, a. a. O., S. 145.
[44] A. a. O., S. 119.

Diesem Vorschlag ist meines Erachtens ohne Frage zu folgen. Überall bei der Beschreibung der Beeren des Rieslings wird darauf verwiesen, dass bei fortschreitender Reife die Beeren schwarze Punkte erhalten. Dabei greift man im Wesentlichen auf die Wikipedia zurück, in der es heißt: „Die rundlichen Beeren sind klein und von gelb-grünlicher Farbe. Bei ausreichender [S. 7] Besonnung und Reife wechselt die Farbe auch ins Gelb-Braune und die Beeren sind dann schwarz gepunktet."[45] Aber auch andere Quellen beschreiben Ähnliches: „Die Beeren sind klein, rund, grünlich geadert und in reifem Zustand sind sie goldgelb-schwarz-gepunktet"[46]; „Die Trauben sind klein bis mittelgroß, dichtbeerig und haben hell- bis goldgelbe, kleine Beeren, die im Reifezustand schwarz gepunktet sind"[47]; „Die Beeren sind klein und gelbgrünlich in der Farbe. Sind sie abgereift, färben sie sich ins Braune und weisen schwarze Punkte auf"[48]; „Der Riesling ist wüchsig, sein Blatt mittelgroß, rund und derb, seine Beeren sind grüngelb und gepunktet."[49]

Auch von der Fachwelt, der Ampelographie, wird dieses Phänomen beschrieben: „Traube: klein bis mittelgroß, geschultert, dichtbeerig, Beere klein bis mittelgroß, rund, grüngelb, schwarz punktiert" (Hochschule Geisenheim).[50]

Von hier aus ist es kein großer Schritt mehr, um zu dem Schluss zu kommen, dass der *Riesling*, entstanden aus *Rußling*, seinen Namen von dieser Erscheinung hat: Auf den hellen Beeren fallen die dunklen, schwärzlichen Punkte besonders auf. Da sie an Ruß erinnern, hat man die Pflanze als *Rußling* bezeichnet, eine -*ling*-Ableitung wie in *Pfifferling*, *Schierling*, *Schmetterling*, *Engerling*, *Findling*, *Frühling*, *Lehrling*, *Mischling*, *Neuling*, *Säuerling* (*Weinsäuerling*), *Setzling* usw. usf.

Abbildungen der Rieslingbeeren finden sich im Bildernetz des Internets in großer Menge. Zwei habe ich ausgewählt, weil der Fotograf dieser Bilder Thomas Winterstetter (Konz) mir die Erlaubnis erteilt hat, sie zu verwenden. Sie zeigen Rieslingbeeren im Schodener Herrenberg in verschiedenen Stadien der Reife.

[45] Wikipedia: Riesling (Zugriff: 14.10.2015).
[46] http://weingut-jonas.de/interaktiv/lexikon/riesling (Zugriff: 14.10.2015).
[47] http://www.boennigheim.de/news?action=view_one_article&article_id=10250 (Zugriff: 14.10.2015).
[48] http://www.weinstrasse.com/de/wein/weine-und-rebsorten/riesling.html (Zugriff: 14.10.2015).
[49] http://www.mittelrhein-weinfuehrer.de/rebsorten.html (Zugriff: 14.10.2015).
[50] http://www.hs-geisenheim.de/fileadmin/Dateien_Hochschule_Geisenheim/Forschung/Angewandte_Biologie/Rebenzuechtung/Traditionelle_Rebsorten/Riesling_Weiss.pdf (Zugriff: 14.10.2015).